KB152416

HANGIL
GREAT BOOKS

인류의 위대한 지적유산

HANGIL GREAT BOOKS 150

Ham Sokhon
The Human Revolution - Ham Sokhon Anthology 3

Compiled by Ham Sokhon Anthology editing commission

Published by Hangilsa Publishing co., Ltd., Korea, 2016

한길그레이트북스 150

인간혁명

함석헌선집 3

함석헌선집편집위원회 엮음

한길사

인간혁명
함석헌선집 3

『함석헌선집』을 발간하면서 | 함석헌선집편집위원회 ― 9
혁명으로 꿈틀대는 정치 그리고 인간 | 김민웅 ― 13

제1부 새 윤리

살림살이 ― 75
새 윤리 ― 103
사상과 실천 ― 150

제2부 저항의 철학

전쟁과 똥 ― 169
간디의 길 ― 177
비폭력혁명 ― 187
단식에 앞서 동포에게 드립니다 ― 208
레지스탕스 ― 213
저항의 철학 ― 227
현대사의 조명탄 간디 ― 234

제3부 같이살기 운동을 일으키자

3천만 앞에 또 한 번 부르짖는 말씀 — 245

같이살기 운동을 일으키자 — 264

제4부 오월을 생각해본다

5·16을 어떻게 볼까 — 295

3천만 앞에 울음으로 부르짖는다 — 310

우리는 알았다 — 331

세 번째 국민에게 부르짖는 말 — 346

싸움은 이제부터 — 361

썩어지는 씨올이라야 산다 — 373

십자가에 달리는 한국 — 386

군인정치 10년을 돌아본다 — 398

오월을 생각해본다 — 430

제5부 새 교육

새 교육 — 443

남강, 도산, 고당 — 478

한 배움 — 505

대학이란 무엇이냐 — 532

제6부 인간혁명

우리가 어찌할꼬 ━ 549

정치와 종교 ━ 563

새 나라 꿈틀거림 ━ 576

인간혁명 ━ 655

새 혁명 ━ 720

혁명의 철학 ━ 730

함석헌사상의 갈래와 특성 | 김영호 ━ 739

함석헌 연보 ━ 781

찾아보기 ━ 785

『함석헌선집』을 발간하면서

　함석헌은 사상가이자 사회운동가로서 20세기 민족사에 우뚝 선 인물로 평가된다. 최근에도 학자는 물론 일반 지식인들에게까지 탐구와 논의의 대상이 됨으로써 모든 분야를 통틀어 근대 한국을 대표하는 인물로 떠올랐다. 한 세기에 가까운 비교적 긴 생애 동안 그가 쏟아낸 글과 강의록은 방대하다. 그중 일부는 잡지나 신문을 통해서 소개되거나 단행본으로 출판되기도 했다. 다행히도 그의 생전에 안병무 박사와 한길사 김언호 대표가 강의록, 서장, 칼럼, 시가, 번역한 글 등과 여타 저술을 함께 엮어 『함석헌전집』1982~86, 전 20권을 출판했다. 이후 추가된 자료를 보완해 『함석헌저작집』2009, 전 30권을 간행했다. 몇몇 글은 따로 단행본으로 나왔다.

　그러나 절판이나 그 밖의 사정으로 최근 5년여 동안 함석헌의 저술이 서점에서 사라져 독자들과 연구자들의 불편을 초래했다. 특히나 함석헌의 저술에 노출되지 않은 새 세대에게 정보가 단절된 것은 참으로 안타까운 일이었다. 진통 끝에 최근 『뜻으로 본 한국역사』『간디 자서전』『바가바드 기타』가 단행본으로 다시 출판된 데다 『함석헌선집』이 세 권으로 기획된 것은 매우 다행한 일이다.

　『함석헌선집』이 목마른 독자들의 요구를 해갈시켜 줄 것이 분명하다. 『함석헌선집』의 글들은 함석헌선집편집위원들이 토론을 통해 『함석헌전집』과 『함석헌저작집』에서 선정하고 각 글이 최초 게재

되었을 때의 원본들과 대조하여 충실한 내용이 되도록 했다. 함석헌의 사상이 농축된 가장 대표적인 글들을 뽑아 분야별로 갈래지어 편찬했으므로 통독하면 함석헌사상의 전모를 대체적으로 파악하게 될 것이다. 사상적으로 의미가 깊은지, 사회적인 파장을 일으켰는지, 독창적인 사유와 발상paradigm의 전환을 꾀하고 있는지, 사회개혁의 원리와 방법을 논했는지, 역사적인 사실을 새롭게 밝혔는지, 감성과 영감을 일으키는지, 생애의 전환점을 기술했는지 등을 기준으로 삼아 수록할 글을 선정했다. 책의 서문이나 본문, 번역서의 서문이나 해설, 서간문, 주석서의 해설, 시詩, 선언문 등도 부분적으로 포함했다.

왜 새삼 함석헌을 다시 읽어야 하는가. 그 이유는 오늘날 세계와 우리 사회가 어디로 가고 있는지와 맞닿아 있다. 단정하기는 힘들지만 장래가 불투명하고 비관적이라고 할 수밖에 없는 상황인 것은 분명하다. 이미 함석헌은 서구가 주도한 물질문명이 막다른 골목에 이르렀다고 경고했다. 새로운 탈출구를 찾지 못하면 문명의 종말은 막을 수 없다. 그의 경고 이후 한 세대가 지나가도록 상황은 나아지지 않고 오히려 더 나빠졌다는 전망이 우세하다. 갈등, 전쟁, 재앙, 파괴, 폭력, 탐욕, 양극화 등으로 지구가 몸살을 앓고 있다. 문명이 부침하던 과거와 달리 생태환경의 악화와 인성의 타락 등 백약이 무효한 상황에 접어들었다는 조짐이 농후하다. 정신과 도덕이 결핍된 과학의 발달로 어느 순간 걷잡을 수 없이 악화될지도 모른다. 그것은 함석헌이 예측한 대로다.

더구나 한국은 동서의 전통과 이념이 그 장점보다 단점이 더 부각된 채 섞인, 즉 함석헌의 표현으로 세계의 쓰레기통이자 시궁창이 되었다. 그 결과 지금 한국사회는 각종 모순과 비리로 가득 찬 집단으로 내려앉았다. 자유와 평등, 개인주의가 수반하는 인권과 공공정신 등 서구가 확보한 가치는 이 땅에서 사라지고 있다. 모든 공공재가 급속히 사유화·사물화하는 과정이 진행되고 있다. 그 과정이 정치,

경제는 물론이고 교육, 언론뿐만 아니라 재물의 청지기(기독교), 무
소유(불교, 힌두교)의 덕성을 가르쳐야 하는 종교에 이르기까지 모든
분야로 확대되고 있다. 더 이상 공동체, 민주공화국이라 할 수 있는
지 묻는 사람이 늘고 있다. 일찍이 함석헌은 근본적인 전환과 혁명을
외치고 새 나라, 새 윤리, 새 종교, 새 교육을 설계했으나 우리 사회는
그에게 귀 기울이지 않았다. 그런데도 함석헌은 현 문명의 종말과 함
께 새 문명의 출현을 기대했다. 그래서 새 씨앗(씨ㅇ)을 심고자 했다.
『함석헌선집』이 새 씨앗이 싹트는 데 조금이나마 일조했으면 한
다. 함석헌의 사상은 사상사적·문명사적 의의를 갖는다. 이 가능성
을『함석헌선집』을 읽는 이들이 간파하리라고 기대한다.

2016년 7월
함석헌선집편집위원회

일러두기

- 『함석헌선집』(전 3권)은 함석헌의 글 가운데 사상과 정신을 대표하는 글을 선정해서 실었다.
- 『함석헌저작집』(한길사, 2009, 전 30권)을 저본으로 삼고 『함석헌전집』(한길사, 1988, 전 20권)과 각 글이 최초 게재되었을 때의 원본을 참고해 수정·보완했다.
- 『함석헌선집』 제1권 『씨올의 소리』는 기독교와 동양종교 그리고 역사에 대한 글들을 모았다. 기독교 정신의 참뜻은 무엇이며 동양철학, 특히 노장사상과 불교를 재해석해 숨은 정신이 무엇인지 밝혔다. 무엇보다 그러한 뜻과 정신이 역사에서 어떻게 드러나는지 살피며 저자 고유의 개념인 '씨올'을 설명한다.

  제2권 『들사람 얼』은 민중과 민족 그리고 통일의 문제를 다룬 글들을 모았다. 세계화 시대에 국가주의·민족주의의 한계를 지적하고 '뜻'으로 대표되는 보편적인 역사관이 필요함을 논증한다.

  제3권 『인간혁명』은 실천의 문제를 다룬 글들을 모았다. 실천의 의미를 파악하고 이를 바탕으로 비폭력 평화운동의 가치를 밝힌다. 그 틀에서 '같이살기 운동'과 민주화운동의 필요성을 설명하고 최종적으로 오늘날 필요한 혁명의 철학을 정립한다.
- 어법과 표기법이 맞지 않아도 함석헌 선생의 육성을 살리기 위해 그대로 두었다.
- 낱말의 뜻풀이는 ( )로 표시하고 편집자가 설명을 넣은 것은 (-편집자)로 표시했다.
- 각주는 독자의 이해를 돕기 위해 모두 편집자가 붙인 것이다.

혁명으로 꿈틀대는 정치 그리고 인간

김민웅 경희대학교 교수·정치학, 신학

미래형 인간학의 기초

『함석헌선집』제3권은 변혁의 문제를 중심으로 다룬다. 함석헌은 '혁명'이라는 단어를 거침없이 썼다. 혁명이 아니면 세상을 온전히 새롭게 바꿀 수 없다고 보았기 때문이다. 그러면서 그것은 어디까지나 정신혁명의 기반이 확보된 토대 위에서 가능한 변화로 이해했다. 그렇지 못한 혁명은 이해관계에 좌우되거나 새로운 억압체제를 만들어낼 뿐임을 꿰뚫어본 것이다.

그런 까닭에 함석헌은 인간 내면의 혁명적 변신을 가장 중요한 과제라고 믿었다. "하나님 나라가 네 안에 있다"는 예수의 말대로 그는 모든 혁명의 본거지는 인간의 정신, 의식에 있다고 본 것이다. 그것은 현실과 마주해서 이루어지는 것인 동시에, 우주적 기원을 가진 생명논리에 따른 내용이 되어야 한다. 그 주체는 낮고 낮은 곳에서 온갖 수난을 겪는 가운데 자신에 대한 각성을 이루어가는 씨을 민중이다.

『함석헌선집』제3권에서 주요한 논의 주제는 특히 정치다. 1958년 『사상계』에 실은 글 「생각하는 백성이라야 산다」로 옥살이를 했던 함석헌은 이를 기점으로 현실정치의 악과 치열하게 교전하는 최선두에 섰다. 5·16군사쿠데타 세력에 대한 지속적인 저항과 투쟁 그리고 부패하고 굴욕적인 한일협정 체결 반대투쟁 등, 60대 이후 그의 삶은 현실정치의 밑둥이를 혁명적으로 전환하는 작업에 집중된다.

이는 단지 현실의 변화만이 아니라 인간 자신의 혁신이라는 점에서, 미래형 인간학의 중대한 기초를 놓은 문명사적 성취였다.

새 윤리

정신의 뼈대를 어떻게 바로 세울 것인가. 함석헌에게 이 문제는 언제나 핵심과제였다. 제아무리 다른 것이 변모한다고 해도, 그 내면의 힘이 바르지 못하면 새로운 시대는 오지 못하기 때문이다. 결국 인간 자신의 정신사가 역사를 떠받쳐 바로 가게 할 수 있는 힘이 있는가의 여부가 그에게 가장 중요한 윤리적 지침이다.

「살림살이」1953

이 글을 읽노라면 뭔가 육중한 것이 가슴에 들이쳐 오는 느낌을 갖게 된다. 그만큼 함석헌의 육성은 무게와 함께 날카로움을 동시에 드러낸다. 실로 인생과 역사가 어떻게 달라질 수 있을 것인가의 문제는 어제오늘의 문제로 국한되지 않는다. 그것은 언제나 미래를 향해 달리는 인간의 현안이다.

글이 발표된 1953년은 한국전쟁의 폐허가 현실이었고, 앞날에 대한 절망이 일상이었다. 민중은 갈 길이 없었다. 이런 나락에 떨어진 사람들을 일으켜 세운다는 것은 정신이 번쩍 들게 하는 소리 아니고서는 시작되지 못한다. 그렇다. 정신이다. 함석헌이 유난히 집중했던 힘의 정체는 여기에 집약된다. 정신이라는 말은 그에게 '얼'로 표현된다.

> 사람의 얼이란 것은 온갖 힘의 물둥지다. ……사람이 하는 모든 일은 마지막에 한 번은 반드시 정신으로 바뀌어져 생명의 물둥지를 이루게 되고, 거기서야 또 모든 것이 나올 수 있다.

이게 핵심이다. 그 어떤 사연이 있는지 간에 결국 정신의 탄생으로 생명은 제 구실을 한다. 그 정신은 우주적 규모를 지니고 있다. 해서 그는 "내 아득한 정신 하나가 곧 우주적 재산이다"라고 서슴지 않고 말한다. 오늘날 우리의 교육은 기껏해야 지성과 감성의 조화를 내세운다. 하지만 그것으로는 어림도 없다는 것이 함석헌의 생각이다. 우주적 사유를 포괄하는 종교적 차원에 이르러야 인간은 역사에서 위대한 존재로 자리매김할 수 있다고 본다.

그런 인간의 자존감은 어느 정도인가? 그는 이렇게 말하고 있다. "내가 하나님의 콧구멍이요 우주의 숨통이다." 그러니 이런 인간을 누가 쉽게 굴복시킬 수 있을 것이며, 스스로도 장애가 있다고 해서 좌절하겠는가? 바로 여기서 인간혁명의 근본을 우리는 보게 된다. 그런데 함석헌은 어떤 추상적 개념을 들고 이걸 깃발이라고 내세운 것이 아니다. 아주 구체적인 일상에서부터 혁명의 지침을 내놓는다.

일찍 일어나거든 우선 팔다리와 모든 기관을 고루 놀려, 자는 동안 막혔던 피와 기운이 풀려 돌아가도록 해야 한다. ……몸의 준비가 다 되면 정신의 준비다. 고요히 앉아 생각을 하여 천지창조 전부터 영원 미래에 이르는 무한 우주를 거니는 마음의 산책을 날마다 게을리 아니해야만 한다.

인간혁명을 위한 삶의 기본이란 이런 마음을 매일 체험하는 것이다. 하다가 마는 것이 아니라, '오래' 하라고 한다. 하나님과 씨름을 벌인 야곱처럼 질기라고 한다. 그러면 어찌 되는가? 그의 마무리는 호탕하다. "이것을 알면 5천 년 역사 바로잡는 여반장如反掌이리라."

「새 윤리」1956

무엇이 옳고 무엇이 그른가를 따지는 생각 없이 인간이 살아갈 도리는 없다. 윤리의식의 존재 여부다. 문제는 그 내용이다. 윤리의식이 어떤가에 따라 그 사람의 가는 길이 보이고, 그 사회가 직면한 문제가 드러난다. 그런데 윤리는 단지 옳고 그름에 대한 지침을 내리는 고정된 틀이 아니다. 그런 것은 자칫 교조가 될 뿐이다. 그래서 함석헌은 윤리 앞에 '새'라는 단어를 붙였다. 왜인가?

한 사회를 지배하고 있는 이념이나 사상, 가치관에 대한 비판적 검토를 하는 것이 윤리적 사유의 능력이다. 새 윤리는 이런 사유에서 태어난다. 이미 남들이 정해놓은 지침을 그대로 따르는 것은 인간을 바보로 만들거나 사회를 하나의 고정된 틀에 가두는 것과 다름이 없다. 그런 까닭에 함석헌은 현실이 내세우는 개념들을 하나하나 해부하고 그걸 비판적으로 짚어나간다.

가령 '냉전'을 예로 들어보자. 그것은 전쟁이 끝난 한국 그리고 50년대 국제사회의 지배적 이념이었다. 이것에 의문을 표시하거나 비판하면 그 즉시 반체제로 몰리게 되어 있고, 처벌은 매우 가혹했다. 이적 행위라는 낙인이 찍히고 공동체의 안보를 해치는 존재로 규정 당한다. 냉전에 대한 비판은 그래서 위험한 시도다. 그러나 함석헌은 이렇게 말하고 있다.

냉전은 전쟁 아닌 전쟁이다. 이제는 전쟁 따로, 평화 따로가 아니다. 어디까지 전쟁이요 어디까지 평화인지를 알 수 없이 되었다. 다시 말하면 살인 아닌 살인, 약탈 아닌 약탈이 있단 말이다. ……38선은 이러한 원인이 있어서 생겨난 것이다. 그것은 결코 지리적 경계선이 아니고 사상적 경계선이다. 이제 나라를 결정하는 것은 자연이 아니고, 사상적인 것이 그 주요소다. 그런데 사상에는 경계선을 그을 수가 없다.

'냉전'이라는 우상을 파괴하겠다는 의지를 드러낸다. 지배자들의 농락에 걸려들지 않겠다는 것이다. 그렇다면 어떤 세상이 되어야 새 윤리가 서겠는가? 함석헌의 대답에는 이미 다른 규모가 담겨 있다. "무엇보다 중요한 것은 세계가 하나가 되어가고 있다는 사실이다.

지금까지 있던 신앙·도덕을 온통 깨뜨려놓은 이 문명은 세계를 하나로 만들었다." 그러니 여기 갈라 치고 저기 경계선을 긋지 말라는 것이다. 그리고 이렇게 말한다.

> 이제 단순한 인간, 사람, 민民의 세기가 온다. 근세 이래의 인류가 당한 모든 어려움은 민 하나를 낳자는 운동이었다. 민은 제가 제 노릇을 하는 사람이다. 제가 제 주인이다.

> 씨올이 주인 되는 세상, 그것이 새 윤리가 세우려는 역사다.

「사상과 실천」1956

전쟁이 끝난 지 3년이 지나고 세상은 여전히 갈피를 잡지 못하고 있었다. 사람들은 자본주의가 희망이라고 여기고 잔뜩 몰려갔다. 잘 살고 싶었다. 그러나 정작 겪는 것은 비리와 부패, 독재였다. 백성들은 이리 채이고 저리 밀려났다. 변화가 절실했다. 이런 와중에 함석헌은 생각이 생각으로 그치지 않고 역사를 움직이는 현실의 힘이 되기를 갈망했다.

함석헌은 세상에 말들은 무성하지만 제대로 된 알맹이가 없다고 보았다. 폭발할 수 있는 에너지가 없는 말은 그저 뜻 없는 소리에 불과한 발성일 뿐이다. 해서 그는 말 속에 사상이 들어 있어야 한다고 강조했다. 그렇다면 사상은 무엇인가?

> 사상은 불붙임을 요구하는 가스다. ……예수는 불을 지른 이요, 공자도 석가도 불을 지른 이다. 그들은 사람의 가슴속에 벌써 있는 것이 아니고는 말하지 않았다. 그러나 또 이미 있는 것을 또 그대로 두지도 않았다. 이미 있는 것을 일으켜 거기 질적 변화를 주었다.

> 사상이라는 말이 요즈음은 인기 없는 말이 되었다. 사상과 이념이

밥 먹여주느냐, 낡은 시대의 유물 아니냐, 이런 식이다. 하지만 사상과 이념은 가치논쟁의 열매다. 어떻게 사는 것이 인간을 인간답게 하느냐라는 질문을 정면에 내걸고 고투하는 정신이 도달하는 산이요, 바다다. 이것을 무시하고 내버리는 인간과 사회에서 가치논쟁은 짓밟힌다.

하나 덧붙이자면, 1950년대에는 사상이라고 하면 불온시되었다. 이 글이 실린 잡지 이름이 『사상계』이긴 하지만, 그 당시 사상 운운하는 것은 위험한 일이었다. 이래저래 다가가기가 겁나는 말이었다. 그런데 함석헌은 사상을 '불'이라 했으니 더더욱 위태로운 발언이 아닐 수 없다. 그는 사상이 말로 그치지 말아야 하며 행동으로까지 치달아야 한다고 주장한다. "생각이 역사를 움직이는 힘이 되려면 공적 증언으로 나와야 한다. 증언은 곧 행동이다." 이럴 때야 비로소 "사회에 큰 변동이 일어난다"는 것이다.

왜 일어나야 하는가? 그의 말은 더욱 대담해진다. 미국이 지상 천국으로 인식되던 때의 발언이다.

미국 자본주의의 하수도가 우리다. 미국의 자동차가 무엇을 가지고 왔나? 자기네가 호사한 살림하는 데 필연적으로 나오는 찌꺼기, 쓰레기를 처분하려고 싣고 온 것 아닌가. ……종교가들의 양심이 그런 정도이기 때문에 미국의 선물을 백배하고 받고 그것을 미끼로 교도 유혹 쟁탈전을 하고 있으면서 자본주의의 주구 노릇을 하고 있다.

깨끗한 기운을 받고 살아야 하는 생명과 배치되는 체제에 대한 정면 도전이었다. 혁명이 요구되었다. 혁명의 근원을 그는 이렇게 단언한다. "모든 참 생명적인 혁명은 따져 들어가면 다 어느 가슴에서 나왔다. 삶 자체의 가슴에서 나왔다." 이처럼 그가 말하는 사상은 당시나 지금이나 식자들에게 유행처럼 번지는 서양 이론의 수입이 아니었다.

저항의 철학

함석헌의 삶에서 일관되게 실현되었던 것은 바르지 못한 것과의 싸움이었다. 그것은 생명을 지키고 생명의 자유함을 얻기 위한 필연적 과정이자 본질 자체였다. 그가 저항 없이 인간은 인간답지 못하게 된다고 부르짖었던 것은 악이 판을 치는 세상에서 인간다움의 길을 뚫어내기 위한 혼신의 투쟁이었다. 간디는 그에게 바로 이 저항의 구체적인 모델이었다.

「전쟁과 똥」1956

이 글은 썼던 당시에는 발표되지 못했다. 군이 내는 잡지에 실릴 예정으로, 군의 요청으로 쓴 글에서 군대의 존재 이유인 전쟁을 '똥'이라고 했으니 말이다. 애초부터 실리지 않을 작정을 하지 않고서야 이렇게 글을 쓸 수 있을까 싶을 정도다. 1956년에 쓴 이 글은 6년 뒤인 1962년에야 빛을 본다. 그러나 그때도 군과 권력자들이 반길 만한 글은 물론 아니었다. 그해는 군사쿠데타의 주역들이 정세를 장악하고 있었던 때다. 지금이라고 다를까?

이승만 정권 이래 '북진통일'이라는 구호는 곧 전쟁을 의미했고, 군사쿠데타는 이런 생각을 그대로 이어나간 세력의 정변이었다. 이들 세력에게 함석헌의 주장은 실로 위험천만했다. 뿐만 아니라 '똥'이라는 단어를 내세운 글을 버젓이 썼으니 이런 글을 읽는다는 것 자체가 격에 어울리지 않는다고 여길 법하다. 함석헌은 똥을 똥이라고 여기지 않으면 그 똥을 치울 수 없다고 확신했다. 전쟁이 국가목표이자 신성불가침의 이데올로기로 작동하고 있는 마당에, 이걸 정면으로 치고 나가지 않으면 모두가 또다시 전쟁의 화마에 휘말릴 터였다. 그러니 적당히 넘어갈 수는 없는 노릇이었다.

6·25 이래 나는 전쟁과 똥이라는 생각을 하게 된다. 어느 날도 우리가 전쟁 속에서 사는 것은 잊을 수 없고, 또 어디를 가도 똥 냄새

아니 나고, 똥을 아니 보고, 똥을 아니 밟는 곳은 없기 때문이다.

일제 강점기와 태평양전쟁, 6·25전쟁을 겪으면서 군사주의는 한국 사회를 지배하는 우상이 되었다. 이 전쟁 이데올로기는 지배세력의 집권전략의 핵심으로 등장했다. 함석헌은 이를 노골적으로 깔아뭉갠다.

본래 전쟁이란 것이 다른 것 아니요, 짐승의 일이요, 똥을 싸는 짓이다. 전쟁과 똥이 꼭 같은 것인데, 왜 똥은 피하고 전쟁은 피하려 하지 않을까? 똥은 몰래 누려 하는데, 전쟁은 드러내놓고 할까? 똥을 누는 것은 부끄러워하면서, 전쟁은 왜 자랑을 하며 할까? ……네 나라 내 나라라는 생각을 떠나서, 한 말로 하면 군인이란 사람이 사람 죽이잔 것 아닌가? 그것이 어찌 사람이며 사람의 근본 일일 수 있나? 군인이란 것도 당당한 문화적인 직업인 것처럼 생각하는 사상은 없애버려야 한다.

군복무를 국민으로서 기본 의무로 가르치는 판에, 과격하기 짝이 없는 소리로 들린다. 그는 이렇게 자신의 논지를 확실하게 내놓는다.

이기고 돌아왔다손, 차마 못해 중도에서 군복을 집어던지고 집으로 돌아와 통곡을 할 일이요. ……이상에 불타는 젊은이를 잡아다가 제 동무를 서로 죽인 일을 자랑으로 뽐낼 만큼 인간성을 잃도록 만든 것은 어떤 놈인가?

결국 그의 생각은 사람이 사람다울 수 있는 길에 있다. 한반도에서 전쟁논란이 벌어지는 까닭은 분단체제 때문이다. 그는 통일론으로 자신의 이야기를 마무리한다.

이제 모든 문제는 통일에 있다. 우리는 이 나라 통일을 하면 사람이요, 못하면 짐승이다. ······세계 어느 나라가 군비 없는 나라 있느냐고, 그런 소리 하지 말라. 그 나라들은 부러운 나라가 아니다. ······38선은 무기로 뚫을 것이 아니고, 혼의 힘으로 뚫을 것이다. 우리는 대적의 무기를 꺾어야 하는 것이 아니요, 그들 속에 전쟁의 똥으로 더러워지고 마비된 양심을 때려 깨워야 한다.

전쟁이 끝난 지 70년이 다 되어가는데도 평화협정을 맺지 않는 나라, 그래서 전쟁체제가 날로 강화되어가는 현실 앞에서 함석헌의 글은 여전히 현재진행형의 위력을 갖는다.

「간디의 길」1961

4·19혁명은 새로운 세상에 대한 기대를 한껏 불러 일으켰지만, 1년이 지나면서 애초의 기대가 점차 무너지기 시작한다. 낡은 것은 타파했으나 새것을 세우는 힘은 부족했던 탓이었다. 제도를 바꾸자, 정책을 제대로 펴야 한다, 사람을 바꾸면 된다 등의 논의가 봇물처럼 터졌다. 함석헌은 거기서 더 나아가 본질적인 차원으로 육박해 들어간다. 정신의 변혁 없이는 다 소용없다는 것이다.

민중들이 이미 판단을 내렸다는 것이다. "민중은 벌써 '그놈이 그놈'이란 판단을 내렸기 때문에 사실상 야당이란 것은 없다." 언젯적 이야기인지 혼동할 지경이다. 또 "이만 했으면 우리나라에 인물이 정말 없는 것도 드러났다. ······이 나라에 정말 정치가는 없는 것 아닌가."

어디 그뿐인가? "또 이만 했으면 우리 언론의 힘이 어느 정도인 것도 드러났다. 관이나 민을 가릴 것 없이, 말을 한다면 그저 '반공'이 최절정이요, 사실을 보도한다면 그저 이북에서는 어떻게 살기 어렵다는 것이니, 그것으로 민중의 마음이 하나가 되고 높아질 수 있을까? 그보다 높은 이상을 보여주는 것 없이 그저 아니라고만 하는 것이 무슨 힘이 있으며, 이북이 잘 못산다는 것이 무엇이 터럭만큼인들이남의 잘한다는 증명이 될까?"

우리가 아직도 어떤 역사의 퇴락 속에서 사는지 그의 말에 고스란히 드러난다. 그의 현실진단은 분명해진다. "왜 우리 자신의 비판을 좀 더 아프게 하지 않나? 이북은 공포정치인지 모르나 이남은 부패정치다." 어떻게 새 길을 뚫어야 하나? 그의 답은 간디에게서 배우는 것에 있다. 왜 그런가?

간디를 따르는 사람들이 스스로 부른 대로 그것은 사티아그라 하다, 진리파지眞理把持다, 참을 지킴이다. 또 세상이 보통 일컫는 대로 비폭력 운동이다. 사나운 힘을 쓰지 않음이다. 혹 무저항주의란 말을 쓰는 수 있으나 그것은 오해를 일으키기 쉬운 이름이다. 간디는 옳지 않은 것에 대해 저항을 하지 말자는 것이 아니다. 반대로 그는 죽어도 저항해 싸우자는 주의다. 다만 폭력 곧 사나운 힘을 쓰지 말자는 주의다. 그러므로 자세히 말하면 비폭력 저항주의다. 그럼 폭력이 아니면 무슨 힘인가? 혼의 힘이다.

함석헌은 현실의 변화를 가로막고 있는 일체의 우상을 때려 부수고 진리대로 사는 길은 "아무 꾀나 술책이 없다. 선동이나 선전도 없다. 비밀이 없다. 대도직여발大道直如髮이다. 지극히 단순하고 간단한 것이다. 그러므로 누구나 할 수 있는 것이 그 길이다"라고 강조한다. 식민지를 겪었던 인도와 그 인도의 간디. 그가 펼친 평화운동과 그 운동의 세계성 속에서 한반도의 미래를 가늠해본 함석헌의 웅변은 언제고 낡을 수 없다.

「비폭력혁명」1965

간디에 대한 함석헌의 존경은 인도에 대한 관심을 불러일으키는 것으로 이어진다. 미래의 모델을 일본이나 미국이라는 부강한 나라에 두고 있는 현실에서 그가 이미 1960년대 중반에 인도에 주목했다는 것은 놀랍다. 1964년은 한일협정 체결 반대운동이 고조되던 시기였다. 이 시기를 거치면서, 함석헌은 한때 이 나라를 식민지 노예로 삼았던 일본에 대한 관심을 조금이라도 돌려 인도에 주목하면 새로운 발상이 나올 것이라고 강조한다.

　비폭력혁명이라는 정신혁명의 실천을 수행한 나라에 대한 관심은 선진국이라는 나라들의 문명이라는 것 밑바닥에 깔린 폭력을 보았기 때문이었다. 그가 말하는 비폭력혁명이란 저항운동의 비폭력성에 그치지 않는다. "문명의 비폭력성"에 기초한 미래가 그의 이상이었기 때문이다.

　우리 나아갈 길은 오직 한 길밖에 없습니다. 비폭력혁명의 길입니다. ……이날까지 이 역사를 이끌어온 것은 폭력주의였습니다. 그 결과 세계는 오늘에 보는 것같이 어지럽고 참혹하게 되었습니다. 이제 그것이 더 나아갈 수 없는 막다른 골목에 빠졌습니다.

　어떻게 하면 되는가? 그는 우리 사회의 정신적 기반이 썩었다면서 좌우를 넘어서는 근본적 정신의 세계로 터를 삼아야 한다고 말한다. "그것을 우리가 당한 이 시대의 말로 할 때 비폭력입니다. 비폭력이라니 단순히 주먹이나 무기를 아니 쓴다는 말이 아닙니다. 그것은 너 나의 대립을 초월한 것입니다. 차별상을 뛰어넘은 것입니다"라고 주장한다. 그러고는 당대의 현실을 이렇게 갈파한다.

　4·19는 학생들이 악을 제해버리기 위해 악을 짓는 사람이 되지 않고 그 악의 결과를 자기들이 그 값으로 죽겠다고 일어선 것입니다. 실지로 총을 맞았거나 아니 맞았거나, 이미 그 각오를 하고 일어섰을 때 벌써 그 목숨은 전체의 제단에 바친 것입니다. 그러므로 전 민중은 가만있지 못했습니다. 그러므로 악의 세력은 스스로 물러 갔습니다. 그러나 5·16에는 어쨌습니까? 민중이 조금도 감격하지

않았습니다. 그러므로 그 자칭 혁명은 첨부터 실패할 것이 뻔했습니다. 왜? 그들은 총을 들었습니다.

그 결과는 어떤가? "그것으로 국민정신은 터럭만큼도 올라간 것 없었습니다. 여지없이 저하됐습니다. 오늘의 이 어려움, 이 혼란의 원인은 그러한 정신적 학살에 있습니다." 5·16 군사쿠데타 이후 우리 역사는 바로 이 정신적 학살에서 벗어나지 못했기 때문이라는 이야기다. 힘과 폭력으로 밀어붙이는 일체의 것은 정신을 살해하는 일이요, 나라를 망치는 것이라는 그의 주장은 그렇지 않은 나라를 주목하도록 한 것이다.

우리나라 일, 더구나도 정치에 한심하고 우스운 일이 많지만, 그중에서도 심한 것은 인도를 대하는 태도입니다. 인도에 대해 어째 그렇게 무지하고 무관심하고 무정할까? ……일본에 대하여는, 우리 이익을 그렇게 침해하고 그 태도가 그렇게 건방지고, 그 하는 수단이 그렇게 간교한데도, 이권을 양보하면서, 업신여김을 달게 받으면서, 매국적 소리를 들으면서도 기어이 국교를 열겠다는 사람들이 인도에 대하여는 어째 그렇게 무관심합니까?

1968년 이후 인도가 오로빌 지역에 자치권을 주면서 새로운 대안 공동체 건설의 국제화를 이루어낸 역사를 안다면, 아직도 인도에 무지한 우리 사회의 지적 빈곤은 함석헌의 말대로 "인도에 대하여는 어째 그렇게 무관심합니까?"라는 말을 들어도 할 말이 없게 생긴 현실이다. 미래 문명의 모델에 대한 가치관이 담긴 그의 비폭력 혁명은 세계문명 전체에 대한 폭풍 같은 일깨움이기도 하다.

「단식에 앞서 동포에게 드립니다」1965
마침내 한일협정이 체결된다. 1965년 6월 22일이었다. 식민지 지배에 대한 사과도 없고, 태평양전쟁 당시 전시동원에 대한 배상도 없으며 독립축하금 운운과 경제협력이라는 포장으로 만들어진 한일협정에 대한 민중의 분노는 노도와 같았다. 그러나 군사쿠데타 집권이라는 정통성 결여와 경제위기에 대한 자금 마련이라는 장애에 직면한 박정희체제는 이 부패하고 굴욕적이며 매국적인 외교협상을 밀어붙였다.

미국이 베트남전쟁에 한국군을 끌어들이고 한일관계를 정리해서 자신들이 동북아 패권체제를 주도하기 위해 뒤에서 작용한 것도 큰 몫을 했다. 한일협정은 바로 냉전체제의 산물이었으며, 박정희 군사정부는 이를 수행해나간 주역이었다. 이후 이 협정은 위안부 문제에까지 이어지면서 일본의 과거사 해결에 하나도 진척을 이루지 못한 결과를 낳았다.

오늘날 한국의 공교육 체계에서 한일협정의 역사를 제대로 가르치지 않는 이유는 무엇인지 분명하다. 또한 한일협정을 반대했던 이들의 역사의식과 문제제기는 여전히 유효하다. 함석헌이 단식하기 전 『동아일보』에 기고한 이 글의 첫 문장은 놀랍다.

남한 북한에 있는 4천만 겨레 여러분! 우리나라는 지금 아주 어려운 고비를 당했습니다. 본래 파란 많은 고난의 역사인 우리나라지만 이번은 그전 어느 때보다도 더 심한 위기입니다. 까딱하다가는 아주 망해버리고 맙니다. ……그 대적은 우리의 약점을 잘 알고 우리를 속일 줄 잘 아는 옛날의 원수이기 때문입니다.

한일협정 문제를 남한의 문제로 국한시키는 것이 아니라, 남북 민족 전체의 위기로 받아들인 것이다. 이 과정에서 일본이 한반도의 미래를 위협하고 말 것이라는 그의 예견은 자위대를 일본군으로 내세우는 오늘날을 보면 그대로 맞아 들어갔다. 그는 일본의 이러한 움직임이 한반도 평화에 결코 우호적이지 않을 것을 내다본 것이다. 자신이 왜 단식에 이르렀는지 그 문제를 밝힌다.

이 정권이 사실상 그것의 연장인 군사정권과 일본 제국주의 배출輩
出들 사이에 무슨 본질적인 관련이 있는 듯, 그들은 어수선한 정변
초부터 한일회담을 서둘렀습니다. 그렇기 때문에, 그것을 염려했
기 때문에, 국민은 처음부터 반대했습니다. ……국민이 그렇게 반
대했는데도 불구하고 이 정권은 자기네 생명이 거기 달렸으니만큼
갖은 수단과 방법을 다해 국민을 억누르고 그것을 고집하여 드디
어 조인을 하는 데 이르렀습니다.

오늘의 젊은 세대가 한일협정 반대운동의 역사를 알 까닭이 없다.
그 당시 함석헌은 목숨을 걸고 반대한다.

우리는 정신을 가다듬어 최후의 일인까지 최후의 일각까지 싸워야
합니다. ……정말 중요한 것은 여러분 민중 자신이 스스로 깨어 일
어서는 일입니다. ……누가 밖에서 해줄 수 있는 것이 아닙니다. 의
도 씨을 스스로의 의요, 죄악도 씨을 스스로의 죄악입니다. 이제 우
리가 살아나는 길은 진정한 국민운동에만 있습니다.

그의 마지막 발언은 장엄하다. "살아서 종이 되는 것보다는 사람답
게 국민답게 죽는 것이 훨씬 더 영광입니다." 이로부터 함석헌은 박
정희 체제와 정면으로 대립하는 저항의 길에 결연히 나선다. 그의 운
명이 지금보다 더 매서운 파란에 휩싸이는 시작이었다.

「레지스탕스」1966

함석헌의 저항철학은 점점 더 무르익어갔다. 그러나 단식까지 하
면서 한일협정 반대운동에 나섰지만 민중들의 무관심에 그는 절망
했다. 더는 글을 쓰지 않겠다고 마음먹고 강원도 산속으로 들어갔다

가 오랜만에 서울에 오니 세상은 그가 기대했던 것과 딴판이었다. 『사상계』 형편은 어떤가 하고 찾아갔는데, 예전의 열기는 사라졌다. 그런데 그가 막상 듣게 된 이야기는 예상과 달랐다.

"선생님 글 하나 꼭 써주셔야겠습니다."
"글은 다 아니 쓰기로 하지 않았소?……"
"그래도 꼭 써주셔야겠습니다. 항거의 정신에 대해서입니다."
"생각을 한다는 사람들로서, 종교가 왜 정치에 참여하느냐, 하나님의 채찍이니 가만있어서 받는 것이 옳다, 원수를 사랑하라 했는데, 무조건 우선 통하는 것이 좋다, 사람들로부터 '그것 봐, 그러기 우리말이, 가만있는 것이 옳다고 하지 않았어' 하는 소리를 하게 됐으니 어떻게 하오? 5천년을 그래온 민족. 그렇게 속여온 지도자들. 사대주의의 그 생리가 돼 있어."
"그러기에 이제부터 항거의 횃불을 또다시 들어야 하지 않습니까? 선생님 뭐라 하셨습니까? 싸움은 이제부터라 하시지 않았습니까?"

그는 산속에 샤르댕의 『인간의 장래』를 가지고 갔다. 인간의 진화가 오메가포인트 예수를 향해간다는 내용에 깊이 빠져 있던 그가 다시 현실로 돌아온 것이다. 어느날 강원도 산속에서 꾼 꿈은 십자가 못 박히는 예수였다.

한 사람이 십자가에 못을 박히고 있었다. 남잔지 여잔지 그것은 알 수 없는데, 한창 나이의 사람이었다. ……그 사람은 몸부림을 하지도 않고 무슨 고통이나 발악의 부르짖음도, 웅얼거림도 내지 않았다. ……'내가 저런 일을 당한다면 어쩌할까? 나도 저처럼 태연할 수 있을까' 하는 두려움이 있었던 것을 지금도 기억한다.

그 꿈에는 항거한다는 것이 어떤 고통을 가져올지 내면의 두려움이 깃들어 있고, 저항의 의미에 대한 깨우침이 담겨 있기도 했을 것이다. 그는 낙담했던 마음을 돌이켜 분연히 일어선다. "그렇다, 시대는 변할 것이요, 역사는 틀림없이 심판을 내릴 것이다." 그러고 나서 그는 깨닫는다.

생명의 길은 끊임없는 반항의 길이다. 생명은 스스로 하는 것이다. ……국민의 마음을 이 꼴을 만들어놓고는 도저히 나라를 이루어나갈 수 없을 것이다. 의기 없는 국민을 가지고 무엇을 할 터인가? 제나라 안에서도 감히 정치의 비평을 못하고, 잘못된 것을 바로잡아보자는 용기를 못 내는 백성이 어떻게 외국 세력에 대항하여 싸울 수 있을까?

함석헌은 항거가 곧 사람의 길이며, 대중이 함께 일어서야 하고, 그것을 위해서는 언론의 자유가 가장 중요하다고 강조하고 글을 맺는다. 좌절하려 했던 그는 다시 시대의 폭풍이 되어 역사의 전면에 나섰다. 그 두려웠던 십자가를 스스로 진 것이었다.

「저항의 철학」1967

이 글은 그의 저항철학에 있는 우주적·종교적 차원 그리고 생명의 원리라는 본질을 극명히 보여준다. 한일협정 체결 반대투쟁이라는 정치적 반대운동은 단지 정치만이 아니라 인간의 우주적 본성에 따른 것이라는 주장을 펼친다. 저항이란 것이 불만을 표시하고 항거하는 정도가 아니라 그로써 인간은 인간이 되고, 우주적 섭리와도 일치한다는 그의 논지는 그 어떤 저항철학도 발설하지 못했던 장엄한 논지다.

저항할 줄 모르는 것은 사람이 아니다. 왜 그런가? 사람은 인격이요 생명이기 때문이다. 인격이 무엇인가? 자유하는 것 아닌가?

……이 자유 발전하는 정신의 길에 아무것도 막아서는 것이 있을 수 없다. 만일 있다면 그때는 용서 없이 걷어치우려 힘써 싸움이 일어난다. 그것이 저항이다.

단호하다. 그가 샤르댕의 『인간의 미래』를 탐독했던 것을 떠올려 보면, 저항은 인간 진화의 궁극적 도달 지점인 '오메가포인트'로 진화하는 과정에서 필연적으로 요구되는 셈이다. 이는 선과 악의 대립과 쟁투라는 윤리적 차원과 결합되어 있다.

인격은 선악의 두 언덕을 치며 물살을 일으켜 흘러나가는 정신의 흐름이다. ……사람은 악과 맞서고, 뻗대고, 걸러내고, 밀고 나가서만 사람이다.

이러한 그의 저항철학에는 생명사상이 담겨 있다. 단지 생명존중이라는 수준이 아니라 그 안에 존재해온 저항의 역사를 꿰뚫어본다.

생명은 곧 자기주장이다. ……생물의 복잡한 생활기능을 해가는 가지가지의 기관을 보면 거기 싸움의 기록, 저항의 역사가 역력히 박혀 있다. 그 이빨, 그 톱, 그 주둥이, 그 사지, 그 피부, 그 내장을 하나씩 살펴보라. 그것은 다 맞서기 위한 것, 버티기 위한 것, 견디고 걸러내기 위한 것들이다. 그것들을 가지고 그들은 비·바람·눈과 열과 가뭄과 다른 동류들과 겨루고 싸워온 것이었다.

다윈의 진화론에서 대부분이 생물의 기능적 변화와 종의 출현을 주목하는 것을 넘어서, 함석헌은 저항과 생명의 투쟁사를 주목했다. 생명의 존재 자체가 저항의 결과물임을 일깨우는 그는 또한 우주 자체가 바로 자유와 생명임을 각성하기를 촉구한다.

이 우주는 자치하는 우주란 말이요, 이 생명은 자유하는 생명이란 말이다. ……자유야말로 생명의 근본 바탈이다. 진화$^{to\ evolve}$하는 것이 생명이다.

오늘날 우주의 자기생성과 진화가 생명과 정신의 체계를 구성한다는 발견과 논의는 베리$^{Thomas\ Berry}$, 라즐로$^{Erwin\ Lazslo}$, 윌버$^{Ken\ Wilber}$, 초프라$^{Deepak\ Chopra}$, 카프라$^{Fritjof\ Capra}$ 등의 이름이 거론되는 새로운 과학과 영성철학의 근본인식이다. 함석헌은 이러한 우주적 생명론이 거론되기 훨씬 전에 이에 대해 입을 열었다. 그것은 그가 내세운 저항철학의 깊이를 보여준다. 우리에게 이런 위대한 정신의 존재가 있다는 것을 우리가 모르고 있다는 것은 실로 부끄러운 일이 아닐까?

「현대사의 조명탄 간디」[1969]

어둠의 시대에 필요한 것은 빛을 밝히는 조명탄 같은 존재다. 그것은 새로운 시대에 대한 희망과 다를 바 없다. 어떻게 그것을 이룰 수 있는가는 함석헌의 지속적인 문제의식이었다. 그를 사로잡은 화두는 정신의 힘이었다. 그리고 이것을 현대사에서 체화시킨 존재는 바로 간디였다.

간디는 현대 역사에 있어서 하나의 조명탄입니다. 캄캄한 밤에 적전 상륙을 하려는 군대가 강한 빛의 조명탄을 쏘아올리고, 공중에서 타는 그 빛의 비쳐줌을 이용해 공격목표를 확인하여 대적을 부수고 방향을 가려 행진을 할 수 있듯이, 20세기의 인류는 자기네 속에서 간디라는 하나의 위대한 혼을 쏘아 올렸고, 지금 그 타서 비치고 있는 빛 속에서 새 시대의 길을 더듬고 있습니다.

간디의 출현은 그냥 이루어진 것이 아니었다. "그가 있기 위해서는 인도 5천 년의 종교문명과 유럽 5백 년의 과학발달과 아시아·아프리카의 짓눌려 고민하는 20억 넘는 유색인종이 필요했습니다. 그러나 모든 위대하고 아름다운 혼이 그랬듯이, 그도 고통과 시련 없이는 되어 나올 수 없었습니다." 따라서 역사적 시련의 소용돌이 또는 용광로에서 태어난 간디는 초월적 존재로 인류사에 우뚝 서게 된다.

그 조명탄 안에 무엇이 있는가? '사랑'이 있다고 함석헌은 갈파한다. 인류의 진화는 바로 이 사랑에 기초한 협동임을 또한 밝힌다. 진화의 과정이란 다름 아닌 협동이라고 강조한 그는 이러한 과정에서 간디가 강조했던 비폭력저항 또는 반항이 지닌 의미를 새롭게 조명한다. "비폭력 반항은 하나의 조직적인 사랑입니다." 사랑의 조직화, 이것이 간디의 정신 내면에 존재하는 에너지의 본질임을 내다본 것이었다. 그리고 그것은 단지 한 개인의 정신이 아닌 우주적 산물이라고 강조한다.

그렇다고 그것은 유약한가? 아니라는 것이다. 함석헌은 간디에게 구할 것은 저항정신이자 그것이 가진 비폭력성이며 여기에는 자신을 온통 내걸고 악과 맞서는 힘이 있음을 말하고 있다. 겉보기에 연약한 듯하나 그것이 가진 힘은 결코 악이 이기지 못할 것이라는 확신에 찬 목소리가 여기에 실려 있다. 우주와 하나님을 누가 부숴 이길 수 있겠는가? 이것은 앞의 글인「저항의 철학」마지막 대목과 그대로 이어지는 논지이기도 하다.

무저항주의라고 아는 체 그런 소리를 마라. 그것은 사실은 저항의 보다 높은 한 방법뿐이다. 바로 말한다면 비폭력저항이다. 악을 대적하지 말라 한 예수가 그렇게 맹렬히 악과 싸운 것을 보아라.

악과의 싸움은 함석헌에게 주어진 일생의 임무였다. 그 방법은 여러 가지로 진화했다.

갈이살기 운동을 일으키자

민생을 일으켜 세우겠다고 나선 세력들이 도리어 민생을 도탄에 빠뜨리고 있는 현실 앞에서 함석헌은 빈곤 자체에 대한 돌파를 넘어 새로운 삶의 결단을 촉구한다. 그것은 '함께 살자'는 것이다. 네 것과 내 것을 구별하고 제 욕심 채우기 바쁜 제도와 삶의 습관을 뒤집자는 것이다. 외세에 빌붙어 구걸하듯 제 나라 백성들을 짓밟는 권력에 대해 가차 없는 비판과 함께 그의 갈이살기 운동은 씨올의 삶을 위한 웅변이자 실천이었다.

「3천만 앞에 또 한 번 부르짖는 말씀」[1964]

『조선일보』에 연재한 이 글은 격정적이다. 깊은 슬픔과 함께 시대의 징조를 읽어낸다. 가난한 이들의 삶에 대해 우리 모두가 함께 책임지지 않으면 미래의 희망이 없음을 강조하는 이 글은 한 신문기사가 그 발단이 된다.

여러분은 이틀 전 1964년 1월 26일 『조선일보』 7면에 나타난 기사를 읽었습니까? 삼남매 독살사건. 거기 무어라 씌어 있었습니까?
아버지가 오늘도/ 식빵을 사왔네/ 엄마는 왜 안 오나/ 보고 싶네
아가가/ 자꾸만 울어서

세간의 여론이 비등했다. 어찌 아비가 자식을 독살했느냐는 분노였다. 1964년은 박정희 군사정부가 한일협정을 성사시키려고 안간힘을 쓸 때였고, 민생은 처참한 지경에 놓여 있던 시기였다. 이 사건 앞에서 함석헌은 시대의 징조와 민중의 아우성을 듣는다. 그것을 하늘의 계시로 읽어낸다.

시대의 불의에 대해 목소리를 높인 그였기에 갑자기 대적을 향해 싸우듯 뜨거운 목소리도 내지 않고, 그에 더해 삼남매 독살사건에 대해 도덕적으로 규탄하지도 않는 듯한 그의 모습에 사람들은 의아해

할 만했다. 그는 "하나님의 손가락에 찔렸기 때문"이라면서, 그 손가락이 쓴 글이 바로 이 기사라고 말한다. 대통령의 연두교서는 세월이 지나면 망각되겠지만, "이 글은, 이 하소연은 영영 없어질 수가 없습니다. 그것이 어찌 아홉 살 난 아이의 말입니까? 이 민중의 애끊는 기도요, 하소연이지. 하나님의 심판이지"라고 절절한 호소를 토한다. 이어 그는 사태가 이렇게 된 것의 책임을 따진다.

대체 이 죄악의 범인이 누굽니까? ……아비가 자식을 죽일 리가 없습니다. 형체가 그 아비로 나타났을 뿐이지 정말 범인은 그 뒤에 있습니다. 아비가 자식을 죽이기 전, 그 아비에게서 부성을 뺏은 자가 있습니다. 누구입니까? 잘못된 정치입니다. 그 아비를 벌하기 전 우리는 그 정치를 벌해야 합니다. 그러나 그 군사정변은 누가 일으켰고 그 대통령은 누가 뽑았고 그 정당은 누가 조직했습니까?

대담한 비판이었다. 싸움을 포기한 것이 아니었다. 그러나 이 사태를 뒤집을 궁극적 책임은 결국 민중에게 있다고 말한다.
자식을 죽음에 이르기까지 몰아간 아비의 심정을 더듬으면서 함석헌은 함께 살고 함께 죽기로 마음 다져먹어야 한다고 말한다. 그것은 없어도 함께 죽기로 결심하고 살아가면 된다는 것이었다. 당시 한일협정 체결에 목을 맨 권부를 향한 화살이었고, 민중의 결심을 촉구하는 웅변이었다.

달러가 아니고는 못 사나요? 없이도 살 수 있다는 것을 한번 보여주면 어떻습니까. 나라 운명의 목을 한일회담에다가 매고, 비겁하게 벌벌 떨기 때문에 이렇게 되는 것입니다. 이제라도 살려면 우리 손으로 우리끼리, 살다 못 살면 같이 죽지 하는 각오를 해서만 이 난관을 열 수 있습니다. 나더러 무식하답니까? 어저께 우리 집에 강도로 들어와서, 우리 아버지 죽이고, 우리 어머니 강간하고, 있는

세간 톡 털어간 놈더러 오늘 어업자금 줍시오, 민간차관 줍시오, 그
것은 무식이 아닙니까. 지금 있는 이것을 가지고도 정말 생사를 같
이할 결심만 하면 될 수 있습니다.

이것은 자기 소유를 앞세우는 자본주의체제에 대한 맹렬한 비판으
로 이어진다. 그리고 그는 다시 일깨운다. 이 모든 것은 남의 문제가
아니라 다 우리 자신의 문제라는 것이다. 함석헌은 삼남매 독살사건
앞에서 모두의 책임을 묻고, 정치만이 아니라 비겁하고 졸렬해진 민
중의 심성 자체에도 일격을 가한다.

이 사람들아, 그렇게 기개가 없단 말이냐.
살아도 같이 살고 죽어도 같이 죽자!

그러나 "엄마! 엄마! 엄마!" 하는 그 맺는말은 아이의 목소리 그대
로 부르짖는 처절함이다. 수없는 무고한 죽음 앞에서 그가 듣는 이
절규는 지금도 우리의 귀 기울임을 간절히 바라면서 구천을 떠돌고
있다.

「같이살기 운동을 일으키자」1972
이 글을 쓴 1972년은 조만간 박정희 독재체제를 더욱 강력하게 작
동하게 할 유신체제가 등장할 참이었다. 60년대의 군사정권과는 다
른 고강도의 통제시스템이 작동하는 시대였다. 상황이 달라졌다. 60년
대의 저항운동이 가진 한계를 함석헌은 내다보았다. 민중의 단결이
무엇보다 우선되어야 한다고 여겼다. 이 글은 그런 차원에서, 그의
씨울 주체, 즉 '민중론'이 실천의 장에서 분명하게 드러난 기록이다.

대적의 무기와 전술이 달라졌으면 우리의 전술과 무기도 그보다
더 강하게 고등하게 달라져야 한다. 이제 4·19식으로는 못 이긴다.

180여 명이 죽는 것을 보고 양심이 살아나서 나 물러나겠다 했던 이승만은 태고太古 순민이었다. 오늘의 정치 심장은 목석이나 강철 정도가 아니다. 옛사람은 차마 못하는 마음이 있어야 정치한다고 했더라. 지금 사람은 차마 할 수 있을 만한 무심장無心臟이어야만 지도자라고 하더라.

그러나 박정희체제는 가혹해져갔고 상황은 날이 갈수록 참담했다.

5·16이 4·19와 정신적으로 서로 180도 반대 방향에 선 것을 국민학교 아이들인들 모를까? 그런데 헌법에다가 4·19를 억누르고 거기 5·16을 써 넣었다. 이것은 분명히 사상적 강간이다. 이리가 양보고 같이 앉자 하니 이 어찌 성립될 수 있는 일일까? 양이 죽는 것밖에 다른 결과는 없을 것이다.

박정희체제에 대한 그의 비판은 날이 서 있다. "이 정치악의 악독한 정도는 그때 정도가 아니다." 위기감이 절박했다. 마치 유신체제의 등장을 예견한 듯한 발언이었다. 어떻게 이 위기를 뚫고 나갈 것인가? 함석헌은 같이살기운동을 제창했다. 그는 이것이 당시 박정희 정권이 내세운 새마을운동과 다르다는 것을 강조했다.

같이살기 운동과 새마을운동은 하늘이 땅에서 먼 것같이 서로 다르다. 하나는 이름 없는 씨울이 하는 것인데, 하나는 대통령이 시키는 일이다. 이것은 아래에서 위로 피어오르는 생명의 운동인데, 저것은 위에서 아래로 내리씌우는 권력의 운동이다. 먼저 것은 보람에 살자는 일인데, 뒤의 것은 이해에 살자는 일이다.

그렇다면 같이살기 운동의 내용은 과연 무엇인가?

같이살기란, 예수의 말씀을 빌려서 하면, "옷이 두 벌 있는 이는 그 하나를 벗어 없는 이에게 주자"는 말이요, "있고 없는 것을 서로 나눠쓰자"는 말이요, "가난한 자에게 복된 소식을 주자"는 말이다. 그가 했던 것같이 눈먼 자의 눈이 돼주고 벙어리의 입이 돼주고 병신의 팔다리가 돼주며 불행에 빠진 자를 위로하고 격려해주자는 말이다. 넝마주이에게는 친구가 되고, 갈보에게는 애인이 되며, 죄수에게는 그 죄 짐을 나눠 지는 사람이 되고……

다음과 같은 그의 비판은 박정희체제에 대한 정면대결이다.

외국 무기를 가져다가 외국의 이해를 위해 전쟁하며, ……나는 베트남 참전을 역사상에 크게 씻지 못할 민족의 부끄러운 죄악으로 알지만…… 요새 와서는 소위 안보니 국민총화니 하는 이름 아래 자유정신 비판적 양심의 마지막 한 가닥까지 끊어버리려 하고 있는데, 지성인은 숨도 크게 쉬지 못하고 있다. 이러다가는 민족정신 인간성이 아주 질식해버리고 만다.

그래서 어찌해야 하는가? "모든 씨올이 다 하나로 일어나기를 바란다." 이 말은 이후 유신체제에 대한 저항운동의 신호탄이 된다. 씨올이 들고 일어나는 봉기, 그것이 아니고서는 권력자에게 맡겨서야 같이 살 수 있는 세상을 만들 수 없다는 확신이 선포된다.

오월을 생각해본다

군사주의 세력과의 대결은 함석헌에게 한 번으로 그친 것이 아니었다. 쿠데타를 일으킨 세력이 민주주의를 압살하고 굴욕적인 한일협정을 맺으면서 자유를 봉쇄하고 민중의 기운을 꺾는 것에 대해 멈추지 않는 싸움을 벌였다. 한일회담이 단지 일본과의 문제만이 아니

라 그 뒤에서 미국이 조종하고 있음을 토로하면서 그의 격정의 수위
는 높아진다. 아무리 저항운동의 기가 꺾이는 듯해도 그는 폭력의 체
제와 싸우기 위해 활화산처럼 새로운 열기를 지치지 않고 쏟아내었다.

「5·16을 어떻게 볼까」1961

4·19 이후 정국은 안개 속에 휩싸였다. 곤혹스러운 일이었다. 한
때 야당이었다가 여당이 된 민주당의 지도력이 위태로워보였다. 민
주주의가 과잉이라는 등 민주주의하기에는 미성숙해서 그렇다는 등
당시 상황에 대한 감 놔라 배 놔라 비평이 사방에서 들렸다. 외국 언
론도 한국의 장래에 대해 비관적이었다. 이런 때에 터진 5·16 군사
쿠데타는 앞으로 어떤 역사의 전조인지 설왕설래가 많았다.

우선 그 쿠데타 세력의 정체가 불분명했고, 내세우는 가치와 이념
또한 명확한 설득력을 갖지 못했다. 4·19 이후 정국은 이승만 독재
타도의 완료, 민주제도 회복, 남북통일 촉구라는 국면으로 차례차례
가고 있었는데, 느닷없이 군부가 혁명을 내걸고 정변을 일으킨 상황
에 대해 당장에 어떤 평가를 내리기가 쉽지 않았다. 군사쿠데타 직후
라고 할 수 있는 시점인 1961년 7월에 쓴 이 글은 당시 분위기를 그
대로 담고 있다.

내 보기에 걱정은 이 혁명에 아무 말이 없는 것이다. 말이 사실은
없지 않은데, 만나면 반드시 서로 묻는데, 신문이나 라디오에는 일
체 이렇다는 소감·비평이 없다. 언론인은 다 죽었나? 죽였나? 이
따금 있는 형식적인 칭찬, 그까짓 것은 말이 아니다. 혁명의 말이
아니다. 의사보고 가뜬히 인사하는 것은 병인이 아니다. 의사 온 줄
도 모르면 죽은 사람이다.

언론이 봉쇄되고 자유로운 논의가 막힌 상태에서 정세비평 자체가
어렵다. 뭔가 논의하면 '유언비어'라는 공격을 받았다. 비판에 대한

탄압이었다. "비평 때문에 일을 할 수 없다 하는 것은 실력과 성의를 의심케 하는 말이다. 내 이상이 아무리 좋아도 억지로 집어 씌우면 정치가 아니다."

논리가 명쾌하다. 게다가 그는 당시 독재 가능성에 대해 선의를 전제로 하는 논의를 이렇게 비판한다. "선의의 독재란 말들을 하지만 내용 없는 빈말이다. 선의인데 독재가 어떻게 있으며, 독재거든 어떻게 선일 수 있을까? 강간이 사랑일까?" 군사정권이 언론에 재갈을 물리고 있다는 것만으로도 이미 이에 대한 평가를 종료한 셈이다. 사랑한다면서 강간하는 권력에 대한 질타는 추상같은 호령이기도 하다.

함석헌은 그 어떤 것도 민중의 주체성을 배제하는 것은 모두 진정한 혁명일 수 없다고 확언한다. 민중의 자유를 억압하는 혁명은 결국 헛된 것이라는 걸 명확히 밝히고 있다. 그 안에 정신의 높이와 깊이가 없다면 어떤 것도 역사의 진전을 의미하지 않음을 꿰뚫고 있었던 것이다. 4·19와 5·16의 비교는 의미심장하다.

그때는 맨주먹으로 일어났다. 이번엔 칼을 뽑았다. 그때는 믿은 것이 정의의 법칙, 너와 나 사이에 다같이 있는 양심의 권위·도리였지만, 이번에 믿은 것은 연 알(총알 – 편집자)과 화약이다. 그만큼 낮다. 그때는 민중이 감격했지만 이번엔 민중의 감격이 없고 무표정이다. 묵인이다. 그때는 대낮에 내놓고 행진을 했지만 이번은 밤중에 몰래 갑자기 됐다. 그만큼 정신적으로는 낮다.

역사가 진보하는가 퇴행하는가에 대한 함석헌의 기준에 바로 이 정신의 높낮이가 있다는 것을 유념한다면, 지금도 논란이 되고 있는 5·16에 대한 역사적 평가는 종식될 수 있을 것이다.

「3천만 앞에 울음으로 부르짖는다」[1963]

1961년 5월 16일에 쿠데타를 일으킨 박정희 세력은 "우리의 과업이 성취되면 참신하고도 양심적인 정치인들에게 언제든지 정권을 이양하고 우리들 본연의 임무에 복귀할 준비를 갖춘다"고 다짐한다. 이른바 혁명공약이었다. 그러나 이 다짐은 뒤집힌다. 군정연장을 하겠다는 의사를 밝힌 것이다.

박정희는 1962년 12월 27일, 새 헌법에 따른 대통령 선거가 1963년 4월에 실시되고 국회의원 총선거는 5월에 치러질 것이라고 발표하면서 1963년 1월 1일부터 민간인의 정치활동을 허용하겠다고 밝혔다. 그러나 그는 바로 그날 '민정이양' 공약을 뒤집는 발언을 했다. 쿠데타 세력의 민정 참여의사를 밝힌 것이다.

당시 『사상계』를 꾸리고 있던 장준하는 군정연장 반대투쟁에 나선다. 해외에 체류 중이던 함석헌은 급거 귀국, 박정희를 정면 비판하면서 지식인, 학생, 종교인, 정치인 등 모두에게 군사정권에 대한 대대적인 투쟁을 선포했다. 그의 위기의식은 실로 절박했다. "까딱 잘못하다가는 나라가 아주 망해버릴지도 모르겠습니다."

함석헌은 박정희에게 무엇을 잘못했는지 직설적으로 말한다.

박정희 님, 내가 당신을 국가재건최고회의 의장이라고도, 육군대장이라고도 부르지 않는 것을 용서하십시오. ……여러분은 여러 가지 잘못을 범했습니다. 첫째, 군사 '쿠데타'를 한 것이 잘못입니다. ……또 여러분은 아무 혁명이론이 없었습니다. 단지 손에 든 칼만을 믿고 나섰습니다.

이렇게 설파해나간 발언은 민중과 함께하지 못한 죄와 더불어 무엇보다도 자기들 스스로 약속했던 바를 지키지 않은 것을 맹렬히 질타했다. 이 지점에서 함석헌의 민중론이 펼쳐진다. 민중이 역사의 주체가 되는 혁명으로 시대의 용광로가 되자는 것이었다.

민중들, 우리는 풀무입니다. 모든 지나간 역사의 녹슨 쇠가 거기 들어가면 다 녹습니다. 그것은 깨끗이 하는 곳이요, 갈라내는 곳입니다. 모든 오려는 역사의 바탕이 되는 쇳물은 거기서 나옵니다.

군정연장 반대투쟁은 민정이양 선언으로 이어지고, 민정참여로 포장만 바뀐 박정희의 군사정권이 성립되었다. 함석헌의 투쟁은 여기서 끝날 수 없게 된 것이었다.

「우리는 알았다」1964

한일회담의 내용이 점차 알려지면서 반대투쟁도 치열해졌다. 그러자 1964년 6월 3일 박정희 정부는 계엄령을 선포하여, 반대시위를 무력으로 진압했다. 6월 3일 저녁 10시에 선포한 계엄은 7월 29일 해지되었다. 이 글은 함석헌이 이른바 6·3사태 이후 계엄령에 따라 언론자유가 봉쇄된 상황을 되돌아보면서 쓴 것이다. 계엄하에 삭제된 글을 다시 복원하여 『사상계』에 실은 글로, "우리는 알았다"는 서슬퍼런 계엄도 사실은 별것 아니라는 담대함을 표현하고 있다. 결코 무너지지 않는 저항정신의 힘을 드러낸다.

꺾여도 꺾여도 짓밟혀도 짓밟혀도 또한 피어나는, 아니 피고는 못 견디는 연한 꽃은 이겼고, 피는 꽃을 단숨에 녹여버리고 한 발에 비벼버리려던 사나운 비바람은 졌다.

이렇게 은유로 표현된 계엄 이후의 현실에 대해 그는 이 상황을 겪으면서 알게 된 게 있다고 밝힌다.

무엇을 알았단 말인가? 계엄이란 아무것도 아니란 것을 알았단 말이다. 참말 아무것도 아니더라. 도대체 계엄 두 달에 얻은 결과가 아무것도 없다. 구태여 있다면 김종필이 바다 건너로 도망할 기회를 주어 비겁한 목숨을 건지게 한 것과 학생들의 방학이 조금 길어진 것과, 시골에 있던 군인이 서울 구경을 한 것과, 몇몇 언론인·대학교수가 조용한 곳에서 책을 몇 권 더 읽고 나온 것일 거다.

권력의 무력탄압이 하나도 무섭지 않다는 것이다. 그래서 이렇게 단언한다. "잘 알았다. 자유는 이기고야 만다는 것을 누구보다 더 계엄 당국이 증명해주었다." 계엄 내내 언론이 통제되고 표현의 자유가 멈춘 상황에 대해서도 그는 뒤로 물러섬 없이 말한다.

도둑이 방에 침입하여 가슴에 총을 겨누며 "옴짝했다간 죽인다" 하면 그 말을 어떻게 들어야 할까? 정말 그 명령대로 옴짝하지 않아야 할까? 그러면 그놈이 내 세간을 다 빼앗고, 보물을 다 가져가고, 내 아내를 내 보는 눈앞에서 강탈할 것이다. 그러고도 살았다 할 수 있을까?

결국 계엄령을 내린 권력은 방에 침입해들어 온 도둑이고, 강도요, 강간범이라는 말이다. 그래도 입 다물고 가만히 있겠느냐고 그는 묻는다. 계엄령으로 삭제된 문구의 일부는 이렇다.

나는 데모 학생을 내란죄로 몬다는 데 극력 부당한 일이라 반대하려는 사람이지만, 이제 판결이 뭐로 나든 간 이 사건에 내란이란 이름이 붙은 것만은 사실이다. ……내란죄로 몰고 계엄령을 내리는 것은 현 정권이 가지는 것과 다른 생각을 가지는 자는 없애버리자는 심산 아닌가? 그러나 그렇게 해서 나라는 서 가지 못한다.

권력에 저항하고 반대하는 이들을 내란죄로 몰아 탄압하는 이 정치적 습관은 이후에도 되풀이된다. 그러나 비상조처로 권력을 유지했던 박정희체제는 그가 말했듯 "그렇게 해서 나라는 서가지 못한다"가 되었다. 1979년 10월 26일 박정희는 자신의 수하에게 저격당해 사망하고 만다. 이 글이 발표된 지 15년 뒤였다. 계엄과 비상조처로 권력이 얻은 것은 결국 자신의 파멸이었다.

「세 번째 국민에게 부르짖는 말」1965

박정희체제가 한일협정 체결로 정국의 고삐를 잡아나가면서 정세는 점점 더 암울해졌다. 함석헌이 주목한 것은 이러한 상황으로 인해 한국사회의 정신적 기반이 붕괴되고 있는 비극이었다. 주체성도 잃고, 주인의식도 상실하고, 지식인이나 언론도 모두 권력에 아부해서 빌붙고 있다고 본 그는 다시 목소리를 높인다. 기개 잃은 민족에게 결단을 요구했다. 주체성을 잃은 채 주인 노릇 못하고 있는 현실에 대한 그의 질타가 맹렬하다.

해방이 된 지 20년에 아직도 나라의 끊어진 허리를 잇지 못해, 부모 형제 처자가 서로 땅 끝에서 울부짖고 있으니, 이것을 어찌 우리 할 것을 했다 할 수 있습니까?

이름은 이 나라 사람이지만 버릇은 외국 놈의 갈보 새끼인 것들이 제멋대로 안팎을 쏘다니며 한일회담이니, 베트남 파병이니, 뭐니 뭐니, 나라의 주권과 이익, 민족의 생명과 명예를 도마 위의 고깃덩이처럼 막 팔아먹고 있는 이때에, 여러분은 그것이 어찌 내 일이냐 하는 듯 멍청히 있으니, 이것을 어찌 빛이라 하겠습니까?

박 정권…… 이것들이 가서 비겁하게 국민을 팔아넘겼기 때문입니다. 그러나 그보다 못지않게 중대한 것은 미국의 정책입니다. …… 우리나라에서 이즈음 하는 모양대로 나갈진대 나도 반미주의가 되지 않을 수 없습니다.

당시로서는 감히 입 밖에 내놓기 어려운 말이었다. 함석헌은 정치인에 대한 비판은 물론이고, 지식인들이 권력의 손발이 된 것과 언론이 국민을 속이고 있는 것을 가증스럽게 여겼다.

언론기관들이 미웠습니다. 마음속에는 인정하지 않는 줄을 피차에 다 아는데 대부분의 신문 잡지가 "올 것이 왔다"느니, "국민이 지지"하느니 하는 따위 문구를 늘어놓았습니다. ……더 미운 것은 대학교수들입니다 그 교수들이 적지 않게 자기의 자리를 내버리고 칼자루에 몰려 또는 돈에 팔려 군사정권에 고문이랍시고 나왔습니다. 대체 고문이 무슨 고문입니까? 민중의 정신을 죽이는 데 군인들이 칼로 한 것보다 이들이 한 것이 더 많습니다.

그는 이 권력자 등을 "간악한 것들"이라고 표현하기까지 한다. "일반에게는 정치활동을 정지시켜놓은 기간 동안에 공화당을 벌써 다 조직해놓았으니"라며 그러면 물러서고 단념할 것인가라고 묻는다. 그의 답은 '아니다'이다. "절대로 싸움은 그쳐서는 아니 됩니다. 싸우는 정신이 있는 순간까지는 사람입니다."

그가 이토록 분노한 까닭은 군사정권이 저지른 죄 때문이다.

경제파멸을 일으켰습니다. 이것은 잘못해서 그렇게 된 것이 아니라 일부러 그렇게 한 악한 정책입니다. 민중을 억누르고 만년 정권을 가지려면 민중을 극도로 가난하게 만들어서 기아선상에 헤매게 해야 하는 줄을 그들은 알기 때문입니다.

이에 더하여 군사정권이 칼과 돈으로 사회를 움직여 신뢰를 부서뜨렸고, 국민의 의기를 꺾었다는 것이다. 한일회담에 대한 그의 비판은 더욱 날이 섰다.

기껏 한다는 소리가 이제 있으면 있을수록 일본은 더 강해져서 점점 더 우리가 불리할 터이니 이쯤에서 얼마쯤 체면을 팔고 이익을 양보하면서라도 돈을 얻어다가 이 급한 때를 넘으면 좋지 않으냐 하는 것입니다. 그따위 뼈 빠지고 정신없는 것들이 나라를 하겠다 나선 것이 기막히는 일이요, 그따위를 물리치지 못하는 이 내가 죄인입니다.

그는 마침내 궐기를 요구한다. 싸움을 포기하지 말라는 것이자, 중단하지 말자는 것이다.

국민 여러분!…… 결심의 송곳 끝이 날카로우면 날카로울수록 현재 악조건의 주머니를 뚫고 나오기가 빠를 것입니다.

시대를 뜨겁게 울리고 역사의 함성이 된 그의 목소리가 아직도 우렁차게 들리는 듯하다. 존엄성을 스스로 잃어버린 민족과 역사에서 무엇이 이루어질 수 있을 것인가? 함석헌은 지금도 우리에게 묻고 있다.

「싸움은 이제부터」1965
한일협정 체결이 공포되자 이는 기정사실처럼 되었다. 어떻게 해도 상황을 바꿀 수 없게 되었다는 체념이 퍼지려는 시점이었다. 그간의 반대투쟁이 다시 타오르기는 쉽지 않아 보였고, 이제 싸움이 종료되었다는 분위기였다. 그러나 함석헌은 도리어 이때가 싸움을 다시 시작할 때이고 이제부터 제대로 해야 한다고 역설했다.

그는 한일회담이 굴욕적일 뿐만 아니라 그 뒤에 박정희 정권과 일본만이 아니고 미국이 있다는 사실을 정면으로 내다본다. 같은 해 5월 『사상계』에 실었던 「세 번째 국민에게 부르짖는 말」에서도 이미 그 단초를 보였지만, 미국이 한국의 운명을 농단하고 있다는 인식은 더욱 깊어진다. 그래서 싸움이 더더욱 어렵다고 토로한다. 그렇다고 그것이 물러설 이유가 되지는 못한다고 강렬하게 주장한다.

한일국교 문제를 놓고 우리들은 정부가 하는 지정머리가 굴욕적이다, 그 맺으려는 조약 내용이 매국적이라 해서 두 해를 두고 싸워왔다. 국민에게는 의논도 하지 않고 저희 몇몇이 건방지게 혼자 나가 맘대로 언질을 주고 온 것을 알았을 때 온 국민은 유식 무식을 가릴 것 없이 분개했고, 언론기관들도 한둘 팔린 것들을 내놓고는 모두 다 붓끝을 한데 모아서 그것을 비난했다.

박정희 정권은 어떻게 대응했을까?

지난해의 계엄령, 금년의 위수령, 서울은 적군의 진이나 되는 듯 탱크가 그 거리를 누비고 대학에는 들어오는 학도들을 향해 기관총이 버티고 서게 됐으며, 돈으로 매수하고 거짓말로 선전하고 꼬부려 붙인 법으로 졸라매던 정치는 하다 하다 못해 드디어 몽둥이와, 최루탄과, 구둣발과, 말발굽과, 자동차 바퀴로 마구 때리고, 쏘고, 비틀고, 억누르고, 짓밟고, 찍댁이는 사나움으로 변해버렸다.

오늘날 젊은 세대는 상상할 수도 없고, 제대로 배운 바도 없는 역사의 진상이다. 이런 때를 당하여 민중은 어떤 처지에 놓이겠는가? 그대로 좌절하고 말 것인가? 이에 대해 "싸움은 이제부터다"라고 한 것이 함석헌이 온 힘을 다해 부르짖은 말이다.

민중이 지배자에게 결러대는 것이 아메바가 사자에 대드는 것 같고, 정의감이 권력에 반대하는 것이 빗방울이 바위를 때리는 것 같으나, 바위는 다할 날이 있어도 빗방울에는 다할 날이 없으며 사자는 죽는 때가 있어도 아메바에는 끝이 없다.
민중의 싸움에는 그 근본의 힘이 다르다는 것이다. 좌절의 찰나에

처해 있던 이들에게 그는 다시 부르짖는다.

낙심 말라, 이제다.
제 십자가를 져라, 내가 세상을 이겼노라.

십자가를 지고 죽기로 싸우면 마침내 이긴다는 이 항거정신에는 폭력에 대한 본능적인 반발과 자유와 존엄의 정신에 대한 그의 확신이 깃들어 있다. 그가 입을 열면 이렇게 웅장한 산이 움직이는 기세였다.

「썩어지는 씨올이라야 산다」[1970]

4·19혁명 10주년을 기념하여 쓴 글이자, 『씨올의 소리』 창간호의 글이다. 4·19정신의 뿌리를 캐 들어가 그것이 오늘날 시대변혁의 에너지로 바뀌기 위해서는 어떻게 해야 할 것인지를 치밀하게 묻고 있다. 이 글에서 주목되는 바는 4·19와 5·16의 비교론이다.

4·19는 3·1운동에서 나온 것입니다. ……5·16은 그와는 전혀 다릅니다. 그것은 일본 제국주의 사상을 거쳐서 오는 군국주의의 내림입니다. 이상하게도 해방 이후 창설이 된 우리나라 군대는 그 족보가 일본 군대에 가 닿습니다.

하나는 순전한 비폭력 반항인데 다른 하나는 폭력으로 하는 약탈입니다.

4·19정신을 한마디로 파악한다면 무엇이라 할까? 나는 썩어지는 씨올이라고 하고 싶습니다. 5·16은 어디까지나 자기주장입니다. 이기주의입니다. 내가, 내가, 내가 한다는 것입니다. 하고 또 한다는 것입니다. 쥐고 영원히 놓지 않는다는 것입니다.

4·19와 5·16의 관계는 혁명과 반혁명의 관계라 할 수 있습니다. 4·19로 인해 일어난 정신을 꺾어보려는 것이 5·16입니다.

그는 이러한 4·19를 다시 재현한다는 것은 되지 않을 일이라고 본다. 정치가 훨씬 악독해져서 과거의 방식은 통하지 않는다는 것이다. 더 본질적으로는 4·19가 무슨 계획을 가지고 일어난 것이 아니라, 씨알의 생명운동이기 때문에 누가 어떻게 의식적으로 구상해서 만들어낼 수 없다는 것이다.

혁명이란 민족적·국민적 성격 개변을 일으키는 하나의 체험입니다. 모든 참 혁명은 신비적입니다. ……정치는 이성으로 할 수 있지만 혁명은 이성이 하는 계획만으로는 아니 됩니다. 4·19는 정치가 아닙니다. 정치적인 변혁을 일으켰지만 그것은 정치가 아닙니다. 하나의 민족적인 서사시입니다. 시라기보다도 차라리 종교적 감동이라 해야 할 것입니다. 그렇기 때문에 그것을 다시 의식적으로 계획하여 일으킬 수는 없습니다. 의식적으로 계획한다 할 때 그만큼 깊이가 부족한 것, 참에서 먼 것입니다.

따라서 그의 결론은 '썩어지는 씨알'이 된다. 거기서 새로운 생명이 움트기 때문이다. 무얼 움켜쥐자는 것이 아니라 손에서 놓고 섬기고 바치고 사는 모습에서 새로운 힘이 나온다고 주장했다.

4·19는 ……섬김 받자는 것이 아니라 섬기자는 것, 바치자는 것, 바치는 줄도 모르고 그저 바치는 것입니다. 그러므로 그것은 땅에 떨어져 썩는 씨알입니다. 썩지만 썩음으로 살아납니다.

그것은 약자의 소극성이 아니라 도리어 강자의 믿음에서 태어나는 태도라고 강조한다. 부활의 미래를 믿기 때문이다. "4월은 죽음으로 살아나는 부활의 달입니다." 모든 변혁 운동의 본질에 바로 이 한 알의 밀알이 땅에 떨어져 썩는다는 의지가 작동하지 못할 때, 그것은 결국 기득권 쟁탈의 수렁에 빠진다는 것을 그는 깊이 경계했던 것이다.

「십자가에 달리는 한국」[1971]

광복절 25주년을 맞아 쓴 글이다. 여기서 무엇보다 함석헌의 역사의식을 마주하게 된다. 특히 해방 이후 친일세력이 그대로 판을 치고 민중의 눈을 가리는 도둑이 되었다고 비판하는 대목은 역사청산의 기회를 상실한 이 시대의 현재진행형 비극을 보게 한다. 기댈 것은 씨을 민중의 각성이며, 역사의식이 바로 서는 일이다. 그는 해방은 아직 오지 않았다면서 민족의 진로에 새로운 결단이 필요하다고 강조한다.

뜻 깊은 역사의 날을 기념할 때면 정치업자들은 매양 잘됐다는 거짓 선전만 하고, 생각 없는 민중은 노라리 기분에 빠지지만 나라는 그렇게 해선 절대로 될 수 없다. 마땅히 과거를 깊이 반성해서 뉘우쳐 고칠 것은 고치고 현재를 똑바로 들여다보며 알 것을 알아 문제 해결을 하며, 미래를 멀리 내다보아 대세를 붙잡아서 민족의 나아갈 방향을 결정해야 할 것이다.

왜 해방이 되었으나 해방이 되지 못했다고 했을까?

어제까지 제 말 쓰지 말라면 말 못하고, 제 옷 입지 말라면 맞지도 않는 유카타에 게다 끌고 나오고, 성 고치라면 조상의 위패 똥통에다 던지고 일본 이름 쓰고, 젊은 놈 남의 전쟁에 나가 죽으라고 시국 강연하라면 있는 지식과 말재주를 다 떨어 하던 사람들이, 사람이 아니라 놈들이, 어떻게 그대로 해방 받아 자유하노라 할 수 있겠나?

함석헌은 이런 상태로는 "상대자가 갈리면 또 다시 남의 식민지가 될 가능성이 얼마든지 있었다"라고 말한다. 낡은 역사를 청산하는 것에 실패한 결과다. 그 본마디는 친일세력의 청산에 있다는 것이다.

이 남한에서는 정치·군대·경찰이 주로 친일파로 되지 않았나? 이 무슨 운명인가? 이리해서 일본의 제국주의는 여기서 새 모양으로 자라게 됐으니, 오늘 일본 사람이 다시 자기 옛집 찾아들듯 꺼림도 부끄럼도 없이 오는 것을 이상하다 할 것이 없다.

이 모든 책임을 민중에게 묻고 있다. 이 상황을 가져온 책임이 아니라, 그걸 극복해내지 못한 책임을 묻고 있는 것이다. 어떻게 할 것인가? 역사를 제대로 읽고, 내칠 것은 내쳐야 한다는 것이다. 그는 이런 말까지 한다. "외국 군대·외국 자본이 들어와 있는 한 독립 없다. 이것을 내몬 다음에야 국민이다."

역사의 십자가를 맨 한국의 운명은 어디서 길을 찾는가? "십자가에 달릴 자의 가장 중요한 일은 어느 순간에 각오의 결정을 내리는 일이다. 아래는 지옥이 있고 위에는 새 나라가 있다." 역사적 결정의 순간에 마주한 민중의 결단은 과거사로 그치지 않는다.

「군인정치 10년을 돌아본다」[1971]

전면전의 선포다. 유신체제가 공포되기 꼭 1년 전, 함석헌은 이미 그 기미를 눈치 채고 매우 강력한 저항의지를 밝힌다. 박정희 정권을 도둑이라 칭하고, 씨을이 반드시 이들에게 복수할 것이라고 선언한다. 이 글은 마치 『성서』의 「예레미아서」 「아모스서」를 읽는 기분이 들게 한다. 거침이 없고 단호하며 정면승부를 내건다.

해제를 따로 할 이유가 없을 정도로 본문 자체를 그대로 읽어나가면, 가슴에 불이 뜨겁게 인다. 박정희를 앞에 두고 대놓고 질타를 하는 육성이 들리는 듯하다.

‘군인정치’라 했지만 내 참 느낌대로 한다면 ‘정치’라고 하고 싶지도 않다. ……차라리 ‘지배’라 하든지 ‘억누름’ ‘짜먹음’이라 하는 것이 옳을 것이다.

5·16 이후 오늘까지의 정치를 한마디로 표시한다면 ‘못살게 군다’고 할 수 있다. 압박자들은 언제나 씨을을 지치게 만들려고 하는 법이다.

왜 군인은 정치를 하면 아니 되나? ……사람이 손에 칼을 잡으면 제 본심을 잃기 쉽기 때문이다.

권력의 정말 죄악은 국민을 비겁하게 만들고 가슴속에서 자유 판단의 능력을 마비시켜버리는 일이다. ……네가 사람이라면서 한때 쾌감을 위해 사람과 나라를 그렇게 만드느냐?

도대체 5·16에 관계되고 부자 아니 된 사람 어디 있나?

한마디로 이 원인은 네가 칼부림을 했기 때문에 민족의 동맥, 모세관, 신경이 왼통 끊어져서 그러는 것이다. 그래서 농어촌의 빚이 정리됐느냐? 사실대로 말해봐라. 집을 텅텅 비우며 이 서울에 거지살림하러 오는 그 사실이 말하고 있지 않느냐?

무엇이 뵈느냐. 공장이 뵌다. 고층 건물이 뵌다. 고속도로가 뵌다. 그 공장 굴뚝에서 나는 연기는 뭣 타는 연기냐. 그 하늘 솟는 높은 집이 무엇을 디디고 올라가느냐. 그 구불구불 구렁이처럼 기어가는 길이 어딜 파먹고 있느냐. 한마디로 네 소위 말하는 서민 아니냐. 씨을 태운 것이 그 연기, 씨을의 매골 쌓은 것이 그 집, 씨을이 간 잎을 파먹고 골수를 빨아먹잔 것이 그 길 아니냐?

이 도둑놈들아, 이순신 팔아먹지 말고 이순신이 또 나게 하려무나!
그것이 정말 이순신 존경 아니냐?

한 마디 한 마디가 격문이다. 더는 참을 수 없는 폭력 앞에서 함석헌은 진노하는 하늘의 소리를 시대를 향해 울렸다. 그의 마무리는 대회전이었다.

물러가라! 깨끗이 물러간다던 말 잊었느냐?
씨올아, 일어서자! 밤낮 짐승 노릇만 하겠느냐?
한번 사람답게 죽어보자!

이때 그의 나이가 칠십을 넘고 있었다. 그때 칠십은 오늘날 아흔을 바라보는 노인이었다.

「오월을 생각해본다」[1986]

1980년 5월 광주학살의 역사는 1961년 박정희의 군사쿠데타의 연장선에서 진면목이 드러났다. 군대가 정치를 장악하고 폭력으로 민중을 억압하는 체제의 지속이 그렇게 뿌리 내렸기 때문이었다. 전두환체제의 등장은 군사독재체제의 토대 위에서 가능했다. 그것은 기본적으로 민중을 배제하고 탄압하고 자유를 몰살시키는 폭력 자체였다. 일생을 통해 저항을 멈추지 않았던 폭력이 수많은 생명을 학살하는 사태로 이어지자 그는 통탄한다.

아무래도 문제는 군인에게 있습니다. 당초 박정희 씨가 1961년 5월 16일 밤 북에서 오는 공산군을 막으라는 군대를 끌고 서울로 달려들던 데서부터 잘못이 생겼습니다. ……본래 우리나라에서는 예로부터 군부대가 서울에 들어오지 못하는 법이고, 임금은 성문 밖을 나가서는 안 되는 법입니다.

그 군이 한국사회를 장악하고 자신의 폭력과 논리를 관철시키는 과정에서 비극은 계속 이어졌다. 군을 앞세워 권력을 찬탈한 박정희의 말로는 비참했지만, 박정희 없는 박정희체제의 지속은 1980년 광주의 참극으로 이어지고 만다.

그(박정희-글쓴이)는 자기가 한 일의 결과를 스스로 받아 궁정동의 티끌로 돼버리고 말았는데, 그다음의 군인이 어찌해 그 경고를 모르고, 그보다 더 악독한 광주사태를 빚어냅니까?

1985년 함석헌은 민주제도쟁취국민운동대회 공동대회장의 임무를 맡는다. 세상을 뜨기 4년 전이었다. 팔십대 중반을 넘기고 있던 그에게 광주학살은 끔찍한 역사였다. 노년의 말기에 들어선 그는 아픈 마음으로 세상을 향해 오월을 상기시킨다.

오월이 오고 있습니다. 그 끔찍한 고난을 생각나게 하는 그 오월이 옵니다. 군인도, 학생도, 씨올도 앞에 오는 새날을 기억하고, 이 오월을 보내야 합니다.

아무도 제대로 입을 열기 어려운 때였다.

새 교육

교육은 미래를 디자인하는 작업이다. 그것을 책임지는 교사의 역량을 제대로 기르는 것은 당연히 가장 중요한 과제이다. 참 스승에 대한 갈망이 사라지고 있는 현실에서 교육자의 이상적 모델은 절실하다. 함석헌은 교육의 새로운 틀거리를 제시하고, 자신의 스승관에 대해 자전적인 이야기를 들려준다. 그에 더하여 자유와 저항의 본거지로서의 대학이 당하는 정치적 수난에 대해 절대자유의 보장을 외친다.

함석헌에게 교육은 언제나 핵심적인 임무였다. 오산학교五山學校를 다니고 그곳에서 교사로 지냈던 세월이 있기도 해서겠지만, 그의 시선은 언제나 미래를 향해 있었기 때문이다. 교육은 곧 미래를 기르는 일이다.

1950년대 중반 한국은 전쟁 이후의 혼란기와 새로운 재건의 기운이 겹쳐 있는 상황이었다. 당연히 교육열이 높았고, 교육에 거는 기대 또한 특별했다. 민중에게 교육은 가난과 신분의 제약에서의 탈출구였다. 그러나 교육은 국가주의와 자본주의의 도구가 되는 참이었다. 그것은 결국 노예를 기르는 수단 외에 다름이 아니었다. 함석헌은 교육이 이런 식으로 전락하는 데 대해 침묵할 수 없었다. 게다가 교육에서 민족사적 토대가 무너지고 외세 추종의 흐름이 대세가 되고 있었고, 정신의 변혁적 생동감이 사라지고 있었다.

당대 교육에 대한 그의 비판은 궁극적으로 자본주의체제에 대한 비판으로 이어진다. 함석헌은 정신의 새로운 육성을 위한 종교성의 차원에까지 이르지 못하면 교육의 미래를 내다볼 수 없다고 확언했다. 이러한 현실에 대해 그는 교육의 질적 변화를 비롯해서 교사의 육성, 교육환경의 개선, 스승과 제자의 인간적 관계를 비롯해 적지 않은 제안을 이 글에 담고 있다. 함석헌이 비판한 당대의 교육은 어떤 상태에 있었을까?

지식인의 농민지배라든가 지배계급의 자기옹호라든가 그런 것 때문에 있는 것이다.

이런 교육은 우리 사회의 미래정신과는 아무런 상관이 없다고 혹평한다.

선생은 미국 유학을 했고 학교 경영비는 미국에서 나오는지 모르나, 교육받는 자가 이 나라 청소년이요, 교육받고 나가 살 곳이 이 나라라면, 이 나라 사람의 교육을 하여야 교육이지, 미국 마담을 길러선 무엇에 쓰나? 거기에다 다 갈보로 팔아먹을 터인가? 사실 지배자가 피지배자에게 교육을 줄 때는 언제나 자기네를 위한 종을 기르잔 목적이다.

교육을 빈곤 탈출구로 믿은 민중에게 이런 교육은 재앙이 된다.

이런 것이 고쳐지지 않는 한 민중은 노동을 해도 해도 어디선지 모르게 빨아먹는 흡혈충 때문에 빈혈이 되어 늘 경제적으로 불리한 지위에 서게 되고, 경제적으로 불리하면 어쩔 수 없이 사회의 잘못으로부터 오는 불행을 맡아 지게 된다.

"학교 이름부터 국민학교란 것을 떼어버리"자고 했던 그의 발언은 시대를 앞섰고, 세계적 시야를 가진 인물을 기르는 교육을 하자고 제창한 것 역시 선도적 비전이었다. 종교적 사유까지 교육에 포함시킨 것 또한 인간이란 과연 무엇인가라는 질문을 놓치지 않고 고뇌했던 함석헌의 소중한 유산이 아닐 수 없다.

「남강, 도산, 고당」1959

함석헌은 처음부터 함석헌이었을까? 아니다. 그에게도 스승이 있다. 이 글은 함석헌이 자신의 스승에 대해 쓴 절절한 사모思慕의 헌사다. 그 스승은 남강 이승훈, 도산 안창호 그리고 고당 조만식이다. 모두 함석헌의 모교이자 그가 교사로 재직했던 오산학교와 인연이 있다. 남강은 도산의 뜻에 감동받아 오산학교를 만들었고, 고당은 오산학교의 교장을 지냈다. 스승이 있는 이는 행복하다. 함석헌은 이미 세상에 없는 스승에 대한 애틋한 기억과 함께 이들이 없는 시대의 어둠을 탄식한다.

오늘날 남강 선생이 계셨으면!

오늘날 도산 선생이 계셨으면!

오늘날 조 선생이 계셨으면!

남강이 만일 살고 도산이 만일 살고 조 선생이 만일 살아 있다면 그들의 목을 위하여는 과연 무엇이 준비돼 있었을까? 금사슬일까? 그렇지 않으면 밧줄일까?

선생님들 고맙습니다.

이들이 불을 일으킨 오산학교는 민중과 함께하고 민족정신으로 자주의 의지를 기르고 기독교 정신으로 사랑과 평화, 생명에 대한 신념을 길렀다. 이러한 바탕은 거슬러 올라가면 19세기 초반 평안도 지방의 홍경래가 일으킨 봉기와 맞닿아 있다. 그것이 하나의 거대한 역사정신이 되어 흘러내렸다는 것이다.

홍경래는 역적으로 몰려 죽었지만 민중은 그를 자기네의 영웅으로 전설 속에 영원히 살렸다. 세상을 한번 공평하게 만들어보잔, 모가지에서 멍에를 벗고 자유롭잔 그 정신은 자꾸 번져나가고 스며들었다. 그것은 방아를 밟는 지어미들의 이야기 속에, 나무를 베는 지아비들의 지껄임 속에 살아 있었다. 길가 버드나무 밑 바람소리 속에 그것은 들어 있었고, 주막집 마루 끝에 붓는 술잔 그림자 밑에 숨어 있었다.

비록 홍경래가 정신혁명에 이른 것은 아니지만 그는 "혁명의 껍데기를 지은 사람이요, 붙어야 할 불의 장작을 준비한 사람이다"라고 함석헌은 갈파한다. 그리고 그다음 과제를 제시한다. "이제 정말 불이 일어나야 하고 속을의 혁명이 생겨야 한다." 이 속을의 혁명이 바로 교육과 종교적 각성에 있다. 남강 이승훈, 도산 안창호, 고당 조만식은 바로 그렇게 혁명의 장작을 준비한 사람이었다. 그런 스승을 모시고 배운 함석헌은 행복한 이였다. 그리하여 그 자신도 남강, 도산, 고당이 되었다.

「한 배움」1959

함석헌은 자신이 대학 출신이 아님을 아쉽게 여긴다고 말한다. 그러면서도 자신이 본 대학이라면 다닐 마음이 없다고 한다. 이는 풍자적 발언이다. 그는 동경고등사범을 나온 당대 지적 엘리트였다.

대학이 어디 있느냐? 저기 다방과, 댄스홀과 미장원과, 사창 하숙과 그 수를 다투려는 듯 수두룩이 있는 것이 어디 대학이더냐? 장삿집이요, 도둑의 둥지요, 갈보굴이지.

1950년대와 1960년대 대학은 한국 사회의 우상이었다. 최상의 지식인 집단을 길러내는 기관이라고 여겨졌고, 출세가 보장되었다. 대학은 미래로 나가는 통로였다. 하지만 함석헌은 대학이라는 말대로의 '큰 배움', '한 배움'이 그곳에는 없으며, 도리어 대학은 인간의 정신을 가두는 감옥에 불과하다고 말한다. 그러면서 도리어 감옥이 대학이라는 역설을 펼친다. 감옥은 그를 수없이 가둔 곳이자, 그를 새롭게 일으킨 곳이었기 때문이다.

대학을 감옥이라 하고, 감옥을 대학이라 한 것은 그 때문이다. 대학에서는 많이 배우는 대신 속을 잃고 죽게 되는데, 감옥에서는 현실의 세계를 왼통 박탈당하고 남은 것은 오직 물질의 세력이 못 미치는, 정말 하늘이 준 밑천인 마음, 바탈 하나만 남기 때문에 도리어 그것을 찾게 된다. 정신이 아무것도 아닌 것 같지만 그것을 찾으면 모든 것이 그 안에 있다. 모든 것이 정신에서 나왔기 때문이다.

물론 감옥은 갈 곳이 못되며, 야만의 정치가 만들어낸 기관이라고 그는 말한다. 하지만 그 감옥에서 길러지는 정신보다 못한 교육을 하는 곳을 대학이라고 여길 수 있는지에 대한 질문을 던진다. 가장 중요한 건 생각 있는 존재의 책임이다. 대학은 이를 위해 바로 서야 한다. 현실은 이와 반대로 가고 있다.

동서양을 물을 것 없이 대학의 본뜻은 바탈을 찾는 데 있다. 그러나 오늘날 대학 교육이 그러냐 하면 아니다. 점점 갈라져나가 서로 끄트머리로 나가는 것이 대학 교육이다. 지금은 제 전문하는 부문 이외에 대하여는 서로 무식쟁이다. 부분적으로 발달하는 것은 좋으나 전체로서의 종합, 하나됨은 잃었다.

교육이 큰 배움을 놓치고 기능주의적 도구로 전락하고, 본질에 대한 사유 능력을 잃어버리는 것을 한탄한 그는 이렇게 자신의 소망을 에둘러 밝힌다.

나는 아무 대학도 다녀본 일이 없지만, 그 대신 예수와 간디와 한 가지 이 대학에 이름을 올릴 수 있었던 사람들 편에 잠깐이나마 갔던 것을 다행으로 여긴다.

큰 배움이 고사枯死한 오늘날 대학의 현실에서 그의 글은 여전히 울림이 크다.

「대학이란 무엇이냐」1965

한일협정 반대투쟁의 본거지는 대학이었다. 대학은 자유와 저항의 거점이었고, 군사정권은 대학을 토벌대상으로 삼기조차 했다. 계엄령에 따른 군의 대학 난입사태는 대학의 미래에 대해 깊은 걱정을 낳게 했다. 함석헌은 "군인의 학원 난입은 참 잘못이다"라고 단도직입적으로 말한다. 대학교육의 본질에 대한 앞의 글과는 달리, 여기서 함석헌은 대학의 정치적 자유를 거론한다. 절대적 자유를 보장받지 못하는 대학은 미래를 위해 존재할 수 없다는 확신에서였다.

대학이 정부로부터 원수처럼 앎을 당하게 됐다. 이 얼마나 슬프고 걱정되는 것인가? 일이 그렇게 된 원인을 찾으면 대학생들이 한일조약을 반대하여 '데모'를 행한 데 있다 하지만, ……데모한 것이 노상 철부지인 어린이도 아니요, 부족하나마 현대의 최고 학부에 있는 지성인인 것을 생각하며 그것을 내 동생으로 안다면, 또 반대로 학생 편에서는 몽둥이로 내 머리를 까고 구둣발로 내 허리를 밟는 그가 노상 야만이 아닌, 나라를 지키자는 20세기의 사나이란 것을 생각하고 그들을 내 형으로 생각한다면, 싸움이 이렇게까지는 아니 됐을 것이다. 이것은 참 비극이다.

큰 가르침을 배우는 대학이 권력에 저항하고 문제를 제기하는 역사는 길다.

산림山林은 툭하면 상소하고 올라왔다. 오늘날 말로 하면 데모다. 저 유명한 세종대왕까지 당하지 않았나? 다른 종교를 허락한다 하여서 그 눈동자같이 사랑하던 집현전 학생들이 동맹휴학을 했다. 세종은 세종이니만큼 탄압책을 쓰거나 뿌리째 뽑는다 위협하지는 않았다.

그러면 어떻게 해야 하는가?

대학은 이상의 보금자리이어야 한다. '비전'이 거기 늘 살아 있어야 한다. 현실주의의 넝쿨이 그것을 덮어서는 아니 된다. 그러기 위하여 거기는 절대 자유의 분위기가 보장되어야 한다. 처녀의 방은 아버지 어머니도 들여다보아서는 아니 된다는 빅토르 위고의 말같이 학원 안은 아무도 간섭을 해서는 아니 된다. 미래의 꿈을 그리고 있는 겨울 꽃망울 속에는 태양도 들어가서는 아니 된다. ……사랑도 독촉을 해서는 망가져버린다.

오늘날 이 글을 읽으면 자유와 정의에 대한 기백이 사라진 대학의 현실이 도리어 부끄러울 정도다. 대학은 제 자신을 지켜낼 줄 모르고 본질과 순수와 진리를 내팽개치고 있다. 그는 군사정권이 대학을 진압 대상으로 삼는 것을 보면서 이렇게 일갈한다. "상아탑을 가지고 말하는 발 디디개를 삼아서야 어찌 되겠나?"
지금은 누가 이러고 있는 것일까?

인간혁명

혁명이라고 모두 혁명이 아니라는 것이 함석헌의 논지였다. 그는 인간의 정신을 고양시키지 못하는 혁명은 역사의 타락과 퇴보라고 보았다. 더 본질적인 혁명은 인간 내면에서 시작되어야 한다고 믿었다. 이 중심을 놓치는 순간, 혁명은 욕망의 도가니가 되고 폭력의 지배로 이어진다고 보았다. 그래서 함석헌의 혁명론은 정신혁명과 참된 나의 발견과 실현을 하나로 포괄하는 차원을 지닌다. 그의 혁명론이 종교적 깊이를 갖게 되는 까닭이 여기에 있다.

「우리가 어찌할꼬」1959

4·19혁명이 일어나기 1년 전의 글이다. 함석헌은 혁명을 예견했던 걸까? 그는 혁명을 부르짖는다. 그 혁명의 본체는 대단히 높은 정신수준에서 일어나야 하는 사건이었다. 프랑스혁명도, 러시아혁명도 그에게 모델이 아니었다. 하늘의 영과 인간의 정신이 하나로 만나 불꽃이 되는 변혁, 인간혁명의 순간을 흠모할 때 일어나는 지진과 격변을 그는 혁명이라고 불렀다.

왜 혁명이 필요한가? 시대가 막다른 골목에 이르렀기 때문이다. 사람들은 '우리가 어찌할꼬?' 라고 탄식하거나 묻는다. 그는 이에 대한 대답이 곧 종교라고 말한다. 모든 혁명의 최고 단위는 이 종교적 변혁이 일어나야 진정한 혁명이라고 여겼다. 이로써 인간이 거듭나서 새로운 존재로 역사의 주체가 될 수 있다고 보았다. 이 시기 그의 역사관은 『성서』의 예언자 전통과 예수 운동의 뿌리에 닿아 있었다.

'우리가 어찌할꼬?' 이것은 역사가 막다른 골목에 들었을 때 언제나 사람의 입에서 나오는 물음이다. 그리고 종교란 거기에 대해 대답을 하는 일이다. 기독교가 일어난 것은 헬라·로마 문화의 세계가 가던 길이 막혔을 때요, 톨스토이가 이 말을 한 것은 19세기 제국주의 문명이 가던 길이 막힌 때였다. 그러나 오늘은 과거의 어느 때보다 더 크게 더 따갑게 인간이 '어찌할꼬?' 하는 때다.

혁명이 종교적 혁명이어야 하는 까닭을 이렇게 밝힌다.

모든 혁명이 실패하고 끔찍한 일을 인간이 되풀이하는 것은 혁명이 종교적인 데까지, 즉 혼에까지 이르지 않기 때문이다. 예수가 참 혁명가인 것은 그가 정치적 혁신을 목적한 것이 아니고 인격의 혁신, 혼의 혁명, 그의 말로 하면 '거듭남' 새로 남을 했기 때문이다.

이러한 사정은 오늘날도 다르지 않아서, 그는 젊은이의 가슴에 "새 우주관, 새 인생관, 새 역사관을 넣어주"어야 한다고 외친다. 그러면 "썩어져가는 탯집 같은 정권을 집어치우기는 손바닥을 뒤집는 것같이 할 것이다. 아니다. 그들의 그것을 손에 대지 않아도 저절로 무너질 것이다." 그의 혁명에 대한 역사적 낙관은 여기서 멈추지 않는다. "아기가 다 자라면 태는 제 스스로 끊어지지, 어느 아기가 그것과 싸우는 법은 없다."

혁명의 주체는 물론 씨을이다. 이들은 그 생명력이 질겨서 "풀씨가 없어지는 법은 없다. 양반, 신사, 지배자, 벼슬아치는 씨가 없어지는 날이 와도 민은, 씨을은 없어지는 날이 오지 않는다"라고 부르짖는다. 그 혁명의 과정은 냉정하다. 과격하고 오해를 불러일으킬 만하다. 그러나 그 진의는 따로 있다.

우리는 혁명을 해야 한다! 심판의 날 거룩한 자리에 서지 못할 미운 것들을 무자비하게 집어치워라! 없애버려라! 파는 놈, 사는 놈, 빨아먹는 놈, 긁어먹는 놈, 꾀는 놈, 속이는 놈, 음흉한 놈, 간사한 놈, 게으른 놈, 무지한 놈, 모두 용서 없이 씨도 남기지 말고 철저히 숙청을 해버려라! 누구를 죽이란 말 아니야. 미워하란 말 아니야. 네 가슴의 지성소至聖所에서 그 모든 압박자, 착취자, 기만자를 내몰란 말이지.

함석헌은 낡은 세계를 자신의 정신세계에서 무너뜨릴 수 있는 힘이 있는 존재가 될 때, 그것이 바로 혁명이며 이는 "무서운 파괴주의자! 그러나 그러면 텅 빈 빈탕 속에 '말씀'〔命〕만이 울린다"라고 마무리한다. 혁명의 정신사에 이런 불길을 이제 누가 지를 것인가?

「정치와 종교」1959

앞의 글과 같은 해에 쓴 논설이다. 정치와 종교가 따로 있는 듯하나, 결국은 하나이며 이를 통해 새로운 시대의 변혁이 가능하다는 것이다. 여기서 주된 것은 종교다. 정치가 앞장서는 게 아니라는 것이다. 함석헌은 정치만능을 경고하면서 시대의 매듭을 끊고 새로운 시대를 낳게 하려면 역시 정신혁명에 뿌리를 둬야 한다고 강조한다. 이는 그가 평생을 통해 강조하고 또 강조하는 바다. 그렇지 못하면 인간혁명, 역사혁명은 모두 아무것도 아니게 된다. 시대의 매듭을 푸는 통쾌함을 그는 칼로 매듭을 끊은 알렉산더에서 찾는다.

단지 칼을 들어 매듭을 끊은 물리적 동작이 아니다. "거기 매인 마음을 푸는 것이 푸는 것이다. 그것을 한 것이 알렉산더다." 여기서 함석헌은 혁명의 면모를 보여준다. 오늘날 알렉산더의 칼은 무엇인가? 그는 단연코 종교적 힘이라고 한다. 거기서 역사의 매듭이 풀리게 된다고 본다. 다시 간다다.

절반 벗은 몸에 단식으로 인해 숨이 끊어지려는 늙은 간디 앞에 세계 제일을 자랑하던 대영제국의 백만 군대가 칼자루 하나 까딱 못하고, 3백 년 넘게 독사처럼 착취해먹던 식민지를 내놓고 2억의 민중이 신사적으로 해방을 얻게 되는 그 사실이 이것을 증명하지 않는가? 인류 역사 있은 이래 이런 일을 일찍이 보지 못했다.

그래서 함석헌은 정신의 승리에 가장 중요한 가치를 두었다. 여기서 정치가 비롯될 때 비로소 인간은 진보할 수 있다고 본 것이다. 큰 가르침 종교는 모든 강물이 모여 바다를 이루는 거대한 하나다. 이 하나에서 참된 혁명과 정치가 가능하다고 믿었다. 그것은 어떤 특정 종교를 일컬음이 아니었다. 그 안에 인간의 생명을 존중하는 마음이 있는가 없는가를 물었다. 맹자는 함석헌의 이러한 문제의식에 대한 답을 마련해놓는다.

전투시대의 어지러움을 바라보며 "이 천하는 어디에 가서 떨어지겠소"〔天下惡乎定〕하고 맹자더러 물은 이가 있었다.
맹자의 대답은 만고의 진리였다.
"하나에 가서 떨어지지"〔定于一〕.
"누가 하나를 할까요"〔孰能一之〕.
또 대답하기를, "사람 죽이기를 좋아하지 않는 이가 하나를 하지"〔不嗜殺人者能一之〕.
하늘 말씀 아닌가〔『맹자』,「양혜왕 상」〕.

이처럼 함석헌이 말한 정치와 종교는 생명의 정치, 생명의 종교였다.

「새 나라 꿈틀거림」1961

이 글의 본래 제목은 "새 나라를 어떻게 세울까"였다. 매우 긴 글이다. 1960년대 한국사회는 열등감에 시달렸다. 무엇보다도 가난했고, 식민지 잔재로 인한 자신감 결여가 여전한 문제였다. 훗날 군사쿠데타 세력이 내세운 "잘살아보세" "하면 된다"는 구호가 먹힌 것도 이런 현실 때문이기도 했다. 함석헌의 주장은 이와는 달랐다. 그는 도덕과 정신이 바로 선 민족을 만드는 것을 우선했다. 능력을 내세워 생존경쟁의 권력을 휘두르는 인간을 만들고자 한 것이 결코 아니었다.

그런데 나라 형편을 살펴보면 희망을 보기란 쉽지 않았다. 고난이 그치지 않아 기개를 잃고 의지를 상실하고 뜻을 저버린 채였다.

일본은 섬 속에 있어도 동양의 앞장꾼으로 자부하려 하고, 인도는 3백 년 압박 착취에 지쳤어도 그래도 세계에 새 질서를 가져올 것은 자기네로 자임하고 있지 않나? 그런데 이 세계의 큰 길거리에 있는 수난의 여왕은 무엇을 가졌으며 무슨 생각을 하나?

우리의 당시 정황이었다. 사람들은 엘리트의 지도를 구했고, 민중은 스스로 무지하다 여겼으며, 정치는 혼돈에 빠져 있었다. 이런 때 함석헌은 민중, 씨올의 바다에 내려가서 시작해야 한다고 강조했다.

철학은 구더기 같다는 민중 속에 있고, 지혜는 누구나 다 하면서도 신통히 알지도 않는 삶 곧 그것 속에 있다. 이 말 없는, 말로는 할 수 없는 것을 들여다본 사람이 철학자다. 고전적인 철학을 푸른 이끼 돋아 신비의 기운조차 도는 묵은 샘터라 한다면 씨올은 그 바위 밑에 깔려 그칠 줄 모르고 솟는 지하수다.

그 민중이 의기소침하고 자존감을 갖지 못한 처지에 놓였다. 그는 이대로 가만히 있을 수 없다면서, "꿈틀거려야 한다"고 민중의 일어섬을 촉구한다.

꿈틀거려보아야 한다. 못살겠다는 소리만 되풀이하고 앉아 있으면 정말 죽는다. ……국민이, 일반 민중이 보통 때에 생각하고 있고 의식적으로 주거니 받거니 입으로 외고 있는 말, 그것이 정말 기도인데, 죽겠다 기도하면 죽음이 올 것이요, 살겠다 기도하면 삶이 올 것이다. ……민중이 하는 줄 모르게 하는 기도는 틀림없이 반드시 이루어진다.

민중이 스스로 힘을 내 스스로를 구하라는 것이다. 생각하는 백성이라야 산다고 했던 그는 "생각을 하거든 꿈틀거려야 한다. ……꿈틀거림이야말로 선한 하나님, 전능한 하나님에 대한 기도다"고 일깨운다. 그는 왜 민중이 꿈틀거려야 역사가 산다고 한 것일까?

씨올은 맨사람 곧 가진 것이 없는 사람이요, 가진 것이 없기 때문에 제 바탈을 잃어버린 것이 없다. 그러므로 하늘나라 곧 이상의 나라가 그의 것이다. 이상의 나라를 가지면 땅의 나라를 세울 자격이 있을 것이다.

이를 위해 그는 여러 가지 제안을 한다. 그러나 그 핵심은 지난 역사에 겪은 수난이 꿈틀거리는 민중의 가슴속에서 "우리 철학, 우리 예술, 우리 종교가 나온다"고 믿었던 것에 있다. 부와 명예와 권력이 나온다고 한 것이 아니었다.

「인간혁명」1961

함석헌 혁명관의 출발점은 기본적으로 '나'이다. 여기서 변화가 일어나지 않으면 참다운 혁명은 없다는 것이다. 그 참 혁명은 그냥 '나'로서가 아니라 '민중'으로서의 '나'다. 그 안에 시대의 육성이 담겨 있기 때문이라는 것이다. 인간혁명은 이걸 알아들을 때야 비로소 하늘과 만나 그 영의 힘으로 일어난다. 여기서 관건은 사랑이다.

민중이 하는 시대의 말씀을 알아들으려면 사랑이 있어야 한다. 사랑이 뭔가? 전체를 안음이다. 전체 속에 녹아버림이요, 풀어짐이다. 그러면 자연히 알려질 것이다.

현실에서 민중은 짓밟힌다. 사랑이 아니라 압제의 대상이다. 진정한 인간혁명의 길이 막힌다. 그래서 변혁이 요구된다.

엎누르는 자를 갈아치우고 얽매는 제도를 갈아버려야 한다. 갈 힘이 우리 속에 있다.

물론 이것은 정신적 변혁이 그 중심에 서 있는 작업이다. 그렇기 때문에 민중의 내면에 정신의 주체성이 존재해야 혁명이 이루어진다. 그렇지 않으면 제아무리 민중이 권력을 잡는다고 해도 "정권의 옮겨짐이 있을 뿐이지 제도를 바로잡는 데 이르지 못"하게 된다. 이런 까닭에 함석헌은 '민족의 개조'라는 지금으로서는 다소 낡게 들리는 말을 내세운다.

물론 춘원 이광수의 민족개조론과는 차원이 다르다. 우주적 규모의 사유와 감수성 그리고 인간과 역사에 대한 사유의 힘이 존재하는 국민으로서의 성숙이 그 목표다. 이광수의 민족개조론이 조선인의 열등감을 바탕으로 그 민족성을 바꾸라는 요구였다면, 함석헌은 씨알 민중 내면에 있는 힘을 피워 꽃과 열매가 되게 하는 노력의 과정을 말했다. 한 개인으로 그치는 것이 아니라 대중의 힘으로 나타나도록 해야 한다는 것이다. 여기서 그는 모세가 몸 바친 인간혁명의 길에 대해 이야기를 펼친다.

활을 가지고 간 것도 칼을 가지고 간 것도 아니요, 다만 지팡이 하나만 짚고 간 것이요, 비밀결사를 조직한 것도 지하운동을 한 것도 선동을 한 것도 아니다. 내놓고 이집트 임금을 직접 보고 한 평화의 반항이었다. ……목적지에 가기를 서둘지 않고 빈들의 길을 일부러 돌아돌아 40년을 헤매게 했다. 그리해서만 참 성격을 다듬어 낼 수 있고 참된 성격을 다듬어서만 앞날의 이상을 이룰 수 있다고 생각했기 때문이다.

현실은 절박했으나 그는 조급해하지 않았다. 긴 시간의 훈련과 각성이 있고서야 드디어 피는 꽃으로 인간혁명을 바라보았던 것이다. 천덕꾸러기요, 무지한 자요, 업신여김을 받는 민중 안에서 그 꽃의 시작을 본 함석헌은 민중이 주체가 되는 역사의 도래를 끝까지 간절히 기원하고 믿었다. 하늘의 혼과 시대의 목소리가 그 속에 담겨 있기 때문이었다.

「새 혁명」1963

1963년 대통령 선거에서 박정희는 윤보선에게 15만 표 차이라는 극소한 격차로 당선된다. 윤보선의 당선이 유력시되던 상황이었다. 그러나 야당은 분열했다. 지금 생각하면 어처구니없지만 당시 박정희를 빨갱이로 모는 색깔론매카시즘은 윤보선 쪽에서 주도했다. 박정희의 남로당 전력을 문제 삼았던 것이다. 집권 후 박정희가 오히려 그 매카시즘을 권력 운용에 써먹었으니 역사의 역설이었다.

야당 분열보다 더 큰 문제는 민중의 힘이 제대로 성숙하지 못한 점이었다. 바른 정치를 이끌어낼 만한 역량이 아직 자라지 못했던 것이다. 함석헌은 야당 분열도 막지 못하고 정치의 새로운 비전도 요구하지 못한 상태를 탄식했다. 이 글은 바로 그러한 문제의식을 표현한 논설이었다. 선거 결과에 낙심한 그는 민중의 새로운 각성에 토대한 혁명을 다시 내세운다.

야당 분열에 낙심을 나타난 다음 그는 "이 정치 싸움에서도 결코 낙심 말고, 곧 선 자리에서 새 혁명을 시작해야 한다. 일은 결코 요것만으로 결정되지 않는다. 이것은 앞으로 있을 길고 긴, 험하고 험한 싸움의 한 구절에 지나지 않는다"고 했다. 길게 보자는 것이다. 또한 야당 분열의 원인과 책임을 짚어내는 것을 잊지 않는다.

그들에게 성의가 없었기 때문이다. 말로만 민주주의라 했지 정말로 이 정치를 한번 혁신하자는 생각이 없었다. 그들은 민중을 속이려 했던 것이다.

정치공학이 앞선 정치에 기대를 걸 수 없다는 것을 말한 셈이다. 이런 현실에서 민중은 언제나 집권의 수단으로 동원될 뿐이다.

이날까지 민중은 모든 혁명의 원동력이 되면서 결과는 늘 일부 특권자에게 뺏기고 속아왔다.

그는 민중 스스로 모든 것을 각성할 수 있다는 민중 절대론에 기초한 낙관을 펼치지는 않았다. 가르치고 일깨우고 새로운 생각을 불어넣는 운동을 전개해야 세상이 바뀐다고 외쳤다. 그 가르침과 각성의 대상은 민중을 교육하는 입장에 있는 이들 모두까지를 포괄했다.

이것을 하기 위해 우리는 민중을 깨워야 한다. 우리 자신을 가르쳐야 한다. 예배 시간이나 공부시간만 아니라, 일터에서나, 쉴 때나, 잡담을 하는 때에도, 우리 이상하는 바를 말하고 주장을 선전해야 한다. 민중으로서의 자기 교육, 자기 훈련을 해야 한다. 이제부터 곧 이것을 시작하자는 말이다.

민중의 의식이 진화하는 수준만큼 정치가 이루어진다는 것을 통렬히 깨친 글이다. 지금이라고 다를까?

「혁명의 철학」1968

혁명을 어떻게 할 것인가? 이것이 문제였다. 혁명을 어떻게 이해하는가가 관건이었다. 함석헌은 혁명이란 부분의 개혁으로 그치거나 폭력으로 무언가를 뒤집어엎는 것이 아니라는 점을 분명히 밝힌다. 전체가 달라지는 것이요, 비폭력이며 정신적 힘을 가져야 한다는 것을 강조했다.

혁명이 요구되는 가장 절박한 까닭은 정치 때문이다. "혁명은 정치가 달라지는 것을 말하는 것입니다. 달라지되 어느 한 부분만 아니라 전체를 왼통 뜯어 고치는 일입니다. 그리고 새 출발을 하는 일입니다."

그렇다면 혁명의 주체는 누군가? 민중이다. 이들의 가슴과 행동 속에서 하늘의 뜻이 드러나기 때문이라는 것이다. "민중이 그 정치를 받아들이면 곧 하늘이 주시는 증거요, 민중이 만일 받아들이지 않는다면 곧 하늘이 주시지 않은 증거라는 것입니다." 그러니 민중이 어떻게 생각을 먹느냐가 참으로 중요해진다.

동적인 근대는 민중의 자각으로부터 시작됩니다. 그들은 이제 의식적으로 역사의 주인 노릇을 하기 시작했습니다. 이것이 지금을 옛날과, 사람은 같은 사람이면서도 역사를 질적으로 다르게 하는 정말 혁명입니다. 이제 정신적 구조가 아주 달라지기 시작했습니다. 가치의 체계가 새로 짜이게 되었습니다. 한 번만 새로 짜이는 것이 아니라 끊임없이 영원히 새로 짜여야 한다는 것이 일반 민중의 역사철학이 되었습니다.

민중혁명론의 정신적 토대에 대한 함석헌의 이러한 문제의식은 국가주의를 청산하고 폭력에 대한 철저한 부정으로 일관된다.

민주주의 투사였던 빅토르 위고는 폭동과 혁명을 구별해 말하면서 "폭동은 물질적 동기로 일어나는 것이고 혁명은 정신적 동기로 일어나는 것"이라고 했습니다. 정신이 무엇입니까? 공公을 위하는 것이 정신입니다.

가난하고 힘없는 약소국가인 한국의 민중에게 그는 이러한 혁명의 주체가 될 수 있는가에 대한 회의에 대해 이렇게 답한다.

언제나 혁명의 앞장은 잘난 이보다는 못난 이가 서는 것 아닙니까? 그리고 그 지극히 작은 자도 요한보다는 큰 것이 하늘나라의 헌법 아닙니까?

앞선 자가 뒤에 서고 뒤선 자가 앞을 서게 된다는 것이다. 우리는 지금 어디쯤에 와 있을까?

제1부

새 윤리

1980년대 서재에서 독서하는 함석헌

"모든 사람의 가슴속에 이미 있는 생각을
새삼스러이 걸어 내놓는 것은 무엇 때문인가?
참말 할 실천을 불러내기 위해서다.
모든 사람이 다 품고 있고, 다 빤히 알고 있어도
그것만으론 아무것도 아니다.
거기 불이 붙어야 한다.
사상은 불붙임을 요구하는 가스다.
불붙임을 당하지 못한 사상은
숨이 막혀 죽어버리든지
그렇지 않으면 사납게 터져 나와
술과 부대를 다 버리게 결단을 낸다"
- 「사상과 실천」

살림살이

늘 하늘을 우러러보자

우리 할 일이 무엇이냐? 얼 힘〔精神力〕을 키우는 데 있다. 먹고 입고 자고 깨고 아들딸을 낳고, 직업을 갖고 지식을 캐고 성격을 다듬고 예술을 지어내며, 나라를 하고 세계문화를 쌓고 도덕을 행하고 종교를 믿어서, 결국 얻는 것은 얼의 힘을 키워간다는 하나뿐이다. 마치 무슨 직업을 했거나 결국은 돈으로 되어 저금통장에 남게 되는 것이요, 그 돈을 가졌으면 어떤 큰일이라도 또 할 수 있는 것과 마찬가지다.

사람의 얼이란 것은 온갖 힘의 물둥지다. 모든 냇물이 흘러서는 물둥지에 고이고 또 고였다가는 흘러나서 여러 갈래의 냇물이 되듯이, 사람이 하는 모든 일은 마지막에 한 번은 반드시 정신으로 바뀌어져 생명의 물둥지를 이루게 되고, 거기서야 또 모든 것이 나올 수 있다. 개인에 있어서도 그렇고 세대에 있어서도 그렇고, 지식이나 기술이 직접 이 일에서 저 일로, 이 사람에서 저 사람에게로 넘어가는 수는 없고, 반드시 한 번 정신으로 되어서야 한다.

이것을 이해라, 혹은 깨달음이라 하고 덕이라 한다. 보이는 물건은 물어서 알아 없어지고 원리만이 붙잡혀졌기 때문에 이해라는 것이요, 일을 깨치고 깊은 뜻에 다다랐기 때문에 깨달음이요, 한 행동은 지나가버리고 정신의 힘만이 내 것으로 되었기 때문에 덕德이라는 것이다. 덕은 득得이라, 얻음이다. 얻는 것은 정신만이지 물건일 수 없다. 그것은 '나'는 정신이기 때문이다. 아무것을 먹어도 소화가 되어야, 삭아서 없어져야 살이 될 수 있듯이, 모든 것은 녹아서 정신으로 되어서만 내 것, 곧 '나'가 될 수 있다.

냇물이 맑고 많으면 물둥지가 크고 맑을 수 있고, 물둥지가 커서 맑은 물이 가득 고이면 천화를 씻어 아름답게 할 수 있고, 깨끗하고 싱싱한 것을 길러낼 수 있을 것이다. 그러므로 얼 힘을 키우는 것이 우리 일이라는 것이다. 한 방울 한 방울 물이 곧 그 시내요, 한 줄기 한 줄기의 실개천이 바로 그 물둥지이듯이, 우리의 다루는 한 물건 한 일이 곧 나의 정신적 재산이요, 내 아득한 정신 하나가 곧 우주적 재산이다. 오늘 내가 있고 내 머리에 생각이 솟는 것은 전에 억만 생명이 살아 있었기 때문이요, 억만 마음이 생각을 했기 때문이다. 내 몸은 무한의 바다의 한 물결이다. 내가 일어선 것은 내가 일어선 것이 아니요, 이 바다가 일으켜 세운 것이다. 그러나 나는 또 나 스스로 하는 것이 있어 그 운동에 한 가닥 더하는 것이 있을 수 있다. 나는 이 자리에서 잠깐 일어났다 꺼질 것이나, 내가 전하고 일으키는 이 운동은 저 바다를 끊고 건너갈 것이다.

자본주의 사회에서는 돈이 왕이다. 돈만 있으면 지식 있는 놈의 지식 사 쓸 수 있고, 칼 든 놈의 손 칼 든 채 잡아 부릴 수 있다. 그만인가, 덕이 높은 성인까지 사서 앞세우고 다닐 수 있다. 그러므로 무식 걱정 마라, 힘 없는 걱정 마라, 잘못한 걱정 마라, 돈 벌어라, 그저 돈만 벌어라, 그러나 생명의 세계에서는 얼이 임금이다. 그러므로 무슨 일에 있어서나 무슨 방법으로도 얼을 길러라, 얼만 길러라, 얼에서 모든 것이 나온다. 얼이 모든 것이다.

얼이 무어냐고 묻는가? 얼은 얼이다. 얼은 얼이라 해서 못 알아 듣는 것은 얼빠진 사람이다. 얼이 빠지면 사람 아니다. 얼은 제 이름만 부르면 곧 일어난다. 강아지도 제 이름 부르면 일어설 줄 아는데 얼이 제 이름 모르겠나? 얼은 한 끝이기 때문에 '그것'이기 때문에 가르쳐주지 못한다. 다만 부를 뿐이다. 얼을 어떻게 기르느냐고 방법을 묻나? 방법 없다. 얼은 스스로 하는 것이다. 무엇에 지음을 받는 것도 아니요 어떤 원인에서 나온 것도 아닌, 그 스스로가 모든 것의 원인이 되고 까닭이 되는 것이 얼이다. 그러므로 얼 기르는 데 방법이 따로 있지 않다. 있자 하면 있어지고 없자 하면 없어지는 것이 얼이다. 얼은 맑은 것을 생각함으로 스스로 맑아지고, 더러운 것을 생각함으로 스스로 더러움이 된다.

한 점을 얻는 자는 전체를 얻는다

우리는 오천 년 역사에 실패의 언덕길을 굴러 내려온 민족이다. 지금까지의 문명에 있어서는 살고 죽는 운명이 민족적으로 결정되는 것이므로 결국 모든 문명의 근본은 민족적 정신의 힘에 달려 있다. 그런데 우리는 삼국시대 이래로 밑돈 뽑아 먹는 살림만을 해왔지, 정신의 밑천을 더 불리지 못했다. 가무는 때의 화천華川 물둥지 모양으로 점점 쭈그러지고 졸아들었다. 물이 적으면 발전을 크게 할 수 없고 발전 못하면 공장이 돌 수 없듯이 민족적 생명력이 줄어들면 문화는 떨어질 수밖에 없다. 고려시대 이후 내려올수록 정치·경제·학문·예술·교육·종교 각 방면에서 점점 떨어져 내려온 것은 이 때문이다.

밖으로 보면 어느 정도의 발전이 있는 듯이 보이는 것도 있다. 기차·기선·자동차·전신·전화·비행기·라디오·학교·극장·병원 하는 것이 모두 전에 보지 못하던 것이다. 그러나 물둥지의 면적이 넓어진 것이 반드시 물이 많아진 것은 아니듯이, 겉모양의 발전이 참 문화는 아니다. 문화는 욕심의 만족을 시키기 위한 편리 기관이나 시설이 늘어가는 데 있는 것이 아니요, 훌륭한 인격을 낳는 데 있다. 물둥지에 모래가 흘러들어 얕아지면 얕아질수록 점점 더 넓어지지만, 그것으로 물이 불었다 할 수는 없고 발전은 점점 더 할 수 없어만 간다.

발전이 힘 있게 되려면 물둥지의 밑에 메인 것을 깊이 가시어내어 파란 물이 밑을 알 수 없이 깊이 고이어야 하지 않나? 큰일을 하는 것은 제도나 기계가 아니라 위대한 인격이요, 위대한 인물을 낳는 것이 정말 참 문명이다. 4·19요 5·16이요 떠들어도 결국 따지면 인물 문제에 맺히고 마는 것이 오늘날 우리 일 아닌가? 0.4짜리가 만 명이 모여 만 번 혁명을 하고 회의를 한들 무엇이 나올까? 우리나라 일은 맹자의 말을 빌려 하면 "칠 년 된 병에 삼 년 묵은 쑥 구하기"[1]이다. 그러므로 이제부터라도 어서 묵히기 시작하는 것이 가장 어진 일이다. 쑥도 묵어야 하지만 인물은 더구나 그렇다. 하룻밤 동안에 영웅이 되고 경세가經世家가 되는 법이 어디 있느냐? 어서 참고 기르기 시작해야 한다. 이것이 우리 살림살이의 목표다.

산을 구경하는 비결은 상봉上峯 꼭대기만을 바라보는 데 있다. 일단 정신을 거기다만 쏟고 온몸의 힘을 다해 거기 이르려고 애를 쓰노라면, 그러는 동안에 자연 가지가지 꽃도 보고 새 소리를 듣게 되고 샘물을 마시기도 하고 굴 속을 들여다보게도 될 것이요, 한번 그 꼭대기에 서게 될 때 온 산의 모양을 단번에 다 볼 수 있게 될 것이다. 그러나 만일 그렇지 않고 모든 구경을 다 하자는 생각부터 하여 이리저리 왔다갔다 하면 결국 헤매기만 하고 아무것도 보지 못할 것이다.

한 점을 얻는 자는 전체를 얻는다. 그 한 점이 무엇이냐? 그것이 정신이다. 얼이다. 우리 교육의 목표는 위대한 얼의 사람을 길러낸다는 한 점에 집중되어야 한다. 생명의 운동은 송곳 같은 것이다. 될수록 뾰족해야 힘 있는 작용을 한다. 뾰족하다는 것은 될수록 욕심 없이, 보이지 않는 한 점만을 겨누어야 한다는 말이다. 할 일이 많다고 이론의 완전을 얻으려고, 이것도 해야 하고 저것도 해야 한다고 하다가

---

1) 七年之病 求三年之艾: "칠 년간 앓은 병을 고치기 위해 삼 년간 말린 쑥을 구한다"라는 뜻으로, 평소에 준비해두지 않다가 일을 당해서 갑자기 구할 때는 이미 때가 늦음을 이른다.『맹자』, 「이루 상」.

는 결국 아무것도 못할 것이다. 산의 산 됨이 절정絶頂에 있듯이, 그리고 절정을 얻으려면 모든 것을 버려야 하듯이 생명의 절정은 정신이요, 정신은 바로 모든 것을 잊는 데 있다.

저 푸른 하늘은 우리 정신의 숲

누구를 기르면 위대한 사람이 될까? 참 사람은 누구가 아니다. 나다. 내 살림 바로 하는 것이 인물 기름이요, 민족적인 생명력 회복함이다. 나는, 지금의 이 나의 하는 꼴은 역사적 가시나무 떨기의 좀먹은 잎인지 모른다. 그러나 그것을 잘 따 밭밑에서 썩히면 이 내가 곧 장차 오실 '그이'의 한 가는 뿌리다.

5천 년 역사 살림이 겉으로는 얻은 듯하나 속으론 곯았다. 수는 늘었으나 사람은 줄었다. 이것을 모두 바로잡아 키워내야 한다. 어떻게 할까? 무엇을 하기 전에 먼저 마음부터 먹어야 한다. 무슨 마음인가? 영원 무한한 것이 마음이다. 생명이 줄고 얼이 빠진 것은 나를 쭈그렸기 때문이다. 그러므로 먼저 나를 펴라. 영원 무한에까지 펴라. 나는 영원한 것이요 무한한 것이라고 믿어야 한다. 이 나는 작고 형편없는 듯하지만 저 영원 무한에서 잘라낸 한 토막 실오라기다. 그러므로 보이는 것은 작지만 그 나타내는 전체, 그 밑, 그 뜻은 무한히 크고 무한히 긴 것이다. 한가지로 우리 불행의 근본 원인은 우리 스스로를 업신여기는 데 있다. 펴야 한다. 기운을 쭉 펴야 한다. 구부린 놈이 옳은 말을 할 수 없다. 돈 앞에 서거나 칼 앞에 서거나 지식 앞에 서거나 도덕 앞에서까지라도 나를 잃고 구부려서는 아니 된다. 뻗쳐야 한다. 뻗치고 숨을 발꿈치에까지 가도록 쉬어야 한다. 나다, 내가 하나님의 콧구멍이요 우주의 숨통이다.

나를 영원 무한한 얼에서 잘라낸 것이라 할 때 한없이 작은 듯하지만 작으면서도 이것은 독특한 것이다. 막막 우주에 나는 나뿐이지 둘도 없다. 그러므로 이것은 다시 없이 귀한 것이다. 다시는 없는 것이 정말 귀한 것이다. 인생의 참이라거나 꿈이라거나, 하나님이 있다거나 없다거나, 그 무슨 이론을 하거나 이 '나'라는 나를 부인할 수는 없고 나는 나만인 것을, 무엇을 주고도 나를 바꿀 수 없는 것을 아니라 할 수는 없다.

살림은 나의 불멸성, 무한성과 비상성非常性, 독특성을 믿음으로 시작된다. 온 들의 곡식을 길러내는 여러 냇물의 근원은 물둥지에 있고 그 물둥지의 근원은 산골짜기 무수한 흐름에 있지만 그 산골짜기 시내의 근원은 또 어디 있나? 비에 있다. 나라 모든 일은 인물에서 나오는 것이요 인물은 민족적인 생명력에서 나오는 것인데, 그 민족적인 생명력의 근원을 따지면 비가 하늘에서 내리듯 역시 하늘에 있다. 그러므로 정신의 힘 기르려면 하늘을 찾아야 한다. 비는 하늘에서 내리는 비지만 나무를 심어야 비가 잘 오는 것이요, 나무 심지 않으면 하늘에 구름이 모이지 않고 또 비가 온다 하여도 사납게 한꺼번에 흘러서 홍수가 되어 도리어 파괴만을 많이 하듯이, 정신의 근본이 하늘이지만 사람이 하늘을 바라야만 그 정신이 사람에게 임臨하는 것이요, 바라는 마음이 만일 없으면 그 하늘의 정신이 도리어 악령의 작폐로 되어버린다.

나무는 땅이 하늘 향해 올리는 기도요, 찬송이다. 하늘에서 내린 것에 제 마음을 넣어서 돌린 것이 숲이요, 꽃이다. 그러면 그럴수록 하늘은 더 부드럽고 기름진 것으로 준다. 숲이 우거질수록 점점 더 기후가 온화하고 윤택해가고, 나무를 벨수록 더욱 더 메마르고 사나워진다.

우리 정신도 마찬가지다. 머리 위의 저 푸른 하늘은 우리 정신의 숲이다. 예로부터 하늘을 친하지 않고 된 시도 철학도 종교도 과학도 없다. 땅의 숲이 보이지 않는 물과 땅의 힘을 더하여 나타나듯이 우리 머리 위에 저 푸른 하늘은 보이지 않는 참 하늘의 표시다. 상징이다. 보이지 않는 그 얼을 우리 마음이 받아 나타낸 것이 저 푸른 하늘이다. 땅에서 보이는 것 중에 하늘을 가장 잘 나타낸 것이, 다시 말하면 가장 크고 높고 가장 맑고 영원 무한한 것을 나타내어, 우리로 하여금 거룩을 느끼게 하는 것이 저 하늘이다.

그러나 하늘이라는 무슨 물체가 있는 것이 아니다. 아무것도 없는 허공에 우리 눈이 그렇게 보는 것이다. 아니다, 눈이 보는 것 아니다. 마음이 느끼는 것이다. 무엇이 있어서 느끼게 하는 것이 아니라 마음이 스스로 자기 속에 있는 높음·깊음·맑음·거룩함·끝없음을 그 허공에서 느끼는 것이다. 하늘 우러름이, 곧 그 영원 무한한 운동이 스스로 나온 근본에 돌아감이다. 정신은 돌아감이다. 반사反射다. 복초復初다. 노자가 "만물운운각귀기근"萬物芸芸各歸其根2)이라 했지만 소위 우리 정신이란 것은 전체인 얼에서 나온 운동이 돌이켜 그 나온 근본으로 돌아가는 일이다. 하나님이 천지만물을 창조한 것도 큰일이지만 그 지은 물건이 스스로 제 생각으로 그 근본을 돌이켜 보게 된 것은 생명의 역사에서 크나큰 일이라 할 수밖에 없다. 하나님이 천지를 창조했다는 그 사상부터가 한 개 우주적 얼의 반사다. 유한한 것이 무한이 되는 것은 돌아감으로야만 된다. 지구가 큰 것 아니다. 구체球體로 생겼기 때문에, 사람이 영원 무한을 알게 됐다. 영원이 뭔지, 무한이 어떤 것인지, 말로 할 수 없지만, 어쨌든 사람은 영원 무한을 생각하는 물건이다.

회의론자가 무어라거나 유물론자가 무어라거나 인간 중에 단 한 사람이라도 하나님이라고 했으면 그것은 벌써 부정할 수 없는 우주적 사실이다. 생각은 이미 나온 생각을 없애지 못한다. 그러므로 너는 마음놓고 무슨 생각이거나 해라. 생각하는 것은 네가 아니다. 너는 물이 솟는 바위 틈뿐이다. 생각으로 하여금 마음껏 나오게 하여라. 흐린 생각이라, 악한 생각이라 걱정 말라. 바닷속에 아무 물이 들어가도 그 절대의 맑음을 흐릴 수 없다. 흐림도 맑음의 한 부분이다.

---

2) "꽃과 잎이 무성하여 제각기 그 뿌리로 돌아간다." 『도덕경』, 제16장. 원문은 夫物芸芸各歸其根.

그렇게 믿음이 맑힘이다. 하늘을 한없이 높이, 끝없이 넓게 우러르잔 것은 그 속에 나를 잊고자 해서다. 참 그것이 되면 나를 잊을 것이다. 나를 참 잊으면 참 그것이 될 것이다.

몸은 언제나 꼿꼿이 가지자

사람이 저를 아는 데 있어서 가장 먼저 할 것은 이 몸 생김의 뜻을 생각해보는 일이다. 모든 형상은 뜻이 나타난 것이기 때문이다. 옛 사람이 머리가 둥근 것은 하늘을 본뜬 것이요, 발이 편편한 것은 땅을 본뜬 것이라 한 말이 웃을 말이 아니다. 눈·귀·코·손·발이 다 쌍으로 된 데도 뜻이 있어야 할 것이요. 육체적 생명의 근본되는 먹을 것이 들어가는 것과 정신적 생명의 양식인 말이 나오는 것이 한 구멍으로 하게 되었고, 더러운 찌꺼기를 내보내는 것과 새 생명의 창조를 하는 것이 역시 하나로 되어 있다는 데도 반드시 무슨 뜻이 있어야 할 것이다.

그러나 그 모든 것을 다 그만두더라도 사람이 두 발로 꼿꼿이 서게 생겼다는 것만은 깊이 생각하지 않으면 안 된다. 그것은 사람에서만 보는 현상이기 때문이다. 생명의 진화를 말하는 사람들이 매양 그 여럿 속에 공통된 점을 들어 힘써 말하나, 사실 의미 있는 것은 여럿 속에 공통되어 있는 점보다 그 어떤 것에만 독특하게 있는 점에 있다. 처음이 나중을 결정하는 것이 아니라 나중이 처음을 결정한다. 처음이 어떤 것을 따라 나중 결과가 결정되는 것은 물질에게서 하는 말이고 정신의 세계에 들어오면 달라진다. 그와 반대로 목적되는 것이 먼저 있어서 그것에 따라 그에 앞선 것들이 결정된다. 정신이란 다른 것이 아니고 목적이 처음부터 들어 있는 운동이다. 두 발로 일어선 것은 사람만이라면 그것은 나중에 나타난 현상이니만큼 처음부터 그 목적이 생물진화의 긴 역사 속에 들어 있었다고 보아야 옳은 일이다.

사실 생물의 신체 구조의 변천을 단순히 환경의 변천에 대해 맞추어감으로만 보아서는 이해하기 어려운 점이 많으나, 마지막에 일어서자는 목표를 둔 운동으로 보면 환히 풀려 나가는 것이 있다. 아메바에서부터 사람에 이르기까지 일관一貫한 계통 있는 운동이다. 물론 그 계통이란 우리의 의식 작용같이 요렇게 작은 것을 두고 하는 말은 아니다. 사람의 의식은 놀랍지만 정신 전체에서 보면 그리 큰 것이 아니다. 의식은 정신의 옅은 끄트머리에 지나지 않는다. 근래의 심리학은 사람의 인격의 고갱이가 되는 것이 의식보다는 잠재의식 혹은 무의식에 있다고 하지 않던가? 잠재의식이니 무의식이니 하는 것은 할 수 없이 붙이는 이름이다. 의식은 정신의 일부이지만, 그것으로 전체를 알 수는 없다. 그러나 의식할 수 없다고 정신 아닌 것은 아니다. 일관한 계통이 있다는 것은 그런 뜻에서 하는 말이다. 분명히 설명은 할 수 없으나 있는 것은 사실이다. 목적이 있다고 가정하면 여러 가지 수수께끼가 풀릴 수 있으나, 없다고 하면 점점 더 풀 수 없는 것이 되어버린다.

　두 발로 일어서는 것은 어느 모로 보나 위험한 일이요 무리한 일이다. 무슨 환경이 그런 것을 요구했을까? 무턱대고 변천되어가는 환경에 임시 임시 맞추어가잔 것 아니라 목적하는 것이 있기 때문에 무리를 하면서도, 모험을 하면서도 그리 내몬 것이다. 생각해보라, 아기가 완전히 서게 되기까지 얼마만한 고생을 하나? 두 발로 서는 인간을 하나 내기 위해 생물 전체는 억천만 년에 걸쳐 얼마만한 희생을 냈는지 모른다. 그럼 그 처음부터 잠재하여 있는 목적이란 무엇인가? 다른 것 아니고 두골의 발달이란 것이다. 두골의 발달과 일어서는 것과의 사이에는 깊은 관계가 있다. 동물에서 보아도 몸이 땅에서 떨어질수록 곧추 서는 데 가까워올수록 두골이 커간다. 사람도 두골이 등뼈 위에 똑바로 와서 놓인 때에야 맑은 생각이 나는 것은 사실이다.

　여기다가 허리와 목의 생긴 것을 겸하여 생각해보면 그 뜻이 더 분명해진다. 허리와 목은 잘록하게 가늘어졌다. 모양 내는 여자는 허리를 가늘게 하여 곡선미를 낸다 하고 목을 날씬 빼어 아양을 부리기에 쓰지만, 사실 뜻을 말하면 그렇게 쓰란 것 아니다. 그것은 두골을 보호하기 위한 것이다. 두 발로 곧추 일어서 백근 넘는 몸을 늘 고이고 있자니 늘 불안정이다. 또 쉬지 않고 걷고 달려야 하니, 언제 어떻게 거꾸러질지를 모른다. 그러므로 허리를 잘록하게 하여 운동이 자유자재하여, 어느 때 넘어져도 몸의 위 절반을 일으켜 땅에 부딪치지 않도록 하게 한 것이다. 그래야만 가슴속에 들어 있는 중요한 내장이 상하지 않을 것이다. 그러나 그보다도 더 중요한 것은 두골이다. 그러므로 목에서 또 한번 잘록하게 하여 그것을 보호한 것이다. 사실 우리 몸이 나무통같이 생겼다면 두골이 벌써 언제 깨졌을지 모른다. 다행히 허리와 목이 잘록한 탓으로 그것을 면하여왔다. 그래서 일의 가장 중요한 것을 말할 때는 요령이라 한다. 요要는 허리요, 령領은 목이다.

꼿꼿이 서는 것은 그렇게 의미가 크다. 그러므로 살림을 바로 잡으려면 그것부터 해야 한다. 설 때면 두 다리에 힘을 꼭 주고 서서 휘청휘청 밖에서 오는 힘에 밀려 넘어지지 않도록. 스스로 서지 못하는 것은 사람이 아니다. 하늘 땅 사이에 "나는 나다"라고 서야만 사람이다. 자주독립이다. 사람이란 하늘 땅을 연락을 시키잔 것이다. 그러므로 땅의 힘이 내 발로 올라와 머리를 통해 저 까만 하늘에 뻗는다 하는 마음으로 서야 한다. 그래 1만 5천 리 지구 중심까지 울림이 내려가도록 힘있게 디디고 서자는 것이다. 또 앉을 때면 산처럼 부동의 정신으로 앉아야 한다. 그러면서 아랫배에 힘을 주어야 한다. 옛 사람들은 거기를 기해氣海라, 단전丹田이라 해서 정신수양에서 매우 중요하게 여겨왔다.

기해란 원기元氣의 바다라는 말이요, 단전이란 약밭이란 말이다. 옛날 사람이 신선이 되어 장생불사하겠다고 약을 많이 찾은 일이 있는데, 그 신선되는 것이 다른 데 있는 것 아니요 이 아랫배에 정신을 모으는 데 있다 해서 하는 말이다. 알약을 가지고 단丹이라 한다. 그래서 될수록은 눕지 말자는 것이다. 눕는 것은 맥이 풀린 것을 뜻한다. 아무리 괴로워도 자는 때, 아픈 때를 제하고는 눕지 말도록. 지금은 문명이 발달한 대신 사람들의 정신의 힘은 퍽 약해졌다. 십리를 가도 꼭 타고만 갈 줄 알고, 앉는 것도 부족해 안락의자나 소파를 만들어 반은 누워서 살려 한다. 그렇게 편리만을 따르고 어려움을 견디어 정신을 기르자는 생각을 아니 하므로 사람들의 마음이 약해졌고, 마음이 약하므로 인정이 얇아진다. 우리가 새 역사를 지으려면 어려움을 많이 당해야 할 것인데, 어려움에 견디려면 평소에 꿋꿋이 서는 정신을 길러야 할 것이다.

닭 울기에 일어나 하루 살림 준비를 하자

사람은 일찍 일어나야 쓴다. 아침에 해가 올라오도록 자는 사람이면 그 사람이 무슨 일을 한다거나 어떤 자리에 있다거나 무슨 책을 본다거나 그가 어떤 사람이냐 다시 물을 필요 없다. 아무도 일찍 일어나기가 싫어졌거든 기운이 풀린 줄을 알아야 할 것이요, 기운이 아주 풀리면 죽는다. 숨이 붙어 있어도 죽은 사람이다. 모든 잎과 꽃이 새벽에 피고 모든 새가 새벽에 깨듯이 사람의 정신도 새벽에 가장 맑게 갠다. 그러기에 예로부터 위대한 정신의 사람은 다 일찍 깼다.

우리는 밤낮이 이어 바뀌는 지구에 산다. 그러므로 자고 깨며, 일하고 쉰다. 한정이 있는 사람의 힘이므로 줄곧 일만 할 수는 없고 쉬어야 한다. 쉬는 것이 사는 일이다. 숨 쉰다고 한다. 쉬는 것이 사는 일이다. 숨 쉰다고 한다. 쉬는 것이 생명 회복함이다. 그러므로 자는 것이 절대 필요하다. 그러나 밤의 뜻은 자기만 하잔 것 아니다. 자기만 위한 것이라면 캄캄만 했으면 그만이겠는데 밤 하늘에는 빛나는 별이 수없이 많다. 낮에는 해 하나를 보지만 밤에는 몇 억만의 해가 비친다. 낮에는 유한有限의 세계가 보이지만 밤에는 영원 무한의 세계가 열린다. 낮은 일을 할 때지만 밤은 생각을 할 때다. 누구의 말같이 밤은 자기 위해서만 만들어진 것이 아니다. 밤 중에도 모든 티끌과 시끄러운 떠들음이 다 자고 맑은 하늘에 별이 빛나는 새벽이 더욱 좋다. 그러므로 일찍 자고 일찍 깨어, 생각을 깊고 맑게 하며 정신을 기르는 것이 필요하다. 경험으로 비추어 보아 저녁 열 시쯤에 자고 새벽 네 시까지는 깨는 것이 가장 좋다.

사람은 자연의 아들이란 말이 있다. 우리는 햇빛 아래 공기를 마시고 바람을 쏘이며 동식물을 먹고, 물을 마시고, 그것들로 옷을 만들고, 집을 짓고 산다. 그러나 우리가 자연물을 이용만 하고 그것을 기를 줄을 몰랐다면 자연을 참 알지는 못했을 것이다. 그리고 자연을 모른다면 하나님도 모를 것이다. 자연이 우리 생활의 자료도 되지만 우리 정신교육의 교과서도 된다. 곡식과 가축은 우리의 고급 학년의 교과서다. 사람의 정신이 크게 발달하기 시작한 것은 곡식을 가꾸고 집짐승을 기르기 시작하면서부터다. 그러므로 문화를 서양말로 'culture'라 한다. 우리는 곡식에서 믿음과 다시 남을 배웠고, 소에게서 끈기와 겸손을, 말에게서 날쌤과 민첩을, 개에게서 충성과 경계를, 고양이에게서 꾀와 조심을, 돼지에게서 깨끗과 안분安分을, 그리고 닭에게서 때와 깨달음을 배웠다. 그들을 통해서 우리는 자연계와 떨어질 수 없이 정신적으로 한데 붙게 되었다. 그중에서도 새벽 세 시면 우는 닭, 이 집에서 저 집으로, 이 마을에서 저 마을로 서로 부르는 그 소리, 그것 없이는 우리 종교·철학은 없었을 것이요, 우리 사회생활은 어려웠을 것이다. 길게 목빼어 우는 그 울음은 곧 우리를 부르는 영원의 소리다. 그들은 우리 역사 행진의 나팔꾼이다. 그러므로 그들이 깰 때는 우리도 깨야 한다.

사람은 자연의 아들이지만 자연의 아들만이 아니다. 자연대로만 아니고, 미리 계획하고 준비하는 살림이어야 한다. 옛날 주공周公은 밤새 나랏일을 생각하여 좋은 생각이 나면 앉아서 밝기를 기다렸다고 했다. 또 우리 몸은 약한데 정신은 한없는 것이므로 그것을 아껴 쓰고 규모 있게 다듬어야 한다. 일찍 일어나거든 우선 팔다리와 모든 기관을 고루 놀려, 자는 동안 막혔던 피와 기운이 풀려 돌아가도록 해야 한다. 몸을 정신의 집, 하나님의 성전으로 알면 더구나 그래야 한다. 우선 깨끗이 쓸고 닦고 정돈을 하여야 하루 살림이 바로 될 수 있다. 건강의 비결은 잘 돌림에 있다. 천지도, 사람 몸도 끊임없이 돌아가는 것이 그 근본 법칙이다. 천체의 돌아감, 일년 사철의 돌아감, 하루 밤낮의 돌아감, 우리 피·신경의 돌아감, 생각의 돌아감이 잘 돌아가려면 빠질 것이 잘 빠져야 한다. 개천이 막히면 나라가 망하고, 시궁창이 막히면 집이 망하고, 오줌·똥·땀구멍이 막히면 사람이 죽고 신문·잡지가 막히면 정신이 죽는다. 그러므로 몸에도 정신에도 닦는 것이 일이다. 수양이다.

몸의 준비가 다 되면 정신의 준비다. 고요히 앉아 생각을 하여 천지창조 전부터 영원 미래에 이르는 무한 우주를 거니는 마음의 산책을 날마다 게을리 아니해야만 한다.

내 몸 거둠을 내가 하자

몸과 마음에는 떼지 못하는 관계가 있다. 인격은 몸·마음이 하나된 것이다. 그러므로 내 스스로 내 몸가짐을 단정히 하여야 한다. 우주가 무한하다 하여도 그 중심은 나요, 만물이 수없이 버려져 있다 하여도 그것을 알고 쓰는 것은 나다. 내가 스스로 내 몸의 귀함을 알아야 한다. 욕심의 하자는 대로 끌려 내 몸을 허투루 다루는 것은 내 몸을 천대함이다. 중심이 되고 주인이 되는 이 몸, 이 마음을 허투루 하면 우주와 만물은 차례와 뜻을 잃고 어지러워지고 맞부딪칠 수밖에 없을 것이다.

몸조심이란 곧 몸 공경이다. 다른 사람보고 허리를 굽실굽실 비겁하게 굴복·아첨하는 것은, 이것을 지어준 하나님을 욕함이요 이것을 지키고 길러준 역사를 업신여김이다. 거울에 비치는 네 얼굴을 보라. 그것은 백만 년 비바람과 무수한 병균과 전쟁의 칼과 화약을 뚫고 나온 그 얼굴이다. 다른 모든 것 보기 전에 그것부터 보고, 다른 어떤 사람 사랑하기 전 그 얼굴부터 우선 사랑하고 절해야 한다. 그런다면 다른 것 보고 절하고 마음 팔 생각 아니 날 것이다.

이 사람이 누구냐? 우주의 주인 하나님의 아들이다. 이 손발이 뭐 하잔 거냐? 만물의 임금 노릇 하잔 것이다. 만물의 임금이 경망하게 행동해 될까? 점잖아야지. 그를 홀대해 될까? 정중히 모셔야지. 어떻게 하는 것이 가장 정성 있는 대접인가? 손수 함이다. 귀한 어른 대접은 심부름꾼 아니 시키는 법이다. 네 몸 대접 네가 해라. 옷·신발·모자·책상·네 방, 네 손으로 치워야 한다. 제 신발도 닦지 않는 청년이 이 다음 사회봉사, 인류공헌이라니 곧이 들리지 않는 말이다.

데모크라시가 하늘에 있느냐, 땅에 있느냐? 별을 따는 것이 자유가 아니요, 바다 밑을 더듬는 것이 평등이 아니다. 사람 대접함이다. 나라가 서울 있느냐, 시골 있느냐? 서울도 시골도 있지 않고, 네 옆에 있다. 나라 사랑하거든 네 옆의 사람부터 존경하라. 네가 만물의 왕이라면 그도 만물의 왕이다. 네 부엌에서 밥을 짓는 식모는 네 식모가 아니요 영원한 님의 아내다. 너를 섬기기 위해 세상 온 것 아니라 '그이'를 모시러 온 것이다. 남의 신부 더럽히지 마라. 사람은 정신에서와 재주에서는 차이가 있으되 몸은 꼭같이 가지게 만든 것은, 높은 정신적 일에는 부득이 다름이 있겠으나 제 몸 위한 기본적인 노동은 누구나 다 하란 말이다. 이 문명이 이렇듯 인류의 불행이 된 것은 애당초 우리 조상이 잘못 생각하고 사람에다 높고 낮고를 붙이고 정신적 활동이란 이름 아래 기본 노동까지 피하고 남을 시킨 죄 때문이다. 남을 종으로 부리면 너는 정신적 불구자가 된다. 네 몸 거둠 네가 하는 것이 데모크라시의 첫 걸음이요 하늘나라 준비다.

먹고 입음을 간단히 하자

정신생활이 없으면 사람 아니다. 그러나 정신생활 하려면 어쩔 수 없이 육신생활은 될수록 간단히 하는 수밖에 없다. 이상으로 하면 육신과 영혼은 늘 지나치기 쉬운 것이고 정신은 늘 눌리기 쉬운 것이다. 그래서 옛 사람이 "인심유위 도심유미"人心唯危 道心唯微라고 했다. 정신적 가치를 찾는 도심道心은 깜박깜박 있는 듯 없는 듯 미미한 것이지만 그것을 지키고 키우는 것이 사람의 일이다. 자라는 모란의 연한 순이 꺾이고 말면 영 꽃을 볼 수 없듯이 우리 마음의 끝에 피는 연한 꽃망울인 양심良心이 한번 꺾이면 다다. 사람이 동물의 지경을 벗어나 요 미미한 한밤중의 등잔 같은 마음 하나를 피워내기에는 참 길고 긴 세월이 들었다. 생명 진화의 장래는 오직 요 연한 끝에 달렸다. 그러므로 때로는 떡잎을 제치고 지나친 가지를 자르면서도 그것을 키워야 한다.

예로부터 어느 정도의 금욕·극기 없이 정신적 생명을 크게 키운 이는 없다. 그러므로 누구든 맛을 모르고 누구나 부드러운 것을 모르리오마는 힘써 욕심을 눌러서 간단히 하기를 힘써야 한다. 장자가 "기기욕심자천기천"其嗜欲深者天機淺3)이라고 한 것은 진리다. 그러므로 공자도 "사람이 뭐 하지 않는 것이 있고야 하는 것이 있다" 했고 "선비가 도道에 뜻했다면서 좋지 못한 옷, 좋지 못한 밥을 부끄러워한다면 말할 나위도 없다" 하기도 했고[『논어』, 「이인」], "선비는 먹는 데 배가 부르도록 하고, 있는 데 평안하도록 하기를 구하지 않는다" 하기도 했다[『논어』, 「학이」]. 그러므로 의·식·주는 간단주의가 좋다. 가지 수도 적게, 질도 낮은 것으로, 분량도 될수록 아껴서 하는 것이 마땅하다. 옛날 당태종은 명군名君이란 말을 듣는 사람인데 정무政務를 보면서도 밤늦게 글읽기를 게을리하지 않았다 하며 신하가 보고 "요새 임금께서 얼굴이 빠지셨습니다" 하니 대답이 "내가 빠졌으면 백성이 살찌지 않았겠느냐?" 했다고 한다. 먹고 입음 간단하게

---

3) "욕심을 너무 많이 내고 즐기는 것은, 천기, 즉 하늘의 조화인 이치를 아는 것이 얕은 것이다."『장자』, 「대종사」. 원문은 其嗜欲深者其天機淺.

하면 몸은 살이 찌지 못할지 모르나 혼은 살이 찔 것이다.

또 아껴서는 무엇하나? 남을 돕는 것이다. 세상에 불구자, 약한 사람, 병든 사람이 있는 것은 성한 사람의 심정을 시험해보고 기르잔 것이다. 어머니 사랑은 병신 자식에게서 더한 법이요, 자식의 효성은 부모가 병든 때에 자란다. 사람은 서로 돕게 생긴 것이다. 그러하므로 속사람이 자란다. 본래 물건은 내 것이 아니다. 내가 벌었어도 내 것 아니다. 직접은 나라의 것이요 한 걸음 더 나아가면 하나님의 것이다. 나라 없으면 내가 힘 있고 재주 있어도 돈은 못 버는 것이요, 하나님이 허락 아니하면 벌었어도 내가 못 가진다. 그러기에 부^{wealth}는 건강^{health}에서 온다고 한 러스킨4)의 말은 옳다. 내 것이 내 것 아니다. 따라서 남을 돕는 것은 각별한 선인善人이라기보다는 마땅한 의무다. 그것 아니 하고 내가 번 것 내 마음대로 쓴다 하면 도둑이다. 내가 나라의 것, 하나님의 것을 도둑하면 또 도둑이 내게 온다. 그러므로 도둑질한 놈만 아니라 도둑맞은 놈도 죄가 있다. 도둑질했다는 놈은 작은 도둑이요, 도둑맞았다는 놈은 큰 도둑이다. 세상은 작은 도둑 때문 아니라 큰 도둑 때문에 못 산다. 큰 도둑 없으면 작은 도둑 저절로 없다. 먹고 입고 남은 것은 남의 것이다. 남의 것이므로 남았다고 한다. 남의 것인 줄 알면 어서 돌려야 한다.

또 살림을 낮게 하면 좋은 것이 또 있다. 친구가 많아진다. 살림을 고등하게 하면 소위 유산가有産家·유력가有力家라 해서 적은 수의 잘사는 사람끼리는 좋아하나 친구가 적다. 친구는 수수하게 살아야 많다. 세월이 평안하다 할 때는 모르나 한번 혁명이 와서 뒤집히는 날은 친구가 어떤 것임을 알게 된다. 민중을 친구로 삼아야 한다.

4) 러스킨(John Ruskin, 1819~1900): 당대 예술평단에 명성을 떨친 영국의 작가·비평가·예술가. 사회경제적 모순을 목도하고 불혹의 나이에 사회사상가로의 길을 걸었다. 간디, 톨스토이 등에게 큰 영향을 미쳤다.

술·담배를 하지 말자

술·담배에 대하여는 의론이 많겠지만 이유 물을 것 없이 아니 하는 것이 좋다. 천하 사람이 거의 다 아니 하는 사람 없으니 한번 아니 할 만하지 않은가? 끊기 어려운 것이니 기어이 끊어볼 만하지 않은가? 참기 어려운 것을 하나 작정하고 일생 참노라면 정신이 늘 긴장할 수 있고, 정신이 긴장하면 켕긴 거문고 줄 같아 바람결에도 음악이 난다. 술·담배 마시면 정신은 풀어졌지, 긴장하지 못할 것이다.

하루 한 번 땀을 흘리자

생명은 신진대사, 즉 묵은 것은 나가고 새 것은 자꾸 들어오고, 그리해서만 씩씩하게 살 수 있다. 그러므로 쉬지 않고 활동해야만 된다. 몸속에 묵은 찌꺼기가 빠져나가지 못하고 있으면 머리가 아프고 기분이 나쁜 법이요, 마음이 문을 닫고 들어앉아 묵은 생각을 되풀이하고 있으면 정신이 시드는 법이다. 생명에 가장 요긴한 조건은 청신淸新한 기운이다. 그러나 사람 마음에는 한편 무사안일을 원하는 마음이 있으므로 좀 잘못하면 조개처럼 제 스스로 뿜어낸 물건이 껍데기로 굳어져 그만 그 속에 갇혀버리게 된다. 침체한 기분, 압박에 눌려 위축되는 기분, 조그만 평안에 만족해 그대로 잦아지고 말려는 기분, 실패에 낙심해 슬픔에 갇혀 제 심장을 깎아 먹고 살려는 기분, 그런 것은 다 몹쓸 독소를 품은 공기다. 그러므로 힘써 늘 자주 가라앉는 분위기를 깨쳐 마음속에 생기는 가스를 흩어버려야 한다. 거이기居移氣라고, 사람은 그 있는 환경에 따라 기분이 변하는 법이다〔『맹자』, 「진심 상」〕. 그러므로 날마다 육체적으로 정신적으로 기운을 발산시켜야 한다. 그러는 데는 일하는 것이 가장 좋다. 「창세기」에 하나님이 죄 범한 인간을 보고 가장 먼저 준 명령이 일하라는 것이었다. "네가 이마에 땀을 흘려야 먹을 것이다" 했다〔「창세기」, 3: 19〕.

그것은 벌이라기보다 교육이었다. 죄를 범한 양심이 그렇지 않고는 살아날 수 없기 때문이다. 잠가져서 슬픔이 후회에 갇혀버리는 것처럼 나쁜 것은 없다. 일은 적당히 하면 거기 저절로 예술적인 창작욕·완성욕이 만족되는 것이 있으므로 마음이 시원하고 기운이 나는 법이다. 노동에는 오락과 되살림recreation이 저절로 들어 있는 법이다. 지금 오락이니 되살림이니 하고 새삼스러이 떠드는 것은, 일하지 않고, 해도 잘못하기 때문에 생기는 일이다.

일하면 육체의 먹을 것만 생기는 것 아니라 정신도 양식을 취하게 된다. 개인으로나 나랏일로나 앞길이 캄캄해 맥이 풀리는 때면 괭이를 들고 나가 땅이라도 파는 것이 좋다. 제 땅이 없으면 남의 땅이라도, 그것도 없으면 운동이라도 하여 땀을 한번 쑥 빼는 것이 좋다. 땀이 빠지면 근심도 빠진다. 그러면 저절로 새 원기元氣가 난다. 이마에 땀을 흘리며 마음이 수그러질 사람 없다. 시험에 낙제했을 때, 사업에 실패했을 때, 사랑하는 사람에게 배반을 당했을 때는 철봉이라도 하고 마라톤이라도 해라.

생명은 적극적이지 소극적이 아니다. 나는 이왕 못 살아도 남이라도 잘살도록 하자는 마음이 있어야 한다. 다른 것으로 다 못해도 씩씩한 얼굴 하나로도 남을 위할 수 있다. 일을 하여 땀이 철철 흐르는 얼굴 보고 시원해 마지않을 사람 없을 것이다. 화장을 한 것보다 얼마나 효과적일까? 생명의 건강법에는 틀어막는 것보다 내어 쓰는 것이 더 중요하다. 같은 땀이라도 이마에 흐르는 땀은 왕관 위의 진주 같으나 등골에 흐르는 땀은 마음을 죽이는 독약이다. 잘못하여 양심에 가책이 될 때는 한출첨배汗出沾背라, 얼굴은 파랗게 질리고 등살에 땀이 흐른다. 일하는 사람 아니 그렇다. 롱펠로의 말대로 온 세상을 정면으로 들여다보자.

굽실굽실 길다랗게 늘어선 머리털에
그 얼굴빛 익힌 가죽 같고

이마에 정직한 땀 흘려

제 먹을 것 제 벌고

어느 뉘게 한푼 진 것 없으니

온 세상을 정면으로 들여다보더라

날마다 글읽기를 잊지 말자

얼굴에도 빛이 있어야지만 마음은 더구나도 빛이 나야 한다. 속이 밝아야 밝은 사람이다. 그리고 속에 빛이 나는 것은 글읽기로야 된다. 아무리 닦은 거울도 닦지 않고 두면 흐려버린다. 공중에는 눈에 보이지 않아도 많은 티끌이 있기 때문이다. 마음을 둘러싸는 분위기도 그렇다. 그러므로 그냥 두면 흐린다. 자주자주 닦아야 한다. 마음을 닦는 데는 글보다 더 나은 것이 없다. 옛 사람은 공부한다는 사람이 사흘만 글을 아니 읽으면 입에 가시가 난다고 했다. 그 대신 부지런히 공부하면 사흘만 있다 만나도 눈을 비비고 봐야 알아볼 만큼 달라진다고 했다.

모색(茅塞: 길이 띠로 인하여 막힌다는 뜻으로, 마음이 물욕에 가리어 어리석음을 비유적으로 이르는 말 – 편집자)이란 말이 있다. 산골짜기의 길이 끊지 않고 사람이 다니면 그 길이 호적이 있으나, 며칠만 사람의 발이 끊어지면 그만 풀이 자라 막혀버려 길을 알 수 없어진다. 우리 마음에도 길, 정로正路가 있다. 그대로 사람이 자꾸 가면 그 길이 막히지 않고 훤하지만, 그만 며칠이라도 다니는 사람이 없으면 좌우의 풀 같은 욕심이 우거져 길이 막히게 된다. 욕심은 풀처럼 퍼지는 힘이 강하므로 쉬지 않고 다녀서만 금할 수 있다. 길은 발길로야 낸다. 이따금 낫으로 베는 것보다 날마다 한 번씩이라도 다니는 것이 낫다.

산길로 가는 것은 나무꾼이거니와 마음길로 다니는 것은 누군가? 친구들이다. 살아 있는 친구, 또 책 속에 있는 옛 친구, 친구 오기 끊어지면 사람은 버린다. 살아 있는 친구는 세상 일에 걸리고 먼 거리가 있으니 뜻대로 아니 되지만 옛 친구는 책만 펼치면 곧 온다. 내 마음속을 꼭 바른 길만 걷는 옛 어진 이들, 공자·맹자·노자·장자·석가·예수·피타고라스·소크라테스 하는 이들이 날마다 찾아오면, 와서 큰일 없이 그저 한번 왔다만 가도 그 길이 없어지지 않는다. 그것이 글로 마음 닦는 것이다.

글은 날마다 끊지 않고 읽는 것이 중요하다. 그러므로 아무리 바빠도 "이따가 틈을 내어 잘 하지" 하는 생각 말고 부족한 대로 날마다 끊지 않고 하여야 한다. 집안 청소를 이따가 잘한다고 미루는 집은 늘 더럽고 지저분한 법이고, 대강대강이라도 날마다 털고 쓰는 집이 언제나 깨끗하다. 그러므로 많이 읽을 필요 없다. 마음의 양식도 몸의 양식 모양으로 잘 씹는 것이 중요하다. 씹지 않은 밥보다는 씹지 않고 통으로 삼킨 글은 더 손해다. 소화불량되면 관격이 되어 당장 죽든지 설사가 나서 있던 것까지 훑어 나가든지 한다. 조금 먹고 잘 소화하는 것이 상책이다. 밥에 체한 사람은 먹어도 먹어도 살은 아니 찌고 파리하기만 하고 글에 체해 아는 체하는 사람, 읽기는 많이 읽어도 아무것도 모른다.

산 벗을 택해 사귀듯 글 속의 벗도 택해야 한다. 책은 골라 읽어야 한다. 책으로 고르고 고른 책 중에서도 골라 읽어야 한다. "진신서불여무서"盡信書不如無書, 책을 다 읽는다면 책 없는 이만 못하다, 맹자의 말이다[『맹자』, 「진심」]. 책을 고르는 데에는 독창성을 표준으로 하는 것이 좋다. 그 사람 제가 본, 제 소리가 있는 책, 스스로 얻은 것이 있는 책이다. 남의 것 빌려서 설명한 것은 아니 봐도 좋다. 그러므로 책은 고금古今으로 택해야 한다. 옛 고전과 현실 문제를 다룬 책이다. 중간의 것은 뽑아도 좋다. 박학博學 연구는 별문제, 이것은 마음의 양식을 두고 하는 말이다.

때때로 산과 바다에 가자

인자요산仁者樂山, 지자요수知者樂水라지. 높고 거룩하고 영원 불변하는 것을 배우기 위해 산에 가야 하고, 깊고 넓고 신비롭고 자라고 활동하는 것을 배우기 위해 바다에 가야 한다. 산과 바다는 생명의 정화처淨化處다.

평야에서는 세속문명이 발달하고 산과 바다에서는 정신문명이 발달한다. 애굽과 메소포타미아와 중국 평원에서는 정치와 경제와 법률과 제도가 발달했고, 인도와 시나이 반도와 희랍에서는 종교와 예술이 발달했다. 사람은 늘 속화俗化를 막아서만 참 사람이 될 수 있다. 그것을 위해 자연에 가까이 해야 한다. 지구 위에 들판뿐이고 높은 산, 깊은 바다가 없었다면 사람은 짐승의 지경을 못 면했을 것이다.

집에 앉아 산을 보니
산이 내 집 산이러니
산에 올라 집을 보니
집이 내 집 같지 않아
이후엔 집 살림을 맡고
산 살림을 하리라

그러나 또 사람은 현실에 사는 사람이다. 현실을 알기 위해서는 인간사회를 볼 필요가 있다. 우리나라를 알려면 백두산·금강산·동해·서해를 보아야지만 그보다도 산 역사는 이 사람에 있다. 민중이야말로 산 역사다. 그러나 사람은 타성惰性이 있으므로 제 있는 현실에서는 도리어 현실을 모른다. 그러므로 때때로 여행을 할 필요가 있다. 남을 보아야 나를 안다.

산 물건을 죽이지 말자

힘 있게 살려면 위대한 정신의 힘이 있어야 한다. 모든 문화는 정신의 힘에 나타난 것이다. 그러면 그 정신의 힘은 어떻게 하여서 길러지나? 사상과 행동에 의해서다. 산골짜기의 실 같은 냇물이 모이면 물둥지가 되고, 큰 물둥지를 이루면 발전을 할 수 있고, 발전을 하면 여러 공장을 돌릴 수 있듯이, 모든 사람의 깊이 생각하는 것과 도탑게 행하는 것이 모이면 놀라운 민족적인 정신의 물둥지가 된다. 그러므로 생각하고 행동하기를 힘쓰지 않으면 안 된다.

생각의 근본은 어디 있나? 나에 있다. 사람은 내가 뭔지 생각하지 않을 수 없다. 문제의 문제는 나다. 나란 것은 무엇인가? 나는 왜 사나? 그런 것이 모든 것을 결정하는 중심이 된다. 네 자신을 알아라 하는 말은 그래서 나온다. 내가 뭔지 분명치 않으면 생각이 일정치 못하여 마음이 이랬다저랬다 하고 마음이 이랬다저랬다 하면 아무것도 할 수 없다. 이것이 인생문제라는 것이다. 사람이 저를 참으로 알아 제 뿌리가 깊을수록 자신이 있는 법이다. 자신 없이는 못 산다.

그러나 사람은 저도 생각하지만 또 저를 둘러싸고 있는 세계에 대하여도 생각하지 않을 수 없다. 이 우주의 근본은 뭐냐? 그 뜻은 뭐냐? 그 뜻이 분명해지기 전엔 우리는 안심할 수 없다. 우리는 제가 중심이기도 하지만 또 전체가 나와 아무 상관이 없고 나를 위협하는 때에 사람은 살 수 없다. 그러므로 사람은 나와 세계 사이에 산 관련이 있는 것을 안 후에 즉 나와 세계가 하나인 것을 안 후에야 비로소 안심할 수 있다. 모든 위대한 창작은 거기서 나온다. 그것을 세계관, 인생관이라 한다.

이 세계, 이 인생에 대해서는 여러 가지로 생각할 수 있으나 가장 위대한 것은 이것을 한개 산 생명체로 보는 사상이다. 그것이 종교요 도덕이다. 인간이 처음으로 자기와 세계에 대해 눈을 떴을 때 그들의 가슴은 말할 수 없는 놀람과 불안과 애탐에 사로잡혔다. 그래 생각하고 생각했다. 그런 결과 도달한 것이 이 우주는 한 뜻의 나타난 것이다 하는 생각이었다. 한번 그 생각이 들자 사람은 놀랄 만큼 발달했다. 옛날 문명의 근본은 동서양을 말할 것 없이 우주의 통일성을 꼭 믿은 점이다. 하나님이라, 부처라, 브라만이라, 진리라, 생명이라, 이름은 가지가지로 불려져도 사실은 하나다. 그 하나의 바탕을 공자는 '인'仁이라 했고 예수는 '사랑'이라 했고 힌두교에서는 '희생'이라 했고 불교에서는 '자비'라 했다. 인류는 몇천 년 이 정신, 이 믿음 속에 자랐다. 그 생각이 아니었다면 세상은 말할 수 없이 참혹한 싸움의 계속이었을 것이요 벌써 멸망했을지도 모른다. 인류 역사에 전쟁이 끊이지 않았지만 그래도 이만큼 올 수 있었던 것은 이 우주를 하나로 보는, 그 근본을 도덕적인 것으로 믿은 이 사상 때문이다.

그 종교, 그 도덕이 어떻게 값있고 힘 있었더냐 하는 것은 요새 세계 형편을 보면 알 수 있다. 다윈이 생물의 진화를 말하고, 그 원인이 생존경쟁에 있다는 소리를 한번 하자, 그것은 바야흐로 일어나려는 민족사상과 합하여 온 세계에 퍼져 사람들의 인생관을 일변시켜버렸다. 하나님도 우주의 뜻도 사랑도 다 없어지고 이 세계는 서로 살기를 다투는 경쟁판으로 변해버렸다. 통일도 생명도 다 없어지고, 이 우주는 마음대로 먹을 한개 물질의 무더기뿐이다. 그리하여 서로 힘과 재주를 다하여 경쟁하고, 심정이니 정신이니 하는 것을 도무지 생각하지 않고 오기를 한 백 년 한 결과는 오늘같이 됐다.

백 년 동안에도 이렇거든 이것이 더 오래 가면 어찌 될까? 그리하여 이제 와서야 거기 대해 심각히 생각하게 되었다. 슈바이처 박사 같은 분이 '생에 대한 존경'을 부르짖고 우리가 윤리적인 인생관에 돌아가지 않으면 망한다고 힘써 말하는 것은 이것이다.

사상도 사상이지만 실천 없는 사상은 오래 가지 못한다. 윤리적인 세계관을 힘 있게 가지려면 일상생활에서 실천을 해야 한다. 그것이 불살생不殺生, 산 물건을 해치지 말자는 것이다. 의·식·주에 필요한 것은 부득이하지만 그렇지 않은 것은 될수록 피하는 것이 옳다. 한개 한개의 생명은 다 우주적 큰 생명의 나타난 것이다. 다 하나님의 말씀이다. 그것은 우리 몸의 한 부분이다. 작게 보니 너와 나지, 크게 보면 너와 나가 없다. 다 하나다. H.G. 웰스는 순전한 생물학적인 생각만 하면서도 "Men may die, man never die"[5]라고 했다.

불교에서 진리를 깨닫는 데 먼저 피아관彼我觀을 버릴 것을 주장하는 것은 당연한 일이다. 현대에 있던 사람 중에 가장 위대했던 이는 간디요, 현대사에 가장 위대한 일은 그가 지도했던 진리파지[6] 운동이라 할 것인데 그가 절대 주장한 것은 '아힘사', 즉 불살생이었다.

옛 사람은 사람이 만물의 영장靈長이라고 했다. 자연주의적이고 과학적인 사상이 퍼지면서 그것은 미신으로 되어버렸다. 한편으로 하면 그것은 인간의 자기중심적인 편견을 제해버려서 좋다. 그러나 그것은 과연 옳은 일일까? 과학적인 입장에서도 인간은 생명 진화의 최고봉이다. 전체의 뜻을 결정하는 것은 끝이다. 현대문명의 큰 결점은 책임감·의무감이 없어진 일이다. 그러므로 이 혼란이다. 이제라도 문명이 구원되려면 인간이 진화의 모든 책임은 자기에게 있는 것으로 윤리적인 입장에서 책임감을 느끼고 서는 일이다. 만물은 이용해먹기 위한 것만 아니다. 대접하고 생각하여 깨달아야 하는 하나님의 사자使者요 편지다. 그러므로 돌보고 보호한다는 정신으로 대하여야 한다. 그렇다면 얼마나 다른 문화가 나올까? 평화주의는 이제 긴급한 문제다. 남의 생명을 먹고야 사는 이 생명일 수 없다. 남 죽이지 않고 나 스스로 사는 것이 영이다. 하나님은, 즉 진화의 목표는 영이다. 영이 되기 위해 불살생을 연습해야 한다. 이다음 그 지경에 가고야 말 것이다.

---

5) 개체로서의 사람은 죽지만, 유(類)로서의 사람, 즉 인류는 사라지지 않는다는 의미.
6) 진리파지(眞理把持): 간디의 반식민 투쟁의 근본사상으로 '사티아'(satya: 진리)와 '그라하'(graha: 파악·주장)의 합성어이다.

빚을 지지 말자

이 세상은 돈의 세상이다. "일만 악의 근본이 돈을 사랑하는 데 있다"라고 벌써 2천 년 전 사람이 말했다. 예수는 사람이 두 주인을 섬기지 못한다 해서 하나님과 대립하여 인간을 그 지배하에 넣으려는 대적을 세울 때 '맘몬'[7] 곧 돈으로 했다. 돈은 그렇게 무서운 것이다.

인류의 문명은 돈이 발명되면서부터 빨리 발달된 것은 사실이다. 세상을 바로잡을 생각을 할 때에 반드시 잊어서 아니 되는 것은 돈 문제다. 돈을 이겨야 사람이다. 이 다음 우리 세계는 돈이 아니고 사는 세상이어야 한다. 돈은 내가 마음대로 쓸 수 있어서만 그 참 값이 나타나는 것이다. 내가 돈을 쓰는 것 아니고 돈이 나를 지배하는 것 가지고는 참 문명이라 할 수 없다. 지금은 돈의 지배 아래 있는 문명이다. 아직 어리다. 그리고 돈의 지배를 면하려면 빚을 지지 않을 각오를 해야 한다. 굶어 죽어도 빚은 아니 진다 한 담에야 돈을 이겼다 할 수 있다. 돈을 이기면 나를 이긴 것이고, 나를 이기면 천하를 이길 수 있다. 하늘 나라가 어떤 곳인지 몰라도 적어도 한 가지만은 분명한 것이 돈 없는 나라인 것이다. 돈이 뭐냐? 물질적 향락의 약속이다. 예수, 석가는 돈을 몰랐다. 그러므로 진리의 왕, 세존世尊, 조어장부,[8] 구세주가 될 수 있었다.

시골을 지키자

옛 사람은 뜻을 찾았고, 지금 사람은 맛을 찾는다. 그러므로 옛날에는 시골에 살았고, 지금은 도시문명이다. 그러나 몸도 마음도 사람이

---

7) 맘몬(Mammon): '부요'(富饒)라는 뜻의 아람어 '마모나'에서 유래된 말.『성서』에서는 '지상의 부'라는 뜻으로 쓰이며, 「마태복음」6장 24절과 「누가복음」16장 13절에서 "하나님과 재물을 함께 섬길 수는 없다"고 했다.

8) 조어장부(調御丈夫): 부처의 10가지 칭호 중 하나로 사람의 악행을 굴복시키고 제어하는 능력을 가진 자를 말한다.

너무 많이 모이는 곳은 건강에 반대된다. 살과 살이 닿으면 썩는다. 입과 입이 마주치면 시비가 난다. 도시가 죄악의 온상이 되는 것은 당연한 일이다. 도시에서 보는 것은 인간의 지혜와 힘이고 시골서 보는 것은 자연의 힘과 지혜다. 도시에서는 사람이 점점 교만해지고 시골에서는 점점 겸손해진다. 도시에서는 꾀가 있지만 시골에서는 슬기가 있다. 정치와 법은 도시에 있고 도덕과 종교는 시골에 있다. 시골이 뿌리요 도시는 꽃이다. 꽃이 너무 커지면 가지가 꺾이는 법이요 뿌리가 깊으면 온 나무가 다 무성하다. 도시가 발달한 것은 돈 때문이요 경쟁주의 때문이다. 바벨탑이 하늘에 닿을 듯하다가는 무너졌다.

　도시문명은 필연적으로 멸망일 것이다. 평화사상·협조사상이 늘어갈수록 지방자치는 늘어갈 것이요, 그러면 시골이 문화의 중심이 될 것이다. 도시는 제국주의·자본주의·독재주의와 밀접한 관계가 있다. 지배하는 자는 도시에 있다. 자유를 사랑하면 시골에 있어야 할 것이다. 거기는 산 조화가 있기 때문이다. 아름드리 나무와 작은 풀꽃과 얼크러지는 넝쿨이 한데 어우러져 하나를 이루어 각각 마음껏 사는 것이 시골이다. 인격의 목표가 개성의 독특한 발달에 있다면, 그리고 그것을 이루자는 것이 문명이라면, 이후의 문명은 도시집중을 그만두어야 할 것이다. 시골에 돌아가 자연의 대조화大調和에 살면 지금 인간을 시달리게 하는 모든 문제는 저절로 떨어질 것이다. 지금 시골이 발달 못하는 것은 도시의 착취 때문이다.

　이 열두 가지는 반드시 어려운 것들이 아니요, 반드시 고상한 도덕 교훈이라 할 수도 없다. 소위 좌우명도 아니다. 다만 날마다 할 수 있는 몇 가지를 세워 지켜보자는 것이다. 비교하자면 길을 가는데 앞마을의 포플러나무를 목표로 하는 셈이요, 산에 올라가는데 그 어느 바위를 바라봄과 같다. 그것이 꼭 가야 하는 마지막 목적도 아니요, 그것만 하면 다 된다는 것도 아니다. 다만 그렇게 작정하고 지켜보자는 것뿐이요, 반드시 모두가 아니라도 할 수 있는 것을 해보자는 것이다.

하늘을 보라 해서 하늘에 무엇이 있는 것도 아니요, 술을 마시지 말라 해서 술에 반드시 죄가 있는 것도 아니다. 그러나 우선 목표 없이는 못 나가는 법이요, 잘못하는 것이 인간인지라 잘못하면서도 지키는 것이 없어서는 아니 되겠으므로 하는 것뿐이다.

그 하는 내용에보다 그 하는, 무엇을 해보자는, 가만 있지는 않는, 지켜보는 그 마음에 있다.

그것이 생명이다.

생명은 지속이다. 끊이지 않고, 끊어졌다가도 다시 잇는 것이 생명이다. 또 한번 해보는 것이 생명이다. 지지 않는 것이 이김이다. 져도 졌다 하지 않는 것이 이김이다. 놓지 않는 것이 믿음이다. 살려니 되려니 믿음이다. 없어도 믿는 것, 없으면 만들기라도 하자는 것이 믿음이요, 그 믿음이 생명이다. 하나님이 나를 만들었는지 누가 아느냐? 다만 내게는 하나님이 필요하다. 그러므로 믿는다. 믿음으로 있다. 있음으로 살았다. 그러므로 수양에는 '오래'가 비결이다. 아무 효과가 있는 것 같지 않아도 믿고, 그 하는 일을 유일의 소득으로 알고 그저 계속하는 것이 중요하다. 그것이 도다. 길 가는 밖에 길이 따로 있고 목적이 따로 있는 것 아니다. 하는 그 마음, 그것이 곧 목적이요 수단이요 하는 자다. "구즉통"久則通이라, 오래 하면 뚫린다.

베르그송의 순수지속[9]은 이것일까? 바울의 믿음은 이것일까? 참선의 선은 이것일까? 모른다. 그들의 생각했던 것이 문제 아니다. 내가 할 뿐이지.

내가 아는 것은 내가 줄을 하나 잡았을 뿐이다. 윌리엄 블레이크는 황금 실꾸리라 했것다. 누가 던진지 모른다. 내가 없는 중에서 뽑아낸 줄인지, 옛날 허영심 많은 임금이 속은 것 같은 허무의 줄인지도 모른

---

9) 순수지속(純粹持續): 직관에 의해 포착되는 진정한 시간경험. 주관적·심리적인 현실을 이르는 말로 베르그송은 순수지속의 세계를 진정한 자아요, 자유로운 인격의 영역이며 생명 그 자체라고 본다.

다. 하여간 내가 한 줄을 돕고 있는 것은 사실이다. 요점은 그것을 돕는 일이다. 사실이 아니고 꿈이면 나중에 허무가 달려나와도 나올 것이다. 실재實在보다도 허무를 잡으면 더 큰, 더 참된 소득 아닌가.

　무無는 유有보다 크다. 무한히 돕는 놈, 지키는 놈한테는 견딜 자가 없다. 놓지 않는 야곱에게는 하나님도 못 견딘다. 그렇다. 하나님과, 영원·무한·절대와 씨름을 하잔 것이 생명이요 도道다. 씨름하는 밖에 씨름하는 자가 따로 있는 것도 아니요, 이기는 자 밖에 진 자가 따로 있는 것도 아니다. 이것을 알면 5천 년 역사 바로잡는 것은 여반장如反掌이리라.

• 1953년, 『씨올은 외롭지 않다』(휘문출판사, 1971)

새 윤리

1. 현 사회의 해부

요새는 사방에서 윤리니 도의니 하는 소리가 높다. 그런 소리가 새 삼스러이 높은 것은 이 사회에 윤리가 없다는 증거다. 이 사회는 왜 이렇게 됐나? 이렇게 된 이 사회의 해부로부터 말을 시작해보자.

십 년이면 강산이 변한다는 말이 있다. 비교적 단순하고 고정적인 옛날 사회에서도 십 년이나 지나가면 변하는 것이 많기 때문에 한 소리다. 그러나 해방 후 십 년의 사회는 참 급격한 변동을 했다. 그 표시로 요새는 전에 못 듣던 말이 많이 떠돌아다닌다. 나는 이제 이 사회상을 나타내는 몇 개의 유행어를 씹어봄으로써 이 사회의 해부를 해보기로 한다.

냉전

그 첫째는 냉전[1]이라는 말이다. 냉전은 물론 열전에 대립시켜서 하는 말인데, 사실 열전이란 말은 쓰지 않는다. 그것은 전쟁이 본래 열熱한 것이기 때문이다. 사람이 전쟁이란 것을 언제부터 해왔는지

---

1) 냉전(冷戰): 직접 무력을 사용하지 않고, 경제 · 외교 · 정보 따위를 수단으로 하는 국제적 대립. 특히 제2차 세계대전 이후 미국과 소련을 중심으로 한 자본주의와 공산주의의 대립을 뜻한다. 1990년 소련의 해체와 사회주의권의 몰락으로 인해 양 진영 사이의 냉전상태는 사실상 종결되었다.

모르나, 아마 전쟁의 역사는 생존의 역사와 그 시작이 같을 것인데 이날껏 전쟁은 살과 살, 뼈와 뼈가 맞부딪쳐 부스러지고 칼과 칼, 불과 불이 서로 섞이어 피를 흙에 반죽하는 뜨거운 것이었다.

말하기를 즉결이라, 실력 행동이라 해서 전쟁은 모든 문제의 마지막 계단이었다. 그래 최후통첩이라 최후수단이라 했다. 전쟁은 즉결적인 것이요 노골적인 것이다. 그렇기 때문에 뜨거운 것이었다. 그 대신 또 시원한 것도 있었다. 싸울 때는 뜨거우나 지나만 가면 끝이다. 뚝딱뚝딱해서 일단 끝을 내면 어제의 전장이 오늘부터 농장이요 시장이요, 지금까지 적국이고 오랑캐이던 것이 이제부터는 또 친한 나라요 이웃이어서 안심하고 살아갈 수가 있었다. 그런데 지난 제2차 세계대전부터는 달라져서 포화는 끝난 것 같은데 전쟁이 끝났다 할 수가 없고, 마음을 놓을 수가 없다.

그래서 냉전이다. 그러니 냉전은 전쟁 아닌 전쟁이다. 이제는 전쟁 따로, 평화 따로가 아니다. 어디까지 전쟁이요 어디까지 평화인지를 알 수 없이 되었다. 다시 말하면 살인 아닌 살인, 약탈 아닌 약탈이 있단 말이다. 전쟁이란 간단히 말하자면 죽이고 빼앗으면 그만이란 말인데, 즉 폭력숭배인데, 이제 그것이 그렇게 되지 않는다는 말이다. 빼앗되 팔을 비틀어만 가지고는 될 수가 없고, 죽이되 무기로만 가지고는 아니 되게 됐단 말이다. 고쳐 말하면 폭력주의에 종지부가 내리기 시작했단 말이다.

이것은 인류 역사에서 큰일이다. 역사가 돼가는 일은 그런데, 사람의 마음은 그렇지 못해, 여전히 폭력을 지상으로 믿던 그 시대의 "죽여라, 빼앗아라"의 심리가 그대로 남아 있으므로 이른바 냉전이라는, 이치에 맞지 않는 알 수 없는 일을 하고 있다.

38선

그다음은 38선이란 것이 있다. 이것은 국경 아닌 국경이다. 이것도 제2차 세계대전 이후 생긴 것으로서 나타나기는 우리나라·인도지나

(인도차이나 - 편집자)·독일에만 나타나 있으나 실상은 전 세계 어디나, 어느 나라에나 다 그어져 있는 선이다. 땅 밑 어디에나 있는 물이 땅 껍질이 약한 곳을 타고 터져 샘으로 솟는 모양으로, 나라마다 그어져 있는 보이지 않는 선이, 역사의 특별한 조건 때문에 볼 수 있게 터져 나온 것이 남·북한이요, 동·서독이다.

그럼 국경 아닌 국경이 있다는 것은 무슨 말인가? 국경이 국경이 아니란 말이다. 국경이 국경 노릇을 한다면 국경 안에 국경 아닌 국경이 또 있을 리가 없다. 그러면 국경이 국경 노릇을 못 하는 것은 무슨 까닭인가. 그것은 간단히 말하면 나라라는 것이 자연적 조건에만 붙어 있지 못하게 됐단 말이다. 예로부터 나라를 이루는 세 요소를 토지·인민·주권이라 해왔지만, 그 셋이 다 자연적인 것이었다. 토지는 물론이고, 인민도 대개는 피가 같은 민족이요, 또 반드시 같은 민족이 아니라도 자연발달적으로 이해를 같이하는 생활공동체였고 따라서 주권이란 것도 자연적인 감정의 표시가 주된 것이었다. 그런 때는 나라를 이루어나가기가 비교적 쉬웠다. 산맥이나 냇물, 사막, 바다 같은 자연적인 경계선으로 갈라지는 어떤 고장을 민족정신이니 국민정신이니 하는 자연적인 정의情意에 호소하여서 무기로 지키면 그만이었다.

그런데 지금은 그렇지 않다. 살빛이나 체격이 같다고 감정이 반드시 같은 것 아니고, 민족이 한 민족이라고 같은 이해감을 가지는 것 아니요, 당장에 같은 경제적 이해관계하에 있다고 반드시 한 국민이라 할 수가 없다. 나라와 나라 사이에 충돌이 일어났을 때 폭력이 이미 마지막 해결방법이 되지 못하게 된 것같이, 보통 때에 자연 조건이 반드시 국민을 한데 묶어둘 수가 없게 되었다. 제 국민이라 하는 안에도 적이 있고, 적국 적민족이라 하는 안에도 제 편이 있다. 그리하여 적군이라 해도 같이 폭격을 할 수 없고, 아군이라 해도 덮어놓고 믿을 수가 없게 되었다.

38선은 이러한 원인이 있어서 생겨난 것이다. 그것은 결코 지리적 경계선이 아니고 사상적 경계선이다. 이제 나라를 결정하는 것은 자연이 아니고, 사상적인 것이 그 주요소다. 그런데 사상에는 경계선을 그을 수가 없다. 그것은 외적 수단을 가지고 할 수 있는 것이 아니요, 온전히 사람의 자유의사로 된 것이다. 오늘날 나라 살림에 선전이 중요한 것은 이 때문이다. 우주에 가득 차 있는 전파를 타고 사람의 마음에 직접 들어가는 사상의 군대를 어떤 무기를 가지고도 막을 수는 없다.

38선이란 것은 이러한 고민의 한 표시다. 들어오려는 적국을 막자는 것보다 헤어져 나가려는 내 국민을 잘 묶어보자는 것이 그 선의 뜻이다. 전쟁의 목적도 땅을 얻는다, 잃는다, 사람을 빼앗는다, 놓친다 하는 데 있기보다는 사상적 선전을 하는 것이 그 주되는 것이다. 물론 인위적인 그런 경계선을 지켜서 될 것이 아니라서 역사는 벌써 사실로 그런 방향으로 되어가는 것을 잘 알건만, 정신은 경계선이 없는 줄을 뻔히 알건만, 사람의 마음은 옛 시대에 "넓혀라, 지켜라" 하던 때의 심리를 놓지 못한 것이 있기 때문에 이 모순된 일 밑에서 고민을 하고 있는 것이다.

암매매

그다음 암매매란 것이 있다. 내놓고 사고 팔고 하지 못하고, 몰래 한단 말이다. 몰래는 누구 몰래인가? 정부 몰래란 말이다. 그러면 그 정부는 뉘 정부인가? 사고파는 그 사람들의 정부가 아닌가? 물론 그 사람들의 정부다. 그 정부는 그 암매매를 모르나? 물론 알고 있다. 알면 그것을 막나? 막는다. 그러나 정말은 막는 것이 아니다. 만일 정부로서 정말 막으려면 철저히 전력을 다해 막아야 할 터이요, 또 그러면 막을 수 있을 것이다.

그러나 정부는 그렇게 하지 않고 묵인한다. 보고도 못 본 척한다. 그리하여 어느 특별한 경우 자기네에게 필요할 때만 막는다. 즉 암매매는 드러내놓은 비밀이란 말이다. 그럼 그것은 비밀도 아니요, 그것을 범하는 것이 죄도 아니다. 그러나 정부는 그것을 죄가 아니라 공허公許하지는 않는다. 그럼 이것은 간단히 요약하면 정부나 국민이 다 같이 이중의 경제생활을 하고 있다는 말이다. 왜 그럴까? 둘이 다 필요하기 때문이다.

경제에는 억지는 없다. 나올 대로 나오고야 마는 것이다. 낡은 도덕이나 더구나 낡은 법률을 가지고 변한 경제를 통제하려면 새 도덕이 나와야 하고, 새 도덕을 터로 한 새 법률이 나와야 한다. 이중의 경제가 되어가고 있다는 것은 경제관계가 지나가는 길목에 있어서 아직 이럴 수도 저럴 수도 없기 때문이다.

드러내놓은 비밀, 공공연한 불법의 암매매가 있는 것은 이 때문이다. 정부도 공정가격을 엄히 실행하고는 스스로 서서 갈 수 없는 것을 잘 아는고로 아니 본 척하고 몰래 하는 매매를 허락해두는 것이요, 그러나 아주 그렇게 하면 또 경제계를 유지해갈 수 없는, 더구나 정부로 대표되는 자기네 일부 계급 사람은 불리한 줄을 알기 때문에 어느 특별한 때에 가서는 그것을 실행한다.

가령 예를 들면 생산품의 정부매상政府買上을 한다든지 관리에게 현물을 주는 경우다. 정부는 시장에서 실제로 매매되는 것보다는 엄청나게 싼값으로 강제로 사서 그것을 관리에게 주면, 관리는 일단 그것을 받아서는 시장 값으로 팔게 된다. 그리하여 외면상으로는 생활비도 아니 되는 봉급으로 희생적으로 봉사를 한다는 훌륭한 간판을 내걸지만, 실제로는 생산자를 빨아먹고 암매매를 하여 부당이익을 취하고 있다. 만일 정부에서 주는 배급품으로 부족한 경우는 혹은 운동비 혹은 선물, 그 밖에 권력을 이용한 여러 가지 방법을 써서 이중 삼중으로 빨아먹는 일을 하게 된다.

그럼 이것은 정부나 관리가 특별히 나빠서 그런가 하면, 그런 것이 아니다. 적게 보면 개인의 양심 문제도 있지만 전체로 본다면 이 경제조직에는 어떤 사람을 가져다놓아도 그럴 수밖에 없는 것이다. 그럼 그것은 무엇인가? 다른 것 아니요, 이 시대가 자유경제와 통제경제의 엉클어진 길목에 서 있기 때문이다. 이날까지 자본주의가 발달해올 때에 자유로이 생산하고 매매하는 데 맡겨도 좋았었다.

그러나 이제는 그렇게 자유방임을 하고는 도저히 살아갈 수 없는데 다다랐다. 고로 공정가격이라 하거나, 국가경영이라 하거나, 누진세법을 쓴다 하거나, 형식이야 무엇으로 되었든 간에, 어느 정도의 통제를 하지 않고는 기계의 발달이 고도로 된 이때에 도저히 사회생활의 터져나감을 막을 수가 없게 되었다. 그리하여 이러지도 저러지도 못하는 눈 가리고 아웅식의 경제정책이 있어서 대낮에 가격 아닌 가격이 나돌아가고, 전 국민이 서로 속이고 속고 빨아먹고 강도질을 서로 내놓고 하고 있다.

그럼 정치하는 사람은 죄 줄 것이 없나? 절대로 아니다. 어떤 사람을 가져다놓아도 그럴 수밖에 없다 했지만, 그것은 죄를 면제하는 말이 아니다. 어떤 사람을 가져다놓아도 그럴 수밖에 없는 어려운 판국을 제가 열어나갈 수 있다는 듯 감히 나섰고, 아니 되거든 시각 바빠 물러날 것이지, 마치 소경 떡자루 붙들듯 그 자리를 붙들고 있다는 데 그들의 용서 못할 대죄가 있다. "어떤 사람을 가져다놓아도"라는 것은 이 경제조직하에서는 어쩔 수 없다는 말이다. 그러나 정치에 나설 때는 "나는 그것을 고칠 수 있다" 하고 국민 앞에 약속을 하는 말이다. 그런데 고치긴 고사하고 그것을 이용해서 사리私利와 명예를 겸해 도둑질하니 죄가 죽어 마땅한 것이다. 눈 가리고 아웅식의 경제가 있는 것은 눈 가리고 아웅 하는 애국자, 정치가가 있다는 말이다. 이것이 알고도 알 수 없는 20세기의 별꼴 아닌가.

사창私娼

눈 가리고 아웅은 정치나 경제나 군사에만이 아니다. 가장 거룩하다는 인격관계에도 들어와 있다. 그것을 표시하는 것 가운데 하나는 이른바 사창이란 것이다. 이것도 오늘날이 아니고는 볼 수 없는 이상한 꼴이다. 본래 자본주의 사회에서는 모든 것이 상품으로 매매가 된다. 노동력이 매매되는 곳이 공장이요, 지식이 매매되는 곳이 학교요, 인격이 매매되는 곳이 교회요, 그리고 사랑이 매매되는 곳이 공창公娼 거리다.

사랑은 그것이 가장 깊은, 가장 자유로운 정의情意의 나타남인 이상, 결코 강제나 구속할 수 있는 것이 아니요, 따라서 돈으로 사고팔고 할 것이 아니다. 그렇기 때문에 태고사회에는 공창이란 것이 없었다. 소위 성창聖娼이라 해서 종교적인 의미로 갈보 노릇을 하는 것이 있었으나, 그것은 후대에 말하는 공창과는 뜻이 다르고, 정말 갈보라 할 수 있는 것은 전쟁 포로에서 시작되었다.

고대사회에서 경제적 생산력이 주로 인력에 의하는 수밖에 없었던 때에는 그 인력을 얻기 위해서 늘 전쟁을 하지 않으면 안 되었는데, 그렇게 해서 얻은 포로 중 여자의 일부가 사랑의 강제 매매를 당하는 갈보 노릇을 하게 되었다. 그런데 사회가 발달함에 따라 일부일처주의가 인도사상仁道思想으로는 물론이요 경제적으로도 유리한 것이 차차 알려지자, 그 제도가 점점 엄하게 되어갔다. 그러나 그렇게 되자 빈부의 차가 차차 더 심해져서 가정을 이룰 만한 경제력을 가지지 못한 자가 생겨나고 또 가정을 가진 자도 옛날 모양으로 일부일처주의의 생활을 할 능력이 없으므로, 사랑의 일시 매매를 요구하는 남자가 늘어가게 되어서 사회의 그러한 요구에 응할 필요가 있었다.

그런데 자본주의 시대에 들어와서 부를 얻기 위해 옛날같이 위험하고도 끔찍한 전쟁을 하는 것보다는 경제제도로 나라 안에서 빨아먹는 것이 훨씬 유리해지자 국가는 전쟁을 드물게 하게 되었다. 그러나 전쟁이 없으면 여자 포로를 얻을 수 없고, 한편 빈부의 차는 더 심해짐에 따라 가정을 가질 능력 없는 남자가 더욱 늘어가고, 따라서 사랑의 일시 매매는 더 필요하게 되었으므로 여자에게 몸을 파는 것을 국법으로 공허公許하게 되었다. 이리하여 생겨난 것이 공창이란 것이다. 노동자와 한가지로 인격을 공연히 팔기를 허락한 것이다. 국가는 그것으로써 가난한 자의 불평에서 일어나는 사회문제를 일시

막으려 했다.

그럼 사창이란 것은 왜 있게 되었나? 우리나라에서도 해방 전까지 공창이 있었다. 공창이 있는 한, 사창이란 있을 수 없다. 사창은 공창제를 없앤 데서 나온 것이다. 자본주의 경제는 자유주의 사상에서 나온 것인데, 자유주의는 자본주의 경제도 발달시켰지만 또 한편 인격 사상을 높였다. 사실 유물론자들은 자본주의 경제 때문에 자유인격의 사상이 나왔다고 설명하려 하지만, 그것은 전략적인 목적을 위해 의식적으로 본말을 거꾸로 한 말이고, 도리어 자본주의 경제가 일시 왕성하게 발달한 것은 그것이 사람의 본질적인 요구인 인격의 자유 발달에 들어맞았기 때문이다.

자본주의뿐만 아니라 원시적인 씨족제도도 봉건제도도 그것을 유지해 가는 것은 정신적·논리적 발달에 이바지하는 한에서였다. 사회제도는 자꾸 변했고, 일관해 자란 것은 정신적 인격이다. 정신은 영원한 것이요, 제도는 일시적이다. 인간의 정신은 이날껏 모든 제도를 그 향상운동에 맞는 한 채용하고, 거기서 자라나와 맞지 않게 되면 용서 없이 버렸다. 그렇기 때문에 봉건적 폐해를 벗기 위하여 자본주의를 일시 업고 자란 인격사상은, 자본주의 그 자체가 또 자라난 자기에게 작은 것을 느낄 때 단연 배척하기 시작했다.

자본주의에 대해 불평을 말하기 시작한 것은 결코 경제적 불리를 당하는 무산자가 아니고 인도주의적 이상주의자들이었던 사실이 이것을 증거한다. 하여간 자유주의·인권사상의 발달에 따라 여자의 해방을 부르짖게 되었고 거기에 따라 일어난 것이 공창의 폐지다. 그런데 사상과 제도가 늘 들어맞는가 하면 그렇지 않다. 사상은 늘 앞서고 제도는 늘 뒤떨어진다. 여자의 인격을 옹호하는 사상은 높아서 공창제를 폐지했으나 그 공창을 낳은 원인이 되는 자본주의 경제조직은 그대로 있다. 그러므로 공창 아닌 공창이 있게 되었다. 그것이 사창이다. 이것도 국가는 못 본 척, 눈 덮어두는 사실의 하나다.

후원회비

그다음 마지막으로 하나 더 요새 와서 통용되는 이상한 말은 후원회비라는 것이다. 이것은 학교에서 쓰는 말이요, 교회에서 거기 해당되는 말로는 헌금이다. 말로 하면 이 말들은 다 도덕적 행위를 표하는 말이지, 결코 매매나 억지로 긁어냄을 표하는 말은 아니다. 그러나 그렇다고 오늘날 학교에서 받는 후원회비 또는 사친회비師親會費, 교회에서 받는 헌금이 정말 자진해서 감사를 표하는 것이냐 하면, 아마 그렇게 알 사람은 한 사람도 없을 것이다. 이것이 강제적 요구금인 것은 세상이 다 아는 사실이다. 그럼 왜 솔직하게 요구금이라 하지 않고, 제법 도덕적인 듯이 헌금이니 후원회비니 하나?

가장 거룩하다는 교회에 비판의 해부칼이 들어가나 못 들어가나 보자. 천주교, 신교, 절, 그 밖에 무슨 종교의 교당이거나 소위 교회란 것은 무엇인가? 신행信行에 의한 유기체가 있음을 우리는 모르지 않는다. 그리고 그것이 어떤 유형적인 표현을 가지지 않을 수 없는 것도 잘 안다. 그러나 만일 그 동기가 순 종교적인 것이라면, 즉 순전히 정신적인 생활을 위한 것이라면 단순한 우정적인 모임일 것이다. 사실 모든 종교가 그 시작에서는 그러한 단순한 사제관계, 붕우관계였다. 그러나 오늘날 기성 종교단체가 과연 다 그러한 단순한 사귐, 단순한 모임인가? 결코 그렇지 않은 것 아닌가? '교회'니 '교단'이니 하는 단어부터가 그것을 말한다.

왜 단순한 모임이란 것으로 만족하지 못하고, 같은 뜻이면서도 각별히 신성한 듯한, 엄숙한 듯한 교회니, 교단이니, 승단이니 하는 말을 쓰나? 그것이 벌써 법적 권위를 주장하는 제도적인 정신 아닌가? 사실 모든 종교는 긴밀한 제도의 조직체다. 그리고 조직체를 가지는 이상 그 시대의 사회조직에서 벗어날 수는 없다. 봉건시대의 교회는 봉건구조를 가지지 않을 수 없고, 자본주의 시대에는 자본주의적인 구조를 가지지 않을 수 없다. 왜 그런고 하니, 만일 그 사회제도에 어그러지는 조직체를 가진다면 그 사회가 자기와 이해가 합치 아니 되기 때문에 그것을 허가해줄 리 없기 때문이다.

사회제도는 경제적 이해를 주안점으로 해서 이루어지는 것인데, 만일 사회의 승낙을 얻어서 있는 교회라면 그 동기에 세속적·경제적인 목적이 전혀 없다고 말할 수 없다. 그러면 벌써 참 종교는 아니다. 그렇기에 오늘날 기성종교는 다 자본주의 사회의 일부분이다. 여러 말 할 것 없이 교역자는 다 직업적 전도자가 아닌가. 일정한 학교와 일정한 규정을 밟아서 인간이 만든 제도에서 면허를 얻은 직업인 아닌가? 그리고 헌금이라는 형식으로 내는 신자의 부담금으로 생활하지 않나? 말은 하나님의 은혜로 산다 한다. 하지만 정말 하나님의 은혜를 기다린다면, 왜 교회 없는 불신자 사이에서 아무 조직 없는 전도를 하며 순전히 호의를 통해 오는 동정을 상대하여 살지 않고, 일정한 봉급을 약속하는 교회에서만 하나? 혹은 봉급은 받지만 사용하지 않고 자선을 위해 쓴다고도 하지만, 하필 받아가지고 다시 줄 것은 무엇인가? 왜 당초에 그저 하지는 못하나? 그것은 자본주가 일단 부당 이익을 취해 제 생활을 다 보장한 뒤 남는 것을 사회사업에 써서 이利와 명예를 이중으로 얻자는 심리와 무엇이 다른가?

세속적 동기가 정말 없다 하려거든 그런 따위 탈을 다 집어치워야 한다. 헌금이라 하지만 그것은 죄라는 위협으로 되는 정신적 강제에 못 이겨 되는 일이 많지 않은가? 그렇기에 될수록은 흥분된 설교나 의식으로써 뽑아내려 하지 않나? 그러고는 바치기만 하면 돈의 출처는 묻지도 않고 신성화해주지 않나? 그 신자는 그 돈을 어디서 어떻게 벌었나? 자본주의 제도하에서 부당 이익을 도둑질함으로써 번 것이다. 만일 양심적인 생산 노동자라면, 결코 이 사회에서 제 생활을 하고 또 교역자의 중류 이상 생활을 뒷받침해줄 만큼 돈을 낼 수는 없을 것이다.

그럼 헌금이란, 직업적 전도자가 제 신앙 내지 인격을 잘라 소매하고 있는 것을, 신자라는 정신적 무산자가 사회적 죄악을 짓고 얻은 양심의 가책을 벗으려고, 일종의 면죄표를 사는 값이다. 그러나 종교는 거룩한 것이기 때문에 값이라고는 아니하고 헌금이라 한다. 오늘 교회에 헌금을 걱정하지 않고 순전한 기쁨으로 드리는 신자는 몇이나 되며, 이름은 하나님께 드리는 것이라 해놓고 사실은 그 거룩한 제단 뒤에 성직제의 스크린을 치고 숨어 서서 그 눈으로 그 지폐의 장수를 헤아리고 그 손으로 그것을 움켜쥐려 기다리고 서 있지 않는 신부·목사가 몇이나 될까?

의식적으로 하지 않는다 해서 죄가 없지는 않다. 그러한 사회관계도 알지 못하는 것은 성의가 없기 때문이요, 그만한 성의가 없는 사람은 교직자의 자격이 없다. 종교가 신앙의 소매를 한다면 교육자라는 사람들은 이 사회에서 지식의 소매를 한다. 오늘날 교육이 주지주의로 기울어져 못쓰겠다는 말은 하지만, 그것을 그렇게 만든 것은 자본주의다. 자본주의는 상품을 만드는 지식이나 기술이 필요하지 인격이 아무 소용이 없다. 인격의 여하를 불문하고, 그는 상품을 될수록 많이 만들어주는 사람이 필요하다. 그 목적을 위해 학교를 세운다. 그러면 거기서는 지식이나 기술이라는 상품을 잘 제공해줄 수 있는 사람이 나오도록 되어야 할 것은 사실이다. 그리하여 학교는 간판을 인격도야라는 것을 내걸고 실지로는 지식을 소매하는 곳이 되었다.

그렇기에 옛날에는 양미 혹은 별음돈이라 부르던 것이 아주 매매 성질을 표시하는 수업료란 명칭이 되었고, 옛날엔 덕망에 의해 되던 교사가 일정한 자격을 얻어 면허증을 가지고 하는 직업적 교육자가 되었다. 교육의 효과는 감은보사感恩報謝의 정신에서만 나올 수 있는 것인데, 그것을 매매제로 만들어서 학생의 심리에도 내가 상당한 대가를 내고 지식을 사거니 하는 생각을 가지게 했으니, 그것은 이미 교육이라 할 수 없다. 교육과 종교가 그렇게 되매 튼튼한 국민도덕이 서 있을 리가 없다. 그것이 오늘 사회의 모순을 낳은 원인이다.

그러나 전쟁 전까지는 그럭저럭 무력의 뒷받침을 얻어 그 질서를 유지해갈 수가 있었는데, 전쟁 후 경제의 깨짐을 따라 도저히 전의 방법으로는 학교라는 상점을 경영해갈 수가 없게 되었다. 전에는 경상비는 자본가가 자기 지위와 명예를 보장하는 수단으로 하는 기부금으로 되어왔는데 지금은 자본가가 불경기로 모두 파산하고 또 혹 돈이 있어도 전시기분하에서는 기업욕이 전혀 없어지고, 일시적인 향락주의로 흐르기 때문에 기부란 것이 전혀 없어졌다.

그러므로 지식인은 제 손으로 학교를 경영하지 않으면 아니 되게 되었으므로 그 경비까지 학생에게서 받지 않으면 안 되게 되었다. 그러나 아무리 자유매매의 시대라 하더라도 자기가 파는 지식에 대해서는 그 금액이 너무 폭리적임을 알기 때문에 차마 수업료라 할 수는 없고, 전에 자본가에게 주었던 명예를 부형께로 돌려 후원회비라는 신사적인 이름을 붙이고 그 경비를 강요하게 되었다. 그런데 거기에 기화(奇貨: 핑계 – 편집자)가 된 것이 적령適齡 학도의 병역 연기라는 것이다. 이리하여 농민이 대부분인 부형은 이중의 착취를 당하게 되었다.

그렇기에 나라의 실정으로 보면 초등교육·성인교육이야말로 시급한 것인데, 그것은 도리어 하지 못하고 사실상 쓸 데도 없고 실효도 없는 대학만 늘어간다. 이것은 절대로 교육이라 할 수 없다. 지식인의 노골적인 농민착취다. 그렇지만 이것도 역시 도덕적인 가면을 쓰지 않으면 안 된다. 그리하여 후원회비란 이름을 붙이게 되었다. 그러나 그 이름이 표시하는 것은 이 사회에 종교 아닌 종교, 교육 아닌 교육이 되어가고 있단 말 이외에 아무것도 아니다.

그러나 이 모순은 오래가지는 못할 것이다. 이런 인격적·도덕적 도야를 빼버린 주지주의·기술주의의 교육과 형식적인 종교의 교육을 받은 결과로는 점점 더 노동의 능력과 정신을 잃고 사회적 흡혈충이 되어버릴 수밖에 없을 것이요, 따라서 그 교육을 많이 하면 할수록 농민의 부담은 더 심해질 것이다. 그러면 농민의 불평이 극점에 이르러 혁명이 폭발하게 되든지, 그렇지 않고 압박이 너무 심해 그럴 만한 역량도 없다면 농민층은 아주 찢겨 망하고 말 것이다. 그러나 생산자인 농민이 죽어버리면 거기 붙었던 흡혈충의 운명은 물을 것도 없는 일이다. 사회 전체의 파멸이 있을 뿐이다. 군인으로 가기 싫다는, 또 일하기 싫다는 어리석은 약점에 톱을 박고 후원회비라는 명목하에 농민을 착취하여 노동을 아니 하고 문화생활을 해보자고 꿈을 꾸는 지식인들은, 이것을 아느냐 모르느냐?

2. 새 질서와 지상선

어지러움

위에서 우리는 대단히 거칠게나마 오늘 우리 사회의 해부를 해보았다. 이제 그 결과를 한데 묶어 말한다면 그저 "어지럽다"는 한마디로 표하는 수밖에 없다. 사회생활의 어느 부분을 보아도 아무 표준이 없다. 중심이 없다. 사람의 사회생활이 되어가는 것은 각 사람이 어디서나 언제나 말하지 않는 동안에 막연하게나마 느끼는 권위가 있기 때문이다. "사람이란……하지 않으면 안 된다"라는 명령이, 그 몸에 인력引力의 법칙이 작용하듯이 마음 위에 작용해서 사람의 살림은 되어간다. 그것을 사람들은 양심의 명령으로 느낀다. 그런데 이제 그것이 없어졌다.

그렇기 때문에 어지러울 수밖에 없다. 양심이라면 사람들은 대개 나면서 타고난 것이어서 변할 수 없는 것같이 알지만 그렇지 않다. 시비·선악의 판단을 하는 그 성질, 그 버릇은 사람인 다음엔 다 타고난 선천적인 것이지만, 무엇이 선善이요, 어떤 것이 시是냐 하는 그 속살은 때에 따라 변하는 것이다. 그것은 사람이 복잡한 사회생활을 하는 데서 미묘하게 조화되어 나오는 것이다.

비유해서 말하면 렌즈의 초점 같은 것이다. 사람이 사회생활을 해가노라면 그때의 자연·인문에 대한 지식과 역사가 되어가는 것과 앞에 내다뵈는 물질적·정신적 이상의 구조에 따라, 그 모든 것이 합하여 작용해서 "사람이란 이런 거다" "세상이란 이런 거다" 하는 한 개 공통된 그림을 가지게 된다. 그것을 인생관이라 세계관이라 한다.

이제 그것을 한 개의 렌즈라 한다면 양심의 명령이란 것은 그 렌즈의 초점이다. 사람들은 그 초점에 비추어서 모든 사물을 판단한다. 유리가 유리인 다음엔 일정한 굴절도가 있는 것같이 사람은 누구나 어느 시대나 도덕적 판단을 할 줄 안다. 그것이 변함없는 도덕률이다. 그러나 그 사람들이 합하여 만드는 인생관이 나오지 않고는, 그리하여 그 초점이 밝아지지 않고는, 구체적인 도덕은 나오지 않는다. 그런데 사회가 합하여 만드는 그 인생관도 렌즈와 같이 클 수 있고, 작을 수 있고, 두터울 수 있고, 얇을 수 있다. 그에 따라 초점이 변한다.

초점이 변하면 자연히, 인물의 모든 일의 내용은 언제나 같은 것이지만 거기에 대한 시비판단은 다를 수밖에 없다. 다만 필요한 것은 언제나 그 초점이 분명해야 하는 것이다. 그러기 위해서는 시대의 정신이 속히 결정되어 렌즈체를 이루는 일이 필요하다. 이제 우리가 사는 이 시대는 낡은 렌즈는 부서졌는데 아직 새 렌즈가 구성되지 못했다. 그것은 어느 개인이 할 것도 아니고, 하늘에서 떨어져 내려올 것도 아니고, 아무 때 가서도 우리가 할 것이다. 우리의 도덕적 노력의 성의에 따라 될 것이다. 그런데 우리의 일이니만큼 쉽게 되지 않기 때문에 어지러운 것이다. 그렇기 때문에 지금 우리에게 새 표준은 아무것도 선 것이 없고 사람들은 각자 전에 살아오던 타성에 의해 그때그때를 넘길 뿐이다.

이 시대가 전쟁의 시대지만 전날의 전쟁과 같지 않다. 전에는 폭력만능이어서 그저 무력이면 다였지만 지금은 세계에 제일가는 강한 무기를 두고도 쓸 수가 없다. 그것은 분명히 전쟁보다 더 무서운 무엇이 있어서 그것이 인간 행동에 최종 결정을 내리게 되리라는 것을 말하는 것이다. 그런데 그것이 무엇이냐 하는 것은 아직 많은 사람들에게 분명하지 않다. 그래서 냉전이라는 이상한 싸움을 하고 있다.

사람이 나라 없이 살 수는 없지만 지난날에는 국가지상·민족지상이어서 그저 '우리나라' 하기만 하면 물을 것 없이 뉘에게서나 충성을 기대할 수 있었는데 지금은 그렇지 않다. 나라가 달라져간다. 나라란 것이 외적 조건에 있는 것이 아니요, 내적인 정신적인 데 있다는 생각을 막연하게나마 거의 일반이 가지게 되어가는데 정신적이니만큼 그것은 분명하게 아직 붙잡히지 않았다. 그리하여 내 나라와 남의 나라가 국경에 관계없이 뒤섞이고 으물리고 서로 비꼬여 어쩔 줄을 모르고 있다.

경제에서는 자유주의 황금시대는 벌써 지나갔는데 기분은 아직 거기서 완전히 벗어나지 못하여 재주껏, 힘껏 벌어 마음껏 향락을 해보자던 옛날 꿈이, 내 것 네 것이 어디 있느냐 하는 허공의 신기루 같은 환상과 한데 어울려 세상은 뒤죽박죽이다. 돈이란 것은 분명히 몰락해가는 독재군주인데, 그것이 어느 돌창에 빠져 거지 죽음을 할지 모르게 되었는데, 이제라도 한번 그 영광의 발가락에 키스를 해보자는 가엾은 물건들이 시장에 골목이 메게 미쳐 돌아가지 않나?

거리에 갈보 아닌 갈보가 있다면 집에는 아내 아닌 아내가 있을 것이다. 이날까지 인간사회를 붙들어온 규칙의 가장 크고 중요한 것은 경제에서의 사유재산제와 남녀관계에서의 일부일처제다. 이제 그 둘이 다 흔들리기 시작한 시대다. 그 둘이 결합하여 가정이란 것이 되었다. 그것은 인간의 본질적인 경향을 토대로 하고 나오는 것이기 때문에 공산주의자가 공상·망상을 하는 것같이 가정이 없어질 리도 없고, 없앨 수도 없을 것이다. 인간이 인격적인 이상, 자유일 것이요, 자유는 사랑에서만 나온다면 그 자연적 결정체인 가정은 지구 위에서 되어가는 역사가 있는 한 있을 것이다.

그러나 인류는 이제 여기 있어서 일대 진보를 할 것이다. 그러자는 것이 오늘의 변동이다. 오늘의 남녀도덕이 타락한 것은 인간 사회기구 전체의 흔들림 때문에 오는 인생관의 파탄에서 기인한 것이다. 그렇기 때문에 이것은 인류의 앞을 보고 새 윤리를 세우자고 힘을 쓰는 데서만 바로잡힐 일이지, 결코 낡은 도덕으로 형식적인 감독이나 금지로 될 일이 아니다. 낡은 표준은 잃어버리고 새 표준은 받은 것 없고, 저도 모르는 충동에 몰리는 짐승이 되어 푸른 숲 속, 붉은 등 밑에 난무하는 남녀들, 그것은 역사의 흐름에 섞여 뜬 티끌을 맡아 날뛰는 가엾은 거품이다.

역사가 제 길을 아직 더듬고 있는 길목에 있을 때 그들은 제 세상인 듯 놀 것이나, 역사가 제 길을 찾는 순간 아낌없이 내버리고 갈 것이다. 그러면 그들은 어느 풀뿌리나 갈대에 걸려 보기 싫게 말라죽은 시체를 백일하에 드러내놓을지 모른다.

교사 아닌 교사, 전도자 아닌 전도자도 그 운명이 마찬가지다. 우리가 그들에게서 보는 것은, 현 시대는 지나가려는 어지러움이라는 것과 새 시대가 오고 있다는 예고다.

이날까지 이 제도로 되는 종교·교육에서 그들은 몰록[2]의 철상鐵像 뒤에 서는 제사祭司들이었다. 즉 사람의 자유로운 혼을 목적으로 하지 않고 어떤 계급의 번영을 목적으로 하는 교회, 학교 뒤에 서서 허다한 젊은 생명을 거기 바치게 하고 그 타 죽는 데서 흘러나오는 기름으로 살이 뚱뚱 찌는 흡혈충 행렬의 마지막에 서는 자들이다. 이제 그 하는 일에 새삼스러이 구구한 설명으로 속이는 문구를 붙이는 것은 그것이 떨어져 죽어가는 증거다. 이제 새 교육이 흘러나오고 새 종교가 흘러나올 것이다.

사람의 살림에 중요한 한 부문이 되는 예술에 대해서는 위에서 별로 말한 것이 없으나 거기서도 마찬가지다. 문사文士라면 거의 도덕과는 관계가 없는 것처럼 아는 사람이 수두룩한데, 요새 와서는 그 문사 속에서 새 윤리를 부르짖는 소리가 나온다. 그것은 참 반가운

---

2) 몰록(Molech): 고대 셈 족이 섬기던 화신(火神)으로 '몰렉'이라고도 한다. 본래 바빌로니아 지방에서 명계(冥界)의 왕으로 알려졌는데, 가나안에서는 태양과 천공(天空)의 신으로 알려졌다. 어린아이를 불 속에 던져 제사 지내는 인신공희(人身供犧)를 행했다. 예루살렘 남쪽의 힙놈 계곡에서는 이러한 이교적 제의를 많이 행했다고 하는데(「예레미야서」 32:35), 그 후 요시아 왕의 종교개혁 때 전부 퇴치되었다(「열왕기」 23:10)고 전한다.

소식이다. 전쟁은 모든 죄인이 핑계를 대고 가서 숨는 곳이라 할 수도 있으나, 하여간 예술도 전쟁 때문에 놀아난 것의 하나다. 가뜩이나 빈약하고 정도 낮던 우리 예술계에 전쟁이 일어나 사람의 생각이 최저선에서 헤매게 되자 그것을 기다렸다는 듯, 평소 사회의 권위가 살았을 때, 사람들의 눈이 있을 때, 감히 소리를 내려 하지도 못하던 것들이 어려울 때 움직이는 사람의 야비한 감정에 호소해서 더러운 것을 함부로 뿜어냈다.

뿜어낸 것이 신문에 실렸다 해도 그것이 결코 참 예술은 아니었다. 그것은 지나간 예술을 파괴하기 위해서 내세운 망나니였다. 그들은 지나가는 자본주의·물욕주의의 마지막 한 방울이다. 토하다 토하다 나온 밑바닥의 위액이다.

과거 시대는 죽기 위해 제 속에 있어서 이때껏 남의 혼을 먹던 그 위집의 그 노랑 물을 토하지 않으면 안 된다. 정체를 드러내고 죽어야 한다. 토할 것을 다 토하면 한동안 어지러울 것이다. 새 윤리를 찾는 것은 이제 거기서 살아나자는 소리 아닌가. 그러나 새것이 무엇인가는 아직 뚜렷하지 않다.

새 질서의 요구

그와 같이 사회는 온통 어지러움이다. 그러나 모든 어지러움은 속의 어지러움이 나타남이다. 썩은 정치가 되어가고, 더러운 거리가 있고, 음란한 예술이 나돌고, 속된 탐욕의 종교와 교육이 유행되고 있다면 그것은 민중 자신이 그렇다는 말밖에 되는 것 없다. 눈에 산이 뵈는 것은 속에 산이 있는 증거요, 귀에 음악 소리가 들리는 것은 속에 음악이 있는 증거다. 마음이 기쁘면 명랑한 천지가 되고, 마음이 슬프면 암담한 세상이 뵈는 것같이 어지러운 사회가 우리 앞에 있는 것은 우리 모두가 속에 어지러움이 있기 때문이다.

그러기에 먼저 할 것은 우리 속에 질서를 잡는 일이다. 시대의 변동으로 내 속이 어지러워졌다. 그러면 이제 그 속에서 새 질서를 잡아내는 것이 시대를 짓는 일이다. 낡은 시대는 나를 기른 어머니요, 어지러움은 그 어머니를 원수인 듯 내쫓는 진통이요, 새 시대는 내가 잘 자라 조화된 몸으로 정신을 차려나가는 일이다. 새것이란 결코 밖에서는 못 온다. 밖에는 있대야 낡아 썩어가는 어머니의 태집밖에 없다. 그러므로 새 질서는 새 정신에만 있는 것이다. 그럼 현대의 고민은 결국 새 질서 찾자는 고민, 곧 새 정신 붙잡자는 고민이다. 그것은 어려운 일이다. 그러나 몇십 년 몇백 년이 가도 속에서 질서가 잡혀 나오기 전에는 새 문화가 나오지 않는다. 인간은 그렇기 때문에 한번 어떤 질서가 잡히면 될수록 깨뜨리지 않으려고 한다. 인간은 대부분 나면서부터 보수주의자다.

그러나 보수를 굳게 하여 한 질서가 오래갈수록 그것을 깨뜨릴 때는 힘들고, 깨뜨리기 힘들수록 어지러움도 심하고, 어지러움이 심하면 심할수록 새 질서를 잡기가 어렵다. 인간아, 너는 몇 번이나 네가 만든 사슬로 네 몸을 얽고 자유를 잃고 고통했으며, 그것을 네 손으로 끊노라 고민을 했고, 또 네 끊은 사슬을 다시 꾸며 자라난 네 가슴에 장식으로 달고 기뻐했던가? 그러고는 또 얽고, 그러고는 또 끊고. 그러나 그렇게 하는 동안에 너는 자랐다. 네 몸에는 네가 낸 상처로 가득하나 그것은 네 정신의 자란 기록이다.

역사상에는 고통스러운 때가 가끔 왔지만 오늘날에 비길 만큼 심한 때는 없었다. 지나간 시대 중에서 찾는다면 동양의 춘추전국시대와 서양의 민족대이동시대를 들 수 있다. 동양에서는 주周나라로 마지막이 되는 삼대시대의 통일문화가 깨지고 다시 새 통일이 되어 한·당시대 문화를 낳게 되는 그 두 중간인데, 오백 년이나 되는 시간이었다. 그 기간에 중국 천지는 전쟁터가 되어, 수없는 나라가 일어나고 망하며 싸웠다. 그러는 동안에 여러 가지 사상이 나와 이른바 제자백가諸子百家라 했지만, 결국 유교라는 한 정신적 질서를 붙잡음으로써 그것이 등어리뼈가 되어서 현대까지 내려오는 동양문화를 낳았다.

그런데 그 정신운동에서 가장 큰 힘을 쓴 것이 공자와 맹자다. 그들은 어지러운 시대 속에서 그 돌아가는 변동에 참여하려 하지 않고 소수의 참된 마음을 모아 고전을 다시 씹고 인생의 깊은 속을 더듬어, 거기서 그 시대를 비판하고 나아갈 길을 찾으려 힘썼다. 그것이 유교라는 윤리적 정치사상이다. 그렇기 때문에 그때 사람에게는 우원(迂遠: 생활, 태도가 현실과 거리가 멀다 - 편집자)하다는 평, 요샛말로 하면 공상가라는 비난을 들었다.

극단으로 현실주의, 법제적 강제주의를 행하던 진시황은 그런 유교학자를 미워하여 책을 빼앗아 불사르고 사람을 묻어 죽였다. 그러나 그렇게 한 지 수십 년이 못 가서 민중의 반항으로 그 나라는 깨지고 새로 한대漢代가 되었는데, 한나라는 전적으로 유교를 표준으로 세운 제도의 나라다.

서양의 민족대이동시대도 그렇다. 희랍·로마의 통일문화가 깨지고 그 후 로마 가톨릭 교회를 중심으로 하는 문화가 일어나기까지인데, 그 역시 여러 백 년을 지났다. 그런데 거기서 새 문화의 중추가 된 것도 기독교라는 한 정신적 체계다. 그 어지러운 시대에 유럽 천지에는 여러 민족이 들고 나와 싸워서, 이전에 로마 제국이 저 북유럽에까지 밑돌록 전파했던 문화가 거의 자취도 아니 남기게 다 파괴되었으나 그 어느 나라도 천하를 바로잡을 수는 없었고, 다만 손에 무기는 하나도 들지 않고 죽이면 죽이는 대로 죽으면서도, 우주와 인생을 통일하는 근본정신적인 영원한 진리를 찾고 지키자고 힘쓰는 기독교에 의해서 새 시대, 새 문화의 터는 잡혔다.

오늘날까지 서양 문화는 그 내림이다. 그런데 이제 지구 위에 또 한번 그런 어지러움의 시대가 왔다. 이번은 어느 부분만 아니라 온 세계적이요, 그 변동의 정도도 전에 비할 유가 아니다. 이것은 인류의 큰 시련시대다. 옛것은 아무것도 가져다 맞추어 쓸 것이 없고, 이 시대는 이 시대 스스로 제 길을 열어야 할 것이나, 그것도 역시 속에서 나오는 새 정신적인 질서로서만 되어야 할 것임은 틀림없을 것이다. 이렇게 볼 때 현대가 당하는 수난은 이것으로 쉽게 끝이 나려니 기대할 수가 없고, 아직도 얼마나 많은 시간을 더 부대끼고 더듬지 않으면 안 될 것임을 알 수 있다.

윤리

그럼 위에서 말한 것에 따라 어떤 문화도 먼저 정신적 질서가 선후에 나오는 것이요, 따라서 우리가 오늘의 어지러움을 이기고 새 시대의 문화를 짓는 것 또한 그럴 것임을 알 수 있다. 그런데 그 정신적 질서는 반드시 윤리적인 것이 아니면 아니 된다. 그것은 우주의 근본이 윤리적 체계이기 때문이다. 일찍이 사람들은 객관적인 물질적 우주란 것을 생각한 일이 있었다. 그러나 그런 우주관의 결과가 오늘과 같은 어지러움을 낳는 근본 원인인 줄을 안 이상 이제 다시 그런 생각은 서갈 수 없다.

객관적인 물질적 우주가 있어도 우리에게는 관계가 없는 것이요 또 알 수도 없다. 인간은 자기 성격을 물들이지 않고는 무엇을 알 수 없다. 인간에 의해 붙잡혀진 것이면 인격적인 성질을 아니 띨 수 없다. 우리가 아는 우주는 윤리적 질서의 우주다. 인간에 관한 한 생명의 최고 현상은 인격이요, 따라서 우리가 가장 크게, 가장 깊이, 가장 바르게 안 것은 인격적으로 파악한 것이 아니면 아니 된다. 그리고 그 인격은 인간관계에서 나온다. 그런 인간관계란 매우 복잡한 것이다. 우리가 이른바 물질이라 하는 것들 사이에 있는 관계는 기계적인 것이어서 비교적 간단하다. 그러나 사람과 사람의 관계는 정의적情意的인 것이기 때문에 매우 복잡한 것이다. 윤리란 말은 여기서 나오게 된다.

윤倫이란 차례란 말이다. 윤倫 자에 떳떳이라는 뜻〔倫常, 彝倫〕, 무리라는 뜻〔倫類, 倫侶〕, 같다는 뜻〔倫比, 倫匹, 倫等〕, 법칙이라는 뜻〔倫紀〕, 차례라는 뜻〔倫次, 倫序〕 등 여러 가지 뜻이 있으나 그 근본은 차례라는 데서 나온 것이다. 인격관계는 단순, 일양一樣의 것이 아니요, 복잡다양한 것이다. 그러므로 그 관계를 바로하려면 일정한 차례를 세우지 않으면 안 된다. 그것이 곧 윤리다. 윤리란 행위의 표준인데 표준이 되려면 복잡한 것 중에 차례가 서 있지 않으면 안 된다. 그것이 윤이요, 그 차례라는 데서 다시 줄어서 규칙이란 뜻이 된다.

인륜이라 할 때는 그런 뜻으로 쓴다. 사람은 인격적인 입장에서 인간의 사회관계에 질서를 주고 그 윤리적 사회를 중심으로 세계질서를 파악한다. 그것을 하지 않고는 보람 있는 행동을 할 수 없다. 문화란 다른 것 아니요, 우주의 윤리화, 곧 인격화다. 문화란 말은 문文으로 화化한단 말인데 문이란, 곧 위에서 말한 윤이다. 비단에 무늬를 놓듯이 자연에 인적인 무늬, 즉 문, 다시 말하면 윤, 곧 차례를 세운 것이 문화다.

그러므로 윤리는 생명적·유기적 통일이다. 윤리 혹은 도덕이라 할 때는 반드시 자유의지를 가지는 개인을 생각하기 때문에, 자칫하면 그것을 개인적인 것으로 생각하기 쉽고 더구나 양심은 타고난 것이라 할 때 그럴 수 있다. 또 차례라, 규칙이라 하기 때문에 자칫하면 제도적인 것으로 알기 쉽다. 그러나 아니다. 윤리는 개인으로 좌우되는 것이 아니요, 제도로 유지되는 것도 아니다. 그보다 윤리는 차라리 전체적인 현실이다. 개인의 건강이 4백조 넘는 세포의 현실적인 조화, 통일에 있는 것같이 사회의 윤리도 전체의 산 통일에 있다. 카펜터의 말대로 전全, whole이 건健, health이요, 거룩holy이다.

그러므로 어지러움이란 다른 것 아니요, 전체를 잃은 것이다. 한 시대가 혼란에 빠졌다는 것은 결코 개인행동의 타락이나 어떤 제도의 깨짐을 말하는 것이 아니다. 그것은 도리어 사회가 어지러워진 결과로 오는 것이다. 어지러움은 그보다도 전체의 산 통일이 깨지는 데서 온다. 통일이 깨지는 원인은 어떤 외적 세력의 침입이나 자체의 일부분의 전횡으로 온다. 현대는 인간사회 안에 물질이 침입함으로 말미암아, 혹은 힘을 지나치게 숭배함으로 말미암아 인간생활 전체의 조화를 잃은 데서 오는 어지러움의 시대다.

선善

그럼 윤리를 질서 있는 통일이라 한다면 윤리의 궁극의 목표가 되는 선이란 무엇인가? 차례라고 할 때는 벌써 어떤 목표가 그 안에 작용하고 있음을 알 수 있고 모든 도덕활동은 그 목표에 도달하자는 것인데, 그럼 그 목표는 무엇일까? 먼저 역사를 살펴볼 때 선악이 고정되어 있지 않는 것을 알 수 있다. 이 시대의 선이 반드시 다음 시대의 선이 아니요, 이 나라의 선이 반드시 다른 나라의 선이 아니다. 그리하여 선이란 늘 변해온 것임을 본다. 그러나 그렇다면 선이라 할 수가 없다.

선이라면 성질상 불변하는 것이어야 모든 행동의 표준이 될 것인데, 그 자체가 변한다면 그것은 선 이외에 또 다른 표준이 있는 셈이기 때문에 선이 아니 된다. 선은 이른바 지상선至上善이어서 그 위가 다시 없고 그 자체가 곧 모든 사물의 목적이 되는 것인데 그것은 있나, 없나? 적어도 내용적으로 말하면 고정된 지상선은 없다. 그렇기 때문에 유물론자는 도덕률을 부인하려 한다. 그러나 그것은 모르는 말이다. 지상선이기 때문에 그것은 어떤 상대적인 내용에 붙어 있을 수는 없다. 그러나 그때그때 어떤 내용물을 잡아 선이 되게 하는 그 자체는 선의 내용이 늘 변할수록 엄연히 있는 것이 잘 증거된다.

가령 예를 들어 말하면, 어떤 사람이 예수를 향해 "선한 선생님이여!" 했을 때에 대답하기를 "네가 왜 나를 선하다 하느냐? 선한 이는 한 분 하나님밖에 없다"고 했다. 또 "땅에 있는 자를 아버지라 하지 말라, 너희 아버지는 하나뿐이니라" 하기도 했다.

공자도 자기를 성인이라 한 데 대해 나는 아니라고 하셨다. 그렇게 한 것은 다 단순한 겸허의 말이 아니요, 구경究竟의 참을 알려주기 위해 한 말이다. 선이나 거룩은 지상엔 없다. 오직 한 분뿐이다. 그런데 그 한 분이라는 하나님이 어떤 이냐 하면 아무도 그를 설명할 수는 없다. 설명을 하면 절대자의 성격을 잃어버리기 때문이다. 그럼 하나님은 부정으로밖에 표시할 수 없다. 하나님은 이것도 아니요, 저것도 아니요, 우리가 알고 생각할 수 있는 아무것도 아닌 '이'다라고 할 수밖에 없다. 그러나 하나님은 분명히 있다고 할 수밖에 없다. 모든 것을 부정하는 상태인 그이가 아니고는 모든 유有를 낳는 자가 있을 수 없기 때문이다.

그리하여 지상선도 내용적으로는 말할 수 없는 것으로 있다. 그럼 그것이 무엇이냐? 즉 다른 것 아니요, '전'全이라는 것이다. 통일의 목표가 되는 것은 이 전이다. 그런데 전은 아무 내용이 없다. 내용을 초월한 것이 전체全體다. 전은 부분을 합한 것이 아니다. 부분의 합인 내용으로서의 전은 늘 변한다. 역사가 발달되어감에 따라 사회는 점점 커진다. 그러나 그 어느 때에나 전체란 것이 사람의 모든 도덕행위의 목표가 된 것은 변함이 없다. 어떤 때는 한 집이 전체일 때가 있었다. 그때는 집을 위하는 것이 선이었다.

또 어떤 때는 나라란 것이 전체일 때가 있었다. 그때는 나라를 위하는 것이 최고선이었다. 그 때문에 지상선을 표시하는 덕목은 달라졌다. 혹 효라 했다, 혹 충이라 했다 하였다. 그러나 그 본질에서 말하면 언제나 그때에 아는 전체가 개개인의 행동을 규율한 점에서는 다를 것 없다. 위에서 윤리란 전체적 현실이라 한 것은 이 때문이다.

전全이기 때문에 또 공公이라 한다. 공의公義라, 공평公平이라 하지만 전체를 위한 것이 공의요, 전체의 입장에서 분배한 것이 공평이다. 공公의 반대는 사私인데 사는 나다. 부분이다. 부분이 아무리 커도 부분인 이상 공은 못 된다. 이런 의미에서 다수가결이나 최대다수의 최대행복이란 말은 윤리적이지 않다. 그렇기 때문에 잃지 않은 구십구수九十九首보다 잃은 한 마리를 찾는 것이 더 중요하다는 것이다.

도덕적으로 완전한 지경을 표시하여 거룩(聖)이라 하는데, 위에서 말한 것같이 그것도 하나의 뜻이 된다. whole이 holy다. 완전한 전체가 하나로 있으면 그것이 깨끗한 것, 거룩한 것이요, 전체에서 떨어지면 더러운 것이다. 때는 몸에서 떠난 살이요, 속俗은 하나님에게서 떠난 인간이다. 그 밖에 정신적 가치라는 진·선·미 하는 것도 다 같은 뜻이다. 전체가 참이요, 전체가 선이요, 전체가 미다.

노자는 "지상용知常容, 용내공容乃公, 공내왕公乃王, 왕내천王乃天, 천내도天乃道, 도내구道乃久"(『도덕경』, 제16장]라는 말을 했는데, 그 상常이니, 공公이니, 왕王이니, 천天이니, 도道니, 구久니 하는 것은 모두 그 전全을 가리키는 것이다. 변하는 현상이라는 입장에서 볼 때 상이요, 부분 대 전체로 볼 때 공이요, 나라에서는 왕이요, 만물에서는 천이요, 정신적으로 말하면 도요, 시간에서 말하면 구다.

그러면 선이란 개체와 전체의 완전한 조화적인 통일이다. 인간의 백 가지 문제가 요컨대 개체와 전체의 문제다. 전체가 무엇이냐 하는 것에 따라 각 분자의 지위가 달라지고, 거기 따라 개체 개체 사이의 관계가 결정된다. 작게 보는 자에게는 일신이 전체요, 크게 보는 자에게는 우주에 초월해 계시는 하나님이 곧 그이다. 시대가 어지러움에 빠졌다는 것은 이때껏 개체 위에 지상명령을 하던 전체가 어떤 다른 세계의 발견으로 인해 전체성을 잃는 때에 온다. 즉 사회가 크는 때다. 이제 우리에게 구도덕이 무력해진 것은 사회가 자랐기 때문이다. 고로 이제 새 윤리를 세우려면 새로 난 전체를 먼저 알아야 한다.

3. 역사적 변천

한

이제 우리는 '전'全이란 말을 쓰지 말고 '한'이라 하자. 전은 한 곳, 하나다. 하나는 하나 둘의 하나가 아니다. 정말 하나는 셈을 뛰어넘은, 그리하여 셈이 거기서 나오게 되는 것이다. 그렇기 때문에 그것은 또 큰 것이다. 크다, 작다의 큰 것이 아니고 절대의 '큰'이다. 한과 큰이 본래 한 말이다. 흔과 큰으로 써놓으면 잘 알 수 있다. Han, Khan, Xan이 마찬가지다. 간汗, 한韓, 간干 하는 한자로 번역되는 우리말의 한(또는 칸, 큰)은 일一이면서 대大를 표시하는 말이다. 그런데 한자로도 일이면서 대면 천天이 되는 것같이, 한은 곧 한님이다. 하늘이 한울·하늘·하날·한알·한얼·흔늘 하는 여러 말로 쓸 수 있는 것같이, 하나님도 하느님인지, 하누님인지, 한우님 인지, 한울님인지 알 수 없다.

그러나 어쨌건 하나님, 곧 한님은 절대 하나면서 절대 큰 이라는 사상만은 틀림없는 것이다. 환인桓因, 환웅桓雄 하는 것은 이 한님을 가리킨 것이다. 이것이 우리 문화의 꼭지다. 나라나 겨레의 이름을 한으로 부른 데에 한적韓的 정신질서의 핵심이 있다. 우리들의 조상은 한을 알고 한을 바라고 한을 나타내려 했다. 한을 가진 사람들은 고로 한 사람이 됐다. 한 사람의 이상은 한 사람 곧 하나님 사람, 또는 한 삶 곧 하나님 삶일 것이다. 이것이 우리 역사요 우리 문화다.

이다음에 세계가 어떻게 될 것인지 모르고 우리가 한 것, 할 것이 어떻게 될 것인지 모르나, 아마 이 '한'이란 사상은 결코 없어지지 않을 것이다. 일一이 대大란 것, 그것이 곧 물질적·정신적 우주의 근본이란 것, 이것이 우리가 정신적인 세계에서 "저는 이런 것을 가져왔습니다"라고 할 수 있는 공헌이다.

'한'이 '전全'이다. 인간에게 지상명령을 하는 이는 이 한님이다. 우리 역사, 우리 문화만이 아니라, 모든 민족, 모든 사회의 문화가 한에서 나왔고 한을 목표로 하고 나아간다. 종교적·철학적인 말로 하면 그것을 하나님, 신神, 천天, 갓God, 브라만이라 한다. 그런 뜻에서 말하면 '지상선'은 영원 불변하는 것이요, 처음부터 알려져 있는 것이다. 그러나 인간은 또 역사적인 존재다. 인간은 정신을 실實살림에 나타내지 않으면 안 된다. 그런 뜻에서 윤리는 자꾸 변해왔다. 절대정신 속에만 살 수 있는 인간이라면 새 윤리니, 낡은 윤리니 할 필요가 없을 것이다.

그러나 그런 인간은 실제로는 없다. 있는 것은 넘어지면서 또 일어나면서, 찾으면서 또 깨달아가면서 나아가는 역사적인 인간이다. 그에게 하나님은 완성이면서도 영원히 미완성의 하나님이다. 그는 부정 속에서만 긍정을 본다. 죄 속에서만 의義를 본다. 자꾸 어지러움의 물결을 일으켜서만 통일을 한다. 그에게는 고정된 기성품의 하나님이 없는 동시에 기성품의 선도 없다.

전체가 무엇인가? 그것을 본 사람은 아무도 없고 다만 인류가 지나가는 길에 그 벗어버린 옷이 있는 것을 볼 뿐이다. 그 옷을 놓고 아무리 귀납을 시켜봐도 그것은 그의 모습이 될 수는 없고, 다만 우리는 '자란다'는 하나의 말을 얻을 뿐이다. 우리는 이제 지나간 역사에서 인간이 어떻게 그 '한' '전' '일'을 찾아 자랐나, 그것을 보기로 한다.

자연시

어느 민족의 신화와 전설을 들어봐도 그 맨 처음엔 대개 낙원적인 황금시대가 있다. 그때엔 근심도 불만도 다툼도 얽맴도 없었다는 것이다. 그런 것은 이른바 문명이 발달되지 않은 소박한 원시사회의 모습이 기억에 남아 있는 것일 것이다. 사람은 근본이 평화적인 동물이다. 생리적인 구조로도 남의 고기를 먹고 살게 생긴 것이 아니다. 그러므로 무슨 특별한 재변이 있지 않는 한, 평화로운 무리로 살았을 것이다. 그러니 자연히 싸울 필요가 없는데 제도의 필요가 있었을 리 없다. 기욕嗜慾이 발달하지 않았으니 생각도 단순했을 것이요, 생각이 단순하면 마음이 편했을 것이다. 문명인과 같이 향락을 추구하여 급급하지 않고, 추위와 더위를 피하고 주림을 면하는 것으로 만족하고 또 날카롭게 지성이 발달된 것도 없었으니, 사람과 자연의 구별을 하지도 않고 혼연히 한데 녹아들어 살았을 것이다.

이 자연시의 시대에 행·불행의 구별이 없었으니 화복禍福의 생각이 있었을 리가 없고, 모든 것이 저와 다 한 가지로 산 것이요, 다 말하고 다 서로 통하는 영靈들이니 거기 무슨 어그러짐, 속임이 있을 리가 없다. 선이니 악이니 하는 구별이 없는데, 지배·피지배의 시끄러운 가다리가 있을 리가 없다. 이리하여 자연과 인간, 개체와 전체가 아직 무엇이라 분화되지 않은 자연적인 통일 속에 살았다. 그것을 더 이상화해서 그린 것이 에덴 낙원이요, 반고씨[3]일 것이다.

피의 사회

그러나 사람이 언제까지나 무위자연의 낙원에 있을 수는 없었다. 한없는 어둠을 정복하고자 당돌히 내닫는 한 줄기 외로운 광선같이 그 얼크러진 머리털 밑에 움직이는 이성의 깜박이는 빛이 있었다. 그것이 어떻게 들어왔는지 인간 자신도 모르기 때문에 그것은 언젠지 모르게 사르르 기어든 뱀이라고 한다. 그러나 한번 그것이 움직이기 시작하자 세상은 달라져버렸다. 그것은 사람과 세계를 구별하기 시작했다. 만물이 거기서 쏟아져 나왔다. 그러자 무서움이 그 마음속에서 일어났다. 그전에 한데 녹아들어 어머니 품처럼, 알지도 못하고 안겨 살던 자연이 이제 무서운 괴물이 되어버렸다. 저 노목 老木 속에서도 저 우뚝한 바위 속에서도 언제 나를 잡아먹을 영이 뛰쳐나올는지 모른다. 그것을 가르친 것이 이성이다. 그 이성이 점점 깨어 우리는 사람이라고 생각할수록 그 맞서는 느낌과 무서운 생각은 점점 더해갈 수밖에 없었다.

그리하여 사람들은 서로 손을 잡게 됐다. 사람이 비로소 인간적이 되기 시작한 것이다. 대부분의 세계를 잃어버리고 쫓겨난 느낌을 가진 그들은 따뜻한 것을 사람의 살에서 구할 수밖 데 모여 있는 집으로 돌아와야 했다.

이렇게 해서 생긴 것이 한 옛적의 씨족사회다. 그것은 핏줄로 이루어지는 사회다. 사람은 다른 동물과 달라 새끼로서 어미에게 달려 보육을 받는 동안이 길기 때문에 그 동안에 생기는 정의情意의 교통관계가 그의 모든 행동을 결정하는 성격을 구성하는 데 크게 힘이 된

3) 반고씨(盤古氏): 중국의 천지창조신화에 등장하는 거인신. 세계가 아직 혼돈상태였을 때 반고가 태어났고 천지가 생겨났다. 반고의 키가 자라남에 따라 하늘과 땅도 자라면서 점점 멀리 떨어져 1만 8천년이 지난 뒤, 오늘날과 같이 되었다고 한다.

다. 페스탈로치가 인간적인 도야의 기본이 되는 감사니, 신뢰니, 사랑이니 하는 감정은 어머니의 젖을 먹고 만족해하는 갓난아기의 눈동자에서 벌써 나타난다고 주장하고 교육의 터를 거기서 잡은 것은 옳은 일이다. 집은 종교·도덕·예술의 샘구멍이다. 오늘날 우리가 가지는 모든 정신적 전통의 실마리를 찾으면 우리는 씨족사회에까지 갈 수밖에 없다. 윤리는 맨 먼저 핏줄에서 자라나기 시작했다.

피로 되는 것이기 때문에, 산 사람의 접촉 교섭이기 때문에, 자연히 인물이 중요한 관계를 가지지 않을 수 없다. 씨족사회는 족장·장로가 절대적인 권력을 가진다. 권력이라 하지만 후대에 있은 정복군주의 그것 같은 것이 아니다. 그보다는 더 종교적이요, 윤리적이다. 그는 신 그대로의 화신이다. 그 사회 안의 성문법이 필요없다. 복잡한 제도가 소용없다. 맨 처음의 자연 속에 살던 때에 비하면 그래도 제도적이지만 그러나 그것은 단순한 것이요, 정의情意가 혈족관계로 되는 만큼 엄격한 것이다.

moral이라, ethic이라 하는 말이 풍속이니, 관습이니 하는 뜻을 표하는 말이지만, 도덕은 사실 이런 사회생활에서 말하지 않는 동안 불문율로 된 것이다. 이런 사회에서는 아직 다른 단체와의 교섭으로 인해 생기는 인격의 차등이 없기 때문에 공화共和의 사회다. 계급이 없고, 네 것 내 것의 구별이 없다. 그 사회가 그들을 위하는 전체다. 그것을 표상한 것이 부족신이다.

사람들은 나중에 발달하여 우주에 초월하는 절대적인 영적인 하나님이 되는 이스라엘의 여호와 신이 『구약』에 나타난 것을 보면 그 처음에 얼마나 강력한 부족신이었던가를 알 수 있다. 정복한 다른 족族을 씨도 남기지 말고 멸하라 했다. 후대에 발달된 윤리관에 입각하여 경전을 고쳐 엮을 때는 그런 것을 도덕적인 입장에서 해석하여 그 민족의 죄악 때문이라 했지만, 그 당시에는 반드시 죄 때문이 아니었다.

그저 '우리'가 아니기 때문이었다. 그때 도덕은 제 족내族內에 있고 우리에게 있는 것이지, 타족에게는 있는 것이 아니었다. 타족은 사실상 자연의 일부지 같은 사람이 아니었다. 그렇기 때문에 자기 족 안에서는 대단히 인도적인 사람들이 다른 족에 대해서는 잔혹한 일을 자연스럽게 했다. 잔혹으로 알지 않기 때문이었다. 그것을 잔혹으로 알기 위해서는 부족 간의 충돌, 교섭을 더 많이 겪어서 전체감이 커지지 않으면 안 되었다.

나라

그때는 자연 속에 하나되어 살던 시대에 비하면 하나를 잃었다고 할 수 있으나, 오히려 사람 안에 하나를 가질 수 있었다. 에덴 동산에서 하나님과 같이 살고 나무 사이에서 저녁 산보를 하는 그 음성을 들을 수는 없으나 그래도 같이 힘을 아울러 바벨 탑을 쌓는 '우리'를 가질 수 있었다. 과연 잘 하면 하늘에 오를 듯하였다. 그러나 그럴 수 없었다. 바벨 탑이 바벨, 곧 어지러움이 되는 날이 왔다. 서로 말이 다르듯 뜻이 통하지 않는 여러 사회가 대립하는 시대가 오고야 말았다.

그것은 문명이 발달한 결과다. 피로 통일된 사회 안에는 문제가 없었는데, 산 사람으로 살아 있는 신을 모시고, 모두 같은 자격을 가지고, 재산이 있다, 없다의 차별 없이, 따라서 도적·간음을 모르고 살았는데, 생활이 늘어가고 기계가 생김에 따라 다른 족과 충돌이 되고 전쟁을 하게 되자 세상은 달라졌다.

전쟁이란 참 괴물이다. 단체와 단체가 싸움을 하면서부터 인간사회에는 별별 것이 다 생겼다. 종이란 것이 생긴 것도 이 때문, 계급이란 것이 생긴 것도 이 때문, 갈보란 것이 생긴 것도 이 때문, 그 밖에 전연 못 보았고 그 후에는 인류에게 영향을 미친 여러 가지 이상한 것이 거기서 나왔지만, 그중에서도 이상한 괴물, 이후에 인류가 두고 두고 시달리는 괴물 중의 괴물, 그러면서도 억지로 하는 또 자진해 존경을 받아오는 괴물, 이제 모양을 슬쩍 변해서 아닌 척하지만 사실상은 아직도 사람들의 모가지를 매어 끌고 가는 괴물인 소위 임금이란 것이 역사 위에 등장을 한 것은, 이 전쟁 때문이었다. 그가 존경을 받는 것은 정情 때문도 이理 때문도 아니요, 닥쳐온 이해관계 때문이다. 우리 안에 하나로 있는 민중을 내몰고 나서서 고함을 치고 '나라'라고 한 것이 그다. 이제 봉건시대가 되었다.

전체의 자리가 '나라'로 옮겼다. 즉 권력이 하나를 대표하는 때다. 씨족신의 사당이 헐리고 사직社稷·나라神이 섰다. 나라는 씨족 사이의 충돌에서 나왔다. 처음에는 제 핏줄로 된 단체만을 알았으나 차차 그런 단체 사이에 교섭이 있을수록 피가 섞이고, 자연 그들과 운명을 같이하는 생활이 되어가지 않을 수 없었다. 그리하여 자기 족 밖에 다른 족을 인정하고 하나의 통일체를 이루게 된 것이 '나라'란 것이다.

그러면 거기는 자연히 제도가 발달될 수밖에 없고, 그 제도를 유지하기 위하여 법이란 것이 생기고, 법을 세워가기 위해 군대·경찰이 필요하게 되었다. 그리하여 그것을 대표하는 임금은 절대권을 주장하게 되었다. 이제 윤리는 나라의 윤리요 임금의 윤리다. 임금은 그 권력관계로 이루어지는 지배를 합리화하고 정의화情誼化하려 애써 신화·전설의 역사를 엮었다. 계급사회가 되었고 도덕이라면 계급적인 것을 지키는 일인 것처럼 생각하는 기분이 오늘날에도 아직 깃들어 있는데, 그 시작은 이때에 있다. 윤리라는 말부터 여기서 생겼다.

봉건시대에 들어와서 특별히 말할 것은 사유재산제와 일부일처제가 확립된 것이다. 식食, 색色, 성性이라는 것만큼 인간관계에서 말썽을 일으키는 것은 없다. 그러므로 어떤 사회에서도 이에 대한 규정을 분명히 튼튼히 하는 것이 중요한 일이었다. 그러기에 문명이 시작되던 때에 벌써 이들에 대한 제도는 되어 있는 것을 본다. 함무라비의 법전이나, 모세의 율법을 보면 옛날 사람이 그 두 문제 때문에 고심한 것을 짐작할 수 있다.

그러나 씨족사회를 통일해 권력적인 제도의 나라를 만듦으로써 이 두 제도는 전에 보지 못하게 확정이 됐다. 재산권은 신성, 결혼은 신성, 이 두 법칙이 수레의 두 바퀴같이 사회를 이끌어 오늘에 이르렀다. 인류는 이제 와서는 이 두 규칙에 대해 모두 의심을 품게 됐지만, 이날까지 온 역사는 이것이 아니었더라면 도저히 올 수 없었을 것이다.

돈

그러나 역사는 또 나아간다. 문명이 발달하는 것을 따라, 더구나 그중에도 교통 방법과 전쟁 기구가 진보되는 데 따라 봉건군주의 나라를 그대로 가지고 갈 수는 없어졌다. 사실 바로나, 알렉산더나, 진시황이나, 카이사르나, 샤를마뉴나, 칭기즈칸의 나라까지도 모두 배의 돛과 말잔등에 세운 나라였다. 씨족시대의 족장에게 한 절이 피에 대하여 한 절이라면 봉건시대에 나라 임금에게 바친 충성은 물결과 산봉우리에 바친 충성이다. 넘을 수 없는 산, 건널 수 없는 물을 의지하고 배나 말을 타고 앉아 통일할 수 있는 지역 안에 있으니 임금이라고 호령할 수 있었지, 기차·기선이 나오고 전신·전화가 생긴 후 그까짓 것 따위에 절을 할 사람이 없다.

이제 새 임금이 나온다. 전의 임금이 힘을 상징하는 칼을 들었다면 새 임금은 욕심과 꾀를 상징하는 돈을 든다. 자본주의 시대가 왔다. 이제 돈이 왕이다. 돈이 하나를 대표하는 시대다. 돈의 시대는 향락주의의 시대요, 지능주의 시대다. 물건과 물건을 바꾸던 인간이 돈을 만든 것은 편하게 살아보자고 꾀를 부린 데서다. 그 시작은 문명의 첫새벽에 있다. 그러나 모든 것이 고정되어 있는 봉건사회에서 그것은 별로 활발히 쓰이지 못했다. 그러던 것이 기계의 발달로 거리가 없어지자 돈은 눈부신 활동을 시작하여 인류의 온 사회를 거의 손아귀에 넣었다. 그래 자본주의 시대라 한다. 봉건시대에는 그래도 전통이니 의식이니 하는 것이 있어서 임금의 주위에 들러붙어 그것이 이 사회의 권위 노릇을 하였다.

그러나 자본주의 시대에는 노골적인 이욕주의利慾主義이기 때문에 그런 따위가 다 떨어지고, 다만 하나, 돈만이 모든 행동의 표준으로 선다. 그것을 그들은 현실적이라 했다. '한'을 하늘에서 잃고 떨어진 인류는 땅에서 그것을 찾으려 했다. 그리하여 씨족신에게 제사를 드리던 산꼭대기에서부터 점점 내려오며 찾았다. 내려올수록 그 얻는 '한'은 과연 더 큰 것 같았다. 그러나 그것은 내려온 것이다. 이제 현실이란 데서 인류는 씨족·계급·민족의 차별이 없이 하나인 듯하다. 그렇기 때문에 그것이 지상의 명령인 듯이 보였다. 사실은 지상이 아니고 지하地下인데 돈이 나서자 임금도 그 왕관을 팔고 가고, 무사도 그 칼을 팔고 가고, 종교가도 그 법의를 팔고 갔다. 그리하여 돈은 온 세계를 통일한 듯하다.

그렇기 때문에 자본주의 시대에 들어오면서 주의할 것은 과거에 인간을 구속하던 모든 사회제도와 전통이 다 무너졌다는 것이다. 돈 때문에 양반·상놈의 구별이 없어졌다. 가족제도가 깨져서 씨족 사이의 싸움이 없어졌다. 민족의 차별도 없어져간다. 도시·농촌의 차이가 작아져간다. 돈만 있으면 얼마든지 공부를 할 수 있다.

돈만 있으면 어떤 학문도 기술도 예술도 빌려 쓸 수가 있다. 돈 앞에 종파도 없다. 돈이 없으면 교단은 유지해갈 수 없고, 돈을 모으기 위해 교단을 창설하고, 생활을 위해 이 종파에서 저 종파로 옮겨도 옛날처럼 무슨 제재가 있는 것도 아니다. 재산을 위해서는 어제 대처 승이 오늘 비구승이 되기도 하고, 돈을 많이 내면 과거에 어떤 죄를 지었어도 다 사함을 받는다. 예수께서 세상엔 두 임금이 있어서 하나님을 섬기게 되든지 돈의 왕 맘몬을 섬기든지 하게 된다고 하면서, 돈을 하나님과 대립을 시킨 것은 이 때문이다.

그러나 자본주의는 모순을 드러냈다. 그것의 모병募兵 포스터에 내건 표어는 실리, 사리, 쾌락인데, 그리하여 한동안 사람들은 다 그리 갈 듯했는데 아니었다. 봉건군주의 성내에 갇혀 있던 민중에겐 그것이 해방인 듯 들려 그 성을 텅 비우고 다 나왔으나, 나와서 생긴 것은 쟁탈전이었다. 서로 실리·편리·쾌락을 다투는 바람에 말은 자유라 하나 사실은 자유로울 수가 없고, 형식으로는 계급을 없앴으나 내용으론 다시 있는 사람, 없는 사람의 대립이 생겼다.

더구나 그것은 봉건시대같이 계급제를 쓰면서도 그 사이에 어떤 조화를 주려는 뜻을 두고 한 것이 아니고 무제한으로 자유라 하기 때문에, 일보 유리한 자리에 선 자는 꺼림없이 그 지위를 보존하는 방법을 쓰려 하므로, 그 싸움은 한없이 혹독한 것이다. 이것이 오늘의 사회가 나온 원인이다. 하나님에까지 가서 하나가 될 인간을 동물에까지 끌어내려 "너희는 다 같은 짐승이다"라고 하여 통일을 하려 한 셈이기 때문에 혼란을 가져올 수밖에 없었다.

자유

그러나 그것이 자본주의의 의미의 다가 아니다. 자본주의는 그러자고 나온 것이 아니었다. "너희는 다 같은 짐승이다"라 한 셈이라고 했지만 그것은 모처럼 준 망원경을 거꾸로 대고 본 데서 나온 소리다. 바로 댔다면 "너희는 다 같이 한님의 아들이다"라고 했을 것인데 그것을 거꾸로 댔기 때문에 반대상反對像이 생겨서 그 잘못을 했다. 문제는 자유인데, 인격은 자유라는 것이 그 제목인데 그것을 외적으로 취했나, 내적으로 취했나 하는 것에 따라 달라졌다. 자유를 외적·물적인 뜻으로 취한 것이 자본주의 경제요, 제국주의 정치다.

그런고로 올라가노라는 일이 내려가고 말았다. 그러나 아무래도 자유를 찾는 정신은 없앨 수 없다. 그러므로 지금 그 모순이 폭로됐다고는 하나, 그것을 잘 이용하면 본래의 목적을 달할 수 있다. 지금 세계의 혼란은 망원경을 거꾸로 댔다는 것을 차차 알게 되어, 말하자면 이리 볼까 저리 볼까 하고 두 끝을 연방 바꾸어가며 대보는 셈이다. 잘못이 있기는 하면서도 수천 년래 묵어온 가족적·계급적·종교적·물적·심적 가지가지의 인습, 폐단, 미신, 무지의 누더기와 때를 돈이 아니고는 인류의 몸에서 못 벗겼을 것이다.

어떤 의미로 말하면 돈은 옛날부터 모든 성현들이 이루려면서 이루지 못했던 것을 했다고 할 수도 있다. 물론 돈이 그 해독은 더하다고 하겠지만, 그 돈은 돈대로 또 제 물러가는 날이 있을 것이고, 우선 과거에 인간의 몸에서 벗기려다가 못 벗긴 것을 돈이 그 이욕利慾, 쾌욕快慾에 호소해서 멸했기 때문에 벗겼다. 돈은 말하자면 제 스스로 적군의 괴수가 되어 그것을 통일해서 한곳에 모은 셈이다. 우리 싸움은 이제 대단히 간단해졌다. 옛날처럼 분산전은 필요없고 돈이라는 하나만 겨누고 공격을 하면 되게 된 셈이다. 돈 없이 사는 세상을 만들자! 이런 의미에서 이것은 세계의 끝장을 내는 아마겟돈4) 싸움인지도 모른다.

자본주의는 폐가 있는 동시에 인격의 자유를 점점 더 절실히 가르쳤다. 사실은 본래부터 쌍둥이 태여서 자본주의의 발달을 따라 인격 자유의 정신도 자라왔다. 다만 망원경을 바로잡아대리만큼 강한 데 이르지 못했을 뿐이다. 그러나 정신은 이기고야 마는 것이요, 속은 겉을 정복하고야 마는 것이다. 경쟁으로 자유에 이를 수 없다는 것이 상식이 되어간다. 이제 인류는 "아, 이렇게 볼 것이다" 하고 망원경을 돌려대는 날이 올 것이다. 사람마다 근본적인 변동이 오고야 말 것이라고 하는 것은 그것이 아닌가? 그렇게 된다면 사람들은 자기네를 버리고 내려왔던 그 봉우리도 아닌 그 위의 무한의 허공에 '한' 형상이 서는 것을 볼 것이다.

이때까지 우리는 인간이 자기 행동의 표준으로 어떻게 늘 그때그때의 전체 세계, 곧 하나의 명령을 들으려 힘써온 것을 보았다. 그렇게 볼 때 선은 언제나 역사의 제일선에 있는 것을 알 수 있다. 종교적인, 선험적인 자리에 서면 선은 영원불변하는 것이다. 그러나 역사적, 경험적인 자리에서 선은 끊임없이 확대되어 나아가는 역사적 국경선에 있다. 신앙하는 인생의 올라가는 운동이 도덕하는 역사에서는 나아가는 데 있다. 영원의 항성恒星의 빛이 발사돼 나오면 무한히 번져 나아가는 원을 그리면서 빈탕의 어둠을 먹어 들어간다. 생명은 늘 자라는 끝에 나가 있고, 전체는 언제나 창조하는 현재선現在線 위

---

4) 아마겟돈(Harmagedon): 선과 악의 세력이 싸울 최후의 전쟁터. '팔레스타인의 도시 므깃도의 언덕'이라는 뜻으로「요한계시록」에 나온다.

에 있다.

국경선을 넓혀 나아가는 군인과 황무지를 열어 들어가는 개척자에겐 과거의 일체 잘잘못이 문제가 아니 되는 것같이, 역사적 일선에 서는 자는 모든 도덕적 판단을 초월한다. 저 자신이 도덕을 낳고 있기 때문이다. 문제는 가슴속에 역사적 진군의 동원령을 받는 데 있다. 이때껏 인류에게 지상명령을 내린 사실은 피도 나라도 임금도 돈도 아니요, '전' 그 자체이다. '한'나라를 세우기 위해 미래의 철장막을 향해 "나갓!" 하는 명령을 들은 자가 어진 이요, 참된 이요, 아름다운 이다. 국경은 늘 밟고 넘어가서만 지킬 수 있고, 죄는 늘 버리고 새 살림에 들어가서만 속贖할 수 있고, 윤리는 늘 뛰어넘어서만 윤리적일 수 있다. 인격적인 생명은 늘 새 세계를 삼킴으로써만 자란다. '한'은 사람 속에 있다.

4. 내다뵈는 앞

선善이 역사의 제일선에 있다면 이 앞은 어떻게 될까? 새 윤리의 표준이 될 새 일선은 어디까지 나아갔나? 우리는 지금 하나를 잃은 사람이다. 우리에게 그것을 한 것은 과학이었다. 콜럼버스가 신대륙을 발견했을 때, 갈릴레오가 구슬알을 대고 하늘을 바라봤을 때, 호기심 많은 중들의 손끝에서 화약이 처음으로 튀었을 때, 구텐베르크가 인쇄기를 만들어냈을 때, 그리고 다윈이 진화론을 말했을 때, 옛날 세계의 성이 무너지기 시작했다.

그 무너진 성 틈으로 내다 뵈는 새 세계를 보고 구경을 하러 몰려나가는 군중을 막아낼 길이 없었다. 혁명군의 모집에 응하는 놈이 동기야 무슨 동기로 했거나 일단 혁명전을 일으킨 다음, 그것이 문제 아니 되는 것같이, 근세의 새 세계가 열리기 시작할 때에 그 나서는 사람들의 직접 목적이야 황금이었거나, 식민지 개척이었거나, 탐험이었거나, 그 무엇이었거나, 그와는 관계없이 새 시대는 저 열릴 대로 열렸다. 역사는 개인 이상이었다. 콜럼버스가 상징하는 그대로 그들은 제가 발견한 나라를 모르고 발견했다. 이런 세상이 될 줄은 꿈에도 생각 못했다. 역사는 놓여난 말처럼 빈 들을 달리기 시작했다. 그러는 동안에 옛날 신앙, 옛날 세계관, 옛날 도덕을 다 밟아버리고, 그 굴레 벗은 말은 막막한 대지 위에 티끌을 날리고 흥흥 소리를 다 질렀다.

하나님이 어디 있느냐, 도덕이 어디 있느냐, 있다면 자연이 있고 생존경쟁이 있다. 왈 자연주의, 왈 군국주의, 왈 자본주의, 왈 실증주의, 왈 유물주의, 왈 생리, 심리, 민족, 계급, 물리고 채인 말 주인이 반죽음의 얼굴로 한동안은 멍하니 바라보듯이, 인간은 역사를 그 달리는 대로 한참 내버려둘 수밖에 없었다.

달리는 말의 기세는 쭈그러지는 때가 오고 상한 주인은 정신을 차리고 기운을 회복하는 시간이 온다. 지금은 얼마쯤 그런 때 아닐까? 우리는 이제 우리를 떨어지게 해서 죽게 했던 시대의 말을 다시 잡아타고 천천히 새롭게 우리 것이 되려는 세계의 제일선 시찰을 시작하리라. 그것은 아직 확실히 정녕 될 것이 아니기 때문에 불안이 없지 않으나 그 대신 새로 암시하는 것이 많을 것이다.

데모크라시

무엇보다 중요한 것은 세계가 하나가 되어가고 있다는 사실이다. 지금까지 있던 신앙·도덕을 온통 깨뜨려놓은 이 문명은 세계를 하나로 만들었다. 위에서 전쟁보다 무서운 것이 있고, 나라보다 더 큰 것이 있고, 자유경쟁보다 더 힘 있는 것이 있고, 더 참된 사랑, 예술, 교육, 종교가 나오려 한다고 했지만, 그것을 그렇게 만드는 것은 하나로 돼가는 세계다. 지나간 날에 사람의 살림을 주도해온 것은 대립, 즉 맞섬이라는 생각이었다. 집과 집, 나라와 나라, 계급과 계급, 개인과 개인이 맞서서 서로 많이 가지고, 힘 있고, 잘나려 하는 데 모든 활동의 고통이 있었다.

그러므로 그것을 법으로 보호하고, 경찰·군대로 지키고, 교육으로 그것을 불어넣고, 예술로 노래해왔다. 그러나 이제 그럴 수 없는 때가 되었다. 세계가 온통 하나가 됐기 때문이다. 이제 맞서 다투는 것은 제가 저를 해하는 일이 되었다. 그렇기 때문에 새 윤리가 서야 한다는 것이다. 새 윤리는 그렇기 때문에 세계의 윤리다. 그런데 그 윤리를 향하는 주인은 누구냐 하면 사람, 민(民)이다. 지난날에 갈라져 싸우던 때에는 옹근 사람이 없고 한편만이 큰 기형아뿐이었다. 핏대만이 두드러진 민, 팔다리만이 큰 국민, 염소같이 파리한 서민, 이리같이 이빨과 발톱만 발달된 무사, 배만 큰 유산자, 눈망울만 사나운 무산자, 대가리만 무거워 거꾸로 서 있는 임금, 횃대같이 장식만 걸어놓은 귀족, 여우처럼 생글거리는 정치가, 삽살개같이 털만 남실거리는 예술가, 당나귀같이 키만 껑충한 교육가, 이런 식이었다.

이제 단순한 인간, 사람, 민(民)의 세기가 온다. 근세 이래의 인류가 당한 모든 어려움은 민 하나를 낳자는 운동이었다. 민은 제가 제 노릇을 하는 사람이다. 제가 제 주인이다. 사람에게, 인격이 있는 사람에게 주인이 있을 리 없건만, 만일 있다면 그를 지어낸 하나님밖에 있을 리가 없건만, 이때껏 사람들은 주인이란 것을 섬겨왔다.

사람의 생김생김이야말로 머리를 하늘로 두고 꼿꼿이 서자는 것으로 되어 있는데 왜 그 머리를 가지고 땅에 조아려 절을 했을까? 이날까지 그저 도덕이라면 그것 아니었나? 참 알 수 없는 일이었다. 이제 와서야 사람은 겨우 자기 위에 주인이란 것이 없고, 자기야말로 자기의 주인인 것을 알게 되어간다. "하늘은 사람 위에 사람을 짓지 않았고, 사람 아래 사람을 짓지 않았다." 앞날의 윤리는 민의 윤리, 자유의 윤리일 것이다. 그러므로 그것은 평화의 윤리다. 이전의 문화는 다시 생존경쟁의 철학 위에 서지 않을 것이다.

데모크라시, 즉 민의 정치는 여론의 정치다. 여론은 민, 곧 많은 나의 말이다. 인격의 소리다. 옛날 사람이 말한 민심이다. 민심은 천심이라 한 것은 내적·외적인 구속·유혹을 받지 않는 양심의 소리가 곧 모든 역사의 결정을 짓는 권위란 말이다. 한이 내 마음에 있단 말이다. 그것을 몰랐기 때문에 인간에게 가짜 주인이 많았다. 이날까지 인간은 족장이라 임금이라 귀족이라 돈〔商人〕이라 하는 여러 감독자의 손에 맡겨져왔다.

그러나 그들이 사람의 참 주인은 아니다. 그들은 다 한동안 있던 페다고그pedagogue, 교육노예였다. 우리가 어린 동안 우리 보육의 책임을 맡았으나 그들은 아무래도 우리집 종이다. 우리가 성인이 되는 날 그들은 물러갈 것이다. 그들은 우리에게 가혹했다. 그것은 우리의 자립 성격을 도야하기 위한 교육과정이었다. 그러나 우리가 자유인격의 자각이 생길 때 우리는 통합자를 부끄럽게 알 것이다. 정치란 것은 옛날 소리, 민의 세대에는 정政은 치治가 아닐 것이다. 그렇게 생각하고 아직도 '각하'에게 엎드려, 주인을 보고는 꼬리를 치고, 손님을 보고는 물려고 달려드는 것을 충성으로 아는 개 같은 정치업자와 그 짖는 소리에 겁나서 몰려가는 양같이 우왕좌왕하는 민중을 볼 때 긴 숨을 아니 쉴 수 없다.

민아, 민아, 네 걸음이 그렇게도 느리냐? 너를 서민이라 하고 민초라 하고 하민下民이라, 우민愚民이라고 해서 업신여기고 학대했지. 지배자라는 그들이 너를 짜 먹고 너를 벗겨 입고 살면서도, 앉을 때는 너를 깔고 앉고, 길을 갈 땐 너를 타고 가고, 높은 데 오를 땐 네 머리를 밟고 올라가고, 놀 때는 너를 삼손처럼 모욕하며 즐겼지.

그리고 이용할 대로 다 한 다음엔 무지막지한 것들이라고 욕하고 쓸어 구렁에 넣었지. 그러나 민아, 내가 네게 감탄하는 것은 네 힘줄은 질기고 네 마음은 그보다 더 질겼구나. 네 생존력의 강함, 네 참을성의 무서움, 너는 마침내 왔구나. 누가 너를 이기겠느냐? 남을 괴롭게 하는 자 아래서 너는 고난을 받음으로 이겨오지 않았느냐? 네가 잘남으로 잘난 것이 아니고, 철저히 못남으로 너는 잘났구나. 너는 고난받음으로 주인됨을 배웠구나.

네가 세기의 그리스도 아니냐? 제가 죽음으로 남을 살리는, 남을 위해 죽음으로 모든 사람 속에 영원한 생명으로 다시 살아나는 너의 위대함은 네 스스로의 위대함이 아니요, 역사를 낳는 그이, 그 한 이의 위대함이다. 네 걸음이 더디다 한탄하겠느냐? 날은 속히 네 머리 위에 밝을 것이다. 너는 저 코르시카의 젊은이처럼 네 손으로 네 머리에 왕관을 얹을 것이다. 그는 철이 없어 조급한 자존심에 그랬기 때문에 외로운 섬 속에서 죽는 벌을 받았지만, 견디고 사양하다 못해 다 자라서 쓰는 네 왕관을 누가 방해하겠느냐? 아니다. 너는 안 쓰리라. 참 왕은 관이 없다. 있다면 가시관이 있을 뿐이다.

밝은 글월

또 앞을 내다보면 무엇이 뵈나? 빛 아닌 빛에 밝아진 우주다. 온통 뒤집힌 사람의 세상에 어느 것이 아니 뒤집혔으리오마는 그중에서도 문명처럼 안팎이 바뀐 것은 없다. 문文은 질質 또는 야野에 대해 하는 말이요, 명明은 어두움 또는 더러움에 대해 하는 말인데, 즉 소재대로 있는 자연에 사람이 제 속정신을 넣어서 비추고 갈고닦은 것으로 자기와 자연 속에 숨어 있는 빛을 드러내는 것인데, 그것이 글월이요 밝음인데 이날껏 문명이라면, 천지를 내버리고 집이라는 굴 속에 박히는 것과, 난 대로 있는 몸으로 나서지 못하고 흙가루를 칠하고 돌 부스러기를 매달고 나무껍질을 걸고 다니는 것과, 힘이 되기 위해서가 아니고 장난을 치기 위해 뜯고 죽이고 먹는 것과, 다리를 두고도 걸을 줄을 모르게 되고, 손을 두고도 일할 줄을 모르게 되는 것과, 하늘·땅·햇빛·구름·바람·나무·버러지·고기·짐승과 한데 어울려 살던 것을 내버리고, 그것을 짓밟고 찢고 죽이고 무서워하고 싫어하고 의심하고 업신여기는 것인 줄로 알고 그것을 자랑하여왔다.

이 앞으로는 아니 그럴 것이다. 정치에서 사람과 사람이 동포가 되어 민으로 살아가는 세계가 된다면 학문·예술에서는 자연과 인생이 참으로 하나되는 진리인, 우주인이 될 것이다. 앞으로 윤리는 우주 윤리지, 인간에게만 한한 것이 아닐 것이다. 학문·예술이 윤리화할 것이다. 지금 물질관·우주관이 대단한 진보를 하고 있다. 이제 지구 위에서 메뚜기처럼 뛰고 개구리처럼 자랑하던 생각을 집어치우고 문명이란 것을 지극히 작은 것으로 아는 한편, 이것을 준비 작업으로 하여 지구를 항구로 삼고, 우주라는 큰 바다에서 큰 배질을 시작할 것이다.

그러기 위해서는 우주에 대한 마음씨부터 달라져야 한다. 이때까지 한 것처럼 우주는 죽은 것이라든지, 객관적인 존재라든지, 마음대로 개척하고 정복할 것이라든지, 알 수 없는 수수께끼라든지, 더구나 적의나 있는 듯이 하는 생각은 없어져야 할 것이다. 그보다도 우주를 사랑하고, 존경하고, 나와 하나를 이룬 한 인격으로 알아야 할 것이다. 본래 사람은 우주와 하나였다. 한 옛적 사람은 온전한 한맘〔統一觀念〕에 살았다. 만유신론萬有神論이니, 서물숭배庶物崇拜니 하는 것은 그것을 보여주는 한 증거다. 우리의 정신이란 그러한 한맘 속에서 자라온 것이다.

맨 처음 굴 속에 살던 사람들이 뜻밖에도 예술을 남겨놓은 것을 우리는 보고, 또 모든 과학적·정신적 발명, 발견이 직관에서 많이 온 것과 종교적 모든 계시·영감이 인류가 걸어온 길의 중요한 대목을 비춰서 온 것을 우리가 알지만 그 직관·계시·영감은 산 우주의 숨쉼이다. 산 우주 속에 사는 우주적 심정, 우주적 윤리를 가지지 않고 그런 것을 얻을 수는 없다.

이날까지는 그것이 구름 틈으로 새어 내려오는 외로운 광선같이 극히 적은 수의 사람의 마음에만 있었으나, 이 앞으로는 모든 사람이 그런 마음을 가져야 할 것이다. 그래야 대학이 정말 유니버시티university다. 유니버시티는 유니버셜한 것, 총체적인 것, 통합적인 것, 보편적인 것, '한'인 것을 찾고 드러내는 곳이다. 그러면 정말 문명 아닌가? 밝고 빛나는 으리으리한 세계 아닌가? 사람의 감정은 한마음을 느끼란 것이요, 그 이성은 물질을 뚫어 비추란 것이요, 그 의지는 허공에 무늬를 놓으란 것이다.

영·육

또 그보다도 더 먼 아득한 곳을 내다보자. 무엇이 뵈나? 하나된 사람, 하나된 우주 밖에는 또 무엇이 뵈나? 밖이란 것의 밖이요, 안이란 것의 안이다. 위란 것의 위요, 속이란 것의 속이다. 볼 것도 아니요 느낄 것이고, 느낄 수도 없고 믿을 것이다. 정치도 진보되어나가고 학문·예술도 진보되어나가겠지만, 그보다도 앞으로 진보할 것은 종교다. 넋의 나라, 얼의 나라, 바람나라, 숨나라, 하늘나라, '푸뉴마' pneuma한 나라의 한 알 나라.

이날까지 인류를 이끌어온 것도 종교지만 또 못쓰게 만든 것도 종교다. 종교는 자라나는 인류에 그 순을 꺾고 줄기를 비꼬았고, 제 마음대로 걸어보려는 그 걸음에, 발목에 고랑을 채우고, 목에 칼을 씌운 일이 많다. 그저 무지도 무섭지만 그릇된 종교 신념으로 비꼬이고 들뜬 마음처럼 무서운 것은 없다. 역사 위에 가장 고집스런 일을 한 것도 종교요, 가장 더러운 짓을 한 것도 종교요, 가장 끔찍한 꼴을 낸 것도 종교다.

종교는 제가 제 몸을 칼로 찢었고, 제 자식을 제 손으로 불에 던져 죽였고, 제 동무되는 사람의 염통을 따내어 점을 쳤다. 대낮에 남녀가 벌거벗고 춤을 추고 한데 붙어 음란을 하게 한 것도 종교요, 시퍼런 하늘 밑에 짐승·버러지를 보고 절을 하게 한 것도 종교요, 사람을 단으로 묶어 세워놓고 불을 사르고 깍대기('껍질'의 함남 방언–편집자)를 벗겨 책덮개를 한 것도 종교였다. 그뿐인가? 평시에는 백성을 속여 피를 빨고, 살을 긁고, 전쟁이 나면 부채질을 하고, 원시인·바빌론·이집트는 말할 것 없고 하나님의 사자가 세웠다고 자랑하는 가톨릭의 역사를 보면 그 지은 죄가 어느 야만, 어느 세속적 국가가 지은 것보다도 더 지독, 더 음험한 것 아닌가?

그런데 그 원인이 무엇이냐 하면 마음의 분열 때문이다. 밖에 나타난 그러한 어지러움은 내부의 고민이 나타난 것뿐이다. 깨달음이 없는 인간에게 무지함은 있고 어리석음은 있을 것이나, 마음의 고민은 없다. 그러나 종교가 한번 마음에 들어가면 어둠 속에 광선이 들어간 것 같아 맹렬한 대조·분열이 일어난다. 몸이 상한 것은 오히려 견딜 수 있고 나라가 갈라진 것도 또 견딜 수 있으나, 제 마음이 제 마음을 갈라놓는 것은 견딜 수 없다.

모든 잔혹, 악독은 이상심리에서 나오는데, 그 이상심리를 일으키는 것은 종교적 자아분열이다. 오늘날도 종교적으로 열광하는 사람들이 얼마나 몰상식한 일을 저지르는가 하는 것을 보면 그것을 짐작할 수 있다. 그렇기에 사회도덕, 사회주의, 세계평화, 새 질서 운운하면서 종교에 의한 인격의 분열이라는 문제를 생각하지 않는다면 어리석은 일이다. 그렇기에 정치·경제적으로, 학문·예술로 하나되기 전에 먼저 신앙적으로 하나가 되지 않으면 안 된다. 하나의 종교를 가질 때 나라를 통일하기는 어떻게 쉬운가, 종교가 다른 것이 어떻게 국가 분열의 원인이 되는가를 역사가 잘 증거하고 있지 않나. 국민을 통일하는 종교가 되려면 그것은 인생을 통일하는, 인격을 통일하는, 자아를 통일하는 종교가 아니면 아니 된다.

바울은 "아아 나는 괴로운 사람이로다. 누가 나를 이 죽을 몸에서 구원하랴" 했지만 그것은 인류의 소리다. 영과 육의 대립, 이것이 인류 역사의 기조다. 이것을 모르고 애급·바빌론의 문명을 알 수 없고, 이것을 생각지 않고 인도문화·중국문화를 알 수도 없다. 사인死人의 서書가 이것을 말하고, 조로아스터가 이것을 말하고, 『우파니샤드』 『바가바드 기타』, 사서삼경이 이것을 가르친다. 모든 종교는 갈라진 심장을 고쳐 하나로 합하잔 노력이다. 그러나 이날까지 인간의 찢어진 영혼은 완전히 합창이 돼보지 못했다. 이날까지 몇 번을 터지고는 싸매고 싸매었다가 또 터진 인간의 혼의 역사지만, 근세에 들어와서 과학의 뇌관으로 인하여 터져나와 반항의 기세를 올리기 시작한 육의 불길은 지금까지 받은 영의 세례물로는 끌 수가 없었다.

동양이고 서양이고 종교란 종교는 온통 깨졌다. 물질주의의 검붉은 불길은 모든 기성종교의 교회를 휩쓸었다. 그리하여 인류는 레기온이 들어간 돼지떼같이 미쳐 비탈길을 내리닫게 되었다. 그것이 바로 제1차 세계대전, 제2차 세계대전, 또 냉전 아닌가. 현대의 모든 일은 혼의 분열로, 미친 사람의 행동으로 해석해야만 바른 투약을 할 수 있다.

인류는 또 한번 "평안히 가라, 네 믿음이 너를 성케 하였나니라" 하는 소리를 기다린다. 한층 더 깊은, 한층 더 높은 영·육의 통일이 와야 할 것이다. 소위 심령통일이라 하여 입신入神이요, 예언이요, 방언이요, 에덴 낙원이요, 상식에도 어그러지는 무당식, 성력派性力派식의 미친 짓이 아니다. 그것은 미친 심리에서 나오는 것이다. 보다 높은 윤리의 열매를 내는 거룩한 통일이다. 영적인 생명은 삼각으로 나타난다. 위로 거룩의 정점이 높으면 높을수록 아래로는 참〔知識〕과 사랑〔倫理〕의 저각底角이 벌어져나가 정삼각형을 이룬다. 그렇기 때문에 반대로 높은 정점, 즉 영·육의 새 통일을 얻으려면 참 과학과 참 윤리가 있어야 할 것이다. 그러면 그 정점에 설 때에 정말 볼 수도 느낄 수도 없는 새 세계의 테두리, 즉 하나를 아득한 신비 속에서 믿게 될 것이다.

시급한 몇 개 문제

위에서 말한 것에 따라 새 윤리를 세우기 위하여 우선 밝혀야 할 몇 가지 일이 있다.

1. 국가관·민족관이 새로워지는 것

과거에는 국가지상·민족지상이었지만 이제 국가는 세계국가의 중간 과정에 선다. 그렇지 않으면 국가·민족은 우상이 되어버린다. 우상은 못 받을 절을 받는 것이요, 그 때문에 망한다. 그렇기 때문에 민족과 민족문화를 새 윤리적인 세계질서 안에서 정당한 자리에 놓아야 한다. 우상적으로 숭배해도 잘못이요, 내버려도 잘못이다.

물론 민족은 관념이 아니요, 자연적인 사실이다. 그러므로 민족은 제 할 일을 하고야 갈 것이다. 과실이 익어 떨어지듯이 민족도 역사적 관계를 마친 후에야 갈 것이다. 민족적으로 생명을 충실하게 하지 않고 건너뛰어, 세계 운운하는 것은 공상이다. 이런 의미에서 우리는 아직 민족문화를 실현해야 할 것이 많이 있다. 민족적인 선물 없이 세계의 왕좌 앞에 나갈 수는 없다. 그러나 민족이 아무리 자연적인 사실이라도 그것은 영원은 아니다. 모든 자연도 모두 영원성을 주장할 자격은 없다.

이날까지 국민교육에서 열성 있는 애국자들은 민족이라면 피가 끓는다고 했지만 그것은 옛날 소리, 옛날 받은 관념교육의 산물이다. 민족과 민족주의는 다른 것이다. 민족주의는 군국주의자들이 인위적으로 불어넣은 것이다. 아이들에게는 민족도 인종도 없다. 그저 만나면 친구다. 민족감정은 타고난 것이 아니다. 선전의 결과다. 이것이 과거에는 해방의 깃발이 될 수 있었으나, 이제 국수적 민족주의는 나아가는 역사의 방해물이다. 피의 신성이라 해서 감정에 호소하려지만 역사상 순수한 피란 없다. 오늘의 민족이란 것도 과거의 많은 사회, 많은 부족이 섞이고 섞여서 된 것이다. 그런 소리 듣고 일어나는 감정은 결코 윤리적인 정서가 아니고 동물적인 자기보존욕에 붙은 감각적인 감정뿐이다.

그다음 공산주의는 계급윤리를 가지고 세계해방을 주장하지만 계급윤리로 세계통일은 못한다. 계급은 윤리가 아니다. 그것은 생존권의 주장이지 인격의 주장이 아니다. 전체에 이르게 하는 윤리는 인격의 대접으로 될 것이지 결코 생존권의 주장으로 될 것이 아니다. 도리어 자기포기로써 그것을 극복함으로만이야 이루어질 것이다.

2. 남녀관 · 결혼관이 깊고 깨끗해지는 것

지금까지 일부일처제가 사회생활의 한 기둥이 된 것은 사실이다. 그것 아니고는 인류는 오늘의 자리에 이르지 못했을 터이요, 또 이 앞으로도 한 남자와 한 여자의 결합으로 되는 가정을 내놓고는 깨끗한 인격을 낳을 곳을 생각할 수 없다. 이성 편만으로 생각하면 장래에 인공수태도 생각할 수 있으나, 사람은 또 감정이 있는 물건, 모성애 없는 곳에 인격을 생각할 수 없는데, 결혼이 아니고 모성애는 발휘될까 의문이다. 그러니 특별한 예외, 하늘나라를 위해 스스로 독신이 되는 소수를 내놓고는 대다수의 사람은 결혼을 할 터인데, 한다면 일부일처 이외에 더 바른 길은 없을 것이다.

이것은 인류가 오랜 세월에 걸쳐 여러 가지 방법을 해본 결과 가장 옳은 것으로 증명이 되어서 취한 것이다. 이 점에서는 동서고금을 통해 일치한다. 그러나 한편 이 제도가 점점 깨져가는 것도 사실이다. 자유사상이 늘어갈수록 그렇다.

그럼 어떻게 할 것인가? 문제는 제도라는 데 있다. 일부일처가 옳은 진리지만 지나간 사회에서 그것을 강제로 제도로 만든 데, 더구나 경제적 이해와 결부시킨 데 그 결함이 있다. 사실 오늘의 남녀도덕의 타락은 자본주의가 가장 큰 원인이다. 지난 시대에는 그럴 수밖에 없었을 것이나 앞으로 인간은 그 제도에 반항할 것이다.

그런데 일부일처제는 완전히 윤리화함으로써, 본능의 정화로써만 될 것이다. 사실 이날껏 속살을 말하면 성도덕은 없었다고 할 수 있다. 소위 정당하다는 부부에서도 예수의 표준으로 하면 정조는 없다. 인류의 이 앞의 문제는 거기에 있다. 성의 윤리화, 성화聖化, 만일 그것이 아니 된다면 모든 문화는 공중누각이다. 정치·학문·교육·종교·전쟁, 모든 문화활동의 밑에 거의 영감과 그 세력을 다투리만큼 들어 있는 성적 동기의 미묘한 것을 어느 심리학자, 어느 역사가가 밝힐 수 있을까. 고디〔貞操〕야말로 인격적 생명을 꿰뚫는 원리다. 처녀가 거룩한 영으로 설어서 낳은 아들이(결혼 아니 한다는 것 아니다) 만유의 구주라는 말은 옳은 말 아닌가. 그렇지 않으면 돕는 짝이란 것이 사탄이다.

3. 종교·종파 싸움을 버리는 것

신교자유信教自由는 국법에 요구할 것이 아니고 종교에다 요구할 것이다. 모든 종교는 나밖에 다른 것은 다 이단이라 한다. 이런 생각이 종교에서는 말할 것도 없고 세속적인 면에서도 인류의 정력을 얼마나 쓸데없이 없애버리는지 모른다.

한 종교의 절대를 주장하는 것은 제국주의다. 교파 통합은 교파 통합으로 될 것 아니고 신앙적으로 신교信教의 자유를 허해서만 될 일이다. 한 종교에 이르는 것은 모든 종교로서만 될 일이다. 죽어 사는 십자가의 정신, 살신성인의 정신, 무위의 정신, 적멸의 정신은 제 믿는 신조에다 먼저 적용할 것이다. 하나되는 데 가장 앞서야 할 종교가 가장 떨어져서 반동적이다. 아마 인류는 옛날에 기른 양 중 가장 좋은 것을 잡아 바쳤던 것같이 자기네가 이때껏 길러온 가장 아름다운 양심(모든 기성종교의 가장 양심적인 경건한 신자)을 눈물로 잡아 바치고야 하나님 앞에 대면하게 될지도 모른다. 죽는 자도 옳고 죽이는 자도 옳고.

4. 기계를 바로 쓰는 것

가장 잘 현대를 표시하는 요소면서도, 종교적으로 도덕적으로 앞을 생각한다는 많은 사람에게 넘겨봄을 당하는 것은 기계라는 괴물이다. 사람이 본래 기능의 인간이기는 하지만 오늘날같이 사람이 기계화한 때는 없다. 현대를 불행하게 한 일이 대부분 기계 때문이었고 어떤 의미로는 기계를 저주하고도 싶지만 인류는 결코 기계를 손에서 놓을 리 없다. 앞으로 점점 더 쓸 것이다. 그럼 기계를 미워만 하는 것은 인간을 알고 사랑하는 일이 아니요, 그것을 어떻게 바로 쓰나 하는 것을 연구해서만이 옳은 해결을 얻을 것이다. 기계는 벌써 잡은 것이 아니고 제 몸의 한 지체가 되어버렸다.

기계는 우리가 물질과 접촉하는 점이다. 기계는 볼 수 없는 정신의 무한한 능력이 볼 수 있게 나타난 것이다. 이것이 아니고는 물질이라는 깊은 소沼 속에 들어 있는 보물의 세계를 우리는 알 수도 없고 가질 수도 없다. 이 앞으로 우주적인 살림을 하는 인간에게 없을 수 없는 기관器官이다.

그러나 지나간 생물의 진화가 보여주는 것같이 그 기관이 미묘할수록 그것이 전체의 균형을 깨뜨리고 발달할수록 통일을 잃고 멸망에 빠질 것이다. 어디까지나 전체적인 인격에서는 지혜가 있지 않으면 안 된다. 이제 원자 하나를 손에 쥐어 들고 어쩔 줄을 모르는 것은 원자폭탄의 원리를 찾아낸 인간답지 못한 일이다. 만든 마음은 만들어진 물건보다 큰 것을 믿는 자신이 있어야 할 것이다. 하나님이 자기 형상대로 사람을 지었듯이 사람은 또 자기 형상대로 기계를 만든다. 사람의 혼이란 렌즈를 가운데 놓고 하늘 나라와 기계의 나라가 대칭적으로 설 것이다. 사람들이 만든 인조인간에 새 종교의 성격이 나타날 것이다.[5]

• 1956년 4·5월, 『사상계』 제33·34호

---

[5] 원문에 없으나, 『새 시대의 전망』(1959, 백죽문화사)에는 기록되어 있는 문장이다.

사상과 실천

불러내야만 참말 함이다

사회에 강건한 기풍이 서야만
멸망에서 생을 보전할 수 있다

이러한 제목을 편집자가 들고 와서 나더러 생각을 내놓으라 한다. 지금 우리나라 형편에 수만의 읽는 이를 가지는 『사상계』는 어지간히 들어맞는 장사요, 그것을 엮어내는 편집자는 사람의 마음에 있는 듯 마는 듯한 지경을 잘 더듬어 알아맞히는 이라 할 수 있다. 더구나 저는 글을 읽고 생각을 하는 사람들이 찾는 것이 무엇인가를 알려 하는 이다. 그런데 그가 이런 문제를 내놓았다면 그것은 곧 사회가 내놓은 것이라 할 것이다. 저는 '사회에 강건한 기풍이 서야만 멸망에서 생을 보전할 수 있다'는 생각은 온 사회에, 적어도 그것을 이끌어가는 쪽쪽한 분자들의 가슴속에 다 들어 있다고 보아냈기 때문에 이 문제를 내건 것일 것이다.

모든 사람의 가슴속에 이미 있는 생각을 새삼스러이 걸어 내놓는 것은 무엇 때문인가? 참말 함〔實踐, 실천〕을 불러내기 위해서다. 모든 사람이 다 품고 있고, 다 빤히 알고 있어도 그것만으론 아무것도 아니다. 거기 불이 붙어야 한다. 사상은 불붙임을 요구하는 가스다.

불붙임을 당하지 못한 사상은 숨이 막혀 죽어버리든지 그렇지 않으면 사납게 터져 나와 술과 부대를 다 버리게 결단을 낸다.

그런데 피어나는 가스 모양으로 사람들의 가슴속에 설엉키는 생각에 불이 붙으려면 불러냄을 받아야 한다. 불러내야만 참말 함이 된다. 참말은 함이요, 참은 말함이다. 대낮에 깃발을 올려 달듯이 사상은 뚜렷한 말로 높이 내걸음을 당할 때에만 참말 함이 된다. 프로메테우스가 갈대를 높이 들어 제우스신의 수레바퀴에서 불을 붙여내어 헤라의 세상을 건졌다 하듯이 사람은 바람에 불리는 갈대같이 약하고 지향 없는 제 생각이지만, 그 생각의 끝을 날카롭게 깎아 하늘 향해 높이 들어서만 거기서 내려오는 불에 불붙임을 받아 밝은 살림의 불길을 들 수 있다.

예수가 났을 때 '하늘나라' 생각은 모든 사람 가슴속에 다 있었다. 그러나 그 생각은 눌려 잠자고 있었으므로 그들 스스로도 몰랐다. 그가 일어서서 "하늘나라 가깝다" "너희 맘속에 있다" 할 때만 그 사상은 불리어 나와 예루살렘 성전을 삼켜버리는 불길로 타올랐고 그가 자기를 내걸다 내걸다 못해 골고다의 나무 끝에 잔뜩 높이 달았을 때, 기름틀에 짜이듯이 로마 제국의 권력 밑에 눌려 있는 민중의 가슴속에 기름같이 고여 있는 사상을 모조리 불러내어 불을 붙여버렸다.

예수는 불을 지른 이요, 공자도 석가도 불을 지른 이다. 그들은 사람의 가슴속에 벌써 있는 것이 아니고는 말하지 않았다. 그러나 또 이미 있는 것을 또 그대로 두지도 않았다. 이미 있는 것을 일으켜 거기 질적 변화를 주었다. 그럼 우리도 우리 속에 있는 것을 내걸어야 한다. 높여서 높여서, 내걸어서 내걸어서, 나중에 오늘의 불지르게꾼이 거기 올라서서 하늘 불을 받아 내려 우리 온몸을 이글이글 하는 불기둥으로 살려 올리게 되는 때까지.

그럼 먼저 문제되는 것은 참말 함이다. 생각이 생각으로만 그쳐버리지 말고 산 삶으로 피어나도록 하자는 애탐이 우리 속에 있기 때문에 이 뻔히 아는 문제는 나오는 것이다. 이렇게 스스로 분명히 의식하는 것이 우리 사상을 날카롭게 깎음이요, 높이 뚫음이다. 공중함이다.

생각이 역사를 움직이는 힘이 되려면

그다음 우리는 왜 '사회에 강건한 기풍이 서야만' 한다고, 사회 생각을 하게 됐을까? 그것은 분명히 생각한 이도 있고 생각하지 못한 이도 있겠지만 전반적으로 '개인으로는 될 수 없다' 하는 생각이 있어서 나온 말이다. 그들은 다 어느 정도 올바르게 살려고 애써보았다. 사람인 다음엔 그런 것이다. 사람은 처음부터 악한 것만은 아니다. 제대로 옳게 살아보려다가 잘 되는 것 같지 않기 때문에 비로소 어그러진 길로 나선다. 그러기 때문에 이 시대의 사람인 다음엔 이 시대의 문제를 바로 해결하려고 처음엔 다해보았을 것이다.

8·15해방 첫날부터 "옳다, 이 기회에 한번 해먹을 수 있다"고 한 사람은 아마 하나도 없을 것이다. 그날엔 다 같이 나라 생각을 했지. 그런 것이 한 번 잘못하고 두 번 실수하는 동안에 어느덧 어떻게 할 수 없는 사회적 현실로 돼버렸기 때문에 사람마다 "개인으로 될 수 없다" 하게 되었다. 그리하여 착한 사람은 한숨을 쉬고, 악한 사람은 그것을 구실로 악을 마음대로 하게 되었다. 그러면 이 사회적 기풍이 서야만 한다는 생각은 바로 된 생각인가, 잘못된 생각인가?

바로 된 생각이다. 왜 그러냐? 사람은 사회적 존재이기 때문이다. 인격이란 것은 있기는 개個로 있으나 그 바탈[性]은 사회적인 것이다. 사람의 행동을 결정하는 것은 개체가 아니요, 전체이기 때문이다. 선을 하는 것은 양심인데 양심은 사회적인 것이다. 개체 개체의 생명이 교류를 하여 살아가는 동안에 생긴 흐름의 대세가 양심이란 것이다. 자유는 내 마음의 파산波山에 있으나 자유롭게 하는 것은 전체의 대양이다. 그러기에 개인의 생각이 아무리 선해도 개인의 생각만으로는 아무것도 아니다.

지금 우리나라 어느 구석에 가 뉘 말을 들어도 다 "이래서는 아니 된다" "이러고는 아니 망하는 재주 없다" 하는 생각은 다 있다. 그것은 다리 밑의 거지나 뒷골목의 갈보들에게만 아니라 정당 사무소, 정부 관청엘 가도 있을 것이다. 그러나 그것이 아무 소용이 없다. 언덕길을 달려 내려가는 차 안에 앉은 사람 모양으로 저들은 뻔히 알고서도 "내려간다! 내려간다!" "위험하다! 위험하다!" 지껄이건만 그것이 내리닫는 차 걸음 같은 이 나라의 빠져듦을 조금도 멈추지는 못한다.

왜 그런가? 그것은 한개 의견이나 얘기이기 때문이다. 의견이란 뭐냐? 갈라진 생각이다. 본래 생각이란 갈라진 것이다. 그것이 삶의 힘이 되려면 믿음에까지 통일되어 변화해야 한다. 믿음은 하나로 변한 생각이다. 그렇게 되지 못한 것을 말하는 것이 얘기이다. 얘기란 곧 하나님 곧 전체에 대해 하는 말이 아니요, 사람끼리 하는 말이다. 그런 이야기는 역사의 흐름에 뛰어들어 그것을 바로잡아보려는 용기 없는 것들이, 다시 말하면 하나님 곧 진리에 봉사하고 싶은 의기 없는 것들이 양심의 불안을 한때 잊기 위하여 자위로 하는 관념의 장난이다. 마치 감옥에 갇혀 있는 죄수들이 일어나는 식욕을 참지 못해 간수보고 "먹을 것을 다오" 하지는 못하고 저희끼리 모여 앉으면 먹는 이야기만 하는 것과 같다. 그러나 그것으로 배는 조금도 불러지지 않는다. 생각이 역사를 움직이는 힘이 되려면 공적인 증언으로 나와야 한다. 증언은 곧 행동이다. 참말 함이다.

그렇기에 사회에 강건한 기풍이 서야만 한다 할 때는 그 뒤에는 무슨 말이 숨어 있나 생각해보아야 한다. 그것은 다른 것이 아니요, 곧 관청의 명령, 장관의 훈시 가지고는 아니 된다. 학교 교사의 교훈, 성당 종교가의 설교, 사상가의 강연 논설 가지고는 될 수 없다 하는 말이다. 형식 차림의 관리들의 말 따위는 말할 것도 없지만 서재에서 강단을, 풀방구리에 쥐 드나들듯, 밤낮 그 길만 드나들고 실세상을 보려 하지 않는 종교가·교육가·사상가들이 침이 마르도록 말을 하고 때로는 눈물까지 흘려가며 한다 해도, 그것이 그 단에서만 하는 한, 그것은 다 보고 문밖을 나오면 그만인 연극과 마찬가지로, 실지

역사를 움직이는 데는 아무 소용이 없다. 그것은 가운, 신사복을 입고 현 사회에서 놓기 아까운 것을 가지는 사람들이 저 속임 남 속임으로 하는 사담에 지나지 않는다. 참말 함은 아니다.

그렇기에 "정치와 종교는 다릅니다" "사상과 실천운동은 별개 문제다" 하면서 무슨 시끄러운 문제가 일어나지 않도록, 모가지 하나는 언제나 붙어 있을 수 있도록 조심해가며 한다. 그런 말은 몇 해를 두고 해도 몇천백 권으로 써도 아무 소용이 없다. 그것이 힘이 되려면 어느 어리석은, 인격도 온전하지 못하고 지식도 깊지 못한 젊은이라도, 어떤 한 사람이 그 말을 듣고 공공연한 사회적 행동으로 가두에 나서야 한다. 그때 사회에는 커다란 변동이 일어난다.

위에서 예수의 실례를 들었지만 다시 그 제자들의 일을 보면 그가 사도라 한 것은 확실히 공적 사명을 준 것이지만 그들은 그가 십자가에 죽는 것을 보고도, 그 부활까지를 경험하고도, 공적 증언을 할 맘은 없었다. 그랬기 때문에 모여도 비밀히 모여서 문을 닫고 수군거렸다. 그러나 예수의 영은 그것을 원하지 않았기 때문에 "예루살렘을 떠나지 말라" 했고 성령을 받아 내 증인이 되라고 내몰았다. 그리하여 백이십 인이 한데 모여 기도한 다음에 성령을 받아 길거리에 증거로 나섰을 때, 장차 역사에 대변동을 일으키는 기독교는 나왔다.

그들이 받았다는 영이란 것은 원어대로 하면 바람이란 말이다. 그들은 거룩한 바람, 전날 사회에선 볼 수 없는 일종 청신한 정신을 탔다. 그 무식한 갈릴리 어부의 한 무리가 그 바람을 타고 그것을 민중 속에 불어넣을 때 민중은, 불이 맹렬한 바람을 만났듯이 나부꼈다. 그리하여 역사의 방향은 결정됐다. 어제까지 예수를 반대하던 사람들이 하루에 3천 명씩 그를 믿게 됐다니 기풍이란 무서운 것 아닌가?

건강한 사회를 만드는 제도의 혁신

몸이 살아가는 데 대기가 결정적인 요소가 되듯이 사회가 되어가는 데도 정신적 대기가 필요하다. 이것은 우주를 꿰뚫는 영기다. 하나님의 성령이라, 혹은 천지정기라, 혹은 호연지기라 부르는 것이다. 사회란 우주영기宇宙靈氣의 인간적인 나타남이다.

그런데 지구의 공기가 본래 맑은 것이지만 사람이 그것을 호흡하고 살기 때문에 사람 사는 곳에는 반드시 아주 맑은 공기는 볼 수 없고 무슨 냄새, 무슨 빛을 띤 공기가 있듯이 우주의 영기도 원래는 지대至大, 지강至剛, 지청至淸, 지성至聖한 것이지만 인간의 사회생활을 따라 그 사회, 그 시대의 독특한 성격을 띠게 된다. 그것을 분위기라, 기풍이라, 풍조라 한다.

그런데 공기를, 그것을 흐리게 한 것이 사람이라지만, 한번 흐려놓으면 도리어 사람의 몸과 마음에 영향을 주듯이, 이 사회의 기풍도 사회생활 하는 동안에 나온 것이지만 또 사회의 건강을 지배한다. 그러나 몸은 물질이기 때문에 공기가 한번 흐리면 그 어떤 체질, 어떤 단련의 사람을 말할 것 없이 예외 없이 그 지배를 다 받지만, 정신생활은 자유하는 정신으로 되는 것이기 때문에 잘하기만 하면 흐린 그 기풍 속에서도 깨끗과 거룩을 지킬 수 있다. 그러나 그것은 퍽 드물고 대부분의 사람은 역시 기풍의 지배를 받는다. 이것이 강건한 기풍을 말하게 되는 이유다.

맹자의 말대로 보통 사람은 먹을 것 있으면 양심도 있고 먹을 것이 없으면 양심도 없는 것이요, 먹을 것이 없어도 양심을 지키는 것은 퍽 적은 수의 군자인 다음에야 하는 것이기 때문에, 사람이 제 일을 말할 때는 사회 기풍 여하를 막론하고 제 속의 정기 하나로 뚫어나가야 하지만, 남을 말하고 사회 전체를 말할 때는 될수록 갈 길을 열어놓고 가라 하는 것이 옳은 일이다. 그것이 사랑이요, 의다. 민중은 기풍의 지배를 받는 것이라면 먼저 사회의 기풍을 강건하게 세우도록 힘쓰는 것이 순서이다.

그러면 사회의 기풍은 어떻게 하면 고칠 수 있나? 거기 먼저 생각할 것은 사회제도다. 제도와 기풍 사이에는 밀접한 관계가 있다. 위에서 사람의 사회생활이 그것을 성립시키는 영기를 흐리게 한다 했지만 그것은 주로 제도를 통해서다. 육신이 사는 데 집·옷이 있듯이 제도란 사회생활을 하기 위한 울타리다. 집은 닫기운 것이요, 닫겼기 때문에 집이지만 집 안에 오래 있으면 공기가 흐리고 독소가 생겨 사람이 죽게 되듯이 제도는 고정한 것이요, 고정한 것이기 때문에 사회생활을 가능하게 하지만 제도가 오래면 사회는 반드시 해를 입는다. 그것은 생명은 쉴새없이 자라는 것인데 제도는 자랄 수 없기 때문이다.

그렇기 때문에 사회를 언제나 건전하게 발전시키려면 제도를 끊임없이 고쳐야 한다. 그러기 때문에 우리가 사회에 강건한 기풍을 세울 필요가 있다 할 때는 실질적으로는 사회제도의 혁신을 말하는 것이다. 제도를 그냥 두고 개선을 아무리 말해도 소용없다. 강단에서 하는 소리가 소용없다는 것은 그 때문이다. 가령 예를 들면 지금 우리 사회에 '먹자'풍은 확실히 우리를 망하게 하는 나쁜 풍이다. 그것 모를 사람은 없다. 아마 어느 종교당에 가도 어느 학교에 가도 그것을 어서 고쳐야 한다는 말은 할 것이다. 그러나 그것은 선생님, 신부님, 스님의 말로는 절대 안 고쳐진다. 왜 그런가? 그 이유는 사람마다 먹자 먹자 하는 것은 그 사람만이 특별히 악하다기보다는 이 사회의 제도가 그렇게 만들기 때문인데, 이 사회에선 그러지 않고는 살 수 없기 때문에 그러는 것인데, 선생님들은 그 제도는 그냥 두고 개인만을 보고 고치라 하기 때문이다. 그것은 마치 방문을 열어두면 얼어죽을 것 같아서 꽉 닫은 채로 두고 사람더러만 맑은 공기를 마시라 하는 것과 마찬가지다. 호의는 갸륵하지만 어리석은 일이다.

대체 먹자풍은 왜 나왔나? 자본주의의 잘못으로 나온 것이다. 그러기에 그 경제제도를 고치지 않는 한 그 풍은 없어지지 않는다. 이렇게 말하면 혹은, 자본주의는 미국이야말로 그 본소인데 미국은 아니 그런데 우리만 이런 것이 웬일이냐 하고 반문할지 모른다. 아마 지식인일수록 종교인일수록 그럴지 모른다. 그것은 모르는 소리다. 미국 때문에 생긴 우리 썩음 아닌가? 미국 자본주의의 하수도가 우리다. 미국의 자동차가 무엇 가지고 왔나? 자기네가 호사한 살림하는 데서 필연적으로 나오는 찌꺼기, 쓰레기를 처분하려고 싣고 온 것 아닌가? 자본주의가 있어 돈 표준으로 산다면 우리가 아니라도 세계의 어느 놈이라도 반드시 그 쓰레기를 뒤집어쓰는 놈이 있게 생긴 것이다.

다시 말하면 먹자풍은 자본주의하에서는 필연적이다. 그럼 우리의 '먹자'가 곧 미국의 '먹자'요, 다른 국민의 '먹자'가 곧 우리 '먹자'다. 그러면 개인을 책망하는 것보다는 이 제도를 고치도록 힘쓰는 것이 옳지 않은가? 이 백성이 물론 잘못이 많지만 세계에 죄악의 도랑을 이리 쳐놓고 그러고는 이 백성더러만 더럽다 잔혹하다 하니 너무도 가혹하지 않은가? 역사의 짐에 지치고 지친 이 백성인 것을 좀 동정하고 정말 살길을 주고 싶어하는 마음에서라면 우선 이 피와 똥이 한데 섞여 어쩔 수 없는 대세로 내려오는 이 도랑부터 좀 돌려주어야 하지 않나? 우리는 먼저 사회혁명을 해야 한다.

이런 말을 하면 교양 있는 이들은 신사답지 못하다, 치우친 생각이라 욕할 것이다. 그렇다. 나는 점잖기는 고사하고 영원히 이상을 품고 주책없이 노는 젊은이가 차라리 되고 싶다. 나는 이 귀족주의 끄트머리 사회에서 신사 노릇 하고 싶지는 않다. 민중을 위해서라면 치우친 생각이라도 좋다. 그러나 그것이 치우친 것일까? 얼마 전에도 우리나라 기독교의 타락된 것을 말해서 성당은 도둑질한 물건으로 지은 것이요, 종교가의 옷에는 피가 묻었다 했더니,

그렇다고 해서 처음부터 끝까지 모든 제도가 다 죄악적인 것일까? 한국사람은 너나 할 것 없이 죄악적인 제도 밑에서 악을 범하지 않고는 살아갈 수 없다는 말인가? 이러한 판단은 현실사회에 대한 전면적인 부정으로서 지극히 위험한 사상이 아닐 수 없다.
• 『신세계』 1956년 9월호 윤형중 씨 글

해서 나를 위협하고 책망하는 신부님도 있지만 위협이 아니라 목

을 자른대도 참이야 말할 수밖에 없지 않나. 무엇이 위험이란 말인가? 가톨릭 제도가 무너질까 봐, 그 위에 올라앉은 자본주의의 전당이 무너질까 봐 걱정인가?

그래 이 제도가 전적으로 죄악적이 아니란 말인가? 우리가 죄악적인 제도 밑에 있지 않단 말인가? 가톨릭은 그렇게 근시안적인가? 『성경』을 어떻게 배웠나? "형제를 보고 미련한 놈이라 하는 자는 지옥불에 들어가리라"〔「마가복음」, 5: 22〕 "여자를 보고 음욕을 품는 자마다 마음에 이미 간음을 하였나니라"〔5: 28〕 하는 예수의 윤리로 볼 때 그래 어느 신부의 옷이 깨끗하단 말인가? 어느 성당의 종소리가 아벨의 울음을 울지 않는 것이 있더란 말인가?

종교가들의 양심이 그런 정도이기 때문에 미국의 선물을 백배百排하고 받고 그것을 미끼로 교도 유혹 쟁탈전을 하고 있으면서 자본주의의 주구 노릇을 하고 있다. 선물이야 물론 동정의 눈물로 보낸 것임을 안다. 그러나 그것은 마치 강도의 자식이 거지에게 한푼 동정을 주는 것과 마찬가지다. 주는 것이야 물론 선이지만 그보다 저의 먼저 할 일은 그 애비를 붙잡고 "도둑질 말아요" 하는 것이다. 그 거지는 그 애비의 강도질로 인해 생긴 것이기 때문에.

어찌했거나 사람이 밥을 먹고 피가 도는 사람이라면 뭐 영혼구원이라, 내세라, 신령이라 하는 말로 도망질만 하지 말고, 카무플라주(camouflage: 불리하거나 부끄러운 것을 드러나지 아니하도록 의도적으로 꾸미는 일 – 편집자)만 하지 말고, 스스로 속이지만 말고, 이 근본인 죄악적인 제도를 먼저 고치도록 힘써야 할 것이다. 끔찍한 전쟁으로 서로 죽이고 죽는 개인 개인이 무엇이 더 악한 것이 있나? 다만 군대라는 제도하에 세우는 고로 하게 된 것이지. 그러면 그 전쟁을 없애지는 않고, 그 전쟁이 일어나는 근본인 사회제도를 고치지는 않고, 전장으로 끌려나가는 군인보고만 사람 죽이는 것은 죄라 하니 너무도 잔혹한 일이 아닌가? 전쟁을 만들어내는 놈은 배가 뚱뚱하여 후면의 안락의자에 있고 그를 축복하는 종교가는 가운을 입고 그 옆에 섰을 때에, 인심人心은 유위惟危하고 도심道心은 유미惟微[1]라고, 민중은 다만 맘이 약할 뿐이다. 그들이 좀 선善을 걸어갈 수 있도록 길을 열어주어야 하지 않나?

남의 약함을 몰라주는 것이 선이 아니다. 그가 왜 도둑질을 하게 되었을까 좀 깊이 동정하는 눈으로 본다면, 내가 필요한 이상으로 입은 것이 곧 그의 도둑질의 원인임을 알 것이요, 그러면 도둑은 그가 아니라 나임을 알 것이요, 이 내가 도둑질하잔 맘 아닌데 왜 하게 됐을까 생각을 한다면 고기의 물처럼 내가 믿고 사는 이 사회제도야말로 나를 그르쳤구나 하는 것을 깨달을 것이다. 그러면 그 괴물을 그냥 둘 수 없다. 바울이 말한 '공중에 권세 잡은 자'란 그것이다. 모든 정신적 생명의 사도의 대적은 고정하는 제도다.

제도를 이기는 강건한 기풍

그럼 어떻게 하면 제도를 깨칠 수 있나. 그것을 알려면 먼저 제도가 고정되는 까닭을 알아야 할 것이다. 그것은 다른 것 아니요, 생에 대한 그릇된 생각 때문이다. 제목에 생을 보전한다 했지만 생이란 무어냐? 생은 누구나 다 가지고 있지만 생이 무엇인지는 누구나 모른다. 모르게 되는 원인은 생 때문이다. 눈이 눈인 고로 눈을 못 보듯이 생이 생이기 때문에 생을 모른다. 쓸데없는 말이 되겠지만 말해본다면 이 개체란 것 때문이다.

노자가 "대도범혜"大道氾兮[2]라 "도충이용지"道沖而用之[3]라 했고, 혹은 "유물혼성"有物混成이라, "적혜 요혜 독립이불개 주행이불태"寂兮

---

1) 人心惟危 道心惟微: "인심은 위태롭고 도심은 은미하다"라는 뜻으로, 사람의 마음은 쉽게 약해지는 반면 도통한 마음은 있는 듯 없는 듯 미미함을 가리키는 말. 『서경』, 「대우모」.
2) 大道氾兮: "큰 도는 넘쳐난다" "한얼은 가없이 크다." 『도덕경』, 제34장.
3) 道沖而用之 或不盈: "도는 비어 있어 써도 넘치는 일이 없다." 『도덕경』, 제4장.

寥兮 獨立而不改 周行而不殆[4]라 했지만, 그 도자道者는 생자生者로 바꾸어 놓을 만하다. 생이란 무엇이라 어떻다 형용해 말할 수 있는 것이 아니다. 생이 말씀을 하지만 말로 생을 알 수는 없다. 내가 생인 것은 분명한데 생이 나는 아니다. 나는 나인데 또 분명 나야말로 나는 아니다. "나는 살았다" 하는 것은 이 개체인데 개체는 생은 아니다. 그렇건만 그런 줄을 빤히 알면서도 "내 생"이라 한다. 내 생이라 하는 바로 그 버릇 때문에 나는 생으로 있지만, 또 바로 그 버릇 때문에 나는 생을 그대로 붙잡지 못한다.

이렇게 생은 구심적이면서 원심적이다. 구심·원심이 서로 반대지만 하나다. 구심적이기 때문에 원심적일 수 있고 원심적이기 때문에 구심적일 수 있다. 죄가 많은 곳에 은혜가 풍성하다. 있는 사실은 하나인데 우리가 느끼는 것은 상대적으로밖에 느낄 수가 없다. 이 생이 생이 아니건만 여기 집착하려 하고 그러나 이 생에 집착하는 것 아니고는 생은 있을 수는 없다. 이리하여 생은 모순되는 두 면이 있다. 생은 마치 교류전기와 마찬가지로 긍정·부정의 불꽃이 미처 볼 새 없이 왔다갔다하는 데 있다. 이것이 부즉불리不即不離다. 붙는 것도 아니요 떨어지는 것도 아니다. 그러기 때문에 영원히 붙었다 떨어졌다, 그러니 이상적으로 한다면 될수록 자주 자주 긍정·부정을 해야 할 것이다.

긍정은 보수요, 부정은 진보다. 하나는 안安한 것이요, 하나는 발發하는 것이다. 옷을 될수록 자주 갈아입는 것이 건강하듯이 보수·진보가 자주 교대해야만 사회는 건전히 자랄 수 있다. 그러나 아무래도 개체는 개체기 때문에, 현실은 현실이기 때문에 어느 개인도 어느 사회도 대개 보수에 기울어지기 쉽다. 제도의 고정은 그래서 나온다. 지

4) 有物混成 先天地生 寂兮寥兮 獨立而不改 周行而不殆: "혼탁하게 뒤섞여 이루어진 뭔가가 있는데, 천지가 생기기 전부터 있었던 것이다. 그것은 적막하고도 고요하다. 홀로 서서 변함이 없으며, 두루 운행해도 위태하지 아니하다."『도덕경』, 제25장.

도계급이 제도의 낡아가는 것을 깬 맘으로 관찰하여 적당한 때에 자진해서 고치기를, 옷을 갈아입듯 하면 좋지만 어느 아이도 어머니가 강제해서만 옷을 갈아입듯이, 어느 지도자도 자진해서 혁신을 하는 일은 없다. 그것은 공적인 사회의 일과 자기 개체의 이익이 한데 붙어 있기 때문이다. 그러므로 사회에는 늘 싸움이 있게 생긴 것이다.

그러나 이때까지 말한 것으로 보아서 혁명으로 사회에 강건한 기풍을 세울 수 없는 것만은 분명하다. 위에서 나는 혁명이 필요하다고 했는데 혁명을 할 수 없다. 그것은 칼로 칼을 막음이다. 혁명은 그때에 잘못이 있는 어떤 제도를 고치는 데는 대단히 빠르나, 그 대신 사회의 다른 면에 잘못을 일으킨다. 혁명기분이란 정의감에서 나오면서도 사실은 사회의 도덕적 분위기를 아주 여지없이 흐려버린다. 혁명을 일으키는 것은 강건한 기풍이 아니고 난폭한 기풍이다. 혁명은 제도의 혁신만을 할 수 있기 때문이다.

왜 그런가. 혁명이란 대개 폭력운동으로 나오기 때문이다. 혁명이란 혁명은 다 어느 계급의 혁명이다. 그러기 때문에 참 혁명이 아니다. 공의심에서 된 것이 아니고 사리私利에서 나온 것이기 때문이다. 이 의미에서 계급혁명은 잘못된 것이다. 사람은 여럿이 모이면 모일수록 도덕적 수준은 내려가는 것이 법칙이다. 이것은 종교단체에서도 마찬가지다. 그러기 때문에 예수께서 아주 거룩하기를 요구할 때는 사람을 될수록 줄였다. 정말 참의 경우는 자기 혼자 기도했다. 그러니 계급과 계급이 싸울 때 공의가 있을 수 없다. 또 다수가 모여서 하면 그것은 조직이요 제도요 운동이지, 생명이요 정신이요 인격이 아니다. 그럼 제도로 제도를 벗는다는 것은 물을 디디고 물에서 빠져나온다는 것과 같은 말이다. 우리는 사회의 기풍을 강건하게 하기 위해 혁명은 하지 못한다.

대체 강건이란 어떤 것인가? 폭력적인 것을 말하는 것일 수는 없다. 그것은 곧 맘이 외계에서 오는 위협 혹은 유혹을 이기고 스스로 되어나가는 생명의 길에 가로막히는 장애를 힘 있게 이기는 정신의 힘, 혼의 힘이다. 그런데 그 위협이나 유혹이나 장애는 어떻게 오는가 하면 반드시 나의 개체란 것을 타고 온다. 그러므로 이것은 어디까지나 정신의 문제요 윤리의 문제요 인격의 문제지, 결코 조직으로 되는 기술이나 방법의 문제가 아니다.

쥐가 모여 고양이 목에 방울을 다는 것이 자기네 살길인 줄을 알면서도 아무리 의논해도 소용이 없듯이, 고양이 같은 제도의 눈방울 밑에 종 노릇하는 기술의 인간이 아무리 모여 의논을 하여도 제도를 이기는 강건한 기풍은 나올 수 없다. 굳세다는 것은 결국 나에 대해 굳세단 말이다. 나에게 지지 않는 이, 나에게 속지 않는 이, 나에게 아첨하지 않는 이가 굳센 이다. 세계를 얻는 사람도 나에겐 약할 수 있어도 나를 이긴 사람은 세계도 이길 수 있다.

자기 희생의 피, 참 생명의 혁명

그러면 남은 길은 하나밖에 없다. 내가 하는 것이다. 죄악적인 제도는 누가 깨치느냐, 내가 해야 한다. 혁명은 누가 하느냐, 내가 해야 한다. 사회에 새 바람은 누가 불어넣느냐? 내가 해야 한다. 나 아니고는 절대 될 수 없다. 왜 그러냐? 제도의 성벽을 깨뜨려야 새 바람이 들어오지. 새 바람이 들어와야 죽었던 사람이 살아나지. 무엇으로 그 성벽을 깨뜨리느냐? 못할 것이 없는 정신의 포탄으로야 하지. 정신이 어디 있느냐? 사람에 있지. 사람이 누구냐? 나지. 나밖에 사람은 없다.

막막한 우주에 사람은 단 하나이다. 그것이 나다. '다른 사람' 그런 것은 존재하지 않는다. 나는 그것을 알 수도 없고 임의로 부릴 수도 없다. 내가 아는 건 나요, 내가 맘대로 할 수 있는 건 나요, 내가 죽여도 좋은 건 나다. 나뿐이다. 그러면 이것밖에 길이 없지 않나? 불은 불로야 일어나는 것이요, 바람은 바람으로야 일으킨다. 내가 폭발을 해야만 사회의 썩은 티끌을 불어 날리는 폭풍을 일으킬 수 있다. 십자가란 뭔가? 그것 아닌가? 로켓의 탄피같이 강한 육으로 씌워져 있는 이 내 혼의 뇌관 속에 하늘 영기를 힘껏 불어넣으면 폭발하지 않겠나?

이렇게 말하면 너는 개인으로는 아니 된다더니 다시 개인으로 돌아왔구나, 순환론이로구나 할지 모른다. 모르는 말이다. 나는 개인 아니다. 나는 아버지[全體]와 같이 있는 나지, 개인이 아니다. 개인이란 건 거짓 것이다. 천지간엔 없는 '다른 사람'이란 것을 보고할 때 개인이란 것이 있지 참 삶에 개인은 없다. 내가 살려고 짐을 다른 사람에게 떠넘기는 것이 개인주의지, 전체를 섬기려고 짐을 내 등에 지는 것은, 하나님의 성전에 향기를 채우려고 나를 제단 위에 불사르는 것은 개인주의가 아니다. 이날까지 역사는 언제나 개인 아닌 개인이 바치는 자기 희생의 피에서만 수혈을 얻어 멸망을 면해왔다. 모든 참 생명적인 혁명은 따져 들어가면 다 어느 가슴에서 나왔다. 삶 자체의 가슴에서 나왔다.

• 1956년 12월, 『사상계』 제41호

제2부

저항의 철학

1965년 한일협정 비준반대 비상국민대회에 참석한 함석헌

"여러분이 정말 아무 사심 없는
참으로 일어선다면
악의 세력은 틀림없이 무너질 것입니다.
또 지나간 날의 우리의 잘못에 대한
어쩔 수 없는 값으로 설혹 우리 눈으로
이김의 결과를 보지 못하는 한이 있더라도,
우리는 역사의 죄인 됨을 면하고
믿음을 가지고 기쁘게 죽을 수 있습니다.
……살아서 종이 되는 것보다는
사람답게 국민답게 죽는 것이
훨씬 더 영광입니다"
- 「단식에 앞서 동포에게 드립니다」

전쟁과 똥[*]

전쟁과 똥은 같은 것이다

6·25 이래 나는 전쟁과 똥이라는 생각을 하게 된다. 어느 날도 우리가 전쟁 속에서 사는 것은 잊을 수 없고, 또 어디를 가도 똥 냄새 아니 나고, 똥을 아니 보고, 똥을 아니 밟는 곳은 없기 때문이다.

전쟁과 똥……. 이 시대를 나타내는 이 두 가지는 무슨 관계가 있어서 같이 온 것인가? 그렇지 않으면 우연히 만난 것인가?

왜 가는 곳마다 똥이 많아졌을까? 전보다 더 많이 누나? 그렇다. 확실히 더 많이 눈다. 그럼 똥은 먹어서 나오는 것인데, 그전보다 먹기를 더 많이 하나? 그렇다, 그것도 확실히 그렇다. 지금 이 사람들은 먹기 위해 나온 사람들인 것 같다. 과자와 떡과 술이 길에 깔렸고, 파출소에 가도 "먹자!", 변소에 가도 "먹자!", 세무서에 가도 "먹자!", 재판소·국회·중앙청·군대·학교·교회, 그저 어디 가도 "먹자!"다. 누가 그렇게 만들었나? 전쟁이다. 그전도 아니 그런 것은 아니지만, 더구나 6·25 이래 전쟁으로 생명의 위협을 느끼자 사람들의 생각은 바닥으로 내려가고, 변태심리적으로 먹기를 일삼게 됐다. 온통 아귀가 들렸다. 본래 전쟁이란 것이 다른 것 아니요 "먹자!" 귀신의 일이다.

[*] 원래 1956년 6월 군(軍)에서 발행하는 기관지에 싣기 위해 쓴 글로, 결국 실리지 못했다가 그 뒤 단행본으로 나온 「생활철학」 속에 편집되어 실렸다.

또 왜 가는 곳마다 똥이 많아졌을까? 똥을 되는 대로 싸기 때문이다. 똥을 싸는 것은 짐승이요, 사람은 똥을 누는 것인데, 이 사람들은 똥 누기를 잊고 짐승으로 돌아갔다. 누가 그렇게 했나? 또 전쟁이다. 목숨이 아까워 도망을 하게 되자, 미처 똥 눌 곳을 지을 겨를이 없었다. 그 이래 동물의 버릇이 되살아나, 그저 먹고는 그 자리에 돌아앉아 똥을 싸게 되었다. 본래 전쟁이란 것이 다른 것 아니요, 짐승의 일이요, 똥을 싸는 짓이다.

전쟁은 똥과 같은 것이다. 어느 사람도 똥을 아니 누는 사람은 없듯이, 어느 나라 어느 시대도 전쟁 없는 때는 없다. 똥 누는 것이 사는 일의 하나듯이, 전쟁도 사는 일의 하나다.

어느 사람 뱃속을 봐도 똥은 있고, 어느 나라를 봐도 전쟁은 한다. 얼굴엔 분을 바른 미인도, 몸에는 점잖은 옷을 입은 신사도, 높은 자리에 앉았노라는 임금·장관·벼슬아치 따위도, 입으로 귀한 진리를 말하는 어진 이도, 행동으로 거룩한 정신을 드러내는 거룩한 이들조차 뱃속에는 똥이 들어 있듯이, 어느 나라 어느 민족 어느 문화도 전쟁이 들어 있지 않은 것은 없다.

똥이 나가지 않으면 배가 아프고 머리가 무겁듯이, 나라들도 전쟁을 못하면 배가 아프고 머리가 무거운 계급이 있다.

그러나 개인의 소원이 있다면 똥 아니 누는 사람 되는 일일 것이요, 인류에 이상이 있다면 전쟁 없어지는 날이 오는 일일 것이다. 임금이기로 저도 똥 누는 인간인 차비에 잘나기는 무엇이 잘났으며, 문명국이기로 거기도 전쟁이 있는 터에, 앞서기는 무엇이 앞선 것인가?

똥이 더럽다면 전쟁도 더럽다

그런데 이상한 것이 있다. 전쟁과 똥이 꼭 같은 것인데, 왜 똥은 피하고 전쟁은 피하려 하지 않을까? 똥은 몰래 누려 하는데, 전쟁은 드러내놓고 할까? 똥을 누는 것은 부끄러워하면서, 전쟁은 왜 자랑을 하며 할까? 똥은 될수록 멀리하려 하면서, 전쟁은 자꾸 가까이하려 할까?

똥은 누어야 하는 것이지 싸서는 못쓴다. 그렇다면 전쟁도 누어야 할 것이지 쌀 것이 아닐 것이다. 제때에 제자리에 누는 것이 누는 것이요, 누지 못할 자리에 때 없이 누면 싼 것이다. 전쟁도 할 자리가 있고 때가 있지 막으로 할 것이 아니다. 집마다 변소간은 있는데 왜 나라마다 전쟁간은 없나?

똥을 아니 눌 수는 없지만 누는 일이 귀한 일은 아니다. 전쟁도 아니할 수는 없지만 좋은 일은 아니다. 똥이 잘 나오는 것이 건강이지만 하루 한 번 할 수 없어 할 것이지 두 번도 세 번도 하기를 바랄 사람은 없지. 그러면 병이다. 전쟁도 싸워 이겨야 튼튼한 나라지만, 할 수 없어 어느 때 잠깐 할 것이지 해마다, 시대마다, 일삼아 할 것은 아니다. 그런데 왜 전쟁을 자꾸 불어넣으려 하나? 늘 변소간에서 설사만 하고 살고 싶은가?

똥이 더럽다면 전쟁도 더럽다. 똥 누는 꼴이 부끄러워 남 뵈기 싫다면, 군인도 부끄러워 남 뵈기 싫은 꼴이다. 왜 뽐내려 하나? 변소간에서는 인사도, 칭찬도 아니 하면서 군인에게 왜 훈장을 달아주나? 그래, 변소간을 변소간 아닌 듯 잘 꾸미듯이, 부끄러운 일을 슬쩍 속이고, 잘 하라고 가려주는 것이 훈장이란 것인가? 사람을 속여 군인을 만드는 놈은 누군가? 훈장을 만드는 놈은 누군가?

변소에 가는 것이 인생의 근본 일이 아닌 것같이, 전쟁도 인생의 근본 일은 아니다. 변소에는 잠깐 가듯이, 군인은 잠깐 되는 일이지 일생 할 직업이 아니다. 군인이란 것은 없다. 사람이 있을 뿐이지. 변소인이 없는 것과 마찬가지다.

똥을 누는 것은 버릴 것을 버리는 일이다. 속에 들어 있어서는 아니 될 것이 있기 때문에 버리는 일이다. 그럼 그런 것이 왜 내 몸 안에 들어왔나? 내가 밥을 먹어야 하기 때문이다. 어느 식물도 순전히 영양분만 있는 것은 없고 쓸데없는 것이 섞였기 때문에 내가 취할 것을 취한 담엔 그 쓸데없는 것은 어서 버려야 한다. 또 내가 살고 나면 그 사는 활동에서 나오는 찌꺼기가 반드시 있다. 그것도 어서 내보내지 않으면 해가 된다. 이것이 오줌이요, 똥이요, 땀이요, 나가는 숨이다. 전쟁도 그런 것이다. 문화 살림을 하는 동안에, 들어올 필요없는 쓸데없는 것이 들어온 것도 있고, 어서 내보내야 하도록 낡고 썩어버린 것이 있어 그것을 내버리는 일, 그것이 곧 전쟁이다.

전쟁은 청소하는 일이지, 결코 새 영양을 취하든지, 새로 보람 있는 것을 지어내는 일로 삼을 일이 아니다. 그런데 세상에 청소부는 싫어하면서, 전쟁직업자 노릇을 하기 좋아하는 사람은 어찌 그리 많은가? 군인이란 인생은 없다. 인생이 타락해서 군인이 생긴다. 그것은 한때 있는 가짜다. 밤 동안에 도깨비가 있다가 해가 올라오면 없어지듯이, 군인이란 것도 밝은 세상에선 없는 것이다.

침략이거나 지켜 막음이거나, 직접 했거나 간접으로 했거나, 어쨌거나, 여러 가지 '카무플라주'한 것을 뜯어젖히고 말하면, 네 나라 내 나라라는 생각을 떠나서, 한 말로 하면 군인이란 사람이 사람 죽이잖 것 아닌가? 그것이 어찌 사람이며 사람의 근본 일일 수 있나? 군인이란 것도 당당한 문화적인 직업인 것처럼 생각하는 사상은 없애버려야 한다. 전쟁은 변소에 가는 심리로, 변소 소제하는 심정으로 할 것이다. 그만큼 희생적인 정신이 있을지 모른다. 그러나 그렇다면 그럴수록 전쟁은 못할 것이라는, 전쟁은 참혹한 것, 더러운 것이라는, 군인 노릇은 결코 자랑이 아니라는 정신이 있어야 할 것이다. 뽐내고 자랑하는 군인, 그것은 인생 도살업자지 나라 지키는 사람이 아니다. 나라는 사람의 나라기 때문에 나라를 지키는 것은 사람이 지켜야 할 것이요, 사람이라야만 지킬 수 있다. 사람됨을 잊어버리고 호랑이나 독사가 되어가지고는, 사나운 짐승 나라는 지킬지 몰라도 인격 가지는 사람의 나라는 지킬 수 없다. 그리고 직업적인 군인, 군인된 것을 자랑으로 아는 군인, 그것을 이용해 이익을 얻으려고 당당한 권세를 주장하는 군인, 그것은 호랑이나 독사에 지나지 않는다.

사람인 담엔 군인되기는 싫어하는 것이, 변소간에 가기 싫어하는 것과 일반이다. 그것이 사람의 제대로 있는 바탈이다. 그런 것을 뒤에서 이용하려는 전쟁직업자들이, 자기네는 될수록 그것을 면하려고 여러 가지로 애써 선동을 하여서 내세운다. 그럴 때, 그들은 결코 사람 속에 있는 고상한 것에 호소할 수 없다. 반드시 동물적인 성질에 호소하여서 한다. 참 군인은 그런 전쟁직업자에게 속지 않고, 비장한 맘으로 총칼을 들기는 하나 이것은 못할 일, 부득이해 하는 일, 나와 남을 위해 어서 이것을 깨끗이 치우고 나아가자 하는 맘을 가지기를, 변소간에 들어간 사람이 어서 나오려 하듯 하는 사람이다. 군복이 인간성을 가려서는 아니 된다.

전쟁은 부끄러운 것

똥은 멀리하는 것이 원칙인 것같이 전쟁도 멀리하는 것이 원칙이요, 변소에 갈 때에 반드시 지켜야 하는 것이 깨끗이라는 정신인 것같이 군인이 자나깨나 잊어서 아니 되는 것도 깨끗이라는 정신이다. 똥을 누지만 내 속에서 나온 똥이지만 그것을 붙들고 있어서는 아니 되듯이, 전쟁을 맡아서 하지만 그것을 붙들고 그 속에서 먹고 살려 해서는 아니 된다. 변소 청소를 하는 사람은 될수록 똥을 만져서는 아니 되는 것이요, 또 일시 만져도 남을 위해 그것을 멀리 버리기 위해 하는 것이요, 어서 속히 한 일을 한 후는 깨끗이 씻고, 마치 아니한 사람처럼 냄새조차 아니 나게 하고 돌아와야 하지 않나?

그런데, 그런데 왜 전쟁만은 거기 주저앉아 내가 했다 하고 그것을 먹고 쓰고 들고 다니려 하나? 하물며 같은 동포가 싸운 것에서일까? 이것은 이겼어도 이겼다 할 수가 없고, 자랑할 수도 없고, 시원해할 수도 없는 싸움이다. 이기고 돌아왔다손, 차마 못해 중도에서 군복을 집어던지고 집으로 돌아와 통곡을 할 일이요, 설혹 수고했다 칭찬을 해도 "내 손으로 내 형제를 죽이고 공이 무슨 공이오? 칭찬을 할 놈도 없고 받을 놈도 없습니다. 우리 할 일은 다 같이 통곡을 할 것밖에 없습니다" 할 것이지, 감히 승전 축하를 할 수가 없는 일이다. 오늘날에 나라의 똥을 저 멀리 가져다 버린 후는 버렸노라는 소리도 아니할 만한 참 군인, 호랑이나 독사 아닌 참 군인은 몇이나 되나?

보기 싫은 것은, 보기 싫기보다도 분한 것은 간 놈마다, 간 놈마다 정말 군인이 되어버리는 일이다. 갈 때는 싫다 싫다 하다가 끌려가기에, 가면 더러운 것을 속히 치워주고 돌아올 줄 알았는데, 모두 가서는 전쟁업자가 되어 거기서 먹고 마시고 돌아올 줄 모르니, 똥은 없어지긴 고사하고 더 많아지고, 사람은 점점 잃고 말았다. 이게 무슨 일인가?

그럼 6·25 이후 거리에 똥이 흘러나는 것은 당연한 일이다. 더러운 것을 더러운 줄 모르고, 모르기보다 알고도 그대로 살게 됐으니 그 맘이 그 맘 아닌가? 길거리에 똥을 싸기를 부끄러워 않는 국민, 동포 서로 죽이고, 그것으로 큰 집을 빼앗아 쓰고, 공부하던 놈은 공부를 내던지고, 교육하던 놈은 교육을 내던지고, 종교 믿던 놈 종교를 내던지고, 의사하던 놈 의사를 내던지고, 부끄러워할 줄을 모르며 어서 전쟁이 또 났으면 좋겠다는 듯 바람을 날리며 돌아가고, 또 그것을 입을 헤벌리고 부러워하는 국민!

어느 짐승도 제 똥 눈 자리에 누워 자지는 않는데, 이 사람들은 똥을 치울 줄을 모르고 그 속에서 사니 웬일인가? 본성을 뺏기고 갇혀 사는 돼지가 그런 것같이, 이 사람들도 그럼 갇혀서 제 본성을 빼앗겼나? 그럼 동물도 다 하는 똥 멀리하는 본성을 뺏기고, 똥 속에 뒹굴어 살림을 멍청하게끔, 이 백성을 짓밟고 가둔 것은 어떤 놈인가?

제 동무 잡아먹는 짐승이라 그러지만, 사실은 동물이 제 동무 먹는 일은 퍽 드물다. 마지못할 경우뿐이요, 그것이 살아가는 원틀은 아니다. 그런데 사람은 도리어 전쟁이 살아가는 일의 원틀인 것같이 아는 자가 많으니 웬일인가? 이상에 불타는 젊은이를 잡아다가 제 동무를 서로 죽인 일을 자랑으로 뽐낼 만큼 인간성을 잃도록 만든 것은 어떤 놈인가?

인생이 똥을 아니 눈다는 것 아니다. 그러나 뵈게 싸서는 못쓰는 것이요, 눈 줄을 모르게 누어야 사람이다. 인생이 싸움을 아니 하고 살 수 있다는 것 아니다. 그러나 참혹하게 드러내놓고 싸워서는 못쓰는 것이요, 싸우는 줄 모르게 싸워야 사람이다.

이제는 전쟁으로 될 수 없다

전쟁이란 싸움 중에 가장 어리석게 가장 더럽게 하는 싸움이다. 모든 방법 모든 꾀가 다 막힌 다음에 할 수 없어서 할 것이다. 그런데 이것을 첫째 길처럼 아는 것은 무슨 일인가? 가정도 싸우는 곳이요, 학교도 싸우는 곳이요, 인생의 살림은 쉴새없는 싸움이다. 그러나 주먹으로 폭력으로 해결하잔 것은 어리석은 일이다. 인생의 일에 폭력으로 해결될 것은 지극히 적은 부분만이요, 그 밖에 감정으로 이성으로 말로 글로 할 것이 훨씬 더 많다. 인간은 이제 동물의 지경을 훨씬 넘었기 때문에, 정신으로는 통할 수 없는 동식물의 세계에 대해서만 부득이 폭력을 쓸 것이지, 사람이 사람에 대한 것을 그래서는 아니 된다. 아무리 힘을 자랑하는 사람이라도 힘으로 아내나 아들의 사랑을 강요하는 자는 없을 것이다. 얻어도 그것은 고깃덩이지 사랑이 아님을 알기 때문 아닌가? 그런데 왜 나라는 폭력으로 얻으려 하나? 짐승의 나라를 세우고 싶어선가?

인류 역사가 무엇인가? 점점 똥을 볼 수 없어지는 역사(누기는 분명 누는 똥인데). 전쟁도 점점 없어져야 하지 않나(싸우기는 분명 싸우는 인생이지만). 6·25는 무엇을 가르쳤고, 38선은 무엇을 뜻하나? 이젠 전쟁으로 될 수 없다는 것 아닌가? 전쟁으로 될 것이면 벌써 됐지 왜 휴전 아닌 휴전을 하고 전쟁 아닌 전쟁을 하고 있나? 나라야말로 문화야말로 사람다운 것의 나타남이요, 그것의 완성을 위해 할 것인데, 가장 사람다운 것을 가장 사람답지 못하고 짐승다운 방법으로 하잔 것은 무엇인가?

이제 모든 문제는 통일에 있다. 우리는 이 나라 통일을 하면 사람이요, 못하면 짐승이다. 하나인 우리나라를 잘라서 둘로 한 것은 밖에서 들어온 짐승의 힘이다. 인제 이것을 이루지 못하면 우리는 짐승에게 진 것이다. 그러나 짐승에게 이기는 것은 짐승보다 고상한 것으로만 될 일이다. 만일 같은 짐승의 힘으로써 하면, 그것은 이겼어도 짐승이 된 것이니 사실은 진 것이다. 분명히 알 것은 짐승의 힘으론 나라 통일은 못한다는 것이다. 무력 통일은 안 된다. 원자탄은 쓰자고 생겨나온 무기가 아니고 쓰지 못하게 되려고 나온 것이다.

깨끗한 혼으로 세우는 나라

세계 어느 나라가 군비 없는 나라 있느냐고, 그런 소리 하지 말라. 그 나라들은 부러운 나라가 아니다. 이제 우리가 세워야 하는 나라는, 그보다는 훨씬 높은 나라다. 그것은 절반은 짐승의 버릇을 가진 지나갈 나라다. 먹고 돌아앉아 똥을 누는 돼지우리 같은, 살창 지른 나라가 무엇이 그리 부러운가? 이 앞으로 일어나는 문명은 혼의 문명이다. 깨끗한 혼으로 세우는 나라, 그것이 우리나라다. 38선은 무기로 뚫을 것이 아니고, 혼의 힘으로 뚫을 것이다. 우리는 대적의 무기를 꺾어야 하는 것이 아니요, 그들 속에 전쟁의 똥으로 더러워지고 마비된 양심을 때려 깨워야 한다. 지난날의 짐승의 싸움은 대적을 죽여서 이기려 했지만, 이 앞의 싸움은 대적을 살림으로야 이긴다. 그 싸움을 먹자, 싸자의 더러운 맘으로 어떻게 할까? 깨끗한 것이 성한 것이요, 성한 것은 하나로 산 것이다.

거리에선 똥이 없어지고, 생산품에는 피와 땀이 묻지 않고, 공청에서는 썩은 냄새가 아니 나오고, 군인의 손엔 피가 없는 날, 그날이 와야 할 것이다.

• 1956년, 『생활철학』(일우사, 1962)

간디의 길

이만 했으면

나는 이제 우리의 나아갈 길은 간디를 배우는 것밖에 없다고 생각한다.

왜 그런가?

우리는 이제 우리 금새가 뻔해졌기 때문에 이 이상 더 스스로 속일수가 없어졌다. 이대로는 무슨 재주를 부려도, 몇 번 되풀이를 해봐도, 언제까지 기다려도, 살길이 열리지 못할 것이 분명해졌다.

이만 했으면 일제시대 및 해방 후 10년 동안 우상처럼 기대해왔던 소위 해외지사海外志士란 것이 어떤 것이었는지도 환해졌고, 대통령의 독재에 진저리가 나서 젊은 피를 뿌리고 바꾸어 세운 장면[1] 내각의 역량도 인제 이만 했으면 금새가 드러났고, 4·19 이후 그 좋은 기회를 가지고도 아무것도 한 것 없이 옥신각신하는 데 해를 지어 보낸 민주당[2]의 뱃속도 드러났고, 또 그것을 보고도 아무 혁신도 못하고 일이 있을 때마다 '책임추궁'이라 '도각'倒閣이라 하는 소리만 커다랗게 지르다가 꿰진 풋볼 모양으로 푸시시 하고 마는 야당이란 것도

---

1) 장면(張勉, 1899~1966): 정치가. 호는 운석(雲石)이다. 1936년 동성상업학교 교장에 취임했고, 1948년 제헌 국회 의원, 초대 주미 대사, 국무총리 등을 지냈다. 신익희 등과 민주당을 조직해 1956년 부통령에 당선되었고, 4·19혁명 후 제2공화국의 국무총리를 지냈다.

그와 조금도 다를 것 없는 것이라는 것도 분명해졌다.

사실 4·19 후에 새로 생긴 일이 있다면 그것은 야당이 없어진 일이다. 서로 정권 다툼을 하는 당파가 없단 말이 아니다. 그러나 야당은 그저 싸워서만 야당이 아니요 민중의 받들어줌이 있어야 할 것인데, 오늘에 정말 민중의 받들어줌을 받는 정당이 어디 있나? 민중은 벌써 '그놈이 그놈'이란 판단을 내렸기 때문에 사실상 야당이란 것은 없다.

또 이만 했으면 우리나라에 인물이 정말 없는 것도 드러났다. 4·19의 학생들이 여우를 쫓으려다가 호랑이를 깨워 일으킨 셈이 되어, 만나는 사람마다 붙잡고 "어떻게 할까요?"를 부르는데, 한 사람도 나서서 그들을 지도해보려는 엄두를 내지 못했으니, 인물은 참 없는 것 아닌가? 깡패, 강력범이 매일같이 늘어만 가는데, 그것은 젊은 것들이 불룩거리는 기운을 어디 정당히 쓸 곳이 없어서 그리되는 것인데, 그 물고 차는 상사마를 그저 무서워만 하고 욕만 했지, 감히 그놈을 잡아타고 한번 천리강산을 달려볼 생각을 하는 자가 없었으니, 이 나라에 정말 정치가는 없는 것 아닌가.

젊은이는 갈개고(갈개다: 몹시 사납게 행동하다 - 편집자) 들부수기도 하지만, 그 실속은 사실을 믿고 싶어하는 것이요, 한 몸을 바쳐 봉사하고 싶어하는 것이다. 갈개고 들부수는 것은 그 신뢰와 봉사의 대상이 없기 때문에 스스로 억제치 못해 하는 짓이다. 그런데 그럴 만한 인물이 하나도 없으니 슬프지 않은가?

또 이만 했으면 우리 언론의 힘이 어느 정도인 것도 드러났다. 관이나 민을 가릴 것 없이, 말을 한다면 그저 '반공'이 최절정이요, 사실을 보도한다면 그저 이북에서는 어떻게 살기 어렵다는 것이니, 그

---

2) 민주당: 제2공화국 때의 집권여당. 1955년 자유당의 사사오입개헌을 계기로 반(反)이승만 보수세력이 모여서 만든 정당으로서, 민주국민당(약칭 민국당)을 모체로 하고 흥사단계열, 자유당 탈당의원, 제2대 국회 말기의 무소속 구락부 등의 범야세력을 규합하여 창당했다.

것으로 민중의 마음이 하나가 되고 높아질 수 있을까? 그보다 높은 이상을 보여주는 것 없이 그저 아니라고만 하는 것이 무슨 힘이 있으며, 이북이 잘 못산다는 것이 무엇이 터럭만큼인들 이남의 잘한다는 증명이 될까? 대체 그런 말을 이북 동포를 정말 동포로 사랑하고 불쌍히 여기는 맘으로 하는 것일까? 그렇지 않으면 무의식적으로라도 우리의 무능·무성의를 가리고 변명하기 위해 하는 것 아닐까? 이북이라면 적국처럼 생각하면서 무슨 통일을 바랄 수 있을까? 개인이거나 단체거나 남의 결점을 선전해서 겨우 제 위신을 유지해가는 것은 부끄러운 일이다. 우리 말이 모두 빈 말이다. 속에 알이 든 것이 없기 때문에 말이 빈 말이다.

왜 우리 자신의 비판을 좀더 아프게 하지 않나? 이북은 공포정치인지 모르나 이남은 부패정치다. 칼로 사람을 죽이는 것과 독가스로 죽이는 것이 무엇이 서로 다를까? 이북에는 잘못된 이념이나마 정치이념이 있다. 여기는 도대체 이념이 없는 정치 아닌가? 그것이 언론인의 죄 아니고 무엇일까?

이만 했으면, 해방 후 열다섯 해가 지나는 동안, 6·25도 겪어보고, 이李 정권 독재 밑에 신음도 해보고, 4·19도 치러보고 새 정부라고 만들어 이만큼 어물어물도 해봤으면, 이제는 이 민족이 어느 만큼 무지무력無知無力한 것이 뻔히 드러났다.

이러므로 이것을 이대로 두고는 문제 해결의 희망이 없다. 살길을 열려거든 이때까지 오던 모든 길을 버리고 근본에서 새 길을 시작하여야 할 것인데, 그 새 길을 찾는 것은 간디가 보여준 길을 따라가는 데 있다는 말이다.

술책·선동이 없는 참의 길

간디의 길이란 어떤 것인가?

그와 그를 따르는 사람들이 스스로 부른 대로 그것은 사티아그라

하다, 진리파지眞理把持다, 참을 지킴이다. 또 세상이 보통 일컫는 대로 비폭력운동이다. 사나운 힘을 쓰지 않음이다. 혹 무저항주의란 말을 쓰는 수 있으나 그것은 오해를 일으키기 쉬운 이름이다. 간디는 옳지 않은 것에 대해 저항을 하지 말자는 것이 아니다. 반대로 그는 죽어도 저항해 싸우자는 주의다. 다만 폭력 곧 사나운 힘을 쓰지 말자는 주의다. 그러므로 자세히 말하면 비폭력 저항주의다.

그럼 폭력이 아니면 무슨 힘인가? 혼의 힘이다. 사람들이 그를 높이어 마하트마 곧 위대한 혼이라 부르는 것은 이 때문이다.

혼의 힘을 가지고 모든 폭력 곧 물력으로 되는 옳지 않음을 싸워 이기자는 것이다. 혼, 곧 아트만은 저〔自我〕다. 그러므로 혼의 힘은 참저〔眞我〕의 힘을 드러냄이다. 간디는 자기의 몇십 년 정치 투쟁의 목적은 저를 드러냄, 곧 하나님께 이름에 있다고 하였다.

인도 사상으로 하면 아트만은 곧 브라만이다. 절대다. 하나님이다. 그러므로 저를 드러냄, 곧 하나님에까지 이름이라고 하는 것이다. 그러므로 간디의 길은 밖으로는 정치인 동시에 안으로는 종교 즉 믿음이다.

간디의 길은 참의 길이기 때문에 아무 꾀나 술책이 없다. 선동이나 선전도 없다. 비밀이 없다. 대도직여발大道直如髮이다. 지극히 단순하고 간단한 것이다.

그러므로 누구나 할 수 있는 것이 그 길이다.

그러나 반드시 대중으로 하는 데모도 아니다. 그것은 혼자서도 하는 싸움이다.

인도의 실례

간디를 배워야 한다는 첫째 이유는 우리와 인도의 사정이 비슷한 점이 많기 때문이다. 오늘 우리나라의 문제가 어려운 것은, 이것이 역사적으로 여러 백 년 긴 세월을 두고 지치고 병든 민족이라는 데 있다. 더는 몰라도 적어도 우리는 임진왜란 이래 고난의 길만 걸어온 백성이다. 8년이나 되는 그 참혹한 전쟁을 겪고 나서 그 상처가 회복되기 시작도 못 해서 병자호란이 또 있었으므로 그것이 거의 치명적인 상처가 되었다. 그 후에도 내란이 끊일 날이 없다가, 또 양란, 일청·일러 하는 전쟁을 연거푸 겪었으므로 민중이 건전한 살림을 할 여유가 없었다. 게다가 사회의 지배계급은 밖으로 발전할 아무런 희망이 없고, 빨아먹는 대상은 오직 나라 안에 있었을 뿐이므로 아랫백성의 참혹한 모양은 다른 어느 나라에서보다 더 심했고, 그 가운데서 구차하게 살기를 다투어오는 동안에 가지가지의 고약한 성격이 생겨버렸다. 세계 어느 민족에게서도 볼 수 없는 우리나라 독특으로 있는 당파 싸움, 팔자 철학, 앞을 내다보아 큰 계획을 할 줄 모르고 아주 그만 그만으로 지나가버리는 버릇, 뻐젓하지 못하고 구차한 생각, 용기가 없고 아주 비겁한 버릇, 크게 하나를 이루지 못하고 서로 시기하고 음해하는 버릇, 이런 모든 것들이다. 간난(艱難: 몹시 힘들고 어려움-편집자)과 무지와 타락, 이 세 가지 불행은 하필 우리나라만 아니라 세계 어느 나라에 있어서도 아랫백성에게 언제나 붙어 있는 것이지만, 우리나라는 그 누구보다도 더 심히 그렇다.

이 점에서 인도는 우리와 같았다. 독립을 잃고 오랫동안 다른 민족의 지배 아래 있는 동안 인도인은 지칠 대로 지쳐서 살자는 의욕을 거의 잃어버린 사람들이었다. 그런데 그 다 죽은 시체 같은 민족에 새 정신을 불어넣어 그것을 하나로 통일하여 그 힘으로, 손에 바늘 하나 든 것 없이 순전히 정신의 힘으로 영국의 세력을 몰아낸 것이 간디다. 그러니 배울 만하지 않은가?

나는 어려서 듣던 수수께끼의 하나를 지금도 잊지 못한다. 그것은 이런 것이다. "되선이 망하리라" 하면, "그런들 그러리, 그런들 그러리" 하는 것이 뭐냐? 하는 것인데, 이것은 연자방아를 두고 한 소리다. 그것이 돌아갈 때에 그 중대와 방틀이 비비우며 나는 소리를 "되선이 망하리라"로 새겨들은 것이요, 그다음 쌀을 붓노라고 풍구를 돌리면 덜커덕덜커덕 하는 소리가 나는 것을 "그런들 그러리, 그런들 그러리"로 새겨들은 것이다.

어려서는 우습게 재미있게 들었던 소리, 지금에 와 고요히 그 뜻을 생각하면 맘중에 옷깃이 젖는 기막힌 소리지만, 여기 우리의 역사·철학이 들어 있고 민중의 시가 들어 있다. 그 속에는 낙망·원망·비관, 구차한 소망이 들어 있다. 그리고 이것은 오늘날도 우리 민중의 혈관 속에 흐르고 있다. 이러므로 일이 어려운 것이다. 이것을 뿌리에서부터 뽑기 전에는 새 나라를 기대할 수는 없을 것이다. 그리고 그것은 간디가 인도 민중에게 한 것 같은, 깊은 속의 혼을 불러내는 진리 운동이 아니고는 될 수 없을 것이다.

정치와 종교가 하나되어야 한다

그다음 또 간디를 배우자는 이유의 하나는 그에게 있어서는 정치와 종교가 하나로 잘 조화되어 있기 때문이다. 다시 말하면 그는 정치 문제를 종교적으로 해결했다. 그것이 옳은 길이다.

오늘만 아니라 어느 시대도 역사는 결국 정치와 종교의 싸움이라고 할 수 있지만 오늘날은 더구나 그러하다. 인류가 오늘 당하는 고민은 종교를 무시하고 모든 문제를 정치적으로만 해결하려 했던 결과로 오는 것이다.

본래 맨 처음에 있어서 종교와 정치는 하나였다. 몸과 혼이 하나로 되어 있는 것이 사람이라면 종교와 정치가 하나인 것도 당연한 일이다. 그러나 인간이 안팎으로 발달함에 따라 종교와 정치는 분립하게 되었다. 그러나 본래 하나인 것이 발달로 인해 분립을 하게 되면 거기 유기적인 통일이 있는 것이 당연한 일이다. 그러나 실지의 역사에서는 그렇지 않아 매양 충돌이 있었다. 혹은 종교가 정치까지를 차지하려 하기도 하고 반대로 정치가 종교까지를 차지하려 하기도 했다. 그 어느 때에도 폐단이 생긴다. 먼저 것의 실례는 중세기의 가톨릭이요, 뒤에 것은 19세기의 제국주의에서 볼 수 있다.

과학이 발달하는 것을 따라 물질주의의 인생관이 퍼져 나갔고, 한편 민족주의가 성해감을 따라 그것이 한데 합하여 침략적인 제국주의가 유행하게 되자, 종교는 그 사이에 있어서 나라 법의 공허를 얻는 반면 인심의 지배권을 아주 정치에 넘겨주고 순전히 저세상만을 위하는, 현실을 피하는 종교로 되어버렸다. 그 결과 인생관은 점점 천박한 것이 되어버렸고, 마침내는 큰 규모의 살벌한 전쟁, 학살을 아무것도 아닌 것으로 여기고 꺼림없이 하는 세상이 되어버렸다. 그렇게 한 결과 이제 와서 그 물질주의 문명은 그 스스로의 문제를 해결할 수 없는 데 빠져버렸다.

그리하여 오늘 사람의 고민은 정치와 종교가 완전히 서로 딴 것이 되어 조화할 수 없이 되어 자아의 분열을 일으킨 데 있다. 오늘의 세계 문제는 곧 정치와 종교가 얼크러져 반대하는 데서 오는 것이다. 그런데 그 가운데 있어서 간디가 몇백 년 압박 정치에서 산송장이 된 2억의 인도 사람을 다른 것 아닌 다만 단순한 가슴속에 있는 단순한 종교심에 호소하여 불러일으켜, 세계에서 가장 큰 제국이었던 대영 제국에 반항하여 그 억누르는 힘을 물리치고 자유하는 나라의 기초를 닦았다는 것은 인류 역사에서 크게 주의할 만한 일이다.

앞날의 세계와 간디의 길

간디를 배워야 하는 까닭의 또 하나는 앞날의 세계를 위한 평화운동에 있다. 이제 인류는 극도로 발달해가는 무기로 인하여 전쟁을 아주 그만두느냐, 그렇지 않으면 전체가 아주 망해버리느냐 하는 위기에 이르렀다. 이제 사랑이니 사해동포니 하는 말은 몇천 년 전 성인들이 그것을 부르짖던 때와 그 뜻이 같은 정도가 아니다.

이제 세계평화는 이상이 아니고 눈앞에서 급한 실지 문제가 되었다. 그러므로 전쟁을 어떻게 없애느냐 하는 것은 모든 나라 모든 민족이 다 같이 가지는 가장 크고 급한 문제다. 아직까지 큰 나라라는 나라들이 각각 제 이익이라는 생각을 떠나지 못하여 밑지지 않으려는 생각 때문에 현재의 지위를 희생함이 없이 일치하는 점에 이를 수 있을까 하여 주저하고 있으나, 문제는 종래 별 수 없이 간디가 열어놓은 길을 택하는 수밖에 별다른 길이 없을 것이다.

우리나라의 문제는 세계의 문제다. 지금 우리는 세계 역사의 일선이다. 우리만이 유독 남보다 어려운 문제를 짊어지는 것은 지나간 시대의 우리 잘못의 결과이기도 하지만, 지금 문제의 의미는 거기서만 그치지 않는다. 쓰레기를 버리는 것은 으슥한 장소이기 때문에 했겠지만 집 전체의 깨끗 여부는 먼저 그 쓰레기를 치우는 데 있다. 우리는 세계의 하수구라고 나는 언제부터 말하여온다. 세계의 죄악의 찌꺼기가 몰려나가는 곳이 우리라는 이 나라다. 인류 전체가 살아나기 위하여 시급히 치워버려야 하는 쓰레기가 우리 연약한 등에 지워진 것이다. 남의 쓰레기까지 맡게 된 것은 본래 우리가 우리 마당을 깨끗이 해두지 못했던 탓이었겠지만, 이제 우리가 전체에 대하여 가지는 지위는 매우 크게 되었다. 6·25전쟁은 무엇인가? 그 세계의 쓰레기를 모아다 버린 것 아닌가. 이제 우리야말로 불의의 값을 내 등에 짊으로써 나와 저를 같이 살리자는 간디의 정신이 필요하게 되었다.

이제 나와 너의 구별이 없는 하나의 세계가 되어가고 있다. 우리가 그 새 시대의 아들이 나오는 산문産門이다. 지나가려는 시대의 모든 죄악, 모든 모순의 역사적 찌꺼기를 우리가 싫다 말고 다 받아 내보내야만 또 옥같은 아들이 우리에게 나올 수 있다.

옛 길 새 길

간디의 길은 결코 새 길이 아니다. 예로부터 있던 길이다. 고도古道다. 맨 처음부터 있는 길이다. 공자의 길이요, 석가의 길이요, 예수의 길이다. 그러므로 간디는 자기의 혁명은 곧 맨 처음의 원리에 돌아가는 것이라고 했다. 예부터 있은 길, 누가 낸 것 아니요 저절로 있는 자연의 길, 하나님의 길이다. 그렇기 때문에 누구나 그로 말미암아야 한다는 것이요, 또 할 수 있다.

그러나 그것은 또 새 길이다. 전에 아무도 하지 못했던 새 일이다. 그러므로 오늘의 길이다. 이웃을 사랑하라, 자기희생을 하라 하는 말이 전에 없었던 것은 아니다. 그러나 그것을 감히 단체로서, 나라로서, 해보려고 한 일은 없었다.

개인으로서는 아무리 고상한 도덕이라도 나라에 들어가면 문제가 달랐다. 자기희생이 개인으로는 다시없이 높은 도덕이나 그것을 국가적으로 하면 죄로 알았다. 그러나 지난날의 도덕·종교의 힘없는 원인이 바로 여기 있었다. 나라라는 이름 아래 얼마나 많은 죄가 행하여졌고 얼마나 많은 선이 말살당했으며 교회라, 하나님이라 하는 이름 아래 개인으로는 도저히 허락될 수 없는 살인이 아름다운 덕으로 찬양된 일이 얼마나 많았던가. 이 때문에 개인으로는 수많은 갸륵한 눈물을 흘리게 하는 도덕·종교가 사회적으로는 아주 힘없이 온 것이다.

이제 여기 이 큰 모순의 바위에 큰 쇠망치를 내린 것이 간디다. 인제 저가 수염도 한 대 없는 조그만 알몸에 개짐 하나만을 차고 사티아그라하 운동을 나섰을 때 깨진 것은 대영제국이 아니고, 이 큰 인류 역사의 모순의 경계선이었다. 이제 선에 개인과 단체의 차별이 없어졌다. 개인의 경우만 아니라 단체에 있어서도 생명은 내버림으로만 얻어진다는 것이 진리임이 증명되었다. 저 조그만 사람으로 인하여 지나간 날에 인류를 한없이 속여오던 나라요, 교회요 하는 단체라는 우상이 깨어지고 말았다.

진리 앞에 개인도 단체도 없다. 이것은 인류 역사만 아니라 우주 전체의 정신이 자라나는 역사에서 큰 한 걸음을 내킨 것이라 하지 않을 수 없다. 이 우상이 아직은 채 거꾸러지지 않았고, 그 때문에 우리도 이 고난의 짐을 지는 것이지만 그는 이미 치명상을 입었다. 우리가 완전히 해방이 되는 것은 시간 문제일 뿐이다.

간디의 장례식에서 네루는 "이 앞으로 인류가 1천 년을 두고 생각할 일이라" 했다 하지만, 1천 년이 되겠는지, 2천 년이 되겠는지 모르나, 아무튼 인류 앞에 지금 놓여진 길은 간디가 열어놓은 좁고 험한, 그러나 큰 이 참의 길, 평화의 길이다.

• 1961년 2월, 『사상계』 제91호

비폭력혁명

불꽃으로 살라

3천만 씨올 여러분!

이름을 알아도 좋고 몰라도 좋고, 나이 많거나 어리거나, 자식이 있거나 없거나, 잘살거나 못살거나, 착하거나 모질거나, 구별할 것이 없습니다. 적어도 이 역사의 씨올로 이 나라에 태어나, 이 땅에 생의 뿌리를 박고 싸워가는 여러분!

또 그만 아니라, 일찍이 여기 태어나서 져야 할 짐을 다 지고, 겪어야 할 시련을 다 겪고, 받아야 할 갚음을 다 받은 다음 근본의 세계로 다시 돌아가, 김처럼, 바람처럼, 햇빛처럼, 전기처럼, 이 천지 사이에 오가며, 이 강산 위에 서리며, 봉우리란 봉우리, 골짜기란 골짜기, 바닷 갈 새, 물 구빌 새, 어느 가지 사이, 어느 풀 포기 밑을, 그리고 어떻게 작고, 어떻게 약한 마음의 갈피 하나라도 아니 돌보는 데가 없는 억만의 혼들!

또 그만 아니라, 형상도 없고 바탕도 아직 없지만, 그 말씀은 이미 받은 것 있어, 미래의 장막 뒤에 서서, 절대의 손이 떠미는 순간을 기다리며 역사의 무대에 나오기만 하면 한 번 눈부신 새 세계를 만들려 조바심에 떨고 있는 억만의 꿈들!

나는 '글'을 쓰려는 것이 아닙니다. '소감'을 말하고 '방안'을 내놓자는 것이 아닙니다. 다만 여러분이 다 보는 앞에서 이 되지 못한 것을 영원의 제단의 불 속에 던져 불꽃으로 살라, 하나님 앞에 제물로 바치자는 것입니다.

그러기만 한다면 거기서 억억만만億億萬萬의 방사선이 폭발되어나가, 그 한 오리 한 오리가 여러분 하나하나의 혼 속에 다 들어가 거기서 또 불이 일어나 다 한 불로 붙을 것 같습니다. 나는 그것을 믿습니다. 그래서 하는 기도입니다. 그 기도가 이제 이루어지지 않아도, 그 방사선이 알아볼 수 없이 미미한 것이어도 반드시 가 닿는 데가 있고, 천 년, 2천 년 후에 가서도 꼭 이루어지고야 말 것을 믿습니다. 그러므로 하는 하소연입니다.

그러나 내가 불지르고 싶은 것은 여러분의 혼이지만 또 이 나의 혼에 불을 질러주는 것도 여러분의 혼의 방사선 아니겠습니까? 여러분의 가슴을 내놓고 또 하나님의 제단이 따로 어디 있겠습니까? 내가 기도하는 것은 여러분의 기도의 파동이 모여왔기 때문이요, 내 심장이 뜨거워진 것은 여러분의 가슴이 탔기 때문입니다. 그래서 하는 간구입니다.

정신은 스스로 방안과 노선을 낳습니다

우리 나아갈 길은 오직 한 길밖에 없습니다. 비폭력혁명의 길입니다. 그것은 참입니다. 누구나 어떤 일에서나 지켜야 할 진리입니다. 영원한 진리가 이 시대의 나아갈 길로 우리 앞에 나타난 것이 곧 이 비폭력의 길입니다. 이날까지 이 역사를 이끌어온 것은 폭력주의였습니다. 그 결과 세계는 오늘에 보는 것같이 어지럽고 참혹하게 되었습니다. 이제 그것이 더 나아갈 수 없는 막다른 골목에 빠졌습니다. 그것은 당연한 일입니다. 그것은 참이 아니요 거짓이기 때문입니다. 그러므로 이제 우리 생각과 행동과 살림을 근본적으로 전체적으로 고치지 않으면 아니 되는 대목에 이르렀습니다. 그러므로 이것은 혁명의 길이라는 것입니다.

많은 사람들이 방안을 묻고 노선을 찾습니다. 그러나 아무도 대답 못할 것입니다. 있다면 다만 하나 비폭력의 혁명이 있을 뿐인데, 그것을 하지 않는 한 모든 생각, 모든 노력은 쓸데없는 것입니다. 그들이 방안을 묻고 노선을 찾는 심리 밑에는 지금 있는 것을 될수록 놓지 말자는, 아껴보자는 애착이 있습니다. 그러나 이 시대는 그것을 허락할 수 없게 되었습니다. 무정해서가 아닙니다. 잔혹한 운명이어서가 아닙니다. 그럴 수밖에 없는 역사적 필연이기 때문입니다. 누가 그 필연을 일으켰습니까? 역사 자체입니다. 생명 자신입니다. 생명이기 때문에, 살았기 때문에, 자라는 것이기 때문에, 발전이기 때문에, 의미를 채우지 않으면 아니 되는 것이기 때문에 그렇습니다.

　살아 있기 때문에, 보존이기 때문에, 유지維持기 때문에, 뜻을 지켜야 하는 것이기 때문에, 있는 것을 될수록 아끼자는 것은 당연한 일일 것입니다. 그러나 그것은 생명의 겉입니다. 속은 아닙니다. 속은 정신입니다. 무한히 자라고 무한히 번져나가는 정신입니다. 그 정신은 끊임없이, 아낌없이, 자기를 지켜주는 껍질을 잡아 젖힘으로만 살아나가는 생명입니다. 어떤 파수꾼도 영원히 지키는 수는 없습니다. 지키다가는 물러나야 지킴이 되지, 물러날 줄을 모르고 영원히 지키려면 그것은 지킴이 아니고 가둠이요 죽임입니다. 모든 있음〔存在〕은 그 속에서 피어나오는 정신에 자기를 양보해서만 생生에 참여할 수 있습니다. 사라짐으로만 살아질 것입니다.

　오늘까지의 모든 제도 모든 문명은 힘이라는, 그리고 그것은 따져 들어가면 결국은 폭력이 돼버리는, 그 힘이라는 못에 걸린 옷들이었습니다. 이제 그것이 아무리 찬란해 보여도 몸에는 해가 되고 활동을 할 수 없이 만드는 갑옷이 돼버릴 수밖에 없으리만큼 역사의 아기는 자랐습니다. 이제 이 현대의 불합리, 불의의 고민을 느끼면서도 오히려 무슨 방안이 없을까, 어느 노선이 나을까 하는 것은 열다섯이 다 됐는데 아직 소년복을 아니 벗으려는 청년과 마찬가지로 어리석은 생각입니다.

이제 그 당당한 듯한 쇠못이 삭아 떨어지는 날이 옵니다. 쇠는 굳지만 쇠기 때문에 아니 삭는 재주가 없습니다. 그 못이 한 번 부러지는 날 찬란은 찬란이 못 될 것입니다. 떨어만 지면 곧 진탕 속이요 역사의 풀무 속입니다. 못이 벌써 다 삭았습니다. 핵실험을 하느니 못하느니 하는 것은 그 못이 다 삭은 줄 알아서 하는 말 아니겠습니까? 인제사 따라가며 핵실험하는 것을 자랑처럼 아는 것은 그 삭은 못을 다시 박자는 어리석음 아니겠습니까? 아마 삭은 못의 제 목숨도 다 못 채우고 더 빨리 부러지게 만들 것입니다.

중공中共은 그 역할을 하러 내세운 것인지도 모릅니다. 역사의 무대에서 제 소임을 정말 알고 하는 배우는 퍽 드물 것입니다. 그러나 그것을 보고 있는 관중은 그 뜻을 다 알아야 합니다. 조금만 있으면 희극이 돼버릴 그 행동을 보고 겁을 집어먹고, 자기를 잃고 어쩔 줄을 모르며, 심지어는 그 희극 배우의 뒤에 가서 숨어볼까 하는 생각까지 하는 것은 무엇입니까? 그 희극 배우보다도 더 우스운 불쌍한 사람입니다.

방안이 결코 방안이 못 되며, 노선이 결코 노선이 아닐 것입니다. 있을 수 없습니다. '새 것'이 오기 때문입니다. 새 것 앞에는 계급이 없습니다. 선택도 없습니다. 낡은 것에다 점수를 주고 있는 것은 저도 낡은 것입니다. 그것이 나를 건질 수는 없습니다. 정말 살리는 것은 새 것 곧 새롬인데 그 새롬 앞에는 모든 있는 것이 평등한 무無로 돌아가고 맙니다. 마치 새 싹이 날 때면 모든 묵은 잎, 묵은 꽃은 다 일색으로 썩은 거름이 되는 것과 마찬가지입니다.

그렇게 해서만, 그렇게 무에 돌아가서만 저들은 새 것을 도울 수 있고, 그렇게 새 것 속에 죽어서만 저들은 새 생을 받을 수 있습니다. 무는 무의미입니다. 의미가 없기 때문에 무로 가는 것입니다. 의미를 있고 없게 만드는 것은 때입니다. 시대입니다. 힘의 철학, 폭력의 정치 속에서 잎이 되고 꽃이 됐던 것 중에 이제 의미 있을 것이 하나도 없습니다. 그러므로 거름 속에서 귀천을 가릴 것이 없는 것같이, 이 지나가려는 시대의 생각과 기술 속에 쓸 것이 있을 리 없습니다. 그러므로 근본적인 혁명이어야 한다는 것입니다.

낡은 잎, 낡은 가지를 크고 작음을 물을 것 없이, 곱고 미움을 봐줄 것 없이, 무자비하게 한데 묶어, 불 속에 던지어 깨끗한 재로 만들어 거름으로 묻는 농꾼만이 새해를 맞을 수 있듯이 낡은 사고방식 속에서 방안 찾기를 그만두고 낡은 정치기술 속에서 노선 고를 생각을 버리는 국민만이 새 시대의 주인이 될 것입니다. 새 것은 방안도 아니요, 노선도 아니요, 정신입니다. 정신은 스스로의 방안과 노선을 낳습니다. 아무도 모릅니다. 나올 아기의 생김새와 성격을 미리 그려가지고 아기를 낳는 아버지나 어머니는 없습니다. 이 의미에서 워즈워스[1]의 말은 옳습니다.

아이는 어른의 아버지더라.

The Child is the Father of the Man.

아이가 누굽니까? 혁명정신, 새로운 말씀의 얼입니다. 어떤 사태가 벌어져도, 어떤 결과에 빠지더라도, 어떤 운명을 당하더라도, 상관 아니할 결심을 하고, 다만 있으면 죽는다는 경고를 믿고, 모든 소유와 이웃을 장망 성 속에 버려두고, 어딘지 모르고 그저 앞으로 앞으로 달아만 나는 돌같이 모험을 하는 것이 정말 혁명입니다.

그렇습니다. 혁명은 믿음이요, 믿음으로 혁명이 될 것입니다.

1) 워즈워스(William Wordsworth, 1770~1850): 영국의 낭만파 시인. 기교적 시어를 배척하고 소박하고 친근한 언어를 구사했다. 위의 시는 「My Heart Leaps up」의 한 구절이다.

가만있는 국민은 망합니다

나는 이제 이것을, 비폭력혁명이 필연적이라는 것, 이 밖에 다른 길이 있을 수 없다는 것을 세 가지로 설명해보렵니다. 첫 번째는 우리나라 안의 일로, 두 번째는 다른 나라에 대한 관계로, 세 번째는 세계 전체의 일로.

먼저 우리나라 안의 일. 우리는 일이 왜 이렇게 어려워졌습니까? 사람마다 절망상태라고 말합니다. 우선 정치를 맡아 한다는 사람들(바로 말하면 맡은 것이 아니지요. 맡긴 사람이 없으니까. 자기네가 억지로 잡아당긴 것입니다. 그러나 국민이 이래 그랬든 저래 그랬든 묵인〔默認〕, 혹은 묵인〔默忍〕, 혹은 인종〔忍從〕, 그보다도 굴종인지 모릅니다만, 하여간 가만있으니 맡겼다고 하는 수밖에 없습니다)의 하는 일부터가 아무 일정한 목표도 원리도 방침도 없습니다. 엉터리 의사 침 주듯 합니다. 되는 대로 식입니다. 그것은 첫째가 무식·무경험을 말하는 것이고, 그다음은 무성의를 말하는 것이고, 더 따져 들어가면 무책임을 말하는 것입니다. 그것은 여러 말 할 것 없이 피차 잘 알고 있는 것이요, 날마다의 신문이 그것을 잘 나타내고 있습니다.

그런데 그보다 걱정인 것은 그 엉터리, 사람 잡는 의사를 보고 아무 말 하는 사람도 없고, 이렇게 하면 그 사람은 살 수 있다, 가르쳐주는 사람이 없는 것입니다. 야당 정치인·신문·잡지·대학교수·지식인들이 하는 소리도 역시 마찬가지로 엉터리 침질이란 말입니다. 모든 사람이 머리를 끄덕여서 그렇다, 과연 그렇게 하면 될 만하다, 하는 말을 하는 사람은 하나도 없습니다. 숨어서 아니 나오는지 모르겠습니다마는, 설혹 숨어 있다 하더라도 바른 말을 아는 사람이 숨지 않으면 안 된다는 것이 바로 큰일입니다.

지난 해 선거 결과가 그렇게 낙착이 된 가장 큰 원인은 "좋다는 것은 아니지만, 그렇다고 더 나은 사람도 없지 않아" 하는 일선의 가슴속에 들어 있는 맥 빠진 기분이었습니다. 이 기분이 아니라면 민중을 속일 수도, 위협할 수도, 매수할 수도 없을 것입니다. 그런데 이 기분은 뭐냐 하면 사회가 전반적으로 난맥에 빠진 증거입니다.

　문제를 그렇게 어렵게 만드는 사회상을 해부한다면 첫째, 문제가 많은 것, 몸의 어느 기관만 아니라 모든 기관이 다 병이 났다는 말입니다. 그리고 둘째는 그 문제들이 서로 한데 얽히었다는 것입니다. 이것을 다스리려면 또 다른 것에 질리어서 이렇게 할 수도 저렇게 할 수도, 어디 손을 댈 수가 없다는 말입니다. 그러므로 각 부분대로 하면 반드시 그 병을 모르는 것도 아니요, 거기 대한 약이 없는 것도 아니지만, 한데 얽혀 난맥에 빠졌기 때문에 쓸 수가 없고, 이 의사의 말을 저 의사가 반대하고 저 의사의 하려는 것을 이 의사가 찬성 아니합니다. 그래서 좀 알고 책임감 있는 의사일수록 말을 아니하게 됐습니다. 그는 그래도 자기 아는 것이 어느 부분에 관한 것이지 전체에 관한 것이 되지 못함을 알기 때문입니다.

　엉터리 의사 침 주듯 하는 정치라 했습니다마는 감히 침을 대는 데가 엉터리인 데입니다. 모르고 무책임하다는 말입니다. 그로 하여금 그 무식·무성의·무책임을 감히 맘대로 하게 하는 것은 무엇이냐 하면 환자 자신의 절망입니다. "나는 어차피 못 살아요" 하기 때문에 그 엉터리가 감히 손을 대지, 만일 그가 정신이 똑똑하다면 감히 그럴 수 없습니다. 자기가 스스로 죽은 사람으로 자처했기 때문에, 엄정히 말해서 자기 스스로가 자기를 내버렸기 때문에, 더 분명히 말해서 정신이 벌써 죽었기 때문에, 남이 감히 죽이려 든 것입니다. 그 엉터리는 죽인댔자 이미 죽은 시체에 침을 놓는 것인 줄 알았기 때문에 감히 무책임해진 것입니다.

　그러므로 나더러 진찰을 하란다면, 이 나라는 사회의 정신적 기반이 썩었습니다. 어떤 크고 훌륭한 건축이라도 터 위에 섭니다. 그러나 터가 만일 꺼진다면 위에 있는 건축은 없을 따름이요, 또 잘 지었던 것도 그대로 있을 수가 없습니다. 우리 사회 전반이 문제투성이란 것은 이 때문이요, 집이 쓰러져가는 것을 보면서도 그것을 쓸어버리고 새로 지을 생각은 못하고 그냥 두고 어떻게 고치지 못할까 하기 때문입니다. "아무가 들어서도 이보다 나을 것 없지 않아" 하는 말은 지반이 왼통 꺼져 들어가고 있는 것을 말하는 것입니다. 그렇게 혁명 의식이 없는 사회는 어떻게 할 수 없습니다. 그 말을 그때에 더구나 대학생들이 많이 했다는 데 나는 놀라지 않을 수 없었습니다. "이보다 더 나을 것이 없지 않아" 한다면 똥구덩이도 그만이요, 무덤도 그만입니다.

그런 소리가 어째 나옵니까? 더구나 젊은이에게서, 젊은이 중에서도 대학생에서? 민족 전체, 국민 전체의 정신이 썩지 않고는 아니 나옵니다. 미국은 어디서 나왔고 소련은 어디서 나왔습니까? 보다 높은 곳, 보다 새로운 것을 향해 자꾸 올라가자는 데서 나왔지, 무엇이 그리 아까워서 "이보다 나을 것은 없지 않아" 합니까? 그것은 아주 자멸하는 생각입니다. 그렇게 말하는 가운데 민족 전체를 아주 업신여긴 것입니다. 지금에 선 사람이 단군이요, 세종이요, 석가나 예수라 하더라도 감히 그렇게 민족의 장래를 잘라 말은 못할 것입니다. 보다 낫기를 추구하는 정신 앞에는 끊임없는 향상·발전이 있을 것입니다. 그러나 현재보다도 못할까 걱정하여 거기 달라붙은 버러지 앞에는 지옥이 있을 뿐입니다.

정신은 본래 가만 아니 있는 것입니다. 죽은 물질로 되는 건축은 가만있는 것이 그 토대가 되지만, 살아 발전하는 생명의 역사의 토대가 되는 것은 반대로 한순간도 가만 아니 있는 것이어야 합니다. 여기가 잘못 알기 쉬운 곳입니다. 가만있는 국민일수록 망합니다. 가만 아니 있는 국민일수록 발전합니다. 그러므로 정신은 본래 혁명적입니다. 우리가 살아나가려면 강한 혁명을 일으켜야 합니다.

무엇으로 국민적 감격을 일으킵니까

그러면 그 정신을 어떻게 하면 일으키느냐가 문제입니다. 방안노선을 찾는 사람도 그래서 찾는 것입니다. 그러나 위에서 말한 대로 방안노선을 찾는 심정을 가지고는 그것은 못합니다. 왜 못합니까? 방안노선을 찾는다는 것은 결국 사람 중에서 사람을 고르고, 일 중에서 일을 가리자는 말입니다. 그런데 시대를 새롭게 하는 정신, 죽을 수밖에 없는 데서 살아나는 정신은 그 심리, 그러한 마음의 태도를 가지고는 못 찾아내기 때문입니다.

누구를 선하고 누구를 악하게 보는 것은 구체적 테두리 속에서 하는 생각입니다. 그러므로 당파적입니다. 거기는 아무리 도덕이 있어도 큰 도덕이 못 되고 작은 부분적인 도덕입니다. 한 사회가 말이 못 됐다는 것은 작게 보면 누가 옳고 누가 그르겠지마는 요컨대 거기서는 도덕이 전체의 도덕이 못 되고 어느 계급, 어느 부분의 도덕이 됐다는 말입니다. 그러므로 내부 분열이 일어난 것입니다. 모든 사회문제는 결국 통일이 깨진 것으로 말할 수 있습니다.

그러므로 어지러워진 사회를 구하려면 새 도덕 전체를 다 포함하는 새 도덕이 나와야 합니다. 거기서는 누가 선하고 누가 악한 것이 없습니다. 악하다면 다 악한 것이고 선하다면 다 선한 것입니다. 낡은 체제에 속한 한, 너도 나도 다 악합니다. 망국 안에 선인善人이 있을 수 없습니다. 그러나 새 시대를 짓자는 혁명정신을 가지는 한 다 선합니다. 이것이 예수의 도덕이요, 석가의 도덕입니다. 그러므로 그것으로 세상을 건질 수 있었습니다.

정말 세상을 건지는 도덕은 일시동인一視同仁2)입니다. 그러나 인仁은 인야人也라, 일시동인은 곧 일시동인一視同人입니다. 잘못된 사회일수록 사람에 차별이 많습니다. 선은 어느 특정의 사람, 특정의 주의·사상만이 가지고 있습니다. 우리 사회가 이렇게까지 정신적 기반이 말이 못 된 것은 차별주의·당파주의 때문입니다. 그러므로 이제 이 사회를 건지는 것은 새 도덕입니다.

2) 一視同仁: "모든 사람을 하나로 보아 똑같이 사랑한다." 당나라의 한유(韓愈)가 쓴 「원인」(原人)에 나오는 구절이다.

노선이 분명하고 방안이 자세한 것으로 하면 공산주의에서 더한 것이 어디 있겠습니까? 그러나 그것이 세상을 건지느냐 못 건지느냐는 세계의 모양을 보면 알지 않습니까? 이제 그들이 세계혁명의 이상을 잃어버린 지 벌써 오랩니다. 그것은 그들이 당파주의에 빠졌기 때문입니다. 본래 당파주의에서 나온 것입니다. 그들의 강점은 그 이론을 강요하는 것과 당의 순수를 위해 숙청을 무자비하게 하는 데 있는데 그것은 다 당파주의입니다. 힘의 철학을 기반으로 하는 낡은 체제에 속하는 것입니다. 오늘 세계의 어지러움은 이 이상 그 거짓말에 속을 수 없다는 인간의 반항 때문에 나오는 것입니다. 예를 공산주의로 들었습니다마는 자유주의도 그 점에서는 오십보 백보입니다. 그것도 힘의 철학에 속하기는 마찬가지입니다. 민주주의라 하지만 다수가결을 최고의 방법으로 하는 한 그것도 가장한 폭력에 지나지 않습니다.

노선 방안을 아무리 많이 꾸며도 따지고 들면 결국 좌左 아니면 우右일 것입니다. 우리 문제를 해결하는 것은 그 어느 것도 아닐 것입니다. 그보다는 보다 높은 자리에 서는 전연 새로운 세계관, 새로운 인생관, 새로운 윤리, 새로운 종교가 나와야 할 것입니다. 그것을 우리가 당한 이 시대의 말로 할 때 비폭력입니다. 비폭력이라니 단순히 주먹이나 무기를 아니 쓴다는 말이 아닙니다. 그것은 너 나의 대립을 초월한 것입니다. 차별상差別相을 뛰어넘은 것입니다.

그러므로 인류 역사상 이것을 처음으로 큰 규모로 실행했던 간디는 이것을 참, 곧 진리파지라 불렀습니다. 여기는 인격의 차별이 없는 것은 물론, 인축人畜의 차별조차도 없습니다. 생에 대한 절대의 존경을 그 도덕의 토대로 합니다. 그러므로 사람에서 버릴 사람이 없습니다. 그것은 모든 사람 속에서 불멸의 영성을 보는 것이요, 그것을 불러내자는 운동입니다. 그러기 때문에 다 죽은 것 같던 민족에서 새 창조가 나올 수 있었습니다.

다른 나라는 또 그만두고 우리나라는 이 정신이 아니고는 살아날 수 없습니다. 총을 들면 누구를 죽이겠다는 말입니까? 실지로 쐈거나 안 쐈거나간에, 한 번 총을 들었을 때 벌써 누군가를 죽인 것입니다. 악인이어서 죽입니까? 나를 반대한다고 어째 악인입니까? 작용이 있으면 반드시 꼭 같은 반작용이 있는 법입니다. 그것으로 사회를 선하게 만들 수 없습니다.

경제부흥이라지만, 그것을 위해 외국에 빚을 얻는다지만, 그것으로는 경제부흥 아니 될 것입니다. 부흥에 절대 필요한 것은 국민의 전체적인 감격입니다. 그러나 무엇으로 국민적 감격을 일으킵니까? 어리석은 사람들은 총으로 위협하며 일어나라 하지만 절대 아니 될 것입니다. 사람은 자기를 사람으로 대접해주는 때야만 감격합니다. 그것이 3·1운동이요, 4·19였습니다. 3·1운동은 소위 지사志士라는 사람들이 첨으로 옛 생각을 버리고 민중을 무조건 믿고 대접한 것이요, 한국 민족이 자기를 압박하는 일본을 사람으로 대접한 것입니다.

사람은 사람 대접을 받을 때, 또 그보다도 남을 사람으로 대접할 때 자기 속에 정말 고상하고 강한 정신의 힘이 솟는 것을 느낍니다. 4·19는 학생들이 악을 제해버리기 위해 악을 짓는 사람이 되지 않고 그 악의 결과를 자기들이 그 값으로 죽겠다고 일어선 것입니다. 실지로 총을 맞았거나 아니 맞았거나, 이미 그 각오를 하고 일어섰을 때 벌써 그 목숨은 전체의 제단에 바친 것입니다. 그러므로 전 민중은 가만있지 못했습니다. 그러므로 악의 세력은 스스로 물러갔습니다.

그러나 5·16에는 어쨌습니까? 민중이 조금도 감격하지 않았습니다. 그러므로 그 자칭 혁명은 첨부터 실패할 것이 뻔했습니다. 왜? 그들은 총을 들었습니다. 자기는 옳고 반대자는 죽어 마땅한 죄인이란 말입니다. 그것은 혁명이 아닙니다. 파쟁입니다. 그것으로 국민정신은 터럭만큼도 올라간 것 없었습니다. 여지없이 저하됐습니다. 오늘의 이 어려움, 이 혼란의 원인은 그러한 정신적 학살에 있습니다.

이제라도 살려면 전체, 그렇습니다, 한 사람도 아니 뺀 전체 운동이 일어나야 합니다. 누가 하는 것 아닙니다. 99퍼센트라도 전체가 아닌 담엔 당파입니다. 그러면 반작용이 일어납니다. 사람은 단 하나가 죽어도 억만 군軍의 공功을 무의미, 무가치한 것으로 만듭니다. 지난날은 또 모르겠습니다. 적어도 이 앞의 세계는 그럴 것입니다.

전체가 일어나는데 무력이 무슨 소용이 있습니까? 강제가 어디 필요합니까?

새로운 이상이 있을 때

나라란 무엇입니까? 악과 싸워가자는 것입니다. 국민의 생명재산이라 안녕질서라 하지만 그 생명이라 재산이라 안녕질서라 하는 것은 그저 가만히 먹고 살아가는 것만 아닙니다. 악과 싸우는 생명이요, 재산이요, 안녕이요, 질서입니다. 악을 물리치지 않고 그것들은 있을 수 없습니다. 그것은, 인간은 도덕적 존재이기 때문입니다. 사람의 사람 된 점은 윤리에 있습니다. 윤倫이란 사람을 사람으로 보는 일입니다. 사람이 '나'로서 자각을 하고 자아의식을 가질 때 그것은 벌써 어떤 가치추구의 존재입니다. 그저 사는 것이 아닙니다. 어떤 목적을 실현하기 위해 사는 것입니다. 그것이 인격입니다.

그런데 그 인격은 반드시 어쩔 수 없이 다른 자아 곧 다른 인격을 봅니다. 윤倫이란 다른 사람을 그와 같이 나와 마찬가지로 가치를 추구하는 인격으로 보는 것입니다. 인류 곧 사람의 무리입니다. 사람을 사람으로 대접하는 것을 모든 행동의 표준으로 삼고 살자는 것이 윤리입니다. 그런데 사람은 사회생활을 하는 것이므로 사람의 윤리적인 목적을 실현하려면 반드시 모든 자아를 포함하는 유기적인 전체가 있어서만 될 수 있습니다. 사람의 그러한 자각이 실현된 것이 나라라는 것입니다. 사람은 나라 안에서만 사람 노릇을 할 수 있습니다.

사람의 그러한 살림에 방해되는 것이 악입니다. 그러한 힘의 가장 낮은 것을 말하면 사나운 짐승, 독한 풀을 예로 들 수도 있습니다. 사실 옛날의 사회는 우선 그런 데서 발달했을 것입니다. 그러나 그것은 비교적 쉽습니다. 그것은 그것들과 사람 사이에는 같은 인격을 볼 수 없기 때문에, 즉 윤倫이 아니기 때문입니다. 높은 사상에 올라가면 그렇게 보자는 것도 있습니다. 비폭력의 윤리는 그런 것이다 할 수 있습니다. 그러나 보통으로는 윤리는 사람 사이에만 있습니다. 그러므로 맹수·독초가 사람에게 해가 되어 그것과 싸울 때에도 문제가 그리 어렵지 않습니다. 보통 말로 하면 동물·식물에는 선악을 가져다 붙일 수 없습니다. 그러므로 죽여도 비교적 어려움 없이 죽일 수 있습니다.

그러나 사람에 오면 문제가 쉽지 않습니다. 악을 하는 것도 사람이기 때문에 악을 제하려면 그것이 또 악이 되어버리기 때문입니다. 사람도 아주 옛날 자기와 다른 종족에게 인격을 인정할 줄 모르던 때는, 내가 해가 될 때는 짐승이나 마찬가지로 죽여도 거의 문제가 아니 됐습니다. 그래서 태고 시대에는 부족 사이에 전쟁을 하면 대적은 다 죽여버렸고 조금 내려와 인간 노동력이 필요한 시대에 오면 종으로 살려두고 짐승처럼 부려도 괜찮았습니다. 이상국理想國을 그리는 플라톤조차 노예를 인정했던 것을 생각할 필요가 있습니다.

그러나 사회가 발달하면 다른 부족도 사람으로 볼 수밖에 없습니다. 그러면 도덕이 달라질 수밖에 없습니다. 거기서 좀더 나아가면 민족에까지 나아갑니다. 최근까지 정의의 표준은 민족이었습니다. 내 민족을 위하는 것이 정의요, 내 민족에 대립하는 다른 민족은 무조건 불의였습니다.

그런데 지금은 그 테두리가 깨진 시대입니다. 아직 옛 생각이 완전히 가시지 못한 데가 있으나 지금은 민족이 곧 정의가 될 수 없다는 것은 다 알고 있습니다. 그와 같이 내 민족을 도덕의 표준으로 삼아서 즉 사람이 사람 노릇은 민족국가 안에서 충분히 할 수 있다, 그 안에서야만 할 수 있다, 생각했던 것이 국가주의입니다. 지금은 그 국가관이 깨지기 시작한 시대입니다. 사람의 생활이 훨씬 넓어져 국경

밖을 나갔기 때문입니다. 이제 전쟁으로는 정의를 세울 수 없음이 분명해졌습니다.

우리나라는 어떤 나라냐? 이 전환기에 희생이 되는 나라입니다. 우리는 남들이 국가주의를 열심히 실행할 때에 떨어져서 강력한 근대 국가를 못 세웠습니다. 그 까닭으로 이제 이 변하려는 시대의 격랑 속에서 큰 나라의 맞부딪치는 틈에서 고생을 하는 것입니다. "고래 싸움에 새우 등 터진다"는 격언 꼭 그대로입니다.

우리는 우리나라를 위협하는 악과 싸워야 합니다마는, 가장 요긴한 것은 그 악이 어떻게 된 악이냐 하는 것입니다. 원시인류가 당했던 것같이 그 악이 맹수·독초라면 문제없을 것입니다. 이족異族은 사람이 아니던 시대 같다 해도 문제없습니다. 다른 민족은 다 오랑캐던 시대라 해도 괜치 않을 것입니다. 그런데 지금은 적국이라도 오랑캐라 할 수 없는 시대입니다. 그렇게 해서 문제가 해결이 아니 됩니다. 씨족시대에 오면 이성異姓도 다 내 형제로 알아야 하던 것같이 지금은 다른 나라, 다른 민족도 나와 한가지 운명을 같이하는 사람으로 알아야만 하게 됐습니다.

그런데 사실은 우리가 사는 오늘의 국가체제는 아직 옛날 국가지 상주의 시대의 그대로입니다. 거기 현대의 고민이 있습니다. 강대국은 문제를 당하여도 그것을 역외域外로 한때 떠밀 수가 있습니다. 마치 잘 사는 사람은 같이 더러운 도시에 살아도 터를 넓게 잡고 담을 쌓아 그 더러운 것을 담 밖으로 내미는 것과 마찬가지입니다. 그러면 그 쓰레기는 가난한 사람이 당하게만 마련입니다. 이제 우리나라 신세는 그것입니다. 그래서 나는 우리나라 신세를 갈보라, 하수도라, 쓰레기통이라 하는 것입니다.

우리가 당하는 악이 뭣이냐? 바로 이 떠밀어 넘기는 것입니다. 옛날에는 그것이 국가 정의였습니다. 그러나 이제는 불의요, 악입니다. 대국은 그것을 스스로 지려 하지 않고 남에게 떠넘깁니다. 그것이 동서진영 대립이요, 38선이요, 유엔입니다. 문제는 이것을 어떻게 근본적으로 해결하느냐 하는 것입니다. 그러지 않는 한, 새 시대는 아니 올 것입니다. 대국은 책임전가를 하고 있느니만큼 그 해결을 못할 것입니다. 그러기 때문에 내 주장은 이 시대적인 문제는 대국이 아니라 약소국에서 해결되어야 한다는 것입니다. 내가 우리나라를 세계사에서 역사적 메시아라는 이유는 여기 있습니다.

그러므로 우리의 외교원리는 지금까지 있던 그 정치철학으로는 아니 됩니다. 즉 힘의 철학, 부국강병주의로는 세력균형주의로는 아니 된단 말입니다. 38선의 역사철학적 의미는 거기 있습니다. 여기서 새 국가관, 새 정치철학, 새 문명의 원리가 나와야 한다는 것입니다.

그러므로 이것은 폭력주의로는 아니 됩니다. 요새 떠들어대는 통일론처럼 우스운 것은 없습니다. 정치업자들이 자기네의 죄를 가리기 위해, 그리고 국민의 눈을 가리우고 죄를 더 짓기 위해 하는 무책임한 정치적 구호인데 이 어리석은 국민이 또 세상도 모르고 거기 호응해서 떠드니 말입니다. 뻔하지 않습니까? 다른 나라에 빚 얻으러 가기에 바쁜 사람들이 무엇으로 통일을 합니까.

정치는 힘이라는데 실력 없이는 아니 될 것입니다. 무엇이 실력입니까? 옛날에는 무력을 가르쳤는데 지금은 위에서 말한 대로 결코 무력으로 될 수 없습니다. 이번 통일 파동에 다 우습지만 하나만은 옳은 것이 있습니다. 무력통일은 있을 수 없다는 것만은 분명해졌습니다. 우리는 중공의 핵실험을 아니 보고도 벌써 38선이 생기던 당시부터 무력으론 아니 된다고 했습니다. 무력이 무력화無力化하노라고 생긴 것이 38선인데 어찌 무력으로 그것을 없앨 수 있겠습니까?

실력은 우선 경제 실력입니다. 배가 고픈 국민이 통일을 어떻게 합니까? 이제라도 통일하고 싶으면 통일방안 토론보다 어서 국민생활을 충실하게 하도록 해야 할 것입니다. 생활이 충실 못 되면 아무리 유엔이 감시한다 해도 정당한 투표가 될 리가 없습니다. 경제의 뒷받침 없는 자유는 자유가 아닙니다.

그러나 그보다도 중요한 것은 정신의 실력입니다. 어떤 위협이나 유혹이 있어도 넘어가지 않을 만한 정신이 서 있어야 합니다. 경제의 부흥, 생활의 충실도 이 혼의 힘이 있어야 합니다. 그 국민정신을 어떻게 일으켜 세우느냐가 문제입니다. 국가이념 없이 국민정신이 어떻게 일어섭니까? 이 국민이 이념이 있습니까? 국민은 위대한 것을 보기 전에는 정신을 일으키지 않습니다.

그러나 위대가 무엇이 위대겠습니까? 강대국의 뒤를 따라가며 그 후진後塵을 무릅쓰는 소위 후진국 의식을 가지고는 국민정신은 절대 일어서지 못합니다. 앞서야 합니다. 역사의 앞장을 설 때에야만 국민의 가슴은 부풀어오르는 법입니다. 내가 항상 '우로 돌아 앞으로' 해야 된다는 것은 이것입니다. 무엇이 우로 돌아 앞으로입니까? 지금 있는 강強을 강強으로 보지 않고 지금 있는 진보를 진보로 여기지 않는, 새 세계관, 새 종교 아니겠습니까?

비폭력혁명으로야 된다는 것은 이 때문입니다. 우리들은 저것들을 그 방향, 그 노선대로 따라가서는 도저히 이길 수 없습니다. 저것들이 하듯이 경쟁하고 남을 미워하는 도덕으론 도저히 저들보다 강해질 수 없습니다. 역사의 방향을 전적으로 돌려야 합니다. 혁명은 언제나 떨어진 놈, 압박받은 놈이 합니다. 그러나 지난날 혁명은 같은 것의 되풀이였습니다. 참 혁명이 아닙니다. 이긴 자도 진 자도 없이 전체를 다 불러넣는 새 나라야만 할 것입니다.

이렇게 지치고 자포자기에 빠졌지만 '세계혁명'이라는 이상을 보여주면 일어섭니다. 언제나 혁명의 선봉은 무뢰한이 섭니다. 새 이상이 있을 때 낡은 죄 문제 안 됩니다.

대립이 없는 하나의 세계

오늘 세계의 특색은 세계적인 데 있습니다. 위에서 말한 모든 근본적인 변동은 사실 이것 때문에 나오는 것입니다. 무슨 세계적 회합이 그리 많습니까? 정치만 아니라, 문화의 각 부문에서 세계적 연구·타협·절충·협상·실행의 모임이 날마다 몇 개씩 겹쳐 있습니다. 그리고 그 회원을 보면 옛날에 삼 거두 사 거두가 모여서 세계의 국민은 알지도 못하는 동안에 지도를 이리 긋고 저리 긋던 때와 달라, 전에는 이름도 모르던 조그마한 나라에서 모두 옵니다. 그것은 무엇을 말하는 것입니까? 세계가 한살림이 됐다는 것밖에 다른 것 아닙니다.

역사를 내리 살펴보면 사람의 생활권이 늘 확대되어왔습니다. 거기 따라 사람의 속을 보면 그 정신의 세계가 점점 깊어갔고 넓어갔습니다. 그러는 동안에 도덕의 표준도 점점 높아갔습니다. 그러므로 시대가 변천하면서도 늘 전대前代를 미루어 후대後代를 짐작할 수 있었습니다. 그래서 역사적 법칙이라 원리라 하는 점을 생각할 수 있었습니다. 그러기 때문에 그것은 진보발전이기는 하면서도 한 가지 식式을 가졌다 할 수 있었습니다. 그 근본적인 구조는 거기는 늘 대립이 있었다 할 수 있습니다. 부족部族 대 부족, 봉건군주 대 봉건군주, 민족 대 민족, 제국 대 제국의 식입니다. 그러므로 그 사이에 있어서 사람을 이끌어가는 생활철학은 그 범위의 차가 있을 뿐이지 그 근본은 같은 것이라 할 수 있었습니다. 집에서 하던 효도를 미루면 봉건군주 밑에서 충忠을 할 수 있었고, 그것을 또 미루어 확대하면 민족애가 될 수 있었습니다.

그런데 이번에는 그것이 없어집니다. 세계는 어차피 하나지 대립하는 또 다른 세계가 있을 수 없습니다. 설사 우주에 어디 다른 세계가 발견이 된다 하여도 거기 있는 인류(그렇게 가칭합시다)가 우리와 같은 구조의 생명일 수는 없을 터이므로 그 관계는 여기서 그동안 같은 인류끼리 하던 것과 다를 수밖에 없습니다. 그러나 그것은 알 수 없는 일이고 지금 우리가 당한 것은 대립이 없는 하나의 세계입니다.

그러면 문제입니다. 지금까지는 모든 것이 대립이기 때문에, 나와 같으면서도 다른 존재가 서로 맞서는 것이기 때문에 모든 발전의 원동력이 경쟁에 있었습니다. 경쟁이기 때문에 이기기 위하여는 수단 방법을 아니 가렸습니다. 지금까지 정치철학에서 금과옥조로 믿어

오는 "힘에는 힘으로"라는 표어도 여기서 나왔습니다. 사실 지금까지는 인간활동의 모든 면에서 경쟁을 장려해왔습니다. 그래서 어떻게든지 이기는 것, 앞서는 것이 덕德이요, 선善이었습니다. 그것은 개인에서나 단체에서나 마찬가지입니다.

그런데 이제 세계가 하나가 되면 경쟁하려 해도 경쟁의 대상이 없고, 그때에도 경쟁을 장려하면 내분이 일 수밖에 없습니다. 그것은 역사의 역행입니다. 이래서 세계의 장래를 진실히 생각하는 사람 중에도 세계가 하나되는 것을 찬성 아니 하고 또 그렇게 될 수 없다고 보는 사람도 있습니다.

그러나 만일 세계가 정말 하나되는 데 실패하면, 그러면 인류의 장래가 어떻겠느냐 하면 그것은 누구나 같이 다 비관입니다. 이날까지 경쟁주의를 고조해온 결과 여기까지 왔으나, 만일 나라들이 이때까지 있던 그 철학을 가지고 나가면 전쟁은 어쩔 수 없이 또 있을 터인데 다시 전쟁이 일면 인류의 운명이 어떨 것인지는 이제 상식으로 이야기하고 있지 않습니까?

인도를 배워야 합니다

그러므로 전쟁은 반드시 없어져야 합니다. 비폭력철학은 이 때문에 필요합니다. 지금까지 모든 폭력주의자들이 전쟁을 정당화하기 위하여 내세운 것은 생존경쟁은 자연법칙이라는 것이었습니다. 그러나 여기에 대한 생각이 근래는 달라졌습니다. 그것은 역시 이미 있는 폭력주의를 변호하기 위하여 만들어낸 철학이지 생존경쟁이 결코 생물계를 지배하고 있는 법칙이 아니라는 것입니다. 그런 면도 있지만 사실 생물의 생존발전의 원리가 되는 것은 경쟁보다는 도리어 서로 돕는 힘이라는 것입니다. 이런 점은 근래는 독단적이 아니고 퍽 과학적으로 연구되어나가는 것입니다.

그러므로 지난날의 생존경쟁의 철학을 믿을 필요는 없습니다. 또 설혹 그것이 식물계나 동물계에 있다 하더라도 그렇다고 곧 인류에까지 적용하는 것은 잘못입니다. 인류는 동물에서 진화되어서 온 것은 사실이지만 인간의 인간된 점은 동물과 공통한 데보다는 그와 다른 점에 있을 것입니다. 그리고 그 다른 점이 뭐냐 하면 곧 자기를 희생하면서도 하는 사랑입니다. 그러기 때문에 인류는 신체구조에 있어서까지도 폭력적이 아닙니다.

이제 세계사는 전에 못 보던 큰 변화를 하지 않으면 아니 됩니다. 보다 높은 가치의 문명이 나와야 할 것입니다. 그런 의미에서 비폭력주의는 얼핏 보기에는 거의 공상같이 보이는 점이 있으나, 이 역사적 통경通景을 내다보는 자리에서 볼 때 크게 의미 있습니다. 그리고 결코 공상이 아닙니다. 역사상에 실증이 있습니다. 개인의 경우에 비폭력의 사랑이 높이 평가받는 것은 벌써 몇천 년 전부터의 일입니다. 그러나 문제가 단체에 이르면 그렇지 않아서 지금까지는 폭력을 쓰는 것을 조금도 의심하지 않았습니다. 그러나 인류 5천 년의 역사는 폭력으로 악은 제거되지 않았다는 것을 보여줄 뿐입니다. 그 반면에 이때까지 단체에 있어서는 거의 상상조차 못하던 비폭력항쟁이 가장 힘 있는 방법이라는 것이 차차 분명해졌습니다. 그중 가장 큰 것이 간디의 사티아그라하 운동입니다. 사실 이번에는 그 이야기를 하자던 것이 그만 다른 말만 길어졌으므로 부득이 다른 기회로 미루는 수밖에 없습니다마는 한 가지만 말하고 싶은 것이 있습니다. 그것은 우리가 인도印度를 연구해야 된다는 것입니다.

우리나라 일, 더구나도 정치에 한심하고 우스운 일이 많지만, 그중에서도 심한 것은 인도를 대하는 태돕니다. 인도에 대해 어째 그렇게 무지하고 무관심하고 무정할까? 동류상종同類相從이라, 그 사람을 알려면 먼저 사귀는 친구를 본다. 만일 이것이 진리라면, 그리하여 정치·외교에서도 저와 비슷한 것만을 좋아하는 것이라면, 이 나라는 정말로 우스운 나라요, 한심한 나라입니다.

일본에 대하여는, 그들이 우리 이익을 그렇게 침해하고, 그 태도가 그렇게 건방지고, 그 하는 수단이 그렇게 간교한데도, 이권을 양보하면서, 업신여김을 달게 받으면서, 매국적 소리를 들으면서도 기어이 국교를 열겠다는 사람들이 인도에 대하여는 어째 그렇게 무관심합니까? 일본에 대하여 쓰는 열심의 몇분의 하나라도 인도에 대하여 썼다면 아마 벌써 국교가 열렸을 것이요, 그랬다면 많은 이익을 얻었을 것입니다. 사절을 터키에도 보내고 이집트에도 보내고 아프리카의 신생국에까지 보내면서 어째서 인도와 교통할 생각은 아니 합니까?

드골이 무슨 소리를 몇 마디 했다 해서, 중공이 핵실험을 하나 했다 해서 그렇게 어쩔 줄을 모르고 쩔쩔매 돌아가는 사람들이, 그 드골에 움직도 아니하고 그 중공에 조금도 겁도 아니 내는 인도에 대하여는 어째서 생각을 아니 합니까?

나는 해방되던 때부터 우리는 어서 인도를 알고 인도를 배우고 그와 친해야 된다고 해왔습니다. 앞으로 올 세계의 역사를 생각해서 그랬던 것입니다. 미국도 그 속을 우리가 다 들여다봤다 할 수 있고 소련도 그 속을 우리가 다 들여다봤다 할 수 있으나, 인도는 아직 미지수입니다. 소련과 그 공산주의도 이만하면 세계 역사에서 그 할 역할을 다했다 할 수 있고, 미국과 그 자본주의도 이만하면 그 할 것을 이이상 더 할 것이 없다 할 수 있습니다. 그러나 인도와 그의 비폭력사상은 이제부터 할 것이 있을 것입니다. 동서진영의 대립이라 하지만 그것도 아마 이제는 그 절정을 지났을 것입니다. 대립이 늘 대립으로만 갈 리는 없고, 그중 어느 하나가 강하여 나를 아주 정복해버리는 일은 더구나도 없을 것입니다.

그러므로 우리는 세계사조에 앞장을 서기만 하면 일본과 베트남과 태국과 필리핀과 인도와 쉽게 연결할 수 있을 것이고 또 그리하여 중국에 있는 참으로 깬 양심에 호소하면 역사를 역전시키지 않을 수 있을 것입니다.

더구나 사실 정말 문제되는 것은 민족감정은 아닙니다. 그것을 타고 들어가기 쉬운 폭력주의, 침략주의입니다. 그러므로 비폭력주의를 잘 이해하면 각 민족이 서로 제각기 자기의 특성을 가지면서도 잘 협화協和하여나갈 수 있을 것입니다. 비폭력주의는 서로 경쟁이 아니고 문제가 있는 때에도 자기 희생에 의하여 서로 저쪽의 속에 숨어 있는 좋은 힘을 끌어내도록 하자는 노력이기 때문입니다. 그런데 지금 세계에서 그런 정신을 건국이념으로 하는 나라는 인도입니다. 그러기 때문에 나는 앞날에 있어서 인도의 할 역할이 클 것이라는 것이요, 그러기 때문에 우리 일을 위해서도 세계의 장래를 위해서도 인도를 알고 배우고 손을 잡을 필요가 있다는 것입니다.

• 1965년 1월, 『사상계』 제142호

단식에 앞서 동포에게 드립니다*

나라가 그 어느 때보다 위기입니다

남한 북한에 있는 4천만 겨레 여러분! 우리나라는 지금 아주 어려운 고비를 당했습니다. 본래 파란 많은 고난의 역사인 우리나라지만 이번은 그전 어느 때보다도 더 심한 위기입니다. 까딱하다가는 아주 망해버리고 맙니다. 전에도 부끄러움과 쓰라림의 그 경험이 없었던 것 아니지만, 그랬다가도 다시 일어날 수 있었지만, 재발하는 병이 죽음을 의미하는 모양으로 이번에 또 나라를 지키지 못하면 우리 민족의 그림자는 역사의 무대에서 영 사라지고 말는지도 모르겠습니다. 더구나 그 대적은 우리의 약점을 잘 알고 우리를 속일 줄 잘 아는 옛날의 원수이기 때문입니다.

무엇을 말하는 것입니까? 여러분이 잘 아시는 대로 이 정부가 끝끝내 고집하고 있는 매국적인 한일국교 문제입니다. 본래 이 정권이 사실상 그것의 연장인 군사정권과 일본 제국주의 배출輩出들 사이에 무슨 본질적인 관련이 있는 듯, 그들은 어수선한 정변 초부터 한일회담을 서둘렀습니다. 그렇기 때문에, 그것을 염려했기 때문에, 국민은 처음부터 반대했습니다. 아마 국민의 반대가 없었다면 나라는 벌써

* 이 글은 한일협정비준을 반대하는 단식에 들어가기에 앞서 『동아일보』에 기고한 글이다.

그때에 망해버리고 말았을 것입니다.

그러나 국민이 그렇게 반대했는데도 불구하고 이 정권은 자기네 생명이 거기 달렸으니만큼 갖은 수단과 방법을 다해 국민을 억누르고 그것을 고집하여 드디어 조인을 하는 데 이르렀습니다. 4천 년 넘는 역사를 가지는 문화민족에 4천만이나 되는 국민을 가지면서, 이 민주주의 시대에, 민족의 생존과 정신을 위협하는 굴욕적이요 망국적인 조약인 줄 알면서 그것을 못 막고 조인을 하게끔 두었다는 것은 어디 가 변명할 수 없는 잘못이요 부끄러움입니다.

그러나 일은 아주 절망적이 아닙니다. 다행히 아직도 막으려면 막아낼 수 있는 한 단계가 남았습니다. 국회의 비준입니다. 이것이 이제 우리에게 남아 있는 단 하나의 기회입니다. 물론 어렵습니다. 그러나 의무는 어렵다 해서 피할 수 있는 것은 아닙니다. 병은 죽은 가운데서 살아나는 데 더 큰 기쁨이 있고, 씨름은 깔렸던 밑에서 다시 뒤집고 일어나는 때 더 칭찬을 받는 재주가 있는 법입니다. 우리는 정신을 가다듬어 최후의 일인까지 최후의 일각까지 싸워야 합니다.

의심하는 사람이 있어서 말합니다. 무엇을 가지고 무슨 방법으로 싸우느냐고. 그들은 돈을 가졌는데 우리는 돈이 없지, 그들은 치밀한 조직망을 가졌는데 우리는 헤어진 씨울들이지, 그들은 과학적인 방법으로 선전과 간계를 쓰는데 우리는 소박 솔직한 양심뿐이지, 그들은 만萬으로 헤는 무장한 경찰·군대가 있는데 우리는 아무것도 없지, 무엇으로 싸우며 어떻게 이기느냐 하는 것입니다. 과연 그런 것 같습니다. 그렇게 생각하고 나도 한동안 답답했습니다.

그러나 그렇지 않습니다. 나는 생각하고 생각했습니다. 그런즉 거기 절대 이김의 길이, 훤하게 도리가 있는 것이 보였습니다. 그것은 하늘에서 계시해주신 것입니다. 그것은 서울과 지방 여러 곳에서 일어난 수만의 데모 학생들이 보여준 것입니다. 그들은 몽치와 돌과 구둣발과 최루탄으로 때리고 짓밟고 쏘는데도 겁내지 않고 평화 데모를 했고, 단식투쟁을 시작했습니다.

나는 역사의 명령에 복종합니다

어째서 하늘의 계시라는 것입니까. 누가 가르쳐준 것 없이 바다의 물결처럼 하늘의 회오리바람처럼 일어났기 때문입니다. 대세입니다. 어리석은 압박자들은 학생들이 야심 정치인들의 선동에 넘어갔다, 난동이라 하지만, 모르는 말입니다. 그것은 자기네의 어두운 속을 자증하는 것뿐입니다. 그 일을 누가 명한 사람이 있습니까? 없습니다. 사람이 명한 것 아닙니다. 역사가 명한 것입니다.

그러므로 저희도 모르고 나선 것입니다. 그것은 막아낼 수 없습니다. 압박자들은 그것이 그렇게 무서운 것인 줄 알기 때문에 중학생에게까지 겁을 집어먹고 질러 방학을 하도록 하는 비겁한 조치까지 한 것입니다. 나는 이 역사의 명령에 복종하기로 결심했습니다. 그리고 오늘부터 문제의 해결이 나는 때까지 단식을 하기로 했습니다. 나는 지금까지 내가 생각하여 얻은 뜻을 여러분 앞에 간단히 설명하겠습니다.

첫째, 내 죄를 회개함으로써 내 혼을 맑히기 위해서입니다.

둘째, 다시 한번 진정 겸손한 마음으로 정부 당국에 대하여 정성껏 반성을 독촉해보기 위해서입니다.

셋째, 씨올의 꿈틀거림을 일으키기 위해서입니다.

근본 문제는 내 죄에 있습니다. 국민 여러분, 나는 여러분 앞에 솔직히 고백합니다. 나는 죄인입니다. 기독교 교리에서 보면 십계명을 다 범한 사람이요, 불교식으로 말하면 삼악을 다 행한 만 번 죽어 마땅한 사람입니다. 그러고는 이날껏 나 자신을 속였고 여러분을 속였고 하나님을 속였습니다. 미안한 말입니다마는 그 동안 여러분은 제게 유언중 무언중 민중을 대표한 발언권을 허해주었습니다. 스스로도 바른말을 하노라고 자신하려 했고, 불의와 싸우려고 했습니다. 그러나 내 말은 힘이 없었습니다. 옳은 듯하면서 악을 이기지 못했습니다. 그리고 조인이 된다는 정말 중요한 대목에서는 아무 말을 못했습니다.

잠자고 있는 저들의 혼을 깨워야 합니다

왜요? 탄압하는 힘이 무서워서입니까? 아닙니다. 그것은 걱정이 없었습니다. 그러나 그보다 더 무서운 것이 내 양심을 눌렀습니다. 내가 악을 악인 줄 뻔히 알면서 이길 힘이 없는 것은 나 자신도 같은 악에 매여 있어 내 혼이 빛을 발할 수 없었기 때문입니다. 악의 권세는 폭력에 있고, 폭력을 이기는 것은 뚫려 비치는 혼의 힘만입니다. 그러므로 나는 이제 어둠의 근본이 되는 정욕을 이기기 위해 먹기를 끊고 속의 싸움을 해야 합니다. 그리하여 내 혼을 맑혀 그 본래의 빛을 발하게 하도록 해야 합니다.

그다음 우리의 싸움은 폭력에 있지 않고 정신에 있기 때문에 우리의 목표는 저쪽의 양심에 있어야 합니다. 무기를 저쪽의 손에서 빼앗는 것이 아니라 그들의 가슴속에 갇혀 잠자고 있는 혼을 불러일으키는 것입니다. 아무리 잘못을 행하여도 역시 사랑이요, 우리의 사랑하는 동포요, 나와 하나인 인격입니다. 그들을 죽이는 것이 목적이 아니라 살리는 것이 목적입니다. 그러므로 그들의 양심에 호소하기 위해 불의의 값인 고통을 내 몸에 당하면서 간곡한 충고를 해보자는 것입니다.

그러나 정말 중요한 것은 여러분 민중 자신이 스스로 깨어 일어서는 일입니다. 나 자신의 혼을 맑히는 것도 이 나라를 위해서요, 잘못하는 당국자에게 반성을 간청하는 것도 이 나라를 위해서입니다. 이 나라가 어디 있습니까? 여러분 하나하나가 아닙니까? 나라는 나라 자신이 세우는 것이요, 민족은 민족 자신이 건지는 것입니다. 누가 밖에서 해줄 수 있는 것이 아닙니다. 의도 씨울 스스로의 의요, 죄악도 씨울 스스로의 죄악입니다. 이제 우리가 살아나는 길은 진정한 국민운동에만 있습니다.

사랑하는 동포 여러분, 나는 씨울 중에서도 가장 작고 올 들지 못한 것입니다. 이 부족한 것이 어찌 감히 여러분의 앞장을 서겠습니까? 다만 나라가 또다시 망하는 것을 차마 눈으로 보고 있을 수 없는 안타까움에서 하는 것뿐입니다. 학생을 통해 보여준 하늘의 명령이라 했습니다마는 학생이 무엇입니까? 민족의 역사운동의 뇌관일 뿐입니다. 정의와 자유의 정신에 불타는 그들은 쉽게 아낌없이 폭발하는 것입니다. 그러나 뇌관이 아무리 폭발을 거듭해도 전체 화약에 불이 당기지 않으면 소용없습니다. 불의를 폭파할 폭탄의 탄신彈身인 화약은 누구입니까? 여러분 아닙니까?

여러분이 나를 잘못이라 생각하시거든 아낌없이 비벼버리십시오. 그러나 만일 옳다 생각하시거든 같은 뜻으로 하나되어 일어나십시오. 그리하여 이 민족의 운명이 달린 싸움에서 이기도록 하십시오. 여러분이 정말 아무 사심 없는 참으로 일어선다면 악의 세력은 틀림없이 무너질 것입니다. 또 지나간 날의 우리의 잘못에 대한 어쩔 수 없는 값으로 설혹 우리 눈으로 이김의 결과를 보지 못하는 한이 있더라도, 우리는 역사의 죄인 됨을 면하고 믿음을 가지고 기쁘게 죽을 수 있습니다. 그리하여 역사의 증인이 될 수 있습니다. 살아서 종이 되는 것보다는 사람답게 국민답게 죽는 것이 훨씬 더 영광입니다.

• 1965년 7월 1·2일, 『동아일보』

레지스탕스

이런 법이 어디 있느냐

한 사람이 십자가에 못을 박히고 있었다.

남잔지 여잔지 그것은 알 수 없는데, 한창 나이의 사람이었다. 옷을 다 벗기우고 땅에 놓은 형틀 위에 번듯이 누워 있는데, 이제 못을 박는다고 했다. 붙잡는 손도 뵈지 않고 얽어맨 끈도 별로 뵈지 않는데 그 사람은 몸부림을 하지도 않고 무슨 고통이나 발악의 부르짖음도, 웅얼거림도 내지 않았다. 눈은 분명히 감고 있었다. 나는 지금도 그의 눈빛을 봤던 기억이 없다. 누가 분명히 말해준 것도 없이 나는 내 맘속에, 마치 나 자신이나 되는 것처럼 그 사람은 "나는 내 할 것, 할 수 있는 것을 다 했다. 이제 너희 마음대로, 하고 싶은 대로 해라. 이것이 어찌 내 일이냐? 너희 일이지" 하고 있는 것으로 알고 있었다. 그러면서도 속에 "내가 저런 일을 당한다면 어떠할까? 나도 저처럼 태연할 수 있을까" 하는 두려움이 있었던 것을 지금도 기억한다.

무슨 죄란 것도 없고, 그를 죽이는 사람이 누구란 말도 없으나, 어쨌건 어떻게 할 수 없는 강한 권력자들이요, 그가 억울하게 죽는다는 것만은 누구나 알고 있다고 했다.

못을 박는다는 바로 그 순간인데, 못을 박는 그 하수인은 누군지, 그 이름도 얼굴도 손도 손에 쥔 망치도 하나도 뵈는 것이 없고, 그저 이제 죽인다고만 하는데, 내 마음은 그 절박감 때문에 터지려는 듯했다.

저쪽으로는 십자가가 또 하나 일으켜 세워진 것이 보이는데, 거기는 이미 사람을 매달아 죽인 듯하나 겉에 허이언 휘장을 씌워서 시체는 보이지 않았다. 그러는데, 그 순간에 어디선지 모르게 네 귀가 개켜진 홑이불이 이제, 내려오려는 망치와 누워 있는 그 희생자들의 얼굴 둘 사이에 날아 들어왔다. 누구들이 그 홑이불을 잡고 있는지, 왜 그렇게 하는지도 알 수 없으나, 다만 그때 내 마음에, 제 몸에 못을 박는 꼴을 어찌 차마 정면으로 보라 할 수 있느냐, 혹은 그보다도, 사람 얼굴을 맞대고 들여다보면서야 차마 못질을 할 수 있느냐 하는 생각에 그러는 것이라고 알려져 있었다. 그래 그때에도 예수를 십자가에 못 박던 광경을 하나씩 비겨가며 생각하고 있었다.

때는 아무래도 밤인 듯했다. 어둑어둑한 그 뒷옆으로 사람들이 둘러서 있는 것이 보였고, 그 뒤로는 더 많은 것도 같았으나 알 수 없었다. 아무도 무슨 소리를 내는 사람도 없었고, 그들은 마치 대리석으로 깎아 세운 사람들인 듯 가만 있었다.

그때 그 홑이불을 씌우고 이제 바로 망치가 내려간다 하는 순간, 마음의 한구석에는 조금 무서운 생각이 그대로 남아 있는데, 그것을 내 마음도 알겠는데, '이제 정말 마지막이다' 할 때, 저쪽에 서 있는 대리석상을 한 번 언뜻 건너다보고 나도 모르게 어느덧 손을 내밀어 그 홑이불을 낚아채고, 속에서 생각할 겨를도 없이, 어째서 말이 그렇게 나갔는지.

"대한민국의 헌법에 이런 법이 어디 있느냐?" 했다. 사방에서 무엇이 와 하고 몰려들어 내 몸을 누르는 듯했다. 나는 그때는 무서운 생각도 없었다. 또 한 번 있는 힘을 다 짜내어 대들었다.

"글쎄 대한민국 헌법에, 또 천지의 법칙에, 사람을 그렇게 하란 법이 어디 있느냐? 어디 있느냐?" 하다가 내 소리에 깨니 한바탕 꿈이었다. 밖에는 바람이 어찌나 심한지 누워 있는 움막 한 채를 그냥 들고 가려는 듯하고, 재 위에 서 있는 헐벗은 나무들의 비명에 하늘땅이 왼통 뒤흔들리는 듯했다. 상 위에는 호롱불만이 혼자 팔락팔락 떨고 있고, 그 밑에 보다가 놓아둔 피에르 테야르 드 샤르댕[1]의 『인간의 장래』의 페이지 위에는 쉴 새 없이 흔들리는 불그림자가 마치 그가 말하는 오메가 점을 향해 나아가는 생명의 진화 그 자체인 양, 가지가지의 형상을 어지러이 그리기는 하면서도 그 중심은 언제나 하나를 향하고 있다. 내가 졸았었구나.

나는 그제서야 15리 안팎에 사람이라고는 하나 없는 해발 5백미터의 안반덕[2] 산 골짜기 속에, 이 아닌 밤중에 나 혼자 앉았다는 의식에 돌아왔다. 올라오던 날 눈 속에 빠져 넘어져 찧었던 무릎과, 어제 장작을 패다가 다친 손가락이 아직도 좀 아픈 것을 느꼈다. 바람소리를 들으며, 로버트 브라우닝의 폭풍을 두고 읊은 시가 생각났건만 외어보려 하니 다 잊어버리고 다만 마지막 구절만이 남아 있었다.

Wail, for the world's wrong![3]

세상의 불의로 인해 울부짖는구나. 창밖을 내다보니 음력 정월 보름달이 하늘 배꼽에까지 올라 닿아 밝기가 낮 같고, 골 바닥에는 얼음 밑으로 흐르는 시냇물 소리가 마치 재 위의 저 나무들의 수난을 위해 기도나 하는 듯 알아들을 수 없이 목이 메면서도 끊임없는 눈물로 울고 있다.

꿈 속의 그 사람의 운명은 어찌 됐을까? 움막 안을 두루 살펴도 그

---

1) 샤르댕(Pierre Teilhard de Chardin, 1881~1955): 프랑스의 철학자·고생물학자. 인류가 예수처럼 완전한 정신을 향해 개인적·사회적으로 진화하고 있다고 주장했다. 중국과 남아프리카에서 많은 발굴에 참가했으며, 그중 북경원인 발견은 유명하다. 『인간현상』 『인간의 상황』 등의 저서를 남겼다.
2) 함석헌은 1965년 한일협정 반대운동을 이끌었으나, 민중들의 소극적인 태도를 보고 크게 실망했다. 이에 다시는 글을 쓰지 않기로 결심하고 강원도 산속 안반덕으로 들어가버렸다.
3) Wail for the world's worng: 셸리의 시 「A Dirge」의 마지막 구절. 로버트 브라우닝이 읊은 시라는 본문 내용은 오기로 보인다.

그림은 다시 볼 수 없었다. 그러나 "그렇게 하란 법이 어디 있느냐?" 하던 내 소리는 여전히 귀울음처럼 귓속에 살아 있다. 그리고 들으면 저 헐벗은 가지들의 부르짖음도 "이런 법이 어디 있느냐? 이런 법이 어디 있느냐?" 하는 듯하고, 저 시내의 울음도 그 중얼거림만을 자꾸 되뇌이는 듯했다.

가지, 시냇물! 휘면 구부러지고, 꺾으면 맥 없이 부러지는 네가 어쩌잔 말이냐? 꾸부정다리만 만나면 돌아야 하고, 틈바구니에만 오면 새어 빠져야 하는 네가 무엇 한단 말이냐. 아니어요. 그 사나운 힘을 놀라운 음악으로 변하게 하는 것이 누구여요? 그 모진 마음을 녹여서 푸름으로 피어나게 하는 것이 누구여요? 달빛 그림자에 한 반만큼 숨어, 무슨 거꾸로 매달려 고민하는 험상궂은 악마같이 뵈는 저 건너 봉 중턱의 바위가 말을 하는 듯했다. 태고 반석의 영원 불변의 세력을 가졌던 나를 이 모양으로 만든 것이 누군 줄 아셔요? 저 시내와 저 나뭇잎입니다. 하나는 어느 틈엔지 모르게 파고드는 발로, 하나는 한없이 부드러운 속에 칼을 품은 손으로 나를 이렇게 만들었습니다. 내 왕국은 무너져 다시 세울 길이 없는데 저 물과 나무의 노래는 끊일 날이 없습니다. 그런 생각을 하는 동안에 날이 새고 바람이 잤다.

항거의 횃불을 또다시

산을 내려오면서도 꿈이 잊혀지지 않았다. 꿈의 징조 같은 것을 믿지 않는 나로서도 하도 이상하고 그 그림이 너무 생생해서다.

서울 와서 들으니 그 동안에 세상은 딴 세상이 된 듯했다. 한 사람이 남의 집 당나귀를 세내어 타고 심부름 가는데 양반 도련님이 왼통 따라나 정신이 빠져 돌아갔다고, 또 그것을 본 대학 졸업 지성인조차, "방송을 들으니 정말 감격해지는 것이기도 하던데요" 하지를 않나, 낡은 역사의 댕기 오라기 하나가 마저 떨어져 바람에 날아가는데, 그 구경한다고 남녀노소 인산인해를 이루었다고 하지를 않나, 세상이 어쩐지 썰물 다 찐 바닷가에 나가 선 것 같았다. 그게 사람들일까? 물결대로 떠밀려 다니는 솔잎일까? 안반덕 꿈은 다 잊어버렸다.

넉 달을 입원했다가 이제 겨우 퇴원했다는 사장도 보고 싶고, 잡지 나오기가 하도 늦어 궁금도 하고, 『사상계』사를 찾아갔다. 가보니 뭔지 모르게 씁쓸하기 짝이 없다. 여기는 썰물 빠져나간 강변의 바위 잔등인가. 저기 앉은 사장은 그 바위 등에 엎디어 수평선만 내다보는, 버리고 감 당한 거북이인가. 거북은 용왕의 사자라고 옛말이 그랬지. 어느 세계에로 오는 무슨 소식을 전하잔 것이었나? 용왕의 사자가 왜 물때를 놓치고 여기 있는 것일까? 옛말이 또 가르치기를 그 용왕의 사자가 나왔다가 그만 모진 장난꾸러기들한테 잡히어 고생을 했다고. 그때 그것을 불쌍히 여겨, 사서 물에 놔준 사람이 있다고 했지. 그래 그는 그 덕택에 용궁 구경을 했다 했지. 돌아온 때는 세상이 왼통 알아볼 수 없이 달라졌다 했지. 지금은 그럴 만한 의협심 있는 사람도 하나 없다? 그런 꿈 아닌 꿈을 서서 꾸고 있는 동안에 갑자기 말이 들렸다.

"선생님 글 하나 꼭 써주셔야겠습니다."

"글은 다 아니 쓰기로 하지 않았소? 지난번 청탁도 겨우 거절하고 산골 가 있던 사람인데, 이제 뒤엣것보다는 앞이 보고 싶어서, 위보다는 속 밑을 들여다보고 싶어서. 샤르댕의 책만을 안고 가 있는데, 이제 글은 또 무슨 글을 쓰라는 거요?

"그래도 꼭 써주셔야겠습니다. 항거의 정신에 대해서입니다."

항거? 안반덕의 꿈이 번개같이 나타났다. 그 꿈과 오늘 이 자리에 무슨 관련이 있는 것인가? 이 소리를 들으려고 그 꿈을 꾸었던가. 나는 대답은 하지 않고 다시 꿈속으로 들어갔다. 죽이기 전에 벌써 죽은 듯이 누워 있으면서, 죽은 듯이가 아니라 벌써 스스로 다 죽어 있으면서, 그러면서도 입 하나 열지 않고, "이것이 어찌 내 일이냐, 너희 일이지" 하며 남의 심장을 찌르던 그 사람을 또 한 번 생각해보고, 거기 섰는 사장을 건너다보고 또 사무실을 둘러보았다.

"왜 저렇게 사람들이 적소?"

"그 동안 사원이 여럿 나갔습니다."

왜 나갔는가? 형세가 달라져서인가. 물을까 하다가 말이 나가지 않아 그만두었다.

"편집에 지장이 없소?"

"조금도 지장 없습니다."

신년호와 2월호의 발간이 늦던 이야기, ○○○이가 직접 인쇄소 주인에게 인쇄해주지 말라 했다는 이야기, 대부분의 대학 교수들도 이제 될수록 다치는 말은 아니 쓰려 한다는 이야기…….

"개밥에 도토리가 됐구만그래. 낙심을 하잔 것은 아니지, 해서야 되겠어요? 허지만 참 형편이 없는 국민이요. 다행히 우리 말이 맞지 않으면 차라리 좋지만, 맞으면 어떻게 할 터인가? 그 꼴을 어떻게 볼까?"

"벌써 그대로 맞아가고 있습니다. 그러기에 꼭 써주셔야 합니다."

"그러니 이것 보시오, 권력자들은 본래 권력만을 알고 나라도 민족도 생각하지 않고, 도리어 여론이고 돌아보지 않는 것들이니 할 말 없지만, 생각을 한다는 사람들로서, 종교가 왜 정치에 참여하느냐, 하나님의 채찍이니 가만있어서 받는 것이 옳다, 원수를 사랑하라 했는데, 무조건 우선 통하는 것이 좋다, 사람들로부터 '그것 봐, 그러기 우리 말이, 가만있는 것이 옳다고 하지 않았어?' 하는 소리를 하게 됐으니 어떻게 하오? 5천년을 그래온 민족. 그렇게 속여온 지도자들. 사대주의의 그 생리가 돼 있어."

"그러기에 이제부터 항거의 횃불을 또다시 들어야 하지 않습니까? 선생님 뭐라 하셨습니까? 싸움은 이제부터라 하시지 않았습니까?"

꿈속에서도 항거하기를 잊지 못했던 나도 이 항거하자는 간청에는 반항할 수가 없었다. 나는 약한 사람이었다.

어디를 본다는 것도 없이 우두커니 서 있는 눈앞에 문득 아득아득한 수평선이 나타났다. 하늘 끝에 까만 주막같이 보이던 것이 병풍처럼 일어선 밀물의 물결이 되어 이리로 몰아쳐 오고 있었다. 쏴악 하는 소리가 머리 위에 왼통 뒤집어씌워지는 듯했다. 눈을 떠보니 그것은 늙은이, 젊은이, 장사꾼, 쓰리쟁이, 입학에 부푼 가슴, 낙제에 시든 얼굴을 다 함께 실은, 그러나 권력자나 재벌가만은 분명히 그 안에 있지 않을 전차가 종로에서 급커브를 도느라고 그 바퀴가 갈리는 소리였다.

그렇다, 시대는 변할 것이요, 역사는 틀림없이 심판을 내릴 것이다.

생명은 끊임없이 반항한다

이리하여 나는 또 붓을 잡고 앉게 되었다. 내 글이라야 바닷가 모래 위에 장난바치들이 그리는 그림 같은 것에 지나지 않는다. 썼다가는 또 지우고 지우고는 또 쓰고. 일껏 그려놓으면 물결이 한 번 쏵 들어와 다 씻어내리고, 다 씻어내리면 아깝다는 생각도 없이, 또 그 대신 꼭 같은 것만 늘 그려 부끄럽다는 생각도 없이 또 그린다. 바다는 영원의 폭군 같고, 어린이는 하잘것없는 항거자같이. 꼭 같은 싸움이 날마다, 해마다, 시내마다 되풀이 계속된다. 그래서 나 같은 것이 글을 써서는 무엇하느냐 한다.

그러나 또 정말 쓸 필요 없을까? 바다는 말할 것이다. 너희들이 태고시대부터 쓴다는 것이 남아 있는 것이 무엇이냐? 전에 하지 않은 소리가 어디 있느냐? 내 물결이 지워버리지 못한 것이 무엇이냐? 영원불변의 진리를 믿는 자들의 말은 그리할 것이다. 그러나 정말 그럴까? 바다는 무엇이요, 모래는 무엇인가? 모래 위에 그림은 그려졌다. 그림은 지워졌고, 바닷가에 아이들은 모였다. 아이들은 헤어졌지만, 그 아이, 그 그림들은 이제 찾을 길이 없지만, 어쩔 수 없이 남은 것이 있다.

마음. 꼭 같은 것 같은 아이들과 그 그리는 그림이 오고가는 동안 그것은 마치 뵈지 않는 벽돌같이 쌓여 정신의 탑을 이루었다. 점점 넓어가고 점점 커갔다. 이제 바닷가에 아이들이 모이는 것이 아니라, 마음속에 바다가 뛰놀게 되었다. 모래 위에 그림을 그리는 것이 아니라, 그림이 가라앉은 것이 모래다.

예수가, 정통주의 종교가·도덕가 앞에서 손가락으로 땅에 글씨를 썼다 할 때,[4] 그 땅은 살아 움직이고 자라는 정신의 그림이 가라앉아 앙금이 된 그 바닥을 말하는 것이었다. 글씨를 썼다가 그 글 내용이 무슨 문제가 되는 것 아니라, 그는 바닷가에서 그림을 그리며 밀물이 들어오기를 기다리는 사공 모양으로 그들의 굳어진 가슴에 생명의 밀물이 일기를 기다린 것이다. 육신의 손가락이 땅을 만질 때, 그의 마음의 손가락은 그들의 가슴을 만졌다. 그 속에는 밀물이 제때에 밀듯이 스스로 항거하고 일어서는 생명의 법칙이 있음을 알았기 때문이었다. 그 물결이 높았을 때 누가 헤어지란 말 없이 완고의 세력은 스스로 무너져 달아난다.

종교마다 오랜 경전과 전통을 자랑하지만, 그리하여 그 안에 가만 있는 것이 안전하다 가르치지만, 그것을 생명의 진화 과정에서 보면 실로 형편이 없는 것이다. 2천 년 3천 년쯤, 나갔던 물이 아직 들어오기 전의 한때 아닐까? 사람이 생각을 하기 시작한 이래 얼마나 많은 교훈과 제도가 그려졌다가는 또 지워지곤 했는가. 눈에 뵈게 남는 것이 정말 남는 것이 아니오, 성격으로, 충동으로, 생리로, 구조로 남는 것이 정말 남는 것이다.

정신은 먹은 것을 다 삭여버림으로써 살이 찌는 밥집같이 그 생각해 얻은 것을 버림으로 점점 더 자란다. 마치 제트 엔진 같은 것이다. 스스로 제 안에서 폭발하는 반동으로 무한히 나간다. 물질이란 것이 있어서 운동을 하고, 무생물 속에서 생명이 나오고 시간이라는 궤도

---

4) 바리새인들은 음행한 여자를 예수 앞에 데려갔다. '음행 죄인을 돌로 치라'는 율법을 예수가 따르지 않을 경우 고발하려 했던 것이다. 예수는 곧바로 대답하지 않고 손가락으로 땅에 무언가를 쓰다가, "죄 없는 자가 먼저 돌로 치라"고 말했다. 그러고는 몸을 굽혀 또다시 무언가를 썼다 한다.

가 있어 인생이 그 위를 달리는 것으로 생각했던 것은 옛날 소리다. 이제는 운동의 굳어진 것, 타성이 곧 물질이요, 생각의 가장 단순한 것이 무생물이요, 정신이 폭발하고 나간 뒷파동이 곧 시간이다. 사람은 생각하는 존재지만, 그 해낸 생각이 그 사람을 변하게 했다. 사람이 생각을 하는 것 아니라, 처음부터 있는 생각이 사람을 낳았고, 사람을 길렀고, 이 앞으로 엄청나게 다르게 만들 것이다.

생명의 길은 끊임없는 반항의 길이다. 생명은 스스로 하는 것이다. 생명 있기 전에 무엇이 있던 것 아니요, 생명이 다 산 다음에 또 무엇이 있을 것 아니다. 적어도 우리는 그 속에 있기 때문에 그 이외를 생각할 수 없다. 생명이 처음이며 끝이요, 생명이 목적이며 수단이다. 다른 무엇이 또 있어서 생명의 가는 길을 규정할 수 있는 것 아니고, 생명 그 자체가 규정이요 범주다. 그렇기 때문에, 생명은 스스로 하는 것이기 때문에, 되어진 것이 아니라 영원히 되려는 것이기 때문에, 끊임없이 자기부정을 하지 않을 수 없다.

역사는 그 내용이 성공이었거나 실패이었거나 물을 것 없이, 구경의 의미는 발판이 되는 데만 뜻이 있다. 이 의미에서 역사는 절대의 진보요, 인생은 절대의 긍정이다. 작게 보면 진보의 시대도 있고 퇴보의 시대도 있으나, 그것은 마치 올라가는 산길에, 한때 내려간 언덕도 결국 올라간 길인 것같이, 스스로의 뜻이 목적이 되는 전체의 과정에서 볼 때, 다 진보의 걸음이다. 부분적으로 보면 인생의 살림에는 알 수 있는 것도 있고 알 수 없는 것도 있으며, 잘된 것도 있고 잘못된 것도 있으나, 전체로 볼 때 삶은 선택을 허하는 것이 아니다. 살고 싶으면 살고, 살고 싶지 않으면 버릴 수 있는 것이 인생이 아니다. 삶은 절대의 명령이다. 살아도 인생 속에 있고, 죽어도 인생 속에 있다.

뜻이 있나 없나를 찾을 것이 아니라 첨부터 있는 뜻을 살아내는 것이다. 그러기 때문에, 역사는 절대의 진보요 인생은 절대의 긍정이기 때문에, 생각하는 마음은 자기부정을 아니할 수 없다. '그것은 이것이다, 되었다' 하는 순간 모든 생명의 치륜齒輪이 멎어버리기 때문이다. '나는 내가 아니다' 해서만 나일 수가 있다. 아무도 생각을 부정하지 않고 생각할 수는 없을 것이다.

항거정신을 가꾸어주지는 못할망정

상대적으로밖에 생각할 수 없는 우리 이성에 있어서 모든 말은 반대되는 두 면으로 되어 있는 것은 면할 수 없는 일이다. 자유가 있으면 그 반면에 통일이 있고, 진보가 있으면 그 반면에 보수가 있다. 그와 마찬가지로 항거가 이 생활의 한 원리라 하면 그와 반대되는 순종도 그만큼 중요한 원리라고 해야 옳다. 그보다도 절대자와 인격적으로 관계하는 종교적 태도가 인간의 근본적인 태도라면 차라리 항거는 순종에 이르기 위한 것이라고 하는 것이 옳을 것이다.

우리는 하나님에 순종하기 위하여 모든 인간적인 것에 대해 항거하지 않으면 아니 된다. 그러나 그렇다고 해서 순종 따로 항거 따로 있는 것은 아니다. 일은 한 가지 살아 있는 생명의 일에 두 면이 있을 뿐이다. 한 가지 빛에 이 면을 보면 광명이요 저 면을 보면 암흑이듯이, 한가지로 생명의 권위에 대하는 태도인데 그 이면을 운동이라 하고 저면을 반항이라 할 뿐이다. 그러므로 지혜는 조화에 있다. 그것은 한가지로 조목 지어 말할 수 있는 것이 아니요, 그 하는 마음에 달려 있다. 그 사람의 성격과 받은 교양과, 그 생활 환경과 그 시대를 따라 가를 수밖에 없다.

다만 이것은 강조할 필요가 있다. 순종이 인생의 근본태도라 할 수 있으나, 그것을 너무 이른 때부터 질러 강요해서는 못쓴다고. 순종은 그것이 어디까지나 인격의 일이기 때문에 완전히 자유해서, 즉 마음에서 우러나 해서만 가치가 있고 인격의 바른 발달을 볼 수 있다. 과일을 채 익기 전에 따서 인공적으로 익히면 제 맛이 나지 않고 못쓰는 양으로 도덕도 조숙하면 못쓴다. 참 도덕이기 위해 우선 충분히 자라게 할 필요가 있다.

항거 정신을 강조할 필요는 여기 있다. 항거는 곧 나는 스스로 나이려 하는 데서 나온다. 사람은 인격이므로 무엇을 다 한대도 인격의 자주성을 죽여서는 못쓴다. 그것을 죽이고는 아무것도 할 수가 없다. 순종이란 곧 자각되지 못한 작은 자아가 깍지를 벗고 참 자아, 곧 큰 자아에 드는 것을 말하는 것인데, 그러려면 그 작은 자아가 자기 테두리 안에서 충분히 자랄 필요가 있다. 과일을 따서 바치기 전에 우선 키워 익힐 필요가 있다. 익은 것이 없는데 어떻게 바치나? 억지로 바쳐도 그것은 바친 것이 아니다. 자기가 충분히 자란다니 다른 것 아니요, 곧 완전한 자유를 말함이다. 테니슨[5]은 우리의 자유는 당신께 바치기 위한 자유라 하지만, 바치기 전에 바치려면 우선 일단 내 것이 될 필요가 있다. 자유하지 못하는 사람은 복종할 수 없다. 자유를 알기 전에 한 복종은 짐승의 길듦이지 인격의 순종이 아니다.

이 진리를 가장 잘 가르친 것이 예수의 탕자 비유다. 탕자가 아버지를 버리고 나갈 때 그것은 자주하자는 욕심에서였다. 그러므로 아버지가 강제로 묶어두지 않았다. 그리고 스스로 돌아올 때까지 맘대로 하게 내버려두고 기다렸다. 충분히 자라기를 기다린 것이다. 여기 주의할 것은 예수가 집에 가만있었던 맏아들을 아주 낮게 평가한 일이다. 그는 항거를 아니 했지만, 그 대신 항거도 못해본 것은 아들이 아니다. 남의 입을 기다릴 것 없이 맏아들 자신이 스스로 자기를 이 때까지 종살이밖에 못한 것으로 고백한다.

덮어놓고 항거하는 것이 잘못인 것같이, 덮어놓고 가만있는 것도 잘못이다. 덮어놓고 항거하는 것은 채 자각이 못 되고 빗나가기는 했으되, 그 밑에 인격의 자주성이 강하게 작용하고 있기 때문에 오히려

5) 테니슨(Alfred Tennyson, 1809~92): 영국 빅토리아 시대의 대표적인 시인. 대표 시 「인 메모리엄」(In Memoriam)을 비롯, 애국적인 내용과 세련된 운율미를 갖춘 시들을 남겼다.

소망이 있으나, 아무 생각 없이 이끄는 대로 끌려간 것은 자주성이 아주 죽어버린 것이므로 차라리 더 나쁘다 할 것이다. 그렇기 때문에 맏아들은 아버지가 타일러도 깨닫지 못했다.

그리고 현대가 당한 문제, 더구나 우리나라의 일은 바로 이것이 아닐까? 이날까지 도덕·종교는 그 결과를 빨리 거두기 위해 사람들을 조숙시키려고 강요했다. 그러한 형식주의 때문에 인간은 정상적인 발달을 못하고 그만 찌그러지고 비뚤어졌다. 그러한 실례는 우리 주위를 돌아보면 얼마든지 발견할 수 있다.

이제, 오늘은 사람들이 '무식하다, 어리석다, 완고하다'고 무시를 하던 민중이, 거기서 깨어 항거를 일으키기 시작한 때다. 그러므로 그들이 하는 일에 뒤죽박죽이 많고, 역정이 많고, 사회는 혼란이 휩쓸고 있다. 이것을 보고 어리석은 열심을 낸 것이 권력주의·폭력주의의 정치다. 그러나 그들의 동기가 어리석으나마 정말 시대를 바로 잡아보자는 옛날 전제군주와 같은 성의나 책임감에 있어도 좋겠는데, 이것은 그런 것이 아니고 처음부터 그런 사회현상을 타서 야심을 채우자는 데 있으므로 단연 용서할 수 없다. 우리가 항거 정신의 고취를 부르짖는 이유는 여기에 있다.

오늘의 문명은 고도로 발달된 조직의 문명이기 때문에 나라가 약해가지고는 살아갈 수 없다. 옛날에는 나라가 망해도 인생은 남아 있다 할 수 있었으나, 지금은 나라가 깨지면 초연하는 인생도 있을 수 없다. 그러기 때문에 각 민족이 서로 대량학살을 하면서까지 서로 싸우고 있다. 또 사회가 안정되어 모든 것이 정상적으로 되어가는 나라 같으면 정치는 정치하는 사람에게 맡기고 국민은 각각 제 하는 일에 열심이면 되겠지만, 지금 우리같이 나라의 터가 아직 굳건치 못한 때에 있어서는 국민이 정치에 깊은 관심을 가지고 지켜보게 되는 것이 당연한 일이다.

한일회담을 국민이 반대하고 학생이 데모를 했던 것은 국민적인 자주 정신의 발동이라 할 것인데, 정부가 그것을 무조건 정치간섭이라 탄압하고, 학원의 자유를 빼앗아 일일이 간섭하는 것은 무엇인가? 설혹 국민의 판단이 잘못된 점이 있고 학생들의 행동이 지나친 점이 더러 있다 하더라도 그러한 방침으로 해서는 아니 될 것이다. 당장 자기네의 의견의 관철만을 위하여 국민을 그렇게 눌러버리면 그만 모처럼의 자주정신이 죽어버리고 만다.

5천 년의 역사를 대체로 통틀어볼 때, 이 민족이란 것이 무엇인가? 남의 세력에 기운을 못 펴고, 겨우 생존하여온 사람들 아닌가? 백 가지 불행의 원인이 모두 거기 있지 않은가? 그렇다면 역사를 새로 짓는다는 이 마당에 있어서 가장 먼저 생각할 것은 이 국민으로 하여금 먼저 쭉지를 펴고 내로라는 기상을 가지도록 길러주는 일 아닌가? 한 마디로 해서 항거하는 정신의 고취이다. 그런데 이제 그것을 더 북돋고 가꾸어주지는 못하고, 겨우 돋우려는 싹도 잘라버리니 어떻게 하나?

숨김없이 말해보자, 한일조약이 아주 체결이 된 이후 오늘까지 얼마 아니 되는 시일이나, 그 동안에 국민의 의기는 올라갔다고 할 것인가, 내려갔다고 할 것인가? 나라는 하루만 하고 마는 것도 아니요 일부 사람을 위해 있는 것도 아닌데, 국민의 마음을 이 꼴을 만들어 놓고는 도저히 나라를 이루어나갈 수 없을 것이다. 의기 없는 국민을 가지고 무엇을 할 터인가? 제 나라 안에서도 감히 정치의 비평을 못하고, 잘못된 것을 바로잡아보자는 용기를 못 내는 백성이 어떻게 외국 세력에 대항하여 싸울 수 있을까? 더구나 국민을 덮어 누르는 이 정책이 이 나라의 정치한다는 그들 자신의 생각에서 나온 것도 못 되고 첨부터 남의 나라 세력에 끌려서 된 것임에서일까.

항거할 줄 알면 사람이요, 억눌려도 반항할 줄 모르면 사람 아니다. 그리고 혼자서 하는 항거는 참 항거가 아니요, 대중이 조직적으로 해서만 역사를 보다 높은 단계로 이끄는 참 항거이다. 원수를 사랑하라 하지 않았냐고 네가 묻느냐? 그렇다. 원수를 사랑해야 한다. 그러나 그것은 자유하는 인격만이 할 수 있다. 노예에게는 도덕이 없다. 자아를 가지지 못한 물건이 어떻게 누구를 사랑할 수 있겠느냐?

왜 대중적인 항거를 해야 된다고 하는가? 참 삶은 하나됨에만 있기 때문이다. 생각을 서로 주고받는 것이 중요하다. 사상은 서로 통함으로만 보다 높은 지경에 이를 수 있다. 악을 이길 수 있는 것은 전체의 생각뿐이다. 폭력으로 아무리 악을 몰아내려 하여도 전체의 어느 구석에 통하지 못한 마음이 있으면 악은 거기에 둥지를 튼다. 악은 다른 것 아니고, 전체의 어느 구석에 빛이 들어가지 못하고 그늘진 데가 있는 것을 말하는 것이다.

전체가 한 생각에 이를 때, 악은 저절로 있을 곳이 없다. 그 한 생각에 이르기 위해 각 마음들은 그 생각하는 것을 서로 활발히 주고받지 않으면 아니 된다. 그러므로 대중적인 항거 운동에 있어서 가장 중요한 것은 언론의 자유다. 이 시대가 이 시대가 된 것은 신문·잡지·라디오·활동사진을 통해 되는 매스컴 때문이다. 물론 아직은 이로 인한 폐단도 많다. 그러나 폐단이 많다는 것은 그것의 영향력이 큰 것을 말하는 것이다. 아기가 나오려 할 때는, 진통이 먼저 오는 법이다. 그러나 그로 인해 아기는 틀림없이 나오고야 말 것이다.

- 『동아일보』(1965년 7월 1·2일)

저항의 철학

선악의 싸움을 해서만 인격은 발전한다

사람은 저항하는 거다. 저항하는 것이 곧 인간이다. 저항할 줄 모르는 것은 사람이 아니다. 왜 그런가? 사람은 인격이요 생명이기 때문이다. 인격이 무엇인가? 자유하는 것 아닌가? 우선 나는 나다 하는 자아의식을 가지고, 나는 나를 위한 것이다 하는 자주하는 의지로써, 내 뜻대로 내 마음껏 나를 발전시켜 완전에까지 이르자는 것이 인격이다. 완전이 어디까지인지 말로 할 수 없지만, 말로 할 수 없기 때문에 하나님이라 혹은 하늘나라라 하지만, 그 뜻을 말하면 영원한 것이요 무한한 것이다. 영원·무한을 지향하고 자유 발전하여 나가는 것이 인격이다.

그러므로 그 자유에는 한이 없다. 누가 시켜서 하는 것도 아니요, 무엇이 원인이 되어서 있는 것도 아니다. 그저 스스로 하는 것이다. 그러므로 자유요 자존이다. 자존·자유 하는 것이기 때문에 그것은 자성自性이다. 자성이니 그것은 일一일 수밖에 없고, 일이므로 하나이므로 그것은 정精한 것이요 신神스러운 것일 수밖에 없다.

이 자유 발전하는 정신의 길에 아무것도 막아서는 것이 있을 수 없다. 만일 있다면 그때는 용서 없이 걷어치우려 힘써 싸움이 일어난다. 그것이 저항이다. 흘러가는 맑은 물에 아무것도 거치는 것이 없을 때 거기 무슨 충절이 있을 것 없지만, 한번 방해되는 바위나 웅쿠

머리를 만날 때는 여울이 생기고 폭포가 생기어, 거품을 공중에 날리고 울음이 골짜기를 뒤흔든다. 그와 같이 정신도 그 나아가는 길에 방해가 있을 때는 맞서고 뻗대고 결러내고 밀고 나가려 애를 쓴다.

그런데 물이 흙은 아니요 바위도 아니지만 골짜기 없는 흐름을 상상할 수 없듯이, 정신은 높고 낮음도 없으며 빠르고 더딤도 없지만 물질 없이는 정신을 생각할 수 없다. 그러므로 저항은 언제나 있게만 마련이다.

인격은 선악의 두 언덕을 치며 물살을 일으켜 흘러나가는 정신의 흐름이다. 물이 언덕은 아니요, 인격이 선악도 아니다. 그러나 흐름은 두 언덕을 쳐서만 있는 것이요, 인격의 발전은 선악의 싸움을 해서만 있다. 선이 무엇인가? 인격의 자유로운 발전이요. 악이 무언가? 그 자유를 방해하는 것밖에 다른 것 아니다. 사람은 악과 맞서고, 뻗대고, 결러내고, 밀고 나가서만 사람이다.

생명은 반발이다 저항이다

인격은 생명진화의 가장 높은 맨 끝이지만, 거기까지 가기 전에 생명의 아주 낮은 원시적인 밑의 단계에서도, 자유의 원리, 따라서 저항의 원리는 살림을 지배하고 있다. 유기체라 부르지만 그 기機라는 것이 무엇인가? 벌써 그것이 자성적自性的인 것 아닌가? 생명이 어째서 무생無生 속에서 나왔는지 아무도 설명할 수 없고, 그저 생명 자체가 자기 설명을 할 뿐이다.

생명은 곧 자기주장이다. 진화론에서는 무생대無生代·시생대始生代를 갈라 말해서 지구 위에 생명 없는 시대가 오래 계속되다가 어느 때에 가서 비로소 생명의 탄생을 보게 됐다고 하는데, 그때가 언제인지는 물론 분명히 알 수 없으나, 하여간 그런 어떤 순간을 생각하여보라, 그것이 얼마나 놀라운 현상인가? 가령 단 하나의 현미경적인 단세포가 막막한 우주의 어느 구석에서 처음으로 꿈틀하는 운동을 했다 하더라도 그것은 지금까지 오던 무생의 우주 전체에 대해 큰일 아 닌가? 그 자연력이 압도적이었던 만큼 그 지극히 미미한 하나의 생기 生機는 굉장한 맞섬이요 뻗댐이요 결러냄이라 하지 않을 수 없다.

우리가 생명을 말할 때 고등·하등 하는 말을 하는데 그 표준은 어 디 있는가 하면 결국 우리 인간 자신에 있다. 그리고 인간의 인간된 점은 따지고 들어가면 결국 자아의식에 있다 할 것밖에 없다. 나는 나 다 하는, 다시 말해서 자아를 가지는 것이 인간이다. 그 자아의식 정 도를 가지고 고하를 가려서 동물에서 식물, 식물에서 원시적 미생물 에 갈수록 의식활동은 차차 낮아져 거의 없는 것으로 생각하고 있다.

그러나 위에 말한 것을 생각하면서 살펴볼 때 과연 미생물에는 의 식이 전연 없다고 할 수 있을까? 우리가 하는 것 같은 의식 작용은 없 을지 모르지만, 본능일지 충동일지 그보다도 간단한 것일지 몰라도 어느 정도의 정신적인 것이 이미 움직이고 있지 않았을까? 그것을 있다고 인정하거나 말거나 간에, 생명은 하나의 놀라운 혁명인 것, 어떤 의지, 혹은 잠재의식적인 것의 발로인 것을 부인할 수는 없을 것이다. 생명은 반발이다. 저항이다. 자유롭자는 뜻의 나타남이다.

생물의 복잡한 생활기능을 해가는 가지가지의 기관을 보면 거기 싸움의 기록, 저항의 역사가 역력히 박혀 있다. 그 이빨, 그 톱, 그 주 둥이, 그 사지, 그 피부, 그 내장을 하나씩 살펴보라. 그것은 다 맞서 기 위한 것, 버티기 위한 것, 견디고 결러내기 위한 것들이다. 그것들 을 가지고 그들은 비·바람·눈과 열과 가뭄과 다른 동류들과 겨루고 싸워온 것이었다.

그러나 저항의 성격은 생물에만 있지 않다. 그보다도 낮은 무생물 인 물질이라는 데 내려가도 역시 있다. 엄정하게 말하면 무생·유생 의 경계선도 없고 정신·물질의 구별도 없다. 그것은 상식적인 판단 에 지나지 않는다. 우리가 물질계를 다룰 때는 세 가지 눈을 가지고 한다. 하나는 보통 육안, 그 담은 현미경, 또 다음은 망원경의 세 눈에 대하는 세 가지 세계가 있다. 옛날에는 육안만으로도 우리 생활을 위해서나 지식을 위해서나 부족이 없었으나, 이제 와서는 아무도 이 세 겹의 세계를 다 알지 않고는 살아갈 수가 없게 되었다.

그런데 그와 마찬가지로 정신계에 있어서도 그렇지 않을까? 현의식現意識, 잠재의식 혹 무의식과 초의식超意識을 따라 세 가지의 정신계가 있다 해야 하지 않을까? 이런 생각을 하면서 볼 때 유생·무생, 물질·정신 할 것 없이 한 생명 혹은 한 뜻의 차원적次元的인 나타남이라 보아야 할 것이다. 그러면 거기 공통하는 원리가 있는 것을 볼 수 있지 않을까?

존재의 성격을 살펴보면 거기 대립되는 두 가지 원리가 있는 것을 본다. 하나는 될수록 그대로 있자는 버릇이요 또 하나는 자꾸 변하자는 버릇이다. 이것은 하나인 생명의 두 꼴일 것이다. 물질이나 정신이나 생물이나 무생물이나 이 버릇이 없는 것은 없다. 광물에서 결정結晶이란 것은 생물에서 유전이라는 것과 서로 응하는 것 아닐까? 거기서 방사放射라 분해라 하는 것은 여기서 돌변화突變化라는 것 아닐까? 정신작용에서 기억과 상상도 그런 것 아닐까?

그것을 전문적인 학문에서 어떻게 설명하는지 모르나, 어쨌거나 서로 반대되는 듯한 두 성격이 서로 작용하고 있고, 그것이 생명을 물질에서 정신으로, 무생에서 유생으로, 본능에서 인격으로 올라가게 하는 기機가 되는 것만은 사실이다. 음전자는 양전자에 저항하는 힘 아닌가? 유전에 저항하는 힘이 돌변화 아닌가? 변화에 저항하는 것이 유전 아닌가? 이리하여서 진화는 되어가는 것 아닌가? 인간 문화에서 보수·진보하는 것도 이것 아닌가?

저항한다 했지만 사실 깊이 보면 저항의 대상이 있어서 하는 것 아니다. 근본을 말하면 스스로 자기에 대해서 하는 저항이다. 자성저항自性抵抗이다. 자성생기自性生機와 자성저항은 서로 안팎뿐이다.

물질이란 것이 따로 있어서 정신이 거기 저항하는 것이 아니다. 악이란 것이 따로 있어서 그것과 싸우는 것 아니다. 스스로 하는 뜻에서 물질이 나왔고 악이 나왔다. 무명겁해無明劫海에 무풍기랑無風起浪이라지만 그래 과연 무풍기랑이다. 내가 달아나기 때문에 바람이 일어난다.

생명 혹은 뜻은 로켓 같은 것이다. 폭발하는 원인이 내 속에 있고 그 때문에 저항하고 그 때문에 나아간다. 사람이 동력을 구할 때 처음에는 밖의 남의 힘을 가져다 썼고, 그다음은 물이나 공기같이 나의 나가는 길에 저항을 일으키는 힘을 역이용하여 썼고, 그런 것도 없는 진공眞空에 간즉 저항을 자기 속에서 일으켜서 쓰게 됐다. 그것이 로켓이다. 정신계에서도 마찬가지다. 자연력에 결러대다가, 인간과 인간끼리 인격 대 인격 간에 결러대는 것이 대부분의 인간활동이지만, 더 깊이 들어가면 정말은 자아에 대한 반발이다. 때는 밖에서 온 것이 아니라 내 살이 죽은 것이요, 악은 누가 가져다준 것이 아니라 죽은 선, 곧 할 것을 다하고 난 나 자신이다. 나는 거기 저항하는 자다.

자치하는 우주, 자유하는 생명

저항! 얼마나 좋은 말인가? 모든 말이 다 늙어버려 노망을 하다가 죽게 된다 해도, 아마 이 저항이라는 말만은 새파랗게 살아나고 또 살아나 영원의 젊은이로 남을 것이다. 아마 "맨 처음에 말씀이 계셨다" 하던 그 말씀은 바로 이 말 곧 '저항'이었을 것이다.

왜 그러냐고? 말씀은 근본이 반항이다. 가슴속에 갇혀 있지 못해 터지고 나오는 기氣, 음陰한 주머니 속에 자지 못해 쏘아나오는 정精, 맨숭맨숭한 골통 속에 곯고 있지 못해 날개치고 나오는 신神, 그것이 곧 말씀이다. 깨끗하다는 동정녀의 탯집도 그냥 있을 수는 없어 말구유 안으로라도 박차고 나오는 아들이 곧 말씀이다.

말씀은 아들이요 아들로 인하여 영광을 얻는 것이 아버지지만, 아들의 뜻은 한말로 하면 저항이다. 아버지 집 떠날 생각도 못하고 아버지 얼굴에 맞대볼 염도 못 내던 맏아들은 일생을 살아서도 종살이 한 것밖에 없지만, 마땅히 저 줄 것을 달라 해서 나갔던 둘째아들은 한때 헤매었지만 그 길이 마침내는 아버지를 참 보게 되는 길이었다

고 하지 않았나?〔「누가복음」, 15: 11~32〕

맞서는 것이 아들이다. 환웅은 환인을 떠나 인간세계에 뜻을 두었고 석가는 정반왕淨飯王을 버렸고 예수는 요셉·마리아를 내버리고 예루살렘으로 갔다.

천지창조하려는 하나님이 물 위에 운동하셨다는 그 운동은 무슨 운동이었나? 반항운동이었다. 암탉이 알을 까려 품고 앉은 듯한, 무슨 큰 일을 저지르려는 사람이 골똘히 생각을 하고 앉은 듯한 그러한 모양을 표시하는 그 운동이란 말은, 곧 영겁의 침묵을 깨치려는 첫 말씀의 고민이요, 무한 깊음의 혼돈을 뚫고 나오려는 코스모스의 몸부림이요, 원시의 어둠을 한 칼에 쪼개려는 빛의 떨림이었다.

아니다, 무슨 침묵이 따로 있고 무슨 어둠·혼돈이 따로 있어, 그것을 깨치려고 하는 운동이 아니었다. 창조하려는, 있으려는, 하려는, 자라려는 그 뜻이 스스로 움직일 때, 거기 침묵이 들렸고, 혼돈이 만져졌고, 어둠이 모였을 뿐이었다.

하나님은 스스로 나오는 이, 스스로 폭발하는 이, 그러기 위해 스스로 맞서고 뻗대고 결러내는 이다. 스스로 노여워하는 이다. 영원의 미완성이다. 모세가 담대하게도 그 이름을 묻고 대들었을 때 그가 하신 대답은 이름이 없노라 하는 것이었고, 할 수 없이 한 가칭이 "나는 있으려 하는 자"였다〔「출애굽기」, 3: 14〕.

진동하고 진동하던 끝에 "빛이 있을지이다!"하고 벼락 소리 질렀을 때 '완전'의 늙은 하나님은 죽어 터져 티끌로 헤어지고 영원히 새로운 자유의 생명의 역사가 돌기 시작했다.

엿새 동안에 천지 만물 인생을 창조하시고 일곱째 날에 영원한 안식에 드셨다는 것은 무슨 말인가? 이 우주는 자치하는 우주란 말이요, 이 생명은 자유하는 생명이란 말이다. 하나님은 결코 내정간섭을 하는 전제군주가 아니다. 그는 하는 것 없이 안방에 누워 있으면서 모르는 것이 없고 아니 하는 것이 없는 아버지다.

자유야말로 생명의 근본 바탈이다. 진화to evolve하는 것이 생명이다.

생명이 진화하는 것이기 때문에 역사는 혁명적^{to revolve}이 아닐 수 없다. 역사가 혁명의 과정이라면 인생이 어찌 저항적이 아닐 수 있겠는가.

저항은 허무 속에서도 계속된다

그런데 거리를 내다보면 어찌 그리 죽은 고기떼같이 밀려 내려가는 인간이 그리도 많으냐? 그게 어찌 인간이냐? 찌꺼기가 밀려 막혀 썩는 하수도 구멍같이 이 사회에 썩은 냄새가 코를 찌르는 것은 무리가 아니다.

사람이 사람을 만나면 어찌 그리 한밤중에 미꾸라지를 쥐는 것같이 불쾌하냐? 어떻게 되는 세상인지 도무지 갈피를 잡을 수 없는 것이 당연하다.

하지만 네가 어찌 모르느냐? 떡은 이빨이 맞아야 먹을 맛이 있고, 옷은 풀이 빳빳하게 서야 입는 기분이 좋은 줄을. 눈 속에 걸을 때 살피를 신으며 차 바퀴에 사슬을 끼울 줄 알면서, 네가 어찌 역사를 이끌려 하면서 뻗대고 그 맞서볼 생각을 아니 하느냐?

남들이 너를 욕해 비겁한 국민이라 하더라. 누르면 진흙처럼 언제까지도 빠져드는 인간들이라 비웃더라. 나약의 숭배자라 깔보더라. 그러고 어찌 살 수 있느냐?

무저항주의라고 아는 체 그런 소리를 마라. 그것은 사실은 저항의 보다 높은 한 방법뿐이다. 바로 말한다면 비폭력저항이다. 악을 대적하지 말라 한 예수가 그렇게 맹렬히 악과 싸운 것을 보아라. 말은 들을 줄 알아야 한다. 하늘에 올라가도 저항, 땅에 내려와도 저항, 물 속에 들어가도 저항, 허무 속에 가도 거기 스스로 일으키는 회오리바람 속에 버티고 있는 하나님이 있는데 너만이 저항을 모른단 말이냐? "사탄아 물러가라!" 하고 내가 너를 박차, 너를 살려내고야 말리라.

• 1967년 2월, 『사상계』 제166호

현대사의 조명탄 간디

그는 폭발하는 혼이었습니다

간디는 현대 역사에 있어서 하나의 조명탄입니다. 캄캄한 밤에 적전 상륙을 하려는 군대가 강한 빛의 조명탄을 쏘아올리고, 공중에서 타는 그 빛의 비쳐줌을 이용해 공격목표를 확인하여 대적을 부수고 방향을 가려 행진을 할 수 있듯이, 20세기의 인류는 자기네 속에서 간디라는 하나의 위대한 혼을 쏘아 올렸고, 지금 그 타서 비치고 있는 빛 속에서 새 시대의 길을 더듬고 있습니다. 그의 탄생 1백 년을 기념하는 의미는 "그 빛 속에 걸어서 넘어짐을 면하자" 하는 데, "그 빛을 믿어 빛의 아들이 되자" 하는 데 있습니다.

그렇습니다. 그는 분명히 인류가 인류 속에서 쏘아올린 혼이었습니다. 그가 있기 위해서는 인도 5천 년의 종교문명과 유럽 5백 년의 과학발달과 아시아·아프리카의 짓눌려 고민하는 20억 넘는 유색인종이 필요했습니다. 그러나 모든 위대하고 아름다운 혼이 그랬듯이, 그도 고통과 시련 없이는 되어 나올 수 없었습니다.

그를 다듬기 위해서는 대영제국의 가혹한 3백 년 식민지 정치가 있어야 했고, 인류 역사에서 가장 큰 부끄럼인 보어전쟁과, 두 차례의 세계대전이 있어야 했습니다. 그를 낳은 것도 인류지만 그를 못살게 학대한 것도 인류입니다. 어려서부터 숨을 거두는 때까지 그의 일생의 표어는 '참'이었는데, 이 참의 사람을 인간들은 얼마나 학대했나 보십시오.

어려서 동무와 같이 놀면 동무 아이들이 못살게 굴었지, 학교에 가면 선생이 괴롭혔지, 유학을 가겠다 할 때는 문중이 파문을 했지, 공부를 다 하고 변호사가 된 때는 영국 관리가 멸시를 했습니다. 인도에서 살 수 없어 남아프리카로 가면 거기서 백인이 학대를 했고, 인도 독립을 위해 돌아와 활동하면 영국 정부가 잡아 감옥으로 보냈습니다. 그 대영제국을 물리치고 나니 이슬람교도가 시기하고 미워하지, 이슬람교도를 또 감화시키고 나니 이번은 남 아닌 힌두교도가 쏘아 죽였습니다.

그러나 그는 폭발하는 혼이었습니다. 누르면 누를수록 더 일어섰습니다. 그는 비겁을 가장 큰 죄로 알았습니다. 뺏으면 뺏을수록 커졌습니다. 그는 사랑을 모든 선의 근본으로 여겼습니다. 민족주의가 박해하면 민족을 초월해 인도주의에 오르고, 인종차별의 업신여김을 당하면 인종을 초월해 세계에 올라갔으며, 종파주의 설움을 당하면 모든 종교를 초월해 우주에 섰습니다. 크다 크다 못해 다시 더 용납될 수가 없이 됐을 때 그는 폭발하는 조명탄이 되어 공중에서 타올라, 그 빛 속에 내 편과 대적을 다 비추게 됐습니다.

재미있습니다. 어제까지 그를 못살게 굴다가 쏘아 죽인 인간들이 한번 죽고 나니, 오늘은 그 숭배자가 됐습니다. 그가 원탁회의를 하러 가는 것을 싫어해서 "그 한 절반 벌거벗은 몸의 중놈을 우리 폐하께 뵙게 한단 말이냐" 하고 반대했던 저 처칠조차도 부의를 보내지 않을 수 없었으니 놀랍지 않습니까? 그러나 놀라운 것은 그것만이 아닙니다. 지금은 피 흐르는 칼을 엇메고 발밑에 민중을 짓밟고 서는 군국주의자들까지 간디 1백 년제라고 떠들게 됐으니 어찌합니까?

모순이람 모순이고, 익살이람 참 익살입니다. 그러니 그만큼 위대합니다. 진리이기 때문입니다. 조명탄은 양쪽에 다 같이 빛이 되듯이, 참 속에는 옳은 것 그른 것이 다 같이 서는 것이고, 사랑 안에는 선한 것 악한 것이 다 하나로 살 수 있습니다. 간디를 이해 못하기는 고사하고 그의 정신을 분명히 반대하는 무리들조차도 그를 존경하(는 척하)지 않을 수 없는 것은, 그가 비춰주는 길이, 어쩔 수 없이 인류 역사가 나아가야 하는 필연의 방향이기 때문입니다.

평화의 길, 비폭력저항의 길

그 길이 무슨 길입니까? 비폭력 반항의 길입니다. 평화의 길입니다. 간디는 자기 일생을 진리에 대한 실험이라고 했습니다. 그는 희생봉사의 일생을 통해 이것을 인류 앞에 실지 증거해놓았습니다. 남아프리카에서 자기 동족에게까지 의심을 받아가며 몇 번을 죽을 뻔하면서 20년 세월이 들어서 마침내 이겼고, 아프리카에서 얻은 것을 밑천으로 해서 인도 본토에서 30년에 가까운 세월을 싸워서 마침내 피흐름이 없이 "이곳은 당신들의 있을 곳이 아닙니다"라는 한 마디로 3백 년 해먹던 대영제국을 몰아내고 아직 주리고 헐벗음을 벗어나지 못한 인도 민족을 인류 행진의 선봉으로 내세웠습니다. 정치는 반드시 문명의 전부도, 제일 중요한 부분도 아닙니다. 오늘 유럽과 미국에 가서 인도 젊은이들이 어떻게 자부심을 가지고 대보 활보하는가를 보십시오. 이것은 오로지 간디의 비폭력 반항에서 온 것입니다.

어째서 그렇게 됐습니까? 폭력으로 경쟁하는 정치의 시대가 지나갔기 때문입니다. 현대는 고민하는 시대입니다. 고민의 원인은 전쟁을 할 수도 아니할 수도 없는 데 있습니다. 이때까지 전쟁은 자연의 법칙으로 알았습니다. 그러나 그것은 자연의 법칙이 아니라 지배자들이 일부러 만들어내고 선전한 결과란 것이 밝혀졌습니다. 또 무기의 발달은 전쟁을 이기고 짐의 구별없이 다 망해버리게 하는 정도로 파괴적인 것으로 만들었습니다. 그리해서 이날까지의 습관으로 하면 전쟁을 해야만 될 듯하나 현실로는 할 수 없는 딜레마에 빠졌습니다. 이때에 있어서 비폭력 반항은 오직 하나의 길입니다. '싸움은 만물의 아버지'라는 말은 이제는 지나간 말입니다. 협동이야말로 생물

진화의 진리라는 것을 과학적으로 밝히고 있습니다.

물론 싸움이 부분으로 없는 것은 아닙니다. 생명은 관대한 것이어서 제 시대를 잃어버린 것도 쓸어버리지 않고 남겨둡니다. 오늘이 파충류의 시대는 아니지만 도마뱀 따위가 남아 있습니다. 인류의 문명이 더 높아진 후일에도, 군인이란 지나간 시대의 찌꺼기가 상당한 시간을 남아 있을지 모릅니다. 그러나 그들의 시대는 지나가고 있습니다. 지나가고 쓰레기통에 들어갈 것을 알기 때문에 지금 단말마적인 발악을 해보는 것이 오늘의 현상입니다. 형장으로 나가는 사형수는 마구 처먹는 법입니다.

또 설혹 싸움이 없어질 수 없는 법칙이라 가정을 하더라도 도저히 폭력으로는 싸울 수 없어졌습니다. 싸운다면 정신의 힘으로 하는 수밖에 없습니다. 그런데 정신의 힘이란 사랑과 참으로만 기를 수 있는 것입니다. 그렇기 때문에 비폭력이야말로 할 수 있는 단 하나의 길이라는 것입니다.

조직적인 악에는 조직적인 사랑으로

비폭력 반항은 하나의 조직적인 사랑입니다. 사랑이 생명의 원리인 것은 인간이 안 지 오랩니다. 우리나라 옛날 종교인 선도의 핵심은 평화주의입니다. 전쟁 정복의 얘기없이 나라의 시작을 말하는 단군부터 그렇고, 고구려에서 온달로, 백제에서 검도령으로, 신라에서 처용으로 대표되는 그 사상이 다 그것입니다. 중국에서 하면 황제, 노자·장자·공자·맹자·묵자의 근본사상은 다 평화주의에 있습니다. 아힘사 곧 생명을 해하지 않음을 핵심원리로 삼는 인도사상은 언제부터인지도 알 수 없을 만큼 오랩니다. 예수는 다시 말할 필요도 없고 그보다 거의 8백 년이나 앞서 살았던 이사야 때 벌써 높은 평화주의가 나타나 있습니다.

이렇듯이 사랑이야말로 살리는 원리인 것을 안 것은 퍽 오랩니다.

아마 원시적인 가족 사이에서 벌써 발달됐을 것입니다. 그러나 그것은 주로 개인적인 것이었지 단체적인 것이 아니었습니다. 생활이 비교적 단순하던 때는 인간관계도 자연적으로 되는 정도였으므로 사회는 개인적인 도덕활동만으로도 되어갈 수 있었습니다. 그러나 과학이 발달하고 그것을 실생활에 적용함에 따라 인간 사이의 교통이 굉장히 잦아졌고 사회는 거기 따라 점점 더 동적인, 조직적인 것이 됐습니다.

이제 정치는 결코 공자·예수가 있던 때의 유가 아닙니다. 한마디로 지배자는 아주 조직적인 악을 행하게 됐습니다. 그러므로 인심이 천심이라던 논법으로는 도저히 악의 세력을 물리칠 수가 없어졌습니다. 그렇기 때문에 사회악과 싸우는 것을 사명으로 하는 종교가조차도 개인으로는 살인하는 것이 죄요, 자기희생을 하는 것이 최고의 선이나 단체적으로는 전쟁을 해도 살인이 아니요, 민족적으로 자기희생은 할 수 없는 것이라고 내놓고 가르치게까지 됐습니다. 그러나 아무도 거기 시원치 못한 것이 있는 것을 부인할 수는 없습니다. 여기에 현대 종교가 무력해진, 정치가 극도의 현실주의로 타락된 큰 원인이 있습니다.

그런데 여기서 큰 새 빛을 들어 비춰준 것이 간디입니다. 간디의 한 사랑이나, 참은 새 것이랄 것 없습니다. 해묵은 진리입니다. 그것을 실행하는 방법이 달라졌습니다. 위에서 조직적인 선이라고 한 것은 그 뜻입니다. 이 의미에서 간디는 역사상에 새 큰길을 열었습니다.

그는 조직적인 악에는 조직적인 사랑으로 대항할 것과 그렇게 하면 반드시 이기는 것을 증명했습니다. 개인에서와 마찬가지로 단체에 있어서도 죽음으로써 사는 것이 진리라는 것을 보여주었습니다.

문명은 발달하는데, 하면 할수록 어디를 보아도 광명이 없습니다. 빠져나갈 길이 없습니다. 어느 철학도 어느 사상도 핵무기 앞에서 큰 말을 할 수 없어졌습니다. 말하는 이가 있다면 오직 하나 간디뿐입니다. 이리 가면 산다 합니다. 그 길은 곧 스스로 세상 죄의 값인 고난을 자기 등에 짐으로써 너와 나를 다 살리자는 비폭력 반항의 길입니다. 그것을 단체로써 하자는 것입니다. 압박받는 대중이 아무런 무기가 없어도 이 조직된 사랑의 공세를 취할 때 무너지지 않을 악의 요새는 하나도 없다는 것입니다.

어떤 사람은 제2차 세계대전 이후의 세계 형편을 보고 간디정신에 대해 비판하려고 합니다. 그러나 그것은 잘못입니다. 참나무는 빨리 자라지 않습니다. 단기로서는 역사적인 인간은 못 됩니다. 믿음이 우리를 구원할 것입니다. 인간은 인간입니다. 악하기도 하지만 선하기도 합니다. 문제를 스스로 제출한 것이 인간이면 인간은 또 해결하고야 말 것입니다. 자멸할 수 없는 것이야말로 인간입니다. 정신은 물질을 이기고야 말 것입니다. 간디 정신은 이기고야 말 것입니다. 간디 정신은 간디의 것이 아닙니다. 우주의 정신이요, 하나님의 말씀이기 때문입니다. 그의 위대는 어린애 같은 겸손한 믿음에 있었습니다.

• 1969년 10월, 『주간조선』 제50호

제3부

같이살기 운동을 일으키자

1972년 『씨올의 소리』 창간 2주년 기념 강연회

"다 죽으면 다 살아난다.
같이살기란 사실은 같이 죽기다.
살아도 같이, 죽어도 같이!
같이만 한다면 갇히진 않을 거다.
네 원수를 사랑해서 달라는 대로 다 줄 각오를 해라!
……사람이 사는 것은 자기네의 지혜로 하는
염려나 계획으로 되는 것이 아니라
인간 본성에 들어 있는 사랑으로 인해 된다는 것이다.
……내 자식만이 내 자식이 아니다.
모든 자식이 내 자식이다"
-「같이살기 운동을 일으키자」

3천만 앞에 또 한 번 부르짖는 말씀

아름다운 아들 딸들아

사랑하는 겨레 여러분!

한 뿌리에서 나서, 이날껏 한 핏줄기에 얽혀서 울며불며 살아왔고, 지금도 고난의 폭풍 속에서나마 한 문화의 꽃으로 피어 영글고 있으며, 져야 할 그 짐을 다 지고 받아야 하는 그 세례를 다 받는 날, 장차 한 역사의 제단 위에 영원한 뜻을 드러내는 제물로 괴어놓임을 받을 3천만의 씨을 여러분!

그렇지 못하면, 한 멸망의 구렁에 쓰러져 들어가, 영원의 부끄럼과 원한 속에 서로 물고 뜯는 영원의 원수가 되면서도, 서로 떨어져나갈 수도 없는, 운명의 여러 아버님들, 여러 어머님들, 또 여러 형님들, 누님들, 아우님들! 아, 누구보다도 너희, 피다가 채 못필 꽃봉오리일 애처로운 아들들아, 딸들아!

나는 여러분 중에서 가장 작은 것이요, 가장 쭈그러진 것이요, 가장 더럽게 병든 것입니다. 그 못생긴 것이 제 모자람을 모르고 또 지껄이는 것을 용서하시기 바랍니다. 그러나 작은 것이 나오는 것은 일이 그만큼 크기 때문 아니겠습니까. 쭈그러진 것이 가만 못 있음은 형세가 그만큼 급하기 때문 아니겠습니까? 병신조차 소리를 지르는 것은 아픔이 그만큼 지독하고 목숨이 분초分秒에 달린 것을 말하는 것 아니겠습니까?

작은 것에도 귀를 기울이는 데서 여러분은 진리의 큰 것을 얻으십시오. 쭈그러진 것도 업신여기지 않고 얼굴을 돌이키는 데서 여러분은 의용義勇의 높은 것을 드러내십시오. 병든 것도 버리지 않고 손을 주는 데서 여러분은 어떻게 크고 험한 죄악도 다 불살라버릴 수가 있고 다 썩은 등걸도 다시 살려낼 수 있는 인애의 뜨거운 것을 불러일으키십시오. 나는 채 다 익지 못하고 철 아니게 떨어지면서도 오히려 저를 길러준 그 뿌리를 가꾸어보자고 그 밑으로 들어가려는 한낱 쭉정이 씨을입니다.

여러분, 나를 일을 좋아하고 말하기를 즐기며, 남을 헐뜯기를 일삼는 물건이라 하지 마십시오. 내가 이날껏 말을 하면 정부를 책망하고 나무라는 말을 많이 했으며, 글을 쓰면 벼슬아치를 때리고 찌르는 것을 많이 썼습니다. 그러므로 어떤 사람들은 나를 독설가라 파괴주의자라 욕했습니다. 그럴 때마다 나는 이마에 땀발이 잡히고 알지 못하게 자리를 고쳐 앉게 되면서도, 다시금 다시금 내 속을 돌이켜보아도, 크게 어두운 것을 발견치 못했습니다.

그것은 내가 아는 것이 많고 행하는 것이 도타워서가 아니라, 도리어 그렇지 못한 줄 알아 내 것을 말하지 않고 여러분에게 들으려 힘썼으며 감정을 말하자는 것이 아니라, 여러분의 두고두고 참는 심정을 그대로 청천백일하에 드러내보자 애써왔기 때문입니다. 그랬기 때문에 여러분은 나를 옳다고 인정해주셨습니다.

전차간·버스간에서 이름도 모르는 소년 소녀들이 "할아버지!" 할 때, 도회지엘 가도 시골엘 가도 알지도 못하는 할아버지 아주머니가 "아무개 아니오?" 하고 물을 때, 목욕탕에 가면 문지기 아이가, 여관에 들면 불목지기 청년이 "선생님!" 하고 인사를 하며 올 때마다 내 가슴은 뭉클하지 않을 수가 없었습니다. 좋아서가 아니라, 다 식은 듯한 가슴에서 맥박이 후드득 뛰었기 때문입니다.

접때에 어느 기관에서는 내가 말을 했다고 상을 주겠다 했습니다. 그때 나는 한없이 부끄러웠습니다. 부끄럽기보다는 무척 슬펐습니다. 나는 스스로 상이나 벌에는 매이지 않으려는 사람으로 힘쓰고 있었는데, 그 대접밖에 못 받았으니, 내 정도가 그것이 다냐 하는 자책에서입니다.

참말에는 상이 없습니다

본래 참말에는 상이 없는 법입니다. 공자 상 받은 일 없고, 석가모니 상 받은 일 없습니다. 예수는 십자가에 달렸고 소크라테스는 독배를 마셨습니다. 신라 망할 적에 바른말을 했다면 마의태자에서 더한 이 없었건만 그는 금강산 골짜기에서 쪽쪽 굶어죽었습니다. 고려 망할 때 바른말을 했다면 최영, 정몽주에서 더할 이가 없었건만 하나는 서서 목이 잘렸고 하나는 쇠뭉치에 맞아 꺼꾸러졌습니다.

이조에 들어와서 바른말 한 이 있다면 사육신, 생육신이겠는데 그들의 운명이 어떠했던 것은 여러분이 잘 아십니다. 끄트머리에 내려와서 민족이 온통 남의 종이 되는 날, 다 기울어진 집을 늦게나마 붙들어보려 애를 썼던 여러 사람도 다 상 받은 일 없습니다. 월남月南,[1] 남강南岡, 도산島山, 고당古堂이 다 그렇습니다. 못 갈 때는 못 가더라도, 그래도 목표만은 가장 높은 데 두고 배우려 애써야 사람인데, 상을 받으라? 슬프지 않을 수 없습니다.

예수는 분명히 말했습니다. 상을 받지 말라고. 땅에서 상 받으면 하늘에서 상 못 받는다고. 나도 못났어도 하늘에까지 가야 하는 존재입니다. 상을 서로 주고받는 것은 이 땅에서 하는 일입니다. 네 가슴에 내가 훈장 채워주마, 내 머리엔 네가 관을 씌워라 하는 것은 썩을 족들이 하는 일입니다.

1) 월남(月南): 정치가·종교가인 이상재(李商在, 1850~1927)의 호이다. 자는 계호(季皓). 1888년 주미 공사 서기로 부임했으며 귀국 후에 의정부 참찬을 지냈고, 서재필과 독립협회를 조직해 민중계몽에 힘썼다. 3·1운동 후 조선일보 사장을 거쳐 1906년에 기독교청년회 회장, 1907년에 신간회 초대 회장이 되었다.

또 상을 받았담 이미 받았습니다. 더할 수 없는 상입니다. 소년 소녀들의, 할아버지 할머니들의, 문지기 불목지기들의 빙그레 웃어주며 하는 말, "우리 마음 당신이 알고 당신 마음 우리가 알아요." 말로 하기엔 너무 쑥스러워 그 입새로 그 눈시울로 표시하는, 그에서 더한 상이 어디 있습니까? 그런데 또 무슨 상을 더한다고? 여러분의 끄덕이는 고개 보고, 흔드는 손길 볼 때 위협과 매수로 되는 지위, 간계와 책략으로 얻는 돈은 식모 손의 걸레조각만도 못했습니다. 나 자신의 소리를 너무 했습니다. 그러나 떨어지는 쭉정이 씨을에 무슨 '자기'가 있겠습니까? 여러분의 가슴을 파고들자니 하는 말이었습니다.

그렇게 시비, 욕설만 하던 나인데, 이제 그런 말 아니하렵니다. 내 마음 달라졌습니다. 접때에 욕을 한 것은 선택이 남아 있는 때이었기 때문입니다. 돌이키려면 돌이킬 수 있었기 때문입니다. 그러나 이제는 때가 다릅니다. 선택의 시기는 지났습니다. 이제는 막다른 골목입니다. 이제는 시비를 할 때도 아니요, 욕을 할 때도 지났습니다. 오鳴, 월越을 한데 신고 배는 언덕을 이미 떠나 사나운 물결 속에 들었습니다.

필요한 것은 너와 나를 다같이 살리는 일입니다. 이 고비를 지나면 또 싸워야 할 것입니다. 또 싸우기 위해 원수도 살려야 할 것입니다. 살리자는 원수지 죽이자는 원수가 아닙니다. 정신을 살리기 위해 몸을 살려두어야 하듯, 선을 하기 위해 악을 용납해야 할 것입니다. 사랑을 위해 권력을 미워하지 않아야 할 것입니다. 종교를 위해 정치를 허락해두어야 할 것입니다.

이렇게 말하면 여러분은 나를 약해졌다 합니까? 아닙니다. "너도 무서워서냐" 합니까? 아닙니다. 무섭기는 무엇이 무섭습니까? 몇 번 죽다 남은 목숨에 아깝기는 무엇이 아깝습니까? 그보다도 지은 죄가 하도 많아 만 번 죽어 마땅한 줄을 아는데, 스스로 위험을 무릅쓰는 것은 행여 죽여주실까 해서인데, 새삼스레 무섭기는 무엇이 무섭습니까? 그렇지 않으면 "너도 매수됐느냐" 하십니까? 아닙니다. 어느 집엘 가도 못 얻어 먹을 걱정이 없고, 못 잘 염려가 없는데 팔리기는 무엇에 팔립니까?

아닙니다. 어느 누가 설명을 해서도, 달래서도, 다 아닙니다. 하나님의 손가락에 찔렸기 때문입니다. 대낮에 왕궁의 담벼락에 나타나서 글씨를 쓰는 손가락 아닌 손가락이 가슴을 냅다 찌르며, "네가 이것을 보느냐" 했기 때문입니다. 그 손이 어디 있느냐, 그 글씨가 어디 있느냐, 묻습니까? 어디서나 언제나 볼 수 있을 것입니다. 그러나 내가 본 것을 말하겠습니다.

양심의 부성을 빼앗은 자는 누구입니까

여러분은 이틀 전1964년 1월 26일 『조선일보』 7면에 나타난 기사를 읽었습니까? 삼남매 독살사건. 거기 무어라 씌어 있었습니까?

아버지가 오늘도
식빵을 사왔네
엄마는 왜 안 오나
보고 싶네 아가가
자꾸만 울어서

나는 이것을 쓰는 손가락이 자꾸만 보여서 견딜 수 없습니다. 눈을 떠도 뵈고 감아도 뵙니다. 자꾸만 자꾸만 눈물이 쏟아지고 떨려서 견딜 수 없습니다. 첨에는 그 손가락이 고사리 같다가 차차 커져서 낫자루만 하다가, 서까래만 하다가, 보짱(들보를 일컫는 '봇장'의 방언 – 편집자)만 하다가, 나중엔 앞이 캄캄합니다. 가슴속이 쇠꼬치로 긁는 것 같습니다. "아버지…… 엄마……."

여러분이, 뼛속의 쑤시는 글자를 쓴 손, "아버지 오늘도 식빵 사왔네" 하고 쓴 그 손은 아버지가 주는 그 빵을 먹고 영 죽어버렸다 하십니까? 아닙니다. 아닙니다. 어떻게 죽을 수 있습니까? 봄철 첫 양기에 야들야들 피어나는 꽃 같은 그 맘씨가 어디로 갔단 말입니까? 늦가을 마지막 한가닥 볕을 찾아 나풀나풀 나는 나비 같은, 그 호소하는 눈동자가 어디로 갔단 말입니까? 이것이 만일 없어졌다면 천지가 온통 허무합니다. 박 대통령의 연두교서란 것이 잊혀지는 날은 멀지 않을지 몰라도, 이 글은, 이 하소연은 영영 없어질 수가 없습니다. 그것이 어찌 아홉 살 난 아이의 말입니까? 이 민중의 애끓는 기도요, 하소연이지. 하나님의 심판이지.

어리석은 경찰은 삼남매를 죽이고 도망친 그 아비를 잡겠다고 전국에 수배중이라 하지만 잡아서는 어떻게 한단 말입니까? 목을 조를 터입니까? 그렇게 하면 처벌이 되고 사회에 대해 징계가 됩니까? 바보! 제 자식을 제 손으로 죽이는 그 맘이 돼보려 애나 써봅니까? 그를 그 이상 더 벌할 재주가 어디 있습니까? 몸뚱이가 살았거나 죽었거나, 잡혔거나 아니 잡혔거나, 그는 영겁의 처벌을 받은 것입니다.

허나 벌로 다 될 것이 아닙니다. 죽인 것은 사랑하기 때문입니다. 내 사랑하는 자식이 무정한 이웃과 악독한 정치 밑에 거지 노릇하고 죄인 노릇하다가 짐승처럼 죽는 것을 차마 볼 수 없어서 그는 그렇게 한 것입니다. 영원히 내 아들 딸로 내 가슴속에 두고 싶어서, 영원히 사람으로 건져주고 싶어서 한 것이었습니다. 저주받은 존재의 저주받은 사랑입니다.

사랑은 과연 죽음보다 무섭고 음부陰府보다도 강합니다. 그가 악독하다면 제 자식 목숨을 잇는 것이 아니라, 출세시키고 특권자가 되게 하기 위하여 남을 속이고 남의 것을 뺏고 남의 자식을 떠밀어 치우는, 소위 잘산다는 부모들은 더 악독하지 않습니까? 이들은 제 양심을 도둑했으므로 도둑이란 말을 아니 듣고, 그는 제 양심을 차마 도둑 못한 고로 집을 팔고, 솥을 팔고, 숟가락을 팔고, 이불을 팔다가 나중에 팔 것이 없으니 죽음으로서 제 자식을 지켜보려 한 것입니다.

대체 이 죄악의 범인이 누굽니까? 제 자식을 약을 먹여 죽이고, 저도 어디 가 죽었는지, 혹 죽지도 못하고 더 심한 처벌을 받기 위해 어느 구렁에 엎디어 있는 그 사내입니까? 도둑질을 못하리만큼 자존심이 그래도 남아 있고, 제 손으로 죽이리만큼 그래도 사랑이 남아 있는 그 사내를, 그렇게 믿는 것은 누구입니까? 춘추의 직률直律로 할 때 누구입니까?

아비가 자식을 죽일 리가 없습니다. 형체가 그 아비로 나타났을 뿐이지 정말 범인은 그 뒤에 있습니다. 아비가 자식을 죽이기 전, 그 아비에게서 부성을 뺏은 자가 있습니다. 누구입니까? 잘못된 정치입니다. 그 아비를 벌하기 전 우리는 그 정치를 벌해야 합니다.

그러나 그 군사정변은 누가 일으켰고 그 대통령은 누가 뽑았고 그 정당은 누가 조직했습니까? 그 아비란 하수인을 보지 말고 그를 그렇게 만든 정부를 고발하는 바른 군법을 한 걸음 더 내킬 때, 그 정치의 책임은 어쩔 수 없이 민중 자신이 지는 수밖에 없습니다.

그러나 민중이 어디 있습니까. '나' 내놓고 민중 없습니다. 내가 민중이요, 민중이 나입니다. 민중은 추상이 아니고 구체적인 것입니다. 나입니다. 나만입니다. 삼남매를 죽인 것은 이 나입니다.

나는 이제 도망할 길이 없어졌습니다. '나'란 책임을 지는 것입니다. 책임은 홀로 지는 것이지 나눠 지는 것은 아닙니다. 나눌 수 없는 하나인 것이 책임입니다. 그러므로 전 책임을 나 홀로 져서만 정말 책임을 지는 것이요 사람되는 것입니다.

혼자서 책임을 진다는 말은 혼자서 나라를 건지겠다는 말입니다. 된다 못 된다를 말하자는 건 아닙니다. 되든지 못 되든지 건지는 것입니다. 살든지 죽든지 관계할 것 없이 싸우는 것이 싸움입니다. 싸움은 살아서만 하는 것이 아니라 죽어서도 합니다. 죽어서도 싸우면 살아나고 이길 것입니다. 남을 모르고 '여리'를 보지 말고, 나 홀로 나라를 건지려고 맨손을 내밀고 결심해서 나설 때, 나의 하는 말, 살아도 같이 살고 죽어도 같이 죽자입니다. 기울어지는 집을, 내 아들이 누워 있고 내 딸이 자고 있는 집이 기울어지는 것을 한 손으로 버티려 한다 해서 어리석다 합니까. 그렇습니다. 나는 어리석으렵니다.

한 손이 약해 보입니까? 버티려다 그 밑에 치여 죽는 것은, 지혜롭게 도망해 나와 울고 있는 것보다는 차라리 훨씬 더 행복입니다. 한 손이 약해 뵈거든 네 손을 그 손에 가져다 받치렴. 한 손 또 한 손을 괴어 손의 피라미드를 이루는 날 그 집은 설 수 있지 않겠나?

역사는 장차 올 것의 징조를 보여줍니다

사랑하는 동포 여러분, 우리는 이 그림을 좀더 자세히 들여다볼 필요가 있습니다. 이것은 하나님이 우리에게 주시는 깨우침이기 때문입니다. 하나님을 못 믿겠거든, 역사의 은어隱語입니다. 하나님은 계시하시는 하나님입니다. 무슨 일이 있으려 할 때는 반드시 그것을 먼저 경고하십니다. 다른 말로 하면 역사에는 징조라는 것이 있단 말입니다. 미래는 알 수 없는 것이지만, 또 전혀 알 수 없는 것도 아닙니다. 알 수 없으면서도 알 수 있는 것이기 때문에 역사는 있습니다.

빤히 다 알 수 있어도 역사는 있을 수 없고 도무지 알 수 없어도 역사는 있습니다. 그러므로 역사에서는 그 조兆라는 것이 중요합니다. 알려는 주는데 그저 보고는 알 수 없이 알려주는 것이 징조입니다. 그러므로 그것은 풀어야 하는 것입니다. 역사는 장차 올 것의 징조를 나타내는 것이고 하나님은 그 하실 일에 대한 예언을 주시는 것입니다. 예로부터 그것을 푸는 것이 어진 이의 일이었습니다. 그래서 숨은 말씀이라는 것입니다.

몇 해 전 이李 정권이 꺼꾸러지려 할 때 마산 앞바다 물밑에서 데모하다가 죽은 소년 김주열2)의 시체가 유령처럼 떠올랐습니다. 그것은 이 정권에 대한 경고였습니다. 그러나 이 박사는 그것을 못 알아들

---

2) 김주열(金朱烈, 1943~60): 의거 학생. 1960년 3·15정·부통령 선거를 규탄하는 데모에 참가했다가 실종되었다. 약 한 달 뒤 마산 앞바다에서 시체로 떠올랐는데, 이것이 경찰의 소행으로 밝혀지면서 다시 학생과 시민들의 분노가 폭발하여 4·19혁명의 도화선이 되었다.

었습니다. 왜 몰랐을까요? 알아들으려 풀어보려 하지 않았기 때문입니다. 보이는 것만 보고 보이지 않는 것을 찾아보려 하지 않았기 때문입니다. 모든 사물은 이중의 의미를 가집니다. 나타나보이는 뜻과 나타나보이지 않는 숨은 뜻입니다. 그것은 이 세계가 역사를 가지는 세계이기 때문입니다. 욕심 많은 사람은 나타나보이는 것만을 찾으려 하기 때문에 나타나보이지 않는 것이 하는 말을 알아듣지 못합니다. 욕심은 현재에 붙은 것이고 뜻은 미래에 붙은 것입니다. 욕심 많은 자유당은 물속에서 올라와 예언을 하는 김주열의 시체를 무시하고 주의해 보려 하지 않았습니다. 그랬다가 그 소리 없이 하는 한마디 외침에 10년 독재정권이 무너지고 이 박사의 운명은 오늘같이 됐습니다.

오늘도 마찬가지입니다. 서울의 한구석의 움막집에 고스란히 누운 세 남매의 시체도 말을 하는 것이 있습니다. 그것은 오늘의 징조입니다. 그 말은 김주열이 하는 말보다 더 무섭습니다. 그때는 한개 정권이 관계됐었지만 이번은 정권만 아니라 전국 전 민족의 운명이 관계돼 있습니다. 그것을 잘 알아들으면 우리는 살 것입니다. 무시하고 알아듣지 못하면 망할 것입니다.

김주열의 경우를 생각해봅시다. 그는 데모대의 앞장을 섰다가 죽었습니다. 소년들이 데모의 앞장을 선다는 것은 결코 심상한 일이 아닙니다. 애들은 본래 그러는 것 아닙니다. 운동장에서 놀기나 한다든지 골목에서 장난이나 할 아이들이 나라 정치에 관한 데모에 앞장을 서게 되기까지에는 그전에 민중의 감정이 극도로 격분해가는 사실이 있어서 된 것입니다. 죽은 시체가 물에서 올라올 때 그것이 하는 말은 묵살해버리려는 그의 죽음의 원통을 풀어달라는 것이었습니다. 그러나 그의 죽음은 민중의 격분의 결과이기 때문에 그 시체의 외침은 결국 원통한 민중의 외침이었습니다. 그것을 무시한 데가 이 정권의 망한 까닭이 있는 데입니다.

김주열의 죽음이 우연이 아니었던 것같이 이 삼남매의 죽음도 결코 아비의 몰인정으로만 된 것 아닙니다. 그렇게만 알아버리고 말려는 사람은 그 자신이 몰인정, 무지각한 사람입니다. 생각해보십시오. 아버지가 그 자식을 죽이게 되는데 그 어찌 쉽게 됐을 것인가? 그가 그 행동에 이르기까지 얼마나 생각을 했을까? "아버지 오늘도 식빵 사왔네" 하는 그 마음을 생각하고, 그러는 그 입에다가 넣어줄 빵에 돌아앉아서 독약을 넣는 그 아비의 손이 얼마나 떨렸겠나? 그 마음은 어떠했겠나?

신문 보도에 의하면 그는 중학교를 졸업한 사람이라 하고, 그의 전후의 일로 보아, 한때 정신의 흥분이나 이상으로 된 것이 아니고 계획적으로 했는데 그의 마음이 거기까지 이르는 동안에 무슨 생각은 아니했을까? 친척, 이웃, 사회, 나라, 교회, 성당, 절, 구소소, 자선가, 도둑질, 강도, 속임수, 거지, 형무소, 새끼 죽고 저 죽은 후의 신문, 아니 찾은 상상의 골목이 없었을 것입니다. 그것도 한 번 두 번 열백 번만이 아니고 되풀이 되풀이했을 것입니다. 그런 결과 그는 그 결심에 이르렀습니다.

죽은 것이 어찌 남의 새끼입니까

제 새끼의 입에 독약을 넣어 죽여놓고, 이불을 덮어준 후 걸음발 똑똑히 친구에게 가서 자기는 시골로 간다 하고, 이불을 후에 가져가라고 일러두고 목을 매러 산으로 가는 사내! 그 사내의 마음 앞에 나라가 있습니까? 문명이 있습니까? 도덕, 종교가 무슨 말을 할 자격이 있습니까? 복지국가를 약속하는 정치가의 말 따위가 무슨 소용이 있으며, 학교의 선생님, 재판소의 법무관, 정보부의 탐정망 따위가 무슨 의미가 있습니까? 이 사내 앞에 무서운 것이 없고, 뜻 있는 것이 없고, 아까운 것이 없고, 맘 붙일 곳이 하나도 없습니다. 모든 것이 그에게 신용을 잃었고 권위를 잃었습니다. 하나님도 생각 아니 하는 그에게 꺼릴 것이 아무것도 있을 리 없습니다. 이제 그 사내가 우리를 향해 말을 하는 것입니다. 무섭습니까? 아니 무섭습니까?

옛날 이조 성종成宗 때에 이런 일이 있었습니다. 조정에 중요한 두 신하가 기생첩 하나를 놓고 서로 싸워서 그 판결을 해달라 임금 앞에 왔습니다. 성종은 그 말을 듣고 조정의 중신이 기생첩 하나를 놓고 서로 다툰다는 것은 망해빠진 나라가 아니고는 있을 수 없는 일이다, 나는 차마 내 치세를 망한 시대로 여기고 싶지 않다, 판결 아니하겠다, 그만둬라 했다는 것입니다. 성종은 하나는 알았으나 둘은 몰랐습니다. 망한 세상 아니고는 그런 일 있을 수 없다는 것은 과연 옳은 말입니다. 그러나 그것을, 이미 있는 것을 모른 척해서 문제는 해결되지 않습니다.

오늘날은 기생첩을 서로 다투는 것쯤은 문제도 아니 될 것입니다. 그렇기 때문에 아비로 하여금 그 자식을 셋씩이나 독약을 먹여 죽이게 하고 그것으로써 하나님은 묻는 것입니다. 자식이 아비 죽이는 일도 일조일석에 되는 일이 아니지만 아비가 자식을 독살하게 되는 일은 1년 2년에 되는 일 아닙니다. 어린이의 얼굴에 빨간 점 하나가, 장차 그 생명을 앗아갈 천연두가 그 몸에 이미 든 표시이듯이, 이 한 사건도 이 나라가 망할 원인이 속에 다 돼 있는 것을 말하는 것입니다. 그렇지 않고야 어찌 이런 일이 있습니까? 하물며 이런 일은 이것이 첨이 아니고 거의 매일같이 나는 것임에서겠습니까.

여러분! 어머님, 아버님, 큰일났습니다. 죽은 것이 어찌 남의 새끼입니까? 곧 내 자식 아닙니까? 그 "아버지…… 엄마……"의 글을 읽고 여러분의 자녀의 얼굴을 들여다보십시오. 그들 위에는 그 운명이 언제 아니 떨어지리라고 단언할 수 있습니까.

나라는 다 됐습니다. 정말 다 됐습니까? 그럴 수 없습니다. 그래선 아니 됩니다. 다 된 이 나라를 건져야 합니다. 독약을 타려는 아비의 손을 막아야 합니다. 아비가 누구입니까? 이 정치지. 어미가 누구입니까. 이 나라지. 삼남매가 누구입니까? 3천만이지. 아빠! 엄마! 날 살려주십시오!

한 사람 속에서 나라와 세계를 볼 줄 알아야 합니다

사랑하는 동포 여러분!

여러분은 하나님을 믿습니까? 불성佛性을 믿습니까? 아니거든, 생명의 거룩함을 믿습니까? 하나하나의 몬〔物〕과 일은 다 그 거룩한 생명의 둘도 없는 구체적인 자기표현임을 믿습니까? 모든 존재는 말씀하는 존재임을, 존재는 곧 말씀임을, 뜻임을 믿습니까? 말씀의 마디마디 속에 전체의 뜻이 다 들어 있음을 믿습니까? 믿는 줄 압니다.

사랑하는 이웃 여러분, 친구 여러분, 동무 여러분, 동지 여러분, 형제 여러분! 여러분은 나라를 사랑하십니까? 인류를 사랑합니까? 사람의 목숨을 절대적인 것으로 대접하십니까? 한 사람 속에 나라와 세계를 보십니까? 인격을 영원한 과거 역사의 총결산으로, 그 이상으로, 영원한 미래 역사의 씨올로, 약속으로 존경하십니까? 그러시는 줄 압니다.

여러분, 여러분은 동정심을 가지셨습니까? 남도 나와 꼭 같은 사람이요, 인격이요, 생명이요, 부처요, 하나님의 아들임을 믿고, 그렇게 대접하고, 사랑하고, 존경합니까? 남의 맘이 돼보려, 그것을 알아주려, 그와 하나가 되려 애쓰십니까? 그러시는 줄 믿습니다.

그렇거든, 이 삼남매와 그 아버지, 네 목숨이 전 생명으로 하는 그 말을 들어봅시다. 이것은 그들이 그 마음을 다하고, 뜻을 다하고, 넋을 다하고, 힘을 다해서 하는 애원의, 절규의 사중창입니다. 사중창死重唱입니다. 여기다 비하면 선남선녀, 성도 성직이 하는 소위 "간절히 간절히" "진실로 진실로"는 다 거짓말입니다.

그들은 이 말을 하기까지 많은 기도를 했고, 숱한 청원을 하고, 구걸을 했습니다. 밥을 달라고, 일자리를 달라고, 돈을 꾸어달라고, 제발 사람 대접을 해달라고, 이웃에 대해, 나라에 대해, 직접으로, 간접으로, 말로, 마음으로, 알게, 모르게, 줄곧 해왔습니다. 그러나 어느 문도 어느 가슴도 열리지 않았습니다. 그래 넷은 있는 것을 다해 한 번 해보기로 한 것입니다. 그것이 이 사중절창死中絶唱입니다. 우리는 그것을 들어야 합니다. 듣지 않으면 큰일날 것입니다.

여러분, 여러분은 원귀寃鬼, 원혼怨魂이란 것을 믿습니까? 나는 믿습니다. 나는 천당, 지옥은 차라리 아니 믿습니다만 사람이 무슨 원통한 마음을 먹고 죽으면 그것이 원귀 원혼이 되어 여러 가지 궂은 일을 일으킨다는 것은 믿으려 합니다. 천당, 지옥을 난들 어찌 감히 없다 단언하겠습니까마는 적어도 과학이 발달되기 전에 사람들이 소박하게 생각했던 그런 따위의 천당, 지옥은 오늘날은 믿을 수 없다는 말입니다.

나는 신앙에서 미신적인 교잡물은 될수록 뽑아버리자는 주장입니다. 원귀·원혼이라 한들 어찌 허깨비, 도깨비 같은 것이 왔다갔다, 기왓장을 뒤집고, 솥 안에 아기를 잡아넣는다는 따위를 믿자는 말이겠습니까마는, 하여간 사람이 하는 생각의 일념 일념은 곧 전 우주를 향해서 하는 시시각각의 방송이라는 말입니다. 그러므로 잠깐 새에 하는 선한 일념도 어딘지 언젠지 모르지만, 무한 우주의 어느 모퉁이에 가서 반드시 선한 파동을 일으키고, 악한 일념도 아무리 작아도 반드시 어딘지 가서 무슨 작용을 한다고 믿습니다. 그래서 사람이 죽으면서까지 풀지 못하고 남긴 무슨 맺힌 한이 있으면 그것이 반드시 무슨 일을 일으키고야 만다는 말입니다.

나는 우리나라 일이 이렇게 어려운 것은 지난날 우리 역사, 또 남의 역사에서 원통하게 죽은 많은 사람들의 혼의 파동이 와닿아서 그러는 것이 아닌가 합니다. 지금 내 마음이 이런 것도 이번에 죽은 이 삼남매가 죽는 순간에 일으킨 무슨 파동이 와서 이러는지도 모르겠습니다.

미신이라 할 테면 하고, 미쳤다 할 테면 미쳤다 하고 맘대로 하십시오. 그러나 나는 그것을 믿지 않을 수 없습니다. 그렇지 않고는 이 20세기 문명시대에 우리나라가 왜 이런지, 더구나 우리 젊은이들이 왜 저런지 알 수가 없습니다. 다른 것은 다 말고, 6·25에 죽은 여러 시퍼런 혼들이 가만있을 리가 없습니다. 설명은 못합니다. 그러나 아무래도 이것은 사실일 것입니다. 그것을 풀지 않고, 지나간 죄악을 풀지 않고, 오늘의 불행은 없어지지 않을 것이요, 미래 발전의 길은 열리지 않을 것입니다.

사람의 마음은 영靈 그리운 것입니다. 신비로운 것입니다. 물리·화학적 변화만이 아닙니다. 아니오, 오늘의 과학은 물리·화학이라는 데조차 신비론 운동이 있다 보지 않습니까. 옛날 우리 조상은 어렴풋이나마 그것을 알았습니다. 그러므로 굿을 하고 푸닥거리를 한 것입니다.

굿은 굿것을 물리치기 위한 것이요, 푸닥거리란 풀고 닦는다는 말입니다. 지금도 무당을 불러 굿을 하자는 말은 아닙니다. 그것은 미신입니다. 그러나 보다 높은 의미의, 도덕적·정신적으로 하는 풀고 닦음은 있어야 합니다. 우리가 그들을 동정(같이 아파)하면 풀리고 깨끗해질 것입니다.

네 사람의 혼을 위로하고 동정해주어야 합니다. 네 사람이라지만, 네 사람만이 특별해서 하는 말이겠습니까? 내가 그들과 무슨 특별한 관계가 있어서 하는 말이겠습니까? 그것이 곧 우리나라, 우리 자신의 그림이어서 하는 말 아닙니까? 죽음으로써 우리 가슴을 쇠꼬챙이 질하는 그 말이 뭐랍니까?

"아버지 오늘도 식빵 사왔네." 그 얼마나 배고픈 세상을 겪어봐서 하는 말입니까? 어느 선생님네, 어느 목사님네, 사장님네, 장관님네 아홉 살 난 아이가 이런 소리를 하겠습니까? 고기에서 고기를 골라 먹고, 과자에서 과자를 택해 먹는 잘사는 집 아이들에게는 꿈에도 못 떠오를 생각입니다.

"보고 싶네, 보고 싶네, 엄마가"

이것은 시입니다. 사람의 혼을 뒤흔드는 놀라운 시입니다. 어린 혼이 기아의 채찍에 맞아서 찢어지게 우는 소리입니다. 그러므로 듣는 마음을 가만 두지 않습니다. 단테의 시를 듣고는 가만있을 수 있어도 이것을 듣고는 가만히 있을 수가 없습니다.

또 뭐랍니까? "엄마는 왜 안 오나 보고 싶네." 이 애는 배가 주린 것만 아니라 혼이 주린 것입니다. 밥만 못 먹은 것 아니라 사랑을 못 먹은 것입니다. 있어야 할 엄마가 왜 없습니까? 누가 뺏어갔습니까? 돈이 뺏어간 것입니다. 가난은 이들에게서 밥을 뺏은 것만 아니라 사랑까지 뺏었습니다. 몸은 밥이 있어야 자라지만, 혼은 사랑이 있어야 자랍니다. 자라지 못한 몸은 병신이 될 뿐이지만, 자라지 못한 혼은 사회를 망칩니다. 참혹하지 않습니까? "보고 싶네" "보고 싶네" 영원히 영원히 "보고 싶네", 영원히 보고 싶건만 영원히 못 만나는 엄마! 여기 주린 혼의 벌린 입이 온 세상이라도 삼켜버리려 음랭陰冷한 동굴처럼 벌리고 있습니다.

또 뭐라지요? "아가가 자꾸만 울어서." 어린 동생의 울음이 이 애의 혼을 뒤흔든 것입니다. "자꾸만 울어서" 할 때 저는 벌써 얼마나 울었겠습니까? 어린 아기는 그저 먹고 자야 하는 것입니다. 그런데 이 아기는 자꾸만 웁니다. 먹을 젖도 없고, 자야 할 품도 없어서. 잘사는 집 애들이 비단에 싸여 요람 속에서 평화의 꿈을 꾸고 있는데 이것은 자꾸만 울어야 합니다. 그 앞에는 베토벤이 와도, 모차르트가 와도, 바흐, 헨델이 와도 소용없습니다. 다만 엄마가 와야 할 뿐입니다. 그 엄마가 못 옵니다. 돈의 종이 돼서.

여러분, 아빠가 있는데 밥을 못 주고, 엄마가 있는데 사랑을 못 주고, 어린이는 자꾸만 우는 가정, 이 가정은 완전히 깨진 가정 아닙니까. 그 가정을 누가 깨쳤습니까.

장안에 들어오면 골목마다 큰 집은 다 요정이요, 요정마다 떡국, 갈빗국이 부글부글 끓고 있는데, 쌀가게엔 쌀이 아직 쌓여 있고 육고집에 고기가 줄줄이 달려 있는데 이들은 왜 굶어야 했습니까. 이웃마다 이웃마다 만나보면 다 착한 사람들이요, 정부에서는 한 사람이 한 달에 10만 원씩 받아가며 애국을 전문으로 한다는데 이들은 왜 죽어야 했습니까. 나라법도 있고, 도덕도 있고, 교회의 피아노 하나만 팔아도 이들이 일생을 먹고 남겠는데 왜 이들은 자살을 해야 했습니까.

모든 것이 다 있건만, 한 가지 잘못된 제도 때문입니다. 네 것은 네 것이요, 내 것은 내 것이라는 것입니다. 네 가족은 네 가족, 내 가족은 내 가족. 이 제도는 또 한 가지 잘못된 철학에서 나왔습니다. '생존경쟁'이란 것 다 거짓입니다. 생명은 하나입니다. 역사는 하나입니다. 서로 다투고 싸움으로 살아가는 것이 아니라 서로 돕고 붙듦으로 살아갑니다. 누가 그렇게 만들었습니까. 힘의 숭배자들입니다. 만물을 짓고, 만물을 유지하고, 뜻을 이루어가는 것은 힘이 아니라 사랑입니다. 힘센 자들은 저만 살려고 그런 제도를 만들었고, 그런 제도를 영원히 민중 위에 씌워두려고 그런 철학을 만들어냈습니다.

살아도 같이 살고 죽어도 같이 죽어야 합니다

이들의 자살은 거기에 대한 항의입니다. 우리는 거기에 대답할 의무가 있습니다. 묵살해서는 아니 됩니다. 요새 정부는 묵살주의를 써서 신문이 뭐라거나, 잡지가 뭐라거나, 야당이 뭐라거나, 뒷골목의 공론이 뭐라거나 못 들은 척하지만 묵살주의는 자기 잘못을 스스로 알면서도 고치려 하지 않는 비겁한卑怯漢만이 하는 짓입니다. 항의, 비판, 성토는 미워서 하는 듯하지만, 그 깊은 속을 따져보면, 사실은 저도 모르는 사랑의 힘에서 나오는 것입니다. 인간으로 인정하기 때문에 하는 것입니다.

자살자는 세상을 저주하는 듯하지만, 사실은 우리 양심을 향해 사랑을 호소하는 것입니다. 다만 그 쓰는 말이 반어요, 은어일 뿐입니다. 이날까지 이런 경고는 몇 번 몇 번 있었습니다. 그럴 때마다 우리는 묵살해버렸습니다. 이번은 아니 됩니다. 그러므로 우리는 그들의 말에 대답을 해야 합니다. 더구나 그들의 말은 단순히 그들의 말만이 아닙니다. 우리의 5천 년 역사가 말하는 것입니다. 그들의 자살은 5

천 년 동안 견뎌오다 견뎌오다 못해서 한 것입니다. 그러므로 우리는 거기 대답하지 않을 수 없습니다. 글쎄, 하필이면 아홉 살 소년이 유서나 쓰듯이 그것을 남겨놓고 갑니까. 결코 우연이 아닙니다. 하나님의 일입니다. 절대로 묵살되지 않습니다.

여러분, 이 그림을 들여다보면 나는 요새 이런 문구가 생각납니다. 사생생사死生生死, 죽으면 살고 살면 죽는다 해도 좋고, 죽은 이 살았는데, 산 이 죽었다 해도 좋습니다. 왜? 죽은 사람은 말을 하는데, 살아 있는 것들은 말을 못하니 말입니다.

고요한 밤에 귀기울여 보십시오. 김구가 말합니다. 송진우宋鎭禹가 말합니다. 여운형呂運亨이 말하고, 장덕수張德秀가 말하고, 신익희申翼熙가 말하고, 허태영許泰榮, 이유증李留曾도 말을 하고, 조봉암, 최인규조차 무어라 말을 합니다.

그 소리는 혹은 부르짖고, 혹은 꾸짖고, 혹은 한숨짓고, 혹은 슬피 울고, 또 혹은 중얼거리고 빈정대며 가지가지지만, 그 뜻인즉 다같이 이 나라에 근본 잘못이 있다는 것입니다. 이 세상이 도대체 부조리하다는 것입니다. 그런데 살아 있는 사람들은 거기 대해 아무 대답을 하지 않습니다. 그러니 죽은 것 아닙니까? 이 네 식구도 죽음으로써 말을 합니다.

부조리라니, 무엇이 부조리입니까. 여러 말 할 것 없이, 어떤 놈 너무 잘사는데 어떤 놈은 너무 못사니 부조리지.

"누구나 다 저 먹을 것은 타가지고 난다."

누구나 살 권리가 있다는 말입니다. 그런데 왜 어린애 입에 밥이 들어가는 길을 막습니까. 부조리입니다. 천안 삼거리 능수버들도 제 멋에 겨워서 노는데, 왜 내 놀리는 발을 묶고, 노래하는 입을 막습니까? 불합리, 비도리非道理 아닙니까?

그럼 뭐라 대답해야 합니까. 할 말 하나밖에 없습니다.

"살아도 같이 살고 죽어도 같이 죽자."

우리는 내 발등의 불부터 먼저 끄려고 서로서로 불똥을 떨다가 모든 발등이 다 데버린 사람들입니다. 남을 다 제쳐버리고 나만, 이 나 하나만이 살아보려다가, 그 때문에 전체가 다 죽게 된 나라입니다. 생도 사도 전체에 있지, 결코 홀로 해결되는 문제 아닙니다. 무심한 꿀벌도 아는 진리를 우리가 몰라서 되겠습니까. 벌들은 왕봉을 절대 존중해도 먹을 것이 모자랄 때는 먹는 시간까지 같이 먹다 같이 죽지, 결코 먹을 것 부족하다 다툼질 나지 않습니다. 그러므로 그들은 인간이 그 벌어논 양식을 도둑질하지 않는 한 결코 식량난을 당하지 않습니다.

달러가 아니고는 못 사나요? 없이도 살 수 있다는 것을 한번 보여 주면 어떻습니까. 나라 운명의 목을 한일회담에다가 매고, 비겁하게 벌벌 떨기 때문에 이렇게 되는 것입니다. 이제라도 살려면 우리 손으로 우리끼리, 살다 못 살면 같이 죽지 하는 각오를 해서만 이 난관을 열 수 있습니다. 나더러 무식하답니까? 어저께 우리 집에 강도로 들어와서, 우리 아버지 죽이고, 우리 어머니 강간하고, 있는 세간 툭 털어간 놈더러 오늘 어업자금 줍시오, 민간차관 줍시오, 그것은 무식이 아닙니까.

지금 있는 이것을 가지고도 정말 생사를 같이할 결심만 하면 될 수 있습니다. 또 아니 되면 죽지요. 사람답게 죽는 것이 짐승만도 못하게 사는 것보다는 훨씬 보람이 있을 것입니다. 또다시 일본 침략주의자한테 잡혀, 우리 사랑하는 아들들이 그놈의 머슴이 되고 우리 눈동자같이 아껴 기른 딸들이 그놈의 식모가 될 생각을 하니 화가 치밉니다. 차라리 남한이고 북한이고 한데 묶어 얼싸안고, 이놈의 운명의 한반도를 높이 들어 좌우를 돌아볼 것 없이 태평양 물속에 돌처럼 던져버리고 싶습니다.

그러나 기억하라 하십시오. 이들이 캄캄한 깊음 속에 빠지는 날, 그 일으키는 격랑에 일본열도는 잠겨 없어질 것이요, 중공, 만주는 3천 장三千丈 노하는 물결이 할퀴는 손아귀에 백사장이 될 것이요, 멀리 미대륙에도 흙물이 튈 것입니다.

이 사람들아, 그렇게 기개가 없단 말이냐.

살아도 같이 살고 죽어도 같이 죽자!

여러분, 인정 깊은 여러분!

나는 며칠 밥을 아니 먹어보렵니다. 나 혼자 밥만 먹고 있는 것이 미워서 넷이 목숨을 끊었는데, 차마 그냥 있을 수가 없습니다. 다만 한 번씩이라도 나 먹을 밥 그들 앞에 가져다놓고, 나 그 얼굴 가만히 좀 들여다보렵니다. 위로해도 위로해도 듣지 않고, 그 많은 아들의 죽음 때문에 울기만 하는 우리 엄마, 수난의 여왕 앞에 나도 눈물로 엎딥니다.

엄마! 엄마! 엄마!

• 『조선일보』(1964년 1월 28~31일)

같이살기 운동을 일으키자

어서 바삐 도망해라

지금 우리는 일이 아주 다급해졌다. 330여 년 전 병자호란 때에 누구보다도 더 애절한 나라사랑의 뜻과 뛰어난 재주를 가지고도 썩어진 정치악당들의 고약한 꾀에 몰려 뜻을 펴지 못하고 의주義州 한구석에 쫓겨 가 울분의 날을 보냈던 임경업[1] 장군이 망해가는 나라 형편을 보고 견디다 못해 나라에 올렸던 애끓는 「진만상편의급군무소」陳灣上便宜及軍務疏 중에 그때 나라 꼴을 형용해서 이렇게 묘사했다. "오래 앓는 사람이 원기는 이미 닳고, 백 가지 병이 한꺼번에 일어나 기침이 나고, 가래가 떠오르고 숨이 턱에 닿아 헐떡헐떡, 아침저녁으로 숨넘어가기를 기다리고 있는 것과 같다." 오늘도 그와 꼭 같다.

60년 전 나라가 일본에게 먹히려 할 때 마음이 좀 먼저 깨어서 아직 자고 있는 씨을들을 불러일으키려 애를 태웠던 지사들이 울부짖던 때도 다급해진 현실을 그리려고 흔히 썼던 비유가 큰 집 서까래 끝에 둥지를 틀고 새끼를 친 제비란 놈들이 그 집에 불이 나서 타죽게 됐는데 그런 줄도 모르고 밝고 따뜻해 좋다고 지지배배하는 것과

---

1) 임경업(林慶業, 1954~1646): 조선 인조 때의 명장. 자는 영백(英白). 호는 고송(孤松). 이괄의 난에 공을 세우고, 병자호란 때 중국 명나라와 합세하여 청나라를 치고자 했다. 그러나 뜻을 이루지 못하고 김자점의 모함으로 죽었다.

같다는 것이었다. 오늘도 그것과 다를 것이 무엇인가?

330년 전 임경업의 피끓는 애소哀訴를 들었더라면 우리 운명이 오늘과 같지는 않았을 것이다. 아니 듣고, 아니 들었을 뿐 아니라 그 말이 미워서 잡아다 난장질로 때려 죽였기 때문에 3백 년 동안 청의 종노릇을 하지 않으면 아니 되었고, 그 종살이에 씨올의 속힘이 다 빠지고 말았기 때문에 서양에서 민족주의의 새 문명의 바람이 불어올 때에 그것을 탈 수가 없었다.

60년 전에 지사들의 눈물 섞인 경고를 듣기만 했어도 일본의 간악에 넘어가지는 않았을 것이다. 그랬다면, 그래서 이 60년을 씨올을 길러왔더라면, 오늘의 이 참혹한 운명이 왜 있었겠나?

3백 년 전에도 원인은 정치악에 있었고 60년 전에도 역시 죄는 정치악에 있었다. 그리고 지금도 마찬가지다. 더구나 지금은 과학시대요 기술문명의 시대이다. 이 정치악의 악독한 정도는 그때 정도가 아니다.

어떻게 하려나? 이러다가는 그때 간신히 살아났던 민족의 이름조차도 없어지고 말 것이다. 민족의 이름이 없어질 때 인간의 이름도 없다.

민주주의니 공산주의니 하는 것이 무엇인가? 한끝에서 불이 붙어오고 있는 두 개의 단청한 서까래 아닌가? 그 집이 무너지고 그 서까래가 불이 될 때 그 둘 사이에 틀었던 네 집이 어찌 될 것이며 그 속의 네 새끼는 어찌 될 것이냐?

어서 바삐 도망해라! 그 멸망의 정치 화재에서 빠져나와서 자유의 살길로 가는 것이 이 같이살기 운동이다.

그 멸망하는 국가주의 대연각[2]의 멸망의 광채와 몰락의 음향과 죽

---

2) 대연각(大然閣): 서울 충무로에 있던 23층(지상 21층, 지하 2층) 규모의 호텔로, 1971년 12월 25일 큰 화재가 일어났다. 크리스마스 아침에 일어난 이 불은 인명피해나 재산손실에서 세계 호텔 화재사상 가장 큰 화재로 기록되었으며, 당시 전 국민에게 큰 충격을 준 대참사였다.

음의 향기가 좋다고 하는 색칠한 서까래 같은 정부들과 정당들과 정치악당들은 어서 그 속에서 미쳐 춤추다가 죽으라고 해라!

너는, 너 씨올은 민족과 인류의 유전과 변화의 신비를 품은 알갱이 만을 속에 품고 알몸으로 모든 것을 내버리고 푸른 동산으로 도망해라! 그 동산이 같이삶의 동산이다.

오직 사는 길은 전체가 하나로 사는 것이다

나는 지금 우리가 이 다급해진 현실에서 살아나려면 어서 바삐 전체의 씨올이 하나로 하나되어 일어나 힘 있게 운동을 일으켜야 한다고 생각한다. 이것이 나의 확신이다.

이것은 지금 우리가 할 수 있는 오직 하나의 길이다. 그러나 오직 하나이기 때문에 하기만 하면 반드시 사는 길이다.

같이살기란, 예수의 말씀을 빌려서 하면, "옷이 두 벌 있는 이는 그 하나를 벗어 없는 이에게 주자"는 말이요, "있고 없는 것을 서로 나눠 쓰자"는 말이요, "가난한 자에게 복된 소식을 주자"는 말이다. 그가 했던 것같이 눈먼 자의 눈이 돼주고 벙어리의 입이 돼주고 병신의 팔다리가 돼주며 불행에 빠진 자를 위로하고 격려해주자는 말이다. 넝마주이에게는 친구가 되고, 갈보에게는 애인이 되며, 죄수에게는 그 죄짐을 나눠 지는 사람이 되고, 대적에게는 복을 빌어주어 일절 사회적·도덕적인 계급주의·차별주의를 깨뜨려 없이 하고 하나된 살림을 하자는 말이다.

예수처럼 같이살기 운동을 철저히 한 이는 없었다. 그만 아니라 이날까지 인류를 늘 멸망에서 건져낸 위대한 종교가들은 다 같이살기 운동자들이었다.

한마디로 해서, 이것은 "가이사³⁾의 것은 가이사에게 돌려주고 하나님의 것은 하나님께 바치자"는 말이다〔「마가복음」, 12: 17;「마태복음」, 22: 21〕. 가이사란 정치란 말이요, 하나님이란 참과 사랑이란 말이다. 언제나 세상은 억압적인 정치 때문에 타락하고 멸망에 빠진다. 그들에게 달라는 대로 다 주고 누르는 대로 눌리면서라도, 씨올은 마땅히 지켜야 하는 사랑과 참을 지키자는 말이다. 그 처음은 육체적·정신적 불행에 빠진 이웃을 돕고 돌봐줌에서 시작해서 그 나중은 네 것 내 것의 구별이 없고, 높음 낮음의 차별이 없으며, 우리와 원수의 갈라짐이 없는 한 삶에 이르기를 목표로 하는 일이다. 마치 겨자씨가 지극히 작은 것이지만, 산 씨이기 때문에 자라면 큰 나무가 되어 학과 올빼미, 비둘기와 독수리가 다 같이 그 가지 속에 깃들어도 아무 문제가 없으리만큼 커지는 것과 마찬가지다.

씨올은 참의 씨요 사랑의 올이다. 그것으로만 살잔 것이 같이살기 운동이다.

지금은 우리가 인생을 한번 뜻 있게 써볼 만한 때다.

어떻게 쓸 것이냐?

전체를 위해 쓸 것이다.

"인생이 자고로 수무사誰無死요, 유취단심조한청留取丹心照汗靑이라" 죽지 않는 놈 있느냐?〔『중국유학백과 통론』,「윤리」〕 쓸데없는 욕심 어리석게 부려 뭣하느냐? 죽는다. 죽는 바에는 숨이 목에 있는 동안 보람 있는 일에 바친다. 보람이 어디 있느냐? 전체에 있다. 하나님이라, 부처라, 도道라, 진리라 하는 말을 역사·사회적으로 하면 전체다. 그 전체를 위하는 것이 의무다. 선善이다.

신문은 파리에 가 있는 대사 이수영4) 씨가 자살했다는 소식을 전

---

3) 가이사: 로마의 유명한 장군이자 정치가인 카이사르(Gaius Julius Caesar, 기원전 100~기원전 44)를 말한다. 카이사르의 이름은 알렉산드로스 대왕의 이름과 마찬가지로 오늘날까지도 기독교 세계와 이슬람 세계 전역에서 사람들의 입에 오르내리고 있다.

4) 이수영(李壽榮, ?~1972): "한국 외교계의 자보적 존재"라 불렸던 주 프랑스 한국대사로, 1961년부터 장장 11년 동안 재직했던 최장수 공관장이다. 그런 그가 1972년 4월, 갑자기 대사관저에서 숨진 채 발견되었다. 그의 죽음이 자살인지 타살인지에 대해서는 지금도 미궁으로 남아 있다.

한다. 자살이라기도 하고 타살이라기도 한다. 타살이거나 자살이거나 한을 남긴 죽음이다. 그가 만일 그렇게 죽을 것을 미리 알았더라면 좀더 보람 있는 죽음의 길을 택할 수 있었을 것이다. 이왕 죽는 바에는 이 정치의 악을 바로잡다 칼을 맞았으면 얼마나 빛스러웠을까?

접때 일본의 노벨 문학상 수상자 가와바타[5]가 자살을 했다. 나는 듣고 인생의 사치라고 생각했다. 미美라면 미의 죽음인지 모른다. 그러나 이 인류는 지금 그보다는 좀더 보람진 것을 요구하고 있다.

오직 하나의 사는 길, 누구만이 아니라 너도 살고 나도 사는 참 삶의 길이 사람을 부르고 있다. 제물을 부르고 있다.

전체를 위해 나서는 사람

대장부란 말이 있다. 사나이, 혹은 서나, 혹은 선아. 나는 그 뜻이 선아이 곧 나선 아이, 사사私事의 나대로 집에 가두어둔 것이 아니라 전체의 일을 위해 나선 공적公的인 사람이란 뜻으로 생각한다.

백두산 돌은 칼을 갈아 없애고
두만강 물은 말을 먹여 없애리
날아 스무 살에 나라를 평정하지 못하면
후세에 누가 대장부라 칭하랴

白頭山石磨刀盡

豆滿江波飮馬無

男兒二十未平國

後世誰稱大丈夫

5) 가와바타 야스나리(川端康成, 1899~1972): 근대 일본문학사상 부동의 지위를 구축한 일본의 소설가. 『설국』은 가와바타 문학의 최고봉으로 지목되는 작품인데, 1968년에는 이 작품으로 노벨문학상을 받았다. 제자인 미시마 유키오(三島由紀夫)가 자결한 뒤 얼마 되지 않아 자살했다.

남이南怡가 벌써 부르지 않았던가? 혹 글토론을 하는 사람들이 진盡이요, 무無라 했다 해서 불길하다느니 단명구短命句라느니 하지만 쓸데없는 평이다. 글로는 그럴는지 모른다. 그러나 그는 벌써 대장부로서 후세를 살고 있지 않나?

전체를 위해 한번 나서볼 만한 때다. 같이살기 운동은 곧 혁명운동이다. 폭력으로 하는 거짓 혁명이 아니라 참 혁명, 글자 그대로 명命을 새롭게〔革〕 하는 운동이다.

끝장에 오른 정치악

왜 혁명을 하자나?

이 정치악이 끝장에 올랐기 때문이다. 내가 이 시점에서 같이살기 운동을 부르짖는 이유의 첫째는, 지금 우리를 못살게 구는 안과 밖의 정치세력의 악이 그 끝장에 올라서 지금까지와 마찬가지의 싸움방법으로는 도저히 당해낼 수 없어졌기 때문이다.

나라를 위해서 양심을 가지고 일을 할 만한 때에는 나가서 일을 하지만, 그렇지 못하면 직접 정치에 관계해서 악과 협조하지 않는 것이 옳은 일이요, 몰려와서도 그저 보고만 있는 게 아니라 바른 대로 비평을 해주어야 한다. 정당하게 의견을 말할 수 있으면 글을 통해 말을 통해 의견을 내놓지만, 그렇지 못하게 되면 데모로라도 항의해야 한다. 그래서 이날까지 많은 사건이 있었다.

요새 우리는 4·19의 열두 돌을 맞고 있고 4·19정신을 우리 헌법에까지 밝히고 있는데 그 까닭이 여기에 있다. 그러나 5·16 이후 우리 역사는 뒷걸음치기 시작했다. 많은 피를 흘리고 간신히 살려낸 자유의 정신인데, 그것이 그만 폭력에 의한 독재주의로 다시 목을 졸리는 처지에 빠졌다. 그래서 한일회담, 베트남 참전 사건 이후 학생, 시민이 여러 차례 항의를 했다. 그러나 4·19 때만 해도 정치악은 그 떡잎 시절이었다. 민심이 천심이라는 옛 도덕이 통하는 때였으므로 그 악독했던 자유당으로서도 물러가는 수밖에 없었다.

그러나 그 동안에 세상은 달라졌다. 문명은 급속도로 기술적으로 돼버렸고 한편으로 세계 정국은 새로 긴장이 더해지기 시작했다. 흐린 밤과 강한 무기는 도둑놈에게 좋은 법이다. 당권을 쥔 정치가들은 온갖 기회와 수단을 다 이용해서 국민의 자유를 구속하는 정치악을 조직적으로 과학적으로 고도화시켰다. 5·16이 4·19와 정신적으로 서로 180도 반대 방향에 선 것을 국민학교 아이들인들 모를까? 그런데 헌법에다가 4·19를 억누르고 거기 5·16을 써 넣었다. 이것은 분명히 사상적 강간이다. 이리가 양보고 같이 앉자 하니 이 어찌 성립될 수 있는 일일까? 양이 죽는 것밖에 다른 결과는 없을 것이다. 그러나 그 양에게는 이리에게 항거할 수 있는 아무 능력이 없다. 6·3사태 이후 모든 데모는 실패했다.

학생들이 잘못이어서도, 민중이 마음이 무디어서도 아니다. 악이 지나치게 발달했기 때문이다. 그래서 오늘에 이르렀다.

다 죽으면 다 살아난다

그럼 어떻게 할까?

자유의 싸움을 내버릴 수는 없다. 자유를 위한 싸움을 내버리는 순간 민중은 죽어버린다. 그러나 싸우다 죽으면 틀림없이 다시 살아난다.

대적의 무기와 전술이 달라졌으면 우리의 전술과 무기도 그보다 더 강하게 고등하게 달라져야 한다. 이제 4·19식으로는 못 이긴다. 180여 명이 죽는 것을 보고 양심이 살아나서 나 물러나겠다 했던 이승만은 태고太古 순민이었다. 오늘의 정치 심장은 목석이나 강철 정도가 아니다. 옛사람은 차마 못하는 마음이 있어야 정치한다고 했더라. 지금 사람은 차마 할 수 있을 만한 무심장無心臟이어야만 지도자라고 하더라.

그러니 같이살기 운동이란 양처럼 죽일 터면 다 죽이셔요, 죽어도 좋습니다 하고 다 죽을 각오를 하고 양이 되자는 말이다. 우리의 심정과 생명은 '다'에 있다. 이제 데모 흉내낸댔자 몇은 죽고 남은 것은 짐승으로 변형할 것이다.

다 죽으면 다 살아난다. 살아서 다를 할 수 있다면 해서 좋지만, 살아서 못하겠거든 죽음으로 해야 한다. 재주가 아무리 비상하고 악독이 털끝까지 올랐다 하더라도 다는 못 죽인다. 『맹자』에 "주지즉불가승주"誅之則不可勝誅라는 글귀가 있다. 포악해서 백성을 풀같이 베던 전국시대의 임금으로도 반항하는 민중을 다 죽일 수는 없어서 뱉은 항복의 소리다. 이루 다 죽일 수 없단 말이다.

왜? 다는 전체이기 때문이다. 수야 백이거나 천이거나, 혹 열 스물밖에 아니 된다 해도, 씨도 아니 남기고 다 죽였다면 무서운 일이다. 그것은 하늘이 노하는 일이다. 전체는 곧 하나님의 다른 이름이다. 절대이기 때문이다.

같이살기란 사실은 같이 죽기다. 죽이기 좋아하는 몰렉에게 실컷 먹도록 밥을 제공하잔 말이다. 어떤 칼도 날이 있는 법이다. 날은 떨어지는 날이 있다. 그렇지만 생명은 영원한 거다. 날로 영원을 잘라봐라! 어떤 배도 창자가 있다. 창자는 밑창이 나는 때가 있다. 생명은 무한하다. 먹을 대로 먹어보란 말이다. 창자가 밑창이 나는 날 삼키웠던 씨올은 일순간에 해방이 될 것이다.

살아도 같이, 죽어도 같이!

같이만 한다면 갇히진 않을 거다.

(오해하지 마셔요, 익살이나 역정의 소리가 아닙니다. 정말 억누르고 싶은 대로 기름이 다 빠지도록 누르셔요, 고스란히 눌리우렵니다. 짜먹으셔요, 얌전하게 불평 하나 아니하고 짜먹힐 것입니다.)

그리고 우리끼리는 같이 살자는 말이다. 불에 태워도 남는 것이 있고 물에 빠뜨려도 남는 것이 있다. 그것이 정말 우리 차지, 곧 하나님의 차지란 말이다.

네 원수를 사랑해서 달라는 대로 다 줄 각오를 해라!

그럼 참이 산다, 참으로 산다, 참이 너를 살리신다.

같이살기는 혁명운동이라 했지만 이제부터 시작하잔 말 아니다. 벌써 진행되고 있는 혁명이다. 참 혁명은 간디의 말과 같이 누가 꾸며낼 것이 아니요, 누가 계획하고 누가 지도하는 것도 아니다. 참 혁명을 일으키는 것도 하나님이요, 설계하고 지도하는 것도 하나님이다. 다시 말하면 전체가 한단 말이요, 역사 자체가 한단 말이다. 우리는 혁명 도중에 있다.

그럼 왜 새삼 말하나? 중국혁명의 아버지 손문[6]더러 설명하라 하자. 행이지난(行易知難: 행하기는 쉬우나 알기는 어렵다 ─ 편집자)이기 때문이다. 하기는 쉽지만 알기란 어렵다. 이미 하고 있는 혁명을 "우리는 혁명군이다. 혁명 도상에 있다"고 깨달을 때 정말 놀라운 힘이 속에서 용솟음친다.

민족의 고질을 고치는 길

둘째로 우리가 이 운동을 일으키는 이유는 민족의 성격을 바로잡기 위해서다. 우리는 임 장군의 말같이 병이 골수에 든 민족이다. 정치를 고치려면 필연적으로 우리 자체를 고치지 않을 수 없다. 정치인을 책망하지만 그들만의 잘못이 아니다. 사실은 그들에게는 나라를 망칠 능력이 없다. 그들도 전체의 한 대표다. 씨울이 그 선한 것을 지키고 있는 때에 그들은 불행히 그 악한 것만을 대표했을 뿐이다. 민족을 고치지 않는 한 악한 정치가는 없어지지 않는다.

많은 사람이 우리 민족의 병을 알지만 그것을 능히 고치는 사람은

---

6) 손문(孫文, 1866~1925): 중화민국의 정치가. 자는 일선(逸仙). 호는 중산(中山). 삼민주의를 제창하고, 신해혁명 후에 임시 대총통으로 추대되었으나, 원세개(袁世凱)에게 정권을 양보했다가, 뒤에 중국 국민당을 조직하여 혁명을 추진했다.

없다. 그 이유가 무엇인가? 한마디로, 씨올을 내버리고 구식적인 지도의식에 갇혀 있기 때문이다. 천하는 천하로 주고 천하로 받는다는 격으로 민족은 민족으로야 고친다. 선도 전체의 선, 악도 전체의 악, 그러므로 전체를 동원하지 않고는 하나의 악을 제거할 수도 없고 하나의 선을 이룰 수도 없다.

오늘의 어려움은 이 이치를 모르고, 선은 제가 한 것으로만 알고 악은 누가 하는 것으로만 아는 잘못에서 오는 것이다. 지배자란 다른 것 아니고 선을 제 것으로 독점하고 악은 민중의 것으로 미루려는 자들이다. 그렇게 하고 그들은 그 사이에서 자기네의 특권을 정당화하려 하고 있다. 민중의 정신연령이 낮았을 때에는 그것으로 한때 임시적인 지도가 될 수 있었다. 이제 아니 된다. 이제 구두닦이 소년도 자기와 대통령 사이에 아무 차별이 있을 수 없는 것을 알고 있다. 말은 민중의 공복公僕이라면서 부귀만 아니라 도덕까지도 독점하려는 그런 가엾은 낡아빠진 사상을 집어치워라!

따지고 보면 이 민족이 이렇게 타락하게 된 것은 사람 대접을 못받았기 때문이다. 계급주의의 나쁜 것은 인간에게서 자존심을 뺏어버리는 일이다. 선은 인간으로서의 자존심을 가지는 데서 나온다. 나도 사람이다 할 때, 스스로 의무를 다하려는 고상 엄숙한 마음이 나온다. 반대로 나 같은 거야 사람이라 할 수 없지 할 때, 할 수 있는 선도 아니 하게 된다. 지배자들은 밤낮 하는 소리가, 너희는 모르기 때문에 내 말을 들어야 한다, 내가 시키는 대로 해라 하는 것이다. 그렇게 해서 긴 세월을 가면 정말 자기를 잃고 업신여겨버린다.

우리 민족은 이 악독한 정치에서 여러 백 년을 자기를 뺏기고 잊고 학대해왔다. 그러므로 이것을 고치는 것은 누가 해줄 수 있는 것이 아니고 민중 스스로만이 할 수 있다. 그런데 이제 새 역사라면서 정치는 반대로 점점 더 구속 압박적으로 나가니 어떻게 좋은 결과를 얻을 수 있을까? 이 10년 이래 민심은 더 타락하고 사회 정의가 더 내려간 것은 전혀 잘못된 정치 때문이다. 이따금 종교인·지식인·문인에게 호소하는 말도 있으나, 그것은 마치 발을 묶어놓고 뛰라는 것과 마찬가지다. 학원에 자유가 없고 종교에까지 정보망이 가고 신문에 보도 비판의 자유가 없는데, 무엇으로 국민을 개조하란 말인가? 허리가 끊어질 일, 아무것도 모르는 군인이 칼을 빼들고 인간개조, 세대교체를 하겠다고 했다. 그랬던 그 사람 지금 땅 위에 살았나 죽었나? 가엾어라!

그것은 역사를 모르는 무식에서 나온 말이다.

지극히 작은 씨올에도 제 자격을 주라. 제 자격이 무엇인가? 나라의 주인이요 민족의 후사다. 그렇게 대접하면 천년 묵은 체증이 일순간에 내려갈 것이다. 사회악이 느는 것은 마땅히 가져야 할 자격을 뺏기고 무시당하기 때문에 그 비뚤어진 감정으로 하는 일이다. 세상에 우리 민중같이 불쌍한 것이 어디 있나? 선을 할 수 없이 타락하게 만들어놓고는 또 그 잘못을 비웃고 책망하고 벌하고, 선한 것은 자기네만이라고 하니 이런 억울한 일이 어디 있나?

장작개비는 한데 모여 탄다

우리 이제 그런 생각을 말고 우리끼리 서로 대접, 서로 동정하는 마음으로 나아가자. 그러면 마치 가는 장작개비가 한데 모여 탈 때 천하를 삼킬 무서운 불길이 일어나듯이, 우리에게서 일어나는 선의 물결이 저 잘못된 정치까지도 삼켜 씻고 말 것이다.

한마디로 해서, 우리 민족의 가장 깊은 고질은 당파심이라 해야 할 것이다. 당파심은 곧 이기주의, 제 생각만 하는 버릇의 다른 이름인데, 그것이 개인만이 아니고 단체적으로 될 때 그 해가 더 크다. 우선 첫째 단체가 되면 개인보다 더 큰 힘이 생기니 무섭고, 그뿐만 아니라 단체에는 개인 심리와는 별도로 단체 심리가 있어, 그 힘에 휘말려들어가기 때문에 따로 떼어놓으면 상당히 판단력이 강하던 사람도 그 속에 들면 그만 냉정을 잃고 바른 판단을 못하기 때문에, 단체는 언제나 개인보다는 도덕 수준이 내려가게 마련이다.

그러나 단체가 정말 위험한 것은, 그것이 전체의 이름을 도둑하여 우상 노릇을 하고 개인에게 절대 복종을 요구하는 일이다. 단체란 전체와는 다른 것이다. 엄정히 구별해야 한다. 수의 많고 적음에 있는 게 아니라 그 관계하는 마음의 태도에 있다. 저만 생각하는 이기심을 버리지 않은 사람이 모이면, 그것은 수가 아무리 많아도 전체는 아니다. 다수면 다수일수록 전체와는 거리가 먼 도둑이다. 그 분명한 실례가 전체주의 국가다. 사실 엄정한 의미에서 볼 때는 전체주의 아닌 국가가 없다. 혼동해서는 아니 된다. 전체주의 국가는 정말 전체를 대표하는 것이 아니고 일부의 이기주의를 대표하는 것이다.

사회 정의가 서지 않는 나라는 나라가 아니요, 어떤 한 파가 결속하고 들어서 전체를 지배하고 있는 하나의 집단주의다. 오늘의 모든 국가는 거의 예외 없이 집단주의에 빠져 있다. 우리가 국가주의를 배격하는 것은 이 때문이다. 우리나라는 세계에서도 그 집단주의의 폐해가 가장 심한 나라 가운데 하나다.

우리는 여러 백 년 두고 나라가 전체의 나라 노릇을 못 하고 어떤 당파의 나라가 되어왔다. 그것이 지금도 고쳐지지 않고 그냥 있다. 그냥 있을 뿐 아니라 과학적인 방법을 쓰기 때문에 전보다 더해졌다. 이제 이것을 고쳐야 하는 것이 우리의 가장 큰 역사적 과제다. 이 나쁜 버릇을 고치지 못하면 우리 민족은 옳은 발전을 할 수 없다. 깊이 보면 남북의 대립도 이 버릇 때문에 온 것이고, 여기 남한에서 오늘 가지고 있는 모든 문제도 뿌리는 다 거기에 있다.

그런데 그것을 오늘의 정권에는 기대할 수 없다. 그 자체가 하나의 당파주의이기 때문이다. 이것은 민중의 자각으로만 될 것이다. 해방 이후, 더구나 한일문제 이후 범국민운동 소리가 많은 것은 이 때문이다. 국민운동이라니 다른 말 아니고, 정부나 정치인에게는 기대할 수 없으니 정말 나라를 건지는 일은 정부는 돌려놓고 순전히 민중 자체의 손으로 해야겠다는 말이다. 정부가 들으면 나무랄 일이지만 사실이기 때문에 할 수 없다. 또 그렇기 때문에 정부는 이날까지 국민운동이 일어나려면 매양 방해했다. 그렇기 때문에 정말 국민운동은 실패해버리고 말았고 그 때문에 역사적 과제는 하나도 해결한 것 없고 사회는 타락으로만 내리달았다. 이제 파탄에 직면하기 때문에 강력으로 묶어서 그것을 면해보려 하나, 그것으로 될 리가 없다.

정말 해결은 민중의 손에 있다. 민중 전체가 살아도 같이, 죽어도 같이의 결심으로 일어날 때 집단주의자들의 방해가 아무리 심하더라도 이겨낼 수 있다. 그러면 잘못된 생각으로 전체의 이름도 도둑해서 나라의 가면을 쓰고 씨올을 무시하던 그 당파주의자들도 살 수가 있다. 전체의 바다 속에서 당파의 흙덩이가 이미 풀어져 해방이 되고 본래의 씨올로 돌아가기 때문이다. 그러나 그 전체 운동이 못 일어나고 끝내 집단주의의 정부가 그 횡포를 계속한다면 민족의 운명은 암담하다. 모든 씨올 속에 있던 역사 창조의 가능성의 알갱이가 아주 싹트는 힘을 잃어버리고 말기 때문이다. 무서워라!

정신을 살려내는 길

셋째 이유는 지금 시들고 숨막혀 거의 죽게 된 정신을 살려내기 위해서다. 정말 문제는 정신에 있다. 전술을 고쳐 정치악과 싸우는 일도, 민족 스스로의 성격을 고치는 일도 정신에 있다. 최후에 믿을 것은 우리 속에 들어 있는 바탈이다. 그것만이 스스로 할 수 있다. 스스로 하는 것만이 자기를 스스로 새롭게 할 수 있다.

몸은 죽어도 다시 날 수 있지만 이 정신은 전체의 것이기 때문에 한번 죽으면 큰일이다. 5·16 이후의 큰일은 일본의 식민지가 다시 되어가는 데 있는 것도 아니요, 세계 정세에서 개밥의 도토리가 된 데 있는 것도 아니다. 어떤 놈들은 잘사는데 일반 씨올은 먹고 입을 것조차 넉넉하지 못한 데 있는 것조차 아니다. 그런 것도 불행이 아닌 것 아니지만 그것은 마음만 있으면 이제라도 쉽게 고칠 수 있다.

정말 큰 문제는 정신이 썩어진 점이다. 특별한 사람은 고통 중에 있어서도 양심을 지킬 수가 있지만 보통 사람은 고통이 심하면 정신마저 시들어버리고 만다. 그런데 정신은 몸과 달라 한번 잘못되면 다시 바로잡기가 참 어렵다. 이것이 예로부터 어진 정치 하는 사람들이 민심 풍속에 뜻을 많이 썼던 이유다.

그런데 오늘날 우리 사회의 풍조와 민심이 어떠한가? 사람마다의 입에서 나오는 부정, 불신, 불안이라는 탄식 소리가 그것을 말하고 있다. 그리고 그 책임이 뉘게 있으며 원인은 무엇인가? 5·16 이후의 정치와 그 정치를 고집해오는 사람들임을 누가 감히 부정할 수 있을까?

우리가 가장 걱정하는 것은 이것이다. 그러지 않아도 여러 백 년 악독한 정치 밑에서 썩고 비뚤어지고 오므라든 이 국민성인데, 그것을 가지고 갑자기 주어지는 세계무대 위에 올라와 그 맡은 책임을 하려면 비상한 결심을 하여 민족적 성격개조부터 하기를 힘썼어야 할 것인데, 그래도 어려울 것인데, 이제 5·16 이전은 그 정권을 세운 자신들이 큰 글자로 '부정부패를 일소한다'는 것을 표방하여 국민 앞에 맹세하고 나섰던 만큼 문제삼을 것 없고, 그러나 그 이후의 10년 넘는 정치를 볼 때 그 부정부패를 없애기는커녕 그것을 열 곱 백 곱 더 길러놓지 않았나? 양심 있는 사람이 공화당 안에 하나라도 있거든 여기에 대해 대답하기 바란다.

이제 어느 학자의 말대로 부정부패가 제도화했다. 제도화한 것만 아니라 성격화한 것을 어찌하겠나? 성격화하지 않고야 그것을 지적하는 신문 잡지를 어찌 그렇게까지 구속하며, 그 말하는 사람을 그렇게까지 비인도적으로 탄압하겠나? 단속이라는 이름 아래 아주 계급 심리적으로 감정풀이를 하고 있다.

그러니 이 심리 이 버릇 이 제도를 가지고 나라를 어찌하겠나? 어느 시대도 성인만 사는 것이 아님은 안다. 그러나 적어도 대체의 방향, 대체의 기틀은 바로 놓여 있어야 하지 않나? 선전은 날로 교묘해져가는데 나라 꼴은 날로 위급해져만 가는 것이 결코 우연은 아니다.

이 나라가 망해서는 아니 된다.

사람이 다 죽어버리는 것이 멸망이 아니다. 정신이 썩어지고 도리가 죽는 것이 멸망이다. 발달한 이 시대에 나라가 망한다 해도 적어도 대부분의 사람이 살아남기는 할 것이다. 소위 강대국은 자기네가 잘살기 위해 우리를 죽이지 않고 짐승처럼 부려 쓸 것이다. 그러나 그것이 어찌 인간이겠나?

인간은 보람에 사는 것이다. 역사의식을 가지고 독특한 개성을 가지는 문화창조를 해서만 사람이다. 외국 무기를 가져다가 외국의 이해를 위해 전쟁하며, 기계와 공장을 외국 자본으로 세워 외국 사람의 행복을 위해 기업을 하며 그 삯으로 설혹 약간의 맛있는 것을 얻어먹는단들, 그것이 어찌 나라요 민족이겠나? 나는 베트남 참전을 역사상에 크게 씻지 못할 민족의 부끄러운 죄악으로 알지만, 그런 중에라도 어떤 의미를 찾고자 한다면, 그 참혹한 베트남의 꼴을 보고 우리 스스로의 모양을 반성해서 고치라는 데 있지 않겠나? 그런데 지금까지 깨달은 것이 무엇인가? 종교의 지도자들까지도 그저 썩어빠진 세상 풍속대로 가서 이기고 오라는 기도나 할 줄 알지 언제 한번 민족적 뉘우침의 권면을 한 일이 있던가? 그런 정신 가지고 민족이고 문화고 어디서 찾겠나?

요새 와서는 소위 안보니 국민총화니 하는 이름 아래 자유정신 비판적 양심의 마지막 한 가닥까지 끊어버리려 하고 있는데, 지성인은 숨도 크게 쉬지 못하고 있다. 이러다가는 민족정신 인간성이 아주 질식해버리고 만다. 그렇게 되면 아무것도 없다. 지배하는 맹수류와 지배받는 비겁한 짐승 무리는 있을 것이다. 그러나 민족이나 문화는 없다. 민족적 개성도 문화도 없을 때 생존 이유를 잃어버린다. 생존 이유 못 가진 짐승은 학대해도 좋고 죽여도 좋다. 이 정치는 무슨 변명을 하려나?

그러나 나라는 정치인의 것이 아니다. 머슴놈이 아무리 무책임해도 주인은 집을 지켜야 하지 않나? 주인이 누구냐? 씨올이다. 정치악이 지독해질수록 씨올은 기가 죽어서는 아니 된다. 짐승과 같은 싸움을 할 수는 없다. 짐승을 제어할 수 있을 때는 제어하지만, 그놈이 미쳤을 때는 피하는 것이 이기는 일이다. 우리가 같이살기 운동을 하잔 것은 확실히 기술로 볼 때는 하나의 물러감이다. 그러나 비겁해 물러가는 것이 아니라 그 짐승을 잡기 위한 작전상의 후퇴다. 칡넝쿨 얽힌 골짜기에서 승냥이를 잡기는 어려울 것이다. 그러나 그놈을 유인해 동리로 내려오면 틀림없다. 우리는 미치는 정치를 이기는 길이 정의와 평화의 정신밖에 없음을 안다. 저즘께 정치투쟁을 한 것은 그들도 양심이 있는 것으로 믿었기 때문이다. 이제 양심의 마지막 한 가닥조차 없어지려는 그들을 보고 우리 할 일은 정의와 평화에 사는 이 인간의 마을로 돌아오는 일이다. 그러면 그들의 짐승적인 발광은 필연적으로 사라질 수밖에 없고, 이 나라의 정신은 살아날 것이다.

사람은 아무래도 사람이다. 인정, 도리, 의식이야말로 끝까지 남는 인간 본성이다. 그러므로 낙망에 빠지고 위축되고 비뚤어졌던 인간도 누가 자기를 사람으로 대접하여 동정하고 알아주면, 대번에 잠자던 선심이 살아나고 용기를 얻는다.

악독한 정치 밑에도 사람이 살 수 있는 것은 결코 군대나 경찰의 힘이 아니고, 옆집에서 옆집으로 오가는 인정, 인심의 주고받음 때문이다. 관리들이 형식적으로 하는 천만 마디 훈시, 축사, 천만금 상금보다도, 진정으로 인간적으로 대해주는 이웃의 위로 한마디, 한 조각 떡이 더 고난을 이기고 보람 있는 문화를 낳게 하는 감격, 영감의 샘이 된다. 쥐고 있는 흉기, 불상지기(不祥之器: 상서롭지 못한 도구. 즉 무기 – 편집자), 칼만 알고 이것을 모르는, 소위 정치한다는 사람들 마음의 참 답답하고 가엾음이여!

정치가 아무리 나쁘더라도, 나쁘면 나쁠수록 우리는 서로 살고 죽기를 같이하고 인정을 살려내야 한다. 그러면 잘 못 먹어도 배가 부르고, 잘 못 입어도 가슴이 따뜻하고, 학대를 받으면서도 마음이 바다같이 넓을 수가 있다.

4천 년 넘어 이 고난을 겪으면서도 제 개성을 지키고 양심을 살려 독특한 문화를 창조해온 우리 속에는 분명히 영원히 키워갈 만한 가치 있는 무엇이 있다. 그것을 하는 것이 우리의 의무다. 그뿐 아니라 이 정신은 앞으로 오는 세계에 쓸만한 데가 있다.

　반만 년 역사에 사람도 많이 오갔고 일도 많이 일어났다 꺼졌지만, 그 모든 것을 제하고도 영원히 남는 것이 무엇일까? 요약하고 줄여 한 알의 진주에 이른다면 선죽교善竹橋를 피로 물들이던 정포은鄭圃隱의 「단심가」丹心歌 한 절밖에 없을 것이다.

　　이 몸이 죽고 죽어 일백 번 고쳐 죽어
　　백골이 진토 되어 넋이라도 있고 없고
　　님 향한 일편단심 가실 줄이 있으랴.

　이 마음 하나를 닦아내자고 고난의 긴 역사를 지내왔고, 또 이 마음 하나 때문에 오늘까지 살아올 수가 있었다. 인류 전체인들 그 살리는 정신이 이것밖에 또 무엇이 있겠는가?

　오늘의 정치란 것이 무엇인가? 결국 역사의 사나운 물결 속에서 진주처럼 닦이어 나온 이 정신 하나를 잡아먹자는 것 아닌가? 그러지 않고야 가혹한 언론 구속, 그 더러운 매수 정책, 그 간악한 조작, 은폐, 선전의 모든 기술이 무엇을 의미하는 것일까. 하지만 돌아간 월남月南이 잘 말했것다. "일심상조불언중"一心相照不言中. 말하지 않는 씨을이 서로서로 동정으로 없는 가운데서 나눠 먹고 좁은 데서 넓게 살며 길러내는 이 일심을, 이 한 정신을 빼앗을 놈은 없을 것이다.

　감옥에 가서 서로 손을 잡을 수 없어도 서로 한번 건너다만 보자. 그럼 된다. 하나는 죽고 하나는 남아, 볼 수조차 없다 해도 눈을 감고 생각만 하자. 그럼 대번에 살아난다. 그래서 생전에 악독하던 정치배들을 다 잡아 영원히 나올 수 없는 지옥으로 보낼 수 있을 것이다.

　원수 갚잔 것이 우리 목적 아니다. 씨을에서 어찌 원수가 있을 수 있겠나? 거기서라도 그들이 한번 솔직히 진정한 마음으로 뉘우치는 시선만 한 가닥 보낸다면, 우리는 대번에 지옥 밑으로 뛰어내려가 손을 잡고 올라와 우리 대열 중에 세우고, 그 고난의 역사의 무거운 짐 진 것을 치하해주기를 서슴지 않을 것이다.

세계구원의 길

넷째, 마지막으로 우리가 이 운동을 부르짖는 것은, 이것이 우리만 아니라 세계 전체를 구원하는 길임을 확신하기 때문이다.

오늘날 위기에 빠진 것은 우리만이 아니다. 세계 전체가 어떤 극한 점을 향해 달리고 있다. 후진국이라는 구호로 민중을 몰아치면서 그 거짓 애국주의의 대가로 한때의 쾌락을 누리며, 소위 선진국이라는 앞차를 아무 분별 없이 따라가는 이 나라의 지배자들은 아무 생각도 할 줄 모르고 있지만, 그 앞차에서는 벌써 야단이 일어나고 있다. 그들 전문 연구가의 의견에 따르면 역사가 도저히 이대로 갈 수는 없다는 것이다. 이날까지 과학 과학하고 발달 발달하며, 문명은 끝없이 진보되어갈 줄만 알고 서로 생존경쟁을 완전한 진리로 알고 달음질을 해왔는데, 이제 알고 보니 천연자원도 무진장으로 개발할 수 있는 것 아니고, 공업도 무한정으로 발달할 수 있는 것이 아니고, 공해문제가 이 정도로 그칠 것만이 아니고, 사람을 낳아라 키워라 해도 이 이상 더 갈 수 있는 것이 아니라는 것이다.

21세기 초에 가면 세계 인구가 70억이 될 것이고, 이대로 가다가는 문명의 모든 활동은 갑자기 어떻게 할 수 없는 어떤 돌발사건으로 모든 것이 파탄에 빠지는 일이 일어나고야 말 것이라는 것이다. 학자에 따라 들이닥치는 시기에는 이르고 늦은 차이가 있으나, 하여간 이대로 가지 못하고 어느 극한점에 이르고야 말 것이라는 데는 의견이 같다. 그 말을 들으며 이 나라의 정치현상을 보면 마치 암초를 향해 달리는 배 위에서 서로 자리다툼을 하고 있는 꼴을 보는 것 같아 가엾기 짝이 없다. 일순간 후에 다 같이 물속으로 들어가는데 싸움이 무슨 소용이냐?

이제라도 모든 싸움을 그치고 전체를 구하도록 있는 힘을 다해야 할 것이요, 그러지 못해 이왕 죽는 경우라면 죽더라도 사람다운 위의와 마음의 평안을 보이다 죽도록 하는 것이 어질고 아름답지 않을까? 그러면 죽어도 그 혼이 살아날 수 있지만 그렇지 않고 더럽게 서로 싸우다 죽으면 정말 멸망이요, 살아난다 해도 영혼이 되지 못하고 모진 귀신이 되고 말 것이다.

그러므로 우리는 나라 걱정도 하지만, 동시에 세계 역사의 대세, 인류의 운명에 대해 생각을 게을리할 수 없다. 엎어진 둥지에 성한 알이 어찌 있겠나. 인류의 걱정을 먼저 하는 것이 내 걱정을 하는 일이다. 나 있고야 남이 있다느니, 우리나라 생각을 먼저 하고야 세계 생각을 할 것이라느니, 국가 있고야 종교가 있다느니 하는 소리는 얼핏 듣기에는 그럴듯하지만, 그것은 언제나 속된 귀에 아첨하는 말을 해서 한때의 향락을 누리는 것만을 아는 협잡 정치배들이 하는 말이다. 속아서는 아니 된다.

새 길은 언제나 불행에 빠진 자가 먼저 찾아낸다. 우리 역사의 의미도 인류 구원의 길을 발견해내는 데 있을 것이다. 새 문명의 길잡이를, 소위 강대국들은 아마 못 할 것이다, 가진 것이 있기 때문에. 가진 것이 없는 우리는 없기 때문에 새 길을 찾을 수밖에 없지 않은가?

멸망의 길은 뭐고 새 길은 뭔가? 생존경쟁을 원리로 삼는 국가주의의 가는 길이 곧 멸망의 길이요, 사랑으로써 자유와 평등을 동시에 가능하게 하는 같이삶의 길이야말로 새 길이다. 우리가 능히 이것을 성취하여 새 시대 새 문명의 모델이 된다면 우리와 저들이 이날까지 지은 죄를 한꺼번에 다 속죄하고도 남음이 있을 것이다.

필요한 것은 이 지치고 타락된 씨올에게 우주적인 비전을, 이상을, 사명을 주는 일이다.

"참을 해라, 참이 너희를 놓아줄 것이다."

우주적 비전, 우주사적 사명감이야말로 민족을 개조하고 부흥시키는 능력이다. 비전 없이 일어난 민족이 어디 있던가? 사명감 없이 살아남은 나라가 어디 있던가?

미래는 우리 것이다. 가진 것 없고 다만 품은 것은 영원한 생명의 알갱이뿐인 씨올만이 이 막다른 골목에 든 문명을 건질 수 있다. 이제 홀로 문명만이 아니다. 진화의 새 단계가 나와야 한다. 극도에 달한 물질문명이 극한점에 다다랐다는 것은 무엇인가? 인류가 번성하다 못해 너무 많아 못살겠다는 것은 무슨 소리인가? 물질에 붙어 있지 않은 생명, 정신의 또 정신, 초정신적인 것이 나오려는 진통 아니겠나? 물질문명에선 학대만 받았기 때문에 우리는 그것을 할 수 있지 않겠나?

그 선거니 영구집권이니 정보, 사찰이니 언론 압박이니 그런 따위 코딱지 같은 문제로 우리의 숨구멍을 제발 막지 마라!

아니다, 좋다, 그래 좋다, 어서 더 막아라, 더 눌러라, 더 짜라. 이 숨통이 터지는 날 이 뼈가 가루가 되고 핵분열을 하는 날, 그 폭발에 우주에 구멍이 뚫려 정신 아닌 정신, 인간 아닌 인간, 그래 새 인간의 씨가 나올 것이다.

같이살기 운동은 새마을운동 아니다

마지막으로 이 운동을 제창함에 있어서 한 가지 붙여 말할 것은 요새 정부에서 일으키고 있는 새마을운동과 이것의 관계다. 둘 사이에 비슷한 듯이 보이는 점이 있고 따라서 정부가 새마을운동을 내세우고 있는 이때에 같이살기 운동을 말하는 것이, 한편으로 보면 그것을 모방하는 것 같고, 한편으로 보면 그것을 시기하고 반대하기 위해서 하는 것도 같다.

그러나 절대로 아니다. 나는 못났어도 독자적으로 하는 자주성·독창성을 생명으로 여긴다. 새마을운동이 옳다 보면 전적으로 가담 협력할지언정 비슷한 것을 또 만들어 흉내를 내거나 경쟁하는 것은 죽어도 아니 한다. 씨울은 그러지 않는다.

나는 아직 여기에 대해 구체적인 방안도 아무것도 없다. 다만 광주단지의 참혹한 현상을 보고 와서 생각하던 중, 어느 새벽의 기도 시간에 모른 척할 수 없는 어떤 말씀을 받은 것이 있기 때문에, 감추어둘 수 없고 내 것이라고 할 수도 없는 문제이기에 아무 준비 없는 이대로를 씨울 전체 앞에 내놓아 전체의 지혜와 능력을 기다릴 뿐이다. 이것이 씨울 자체의 혼에 느껴지는 직감이라면 씨울 자체가 해결할 것이다. 그러나 이 생각이 내 맘속에 비친 것은 새마을운동 소리가 나기 훨씬 전이었다. 그러므로 모방이나 경쟁 같은 시시한 감정은 전혀 없다.

사실은 같이살기라는 이 생각이 처음 비친 것은 지금으로부터 8년 전인 1964년 정월 남가좌동의 어떤 불쌍한 아버지가 생활고에 쪼들리다 못해 비관하고는 제 손으로 세 어린 자녀를 빵에 독약을 넣어 먹여서 독살하고, 자기도 산에 가서 나뭇가지에 목을 매고 죽은 사건이 난 때였다. 그때 나는 매우 큰 충격을 받고 도저히 그냥 있을 수 없어 『조선일보』에 그 소감을 발표했다. 그보다 전인 1963년 여름 외국여행에서 돌아와서 시국을 보고 느끼는 바 있어 「3천만 앞에 울음으로 부르짖는다」는 제목으로 글을 낸 일이 있었으므로 이것도 같은 문제라는 의미에서 「3천만 앞에 또 한번 부르짖는 말씀」이라고 제목을 붙였었다. 같이살기라는 문구는 그때 처음으로 생겼다. 내가 했는지 다른 독자가 했는지 그것조차 모르겠다.

내가 왜 그 문제를 그렇게 크게 다루었나 하면 외양으로 보면 한 불행한 가정의 일이지만 깊이 생각할 때는 거기에 벌써 이 사회를 위태롭게 하는 근본적인 악의 징조가 나타나 있다고 보았기 때문이다. 오늘날 보면 그런 따위의 사건은 매일같이 있어서 거의 문제도 아니 되지만, 그때로서는 큰 충격이었다. 더구나 그 아홉 살 난 어린 것의 일기까지 나왔을 때 나는 이 사회가 들러붙어서 그것을 죽인다는 끔찍한 느낌을 금할 수 없었다.

아비가 제 자식을 하나도 아니고 셋씩 계획적으로 독살을 했을 때는 그 마음이 어떠했을까? 언뜻 보면 그를 무지하다 무정하다, 나무라고 싶지만 낳은 아비에게 그만한 생각이 없었을 리 없다. 다 알면서도 생각 끝에 생각 끝에 찢어지는 심정으로 했을 것이다. 무정해서가 아니라 사랑이 지극했기 때문이다. 다만 그 사랑의 길이 막혔기 때문이다. 이제 자기의 재주로는 아비 된 책임을 다해 길러낼 수도 교육할 수도 없다. 그러나 죽기로 결심한다, 그렇지만 자기 죽은 후의 그 세 어린 것들의 모양을 생각할 때 그 애끊는 사랑의 마음이 차마 그냥 있을 수 없다, 이 집 저 집의 문간을 찾아다니면서 빌어먹는 그 모양, 그러다가 비웃음을 받고 학대를 받고, 인간의 찌꺼기 노릇을 하는 모양, 죄를 짓고 형무소로 가는 모양이 역력히 보였다. 살아서 길러내지는 못해도 그 불행, 고통, 업신여김을 덜어나 주자는 생각에 아비는 일변해서 악마가 되기로 결심을 했을 것이다.

그것은 하나의 항의요, 분풀이요, 원수 갚음이다. 누구에게 대해서? 이 무정·무책임한 사회에 대해서다. 톨스토이의 단편 중에 「사람이 무엇으로 사나」라는 소설이 있다. 하나님이 어떤 아기를 갓 낳은 엄마의 영혼을 불러오라고 천사를 내려보냈는데, 천사가 그 어린 것이 어미 없이는 죽을 것을 생각하고는 그 명령을 실행하지 않았다. 천사가 그 죄로 인간에 떨어져 내려와 구두직공 노릇을 하며 시련을 당한 뒤 자기 잘못을 깨닫고 나서 용서를 받아 하늘로 올라가게 되는 이야기이다.

그 요점인즉, 사람이 사는 것은 자기네의 지혜로 하는 염려나 계획으로 되는 것이 아니라 인간 본성에 들어 있는 사랑으로 인해 된다는 것이다. 어미 죽은 아이는 못살 것 같지만 생각지도 아니한 이웃 여자의 불쌍히 여기는 사랑으로 무사히 살아서 자랐다. 남가좌동의 그 불쌍한 아비도 그 이치를 알았더라면 그런 끔찍한 일은 하지 않았을 것이다. 그러나 불행하게도 그는 그것을 깨달을 기회가 없었다. 그가 배운 것은 제 부모 없이는 거지 되는 수밖에 없다는 냉혹한 사실뿐이었다. 그에게 이 사회는 동정도 불쌍히 여김도 없는 냉랭하고 남의 것도 훔치고 날치기 해먹는 악독한 사회였다. 믿을 놈이 하나도 없었다. 그 분함, 그 슬픔, 그 무시당함에 대해 할 수 있는 최대의 항의 복수가 자살이요 제 새끼를 악마처럼 죽임이었다.

그러고 보면 심판받은 것은 이 사회다. 목을 매고 죽는 그 아비만이 악마가 아니라, 이 사회의 모든 아비 어미가 제 자식을 잡아먹는 악마라는 선고를 받았다. 내 자식만이 내 자식이 아니다. 모든 자식이 내 자식이다. 사랑이 없는 사회, 인정이 없는 사회, 저밖에 남은 전혀 모르는 사회, 그런 인면수심人面獸心의 사회에는 그런 것밖에 보여줄 것이 없다.

흙과 씨를 하나로 만드는 봄비같이

그러나 나는 또 한번 묻지 않을 수 없었다. 이 사회는 왜 그렇게 됐을까? 아니다, 본래가 그런 것은 아니다. 우리나라에도 예로부터 인정 미담은 얼마든지 있다. 착한 백성이요, 친절한 민중이다. 만일 오늘날같이 이렇게 믿을 수 없고 메마르고 살벌한 종자들이라면 수천 년 고난의 역사에서 살아남을 수가 없었을 것이다.

이렇게 된 것은 중간에 잘못된 것이다. 누가 그렇게 만들었나? 주로 정치 때문이다. 생명은 그 나아가는 길이 열렸을 때는 순하고 아름답지만, 그 길이 한번 막힐 때는 그만 비꼬이고 흉악해진다. 해방 때에 활짝 열려서 선심에 웃음 짓던 민중이 오늘같이 이렇게 된 것은, 더러운 정치싸움 때문에 가슴을 열 수가 없어졌기 때문이다. 5·16 이후는 더구나 그렇다. 일부 사람 저희끼리는 늘 노래와 춤에 싱글벙글이지만, 직업을 잃고 친구를 잃고 나라의 나아가는 길까지 잃어 답답한 심정에 빠진 일반 대중에게는 언제나 흐린 날이다. 그러므로 본래 착하던 그 마음도 착할 수가 없어졌다.

「3천만 앞에 또 한번 부르짖는 말씀」 할 때는 이런 심정으로 썼다.

그랬더니 사회의 반응이 의외로 컸다. 편지를 보내주는 이도 있었고 돈을 보내서 같이살기 운동을 힘 있게 일으키자는 이들도 있었다.

그러나 내 정성이 모자랐다. 이날까지 잊지는 못하면서도 아무것도 못 하고 어물어물 왔다. 그러는 동안에 세상은 더 잘못되어 오늘에 왔다. 내 잘못을 뉘우치지 않을 수 없다.

그러는 중에 사회의 뿌리가 썩어들어가는 징조를 보여주는 여러 사건이 일어났고, 위에서 말했듯이 어느 새벽에 못 들은 체할 수 없이 들려온 소리가 있어 드디어 이것을 전체 앞에 내놓기로 결심했다. 그런 지 얼마 지나지 않아 정부에서 새마을운동을 발표했다.

그러나 같이살기 운동과 새마을운동은 하늘이 땅에서 먼 것같이 서로 다르다. 하나는 이름 없는 씨을이 하는 것인데, 하나는 대통령이 시키는 일이다. 이것은 아래에서 위로 피어오르는 생명의 운동인데, 저것은 위에서 아래로 내리씌우는 권력의 운동이다. 먼저 것은 보람에 살자는 일인데, 뒤의 것은 이해에 살자는 일이다. 씨을엔 차별이 없어 하나로 하나를 살리자는 것인데, 새마을이란 데서는 내 말 들으면 살아라 아니 들으면 죽어도 좋다, 하는 차별주의다. 비유를 한다면 하나는 봄비인데 하나는 폭풍우다. 요새 같은 봄비를 두고 읊은 옛시에

좋은 비 시절 알고
봄 되니 잘도 오네
밤사이 바람 따라 살그머니 들어와서
보드랍게 적셔주는 소리도 없네
好雨知時節
當春乃發生隨
風潛入夜
潤物細無聲

라는 구절이 있다. 씨올의 운동은 그렇다. 소리를 낼 것도 없고 서두를 것도 없다. 그저 보슬보슬 적시는 줄 모르게 스며든다. 그래야 생명이요 그래야 전체다. 주인도 지도자도 필요치 않다.

흙과 씨를 하나로 만드는 것이 봄비다. 그래야 싹이 튼다. 그래야 뿌리를 박는다. 새마을운동처럼 북 치고 나팔 불고 아니 들으면 팔 비틀고 들으면 어서어서 하고 몰아치는 것은, 소낙비 폭풍우지 봄비가 아니다. 종자가 떠나가고 밭이 흘러나가 몹쓸 돌밭만 남을 것이다. 그저 비라고 다 생명은 아니다. 그 오는 방법에 따라 생명을 줄 수도 있고 죽음을 줄 수도 있다.

분명히 해주고 싶은 말은 선은 강제로는 아니 된다는 것이다. 스스로 해서만 선이다. 그러므로 급히 서둘러서는 못쓴다. 서두르는 것은 받는 저쪽을 위해서가 아니고 내 공로를 나타내자는 심리에서다. 엄정한 의미에서 그것은 줌이 아니라 뺏음이요, 선이 아니라 도둑질이다. 씨올은 덤비지 않는다. 하는 것은 자기가 아니요 생명 그 자체임을 알기 때문이다. 그러기 때문에 믿는다. 믿기 때문에 평화요 즐거움이다.

씨를 심는 농부는 하늘을 믿는 마음이요 하늘을 믿기 때문에 마음이 화평하고 일하기가 즐겁다. 권력으로 남을 시키는 자는 늘 자기가 살아 있기 때문에 항상 불평이요 불만이요 초조다. 그 심리로 사람을 대하기 때문에 참 화합이란 있을 수 없다. 그러고서야 겉에 어떤 발달이 있건 무엇을 새마을이라 하겠나? 정말 새 것은 서로 싸우던 것이 하나되고 네 것 내 것이란 생각 없이 협력하게 되는 데 있다.

공을 세우려는 속된 지혜가 늘 쓰는 방법은 잘하는 놈 상 주고 못하는 놈 벌주는 것이지만, 그것으로 새 세상 절대 아니 된다. 반드시 분열을 일으키고야 만다. 새마을운동의 북소리를 들으며 우리가 가장 걱정하는 것은 농촌의 분열이다. 이때까지 인심은 야박해졌어도 농촌만은 못살지만 못사는 만큼 옛날의 자치 협동의 인정이 살아 있어 후한 데가 있었는데 이제 생각 없고 아첨만 일삼는 관리들이 운동 성적 낸답시고 농촌의 마음을 가만두지 않고 건드려놓으면, 그것이 그만 깨져버리기 쉽다. 이것이 한번 깨지면 몇십 년이 가도 고치기 어렵다. 길이 좀 반듯해지고 라디오깨나 생긴 유가 아니다. 수입이 는다지만 돈이 많아진 대신, 인정이 없어지면 무얼 하나?

그것과는 반대로 같이살기 운동은 반드시 이기는 길이다. '인자무적'仁者無敵이다〔『맹자』,「양혜왕 상」〕. 미운 사람이 없는데 어찌 아니 이기겠나? 너 나가 없는데 어찌 미운 사람이 있겠나. 가지고 싶은 마음이 없는데 무엇을 빼앗기겠나?

모든 씨올이 다 하나로 일어나기를 바란다.

• 1972년 4월, 『씨올의 소리』 제10호

제4부

오월을 생각해본다

1979년 YWCA 위장결혼식사건으로 조사를 받은 함석헌

"국민 여러분!
오늘까지는 싸움에 졌어도
내일부터는 꼭 썩어빠진 정치에
끝을 내도록 결심을 합시다.
……어떤 세력도 다 물리치고
완전한 독립 국민으로 살 것을 결심합니다.
……한 사람 한 사람이 이제
시시각각으로 결심해야 합니다.
결심의 송곳 끝이 날카로우면 날카로울수록
현재 악조건의 주머니를
뚫고 나오기가 빠를 것입니다.
여러분의 마음을 다듬으십시오!"
- 「세 번째 국민에게 부르짖는 말」

5·16을 어떻게 볼까

한 마디 하자

요새는 초면, 구면, 유식, 무식, 남녀노소를 물을 것 없이 사람을 만나기만 하면 맨 먼저 하는 말이 "이번 일을 어떻게 보십니까?" 하는 것이다. 또 당연한 일이다. 몸살만 조금 와도 앓는 소리를 줄곧 끊지 않고 내는 것이 사람이요, 똥을 한 번 누어도 끙갑으면서야 누는 것이 생명인데, 이것은 나라 전체가 몸살이 아니라 마마를 하고 있는 것이요, 민족의 늙은 어미가 똥이 아니라 아기를 낳고 있는 것인데, 무슨 말이 없을 리 없다.

앓는 소리, 갑는 소리, 그것이 곧 병을 쫓아내고 똥을 밀어내는 힘이다. 앓는 소리도 못하면 이젠 죽는 사람이요, 끙 소리도 못하면 벌써 다 허탈에 빠진 사람이다. "어떻게 될까요?" "아무래도 큰일이 났지요?" 잘한다더라 못한다더라, 있는 소리 없는 소리, 흥분, 욕지거리, 그것은 다 군함을 뒤집어엎는 물결 위에 뜬 거품같이 혁명의 숨이요, 튀는 침방울이다.

그것 없이는 안 된다. 거품과 소리 없는 물결이 없다면, 떠도는 유언비어가 없는 혁명도 없다. "난 이젠 죽는다" "이 배를 갈라버려주셔요" 하는 것이 정말 아기를 낳기 싫어서 하는 말일까? 아기를 낳는 어미의 앓는 소리가 듣기 싫거든 애당초 아기를 만들지 말았어야지, 소리도 내지 말라면 너무도 잔인한 것 아닌가? 그것은 아기 아버지가 아니라 강간한 놈이다. 나오는 아기부터도 "으앙" 하고 소리를 지르고서야 나온다. 소리 없는 혁명은 혁명이 아니라 병혁病革이다. 병이 혁하면 그다음은 죽는다.

그런데 내 보기에 걱정은 이 혁명에 아무 말이 없는 것이다. 말이 사실은 없지 않은데, 만나면 반드시 서로 묻는데, 신문이나 라디오에는 일체 이렇다는 소감·비평이 없다. 언론인은 다 죽었나? 죽었나? 이따금 있는 형식적인 칭찬, 그까짓 것은 말이 아니다. 혁명의 말이 아니다. 의사보고 가뜬히 인사하는 것은 병인이 아니다. 의사 온 줄도 모르면 죽은 사람이다.

참 명의는 병인이 허튼소리를 하거나 몸부림을 하거나 관계 아니한다. 왜? 자신이 있기 때문에. 아무래도 이 사람들이 총칼을 보고 겁을 집어먹었지. 겁난 국민은 아무것도 못한다. 국민이 겁이 나게 해가지고는, 비겁한 민중 가지고는, 다스리기는 쉬울지 몰라도 혁명은 못 한다. 다스리기 쉽기야 죽은 시체가 제일이지. 시체를 업어다 산 위에 놓고 스스로 무슨 공이 있다 할 어리석은 사내는 없을 것이다. 그것은 공동묘지의 매장 인부 아닌가.

유언비어란 말이 본래 아니 된 말이다. 제국주의나 독재정치에서 하는 말이다. 덕이 높은 인격자란 것은 무슨 비평을 하거나 그것을 도리어 고맙게 아는 사람이다. 정말 애국자는 자기가 하는 일을 꺼림 없이 내놓고 비판·비평해주기를 바랄 것이다. 비평 때문에 일을 할 수 없다 하는 것은 실력과 성의를 의심케 하는 말이다. 내 이상이 아무리 좋아도 억지로 집어씌우면 정치가 아니다. 선의의 독재란 말들을 하지만 내용 없는 빈말이다. 선의인데 독재가 어떻게 있으며, 독재거든 어떻게 선일 수 있을까? 강간이 사랑일까?

정말 정치가는 민중에게 맘대로 말을 시키는 사람이다. 그래야만 정말 민중을 알 수 있지 않은가? 말 못하게 하면 입을 닫고, 입 닫으면 국민이 음성화한다. 혈압이 높으면 보기에 신수가 좋은 것 같다가도 어느 날 졸도를 하여 죽지. 말 못하는 국민도 그렇다. 생명은 숨을 쉬는 것이다. 국민은 김이 빠지는 데가 있어야 한다. 그 김 빠지는 데가 언론, 유언비어다. 방귀가 나가야만 살 듯이 국민도 기운을 빼는 데가 있어야 한다.

파고다, 사직동, 그 밖에 곳곳의 잡담터가 있으므로 그나마 서울이 생명을 유지한다. 그것 없으면 풋볼처럼 터지든지 그렇지 않으면 질식이 돼버리고 만다. 민중의 입을 막고 말썽 없는 정치를 하려던 앞의 치들의 운명이 어땠는지 잘 알고 있지 않나? 그렇기 때문에 민주주의라고 한다. 떠도는 소리일수록 들어주어야 한다. 더구나 지금은 사상이 문제되는 시대 아닌가?

혹들 하는 말이 우리 사회는 아직 민주주의가 되기까지는 그 정도가 모자란다 하지만 모르는 말이다. 민주주의일수록 어린 아기 때부터 해야 한다. 낳은 어미가 아니니 아직은 계모의 심정을 좀 부리다가 차차 참 어미 노릇을 하겠다면 될 말인가? 낳지 않았을수록 첨부터 어미 노릇을 더 정성으로 해야 할 것 아닌가?

선善에도 무슨 시기가 있느냐? 없다. 아직은 독재를 좀 하다가 점진적으로 민주정치를 한다는 그런 모순된, 어리석은 거짓말이 어디 있나? 이제 즉각으로 네 혼을 여는 것이 선이요, 선을 하면 또 반드시 알아보고 같이 여는 것이 혼이다.

공산당의 선전에 넘어갈 염려 때문이라 하지만, 그렇게 무서우면 정치에 손을 대지 마라. 왜 네가 옆집 사람보다도 더 신뢰와 사랑을 얻을 자신이 없느냐? 사람은 아무리 어리석어도, 어리석을수록 말보다는 사실을 택한다. 공산주의자가 말로 하면 너는 왜 사실로 민중을 얻을 자신이 없느냐? 인仁이 네 속에 없다면 몰라도, 만일 정말 있다면 민중이 모를까봐, 또 유혹에 넘어갈까봐 걱정할 필요는 없을 것이다. 인자불우(仁者不憂: 어진 사람은 마음이 항상 평화스러워 근심을 가지지 아니함 – 편집자)지. 송곳 끝을 손바닥으로 막을 놈은 천하에 있을 수 있어도 참의 끝을 능히 막을 놈은 없느니라. 원수의 가슴도 능히 뚫는 것이 참이요, 사랑이다. 칼을 든 것이 군인이 아니라 용기 있는 것이 군인이다.

남을 말 못하게 하는 것이 용기가 아니라, 어린아이도 능히 와서 맘 대로 끄들 수 있게 하는 것이 정말 용기다. 용기는 무기를 쥠으로써 있는 것이 아니라, 능히 버림으로 시작되는 것이다. 공산당의 선전을 무서워하는 그런 따위의 맥 빠지고 속 빠진 바람개비 같은 소리 마라. 공산당과의 싸움이 어찌 무기 내기, 꾀 내기, 거짓말 내기, 사람 못살 게 굴기 내기냐? 맘성 내기, 혼 내기, 도덕 내기, 믿음 내기 아니냐?

그렇다. 믿는 자만이, 민중을 믿는 자만이 이길 것이다. 믿음이, 무 엇이 믿음이냐? 그의 인격 대접, 사람됨 대접 아니냐? 사람됨이 어디 있느냐? 자유지. 자유에만 있다. 자유가 무엇이냐? 정신의 맘대로 자 람 아니냐? 정신이 어떻게 자라느냐? 말함으로만, 말 들음으로만 자 란다.

제 발이 5천 년 아파도 아프단 소리를 못하고, 슬퍼도 목을 놓고 울 어도 못 본 이 민중을, 이제 겨우 해방이 되려는 이 민중을 또다시 입 에 굴레를 씌우지 마라. 정신에 이상이 생겼거든 지랄이라도 맘대로 하게 해야 될 것이다. 4·19 이후 첨으로 조금 열렸던 입을 또 막아? 언론 자유주의니 남북협상 소리 나오더라고 성급한 소리를 마라. 그 원인이 거기 있는 건 아니다. 옅은 수작 마라. 또 협상 무섭다 할 것 있느냐?

우리 자식들이 저것들을 설득이 아니라 혼의 실력으로 누를 수 있 도록, 누르는 것이 아니라 녹여버릴 수 있도록 한번 길러보자꾸나. 군인이 왜 그리 기백이 없느냐? 나는 공산당 터럭만큼도 무서운 것 없더라.

이번이 마지막이다

또 군인의 귀에는 갔는지 아니 갔는지 모르나, 만나기만 하면 사 람마다 "이것이 마지막이지요" 한다. 누가 가르친 것 없이 하는 그런 말은 하늘 말씀이다. 귀담아 듣고 깊이 생각해야 한다. 왜 마지막인가? 칼 뽑아 들었으니 마지막이지. 이번에 되면 되는 것이고, 그렇지 못하면 공산당이 다 돼버리는 것밖에 길이 없단 말이다. 혁명 일던 새벽에 외친 대로 백척간두에 다시 한 발걸음을 내디딘 것이다.

그 말하는 민중, 제가 마지막 길에 나선 줄을 아는 민중은 결코 생각 없고 성의 없는 죽은 민중이 아니다. 그러므로 소망 있다. 그들을 무시해서는, 너무 낮춰 봐서는 아니 된다. 병이 나면서도 자라는 것이 생명이다. 이 민중이 무지하고 도덕적으로 부족한 점이 많기는 하지만 자란 민중이다. 결코 옛날 민중이 아니다. 현대의 세례를 받은 민중이다. 시대는 거꾸로는 아니 간다. 도덕적으로 타락은 해도 시대가 물러가는 것은 아니다. 그러므로 옛날의 신사를 가지고도 오늘의 망나니와 바꿀 수 없다. 현대 사람으로 차라리 불행할지언정 결코 옛날 사람으로 행복하려 하지 않는다. 정치한다는 사람들이 매양 여기서 오산을 한다.

민중은 타락했어도 타락한 것 아니다. 개인적인 도덕의 부족을 시대적인 정신이 속贖하고 만다. 그러므로 아무리 무지, 타락했어도 역사에 못쓰는 법은 없다. 그리고 새 나라를 지으면 새 도덕이 스스로 선다. 이것이 마지막인 줄 아는 민중은 스스로 새 시대의 지원병이 될 맘이 있는 사람들이다. 그 기분을 한번 잘 돌려쓰지를 못할까? 아아, 답답하구나!

마지막이란 말이 무슨 소리일까? 이번 군사혁명은 먼젓번 학생혁명(4·19 혁명 – 편집자)에서도 일단 낮아진 것을 아는 말이다. 그때는 맨주먹으로 일어났다. 이번엔 칼을 뽑았다. 그때는 믿은 것이 정의의 법칙, 너와 나 사이에 다같이 있는 양심의 권위·도리였지만, 이번에 믿은 것은 연 알(총알 – 편집자)과 화약이다. 그만큼 낮다. 그때는 민중이 감격했지만 이번엔 민중의 감격이 없고 무표정이다. 묵인이다. 그때는 대낮에 내놓고 행진을 했지만 이번은 밤중에 몰래 갑자기 됐다. 그만큼 정신적으로는 낮다.

말을 아니 들으면 대접이 내려가는 모양으로 혁명은 실패할수록 정신적으로는 내려가는 법이다. 먼젓번에 실패했기 때문에 자연 이번은 그럴 수밖에 없다. 우리가 4·19 이후 자꾸 장난처럼 일어나는 데모보고 하지 말라 반대한 것은 그 때문이다. 그러면 그럴수록 그다음에 나오는 것은 더 험한 것이 될 것이므로 한 말이었다. 그래 인제 그것을 알았으므로 "이번이 마지막이다"라는 것이다. 내려갈수록 다시 하는 사람은 더 힘이 드는 법이다. 이번 혁명은 그 힘든 것이 학생 혁명의 유가 아닐 것이다. 때려서까지 아니 들으면 가두는 수밖에 없다. 그러므로 이번은 갇히는 것이다. 그래 감격은 없고 두려움만이, 의견을 발표할 용기는 없고 그저 가만 있음만이 있는 것이다.

옅게 보는 사람들은, "금세 먹기엔 곶감이 제일"이라고, 우선 깡패 좀 없고, 썩은 관리 꼴 아니 보고, 찻간 좀 조용하니 좋다 좋다 하지만, 우리의 역사 행진의 뜻으로 볼진댄 이것이 더 험해진 길이지, 자칫하면 떨어져 죽는 낭떠러지 위를 가는 것이지, 결코 쉬운 일이 아니다. 멍청하지 마라.

이것이 마지막이다. 한번 큰 각오하고 일어난 군인에 대해 말하기가 미안하기 때문에 입을 닫고 있지만, 민중도 자기네끼리 모이면 여간 불안을 느끼는 것 아니다. 솔직히 말하면 "이러다 잘못되면 어쩌나?" 하는 불안 속에 싸여 있는 것이 현상이다. 이러다가 잘못되면 공산당이 돼버리고 말 것이라는 판단과 공포심은 무식한 사람 입에서도 다 나오고 있다.

"이러다가"라는 것이 무엇일까? 까 내놓고 말하면 "만일 군사독재가 됐다가는" 하는 말이다. 지금 우리는 광대 줄넘기를 한다. 성즉군왕成則君王이요 패즉역적敗則逆賊[1]이다. 혁명 일으킨 군인도 그런 심정일 것이요, 보는 군중도 그렇다. 그러나 여기서 알 것은, 어느 광대

---

1) 成則君王 敗則逆賊: "같은 일이라도 성공하면 왕이 되고 실패하면 역적이 된다"
는 속담으로, 세상일은 승자에게 이롭게 된다는 뜻을 담고 있다.

도 줄을 탈 때는, 다른 놈이 다 떨어져 죽었지만 그것은 잘못해 그렇지, 주의해 잘 타는데 왜 그럴 것이냐 하는 맘으로 시작한다는 것이다. 그러나 보는 사람은 불안이지, 안심할 수가 없다. 구경은 바로 그 불안 때문에 하는 것이지만 정치는 구경일 수는 없다.

이번 일이 터지기 바로 2, 3일 전 남북협상을 주장하던 학생 몇 사람이 나한테도 의견을 물은 일이 있다. 그들이 말하는 것을 들은즉 도무지 자신 없는 소리였다. "어쨌거나 접촉해보노라면 무엇이 나오지 않아요?" 하는 것이었다. 그래 나는 "무조건 말리는 것은 아니지만, '자신' 없이는 절대 하지 마라. 정치무대는 연주 장소일 수는 없다" 하고 말해준 일이 있다. 연구자료도 돼서는 아니 되는 정치를 구경 심리로 할 수는 더구나 없다. 그러므로 옛 어진 이의 말이 "군자君子는 거이사의명居易以俟命이요, 소인小人은 행험이요행行險以儌倖"[2]이라 했다〔『중용』, 제14장〕. 흔히 건곤일척(乾坤一擲: 주사위를 던져 승패를 건다는 뜻으로, 운명을 걸고 단판걸이로 승부를 겨룸 – 편집자)이란 말을 하지만, 생은 모험이란 말도 하지만, 그 말 때문에 얼마나 많은 죄악이 되는지 모른다. 그런 말 그렇게 옅은 뜻으로 쓰는 것 아니다.

모험을 해야지만, 그것은 겸손한 사람만이 해야 한다.

그런데 손에 칼을 들고 겸손하기는 참 힘이 드는 일이다.

다시 또 한 번 외치자. "이번이 마지막이다!"

누가 하는 혁명이냐

요점은 혁명의 주체가 누구냐 하는 데 있다.

혁명은 사람만이 한다.

학생은 사람이 아니다. 그러므로 먼젓번에는 실패했다.

---

2) 원문은 '君子 居易以俟命 小人 行險以徼倖'으로, 여기서 함 선생은 '徼'를 '儌'로 바꿔서 인용하고 있다.

군인도 사람은 아니다. 그러므로 이번도 군인이 혁명하려 해서는 반드시 실패한다.

그 소리가 무슨 소리냐? 학생은 그 혁명을 4월에 했듯이 4월의 잎이다. 4월은 잎 피는 달이다. 잎은 나무가 아니다. 잎이 나무를 만드는 것 아니라, 나무가 잎을 피운다. 학생은 잎처럼 길이 푸를 것이다. 4·19의 정신은 늘 없어지지 않을 것이다. 그 녹색정신, 평화주의, 비폭력주의, 공명정대주의는 늘 길을('남을'의 평북 방언-편집자) 것이다. 그러나 그것은 잎으로서 하는 것이 아니요, 나무로서만 하는 것이다. 민중의 덕은 목덕木德이다. 나무의 산 것이 잎에서 발단하지. 자엽子葉부터 나오지, 하지만 마침내는 나무가 서야 한다. 학생이 시작했지만 혁명은 민중의 혁명이어야 할 것이었다. 그런데 4·19, 4·19, 서로 주고받는 빈 칭찬, 아첨, 나쁜 이용, 쓸데없이 부푼 가슴뿐이었지 민중운동이 되지 못했다. 거기는 민주당·혁신당의 죄가 많지만, 그래도 역시 따지면 결국 민중 저 자신의 죄였다.

학생이 잎이라면 군인은 꽃이다. 5월은 꽃달 아닌가? 5·16은 꽃 한 번 핀 것이다. 꽃은 그 찬란하기가 잎의 유가 아니다. 저번엔 젊은 목청으로 외쳤지만 이번엔 총칼과 군악대로 행진을 했고, 탱크로 행진했다. 잎은 영원히 길어야 하는 것이지만 꽃은 활짝 피었다가는 깨끗이 뚝 떨어져야 한다. 화락능성실花落能成實이다. 꽃은 떨어져야 열매를 맺는다. 5·16은 빨리 그 사명을 다하고 잊혀져야 한다. 노량진두에서 많지는 않지만 흐른 피는, 그 알고 모르고를 물을 것 없이 전 국민이 스스로 흘려 역사의 제단에 바친 것이다. 그것은 부득이하여 한번 잠깐 할 것이요 될수록 없어야 하는 것이요 있다 해도 곧 잊어야 하는 것이다.

군인정신은 '깨끗'이라는 한 말로 다 된다. 필 때는 천지가 눈이 부시게 피었다가도 수정이 된 다음엔 깨끗이 싹 떨어져야 꽃의 값이 있다. 진 후에도 떨어지기 싫다는 듯 시들시들, 지적지적 붙어 있는 꽃은 참 더럽다.

그러므로 할 일을 다 한 후에는 곧 정권을 민간인에게 물려주고 본래의 자리로 물러간다 선언한 것은 참 군인다운 말이다. 잎은 길이길이 있으므로 나무에 그 바치는 바가 있지만 꽃은 깨끗이 떨어지므로 그 나무를 위해 영원히 공헌하는 것이 있다. 그 꽃이 떨어져도 그 뿌리로 돌아가 그 나무 속에 길이 사는 것이다. 다만 형식이 다를 뿐이지 그 뜻은 같다. 평화정신은 늘 부르짖어야지만 무단정신은 한 번만 써야 한다.

그러므로 문제는 민중에 있다. 학생도 군인도 사람이 아니란 말은 그 말이다. 학생, 군인만이냐. 관리도, 목사도, 신부도, 교수도 사람은 아니다. 사람의 손에 든, 잡은 것의 이름, 그 입은 옷의 이름이다. 사람은 맨사람만이 사람이다. 잎도 꽃도 열매도 나무가 아니요, 나무만이 나무다. 매양 제 재간, 제 맡은 일, 자격을 제 자신보다 더 중한 듯 내세우는 데서 일은 잘못된다.

혁명은 다른 것 아니고 그 잘못을 회복하여 다시 근본 모양에 돌아가잠이다. 사람은 서로 맨사람으로 만날 때에만 올바르게 행동할 수 있다. 군인이란 뽑아든 칼이다. 일을 일으킨 것은 그 속의 사람이지 그 칼이나 군복이 아니다. 그런데 누구든 일단 일을 시작하면 제 사람으로서의 근본을 잊고 그 자리에 붙어버리려는 경향이 있다. 그렇게 해서 사람이 제도의 종이 된다.

특권 없는 제도는 없다. 혁명은 제도를 부수는 일이다. 부수면 또 생길 것이다. 그러나 또 부수어야 한다. 영원히 그 부수는 운동을 계속해야 한다. 날마다 우리가 피차 지위, 자격을 잊고 맨사람으로 만나고 대하기를 힘써야 한단 말이다. 그것이 정말 혁명이다. 그것을 하는 것이 민중이다. 역사의 변동이 있을 때마다, 즉 낡아서 해 되는, 사람을 차별하는 제도를 부수려 할 때마다 민중에게 내려와서 그 민중을 주인으로 모시는 것은 이 때문이다. 삼일천하[3]란 말이 있지만 민중이야말로 늘 삼일천하. 혁명할 때는 민중이 주인이 되지만 사흘도 못 가서 속고 뺏기는 것이 민중이다. 혁명 일어나는 날 장교, 졸병, 민간인의 구별이 있었을까? 모든 참된 일은 다 그렇다. 나라의 운명이 달린 일선에서 참모총장과 졸병이 나란히 섰기로 이가 저를 높다 할까? 저가 이를 낮다 할까? 그저 한 가지 의무, 감격, 생명의 산 운동이 있을 뿐이다. 그러나 그 대적을 물리치고 진지에 돌아온 즉 하나는 '각하'이고 하나는 '이 자식'이다. 그러므로 그것이 거짓 것이다.

그게 다 뭐냐? 인간의 가슴에서 그런 것을 영원히 버려라! 이날껏 그렇게 속아온 것이 민중이지만 지금은 그래서는 아니 된다는 것이 민주주의다.

혁명은 민중의 것이다. 민중만이 혁명을 할 수 있다. 군인은 혁명 못한다. 어떤 혁명도 민중의 전적 찬성, 전적 지지, 전적 참가를 받지 않고는 혁명이 아니다. 그러므로 독재가 있을 수 없다. 민중의 의사를 듣지 않고 꾸미는 혁명은 아무리 성의로 했다 해도 참이 아니다. 또 민중의 의사를 모르고 하는 것이 자기네로서는 아무리 선이라 하더라도, 또 사실 민중에게 물질적인 행복을 가져온다 하더라도, 그것은 선의는 아니다.

강아지를 아무리 잘 길러도 참 사랑은 아니다. 참 사랑은 내가 저를 좋아할 뿐 아니라 저가 또 나를 좋아하도록 되어야 하는 것이다. 민중을 동물로 사랑하고, 기르고, 불쌍히 여겨도 성의는 아니다. 그는 때리면서라도 사람으로 대접해주기를 바란다.

그러므로 민중 내놓고 꾸미는 혁명은 참 혁명이 아니다. 반드시 어느 때 가서는 민중과 버그러지는 날이 오고야 만다. 즉 다시 말하면, 지배자로서의 본색을 나타내고야 만다. 그리고 오래 속였으면 속였을수록 그 죄는 크고 그 해는 깊다.

---

3) 삼일천하(三日天下): 개화당이 갑신정변으로 3일 동안 정권을 잡은 일. 또는 정권을 잡았다가 짧은 기간 내에 밀려나게 됨을 이르는 말이다.

인간 개조

그리고 또 한 가지 더, 이번 혁명으로 새로 나온 말은 "인간을 개조해야 한다" 하는 말이다. 4·19 때만 해도 "정신적인 운동으로까지 들어가야 한다" 하는 정도였으나 이번은 좀더 분명해졌다. 이것은 나와야 할 것이 나온 것이다. 옳은 말이다. 인간이 달라져야 한다. 제도만 고쳐서 되는 것 아니요 사람, 바로 그것이 달라져야 할 것은 물론이다.

그러나 여기서도 분명히 알 것은 인간 개조는 강제로는 아니 된다. 사람이 다 성인이 아닌 이상, 민중이란 더구나 무지하고 타락된 것인 이상 어느 정도 강제가 필요한 것은 사실이다. 정치는 결국 강제 없이는 아니 될 것이다. 그러나 그것으로 인간성이 달라지는 줄 알아서는 아니 된다. 정치 만능을 믿는 정치가는 정치가가 아니요 도둑이다. 정치가 없을 수 없지만 정치가 전부, 더구나 가장 중요한 부분은 아니다. 그것을 아는 것이 참 정치다. 정치를 다루는 사람에게 그 겸손이 있지 않고는 아니 된다.

혁명이 필요하다. 잘못이 굳어지면 혁명으로만이라야 된다. 그러나 어떤 혁명도 반드시 철학이 그 뒤에 서지 않아서는 아니 된다. 새 세계관, 새 인생관이 있지 않아서는, 더구나 인간미를 가진 것이 아니어서는 안 된다. 한 마리의 강아지를 길들이려 해도 강제만으로는 아니 되는데 하물며 사람에게서일까?

강제는 늘 도리의 지도를 받아서 해야 한다. 도리라니 다른 것 아니요, 모든 사람은 다 같은 사람으로, 다 자유를 그 본질로 삼는 것으로 아는 일이다. 거의 불가능한 것을 강제하되 강제인 줄 알지도 못하리만큼 스스로 기뻐 복종하도록 하는 것이 종교란 것이다. 혁명가에게야말로 종교의 스승을 줄 필요가 있다. 그런데 사실에는 피스톨 하나로 민족 개조를 해보자는 열심당이 어찌 그리 많은가? 그 성의를 아깝게 여긴다.

5·16이 뭐냐? 이것은 달라지려는 인간의 꿈틀거림, 그 조그마한

한마디에 지나지 않는다. 이 세계 역사의 흐름이 향하는 바를 아는가, 모르는가? 모르고는 모처럼의 성의와 힘씀도 소용이 없다.

이 혼란이 왜 오나?

첫째는 민족주의가 무너짐으로 인해 오는 것이다. 민족은 이날껏 인간을 길러주는 어머니일 수 있었다. 그러나 인제 아기는 어머니 품에만 있기에는 너무도 지나치게 자랐다. 이 앞으로는 집에서 살지 않는다는 것 아니다. 그러나 집이 그 전부가 아니다. 인제는 사회의 아이다. 이제 인간은 세계의 인간이란 말이다.

민족은 운명을 같이하는 단체이니 아직 이 앞으로도 상당한 동안 계속할 것이지만, 그러므로 제 민족 잊고 나라할 수 없지만, 인제는 도덕을 규정하는 마지막 표준이 민족에 있지 않고 세계에 있다. 민족에 권위가 있을 때에는 국민정신을 통일하기가 참 쉬웠다. 그때 나라의 걱정은 주로 기술적인 문명에 있었다.

그러나 이제는 사상이 문제다. 이상·이념이 문제다. 그것은 민족사상이 '전체'를 대표해주지 못하게 됐기 때문이다. 물론 새 표준이 제시되지 않은 것 아니다. 민주주의가 그것이다. 그러나 그것이 아직 지나간 시대에 민족감정같이 자연적인 감정에 이르지 못했다. 그래서 이 혼란이다. 인간 개조를 하려 하는데 민족주의만 고취하면 되는 줄 아는 것은 사상의 간난을 표시하는 것이다.

그다음 또 하나 생각할 것은 소유권 문제다. 지금까지 인류 사회를 지지해온 것은 소유권은 신성하다는 사상이다. 이것을 거의 자연율처럼 알지만 아니다. 이것은 인간이 역사를 지어오는 동안 경험에 의해 얻은 도덕이다. 사람에게는 물론 소유 본능이 있지만 그것과 소유권의 제도와는 별개 문제다.

하여간 이날까지는 소유권은 거룩한 것으로, 절대 침범할 수 없는 것으로 알아 그것이 사회 규율을 이루어가는 근본 기능의 하나로 서 있어서, 인간의 생활은 될 수 있었다. 그런데 지금은 그것이 흔들리기 시작했다. 세계 두 진영의 충돌은 그 문제가 나타난 것이다. 인류는 이제 이것을 새로 해결하여 새 도덕이 서고야 말 것이다. 인간 개조하는 데 앞서 그것을 생각 아니할 수 없다.

그다음 또 하나는 가정 문제다. 소유권 제도와 밀접히 붙어 있는 것이 집이란 것이다. 집 없이는 오늘의 문명이 없을 것이다. 그러나 이것도 또 인제는 의심을 받게 됐다. 공산주의가 가정 파괴를 목적하는 것은 이 때문이다. 물론 공산주의가 하는 그런 방식으로 그 문제가 해결될 것은 아니다. 그러나 벌써 지금부터 몇천 년 전부터, 위대한 정신의 지도자들은 가정을 벗어나야 한다는 것을 주장해왔다는 것과 맞추어 생각할 때, 이것이 얼마나 뜻 깊은 문제인지 알 수 있다.

가정 없이는 인류 사회가 되어가지 않는 것도 사실이지만, 또 가정 때문에 인간의 발전, 더구나 그 정신적인 자유가 제한되는 것도 사실이다. 이 문제를 어떻게 하나? 지금은 이것이 옛날보다 더 간절한 문제가 되었다. 사실상 많이 가정 파괴가 되었다. 현대사상이 어지러운 원인이 거기 많이 있는 것은 사실이다. 그러니 도저히 옛날같이 딴딴한 가정살림을 할 수 없는 것도 사실이다. 이것이 오늘 인간의 또한 큰 고민이다.

이와 같이 이날까지 이 인류사회의 캠프를 버텨오던 세 기둥이 다 흔들리게 되어 그것을 새로 어떻게 하지 않고는 세계적으로 번져 있는 문제를 도저히 풀 수가 없다. 앞의 인간은 그 점을 생각하면서야 그 갈 바를 정할 수 있게 되었다. 이러므로 칼자루 하나만 가지고는 인간 개조가 아니 된다는 것이다. 반공을 국시로 내세우지만, 물론 당면 문제는 반공이지만, 반공만으로는 나라 나아가는 방향을 결정할 수는 없다. 그것은 발 앞에 당한 바위다.

길은 그보다 훨씬 더 험하다. 그것만 해결하면 되는 줄로 믿었다가는 큰 잘못을 저지를 것이다. 국민을 될수록 넓은 눈을 가지도록, 높은 이상을 가지도록, 깊은 신앙을 가지도록 길러야 할 것이다. 분명히 잊지 말 것, 민중을 기르는 일이다. 호랑이 넋을 길러야 한다. 사람이 있어 말하기를 "호랑이 나오라더니 정말 호랑이 나오지 않았소?"

한다. 나왔다면 나왔지, 하지만 내 호랑이는 아직 아니다. 호랑이 발톱쯤 나왔는지 모르지만, 그것 가지고 되느냐. 호랑이 전체가 나와야지. 발톱 하나 아니 쓰고도 모든 짐승이 저절로 도망하게.

기르는 말 들으려나?

송나라 사람 중에 제 곡식이 자라지 않는 것 같아 애를 태우는 자 있었다. 그래 나가서 고갱이를 모두 뽑아놨다. 그러고는 부산히 돌아와 집사람들을 보고 하는 말이, "아, 내 오늘 죽을 뻔했다. 곡식을 좀 크게 해놨다" 했다. 그래 그 아들이 나가 보니 곡식이 다 말라 죽었더라는 거다.

이것은 중국 전국시절의 정치가들을 보고 맹자가 준 침이다. 제발 뽑지 말도록. 기르란 말은 뽑으란 말 아니다. 네 할 것 하고는 가만히 하늘 법칙을 기다리라는 말이다. 열심이 있을수록 성급해지기가 쉽지만, 성급해지면 나를 지나쳐 믿기 쉽다. 내가 하는 것 아니다. 하나님이 하는 거야. 다른 말로 하면 민중이 스스로 하는 거다. 스스로다. '저절로'란 말 아니다. '제가'란 말이다. 민중의 혼이 깨도록 깨워라. 그러나 너무 급히 깨우다 정신병자를 만들지는 마라.

수술

한마디만 더, 혁명은 이를테면 복부 수술이다. 병이 시초 때에 문지르고 물찜이나 했으면 됐을 것이요, 그담에라도 약이라도 먹었으면 됐을 것인데, 그 말 아니 들은 고로 인젠 배를 가르고 수술을 하게 되었다. 그래 칼을 잡은 것이다. 이제 병인에게 할 말은 그저 믿고 참으라는 것뿐이다. 죽기 각오하고 참아야 한다. 그러나 칼 든 의사보고는 할 말이 많다. 이것을 외아들로 둔 늙은 부모로서는 할 말이 많다. 무식한 말이지만 들어주어야 할 것이다.

첫째, 성의지. 어떻게서든지 살려주겠다는 정성을 가져야지. 의醫는 인술仁術이라, 정말 인仁해야지.

둘째, 술術이 높아야지. 성의 아무리 있어도 기술이 높지 않으면 못 살린다.

셋째, 기구가 완비돼야지. 기술 아무리 좋아도 맨손으로 복부 수술 못한다.

넷째, 그러나 외과의 생명은 소독에 있다. 남의 배를 열어놓고 소독 잘못했다가는, 살리려던 일이 도리어 죽이게 된다. 아무리 의사라도 그 전신이 박테리아 천지다. 소독 못했거든 손도 대지 마라. 소독이 무슨 소독일까? 가지가지의 병균이다. 민족의 복부 수술하는 데 경계해야 하는 병균 얼마나 많을까? 영웅심, 권리욕, 고집, 시기심, 이런 따위는 그중에서도 무서운, 하나만 묻어버리면 모든 성의, 기술, 지식, 기구, 약이 다 소용없어지는, 당장에 죽고 마는 무서운 균이다.

다섯째, 될수록 신속히 해야지, 마취해놓고 시간 길게 가면 회생 못하고 말지 않나? 얼른 하고 물러나서 부모에게 내주어야지. 지금 민중이 군사혁명 당하고도 어리둥절하고 말도 못하는 것은 총소리에 마취당한 것이다.

불안한 맘엔 자꾸 생각나는 옛말이 있다.

뿔을 바로잡다 소 죽인다!

아이는 죽었어도 학질 떨어지니 시원하다!

써놓고 보면 속과는 딴판 같아 찢어버리고 싶은 넋두리를 하는 동안에 6·25의 밤이 다 새었구나. 3년 전 이 밤엔 잠 못 자고 한 생각 말했더니 "나라 없는 백성이라" 했다고 이 나라가 나를 스무 날 참선을 시켰지. 이번엔 또 무슨 선물 받을까?

• 1961년 7월, 『사상계』 제96호

3천만 앞에 울음으로 부르짖는다[*]

굳센 결의로 다시 혁신해야 한다

　씨을 중에 지극히 작은 씨을의 하나인 이 사람은 부끄럼과 두려움을 무릅쓰고 감히 3천만 겨레와 이 나라 정치를 쓰고 맡아하겠다고 나선 박정희 님 이하 재건최고회의의 여러분과 민족문화의 지도자인 지식인과 나라의 울타리인 군인과 겨레의 내일을 맡을 학생 여러분 앞에 눈물로 부르짖습니다.

　여러분, 우리나라는 지금 전에 없는 큰 위기에 다다랐습니다. 남의 힘에 못 견디어 나라가 둘로 나뉘고, 부모 형제가 서로 헤매어 흩어지고, 사제·붕우가 서로 칼을 맞대는 비운을 만난 지 이미 스무 해가 되어오는 오늘. 국토통일의 민족적 과업은 그 어느 날 가서 이루어질지 예측조차 할 수 없이 까마득하고 정치의 부패 무능을 고치기 위해 은인자중하다가 일어났노라는 군인이 공약을 했던 2년도 벌써 다 넘

은 오늘. 민정 복귀의 문제를 두고 양심도 체면도 다 내놓고 패권을
다투는 여야의 싸움은 갈수록 복잡해지고 갈수록 더러워져 끝날 줄
을 모르는데, 국고는 다 말라서 한푼이 없다 하고, 산업은 녹을 대로
녹고, 물가는 나날이 높아가고, 천재지변조차 겹쳐 주린 민중은 길거
리에서 헤매고, 못살겠다는 아우성은 하늘에 닿았습니다.

이제는 이해利害를 다투는 것도 소용없고 시비를 서로 떠미는 것도
소용없고 견디려 해도 더 이상 더 견딜 수가 없고 멍청한대도 이 이상
더 멍청할 수가 없어졌습니다. 까딱 잘못하다가는 나라가 아주 망해
버릴지도 모르겠습니다. 우리는 이제 현실을 깊이 들여다보아 똑바
로 파악하고 넓은 가슴과 굳센 결의와 용감한 정신을 가지고 한번 큰
혁신을 하지 않으면 아니 될 것입니다. 누가 말을 해도 하기는 해야겠
는데 다들 잠잠하고, 어디서 꿈틀해도 꿈틀하기는 해야겠는데 그저
죽은 듯이 있습니다. 이것이 제가 주제넘게 말을 하는 까닭입니다.

아무것도 모르고 아무 재주도 없습니다. 그러나 모르고 재주 없기
에 제 의견이란 없고, 제 의견은 없기에 전체의 속을 비출 수 있을 줄
믿습니다. 제발 한 발로 쉽게 비벼버리지 마시고 나라를 사랑하시는
정성과 어린이에게도 귀를 기울이는 아량으로 들어주시기를 빕니다.

생각하면 우리나라처럼 사나운 운명의 길을 걸어온 역사는 없습니
다. 단군이 나라를 태백에 열 때 그 땅으로 보나 그 사람으로 보나 나
무랄 데가 없었고, 삼국이 민족통일의 큰 이상을 두고 서로 다툴 때
그 정치로 보나 그 문화를 보나 어디 부끄러울 데가 없었습니다. 그
러나 삼국의 정치가 민중을 저버려 그 역사적인 과제를 이루지 못
하고 한 번 실패할 때, 그 땅을 그대로 지킬 수가 없었고, 그 사람의
성격도 정신도 병이 들어버렸으며, 그 문화는 빛을 잃고 시들기 시작
했습니다.

궁예·왕건의 꿈이 한가람 가에 사라지고, 최영·정몽주의 기백이
송악산 밑에 묻혀버릴 때, 이 슬픔과 고난의 역사의 테두리는 결정된
것입니다. 한개 무부武夫에 지나지 않은 이성계가 한때 어지러운 때

를 타서 나라를 쥐기에 성공했다기로서 그것으로 어찌 민족과 문화의 자람을 바랄 수 있었겠습니까? 다행히 한둘 잘난 임금들이 있었고, 목숨보다 의를 더 사랑하는 몇 사람 어진 선비가 있어 나라의 형체를 지켜오기는 했으나, 그 어간에 그나마 민족의 명맥을 유지하고 고유한 문화를 가늘게라도 지켜온 것은 전혀 무지한 민중의 끈질기고 줄기찬 견딤의 힘이었습니다.

4천 년 역사에 백으로 세게 되는 전쟁에서 한 번도 남의 나라에 도둑으로 들어간 일이 없고, 늘 제 땅에서 겪는 이 민족, 싸움엔 진 일이 있어도 제 말, 제 풍속, 제 역사를 내버린 일은 없습니다. 죄가 있담 언제나 그들을 다스리다 팔아먹곤 한 지배자들·정치가들에게 죄가 있지 민중에게는 없습니다.

이제 고난 중에도 견디는 그 끈질긴 민중의 생활력이 주체가 되고 천지에 정의의 법칙이 죽지 않아 광복의 날이 돌아왔고, 세계 역사는 새로운 전환을 하여 새 문명에 들어가려 할 때, 우리는 그 지난날의 불행이 자격이 되어 역사적 동원령에 의하여 일선에 섰습니다.

이제 우리는 모름지기 큰 사명의 개념을 가지고 지난날의 모든 고난과 부끄럼을 영광과 자랑으로 바꾸는 일대 비약을 할 때입니다. 그러려면 이 역사의 발판을 힘 있게 박차야만 될 것입니다. 그런데, 역사의 뜻이 그러한데 아직도 옛 악을 못 버리고 이러는 것은 무엇입니까? 정말, 이건 무엇입니까? 눈을 감고 고요히 생각해보십시오. 이건 무엇입니까?

박정희 님에게! 남은 길은 공약 준수뿐

박정희 님, 내가 당신을 국가재건최고회의 의장이라고도, 육군대장이라고도 부르지 않는 것을 용서하십시오. 나는 당신을 양심을 가지고 이성을 가지는 인간 박정희 님으로 알고 대하고 싶습니다. 지위는 관 덮개 밑에 들어가는 날 같이 떨어져버리고, 사업도 비석에 글자가 지기 전 먼저 무너져버리는 것이나, 영원히 남는 것은 양심과 이성으로 쌓아올린 인간상이기 때문입니다.

나는 당신과 군사혁명 주체 여러분의 애국심을 인정합니다. 여러분의 정의감과 의협심도 모르지 않습니다. 나는 또 혁명정부가 이날까지 해온 일 중에 잘한 것이 있는 것도 알고 칭찬하기를 서슴지 않습니다.

그러나 여러분은 여러 가지 잘못을 범했습니다. 첫째, 군사 '쿠데타'를 한 것이 잘못입니다. 나라를 바로잡잔 목적은 좋았으나, 수단이 틀렸습니다. 그리고 수단이 잘못될 때 목적은 그 의미를 잃어버립니다. 여러분은 나라의 기본되는 헌법을 깨치고 직접 정치에 손을 댔을 때 후에 올 수 있는 모든 군사적 동란의 길을 열어놓았습니다. 여러분이 정말 나라를 사랑하고 정의를 위하였거든 마땅히 무기를 들지 말고 비밀리에 일을 꾸미지도 말고 정정당당하게 청천백일하에 내놓고 항의를 했을 것입니다.

또 여러분은 아무 혁명이론이 없었습니다. 단지 손에 든 칼만을 믿고 나섰습니다. 그러나 민중은 무력만으로는 얻지 못합니다. 지금의 민중은 영웅의 휘두름에 따라 폭동을 일으키던 옛날의 군중과는 다릅니다. 저들은 자각해가는 인간이므로 이론을 요구합니다.

그러므로 여러분은 종시 민중을 얻지 못했습니다. 여러분은 민중을 이해하지 못했습니다. 여러분은 자신의 성의만을 너무 과대평가했습니다. 자기네를 위하여 좋은 일을 해주겠는데 왜 듣지 않느냐 하고, 심지어는 민중을 강제해서까지 선정을 해보려 했는지 모르나, 그것이 여러분의 사상적 빈곤을 말하는 것입니다. 여러분은 구시대의 지도자의식, 특권의식을 청산하지 못했습니다. 이것이 여러분이 성의는 있으면서도 실패한 근본 원인입니다. 그런 구식 머리를 청산하고 겸손히 민중 속에 뛰어드십시오.

또 여러분은 혁명의 공을 세우기에 너무 급급하여 여러 가지 수단 방책을 썼습니다. 공을 세우기 급해하는 것은 따지고 들면 결국 영웅주의입니다. 속에 영웅주의가 있으면 모든 애국은 결국 가면밖에 아니 됩니다. 민중은 마침내 그것을 알고야 마는 법이요, 알면 버리고 갑니다.

그러나 그보다도 큰 잘못은 혁명공약을 아니 지킨 것입니다. 당초에 군사혁명이 일어났을 때 국민은 어리둥절했습니다. 그것은 결국 있어서는 아니 될 일이기 때문이었습니다. 그러나 혁명공약을 내세우고, 할 일을 마친 다음에는 본래의 직장으로 돌아간다 하는 데 일루의 희망을 걸고 믿고 묵인하기로 했습니다.

여러 가지 정치적인 부패를 청산하고 사회적인 새 질서를 세우려 힘쓰는 것을 보고는 잘한다 하고 칭찬하기까지 했습니다. 그러나 군정을 2년간 하겠다는 말을 듣고는 깜짝 놀랐습니다.

이때부터 지식인은 벌어지기 시작했습니다. 그러나 원체 부대껴온 민중이므로 그것까지도 참기로 하고 2년이 끝나기만 기다렸습니다. 그러나 2년이 다 되어도 당신들이 물러갈 생각은 아니하고 미리 정당 조직을 하는 등 박정희 님이 출마한다 했다 아니한다 했다 하는 데 아주 실망을 해버렸습니다.

당신들한테 민심의 실정을 바로 말해드리는 이가 있습니까, 없습니까? 나는 아무 당파에도 속하지 않았습니다. 실정을 조금도 속임없이 말합니다. 지금 당신들은 민중의 신임을 얻지 못했습니다. 당신들을 아끼기에 하는 말입니다. 그러므로 이제 당신들이 설혹 군복을 벗고 출마한다 하더라도 민중은 불안한 생각을 놓지 않습니다.

박정희 님, 당신이 정말 나라를 사랑한다면 이제 남은 오직 하나의 길은 혁명공약을 깨끗이 지킬 태세를 민중 앞에 보여주는 일입니다. 그다음 일은 당신이 걱정하지 마십시오. 말하는 내 맘도 슬픕니다.

정치인들에게! 민중은 다 알고 있다

나라의 운명이 결정되는 큰일을 맡아 하겠다고 이때에 나선 여당 야당의 정치인 여러분들, 여러분의 뜻은 장합니다. 그러나 이때를 아십니까? 국민은 어떤 마음으로 여러분이 하는 일을 보고 있는지 아십니까? 지금 무감각한 듯한 민중의 가슴 밑에서는 심지가 타는 소리가 바작바작 나고 있습니다. 여러분은 무슨 싸움이 그리 많고, 무슨 흥정이 그리 깁니까? 이제 싸우고 흥정하고 있을 땐 줄 압니까? 언제까지 민중을 팔며 그러고 있으렵니까?

소위 여당이라는 여러분들, 어쩌자고 그 자리에들 서는 것입니까? 사람은 제 설 자리를 알아야 합니다. 전나무가 자라면 궁궐의 기둥이 될 줄을 알지만, 그 뿌리를 붙일 데 붙이지 못하고 분주한 길가에 서면 그만 오가는 사람의 발길에 밟히고 마소의 입에 뜯겨 마침내 그 참혹한 강사리가 아궁이에 던져지고 말 뿐입니다.

여러분의 방촌方寸 사이에 천하경륜의 전나무 같은 재주와 식견이 들어 있는지 없는지 내 모르지만 설혹 있다 하더라도 지금에 취한 그 길로는 역사적 심판의 아궁이로 들어갈 것밖에 없습니다.

재주가 무엇입니까? 의義의 들어 있는 데를 갈라놓는 것이지. 식견이 어떤 것입니까? 장차 오려는 대세를 능히 보아내는 것이지. 대의가 어디 있습니까? 민중의 자유에 있지. 대세가 무엇입니까? 민주주의의 완성이지. 군복의 그늘 밑에 숨어 있어 무엇을 하잔 것입니까?

만일 의義를 내가 알고 세勢를 내가 상관할 것 있느냐, 나는 한낱의 부귀 권세를 알 뿐이다 한다면야, 그것은 전나무는 그만두고 가시나무도 못 됩니다. 욕할 나위도 없습니다. 혹 군인이 군복을 벗는다 하지 않았느냐 할지 모르지만 우리가 어찌 옷을 상대하는 것입니까? 그럼 이 군정 2년은 박정희 씨의 인격이 한 것 아니고 군복이 한 것입니까?

바지저고리만 벗어서 될 것이라면 어지신 당신들이 왜 그리 피가 마르도록 머리를 짜가며 싸우고 겨루고 합니까? 옷을 벗어도 군인은 군인입니다. 야당 여러분, 오늘의 이 책임은 누가 져야 합니까? 여러분 아닙니까? 청천백일하에 혁명공약을 한 애국군인들로 하여금 공약을 지키지 못하게 하고 겸하여 딴 생각까지 나게 만든 것이 누구입니까? 두 번, 세 번 국민 앞에서 한 성명을 뒤집게 한 것이 도대체 누구입니까? 도둑도 주인이 자고 있기 때문에 도둑할 마음이 생기는 것입니다. 세상에 부르지 않은 도둑이 어디 있습니까?

미운 것은 군인이 아니고 여러분입니다. 아니 나섰으면 또 모르지만, 이미 나선 바에는 어쩌면 그리도 사람이 없습니까? 하나도 없습니까? 그렇게도 인물이 없단 말입니까? 칼은 반드시 강한 것이 아닙니다. 고깃덩이밖에 아니 되는 짐승에게는 폭력밖에 무서운 것이 없지만, 사람은 뜻에 살고 의에 움직이는 것입니다.

여러분 중에 단 한 사람이라도 민중의 의용義勇을 불러일으킬 만한 이가 있다면 지리하고 답답한 이 정치싸움이 이렇게 끌지는 않았을 것입니다. 여러분은 모릅니까? 민중은 결코 군정의 연장을 원치 않습니다. 자기분열을 일으킨 혁명정부는 신용을 잃었습니다. 그런데 그런 민중이 왜 불감증에 들린 것처럼 멍청히 있는지 아십니까? 넘겨주려 해도 받을 만한 손이 뵈지 않기 때문입니다.

여러분은 스스로를 알아야 합니다. 여러분은 민중 앞에서 낙제했습니다. 사람마다 툭하면 "우리나라에 인물 없다" 입마다 열기만 하면 "그놈이 그놈이지" 하는 것은 그것 아니고 무엇입니까? 나라를 들어서 맡길 만한 사람이 없단 말입니다. 그런 줄도 모르고 흥정과 싸움만 능사로 알고 있다가 어떤 운명이 올지 알기나 합니까?

이제 나라와 겨레의 살길을 위해서는 단 하나의 길이 있을 뿐입니다. 민정을 다시 세우는 일입니다. 그 일을 맡아 하겠다 나선 여러분께도 단 하나의 길이 있을 뿐입니다. 그것은 각각 자기를 버리고 하나가 되는 일입니다. 큰 집이 넘어가려 할 때 그 집을 건지려면 버티는 큰 재목이 있어야 합니다. 이제 나라가 기울어집니다. 버틸 만한 큰 인물이 요구됩니다.

그런데 없습니다. 그럼 어쩌나? 내버리나? 아니오. 집은 버리면 다시 지을 수 있지만, 나라는 넘어지면 다입니다. 그럼 어쩌나? 큰 재목 없으면 작은 재목을 묶어 대서 써야 하고, 큰 인물 없으면 작은 너와 나를 한데 묶어 쓰는 수밖에 없습니다. 제발 들어주십시오. 그밖에는 길이 없습니다. 이제까지 남의 압박 밑에 있어서 정치 경험 없는 나라니 큰 정치가 없을 것은 당연한 일입니다. 재주나 경험에서 여러분을 나무라는 것 아닙니다. 왜 믿음성 있게 해주지 않는가 말입니다. 각자를 죽이고 하나로 뭉치면 여러분의 재주를 가지고도 족히 나라 할 만합니다. 나쁜 것은 되지 못하고서 된 듯이 꾸미며, 돈과 술책으로 남의 재주를 사서 행세하려는 점입니다. 민중은 그것을 다 알고 있습니다.

민중은 다 알고 있습니다. 여당, 야당 할 것 없이 여러분이 싸우기만 하는 것은 단말마가 됐기 때문입니다. 정권을 잃으면 모가지도 잃을 줄 알기 때문이지요. 그러나 걱정 마시오. 명命은 하나님께 있고, 하나님의 손은 민중의 손에 있습니다. 저들을 믿으시오, 살 것입니다. 저들을 버려보시오, 그럼 저들이 한번 노하는 날 여러분은 꼭같이 한 무덤에 묻힐 것입니다.

지식인들에게! 모두 진정을 말하라

모든 지식인들!

과학을 연구하고, 철학을 연구하고, 윤리 도덕을 연구 실행하고, 우주의 영원한 신비를 체험하고, 인생 살림에 아름다운 가치를 실현하여 그것을 오고 오는 자손에게 가르쳐 영원한 문화의 역사를 지어가자는 모든 학자들, 교수들, 종교가들, 언론인들, 예술가들, 모든 기관의 사무원들, 살기 위하여 때로는 맘에 없는 일을 하기는 하지만, 그 양심에서나 그 이성에서나 조금도 다를 것이 없는 행정기관의 끄트머리에 있어 일하는 서기들, 경찰관들!

이게 무슨 일입니까! 20세기 문명의 한길, 대낮에 어둠이 덮쳐 왔습니다. 수천만의 아까운 인간의 생명을 제물로 바치고 그 값으로 얻은 유엔 정신의 자유와 평등과 만방 협조의 원리에 의하여 이루어진 이 나라에서, 민중의 입이 자유로이 말을 못하고, 손발이 씩씩하게 활동을 못하고, 국제무대에서 맷돌을 갈며 비웃음받는 삼손이 됐으니, 이게 대체 무슨 기막히는 일입니까?

여러분은 똑똑한 의식을 가졌지요. 이 세기의 '삼손'을 보십니까? 힘을 쓰기만 하면 손으로 사자라도 찢는 정의감과 용기가 저에게 있건만, 그만 조그만 잘못을 한 탓으로 악의 세력에 붙잡히어 저 모양이 됐습니다. 제가 잘하면 수천 년 모순과 비참의 인류 역사의 때를 씻고 새 빛을 가져올 수 있을 것입니다. 제가 잘못하면 수십억 인류가 이날까지 겪어온 모든 노력과 고난의 보람이 없어질 것입니다. 여러분은 이를 위해 울지 않으렵니까? 이를 놓아주기 위해 싸우지 않으렵니까? 이를 키우고 그 잃었던 힘을 도로 찾아 분을 단번에 씻게 하기 위해 살이라도 베어 먹이고 싶지 않습니까? 아니오. 살을 벨 필요는 없습니다. 우리의 삼손은 간사한 계집의 거짓 사랑도 그대로 믿을지언정 남의 고기를 먹으려고는 하지 않습니다.

여러분은 말만 아끼지 않으면 됩니다. 입을 크게 열고 붓을 날카롭게 하여 여러분의 진정을 말만 해주십시오. 그러면 그것이 그의 마음에 계시가 되고 그의 눈에 빛이 되어 그는 제 잘못을 뉘우치고 새 믿음을 얻어 잃었던 힘을 대번에 도로 찾아 우상의 전당을 그 뿌리째 흔들어 저들로 하여금 제 쌓은 거짓의 전당의 무너지는 밑에 깔려 자업자득으로 영원히 멸망하게 할 것입니다.

20세기의 민주주의 시대에 이런 시대착오가 어디 있습니까? 이 지성인에 이런 부끄럼이 어디 있습니까? 이 민주주의 시대에 이런 모순이 어디 있습니까? 이 근대사회에 이런 통분한 일이 어디 있습니까? 무슨 낯으로 세계 사람들을 대하렵니까? 무슨 염치로 국제행렬에 참여를 하렵니까? 무슨 비위로 과학이란 소리를 하며, 인간개조란 소리를 감히 하며, 세대교체란 소리를 어디다 대고 한답디까? 아아 이게 웬일입니까?

지식인들, 이제는 어쩌렵니까? 종교가들, 여러분은 마음은 갸륵한 줄 압니다만 생각이 너무 좁습니다. 3천만이 벙어리가 되고 앉은뱅이가 되는데 기도는 무슨 기도를 한다고 불단, 성당, 기도원, 바위 밑에 중얼거리고 있는 것입니까? 나라의 구원을 내놓고 또 무슨 구원이 있단 말입니까?

신문인들, 왜 그리 비겁합니까? 닭은 길러서 새벽 울음 한번 듣자는 거요, 돼지는 먹여서 제삿날 한번 잡자는 거요, 신문 잡지는 해서 필요한 때에 한마디 하자는 것입니다. 새벽이 와도 울지도 않고 제삿날은 왔는데 도마 위에 올라오기 싫다는 닭이나 돼지가 못 쓸 거라면 말을 할 때에 하지 않는 언론인도 못 쓸 것입니다.

예술인들은 꾸며내서 하는 연극, 소설, 음악, 춤만 하지 말고 실살림으로 하는 연극을 하십시오. 빗대고 하지만 말고 직접 대고 하십시오. 가난한 민중은 돈 주고 보고 듣는 가짜 예술에 참여할 새 없습니다.

교육자들, 데모크라시는 아니 가르치고 무엇을 가르치는 것입니까? 사발 같은 배알도 꼭지가 있어야 하는 법이요, 도덕에도 꼭지가 있어야 합니다. 부지런해라, 친절해라, 겸손해라, 누구에게 누구 위해 하란 말입니까? 주체를 잃어버린 도덕은 종의 도덕이요, 도둑놈의 도덕입니다. 그리고 주체가 누굽니까? 이 민民이지, 씨울이지.

지성인이 할 일은 첫째로 분간하는 데 있습니다. 긴 듯 아닌 듯한 것을 갈라놓아야 합니다. 겸손 밑에 숨는 야심을 지적해내야 합니다. 눈물 속에 숨는 음험을 보아내야 합니다.

둘째는 결단을 해야 합니다. 시비를 알았거든 그 어떤 일이 있어도 시뮰를 주장할 것을 결단해야 합니다. 결단 없는 것은 사람 아닙니다.

셋째는 결단을 했거든 행동해야 합니다. 지성인은 늘 회색이라 기회주의자라는 비난을 듣는 것을 잘 알아야 할 것입니다. 여러분은 특권계급에 붙으렵니까? 민중에 붙으렵니까? 여러분은 정몽주가 되렵니까? 김부식이 되렵니까? 김시습[1]을 따라 미치기라도 하렵니까? 신숙주를 따라 숙주나물이 되렵니까? 지식은 잘못을 합법화하고 죄악을 정상화하는 데 쓰잔 것 아닙니다.

이제 필요한 한 가지 일이, 단 한 가지 일이 여러분을 명령하고 있습니다. 민중의 여론을 일으키는 일입니다. 군인도 야당 정치가들도 다 나라 건질 실력이 없습니다. 우리는 그들을 믿을 수 없습니다. 그들은 나라가 망할 때까지 싸움을 끊지 않을 것입니다.

그 싸움에 종지부를 찍고 서로서로의 복수의식을 씻어버리고, 온 사회에 안전감을 주어 역사의 바퀴를 정상적인 궤도에 돌아오게 하는 것은 다만 주체 되는 민중이 깨어서만 될 수 있는 일인데, 그 중대한 책임은 오로지 여러분께 있습니다. 이제 정말 지식을 바로 쓸 수 있는 때가 왔습니다. 제발 해주십시오!

군인들에게! 정치가 혼란할수록 밖을 지켜주오

60만 군인들, 나는 누구보다 여러분께 매달리고 싶습니다. 제발 내 비는 말을 들어주십시오. 이제 나라의 운명은 여러분께 달렸습니다. 여러분이 잘하면 이 나라는 설 것입니다. 여러분이 까딱 잘못하면 나라는 영 망해서 이 3천만은 죽지 않으면 짐승이 될 것이고, 이 긴 역사를 자랑하던 문화는 자취도 없이 흙 속에 묻혀버리고 말 것입니다.

여러분은 여러분의 맡은 일이 무엇인지 아십니까? 아시는 줄 압니다. 그렇기 때문에 여러분은 사랑하는 부모, 형제, 처자를 여의고 그리운 고향을 떠나서 피땀 흘려 지키던 내 농토, 내 직장, 내 학창을 내버리고 비바람에 자고 먹으며, 고생하는 줄 압니다. 여러분은 나라를 지켜야 합니다. 도둑이 들어오지 못하게 막아야 합니다. 여러분의 자리는 국경선에, 제일선에 있습니다. 도둑에게는 때와 곳이 없습니다.

1) 김시습(金時習, 1435~93): 조선 전기의 학자. 호는 매월당(梅月堂)·동봉(東峯). 생육신의 한 사람으로, 승려가 되어 방랑생활을 하며 절개를 지켰다. 유(儒)·불(佛) 정신을 아울러 포섭한 사상과 탁월한 문장으로 일세를 풍미했다. 한국 최초의 한문소설『금오신화』를 지었고, 저서에『매월당집』이 있다.

여러분은 한순간도 여러분의 자리를 떠나서는 아니 됩니다.

우리나라에는 지금 존망에 관계되는 큰 문제가 하나 둘이 아닙니다. 간난, 당파싸움, 사회질서의 혼란, 도덕심이 떨어진 것, 식량의 모자람, 물가 폭등. 그러나 그중에서도 가장 다급한 것은 언제 있을지 모르는 적군의 침입입니다. 적군이 한번 홍수처럼 들어오는 날 모든 노력은 허사입니다. 그렇기 때문에 군사혁명 정부도 반공을 국시로 내세웠습니다.

사실 반공이 국시란 것은 잘못입니다. 그것은 무식해서 한 소리입니다. 국시란 그런 것 아닙니다. 반공은 수단이지 목적이 될 수 없습니다. 반공을 국시로 한 나라는 공산주의가 없어지는 날 그것도 없어질 것입니다. 국시야 첨부터 환한 데모크라시지, 반공은 그 영원한 진리를 실행하기 위한 수단입니다. 오직 하나의 수단도 아닙니다.

그러나 지금 반공이 가장 중요한 것은 사실입니다. 그리고 반공을 하는 데서도 가장 큰 것은 전선을 지키는 일입니다. 그러므로 나라의 존망은 여러분에 달렸다는 것입니다. 여러분은 여러분의 책임을 충실히 다함으로써 나라에 가장 큰 충성을 할 수 있고, 겨레의 가장 큰 은인이 될 수 있고 영웅이 될 수 있습니다.

여러분, 제발 여러분의 자리를 한순간도 떠나지 마십시오. 만일 한때라도 떠난 분이 있거든 즉시 돌아가주십시오. 요새 정국이 어지러운 틈을 타서 정치에 관계하려는 일부 그릇된 생각을 하는 군인이 있으나 그것은 큰 잘못입니다. 그러다가는 내우외환이 한꺼번에 일어납니다. 나라는 한개 복잡한 기관입니다. 그 각 기관은 꼭같이 중요한 의미를 가지고 값을 가지는 것이지, 어느 것이 더 높고 어느 것이 더 낮은 것 아닙니다.

정치의 부패 무능을 바로잡아야겠다는 생각은 옳습니다. 그 정성은 갸륵합니다. 그러나 내가 그것을 해야지 하는 것은 잘못입니다. 내 일에 불충실하지 않고 남의 일에 충실히 하는 재주는 없습니다. 혁명군이 한강 다리로 발길을 옮겼을 때, 바로 그 순간 공산군이 만일 그 떠난 자리로 들어왔다면 어찌할 뻔했습니까? 다행히 그런 일이 없었으니 말이지 만일 있었다면 혁명정부를 세울 겨를도 없이 전국이 공산군의 물결 밑에 잠겨버렸을 것입니다. 망상은 자기만을 예외로 세우자는 데 있습니다. 그것은 무지입니다. 교만입니다. 무책임입니다.

　나만 군인인가요? 나만 나라 생각하나요? 내 눈만 정치의 부패 무능을 보고 있나요? 다 아는 일입니다. 그 모든 군인이 그 순간에 다 같은 생각을 가지고 정치 바로잡자는 영웅심에 일선의 제자리를 떠나 무기를 들고 다같이 서울로 향했다면 어떠할 것입니까? 이 이상은 소름이 끼쳐서 더 말하지 않으렵니다. 그리고 지각이 있거든 분명히 아십시오. 내가 한 것은 곧 모든 사람이 한 것입니다. 글쎄 다행히 그런 불행은 이번에는 없었으나, 그렇다고 요행을 바라는 것은 잘못입니다. 어서어서 빨리 제자리에 돌아가 서십시오.

　군인들, 상사의 명령에 기계처럼 움직이는 졸병들, 여러분이 그렇듯 규율에 복종하니 나라는 되어갑니다. 그러나 그러면서도 여러분은 결코 인간성을 잃어서는 아니 됩니다. 복종해도 복종하는 뜻을 알아야 하고 그 누구에게 복종하는 것인지를 알아야 합니다. 벌의 사회가 규율이 엄정하되 그 뜻을 모르고 하니 한개 버러지요, 소의 버릇이 충성되지만 이 사람에게도 끌리고 저 사람에게도 끌리니 한개 짐승입니다. 군인은 사람입니다.

　상사에게 복종하는 것이 아니라 나라에 복종하는 것이요, 이 나라에만 충성하는 것이 아니라 인류 전체에, 진리에, 충성을 하는 것입니다. 뽕나무가 깨끗하거든 내 아버지의 위패가 될 수 있으나, 똥이 묻었거든 하던 절을 그만두고 아궁에 던져야 할 것입니다. 꿀을 힘껏 벌어 남에게 뺏기고 죽도록 충성을 해서 푸줏간으로 가는 버러지나 짐승이 되지 말고, 군인다우시오! 사람 노릇을 하십시오, 우리나라는 사람의 나라입니다.

　분명히 알고 이 나라를 지키십시오. 이 나라는 신화로 된 나라도,

개인적 영웅이 세운 나라도, 군벌이나 귀족의 싸움이나 흥정으로 된 나라도 아닙니다. 유엔 정신으로 세운 민주주의 나라입니다. 인류의 이성이 세운 것입니다. 우주의 영원한 도덕률이 세운 것입니다. 그 의미에서 우리나라는 새 나라요 세계 나라의 시작입니다. 그것을 잊어서는 아니 됩니다.

그리고 자유는 자유함으로만 얻을 수 있고, 평등은 평등하게 함으로만 지킬 수 있고, 협조는 나를 버려서만 이룰 수 있고, 평화는 폭력을 내버려서만 얻을 수 있습니다. 나는 탱크 바퀴에 깔려 죽을지언정 대포에 절을 하고 싶지는 않습니다.

"마입궁중필대흉"(馬入宮中必大凶: 장기 용어. '마'가 피하려고 궁성의 안으로 들어가면 반드시 크게 지고 만다는 뜻 – 편집자), 길가 그늘 밑에서 장기를 두는 건달패도 아는 진리입니다. 군인은 밖에 있어야 합니다. 밖을 지키는 것이 안을 위하는 것입니다. 희생 봉사야말로 군인정신입니다. 배우지도 못한 정치하겠다는 것은 직무포기의 불충실이요, 안하무인의 교만이요, 천식단견淺識短見의 고집입니다.

60만 군인들은 지키십시오. 한번 떨어지면 가루가 될 청기왓장을 지키지 말고 영원한 나라의 국경을 지키십시오. 국경을 지키기 전 먼저 내 몸을 지키십시오. 도둑은 결코 이북에 있지 않고 내 속에, 내 욕심에 있습니다. 욕심이 없는 사람은 허망한 생각을 아니하고, 허망한 생각 없으면 제자리를 지킵니다. 제자리를 지키는 사람, 천만군이 달려들어도 어떻게 할 수 없습니다. 60만 군인이 죽음으로 제자리를 지킨다면 중공의 인해전술인들 두려울 것 있습니까? 하물며 국내 썩은 몇 개 정치가들쯤 문제도 될 것 없습니다. 정치가 어지러울수록 군인은 밖에서 지켜주어야 합니다.

"장군님, 이때에 나서야 합니다" "이때에 한번 없앨 놈을 없애고 혁명을 해야 합니다" 하는 소인배의 유혹을 물리치고 제자리를 지키어 철석처럼 서는 정말 군인들이 보고 싶구나!

학생들에게! 역사의 대국을 내다보라

학생들!

공부하는 젊은이들!

진리의 학도들!

정신의 연한 순들!

나라의 눈동자들!

겨레의 생리 호르몬들!

순진할 땐 양 같고, 한번 노하면 대양의 물결 같아 못 삼킬 것이 없는 혼의 뇌관雷管들, 역사의 정예부대들, 여러분은 잘 있지요? 건재하지요?

그렇습니다. 건재할 줄 압니다. 건健이야말로 생生의 원리입니다. 몸에서 건강이요, 정신에서 건전이며, 살림에서 건실이요, 싸움에서 건투입니다. 천행건天行健이라, 여러분의 속은 하늘에서 받은 것입니다. 하늘같이 씩씩하고 의젓하고 거세고 환해야 합니다. '건건불식'(健健不息: 간단없이 강건함 – 편집자)이라, 여러분의 살은 땅에서 받은 것입니다. 대지같이 두텁고 끈질기고 무겁고 곧아야 합니다.

모든 잎을 버러지가 다 먹어도 순만은 지켜야 합니다. 온몸이 병이 들어도 눈동자만은 간수하고 깨어 있어야 합니다. 전신의 살이 다 빠지는 한이 있어도 호르몬만은 말리지 말고 아껴야 합니다. 10년을 비바람 속에서 구르더라도 뇌관만은 물이 들지 않아야 합니다. 그래요, 여러분은 이 흙탕 같은 썩은 사회에서도 물이 들지 않아야 합니다. 제발 깨끗하십시오. 성하십시오. 옹그십시오. 영그십시오. 여러분은 깨끗이 딴딴히 지키고 있다가 용감하게 일어서야 합니다.

예로부터 우리나라의 산 힘은 늘 선비에게 있었습니다. 고구려의 조의선인[2], 신라의 화랑, 공부할 때는 산에 있고, 정치를 맡을 땐 서울에 있으며, 노닐 때에는 바다에 있고, 가르칠 때는 마을에 있어 때로는 온달같이 어리숙하고, 때로는 처용같이 의젓하며, 때로는 검도령같이 씩씩하나, 그 진을 찾고 선을 닦고 미를 드러냄에서는 다를 것이 없는 선비였습니다.

조선 부여에서는 말할 것도 없고, 어지러운 고려시대에도 그 사회의 속힘은 그들에게서 12도徒가 있었으며, 두문동杜門洞이 있었고, 쭈그러지고 찌그러진 이조시대에도 그 역사의 알짬은 그들에게 유지되어서 사생육신死生六臣이 됐고, 실학 산림파山林派가 됐습니다. 봄에 나타나면 3·1운동이요, 여름에 나타나면 4·19며, 남에 가면 광주학생사건이요, 북에 가면 신의주학생사건입니다. 그 모두가 선비의 일인데 그 모두가 하늘땅 꿰뚫는 정신의 발로가 아닌 것이 없습니다. 참입니다. 밝음입니다, 곧이입니다, 날쌤입니다.

여러분, 파란 많은 것이 인생이요 곡절을 거듭하는 것이 역사인지라 우리는 또 한번 어려운 때를 당했습니다. 자유의 횃불은 하마('벌써'의 방언 - 편집자) 끊어지려 합니다. 전 국민이 총력을 기울여 하나되어 이 어려운 고비를 벗어나야 할 것입니다. 책임은 그 자리를 따라 다른 법이요, 행동은 그때를 따라 변하는 것이니, 한가지로 말할 수는 없으나, 나는 이때에 여러분께 오직 하나만을 힘들여 부르짖고 싶습니다. 학원을 맑혀라!

들리는 말에 학원에도 이미 이상한 손이 뻗치기 시작했다는 말이 있습니다. 만일 그렇다면 큰일입니다. 역사의 심판대 앞으로 끌려나가는 악의 세력은 제 운명을 제가 스스로 알기 때문에 갖은 수단을 써서 여러분의 자유와 진리의 동산에 내부 분열을 일으키려 힘쓸 것입니다. 혹은 돈으로 하고, 혹은 위협으로 하고, 혹은 그럴듯한 사이비 이론의 선전으로 하고, 혹은 젊은 생리를 녹이는 달콤한 행락行樂으로 할 것입니다. 학생회의 임원이 되는 데 돈이 왔다갔다 한다, 학원에 깡패가 있다, 반미사상이 떠돈다, 친일주의를 역설한다, 어느

2) 조의선인(皂衣仙人): 고구려 때 국정을 맡아보던 벼슬. 12등급의 하나이다. '검은 빛깔의 조복을 입은 선인'이란 뜻으로 선배 또는 선비라 불렀다. 선배는 고구려의 10월 제사에 모인 군중 앞에서 무예를 선보인 데서 비롯되었고 선인(先人 또는 仙人)은 선배의 이두(吏讀)식 표기다.

교수는 무엇에 가깝다, 어느 재단은 어디 배경을 가졌다!

이런 것이 다 냄새나는 소리입니다. 속지 마십시오. 까닭 없는 호의를 받지 마십시오. 터무니없는 위협에 놀라지 마십시오. 그럴듯한 소리가 들려도 두 번 다시 생각해보고 번듯한 인물이 나타나도 그 살 밑을 캐어보십시오. 그러나 무엇보다도 더 주의해 잊지 말 것은 언제나 역사의 대국을 내다보기를 게을리하지 않는 것이요, 현실문제에 대해서는 분명한 판단을 가지도록 힘쓰는 일입니다. 큰 눈을 뜨기만 하면 혹할 리 없고, 판단이 분명하면 자신이 생기는 법입니다. 대국이 무엇이오? 민주주의 완성이지. 판단이 무슨 판단이오? 자유냐, 독재냐지.

대적이 노리는 것은 학원의 분열입니다. 하나되면 강하고 갈라지면 자멸하기 때문입니다. 분열은 어디서 오나? 순純하지 못한 데서 옵니다. 저들은 여러분의 영웅심을 도발하려 할 것입니다. 권세와 이익을 약속할 것입니다. 쓸데없는 이론의 대립을 시키려 할 것입니다. 가장 속기 쉬운 것은 감상적인 애국심을 가지고 흥분시키는 일입니다. 속지 마십시오. 4·19가 성공한 것은 하나되었기 때문입니다. 하나가 된 것은 맘이 맑았기 때문입니다.

여러분은 여러분의 지위를 알아야 합니다. 여러분은 어디 섰나? 지식층의 첨단이 여러분입니다. 여러분은 아직 자라는 도중입니다. 미숙입니다. 여러분은 사회의 중견은 아닙니다. 그러나 자라는 참나무의 어린 순처럼, 사막을 달리는 약대의 코처럼, 장차 오려는 시대의 방향을 맡아 아는 것은 여러분입니다.

자중하십시오! 민첩하십시오! 나라의 주체는 민중이요, 민중의 뒤에서 그것을 조종하는 것은 지식인인데, 여러분은 그 지식층의 맨 나중 끝입니다. 지식층은 늘 불안정해서 혹 위에 붙을 수 있고, 혹 아래 붙을 수 있습니다. 보통 말로는 선진이 후진을 이끈다 하나, 더 깊은 의미로는 후진이 도리어 선진을 이끕니다. 학생 데모 뒤에 교수 데모가 따랐습니다. '후생後生이 가외可畏'지.[3] 여러분은 사회의 조종사인

지식층을 대중에다 붙이십시오. 어름어름하다가 악의 세력의 매수로 지식층이 분열이 되면 역사는 거꾸로 구르기 시작할 것이고, 역사가 거꾸로 구르는 것을 보면 민중은 노하고 미칩니다. 그러면 다입니다.

교수는 여러분에게 지식, 기술을 가르치겠으나, 여러분은 교수에게 영감을 주어야 합니다. 호르몬의 주사를 저들에게 주어 늙지 않게 해야 합니다. 그러면 썩은 정치가, 억누르는 세력은 말리는 용사의 발꿈치 때처럼 저절로 떨어져 나갑니다.

나라를 참혹한 폭동에서 미리 건지는 것은 여러분의 미발未發의 정기精氣입니다. 사회에서 썩은 분자를 몰아내기 전, 정계에서 미친 분자를 몰아내기 전, 학원에서 불순분자를 몰아내십시오. 진리와 자유로 새 문화의 자궁인 학원을 맑게 하십시오.

민중에게! 잠을 깨고 힘차게 삶을 외치자

마지막으로 민중들!

이름 없이 일하고 있고, 살고 있고, 생각하고, 나타나고 있는 인간의 무리들!

우리는 나라의 밑터요, 문화의 지붕이며, 역사의 줄거리요, 삶의 씨울입니다. 우리밖에 정치가 또 따로 있는 것 아니며, 우리밖에 지식인이 또 따로 있는 것 아니요, 이 우리를 내놓고 군인이니 학생이니 하는 것이 따로 있는 것 아닙니다. 그것은 우리의 뼈대며 신경이요, 잎사귀며 꽃입니다. 우리가 전체요 전부입니다. 자연이 있다 해도 우리와 상관없는 자연은 없는 것과 다름없고 하나님이 계시다면 우리를 통해 우리로 계시지 그 밖의 하나님을 알 길이 없습니다.

---

3) 後生可畏: "뒤에 난 사람은 두려워할 만하다." 후배는 나이가 젊고 의기가 장하므로 학문을 계속 쌓고 덕을 닦으면 그 진보는 선배를 능가하는 경지에 이를 것이라는 말이다. 『논어』, 「자한」

민중들, 인간들, 자기를 가지는 씨올들, 이제 우리는 힘 있게 외칩시다. 우리는 전체다! 우리는 살았다! 우리는 우리다! 오랫동안 우리는 잠을 잤습니다. 꿈을 꾸었습니다. 어떤 놈이 우리를 깔고 앉는 것 같았고, 목을 조르는 것 같았습니다. 무엇이 귀에 대고 속삭이는 것 같았고 삼킬 듯이 으르렁대는 것 같았습니다.

그래 몸부림을 하고, 뒹굴고, 고래고래 소리를 지르고, 통곡도 하고, 이젠 죽었다 낙심하기도 했나 봅니다. 깨고 보니 그랬던가 봅니다. 이젠 깼습니다. 그래요, 깨기 시작했습니다. 우리는 사람입니다.

이 나라 동포들! 큰일났습니다. 이 삶에 경련이 일어납니다. 물러가던 도깨비가 다시 돌아와서 우리 목을 조릅니다. 아니오, 일없습니다. 절대로 이 나라는 망하지 않습니다. 망할 리가 없습니다. 망할 수가 없습니다. 이젠 망했다 하는 그 생각이 망한 것입니다. 그것이 도깨비입니다. 깹시다. 살을 꼬집고 혀를 깨물어서라도 깹시다. 깨야 합니다.

동포들, 참 맘으로 뉘우칩시다. 우리가 잘못했습니다. 우리 역사의 모든 불행한 일, 모든 잘못한 죄인들, 백성을 엎누른 놈들, 당파싸움을 한 놈들, 나라를 팔아먹은 놈들, 그것은 다 우리 살림의 거품이요 땝니다. 늙은 갈보의 얼굴에 있는 모든 주름살이 제 잘못의 기록이듯이 우리 역사의 모든 비참함, 우리 문화의 모든 더러움은 다 우리 잘못의 자취입니다. 누구를 나무랄 것 없습니다. 우리 자신이지. 우리가 누구를 죄인이라 한대도 그만이 미워서 하는 말은 아닙니다. 몇 사람을 책임을 지우고 죽여서 될 일이 아니라, 우리 전체가 책임을 져야 합니다. 웁시다. 5천 년 역사의 더러운 때가 다 녹아 저절로 떨어지도록 우리 잘못을 뉘우쳐 웁시다. 우리 핏속에, 우리 뼛속에, 우리 뇌세포의 틈틈에, 우리 생식세포의 유전인자 속에 죄가 흐르고 있습니다. 그것이 빠지기 전에 힘이 날 수 없습니다.

그러나 겨레들, 우리는 희망을 가집시다. 우리는 살았습니다. 살 것입니다. 우리는 불사신입니다. 칼로도 찍을 수 없고 불로도 태울 수 없고 물로도 빠져버릴 수 없는 것이 우리입니다. 믿으십시오, 스스로를 믿으십시오!

민중들, 우리는 풀무입니다. 모든 지나간 역사의 녹슨 쇠가 거기 들어가면 다 녹습니다. 그것은 깨끗이 하는 곳이요, 갈라내는 곳입니다. 모든 오려는 역사의 바탕이 되는 쇳물은 거기서 나옵니다. 그것은 지워내는 곳이요, 새로 하는 곳입니다. 그것이 우리 자신입니다. 우리 가슴입니다. 삼키시오, 사양 말고 삼키시오. 씨족시대·봉건시대·군국주의·제국주의·자본주의·공산주의 두려워할 것 없이 그 속에다 집어넣으시오! 열을 올리시오. 지성至誠의 불을 풀무질하시오! 독재자·반역자까지도 죽일 생각을 하기보다는 녹여버릴 생각을 하십시오. 그러지 않고는 참 혁명은 아니 됩니다.

씨을들! 우리는 역사의 나중이요 시작입니다. 자람, 새로남의 원리가 우리 속에 있습니다. 5천 년 역사는 우리의 우리 속에 들어 있습니다. 이것이 또 미래 영원한 역사의 태반입니다. 우리는 알들고 영글어야 합니다. 우리는 지켜야 합니다. 그러나 우리는 반드시 수정이 되어야 합니다. 홑알은 새끼를 까지 못합니다. 진리로 수정되지 못한 민족, 그것은 홑알로 낳다 죽은 외짝 봉황입니다. 불사의 진리를 가져야 불사조입니다.

여러분, 무조건 뭉쳐라, 복종해라 하는 독재자의 말에 속지 마십시오. 우리는 개성을 가져야 합니다. 우리는 하나가 돼야 하지만 그 하나는 분통에 들어가서 눌려서 꼭 같은 국수발로 나오는 밀가루 반죽 같은 하나는 아닙니다. 우리의 하나는 개성으로 하는 하나입니다. 3천만에서 2,999만 9,999가 죽는 일이 있어도 남은 한 알 속에서 다시 전체를 찾고 살려낼 수 있는, 하나 속에 전체가 있고 전체 속에 하나가 있는, 그러한 개성적인 하나입니다.

문제는 여러 가지여도, 우리 하는 일의 뜻은 하나로 성격 건설에 있음을 알아야 합니다. 우리는 틀이 잡히지 못한 민족입니다. 거기에 우리의 과제가 있습니다. 정책보다도 국민의 성격을 세우는 데 일이 있는 것을 알아야 합니다. 국민적 성격이 서려면 우리 하나하나가 개성을 가지고 그것을 발휘해야 합니다. 그것이 민주주의입니다.

3천만 민중 여러분! 우리는 아직 완전한 자유를 얻기에는 멀었습니다. 그러나 걱정할 것은 없습니다. 분명히 기억하십시오, 우리는 결코 외롭지 않습니다. 온 세계의 깬 민중은 우리를 주목해 보고 있습니다. 우리가 참되게 용감하게 싸우는 것만 보면 우리가 설혹 한때 어떤 불행에 빠지는 일이 있다 하더라도 그들은 결코 과거의 국가주의 시대의 나라들처럼 보고만 있지 않을 것입니다. 반드시 우리와 같이 싸워줄 것입니다.

마지막으로 하나 더. 우리는 잘하기만 하면 크게 유망합니다. 이날껏 졌던 역사의 빚을 단번에 벗을 수 있습니다. 세계는 자유, 공산의 두 진영으로 갈려 싸우고 있습니다. 역사는 그 어느 편에도 이김의 깃발을 주지 않을 것입니다. 반드시 두 사상을 뛰어넘은 보다 높은 제3의 사상이 나와서 그 둘을 다 건짐으로써 역사는 새 단계에 오를 것입니다. 나는 잘하기만 하면 우리가 그것을 할 수 있다는 것입니다. 38선의 비극과 모순은 그것으로만 해결이 될 것입니다. 그렇다면 한번 크게 맘을 먹고 옛 것을 시원히 버리고 새 시대의 앞길잡이로 나설 만하지 않습니까?

말은 거칠고 순서 없는 말이나, 조그마하나마 정성에서 하는 말입니다. 말을 다하지 못해도 알아주시는 깊은 마음이 여러분 속에 가 있는 줄 믿고 붓을 놓습니다. 아아!

그럼 생각합시다!

그럼 꿈틀거립시다!

그럼 겁을 내지 말고 속에 있는 대로 외칩시다!

자, 이젠 일어섭시다! 일어섰습니다!

• 『조선일보』(1963년 7월 13~18일)

우리는 알았다

계엄령으로 깎인 글

이 아래 있는 글은 「역사가 주는 물음」이란 제목 아래 지난달 호에 실으려 했다가 계엄 당국의 억누름으로 못하고 말았던 것인데, 이제 계엄이 벗겨졌으므로 그대로 다시 싣는다. 행차 뒤에 부는 나팔과도 같고, 말 죽이고 나서 외양간 고치는 것도 같고, 도둑놈 다 도망간 담에 "도둑이야" 하는 것도 같아 싱겁기도 하지만, 그래도 죽은 아이의 나이를 세어보는 것은 결코 쓸데없는 일이 아니다. 새 아들 낳을 생각과 힘은 그래서만 나올 것이다.

글 중 〈 〉로 묶은 부분[1]이 첨에 검열관이 못마땅하다 해서 깎기로 했던 것이다. 그것만 깎고 그 밖의 것은 발표해도 좋다고 한 번 허락했던 것인데, 그담 다시 무슨 생각이 들었던지, 상부가 어딘지 상부의 명령이라 해서 전문全文을 다 빼버렸다. 말인즉 아무개의 글을 전문을 다 실음 다 싣고 못함 못했지 일부를 깎는다는 것은 아니 될 일이어서 그런다 했다니 끔찍이 대접을 받은 듯도 하지만, 코를 핥으면 날을 세울 만하고 내빼면 족히 눈을 가리우리만큼 긴 것이 벼슬아치들의 혀인데, 그대로만 어찌 들을 수 있을까?

변변치도 않은 글이지만 그 칼 맞았던 자리를 보노라면 이 정권 쥔

---

1) 원문에는 '밑줄 그은 부분'이었으나, 『전집』에서 〈 〉로 바뀌었다.

사람들의 머릿속에 무엇이 들어 있으며, 심장 갈피에는 무엇이 박혀 있고, 그리고 그 밸 고문지에는 무엇이 도사리고 있는지를 알 수 있겠으므로 감히 부끄럼을 무릅쓰고 내놓는다.

그러나 생각하면 재미있다. 일제시대에 일본 관리의 억누름이 심하여 말은 영 못하고 죽는 줄만 알았더니 몇 해가 못 가서 그 일본 망하고 그 때에 못했던 말, 깎였던 글 다 도로 찾아 마음대로 할 수 있었다.

이李 정권 시대에 군의 어느 기관에서 잡지에 글 써달라기에「전쟁과 똥」이란 제목으로 짤막한 전쟁 반대의 글을 써주었던 일이 있다. 첨에 왔기에 "나는 마음에 없는 소리는 하고 싶지 않으니, 무슨 말을 해도 좋으냐"고 다짐을 했다. 몇 번 물어도 좋다고 마음대로 하라기에 전쟁은 똥누기 같은 것으로, 없을 수는 없으나 부끄럽고 더러운 것이니 될수록 멀리, 될수록 모르게, 될수록 빨리 처분해버려야 한다. 그런데 사람마다 똥은 다 누되, 아니 누는 것처럼, 똥 이야기를 내놓고 하면 크게 부끄러우므로 실례로 여길 줄 알면서 역사의 똥통 소제꾼인 군인은 왜 그 옷을 늘 입고 있기를 좋아하며 자랑을 하고 전쟁을 크게 영광으로 여기느냐고 빈정대보았던 것이다. 몇 달 가도 소식 없기에 채근했더니 "아, 선생님 미안합니다. 꼭 내려 했는데 우두머리들이 절대 아니 된답니다" 했다. 원고는 찾아다가 책상 속에서 요가 잠을 재울 수밖에 없었다.

또 다른 군기관에서 와서 "우리는 꼭 내보렵니다" 하기에 다짐하고 주었더니 또 우두머리들이 반대한다 하면서 몇 달 후 다시 돌아왔다.

또『사상계』에서 내보겠다기에 주었더니 거기서도 아니 되어 그 글은 또 요가 잠을 계속하는 수밖에 없었다. 그리고 나 혼자만 변소에 가 앉을 때마다 전쟁 생각을 해보고 직업군인 생각을 해보는 것이었다. 그런데 그 글도 몇 해 아니 가서 결국 나오고야 말았다.

이 글도 또 결국은 나오고야 마니, 그러니 재미있지 않은가? 이번은 나와도 너무 빠르다. 불과 한 달 만에. 그렇다. 내가 죽을 것이나 죽은 지 사흘 만에 부활하여 하나님 오른편에 앉을 것이다.

역사가 주는 물음

청강에 비 듣는 소리
그 무엇이 우습관대
만산홍록이
휘드러져 웃는고야
두어라 춘풍이 몇 날이리
웃을대로 웃어라.

이것은 이조 효종[2]의 노래 아닌가. 못생긴 민족의 못된 시대에 임금의 아들로 태어났던 죄로, 볼모로 잡혀 만주에 왔다갔다하며 갖은 욕을 다 본 그가 남한산성 비극 후에 청의 세력이 압도적이 됨을 따라 반항의 기세 하나 보일 줄 모르고 거기 붙어 살아가려 더러운 꼴만 하는 벼슬아치, 선비들의 모양에 화가 나서 한 소리일 것이다.

봄이면 비 오게 마련이요, 비 와야 피는 꽃이며, "청강에 비" 이름은 좋지만, 오면 모든 꽃을 다 녹여내고야 마는 폭풍우 아니냐? 그런 줄 모르고 봄 폭풍우 속에 웃고 춤추는 홍록紅綠 같은 만정滿廷의 벼슬아치들아, 선비들아, 어찌 그리 정신이 없느냐, 기백이 없느냐 하는 말이다. 반항하는 것이야말로 생 아닌가?

그러나 그는 그렇게 슬피 한숨짓지만, 또 비관하지는 않았다. 역사를 알았고, 역사를 알기 때문에 앞을 내다보았다. 자연을 아는 철인이 말하기를, "표풍부종조捌風不終朝요 취우부종일驟雨不終日"[3]이라.

폭풍은 오래 못 간다. 폭풍은 폭풍이기 때문에 무섭지 않다. 역사의

---

2) 효종(孝宗, 1619~59): 조선의 제17대 왕. 인조의 둘째 아들로, 병자호란 때 청나라에 8년간 볼모로 잡혀 있었던 원한을 풀고자 북벌계획을 실현하기 위해 송시열, 이완 등을 중용했으나 뜻을 이루지 못했다.
3) 捌風不終朝 驟雨不終日: "회오리바람은 아침 내내 불지 않고 소나기는 하루 종일 내리지 않는다." 『도덕경』, 제23장.

폭풍도 그렇다. 그 속에 웃는 웃음도 문제되지 않는다. "두어라" 할 때 스스로 아는 것이 있는 사람이요, 아는 사람은 할 것이 있다. 그래서 그는 북벌을 경영했다. 휘두르며 웃는 홍록 같은 백성을 몰아세워 만주 바람에 거슬리자는 것이 무모 같기도 하지만 그는 하려 했다. 믿었다.

물론 그의 북벌은 실현을 못 보고 말았다. 실패다. 그러나 다시금 생각할 때 정말 실패일까? 도대체 성공이란 뭐고 실패란 뭔가? 그 한때 계획한 것을 이루고 못 이루는 데 있다 할 것일까? 오늘 와서 그 일을 보면 스스로 환하지 않은가. 만산의 홍록을 맘대로 휘두르고 짓밟고 춤추던 '청'淸은 청강에 비처럼 슬쩍 지나가버려 그 자취조차 알 길이 없고, 짓밟혔던 그 꽃은 "두어라 춘풍이 몇 날이리 웃을대로 웃어라" 하는 효종의 부르짖음을 따라 되살아나고 또 되살아나고 있다.

이기는 것은 일이 아니라 진리요, 물질이 아니라 정신이다. 역사를 꿰뚫는 진리를 안은 이 진리와 더불어 되살아날 것이요, 폭풍처럼 거기 거슬린 놈 폭풍과 함께 사라질 것이다. 꺾여도 꺾여도 짓밟혀도 짓밟혀도 또한 피어나는, 아니 피고는 못 견디는 연한 꽃은 이겼고, 피는 꽃을 단숨에 녹여버리고 한 발에 비벼버리려던 사나운 비바람은 졌다. 연한 것은 제 이김을 이김으로 알지도 못하리만큼 연하고, 사나운 것은 제 진 것을 짐으로 여기지도 않으리만큼 사나워 역사는 늘 같은 싸움을 되풀이하는 듯하지만 이기고 짐은 스스로 영원히 결정되어 있다.

〈요새 세상이 왜 이 꼴이냐. 어제까지 못살겠다 죽겠다 하던 사람들 다 말이 없나. 옳지 않은 것을 위해 극한투쟁을 하겠다고 큰소리를 하던 정치인들은 다 어떻게 됐나? 계엄령 선포한 달에 세상은 정말 살 만큼 개선이 됐는가? 될 가능성이라도 있다 생각해서인가? 그래서 협상인가?

아프다는 부르짖음을 할 때까지는 오히려 가망이 있어도, 그 부르짖음도 못하게 된 때는 정말 절망 아닌가? 약을 써서 아픔이 멎어서 부르짖음이 저절로 아니 나오면 그것은 병이 나은 것이지만, 그저 억지로 아프지 않다 하자 해서 병이 나을 수 있을까? 하물며 옆에서 칼을 목에 겨누며 "아프단 말 다시 하면 죽여버린다" 하므로 죽을까 겁이 나서 잠잠한 것이라면 그것은 낫기는 그만두고 더한 것 아닌가? 몸의 병이 낫기 전에 정신이 먼저 죽었다. 그리고 정신이 죽고 몸이 사는 법이 어디 있나? 그리고 위협으로 아프단 부르짖음을 못하게 하는 것이 의사일까?〉

계엄하에서는 말을 못하는 줄만 알지만 계엄하에서야말로 말은 해야 한다. 못하게 한 것은 이른바 유언비어지 결코 바른말이 아니다. 칼을 겨누어 유언비어를 못하게 하는 본뜻은 도리어 바른말을 하도록 하자는 데 있을 것이다. 도둑이 방에 침입하여 가슴에 총을 겨누며 "옴짝했다간 죽인다" 하면 그 말을 어떻게 들어야 할까? 정말 그 명령대로 옴짝하지 않아야 할까? 그러면 그놈이 내 세간을 다 빼앗고, 보물을 다 가져가고, 내 아내를 내 보는 눈앞에서 강탈할 것이다. 그러고도 살았다 할 수 있을까? 그것이 생명일까? "옴짝 마라" 하는 말은 사실은 네 목숨을 내걸고 온몸과 정신의 힘을 다해 반항해라 하는 말 아닌가? 계엄령을 선포하여 함부로 왔다갔다하지 말고 함부로 말하지 말라 하는 것도, 사실은 바른 행동을 더 활발히 하고 해야 할 말을 꼭 하라는 명령으로 들어야 할 것이다.

그럼 바른 행동이 뭐냐? 나 스스로가 이 나라의 주인으로 자유함이다. 꼭 해야 할 말이 무슨 말이냐? 계엄령은 어서 벗겨라 하는 말이다.

계엄령은 본래 있을 것이냐, 있어서 아니 되는 것이냐. 있어서는 아니 되는 것이다. 부득이 필요하다 생각하여 그 명령을 내리는 그들에게서까지 이것은 될 수만 있다면 내린 그 즉시 도로 거두고 싶은 것이지 결코 오래 두고 싶은 것이 아닐 것이다. 〈이것은 오래가면 갈수록 폐해만 나는 것이다.〉 마치 아들을 가르치는 아버지가 가다가 때로는 매를 때리는 수도 있을 것이나 그것은 마지못해 하는 것이요,

매채를 쥐고 있는 시간이 길면 길수록 잘못이 되는 것과 마찬가지다. 무지했던 옛날은 몰라도 오늘 와서는 매를 때리는 아버지는 잘못된 아버지다.

매질은 가장 졸렬한 방법이다. 그것은 바로 아버지로서의 자격이 없음을 증거하는 일이다. 자연의 법칙이 어버이 자식 사이는 사랑으로 되게 되어 있지 결코 강제로 하게 되어 있지 않다. 부득이하여 때린다 하지만 일이 거기까지 이르기에는 벌써 오래 전부터 아버지의 의식 무의식 속에서 많은 잘못이 쌓여서 된 것이다. 그러므로 옳은 아버지는 아들을 욕하기 전에 자기가 먼저 아파하고 어진 선생은 잘못한 제자를 초달질하기 전에 먼저 자기를 초달질한다.

옛날 어진 이들이 정치를 할 때 계엄령이란 것 없었다. 이것은 〈덕은 모르고 정치를 만능으로 내세우는 잘못된 정치에서 시작된 것이요〉 주로 전시상태에서 썼다. 그것은 전쟁이란 민중의 이해와는 반대되는 무도리한 일이기 때문에 그 무도리를 억지로 행하기 위해서 필요했던 것이다. 도리가 살았을 때 계엄령은 필요없다.

어버이 자식 사이와 마찬가지로 이웃과 이웃 사이도 근본은 애정의 관계지 결코 권력관계가 아니다. 육친불화六親不和에서 효자孝慈가 나오고 국가가 어지러워져서 충신이 난다는 노자의 말은 옳은 말이다. 정치는 필연적이라지만 그것은 처음부터 지배·피지배의 싸움관계다. 〈여러 가지 변명 설명은 그만두고 계엄령을 내는 것은 그러한 법 밑에서 하는 합법적인 싸움조차 할 수 없으리만큼 타락했기 때문이다. 정부가 국민의 대다수를 의심하지 않고 계엄령을 내릴 리는 결코 없다. 여기 가릴 수 없는 모순이 있다. 국민의 대다수를 믿지 못한다면 계엄령을 몇 해를 계속해도 그것으로 나라를 해갈 수는 없을 것이다.〉

역사는 대화다. 묻고 대답함이다. 누가 묻고 누가 대답하나? 하나님이 묻고 인간이 대답한다. 진리가 묻고 국민이 대답한다. 크고 작은 모든 사건은 다 하나님의 물음인 동시에 또 사람의 대답이다. 이번 계엄령의 선포도 국민으로서의 우리에 대한 하나님의 질문이다. 거기 바로 대답하면 우리는 서는 것이요 그렇지 않으면 망할 것이다.

대화는 물론 고립된 것이 아니요, 계속되는 물음이요 대답이다. 그 전에 한 대답에 대하여 이 물음은 나온 것이요, 그 대답은 또 그보다 먼저 한 물음에 대하여 한 것이다. 그렇게 하면 아래로 위로 영원히 계속되는 대화지만, 다른 것은 다 잘라버리고 그중에 이제 며칠이면 열아홉 돌을 맞게 되는 1945년 8·15해방에서부터 보면 거기 한 가지 경향이 나타나 있는 것을 알 수 있다. 한마디로 해서 그것은 점점 타락되어간 대화다.

해방을 국민으로서의 우리들 앞에 던져진 물음이라 한다면 거기 대한 우리의 첫 대답은 낙제라 할 수밖에 없다. 완전한 통일국가를 이루지 못하고 38선의 분열을 인정하고 말았기 때문이다. 그러나 38선으로 만들고 말 때 그것은 또 우리 앞에 새로운 질문이 된다. 어떻게 할 터이냐 하는 시험문제다. 거기 대한 것이 6·25다. 또 낙제다. 6·25가 또 문제가 된다. 그리하여 자유당정치, 그리하여 4·19, 그리하여 민주당, 그리하여 5·16, 그리하여 민정복귀 문제, 그리하여 제3공화국, 그리하여 한일외교, 그리하여 3·24, 그리하여 6·3계엄[4])에까지 오는 과정은 낙제 일로一路의 내림이다.

〈이번에 나온 어구는 무엇인가. 사실이든지 아니든지 간에 역사 위에 적히고야 말 문구가 '내란'이란 것이다. 나는 데모 학생을 내란죄로 본다는 데 극력 부당한 일이라 반대하려는 사람이지만, 이제 판결이 뭐로 나든간 이 사건에 내란이란 이름이 붙은 것만은 사실이다. 6·25는 끔찍했으나 오히려 외부에서 침입했다 하여 우리 얼굴을 건질 수 있었다. 그러나 이제 해방 이후 20년이 되는데 내란이란 이름이 나오게 됐으니 자주독립의 자격을 어디 가서 유지하고 있을 수 있

4) 6·3계엄: 1964년 6월 3일 학생들의 한일회담반대운동이 절정에 이르자 정부가 계엄령을 선포해 무력으로 진압한 사건이다.

을까? 내란죄로 몰고 계엄령을 내리는 것은 현 정권이 가지는 것과 다른 생각을 가지는 자는 없애버리자는 심산 아닌가? 그러나 그렇게 해서 나라는 서 가지 못한다.〉

정치는 위에서 말한 대로 지배·피지배의 싸움 관계지만 그것은 스포츠 정신을 가지고 해가지 않으면 아니 된다. 선수들은 개인끼리 보면 서로 다투는 적수 사이지만 크게 보면 하나로서 기능을 발달시키고 친목을 하기 위해서 하는 것이다. 그러므로 그 다툼은 상대방이 맘껏 제 역량을 발휘할 수 있도록 허락해주는 공정한 다툼이어야 한다. 〈만일 이길 욕심 하나에 저쪽의 활동을 방해한다면 그것은 비겁한 일이요 그것으로 스포츠는 발전할 수도 없고 서로서로 사이의 친목이 이루어질 수 없을 것이다.〉

지배·피지배자가 서로 이해가 다른 듯하나 그것은 나라라는 큰 울타리 안에서 하나로서 하는 일이다. 그러므로 정치 발달의 가장 중요한 조건은 서로서로 그 사상과 언론과 활동을 맘껏 할 수 있도록 법으로 보장하는 일이다. 〈반대자를 될수록 제해버리는 것이 능사가 아니라〉 어떻게 하면 반대자도 포용을 하여 같이 살아나가느냐 하는 것이 문제의 요점이다.

죽이자는 정치가 아니라 살리자는 정치다. 〈그렇게 볼 때 이번 일은 또 낙제다.〉 그러므로 슬프고 그러므로 맥이 빠진다. 비판을 하는 것은 그래도 네게 양식이 있음을 인정하는 것이요, 욕을 하는 것은 그래도 너도 한 지체임을 인정하기 때문에 하는 것 아닌가? 그런 것을, 만일 입을 틀어막고 일체 말을 못하게 하면 언어도단이다. 덮어놓고 말 마라 한다면 말은 없어지겠지만, 말이 끊어지고 나라를 어떻게 할까?

그러나 묘한 것은 역사의 걸음이라, 문제에 대해 낙제는 했으나 낙제인 동시에 올라갈 등용문의 특별한 길이 열렸다. 골짜기가 깊으면 봉우리도 높다. 내란이란 명사가 나온 동시에 이번 사건에 처음으로 나온 또 하나의 보다 놀라운 명사가 있다. 단식투쟁이란 것이다. 이

때까지 우리의 자유와 정의를 위한 싸움에 이것은 처음으로 나온 것이다. 산간에서 시작하는 시내가 그 처음은 거의 알아볼 수 없이 작은 것이로되 마침내 대륙을 뚫고 바다에 이르고야 말듯이, 이 운동도 지금은 남의 비웃음을 받으나 이다음은 이것이 역사의 방향을 지배하고야 말 것이다. 이것으로 나는 충분히 이길 수 있을 것을, 그리고 우리 역사의 무대 위에 나타날 것을 나는 믿는다. 〈그러므로 나는 학생들보고 이것이 가장 어질고 가장 힘 있는 길이라고 했었다.〉

피는 피로는 못 씻는다.

권력은 권력으로는 못 이긴다.

악은 악으로 못 없앤다.

우리나라만 아니라, 우리의 생존만을 위해서 아니라, 인류 역사의 의미를 위해 우리가 모든 폭력주의와 싸우지 않으면 아니 되는 결전 단계가 오고 있다. 그것은 오로지 비폭력저항으로만 이룰 수 있을 것이다. 여기 대하여는 다음에 다시 말을 하겠지만.

이런 생각을 하면서, 우리의 세계사적 사명을 생각하면서, 그리고 현재의 이 어지러움을 들여다보면서, 옆을 보면 놀라운 것이 있지 않은가? 네루가 가면 인도의 정치는 누가 맡을까 걱정을 했는데 네루가 갑자기 가자 인도는 아무 문제 없이 그 후계자를 뽑아 세웠다. 파쟁 없는 국민을 누가 감히 업신여길 수 있을까?

우리나라 같다면 어떠했을까?

참 부럽고 부끄럽구나!

자꾸 어려운 문제가 닥쳐오고 자꾸 실패만 하는 것은 부끄럽고 분한 일이다. 그 대신 돌이켜 생각하면 희망이 있지 않은가?

하는 꼴로 하면 살 자격이 없는데 사는 것은 우리 재주나 힘 때문이 아니요, 역사 자체의 뜻, 하나님이 불쌍히 여기심 때문일 것이다.

"천장구지天將救之에 이자위지以慈衞之"라.[5]

살려두기 때문에 사는 존재다.

왜 살려둘까? 할 일이 있기 때문일 것이다.

어려운 문제 자꾸 주는 것은 미워서가 아니요 힘을 길러주기 위해서일 것이다.

다만 대답할 용기를 가져라!

이제 우리는 알았다

무엇을 알았단 말인가?

계엄이란 아무것도 아니란 것을 알았단 말이다.

참말 아무것도 아니더라.

도대체 계엄 두 달에 얻은 결과가 아무것도 없다. 구태여 있다면 김종필이 바다 건너로 도망할 기회를 주어 비겁한 목숨을 건지게 한 것과 학생들의 방학이 조금 길어진 것과, 시골에 있던 군인이 서울 구경을 한 것과, 몇몇 언론인·대학교수가 조용한 곳에서 책을 몇 권 더 읽고 나온 것일 거다. 이런 것들은 하필 계엄이라 해서 이 가난한 나라에 국고를 소비하고, 이 불안한 사회에 사람들의 마음을 두근두근하게 만들면서 하지 않고도 될 수 있는 일이다.

죄가 실제로 있느냐 없느냐가 문제지, 정말 있다면 도망 못 한다. 도망해서 어디를 가느냐? 데모 민중은 밖에 있지 않고 네 속에 있다. 네 자신에게 어찌 도망할 수 있느냐? 도망해서 산다 해도 산 것이 아니다. 히틀러, 무솔리니, 아이히만, 스탈린 못 보았나? 살고 싶으면 솔직히 잘못을 인정하고 회개하면 된다. 이 백성은 바탕이 착한 평화의 민족이다. 한 번 외유, 두 번 외유, 세 번 외유, 어찌 그리 구구하냐? 이 창피를 어찌 감추느냐? 낮으로 눈을 가릴 수 있느냐? 데모는 서울에서만 하는 데모냐? 세계에 내놓고 하는 데모다. 태평양 건너도 죽는 곳이다.

---

5) 天將救之 以慈衛之: "하늘이 사람을 도우려 하면, 자애로 사람 자신을 보호하게 한다." 『도덕경』, 제67장.

학생은 어떻게 못 한다. 대학 문간에 기관총을 걸기에 학생은 다 죽이려는 줄 알았는데 왜 못했나? 올 때에 적국 점령이나 하듯이 기세당당하게 '입성'했던 군대, 무슨 면목으로 물러갔나? 고개 들고 나갔나, 숙이고 나갔나? 나갈 때 그 얼굴 내 좀 봤더라면! 아니다, 걱정 마라, 내가 도리어 부끄러워 못 본 척하는 마음이다.

글쎄, 설혹 공산당의 추킴이 있었다 가정을 하더라도, 그것은 일부지 어찌 '학생들'이냐? 난동을 쳤다 하더라도 그것도 일부지 어찌 '학생 전체'냐? 학생과 전적으로 대립하고, 서로 원수가 되고 어찌 정치를 할 수 있느냐?

학생들의 생각이 만만 가정을 하여 잘못됐다 하자. 그것을 폭력으로 바로잡을 수 있느냐? 내란죄? 절대로 학생 죽일 수 없을 것이다. 휴교? 폐교? 명령하면 무엇이나 다 되는 듯하지. 10년 계엄할 터이냐? 못 한다. 절대로 못 한다. 학원의 문 절대로 못 닫는다. 학생은 또 모일 것이다. 또 시비판단을 할 것이다. 또 행동할 것이다. 잘못도 하겠지만 결국은 옳은 데 이르고야 말 것이다.

××× 하나를 왜 두 달을 두고 잡으려다가 못 잡았나? 나는 새도 떨어뜨릴 듯한 세력과 꾀로 왜 그 하나를 못했나? 이제 잡으려다 못 잡은 사람이 종로 길거리를, 종로가 아니라 역사의 대로를 대보활보할 때 그 무슨 면목으로 볼 터인가? 네가 잘못이었나 그가 잘못이었나는 밝히고 말아야 할 것 아니냐? 그것이 어찌 ××× 개인이냐? '삼천만의 입' 그것이요, '자유' 그것 아니냐? "우리가 한때 권력에 취해 잘못했소." 솔직히 사과하고 서로 손을 굳게 잡느니만 못하다. 흐르는 물을 못 막는다면 언론도 못 막는다.

계엄 두 달에 삼천만 눈앞에 환하게 밝혀진 것은 계엄은 아무 힘이 없다는 것이다. 조금도 두려울 것 없다는 것이다. 이다음 비상계엄을 열 번 스무 번 한다 해도 그것도 얼마 못 가서 종당은 없어지고야 말 것이란 것, 그 동안은 "굽은 솔 웃지 마라 눈 맞아 휘었노라" "까마귀 눈비 맞아 희는 듯 검노매라" 격으로 꾹 참으면, 싱겁게 왔던 놈들은 싱겁게 스스로 물러가고야 만다는 것을 민중은 배웠다.

　잘 알았다.

　자유는 이기고야 만다는 것을 누구보다 더 계엄 당국이 증명해주고 갔다.

　사람은 죽이지 못한다는 것을 우리는 잘 알았다. 사람이 죽고 사는 것은 그 누구인지 모르는 조물주의 거룩하고 신비로운 의지에 달렸지, 결코 지배자의 손에 있지 않다.

　한일회담을 그대로 한다고 아무리 허세를 부려봐도, 그 심장머리를 고치지 않는 한, 절대로 아니 될 것이다. 학생이 반대하는 것 아니라 민족의 자존의지가 반대할 것이요, 우리가 못하게 하는 것 아니라 하나님이, 역사 자체가 못하게 할 것이다.

　왜 계엄은, 그 고집을 가지고도, 그 꾀를 가지고도, 그 무기를 가지고도, 결국 한 것이 아무것도 없이 여·야 공동이라는 형식으로 '면자'面子를 겨우 건지고 휘주근히 가버리고 말았나? 까닭은 한마디로 도리에 어긋나는 것이기 때문이다. 힘은 주먹에 있지 않고 도리에 있다. 인간은 도리다. 이치에 어긋나는 일을 한때 억지로 해도 결국은 무너지고야 만다. 로마 제국도 그래 망했고, 제국주의도 그래 망했다. 근시경을 쓴 사람은 공산 진영을 보지 않느냐 할지 모르지만 그것이 망하는 것도 우리가 손을 꼽으며 기다릴 수 있다.

　도道가 뭐요 리理가 뭔가?

　하나다. 하나함, 하나됨이 도리다. 하나에서 여럿을 내고 여럿을 하나로 함이 도리다. 그것이 생명이다.

　하나가 도리라면 대립은 비도리다. '부도不道는 조이早已'라,[6] 도리를 무시하고 거스르면 망할 것이다.

　나라를 이루어가는 힘에 셋이 있다. 하나는 무력이요, 또 하나는 법이요, 그다음은 사랑이다. 무력은 가장 겉에 나타나는 것이므로 사람

---

6) 不道早已: "도가 아닌 것은 금방 끝나고 만다." 『도덕경』, 제30장.

들이 우선 그리로 향한다. 인류역사에 무력국가가 등장한 것은 이미 3, 4천 년 이래의 일이다. 지금은 그 사상이 끝장에 오른 시대요, 이미 그 속에 가진 모순 곧 비도리성을 폭로하기 시작한 시대다.

모순이란 다른 것 아니요, 무력 곧 폭력이 사회안녕·인간복지에 효과를 나타내는 것은 언제나 법이 그 뒤에 있어서만 되는데, 무력주의란 그것을 무시하기 때문이다.

그러나 법은 또 법 그 자체가 힘 있는 것 아니다. 그 사회의 모든 사람이 그것을 받아들이고 인정할 마음이 있을 때에만 힘이다. 언론 윤리요, 학원 보호요 떠들지만 그것으로 무엇이 될 것이라고 우리는 믿지 않는다. 주객이 바뀌어 폭력 뒤에서 법이 감시를 하는 것이 아니고 국회 뒤에 칼을 뽑아들고 서서 법을 제정하려는 데 어리석음이 있다. 설혹 그렇게 해서 악법을 제정한다 하자. 그것은 법이 아니다. 계엄을 무서워 아니하는 우리가 그 힘 밑에 되는 법을 무서워할 리가 없다. 진시황의 법도 네로의 법도 오늘 있지 않다.

그렇다면 오늘도 그럴 것이다. 그들은 나라를 구하기 위해 모여서 옥신각신하는 것 아니다. 그래야 밥을 먹겠다, 생각하므로 하는 것이다. 직업 중에 가장 못된 직업이다. 그러므로 그들은 힘써 그것이 직업이 아니라 '공무'公務라 한다. 공무空務다. 오늘의 정치는 순전한 직업이다. 저는 직접 생산의 수고는 아니하고 남이 수고한 것을 속이고 억지로 빼앗아서 거들거려보잔 직업이다. 이 점에서는 우·좌의 구별이 없다.

그러므로 그들이 만드는 법은 좋은 일을 할 수도 없거니와, 해를 미칠 수도 없다. 살리지도 못하지만, 죽일 힘도 없다. 법이 이利가 되는 것은 우리 속에 사랑이 살아 있기 때문이요, 법이 해害를 미치는 것도 그 자체의 힘이 아니라 우리 속에 사랑이 식었기 때문이다.

사랑이 뭐냐? 다른 사람과 물건을 하나로 봄이다. 그것은 나 살기 위한 수단이 아니요, 곧 나와 하나다. "이웃 사랑하기를 네 몸같이 하라" "그것이 곧 나다" 하는 사상은 다 이것을 가르치는 것이다.

그런데 폭력주의란 이 진리, 이 도리를 무시한 것이다.

지배자들은 자기네 야심을 감추고 변명하기 위해 '국가'를 내세우지만, 국가주의는 결국 폭력주의다. 다른 나라는 내 나라의 대적으로, 수단으로 알기 때문이다. 그런데 이제는 지나갔다.

독재주의는 국가주의의 끝장이다. 국가주의를 완성하면 거기까지 갈 수밖에 없다. 그러나 그렇기 때문에 거기서 그 내포한 모순이 나온다.

계엄령은 독재주의의 외마디 시詩다. 손바닥 속의 수도다. 종당 그것을 쓰고야 말 것이다. 그러나 그것은 자기심판이다. 그러므로 일을 유리하게 하여 그 잡은 정권을 보호하기 위해서 불가피하게 그것을 했지만 결과는 반대로 계엄령으론 해결 못한다는 선포를 하고 물러간 것이다. 올 때는 뒷골목마다 포고문을 붙이며 왔지만 갈 때는 민중의 머릿속·가슴속에 뵈지 않는 선언문을 남기고 갔다.

하고 싶고 할 재주가 있다면 또 몇 번이라도 계엄령을 내보라 해라. 여야협상이란 연극도 하고 또 하라 해라. 마취약을 번번이 쓰면 쓸수록 더 다량을 요하고, 효력은 점점 더 없어져가고, 나중에 자기 멸망에 이르고 말듯이, 폭력주의도, 계엄령도 그럴 것이다.

마지막으로 역사의 교훈 이야기를 하나 들어 물러가는 계엄령에 대한 전별錢別로나 삼자. 일찍이 일본 제국주의가 서슬이 시퍼럴 때, 그들이 새로 도둑해 얻은 대만의 생번(生蕃: 원시생활을 하는 대만 원주민 – 편집자)들을 굴복시켜보려다가 망신을 한 이야기가 있다. 생번들의 반항이 아주 완강한 것을 알자, 그들을 아주 미개한 야만으로 업신여긴 폭력주의자들은 자기네의 무력을 자랑해 보여주면 겁이 나서 굴복하려니 옅은 생각하고, 그 추장들을 불러 소위 시찰이라 하고 일본에 데려다가 여러 가지 군사시설을 보여주었다. 그러고는 돌려보내려는 때에 그 소감을 물었다. 그랬더니 그 야만으로 알았던 추장들이 대답하기를 "그래 우리는 당신네의 굉장한 무력을 보았습니다. 그러나 우리는 조금도 겁내지 않습니다. 우리 조상들의 내려오는 가르침이 '이 땅은 피로 얻었으니 피로 지켜라' 했습니다" 했다는 것이다.

모든 법치주의자, 모든 무력주의자, 모든 독재주의자, 모든 계엄사령에 귀를 붙고 일러주는 말이다.

우리는 알았다. 대만 생번이 아는 것을 5천 년 문화민족이 모르겠나? 너희를 뚫어보았다. 아니다, 너희 칼을 쓰는 자는 칼로 망할 것이다. 그러나 사랑하는 자는 사랑으로 살 것이다.

우리는 서로 사랑한다.

우리 입에 재갈을 물리고 우리 손발에 고랑을 채우며, 우리 가슴에 칼을 꽂고 우리 살점을 에어 너희와 너희 자녀를 먹이며 향락을 하려는 너희까지도, 그래 너희까지도 사랑해주마!

민중아, 우리는 이 나라를 하나로 얽히는 피로 얻었으니 또 서로 부어주는 피로 지키자!

• 1964년 9월, 『사상계』 제138호

세 번째 국민에게 부르짖는 말

오늘은 우리에게 무엇을 호소하는가

이것이 어떻게 된 것입니까?

국민 여러분!

살과 뼈를 한데서 갈라 받았고,

말과 정신을 서로 하나로 주고받고,

살아서는 한가지로 이 나라 씨울이요 죽어서는 다같이 이 강산의 티끌이 되며,

세계의 어느 구석엘 가서 무슨 짓을 해도 '한국 사람'임을 면할 수 없이 책임을 진 여러분,

이미 면할 수 없을진대 자랑으로 알아야 할 것 아닙니까?

자랑해야 할진대 빛을 내야 할 것 아닙니까?

이 나라는 세계에 빛이 납니까? 여러분, 하늘 땅 사이에 버젓이 버티고 서서 얼굴을 들리만큼 할 것을 하고 있습니까? 이것이 어떻게 된 것입니까? 이 썩음이 어떻게 된 것이며, 이 맥 풀어짐이 도대체 어디서 온 것입니까?

해방이 된 지 20년에 아직도 나라의 끊어진 허리를 잇지 못해, 부모 형제 처자가 서로 땅 끝에서 울부짖고 있으니, 이것을 어찌 우리 할 것을 했다 할 수 있습니까?

모든 사람을 자유요 평등으로 보는 유엔 정신에 의하여 모처럼 나라가 세워졌는데, 얼굴은 사람이지만 소가지는 짐승인 놈들 일어나

당파 싸움만 하며 너는 장관해라 나는 대통령 되마, 국민의 권리를 마구 짓밟고 있는 이때에, 이름은 이 나라 사람이지만 버릇은 외국놈의 갈보 새끼인 것들이 제멋대로 안팎을 쏘다니며 한일회담이니, 베트남 파병이니, 뭐니 뭐니, 나라의 주권과 이익, 민족의 생명과 명예를 도마 위의 고깃덩이처럼 막 팔아먹고 있는 이때에, 여러분은 그것이 어찌 내 일이냐 하는 듯 멍청히 있으니, 이것을 어찌 빛이라 하겠습니까?

여러분, 살기가 너무 고통스러워서 삶에 지쳤습니까? 악의 세력이 너무 커서 싸울 용기를 잃었습니까? 나라일 너무 한심해서 자포자기합니까?

아닙니다. 죽을래도 죽을 수 없는 것이 삶이요, 죽으면서도, 죽어 원혼이 되어서라도, 옳지 않은 것과 싸우는 것이 인생이요, 열 번을 망해도 또다시 일으켜야 하는 것이 나라입니다.

인간의 살림이 나라 함에서 그 가장 높고 큰 데 이르렀는데, 나라 못 지키면 사람 아닙니다. 부귀를 두고도, 학식 재능을 가지고도 '망국노'입니다.

생명의 진화가 정신도덕에서 그 가장 거룩하고 보람진 데 올라갔다면 불의, 죄악과 싸우지 않고는 나라를 할 수 없습니다. 산업과 교통이 제대로 있고 기술과 조직을 남같이 가져도 '식민지 노예'입니다.

여러분, 결코 기운이 꺾여서는 아니 됩니다. 기, 곧 천지 정기야말로 사람입니다. 절대로 생각을 잘못해서는 아니 됩니다. 생각, 곧 우주를 꿰뚫는 정신이야말로 문화입니다. 어떻게 해서든지 뜻을 세워야 합니다. 뜻, 곧 유무를 초월하는 의지야말로 역사입니다.

백두산에서 한라산까지 갈기갈기 갈라지는 산줄기·물줄기를 하나로 뚫어 하나로 만드는 등떠리 산맥처럼 4천 년 역사를 꿰뚫는 뜻, 동해·서해의 물결같이 동남동 서북풍의 계절풍같이 이 강산을 쉴 새 없이 적시고 씻어 억만 생명을 길러가는 정신, 불길인 듯 얼음인 듯, 줄어드는 듯하다가도 다시 불어나고 죽는 듯하다가도 도로 살아나, 한漢에 눌린즉 한漢을 들추고 거란, 몽고에 도둑을 맞은즉 거란, 몽고를 내쫓으며 일본에 속은즉 그 일본을 마침내 물리치고야 말던 그 기가, 이 사람들아, 이제 너와 나 때에 와서 아주 꺼져버려서야 되겠느냐?

어째서 그렇습니까?

여러분, 잘못이 당초에 어디 있습니까? 하나로 있는 역사인지라, 따져 올라가면 고구려시대의 할아버지들에게까지 가지 않을 수 없을 것입니다. 죽은 사람들에 대해서는 말이 없는 법입니다. 역사의 바퀴를 메다가 그 밑에 쓰러졌은즉 그들의 약했던 육은 흙으로 돌아갔고 본래 변할 줄 모르는 그들의 혼은 이 역사의 진행을 지키는 얼이 되어 그 수레 위에 앉았습니다. 사실 오늘의 해방은 그들이 그 죽음으로 죗값을 물었기 때문에 온 것입니다. 그러므로 그들에 대해서는 할 말이 없습니다. 그러나 살아 있는 사람은 그 한 일에 대해 비판을 받아야 합니다.

그런가 하면 이승만과 그의 무리였던 자유당부터 나무랄 수밖에 없습니다. 정권이 그에게 돌아갔던 것은 결코 그 개인의 재주나 힘 때문이 아니었습니다. 나라가 망한 이래 나라 찾으려고 안팎으로 헤매며 싸우고 고생하고 죽은 사람, 살아 있는 사람의 많은 공로와 거기에 대한 국민의 존경이 합해져서 된 것입니다. 그런데 그들이 그것을 잊고 사사 욕심에만 기울어졌습니다. 그에게 애국심은 어느 정도 있었던 것이 사실일 것이고 정치가로서의 솜씨와 배짱도 있었습니다. 아깝게도 그 마음이 맑고 밝지 못했습니다. 그러므로 주위에 달라붙은 썩은 세력을 물리치지 못하고 도리어 그들과 합하여 국민을 억누르고 짜먹기만 했습니다. 10년이 넘는 동안에 산업은 하나도 일어선 것 없고 인물은 그 모자라는 중에서도 모조리 죽여버렸습니다.

그러니 국민의 원망이 없을 수 없었습니다. 오늘날 의리는 땅에 떨어져, 사사 은정만 알고 대체의 공공한 것을 모르는 사람들, 멀리 바닷속 끊어진 섬으로 하나님이 보낸 귀향살이에서 마지막 날을 세고 있는 이승만의 생일 축하, 서울에서 국민 앞에 내놓고 한다지만 그렇게 공경심 있고 인정 깊은 사람이 국민의 낯을 어찌 볼 줄 모릅니까? 죽어가는 이 민중의 생일 축하는 할 줄을 모른답니까? 어리석은 놈들은 민중의 분통이 터져도 아니 답답합니다.

4·19는 그래서 터진 것이었습니다. 터져서 정의에 불타는 젊은이들이 푸른 피를 독재자의 발 앞에 부은즉 또 그 모든 죄악을 단번에 씻고도 남았습니다. 이승만이 하야한다는 성명을 듣고 불쌍하게 여기기까지 했습니다. 그러기에 우리 국민의 의기는 얼마나 올라갔습니까? 세계의 무대에서 우리의 인기는 얼마나 높았던 것입니까?

그런데 분한 것은 장면과 그의 민주당이었습니다. 되지 못한 군인 몇이 작란(作亂: 난리 — 편집자)을 일으켜 쏘는 몇 방 총소리가 무서워 그렇게 비겁을 피울진대 차라리 정치란 불장난질을 시작하지 않았더라면 그 개인에게도 좋고 당과 국민에게도 좋을 뻔했습니다. 이제 와서 말이지, 5·16 때에 장면이 조금만 용기를 가지고 버텼더라면 역사가 그렇게 엉망진창이 되지는 않았을 것입니다. 국민이 그렇게 감격하여 일치해서 민주당을 지지해주었던 것이 분합니다.

당도 당입니다. 장면 하나가 아무리 약하더라도 민주당이 깨끗하고 굳세었다면 또 될 수 있었을 것입니다. 그러나 '그놈이 그놈'이라, 민주당이나 자유당이나 다름없이 썩은지라 굳셀 수가 없었고, 굳세지 못한지라 총 한 방에 정권을 화투목보다 더 쉽게 넘겨주고 말았습니다. 해방 후 20년 역사에서 이때가 가장 중요한 때였습니다. 그런데 잘못됐으니 분하지 않을 수 없습니다.

가장 큰 책임은 5·16을 일으킨 사람들이 져야 합니다. 백 가지 시비 입쌈보다 천하에 환한 사실이 5·16 군사폭동 이후 나라는 급전직하 잘못되기 시작하여 오늘의 꼴에 이르렀습니다.

어째서 그렇습니까? 정신이 죽었기 때문입니다. 자유당이나 민주당은 악을 행하기는 하나 그 주체되는 것을 다치지는 못했습니다. 그러나 5·16에서는 헌법을 아주 짓밟고 국민의 정신을 꺾어버렸습니다. 하나는 정책이나 기술 문제요 하나는 건국이념, 국민정신의 문제입니다.

그들은 말하기를 부패한 정치를 그냥 참을 수 없어 그랬다 했지만 이들은 부패에다가 횡포를 하나 더했습니다. 그들은 참다 참다 못해서 했노라 했지만 민주당의 여덟 달을 못 참은 그들이 자기네에게는 이태 이상을 참으라 했고, 이태 후에도 형태를 달리할 뿐이지 사납기는 마찬가지입니다.

5·16에 협조한 교수들이 더 밉습니다

이제 와서 알고 보니 소위 5·16의 주체세력이라던 사람들은 속았던 것입니다. 대부분은 젊은 기운과 단순한 군인 머리에 4·19 학생의 의분과 본질에서 다를 것이 없는 정신에서 나왔다 할 수 있지만, 그들은 몇 사람의 야심에 이용당한 것입니다. 4·19는 단순한 의분에서 즉흥적으로 터져나온 것입니다. 그러므로 그 동기가 깨끗하다 할 수 있고 그렇기 때문에 말하지 않아도 민중이 그것을 알기 때문에 감격하고 전적으로 지지했습니다.

그러나 5·16은 몇몇이 4·19도 있기 전부터 계획했다니 순전히 정권을 뺏어 해먹어보잔 야심에서 시작된 것입니다. 주체세력이라는 사람의 대부분은 그것은 모르고 자기네같이 나라를 위하는 열성에서만 하는 줄 알고 생명을 내놓고 같이했는데 급기야 성공(?)을 하고 보니, 혁명하고는 깨끗이 물러가잔 처음의 약속은 물처럼 흘러가버리고 그냥 주저앉아 해먹으려는 뱃속이 드러나게 됐습니다. 그것이 소위 주체세력의 분열이란 것 아닙니까? 뛰기는 파발마가 뛰었건만 먹기는 홍중군이 먹었습니다. 늘 있는 일이지만 두고두고 역사에서 거울삼아야 할 일입니다.

그랬기 때문에 나는 처음부터 5·16을 반대했습니다. 참으로 나라를 걱정하는 사람들이라면 그렇게 하지 않을 것이 뻔하기 때문입니다. 그런데 언론기관들이 미웠습니다. 마음속에는 인정하지 않는 줄을 피차에 다 아는데 대부분의 신문 잡지가 "올 것이 왔다"느니, "국민이 지지"하느니 하는 따위 문구를 늘어놓았습니다. 위협이나 매수에 못 견딘 것입니다. 오늘에 와서는 아마 그들도 자기네의 잘못과, 그 때문에 강아지를 기르다 제 발꿈치를 물리는 줄을 알 것입니다. 늦었습니다. 그러나 또 늦지 않습니다. 이제라도 정말 잘못한 줄을 알면, 붓은 칼보다는 무서운 것입니다.

언론인도 밉지만 더 미운 것은 대학교수들입니다. 오늘날은 사실 신부나 목사는 그리 힘 있는 것이 아닙니다. 신부나 목사는 감정의 분야에서나 세력을 가지고 있지만, 그보다도 지성적인 현대인을 지배해가는 것은 대학교수층이라 할 것입니다. 그 교수들이 적지 않게 자기의 자리를 내버리고 칼자루에 몰려 또는 돈에 팔려 군사정권에 고문이랍시고 나왔습니다.

대체 고문이 무슨 고문입니까? 학자의 말 들을 사람이면 한마디 의논도 없이 저희 몇이서 칼 들고 정변 일으켰겠습니까. 이미 일으켜 정권 쥐었거늘 무엇이 부족해 샌님의 말 듣겠습니까? 그 판단도 어째 못합니까? 그 교수들이 나왔던 것이 얼마나 나쁜 영향을 주었는지 모릅니다. 민중의 정신을 죽이는 데 군인들이 칼로 한 것보다 이들이 한 것이 더 많습니다. 일을 하기 위해서라면 말은 그럴듯하지만, 오늘 와서 그들에게 그래 고문으로서 이 나라 일에 이바지한 것이 과연 뭐냐 한다면 양심을 가진 사람은 아마 대답할 말이 없을 것입니다.

대학의 교수들이 만일 민주주의를 참으로 사랑하고 자유를 지키기 위해 목숨을 내걸고라도 싸웠다면 군사정권은 결코 성공하지 못했을 것입니다. 그랬다면 일이 이렇게 한심스럽게는 아니 됐을 것입니다. "네 많은 학문이 너를 그르쳤구나"입니다. 너 하나만 그르쳤으면 좋게? 나라를 그르쳤으니 어쩌느냐? 아아, 슬프구나! 도를 지키기가 이렇게도 어려우냐? 그러나 도가 아니고는 나라도 인생도 있을 수 없는 것을 어찌합니까?

싸우는 정신 있으면 사람입니다

이리해서 간악한 것들이 일반에게는 정치활동을 정지시켜놓은 기간 동안에 공화당을 벌써 다 조직해놓았으니, 그다음에는 민중을 주머니 속의 물건 더듬어내듯 저희 마음대로 하게 됐습니다. 그렇다고 그만둘 수 있는 정치는 아닙니다. 신문·잡지에도 기대하지 못하지, 신부·목사·스님에게도 기대하지 못하지, 대학교수·학사·박사에게도 기대하지 못하지, 독재정치 합법적으로 맘대로 하려고 대통령제로 고쳐 놨는데 대통령 선거전은 다가오지, 그럼 어떻게 합니까?

그래서 누가 가르친 것 없이, 자유를 지키자는 민중의 마음은 자연히 마지막 한 점인 야당의 통일이라는 데로 몰렸습니다. 야당이 고와서도 아니요, 그중에 훌륭한 인물이 밤 동안에 생겨나서도 아닙니다. 악마의 손아귀처럼 다가오는 독재세력을 막아내려면 그것밖에 다른 길이 없기 때문이었고, 그렇게 해서 우선 그 팔을 꺾어놓으면, 민주주의의 테두리를 찾아만 놓으면, 그다음 싸움은 어떻게든지 해갈 수 있다 하고 생각했기 때문입니다. 그것은 물에 빠진 놈의 한 오리 지푸라기였습니다. 모양이 그러했기 때문에 정치가 뭔지 아무것도 모르는 내가 제 못난 것도 모르는 듯, "3천만 앞에 눈물로 부르짖는다"는 소리를 한 것입니다.

그러나 당 세력 싸움에만 눈이 어두운 야당들은 민중이 그렇게 전의 모든 잘못을 다 용서해주고 기다리는데도 불구하고, 심지어는 독설이라는 시비를 듣는 나인 줄 알면서도 "그것들이 짐승이지 어찌 사람이냐"라고까지 극단적으로 꾸짖었는데도 불구하고 종시 듣지 않았습니다. 마침내는 밀가루로 대통령상을 세워 올리고야 말았습니다.

그러면 단념해야 할 것인가? 그렇지 않습니다. 절대로 싸움은 그쳐서는 아니 됩니다. 싸우는 정신이 있는 순간까지는 사람입니다. 죽어도 국민입니다. 나는 죽어도 나라는 있습니다. 그러나 싸우자는 투지가 시들어버리는 순간 나는 사람도 국민도 아니요 나라도 아무것도 없는 짐승뿐입니다. 그러니 어떻게 가만 있습니까? 그래서 두 번째 여러분 앞에 부르짖은 것이 남가좌동에서 일어난 네 식구의 자살 사건을 붙들어가지고 한 말이었습니다.

그런 사건이 하나만이요, 둘만이겠습니까? 날마다 밥 먹듯 하는 일 아닙니까? 날마다 밥 먹듯이 그런 일을 보아가리만큼 둔해지고 마비된 내 양심이지만 그날 그 시간에는 어쩐지 견딜 수가 없었습니다. 어린 것들을 차례차례 독약을 먹여 이불을 덮어놓고 자기는 목을 매는 그 사내가 결코 남이 아니고 나 자신같이 생각이 돼서 견딜 수 없었습니다. 하나님은 지극히 악하고 더러운 죄인에게도 어느 순간 깨우침을 주시나 보지요.

"아버지 오늘도 식빵 사오셨네, 엄마는 왜 아니 오나, 보고 싶네, 아가가 자꾸만 울어서" 하는 말이 내게는 하늘 말씀이었습니다. 마음이 깨고 나니 살길은 오직 하나, 민중 한 사람 한 사람이 다 본정신이 깨어나 하나가 되어 사는 것밖에 없다 하는 생각이 들었습니다. 그래서 직접 여러분을 부른 것이었습니다. 국민운동을 혼자서라도 일으키자는 생각이었습니다.

그랬더니 과연, 참인 다음엔 네 마음 따로 내 마음 따로가 없어서 사회에 크게 움직임이 일어났습니다. 그것은 여러분이 잘 아시지요? 그래서 한일회담 반대 2월 데모, 3월 데모를 거쳐 6·3계엄령에까지 이르고야 말았습니다. 박 정권, 공화당이 자유를 생명으로 아는 국민운동에 대하여 대답한 것은 기관총과 탱크였습니다. 그들에게는 생명도 젊음도 의기도 나라도 없습니다. 오직 권세와 거들거리고 사는 것, 그것을 위해 당이 있는 것을 알 뿐입니다. 여러분이 자중을 했는지 비겁했는지 나는 모르겠습니다. 하여간 여러분이 그때 조금만 더 격분했더라면 둘 중 어느 하나였을 것이지, 오늘 같은 답답함은 있지 않았을 것입니다. 즉 그 정권이 무너졌든지 나라가 온통 주검 더미가 됐든지.

신의를 떨어뜨리고 국민의 의기를 꺾었습니다

다시금 생각해봅시다. 이 공화당 정권은 나라를 어떻게 해쳤는가?

첫째, 경제파멸을 일으켰습니다. 이것은 잘못해서 그렇게 된 것이 아니라 일부러 그렇게 한 악정책입니다. 민중을 억누르고 만년 정권을 가지려면 민중을 극도로 가난하게 만들어서 기아선상에 헤매게 해야 하는 줄을 그들은 알기 때문입니다. 몇 개의 대재벌을 길러놓으면 정치자금 늘 바치니 좋고, 중소기업은 몰락하여 자유정신은 마비가 되니 해먹기가 좋은 것입니다. 증권파동이요, 중농정책이요, 특혜금융이요, 화폐개혁이요, 그들이 하는 모든 산업정책은 오로지 한 점, 민중을 파산시킨다는 데 집중되어 있습니다. 그래서 군정 이래의 그 결과가 나타난 것이 오늘의 이 "못살겠다"입니다.

둘째, 사회의 신의를 떨어뜨린 것입니다. 그들의 정치는 오직 둘, 칼과 돈입니다. 그 결과 민중은 한편으론 비겁해지고 또 한편으론 서로 믿을 수 없어졌습니다. 위협하고 매수하니 한 학교 직원실, 한 교회 성회 안에서도 서로 누가 누구를 믿을 수 없게 됐습니다. 서로 믿는 것은 공화당끼리만인지 모릅니다. 그러나 그것도 서로 못 믿는 날이 오고야 맙니다. 칼은 본래 갈라놓는 것이지 합하는 것이 아니고, 돈은 본래 돌려놓는 것이지 늘 하나로 있게 하는 것이 아닙니다. 그러므로 다른 것은 다 몰라도 이 정권의 앞날이 멀지 않을 것만은 예언할 수 있습니다. 천지에 정의의 법칙이 없다면 모르겠습니다. 있다면 반드시 그렇게 되지 않을 수 없을 것입니다. 그것을 믿으니 살고 싸웁니다. 누가 이기나 봅시다. 권력과 돈으로 민중을 억누르고 다스리려는 자들이 이기나, 정의의 법칙을 믿고 싸우는 자가 이기나.

셋째, 국민의 의기를 꺾었습니다. 국민을 파산을 시켜놓고는 기껏 하는 소리가 외국자본을 얻어와야 한다는 것입니다. 나라는 돈으로 되는 것이 아닙니다. 국민의 의기로 됩니다. 호랑이를 잡는 것이 힘에 있지 않고 기운에 있는 것과 마찬가지입니다. 그런데 이들은 경제 부흥을 하기 위해 안으로 국민을 믿고 국민에 호소하여 "띠를 졸라매면서라도 살아가봅시다" 하는 말은 언제 한마디도 하지 않고 외국 자본가를 할아버지나 되는 양 바라보고 아첨합니다.

한일회담을 서둘면서 국민을 납득시키기 위해 기껏 한다는 소리가 이제 있으면 있을수록 일본은 더 강해져서 점점 더 우리가 불리할 터이니 이쯤에서 얼마쯤 체면을 팔고 이익을 양보하면서라도 돈을 얻어다가 이 급한 때를 넘으면 좋지 않으냐 하는 것입니다. 그따위 뼈빠지고 정신 없는 것들이 나라를 하겠다 나선 것이 기막히는 일이요, 그따위를 물리치지 못하는 이 내가 죄인입니다. 정말 이럴진대 이 나라 어서 망하기를 바라겠습니다.

이 어려운 고비라 하지만 그것을 누가 만들었느냐? 너희가 일부러 만든 것 아니냐? 그것을 이유로 국민을 파는 것은 무엇이냐? 여러분, 어째서 이렇게도 모릅니까. 기운이 죽으면 내 주머니 속의 것도 내 것으로 내쓰지를 못하지만 한번 산 기운을 가진즉 천하의 것이 다 내 것이 되는 것임을. 무엇보다도 국민을 이렇게 비겁하게 만드는 것이 분합니다.

이런 생각 저런 생각 할 때 저들은 개인의 권세나 안락을 탐하는 정도만이 아니라 일부러 나라를 망치려고 결심하고 든 것이 아닌가 의심이 듭니다. 그렇지 않고는 모든 일을 그렇게 계획적·방법적·과학적으로 연구해가면서 할 리가 없습니다. 무섭습니다.

크게 앞을 내다봐야 할 것입니다

그러나 국민 여러분, 나라는 홀로 서는 것이 아닙니다. 다른 나라에 대하는 관계가 있습니다. 그 점을 생각할 때 참으로 어렵습니다.

첫째, 일본이 나쁩니다. 엊그제까지 우리를 먹고 압박했던 그들은 그 버릇을 아직 고치지 않았습니다. 이것은 결코 감정 문제가 아니요 공연한 공포심에서 나오는 말이 아닙니다. 일본의 정치가들이 하는 말에서, 그 신문이 하는 주장에서, 한일회담에서 요구하는 조건에서 모두 드러난 사실입니다. 이제 일제 36년간의 정치는 선한 정치였다 하고, 20년만 더 했더라면 좋았을 것이라는 말을 세계의 눈앞에서 하게 됐으니 어떻게 된 것입니까? 그러나 그들이 그렇게 하게끔 만든 것은 누구냐? 첫째는 우리의 이 박 정권입니다. "인필자모이후인모지, 국필자아이후인아지"人必自侮而後人侮之, 國必自我而後人我之[1]는 천고에 변할 수 없는 진리입니다. 이것들이 가서 비겁하게 국민을 팔아넘 겼기 때문입니다.

그러나 그보다 못지않게 중대한 것은 미국의 정책입니다. 나는 이날껏 미국을 배척하지 않았습니다. 인류의 자유를 위해 앞장서 싸운다고 생각했습니다. 그러나 우리나라에서 이즘('이즈음'의 준말-편집자) 하는 모양대로 나갈진대 나도 반미주의가 되지 않을 수 없습니다. 이유는 그들이 우리를 어제까지 우리 원수이던 일본에 팔아넘기기 때문입니다.

여러분, 일본이 저렇게 빨리 일어서는 것은 무엇 때문입니까? 그들이 잘하는 점도 물론 있지만, 그보다도 크게 힘이 된 것은 우리가 공산군과 싸우는 동안 군비 걱정 없이 베개를 높이 하고 누워서 산업부흥에 힘쓸 수 있었던 것과 미국이 일본을 다시 무장해 내세우려는 정책

---

1) 人必自侮而後人侮之, 國必自我而後人我之: "사람은 반드시 자기 스스로 모욕당할 일을 한 뒤에 남이 그를 모욕하고, 나라는 스스로 잘못을 저지른 뒤에 다른 나라의 침입을 받는다." 『맹자』, 「이루 상」.

때문입니다. 미국은 왜 그럽니까? 그들도 잘살고 싶으니깐 하기 싫은 싸움은 못난 다른 놈들에게 시켜야 할 것인데 동아시아에서 그중 가장 똑똑한 것은 일본이라 봤기 때문입니다. 당초에는 좋아 아니하던 우리 군사정권을 이제는 자꾸 뒷받침을 해주며 우리 국민의 여론이 반대일 것을 분명히 알면서도 한일회담을 기어이 맺도록 만들고 베트남 출병을 하도록 하는 것이 다 그 정책에서 나오는 것 아닙니까.

정치는 더럽습니다. 군사정권도 처음에는 반미주의를 내세우더니 요새는 곧잘 붙어먹고 있습니다. 국민이 반미적인 감정을 가지게 되면 나라를 망칠 생각만 하는 이 정권에서는 차라리 소원대로 된다 할지 모르고 공산당은 은연중 기뻐할지 모르겠습니다만 국민은 누가 자기 편이요 누가 자기 대적임을 잘못 보는 법 없습니다. 미국으로서 정말 자유를 옹호하고 싶을진대 한때의 안락만 생각지 말고 역사의 앞을 크게 내다보아야 할 것입니다. 일본을 재무장시키면 세계는 또한층 더한 어지러움 속으로 들어갈 것입니다.

미국은 중공이 무서워서 그러지만 중공을 폭력으로는 결코 처치할 수 없을 것입니다. 인구 7억의 중공까지 갈 것 있습니까? 히틀러의 힘을 가지고도 손바닥만한 덴마크를 어떻게 할 수가 없었습니다. 일본도 자유를 지키고는 싶고, 물건을 팔아 먹고는 싶고, 그래서 정경 분리라 하지만 어느 날까지 그럴 수 있을 것입니까? 여기에 미래의 역사, 더구나 이 동아시아를 근본적으로 고쳐 생각하지 않으면 아니 되는 점이 있습니다. 문명이 달라지고 있습니다. 정권이나 정당 따위 문제가 아닙니다.

그러나 그 달라지는 역사에서도 무시 못할 것이 민족이란 것입니다. 지난날의 민족주의는 물론 다시 있을 수 없습니다. 그러나 공산 진영 속에서도 유고 다르고 소련 다르고 중공 다른 것을 생각하면 자연 알 수 있는 것이 있지 않습니까? 그렇기 때문에 공산주의를 선전하자는 배짱이면서도 이름은 민족주의 또는 민주주의라고 하지 않습니까?

공산주의가 세계를 정복할 것도 아닐 것입니다. 미국의 자본주의가 세계를 휩쓸 것도 아닙니다. 그 둘 자체가 다 달라지고 있지 않습니까?

사상은 사상이니 그대로 늘 있을 것이 아닙니다. 제도는 더구나 늘 그대로 가는 것 아닙니다.

세계는 하나가 되고야 말 것입니다. 그러나 거기로 가는 길은 직선이 아닐 것입니다. 오불꼬불 곡절 많은 길을 걸어서야 갈 것입니다. 그리고 가는 때까지는 민족 또는 국민이라는 차를 타고 가는 수밖에 없을 것입니다. 그러니 지금의 모양을 보고 겁을 집어먹고 자살을 하는 어리석음을 해서는 아니 되고 고개 앞을 내다봐야 할 것입니다.

마음을 다잡으십시오

그러면 국민 여러분, 어떻게 할 것입니까?

될수록 크게, 될수록 멀리 내다볼 것입니다. 관청의 출근부나 정당 사무소의 간판만 보지 말고 인류 역사의 나아가는 방향을 보는 것입니다. 지금의 모양으로는 앞이 다 막히고 살길이 없는 것 같지만 그렇지 않습니다. 역사는 어느 면으로는 기적이 없습니다. 또박또박 한 대로 됩니다. 그러나 또 다른 면에서 하면 역사야말로 기적의 연속입니다. 하나도 예측대로 되는 것이 없습니다. 늘 사람의 계획과 요량 밖으로 벌어집니다. 그러므로 나폴레옹도 망했고 히틀러도 망했습니다. 하물며 그 지혜나 그 기백에서는 나폴레옹이나 히틀러에 못 미치는 벼룩 빈대 같은 것들 따위겠습니까? 사람의, 개인의 생명이 결코 다가 아닙니다. 그러므로 역사가 있습니다.

그러나 또 반면은 자세해야 합니다. 하나도 허술하게 보아 넘어가지 말고 자세히 보고 곰곰 생각하여 판단을 해야 합니다. 역사 기록은 어떤 사람만 하는 것이 아닙니다. 모든 사람이 다 마음속에 해야 합니다. 지금 있는 법관은 혹 세력에 팔려 잘못 판결을 할지 모르고,

지금 쓰는 역사가는 혹 잘못 판단을 하여 정사正邪를 바꾸어 쓸 수도 있습니다. 그러나 나는, 내 마음은 그래서는 아니 됩니다. 크고 작은 일에서 그 시비를 늘 잊지 말고 판단해서 심장 속에 기록을 해야 합니다. 어느 혁명의 공로자는 누구, 어느 외교의 죄인은 누구, 어느 정당, 어느 교파에서 옳은 인물은 누구요 악한 인물은 누구였던 것을 다 판단하여 기록해두어야 합니다.

옛날 사람은 하나님의 심판을 믿었지만 하나님의 심판 없습니다. 역사의 심판이 있을 따름입니다. 역사의 심판이 곧 하나님의 심판입니다. 그런데 그 역사의 심판은 민중 가슴속의 기록없이는 아니 됩니다. 그 대신 의인이 한 사람이라도 정말 바른 판단을 하여 공소하기만 하면 어떤 대제국의 일이라도 무너지지 않을 수 없습니다. 요새 사람 같지 않은 것들이 감히 나서서 정치한다, 나라 대표하여 외교한다 하는 것은 이러한 민중의 판단 기록이 약해졌기 때문입니다. 하나님은 차라리 죽을 수 있는지 모릅니다. 민중은 절대 죽을 수 없습니다. 아닙니다. 하나님의 구체적인 모습이 민중이요 민중 속에 살아 있는 산 힘이 하나님입니다.

그러나 무엇보다 중요한 것은 결심입니다. 살기로 결심, 싸우기로 결심, 이기기로 결심하는 것입니다. 우리가 싸우는 것은 그 개인을 상대하는 것이 아닙니다. 미운 것은 악을 행하는 그 개인이 아닙니다. 도리어 그 개인은 불쌍한 물건입니다. 너는 무슨 운명으로 나왔기에 이 세상에 와서 그 독재자 폭군의 역할을 하다 가느냐 하고 불쌍히 여겨야 합니다. 미운 것은 그 악입니다. 그 사람은 아무리 악을 했어도 죽으면 불쌍한 역사의 제물이지만 그 악은 여전히 남아 있습니다. 그러므로 그것과는 쉬지 않는 싸움을 할 결심을 해야 합니다. 사람이 죽어도 또 나는 것은 이 다하지 못한 책임 때문입니다.

물질계에 앞의 물결이 있어서 뒤의 물결이 일어난다면 사람의 혼에서도 마찬가지일 것입니다. 나는 우연히 난 것 아닙니다. 전에 났다가 다하지 못한 책임이 있기 때문에 또 나온 것입니다. 그것을 전체로 볼 때 국민이라 합니다. 그러므로 한 일, 한 생이 끝날 때는 싸울 것을 반드시 새로 결심해야 합니다. 아무리 비참해도 우리의 4천년 역사가 있는 것은 우리 조상들이 죽으면서도 이 역사를 기어이 빛내기 위해 결심하며 죽은 것이 있기 때문입니다. 그런 의미에서 우리 삶은 조상의 은혜입니다. 그것이 한 민족이라는 것입니다. 그러므로 우리도 시시각각으로 건건사사로 결심해야 합니다. 이 정의의 싸움, 자유의 싸움, 선의 싸움을 싸울 것을.

결심은 뜻의 되살림입니다. 현실 속에 풀어져 없어지려는 뜻을 또 모아서 매듭을 맺고는 새 출발을 새 힘으로 하는 것이 결심입니다. 거기가 역사의 탯집입니다.

국민 여러분!

오늘까지는 싸움에 졌어도 내일부터는 꼭 썩어빠진 정치에 끝을 내도록 결심을 합시다.

일본 세력도, 미국 세력도, 중공 세력도 그 밖에 어떤 세력도 다 물리치고 완전한 독립 국민으로 살 것을 결심합시다.

내일의 세계를 지도해갈 새 사상, 새 종교를 꼭 우리 속에서 낳도록 결심을 합시다. 성령의 수정을 하도록, 민족적인 혼의 태반을 정화하도록 합시다.

세계 혁명의 앞장을 서도록, 세계 역사의 역사적 메시아로서의 십자가를 온전히 지고 살아나도록 결심을 해야 합니다. 한 사람 한 사람이 이제 시시각각으로 결심해야 합니다.

결심의 송곳 끝이 날카로우면 날카로울수록 현재 악조건의 주머니를 뚫고 나오기가 빠를 것입니다.

여러분의 마음을 다듬으십시오!

• 1965년 5월, 『사상계』 제146호

싸움은 이제부터

역사의 매듭

한 해 동안 하늘을 뚫을 듯이 자라는 대나무에도 매듭이 있고, 백천 길 물결 속에서 배를 지키는 닻줄에도 고리가 있다. 삶은 구절이요 일은 마디다. 그 마디마디를 야무지게 마무르고 그 구절구절을 다부지게 매듭 맺음이 곧 그 생명을 무한히 연장하고 그 일을 영원히 발전시키는 까닭이다.

나무가 아무리 크게 자랐더라도 열매 맺지 못하면 죽은 나무요, 사업을 아무리 넓게 벌였더라도 결산 짓지 못하면 실패하는 사업이다. 아니다. 이 빛과 그늘이 있는 천지에서는 열매 지음 없는 나무란 있을 수 없고, 이 참과 거짓이 있는 세계에서는 결산 지음 없는 사업이란 있을 수 없다. 그러므로 모든 삶, 모든 일에서 이 매듭짓는다는 것은 매우 중요한 일이다.

매듭을 짓는다는 것은 생명의 갱신을 뜻하는 일이다. 그것은 힘이 되살아남이요, 뜻이 깨달아짐이며, 목숨이 자라나감이다. 거기서 공간이 시간과 만나게 되고, 유한이 무한과 맞부딪치게 되며, 상대가 절대와 쓸어안게 된다. 이 세계가 상대세계이기 때문에 있는 어쩔 수 없는 일이다. 이것은 절대에서 상대가 나오고 상대에서 절대에 이르는 존재의 원리다. 여기 창조와 심판이 있다. 여기서, 이 매듭짓는 일에서 사망이 생명에 삼켜진 바가 되고, 악한 것이 선한 것 속에 녹아들게 되며, 만물이 하나님 품 안에 구원이 된다.

여기서는 이때껏 살아온 세계의 총결산을 하는 동시에 앞으로 되어나올 세계의 알을 배게 된다. 과거와 미래가 만나는 현재의 시점이다. 시점이라기보다는 사점思點, 곧 생각 찍음이라 하는 것이 좋을지도 모른다. 여기서 지나간 모든 세계는 기억이라는 정신의 빛 속에 녹아들어 그 허울을 왼통 잃고 생각하는 현재의 프리즘의 한 점, 점 아닌 점을 통하여 미래의 가지가지의 세계를 창조하는 추리의 힘으로 되어 무지개처럼 번져 나오기 때문이다.

매듭짓는다는 것은 곧 생각 찍음이다. 생각은 곧 찍음〔點〕이다. 생각이 스스로를 찍을 때 말씀이 나온다. 말씀은 세계를 없애버리고 또 세계를 짓는다. 이러한 말씀의 시간, 또는 시간의 찍음, 또는 삶의 매듭을 사람은 여러 겹으로 가진다. 생각하는 찰나의 찍음에서부터 우주적 시대에 이르기까지 가지가지의 세계가 겹겹이 들어 있다. 한 숨의 들어가고 나옴, 하루의 자고 깸, 한 해의 자라고 쉼, 일생의 나고 죽음이 다 그것이다. 이리하여 사람은 우주 속에 나를 보고 내 속에 우주를 보며, 찰나 속에 영원을, 영원 속에 찰나를 본다.

내 안에 하나님을 믿고 하나님 안에 나를 믿는다. 이리하여 죽을 것이 죽지 않는 것을 향하여, 끝 있는 것이 끝 없는 데 향하여, 악한 것이 선한 것에 향하여 무한한 발전을 이루어간다. 그러한 가운데서 현실의 인간이 다같이 서는 마당을 역사라 부르고, 그 역사가 자라는 매듭을 시대라 한다. 시대는 곧 역사의 말씀 찍음, 생각 찍음, 곧 숨쉽이다.

우리는 이제 그러한 역사의 한 매듭을 지어야 하는 점에 이르렀다. 두 해를 두고 정부라는 지배자의 한 묶음과 국민이 서로 싸워오던 '한일국교 문제'가 이제 거의 끝을 맺으려는 때다. 여기서 매듭을 바로 맺으면 우리 장래는 있는 것이요, 잘못 맺으면 없다.

농부의 일은 곡식을 짓는 것이지만 그 잘하고 잘못함은 한 해에 거둔 곡식의 많고 적음에 있기보다는 그것을 놓고 어떻게 결산을 하느냐 하는 데 있다. 농사는 한 해만 하는 것 아니라 일생을 두고 할 것이기 때문이다. 그래서 참 농사꾼은 "굶어죽어도 씨앗은 베고 죽는다"는 것이다.

역사에서도 마찬가지다. 국민도 한 시대만 사는 것 아니라 영원히 발전할 것이기 때문에 그 국민의 어질고 어리석음도 그 치른 사건의 내용에 있는 것 아니고 그 사건을 치르고 나서 어떻게 역사적 결산을 하는가 하는 데, 즉 시대의 매듭을 지음에 있다. 농부에게 중요한 것은 한 해만 아니라 일생을, 자기만 아니라 자자손손이 한다는 그 인생관이요, 국민에게 중요한 것도 마찬가지로, 한 대만 아니라 영원히 발전해나갈 것이라는 역사적 주체의식이다.

싸움은 이제부터

그러면 우리는 이 사건의 구절을 어떻게 매듭을 짓고 넘어가야 할 것인가? 우리로서 한다면 이렇다. 정말 싸움은 이제부터다. 혹은 싸움은 정말 이제부터다.

한일국교 문제를 놓고 우리들은 정부가 하는 지정머리가 굴욕적이다, 그 맺으려는 조약 내용이 매국적이라 해서 두 해를 두고 싸워왔다. 국민에게는 의논도 하지 않고 저희 몇몇이 건방지게 혼자 나가 맘대로 언질을 주고 온 것을 알았을 때 온 국민은 유식 무식을 가릴 것 없이 분개했고, 언론기관들도 한둘 팔린 것들을 내놓고는 모두 다 붓끝을 한데 모아서 그것을 비난했다. 그래도 정부는 뜻을 돌리지 않고 끝내 가조인을 했고, 그 가조인 됐다는 소리를 듣고 국민은 소리를 높여 책망했으며, 그래도 듣지 않고 우겨 정식 조인까지 하는 것을 보고는 놀람과 분이 한층 더 끓어올라서 기울어지는 집을 보고서 비로소 떠드는 사람처럼 마냥 비준 저지를 외쳤으며, 사회는 그 때문에 극도로 흥분했다.

그러나 그것을 보고 겁이 난 정부는 간악하고도 더럽게 날치기식으로 특별회의에서 통과 아닌 통과를 시켰으며, 본회의에서 야당이 분개하여 뿌리치고 나옴으로써 그 국민적인 양심을 향하여 최후의 호소를 한즉 이성도 염치도 무시하고 일당독재로 불법적인 동의를 해버렸다. 그것을 본 국민은 드디어 참던 분이 터져 수만 학생의 데모로, 수만 종교인의 통곡기도로, 수백의 대학교수·문인·예비역 군인들의 반대성명으로, 국민궐기대회로 되어 나왔다. 그러나 권력욕에만 달라붙는 지배자들은 거기에 대해 어떻게 대답했던가?

지난해의 계엄령, 금년의 위수령, 서울은 적군의 진이나 되는 듯 탱크가 그 거리를 누비고 대학에는 들어오는 학도들을 향해 기관총이 버티고 서게 됐으며, 돈으로 매수하고 거짓말로 선전하고 꼬부려 붙인 법으로 졸라매던 정치는 하다 하다 못해 드디어 몽둥이와, 최루탄과, 구둣발과, 말발굽과, 자동차 바퀴로 마구 때리고, 쏘고, 비틀고, 억누르고, 짓밟고, 찍댁이는 사나움으로 변해버렸다.

민중을 누가 감히 굴복시키랴

그리하여 바른말을 하고 정의의 외침을 하던 사람들은 혹은 죽고 혹은 병신이 되고 혹은 철창 밑에 울게 됐으며, 그렇지 않으면 집을 빼앗기고 학교를 내쫓기고 직업을 잃고 주림과 죽음의 골목에 헤매게 되었다. 민족의 혼과 정의가 메아리치던 거리에는 이제 지저분한 티끌만이 남았고, 의분의 대열에 박수를 보내던 민중은 끽소리도 못하고 정신빠진 듯 멍청히 서게 되는 대신, 고집하는 지배자들은 그 서슬이 시퍼렇기 칼날 같고 그 쳐드는 고개가 일어나는 독사의 대가리처럼 높았으며, 그 배는 먹자 마시자에 잔뜩 불러 뒤로 눕게 됐다.

그러니 이만하면 싸움은 완전히 실패로 끝난 것으로 보아야 마땅한 듯하다. 이제 국민의 마음 속에 떠오르는 것은 자칫하면 "별수 없구나, 억누르면 다로구나" 하는 체념뿐이게 됐다. 폭풍 지나간 골짜기인 양 잠잠 무표정한 민중의 가슴속을 알 수는 없으나, 잘못하면 그렇게 지치고 자포자기해버릴 염려가 많고, 적어도 그렇게 만든 저 지배자들의 심산은 민중이 그렇게 되기를 바랐을 것이다. 그렇기 때문에 '강경정책'을 말하고, '철저단속'을 내세우며, '뿌리째 뽑는다'고 호통을 쳤을 것이다. 자포자기하지 않는 민중을 누가 감히 무엇으로 굴복시킬 수 있을까?

그러나 일이 외양으로 보기에 아무리 그렇더라도 절대로 마음이, 정신이 그런 것은 아니다. 그렇게 되어서는 아니 된다. 체념해서는 아니 된다. 눌려버려서는 아니 된다. 자포자기해서는 아니 된다. 싸우자는 뜻을, 전투정신을 조금이라도 잃어서는 아니 된다. 강경이라지만 본래 구부려질 수 있는 기운이 아니다. 뿌리째 뽑는다지만, 원래가 뽑혀질 수 있는 뿌리가 아니다. 데모의 뿌리는 의분에 있고, 의분의 뿌리는 젊음에 있으며, 젊음의 뿌리는 생명에 있고, 생명의 뿌리는 전능하고 거룩한 하나님에 있다. 삶은 폭발하는 것이요, 일어서는 것이요, 대드는 것이요, 삼키는 것이다.

민중이 지배자에게 결러대는 것이 아메바가 사자에 대드는 것 같고, 정의감이 권력에 반대하는 것이 빗방울이 바위를 때리는 것 같으나, 바위는 다할 날이 있어도 빗방울에는 다할 날이 없으며 사자는 죽는 때가 있어도 아메바에는 끝이 없다. 절대로 그 기운 죽을 수 없고 그 뿌리 뽑히지 않는다. 꺾으려면 꺾는 제가 꺾이고 마는 법이요, 뽑으려다가 뽑는 제가 도리어 뽑혀버리는 법이다. 역사 위에 그러한 폭군 독재자의 실례는 얼마나 많은가? 그러므로 싸움의 이 구절을 실패로 매듭지어서는 아니 된다. 이것은 영원한 싸움의 한 고리다. "졌다" 하면 영원히 지고 마는 것이요, "싸움은 이제부터다" 하면 영원히 이긴 것이다.

본래 지배는 한때의 지배일 뿐이요, 반항은 영원한 반항이다. 거머리나 진드기처럼 한때 해먹고 떨어지잔 것이 지배자요, 끝 모르는 영원한 '삶의 뜻'을 따라 겸손히 살자는 것이 씨올, 곧 민중이다. 살자, 내가 살기 위해 남을 죽이자는 욕심에 사는 지배자들은 제 재주와 힘으로 데모의 푸른 바다를 뿌리째 뽑아 막아낼 줄 알고 그 취한 생각에 한때 살다 죽는 하루살이다.

하루를 취해 살고 죽으라 해라. 죽자, 내가 죽음으로써 전체를 살리자 하는 우리는 한때 넘어지나 그것을 넘어짐으로 여기지 말고 싸움은 정말은 이제부터라 하고 다시 일어남으로 죽었던 것을 되살려내는 영원한 존재다. 백 배 천 배 억만 배 무한한 생명으로 살아나야 할 것이다. 이기고 또 이겨야 한다.

영원한 싸움

정말 싸움은 이제부터다.

싸움은 정말 이제부터다.

왜 그런가?

삶은 본래 영원한 쉴 새 없는 싸움이기 때문이다. 역사는 발판밖에 아니 된다. 이 시간까지 이겼다 해도 그것은 장차 있을 싸움의 발판이 될 뿐이요, 이 시간까지 져왔다 해도 그것은 역시 장차 올 싸움의 발판이다. 발판으로 삼고 잘 뛰기만 하면, 현재에서 비약하여 미래속으로 뚫고 들어가기만 하면, 지난날의 역사가 성공이었거나 실패였거나 그것은 문제가 아니다. 지난날의 역사가 실패일수록 그것을 박차는 용기를 내야 한다. 사실 성공이냐 실패냐를 결정하는 것은 현재가 아니고 미래다.

모든 역사의 열매는 미래의 제단에 바쳐서만 살아날 수 있다. 거둔 곡식을 달게 먹고 배 장단을 치는 농부보다는 한줌 되는 곡식 속에 한 시간 목숨의 연장을 탐하려 하지 않고 그것을 종자로 베고 누워 영원한 미래의 꿈 속에 숨지는 농부야말로 참 농부 아닌가? 밥은 달다지만 뱃속에 들어가 썩는 모든 씨울은 사실은 나중에 땅속에 들어가 썩음으로 새 생명으로 나타날 그 씨울 한 알을 위한 준비요 그것을 괴는 것들 아닌가? 그러면 먹고 산 많은 씨울보다 너무 적어서 먹지 못하고 종자로 남겨놓고 죽은 한 알이야말로 참 씨울의 값을 발휘한 것이요, 나의 참 양식이 된 것이라 할 수 있다. 풍년의 곡식보다 먹지 못한 흉년의 곡식이 더 값이 있듯이, 진 싸움은 이긴 싸움보다 더 큰 이김의 시작이다. 주려 죽는 경험이 없었더라면 경제가 있을 수 없듯이 짐이 없었더라면 이김도 없었을 것이다.

그러므로 장차 있을 싸움에 비하면 이날까지의 싸움은 싸움이 아니다. 그 준비다. 이긴 것도 준비가 되지만 졌으면 더 좋은 준비다. 모든 일의 값은 네 마음속에 일으킨 반응, 곧 반항의식의 정도에 따라서 헤아려진다.

극점에 이른 싸움

정말 싸움은 이제부터다.

싸움은 정말 이제부터다.

왜 그런가?

이번 사건으로 싸움은 극점에 이르렀기 때문이다. 좀더 똑바로 말한다면, 사실은 극점이 아니고 극점에 가까워졌다 할 것이다. 왜냐하면 정말 극에 갔다면 일은 그대로 있지 않고 변화해버렸을 것이기 때문이다. 태강즉절太强則折이라, 너무 강하면 꺾어진다는 말이 있다. 너무란 갈 데까지 다 간 것, 유를 넘은 것이다. 강하다 강하다 못해 지나치도록 강하면 꺾어지고 만다. 또 유능승강柔能勝剛이란 말이 있다. 부드럽고 부드러워 참 부드러우면 도리어 강한 것을 이긴다는 말이다. 그와 같이 정부가 정말 끝까지 강하고 학생이 끝까지 약했더라면, 참에 이르렀다면 일은 이대로 있지 않았을 것이다.

이번 사건에 어떠했나? 정부는 강경정책을 썼다. 그러나 꺾어지는 데까지 강하지는 못했다. 그러므로 강경정책을 쓰는 뒷면을 생각해보면 사실은 약한 데가 있다. 빈 데가 있다. 겉에 어마어마하게 무장을 나타낸 것은 속이 약한 증거다. 또 데모하는 학생들은 평화 데모와 비폭력이라 했지만 정말 평화적, 비폭력이 되지 못했다. 참 강했다면 꺾이는 데까지 갔을 터인데 그렇게까지는 강하지 못했고, 참 부드러웠더라면 그 총까지 칼까지 통째로 삼켜버렸을 것인데 그렇게까지는 부드럽지 못했다. 피차에 그러한 결과는 험악이라는 현사태에까지 이르렀다.

그리하여 일은 일보직전에까지 이르고 말았다. 정말 참 해결에까지 이르지 못하고 이 답답한 한심한 꼴에만 빠지고 말았다. 정부도 이대로 더 이상 나아갈 수가 없고 학생들도 더 이상 이대로 나아갈 수가 없어졌다. 밉거든 왜 정 죽여버리지 못하나? 나라 생각 정말 하거든 왜 다 살려내지 못하나? 죽이려 드는 것 봐서는 미워하는 것 같고, 못 죽이는 것 봐서는 사랑하는 것 같은데, 죽이지도 못하고 살리지도 못하고, 이것이 막다른 골목에 든 것이요, 이대로는 더 갈 수 없는, 가서는 아니 되는 까닭이다.

그리고 보면 지금까지 한 일은 다 소용이 없다. 어떤 새 일이 일어나야 한다. 그렇기 때문에 싸움은 이제부터다. 이제부터 정말 싸움을 싸워야 한다. 너도 나도 살기 위해, 그러니 싸움은 정말은 이제부터 시작이다.

싸움이 끝이 난 것이 아니라 시작이다. 지금까지 사람이 한둘 죽고 상하고 학교 문이 더러 닫히고 밥줄이 더러 떨어졌다 해도 그 따위가 문제가 아니다. 정말 싸움을 이제부터 시작해야 한다. 있는 힘을 다해 역사를 극점에까지 밀어넣어야 한다.

너, 나의 정체

정말 싸움은 이제부터다.

싸움은 정말은 이제부터다.

왜 그런가?

이번 싸움으로 너와 나의 참 꼴이 드러났기 때문이다. 이번 싸움이

4 · 19에 비하면 그 규모가 더 크다 할 것인데 어찌하여 실패로 돌아가고 말았나? 한마디로 해서, 국민대중이 동원되지 않은 데 있다. 왜 국민이 가만 있었나? 정부가 맺은 한일조약 찬성해서인가? 절대로 아니다. 데모하는 학생이나 비판하는 학자, 언론인의 말을 기다릴 것 없이 정부가 그것을 꼭 통과시키려고 취한 가지가지의 방법과 그 하는 태도가 무엇보다 이것을 증명한다.

한마디로 해서 정부는 언제나 국민 전체를 대적으로 생각하고 모든 것을 선전하고 꾸며냈다. 다른 것은 다 그만두고 국민 전체를 대적으로 생각 아니하고야 그 많은 병력을 누구를 향해 동원했을까? 닭 잡는 데 소 잡는 칼을 쓰지 않는다고, 삼군이라도 동원할 듯한 태세를 갖추었던 것은 공산당은 아닌 국민을 겨누었던 것 아닐까?

그러므로 국민이 그 조약을 반대한 것은 환한 사실이다. 그럼 그런데 왜 그 국민이 전반적으로 데모에 참가하지 않았나? 4 · 19 때와 무엇이 다른가? 4 · 19 때는 단순히 나라 안의 독재세력과 정의의 주장이 맞섰던 것이다. 그러므로 민중은 쉬이 데모 학생의 뒷받침을 해주었다. 그러나 이번은 싸우다 싸우다 보니 앞에 서는 것이 단순한 국내의 독재세력만이 아닌 것이 알려졌다. 박 정권의 뒤에는 일본의 제국주의자들이 서 있고 일본의 뒤에는 또 미국의 달러 힘이 강하게 버텨주고 있는 것이 분명해졌다.

일본이 한국의 데모 사건을 크게 걱정하고 비준안이 날치기 통과를 할 때에 축하의 뜻을 보내고, 『뉴욕 타임스』 『워싱턴 포스트』가 한국 학생의 데모를 욕하고 한국 기독교인의 구국기도회를 비방하고 하는 것을 보고 우리는 놀랐다. 러일전쟁을 반대하던 우치무라[1]의 일본

---

1) 우치무라 간조(內村鑑三, 1861~1930): 일본의 종교 사상가이자 비평가. 외국 선교사의 도움 없이 자신의 힘으로 독자적인 교회를 세웠고, 미국 유학을 마치고 일본으로 돌아와 학생들을 가르쳤다. 그의 자유로운 종교 사상은 무교회주의 그리스도교 사상가를 배출했으며 현대 일본 문화뿐만 아니라 김교신 · 함석헌을 통해 한국에도 그 영향력을 미쳤다.

이 어찌 그럴 수가 있을까? 링컨의 미국, 윌슨의 미국이 어찌 그럴 수 있을까? 기독교 선교사까지도 구국기도회와 성명을 잘못이라는 것을 보고 우리는 미국의 독립선언문조차 의심하지 않을 수 없었다.

어쨌거나 우리의 대적은 홑몸이 아니요, 삼중이요 삼위일체다. 이것이 그들이 큰소리를 뻥뻥 하는 이유다. 강력조치, 철저단속, 뿌리째 뽑는다는 자신이 나오는 출처를 이제 우리는 알았다. 지난날의 이승만과 자유당은 문제도 되지 않는다. 그때는 팥이 풀어져도 솥 안에 있을 수 있었지만 이번에는 둥지가 깨지는데 성한 알이 어디 남아 있을 수 있을까? 잘못하다가는 너와 내가 다 망하는 수밖에 없을 것이다. 나라의 국기國基가 위태한 것을 느꼈다. 이것이 민중이 주춤하고 약해진 이유다. 약해진 것이 아니라 신중했던 것이다. 자중한 것이다. 약했다기보다는 사실은 강해진 것이다. 마음이 커지고 넓어진 것이다.

이것을 아는 사람이 누구냐? 민중 저 자신도 모르는지 모른다. 정말 참 제 일은 모르는 법이다. 그러나 참은 나타나야 한다. 민중이 자기발견을 해야 역사는 이루어진다. 민중을 참 존경하고 역사를 진정으로 걱정하며 내다보는 눈은 이 드러내는 비밀을 알 수 있을 것이다. 민중아, 너는 미친 바람 밑에 흔들리는 바다였더냐. 네 마음은 거기 비치는 보름달이었더냐. 너는 약함으로 강했더냐. 흔들림으로 평화였더냐. 짐으로써 이겼더냐. 부서지지만 변함없이 옹글고 밝았더냐.

싸우자면 못 싸울 것이 아니로되 작은 승리를 다투다가 너와 내가 다 망하고 죄인이 되면 어쩌느냐? 그래서 잠잠했다. 그러나 싸움은 아니 싸울 수 없는 싸움이다. 저와 우리가 다 사람 노릇을 하기 위하여 반드시 해야 하는 싸움이다. 그러므로 너의 정체가 무엇이요 나의 정체가 무엇임을 안 이상, 싸움은 새로워질 수밖에 없다. 이제부터가 정말 싸움이다. 너와 나를 다 살리는, 나라를 건지는 싸움이다. 이번엔 구국이라, 조국수호란 말이 나온 것은 결코 우연이 아니다. 역사의 증언이다.

새 싸움

정말 싸움은 이제부터다.

싸움은 정말 이제부터다.

왜 그런가?

이제는 새 싸움이기 때문이다. 싸우는 원리도 달라지고 방법도 달라져야 한다. 맘이 옅고 좁은 사람들, 싸우자니 그 가진 권세에 탈이 나서 그러는 듯 겁을 내고, 그래서 꼬집는 계집의 손톱 같은 정책을 쓰지만 그까짓 개미의 쌓아올린 흙 같은 자리와 버마재비의 쳐든 팔 같은 권세를 누가 탐을 내느냐? 정권의 싸움이 아니다. 제도의 싸움도 아니다. 이것은 따지고 들면 정신의 싸움이요 진리의 싸움이다. 겉의 싸움이 아니요 속싸움이다. 내가 너에게 진 것은 팔이 짧아서도, 주먹이 작아서도, 쥔 돌멩이가 작아서도 아니다. 내 마음이 참이 못 되기 때문이다. 내가 참을 한다면야, 그리하여 참이 내 뒷받침을 해준다면야, 세상에 못 이길 것이 어디 있겠느냐?

새 싸움이 다가오고 있다. 세계가 달라질 것이요 인류의 문화와 그 사회구조가 근본적으로 달라지고야 말 것이다. 우리는 싸움의 일선이다. 그렇게 되고야 말려고 당하는 우리의 고난이다. 눈앞에 뵈는 것은 박 정권이요 일본 세력이지만 문제는 결코 거기만 그치지 않는다. 미래 인류 전체에 관계되는 문제다. 이것이 우리가 한사코 싸우는 까닭이다.

그러므로 싸우는 정신과 방법이 다 근본적으로 달라지지 않으면 안 된다. 지난날 썩어빠진 사회에서 당파싸움을 하던 버릇, 국가주의 밑에서 세력다툼을 하던 정신, 생존경쟁 철학 속에서 영화를 다투던 방법을 가지고는 장차 오는 세계를 위한 이 싸움은 싸워낼 수 없을 것이다. 그렇기 때문에, 소용이 없기 때문에 이번 이 싸움에 이기지 못한 것이다. 여기서 이긴 자는 거기서 패망자일 것이요, 여기서 진 자는 거기서 이긴 자일 것이다.

정말 싸움은 이제부터다.

싸움은 정말은 이제부터다.

싸움은 이제다. 이 순간이다. 이 순간을 이겨야 한다. 이 순간을 이기기 위해 이제까지의 모든 성공 실패를 다 부인해야 한다.

싸움은 이제다. 이 나, 이 자아다. 이 나를 이겨야 한다. 이 나 하나를 못 이겼기 때문에 남에게 지는 것이요, 이 나를 참으로 이길 때 못 이길 것이 무엇이겠나? 이 나를 이기기 위하여 제 편과 원수를 다 부정해야 한다.

낙심 말라, 이제다.

제 십자가를 져라, 내가 세상을 이겼노라.

• 1965년 10월, 『사상계』 제152호

썩어지는 씨올이라야 산다

4월혁명 열 돌에 되새겨보는 말

진달래가 피는 한 4·19는 살아 있습니다

4·19가 있은 지 10년입니다. 해마다 진달래 피는 이 4월이 오면 우리는 빛나는 혁명의 역사를 되새겨봅니다. 진달래는 과연 4·19의 좋은 상징입니다. 이 꽃이 겨울 꿈에 시든 강산을 하루아침에 피의 음악으로 깨워놓듯이, 4·19는 압박 밑에 쭈그린 씨올을 하루 만에 해방시켜놓았습니다.

이 꽃이 피었다가는 맥없이 지면서도 봄만 오면 또 피어 "내가 과연 진달랜가" "네가 과연 진달랜가" 부르짖고 일어나듯이, 4·19도 실패람 깨끗한 실패이면서도 도리어 그 짐으로 영원한 이김을 외치고 있습니다. 이 강산이 있는 한 진달래는 필 것이요, 진달래가 피는 한 4·19는 살아 있을 것입니다.

그러나 그것이 영원히 되새겨야 할 위대한 정신의 피어남에는 변함이 없어도 그 되새기는 맘씨는 이제 달라져야 하게 됐습니다. 시대가 변했기 때문입니다. 모든 것이 고정되어 있는 듯한 옛날에도 10년이면 강산이 변한다 했는데 이 속도 시대에 변하지 않을 리 없습니다. 소위 국민투표란 것 이후 세상은 많이 달라졌습니다.

그럼 어떻게 달라져야 합니까? 한마디로 이날까지 우리는 4·19를 모방하려고, 다시 일으켜보려고 했습니다. 그러나 이제는 그것을 이해하도록 힘써야 합니다. 이때까지의 10년은 여러 가지 사건이 많으면서도 "독재정권 때려 부순다"는 한마디로 우리 싸움의 표어를 내세울 수가 있었습니다. 그러나 이제는 그것 가지고는 아니 됩니다. 독재가 결코 없어진 것 아닙니다. 여전히 있습니다. 그러나 정치악은 훨씬 더 심해져서 그것 가지고는 도저히 찔러지지 않게 됐습니다. 새로운 싸움의 표어를 뭐라 해야 하겠는지는 아직 모르겠습니다마는 하여간 독재정권이라는 말은 쑥스러울 정도가 됐습니다. 이제 황달이 아니고 흑달입니다. 그러므로 4·19식대로 해서는 도저히 혁명은 할 수 없습니다. 그렇기 때문에 모방이 아니고 이해를 해야 한다는 것입니다.

본래 4·19는 그 직후에도 다시 재판은 아니 되는 것입니다. 나는 첨부터 4·19는 헛총이다, 두 번은 못 쏜다 했습니다. 그 까닭은 이것은 하나의 정신운동이기 때문입니다. 정신의 근본 원리는 스스로 함입니다. 그러므로 모든 정신운동은 직접적인 것, 한 번뿐인 것, 독특한 것입니다. 그것은 마치 화산의 폭발과 같습니다. 폭발하는 것입니다. 그 폭발은 지구의 중심에서 준비되어 어느 순간에 터져 나옵니다. 터지면 순간적입니다. 크게 영향을 미치지만 그것은 그 영향이지 폭발 자체는 아닙니다. 폭발은 그대로 연속할 수 없습니다. 다시 되면 그것은 또 하나의 다른 폭발이지 전의 것의 연속일 수 없습니다. 그것은 그것대로 지구 중심에서 새로 준비되지 않으면 아니 됩니다.

그렇기 때문에 모방은 흔히 하는 것입니다. 이것은 개인이 하는 종교적 체험을 보면 잘 알 수 있습니다. 그것은 어디까지나 신비적인 것입니다. 보통의 의식층에서 나오는 것이 아니라 그보다는 훨씬 깊은 데서 나옵니다. 일어나면 전에 이성으로는 도저히 할 수 없었던 놀라운 일을 하게 되고 성격의 개변을 일으킵니다. 그러나 지나간 후에 그것을 반성하고 아무리 재현하려 해도 되지 않습니다. 그 체험은 그 순간에만 있는 진정한 자아의 상황에 대해 자기의 혼 자체가 직접 대답했던 것이기 때문입니다. 엄정한 의미에서 상황은 늘 순간적이지 고정적으로 계속되는 것이 아닙니다. 단체의 경우에서도 마찬가지입니다.

4·19는 민족적인 서사시입니다

혁명이란 민족적·국민적 성격 개변을 일으키는 하나의 체험입니다. 모든 참 혁명은 신비적입니다. 이론만으로 되는 것이 아닙니다. 혁명은 정치가 아닙니다. 정치는 이성으로 할 수 있지만 혁명은 이성이 하는 계획만으로는 아니 됩니다. 4·19는 정치가 아닙니다. 정치적인 변혁을 일으켰지만 그것은 정치가 아닙니다. 하나의 민족적인 서사시입니다. 시라기보다도 차라리 종교적 감동이라 해야 할 것입니다. 그렇기 때문에 그것을 다시 의식적으로 계획하여 일으킬 수는 없습니다. 의식적으로 계획한다 할 때 그만큼 깊이가 부족한 것, 참에서 먼 것입니다.

5·16이 일어났을 때 시간적으로 보면 불과 한 해밖에 아니 되지만 그것은 전혀 딴 상황이 열리기 시작한 것입니다. 그러나 겉으로 보기에는 별 다름 없는 꼭 같은 독재주의 같기 때문에 또다시 4·19식으로 그것을 때려 부수려고 몇 번이고 힘써 보았습니다. 그러나 실패했습니다. 실패하는 것이 당연합니다. 우리는 새로운 상황을 똑바로 파악할 만큼 깊이 들여다보지를 못했습니다. 그러나 지금까지 못했지만 이제 해야 할 단계에 이르렀단 말입니다. 그래서 이제는 4·19를 이해해보자는 것입니다.

이해에는 두 가지 작용이 들어 있습니다. 먼저는 분석하는 것이요, 다음은 다시 종합하는 것입니다. 분석하려면 먼저 해부하지 않으면 아니 됩니다. 죽여야 합니다. 이제 우리는 4·19를 쪼개 보여야 합니다. 이날까지는 내가 4·19의 자리에 서서 4·19를 내 것으로 아는 감정을 가지고 사랑하고 칭찬하고 아꼈지만 이제는 그것을 지나간 나의 일로 알고 나는 이미 역사의 한 단 높은 자리에 오른 것을 자각하고 사정없이 자세히 쪼개 보여야 합니다. 이해라는 말의 '해'解 자는 칼을 가지고 소뿔을 쪼개는 것을 나타낸 것입니다.

그러나 해부는 해부 그 자체가 목적이 아닙니다. 보다 더 높은 생리를 위해서 하는 것입니다. 그러므로 해부한 뒤에는 거기서 얻은 결과를 다시 종합해서 새로운 생명을 짜내지 않으면 아니 됩니다. 그러나 그것은 해부하던 메스나 약품만 가지고는 아니 됩니다. 그 이상의 무엇이 더해지지 않고는 아니 됩니다. 생명은 언제나 각 부분을 모아 놓은 것보다는 더 이상입니다. 통전統全이라는 말을 그래서 쓰게 됩니다. 이해한다 할 때 그것을 좀더 깊이 표현하려면 이회理會라 하기도 합니다. 회會란 곧 해부해놓은 부분들을 모든 것보다는 이상인 그 무엇을 붙잡는 것을 말하는 것입니다. 우리가 이제 4·19를 정말 살려내려 하면 그래야 된단 말입니다.

분석·분해는 결국 분分, 곧 갈라놓는 것입니다. 그러므로 비교해봄으로야 할 수 있습니다. 4·19를 쪼개보려면 5·16과 비교해보는 수밖에 없습니다. 생물의 새 품종을 아는 방법은 다른 품종과 어떻게 다르냐를 찾아보는 데서 밝혀질 것입니다.

4·19는 3·1운동에 직결됩니다

첫째, 그 족보가 다릅니다. 4·19는 어디서 왔느냐 하면 3·1운동에 직결되는 것입니다. 역사를 굽어보는 자리에서 볼 때 4·19는 3·1운동에서 나온 것입니다. 3·1운동이 없었다면 4·19가 있을 수 없습니다. 4·19를 일으킨 그 힘은 3·1 이래 그 운동이 자라서 된 것입니다. 3·1운동은 민족주의와 민주주의의 경계선에 섭니다. 그러므로 그 둘이 다 들어 있습니다. 3·1운동에서 우리 씨올은 민족으로 깨면서 동시에 민중으로 깨기 시작했습니다. 일본 제국주의의 압박 밑에서 그것이 땅속을 흐르는 시대의 흐름 모양으로 보이지 않으면서 줄곧 자라왔습니다. 신문·잡지·강연·학교·학원·청년회·연구회, 가지가지 투쟁 단체들을 통해 민중이 자란 것이 없었다면 4·19는 결코 있을 수 없었을 것입니다.

3·1운동은 그럼 또 어디서 왔나? 그것을 여기서 다 말할 수는 없지만 찾아 올라가면 아득한 우리 역사의 시작에까지 갈 수 있습니다.

그 의미에서 4·19는 대의명분이 뚜렷한 계통이 서는 정신적 등뼈의 한마디입니다.

5·16은 그와는 전혀 다릅니다. 그것은 일본 제국주의 사상을 거쳐서 오는 군국주의의 내림입니다. 이상하게도 해방 이후 창설이 된 우리나라 군대는 그 족보가 일본 군대에 가 닿습니다. 일본의 군국주의는 그럼 어디서 왔느냐 하면 아마 프러시아 또는 영국 또는 프랑스의 군대에서 온다 할 것인데, 그것을 따져 올라가면 결국 로마에 가고 맙니다. 모두 카이사르의 아들입니다. 해방 이후 한동안 화랑 소리가 많았습니다만 억지소리입니다. 화랑은 그런 것 아닙니다. 한동안 있다가 지금은 쑥 들어가고 아무 소리도 없는 것이, 본래 화랑 계통이 아닌데 화랑 정신은 알지도 못하고 억지로 가져다 댔던 증거입니다. 5·16은 단군의 아들도, 동명의 아들도, 조의선인, 화랑의 아들도 아니요 카이사르의 아들입니다. 그나마도 적손嫡孫이 아니고 서손庶孫이라 해야 할 것입니다.

둘의 계통이 환히 다릅니다. 그런 것을 5·16 이후 적지 않은 사람들이, 때로는 상당한 지식을 가진 사람들까지도 혼동하여 잘못 알았습니다. 언제나 참과 거짓이 혼동되면 손해보는 것은 참입니다. 대학의 교수·학자가 진리의 전당을 버리고 정치 고문으로 나오고, 신문·잡지가 올 것이 왔느니 어쩌고 하는 동안에 한국의 아들과 카이사르의 서자가 혼동이 돼버렸고, 그 결과로 온 것은 정신의 약화입니다.

이미 그렇게 되면 아무리 의식적으로 4·19를 다시 일으켜보려 해도 마치 잡념에 잡혀버린 마음이 아무리 활을 쏘아도 과녁을 맞출 수 없는 것같이 실패할 수밖에 없습니다. 마음이 조급할수록 아니 됩니다. 조급하단 것이 벌써 깨끗치 못한 마음입니다. 공화당 정권 이후 우리 씨올의 정신의 한 가지 특색은 조급한 것입니다. 그 점이 잘못된 것인데 그 잘못의 유래가 어디 있나 하면 정신적 족보의 혼동에 있습니다.

4·19는 비폭력 반항, 5·16은 폭력으로 하는 약탈

그다음은 그 운동의 동기입니다. 이것도 서로 크게 다릅니다. 4·19는 여러 가지 설명을 할 필요 없이 그 동기가 청천백일하에 환합니다. 자유요 정의지 다른 지저분한 것이 있을 여지가 없습니다. 새삼스레 공약이란 것을 내걸고 선언을 할 필요가 없을 만큼 환하고 맑고 깨끗한 것입니다. 젊은 얼굴 그 자체가 그것을 나타내고 학생이라는 그 신분 그 자체가 그것을 말하고 있습니다. 물을 사람이 없는데 무슨 설명이 필요합니까?

5·16은 그와는 딴판입니다. 학생은 학생이기 때문에 배운다는 것밖에 각별히 진 사회적 책임이 없습니다. 그러므로 시급한 역사의 명령에 예민하고 온전하게 응할 수 있었고, 거기 호응해 일어난 일반 씨올도 아무 지어먹은 마음 없이 자연스럽게 공명정대하게 할 수 있었습니다.

그러나 군인은 그와 다릅니다. 그 차고 있던 칼날이 뾰족한 것같이, 그들이 지고 있는 책임 의무도 극히 분명하게 특별하게, 순간도 잊을 수 없이, 터럭만큼도 의심할 여지없이 규정이 되어 있습니다. 그러므로 하나를 버림 없이 다른 하나를 생각할 수가 없습니다. 공公을 위하는 마음이 정말 있다면 그 선 자리에서 주어진 책임을 통해 충분히 할 수 있습니다.

그때는 6·25를 이미 지내본 지 10년이니 그 지키는 일선이 분초의 한눈도 팔기를 허락 아니하는 생명선임을 잘 알고 있었을 것입니다. 또 그때 민주당 정권이 무력하고 부패의 기색이 있다고는 하나 아직 나라의 기틀이 위험하다는 느낌에까지 가지는 않았습니다. 그러므로 혁명으로서의 명분이 서지를 않습니다. 그런 줄을 자기네도 스스로 알았기 때문에 새삼 혁명공약이란 것을 만들었습니다. 그것을 만들 때 벌써 그것을 국민 위에 강제로 씌우자는 마음이 들어 있었습니다. 본래부터 약속으로 한 것이 아니기 때문에 지키려고도 아니했고, 지키려는 성의가 없었기 때문에 그 무시한 결과가 환하게 드러났건만 한 번도 국민 앞에 나와 사과할 생각도 아니했습니다.

5·16 이후에 숨길 수 없는 사실은 정부가 기회 있는 대로, 기회 있다기보다 일부러 가지가지 기회를 만들어서 5·16을 혁명이라 설명하려 하고 그 기념을 될수록 화려하게 하려고 하며, 반면 4·19를 고의로 빛깔이 멀어지도록 만들려 하는 눈치가 뵈는 것입니다. 비겁한 수단입니다. 그것이 그 맑지 못했던 동기가 자꾸 속에서 침질을 하고 있는 증거입니다.

또 그다음 그 운동 방법도 전혀 다릅니다. 하나는 순전한 비폭력 반항인데 다른 하나는 폭력으로 하는 약탈입니다. 반항은 자유와 정의의 법칙에서 나옵니다. 4·19가 자유를 박탈당한 씨올의 정정당당한 반항인 것은 새삼 설명할 필요도 없습니다. 그러나 5·16을 반항이라 하겠습니까? 누가 누구에 대한 무엇을 위한 반항입니까? 그 정부의 군대가 그 정권을 내쫓은 것뿐이지 거기 조금인들 자유가 올라간 것이 있습니까? 정의가 넓어진 것이 있습니까? 아무것도 없습니다. 부정부패를 제거한다는 것을 크게 내걸었지만 제거는 고사하고 백 배 천 배 더해지지 않았습니까? 그러면 그것은 씨올의 반항이 아니라 심부름꾼의 주인집 약탈입니다. 자유 정의와는 아무 관계가 없습니다.

4·19에는 주인이 없습니다. 중심인물, 지도자라는 것이 없습니다. 미리 꾸민 것이 아닙니다. 터진 것, 폭발한 것입니다. 그렇기 때문에 쏟아질 때 소나기 같았고 지나고 나서도 소나기같이 시원했습니다. 이른바 후유증이 아무것도 없었습니다.

그런데 5·16은 어떻습니까. 그것은 서로 자기가 지도자, 중심인물이노라 다투어서 더러운 비극이 몇 번이고 있었습니다. 첨부터 '해먹는다' '못 해먹는다' 쟁탈전입니다. 미리미리 몰래 꾸며가지고 말 못 하는 씨올 위에 씌운 것입니다. 첨부터 이날까지 일관해서 흐르는 것이 강제요 구속입니다. 매수와 은폐입니다. 그렇기 때문에 뒤에 늘 문제가 남고 그것을 꿰매기에 바쁩니다.

4·19는 썩어지는 씨을

그럼 그 차이가 어디서 옵니까. 하나는 정신이요 하나는 꾀이기 때문입니다. 분석을 더 자세히 했으면 좋겠으나 내게 그것을 할 만한 전문 지식이 없습니다. 더 어질고 힘 있는 누구에게 기대하는 수밖에 없습니다.

그러나 위에서 말한 그것을 가지고도 4·19가 어떤 것, 4·19와 5·16이 어떤 관계가 있는 것인지 짐작할 수 있습니다. 이제 우리는 분석한 것을 다시 종합하는 자리에 왔습니다. 해부한 결과는 살아 있는 우리 몸의 생리에 적용 아니하고는 의미가 없습니다. 그러려면 학문의 자리에서 믿음의 자리로 옮기지 않으면 아니 됩니다. 믿음은 말로는 못하는 것입니다. 그것은 사람마다 제 혼의 지성소라고도 부를 만한 깊은 속에서 누구의 손을 빌리지 않고 스스로 해야만 하는 것입니다. 그러나 또 말이 아니고는 서로 주고 받을 수가 없습니다.

믿음을 말로 하려 할 때는 위험이 있습니다. 말에 붙잡히기가 쉽습니다. 그러면 싸움이 됩니다. 말을 쓰면서도 말에 붙잡히지 않아야 믿음을 얻을 수 있습니다. 그런 줄을 알고 판단을 내린다면, 4·19와 5·16의 관계는 혁명과 반혁명의 관계라 할 수 있습니다. 4·19로 인해 일어난 정신을 꺾어보려는 것이 5·16입니다. 하나를 붓으로 상징한다면 다른 하나는 칼로 상징할 것입니다. 지성인 대 군인, 도리 대 폭력, 문 대 무, 이상 대 현실, 여러 가지로 표현할 수 있으나 역사상에 끊임없이 늘 되풀이되는 두 세력의 싸움입니다.

5·16이 터졌을 때, 학생들이 남북협상 운동을 일으키려 하는 데 대해서 군인이 분개해 일어난 것이라는 말이 많았고, 외국에서도 그것을 군인 대 학생의 충돌로 보는 사람이 있었습니다. 직접적으로 하면 독재주의에 대한 싸움이니 정당 부패에 대한 반대니 여러 가지 말로 할 수 있으나, 긴 역사를 통해 볼 때는 이상주의에 대한 현실주의의 반발이라고 볼 수 있을 것입니다.

늘 있는 싸움입니다. 늘 있는 싸움인 만큼 거기 대해 씨을이 어떤 생각을 가져야 하는가는 스스로 분명합니다. 이상 없는 현실도 없고 현실 없는 이상도 없습니다마는 이 쌍둥이는 역시 에서와 야곱처럼 운명적인 싸움을 해야 합니다. 현실은 늘 에서처럼 우선권을 가지지만 부정을 당해야 하고, 이상은 늘 야곱처럼 약하고 헤매지만 긍정되어야 합니다. 이상은 언제 실현이 돼보는 것은 아니지만 그래도 돌베개를 베고 자는 야곱의 꿈 모양으로 그 다리가 하늘에 닿아야 합니다.

얻은 내용, 그것이 문제 아닙니다. 싸우는 동안에 얻는 정신의 올라감이 중요한 것입니다. 야곱이 민족의 아버지가 되기 위해 에서에게서 맏아들의 명분을 빼앗았듯이 5·16은 혁명의 명분을 못 가집니다. 정권이라는 팥죽 한 그릇을 얻었을 때 벌써 스스로 대의명분은 버린 것입니다. 그는 강하지만 반동입니다. 역사는 그로 계승이 되지 않습니다. 4·19의 야곱을 살려야 합니다. 그러기 위해 씨올은 천사와 씨름을 하다가 척추가 부러지면서도 놓지 않는 굳센 투지, 영악한 정신이 있어야 할 것입니다.

4·19정신을 한마디로 파악한다면 무엇이라 할까? 나는 썩어지는 씨올이라고 하고 싶습니다. 5·16은 어디까지나 자기 주장입니다. 이기주의입니다. 내가, 내가, 내가 한다는 것입니다. 하고 또 한다는 것입니다. 쥐고 영원히 놓지 않는다는 것입니다.

4·19는 반대입니다. 내가 아니고 우리입니다. 하는 것이 아니라 살자는 것입니다. 섬김 받자는 것이 아니라 섬기자는 것, 바치자는 것, 바치는 줄도 모르고 그저 바치는 것입니다. 그러므로 그것은 땅에 떨어져 썩는 씨올입니다. 썩지만 썩음으로 살아납니다.

씨올의 할 일이 셋 있습니다. 첫째는 여무는 일입니다. 둘째는 떨어지는 일입니다. 셋째는 썩는 일입니다. 그 세 가지를 해야 씨올의 사명을 다해서 새로 큰 나무를 일으킬 수가 있습니다.

1958년 나는 「생각하는 백성이라야 산다」는 말을 한 일이 있습니다. 그것은 6·25를 여덟 돌 맞으면서 한 말이었습니다. 그 글을 『사상계』에 낸 후 나는 많은 동지 씨올을 얻었습니다. 생각을 하는 것은 여무는 일입니다. 나무의 열매가 햇빛을 보아야 여물듯이 씨올은 생각을 해야 속알이 여뭅니다. 여물지 못한 씨는 날 수가 없습니다. 잘 여물면 떨어집니다. 이미 나무에서 떨어져 근본인 흙으로 돌아갑니다.

4·19는 여문 씨올이 떨어진 것이라 생각합니다. 3·1운동 이후 6·25에 이르기까지 고난 속에 부대끼는 씨올은 생각하고 생각했습니다. 그래서 알이 들었습니다. 4·19는 그 씨올이 얼마만큼 민주주의 정신에 여물었나를 증명해주는 것입니다. 피로 경무대 앞을 물들인 사람들만 아니라 전체 젊은이가 왼통 자기를 전체의 제단에 바친 것입니다. 5·16의 군인들같이 제 공로를 내세우고 그것을 밑천으로 한 자리씩을 차지하잔 그런 생각은 그들 속에는 싹도 없었습니다.

떨어지는 것은 썩기 위해서입니다. 이제 할 일은 썩는 일입니다. 나는 위에서 4·19는 재판은 못 낸다 했습니다. 지나간 4·19를 죽이고 해부해서 새 몸으로 나야 한다고 했습니다. 썩는 것은 그저 썩기만 위한 것이 아닙니다. 새 싹을 키우기 위해서입니다. 그러기 위해서는 알갱이가 있어야 합니다. 주먹 같은 밤알도 알갱이가 없으면 소용이 없습니다. 그저 썩어버릴 뿐입니다. 그러나 알갱이가 살아 있으면 밤알은 다소 벌레가 먹었더라도 문제가 아닙니다. 자, 이제 우리 속에 알갱이가 있나 없나가 문제입니다.

알갱이는 하늘에서 받은 것입니다. 하늘 그 자체입니다. 땅에 와 있는 하늘의 말씀, 그것이 곧 알갱이입니다. 그것은 우주의 맨 첨부터 긴 역사를 통해 오늘까지 내려오는 것입니다. 씨올이 능히 땅속에 들어가 평안히 썩을 수 있는 것은 이 알갱이 때문입니다. 그 알갱이는 또 썩음을 생명으로 살려냅니다. 능히 죽는 것도 알갱이요 능히 사는 것도 알갱이입니다.

역사는 새 단계로 진입하고 있습니다

4·19는 제 할 것을 했습니다. 독재자 이승만은 역사의 나무를 흔들었습니다. 제 힘이 센 것을 자랑하고 싶어서였습니다. 하늘에 뻗은 가지에 가득 차 익은 씨올은 애착 없이 흔드는 대로 떨어졌습니다. 흔들었던 독재자는 그 씨올에 맞아 골이 터지고 씨올은 땅에 깔렸습니다.

역사는 새 단계에 들어갔습니다. 이제는 씨를 뿌리는 것이 아니고 밭을 가는 것입니다. 그렇기 때문에 나타난 것은 흔드는 자가 아니고 갈아엎고 짓밟는 황소입니다. 땅에 떨어진 씨올이 황소의 대가리를 까려 해도 그것은 아니 되는 일입니다. 자기를 바쳐 의를 살리려는 의의 정신에서는 다름이 없으나 그 할 일은 다릅니다. 씨올이 제 힘으로 튀어오르려 해도 황소의 무릎을 지날 수가 없고 그 머리를 깔 수 없습니다. 소의 날은 할 일을 다한 다음 준비된 것이 있을 것입니다. 나무에서 떨어질 때 제 힘으로 한 것이 아니요 지구의 중력으로 했듯이 그것은 씨올의 제 일이 아닙니다. 씨올은 누구를 죽이자는 것이 아니라 살려내는 것이 그 사명입니다.

새로운 역사적 상황에는 새로운 체험으로 대답을 해야 할 것입니다. 갈아엎는 날에 할 일은 썩는 일입니다. 나를 짓밟는 소보다 높은 마음을 가지지 않고는 능히 그 발밑에 들어갈 수가 없습니다. 공연히 옛날의 신화에 애착을 가져서는 못씁니다. 4·19는 이제 하나의 신화입니다. 그때 사람에게는 살리던 믿음이 시대가 지나간 후에도 말라붙어 있으면 그것이 신화입니다. 신화를 주장하는 것은 우상 숭배입니다. 내일의 역사를 맡은 씨올들은 우상 숭배에 취해서는 아니 됩니다. 우상에는 악을 이기는 실력이 없습니다. 이제 우리는 4·19를 또 써먹지 못합니다.

혁명군은 혼 속에서 절대의 동원령을 들어야 합니다. 혁명을 지도하는 것은 어느 인간이 아닙니다. 4·19 때 학생이 움직인 것은 누구의 명령에 복종해서가 아닙니다. 소나기가 올 때 아니 오는 집이 없듯이 모든 사람 혼 위에 일시에 갑자기 내리는 명령이 있습니다. 하

늘 명령이라 할까, 역사의 명령이라 할까. 그럴 때에는 최루탄 기관
총이 문제 아닙니다. 막을 놈이 없습니다. 데모를 할 때마다 야당의
부추김이라, 공산주의자의 선동이라 모욕을 했습니다. 그런 모욕을
하는 것은 이쪽이 참 역사의 동원령을 못 듣고 작은 사사로운 뜻으로
움직이는 줄 알기 때문에 감히 그런 소리를 하는 것입니다.

참 명령에 접한 사람은 참 사랑에 눈이 뜨인 소녀의 눈동자같이 보
면 자연 무시할 수 없는 엄숙한 것이 거기 있음을 알 수 있습니다. 속
이지 못합니다. 사람들은 공화당이 자유당보다 훨씬 조직적 방법이
발달한 것을 말하지만, 걱정할 것 없습니다. 생명은 제가 만난 상황
에 어떻게 대답할 것인지를 아는 법입니다. 이제 그 참 지경에 가는
것이 문제입니다.

그 참에 가는 길이 썩어짐의 길입니다. 모순이게도, 썩어지지 않는
참에는 썩어짐을 통해서만 갈 수 있습니다. 예수는 영원히 변할 수
없는 진리를 말해주었습니다. 생명을 버리는 자는 얻고 얻으려는 자
는 잃는다고.

죽음으로 부활하는 4·19

5·16 이후 오늘까지의 세상을 대표하는 말은 부패, 곧 썩었다는
말입니다. 그렇다면 이 시대를 건지는 것은 바로 썩는 데에 있을 것
입니다. 거름 속에 산 씨울이 들어가 썩으면 그 거름을 왼통 새 생명
으로 살려냅니다. 썩어졌다는 정치가, 관리는 저는 하나도 썩지 않고
남만 썩히자는 놈들이요, 깨끗하다는 씨울은 몸과 마음으로 즐겨 썩
는 사람들입니다. 누가 이길까. 썩는 씨울이 이길 것입니다.

문제는 결코 방법에 있지 않습니다. 이 시대는 기술시대이며 이 시
대의 주인은 기술을 이용할 수 있는 데까지 이용하는 현실주의자입
니다. 그러므로 우리는 그들과 경쟁하여 이길 만한 기술은 가질 가
망이 없습니다. 또 그뿐 아니라 설혹 기술적으로 이긴다 해도 그것

은 이긴 것이 아니요 도리어 진 것입니다. 우리의 목적은 거기 있지 않기 때문입니다. 기술 만능으로 되어가는 이때에 우리가 할 일은 또 한 번 정신을 강조하는 데 있습니다. 5·16 이후 정신의 진영이 약해진 것은 우리가 내일을 무시하는 현실주의자의 선전에 말려들어갔기 때문입니다. 4·19가 죽었다는 말은 이래서 났습니다. 자신을 잃었기 때문입니다. 썩어진다는 것은 결코 소극적이 아닙니다. 약한 자이기 때문에 하는 말이 아닙니다. 절대의 강한 믿음을 가져야 능히 썩을 수 있습니다.

4월은 죽음으로 살아나는 부활의 달입니다.

• 1970년 4월, 『씨올의 소리』 창간호

십자가에 달리는 한국

8·15 스물여섯 돌을 맞아

과거 반성 없이 미래 없다

8·15의 스물여섯 돌이다. 스물여섯 해라면 개인으로는 한 사람이 완전히 다 자라서 제구실을 하게 된 나이요, 역사에서도 결코 짧은 기간이 아니다. 2400년 전 헬라 사람은 이만큼밖에 아니 되는 동안에 소위 페리클레스 시대라 해서 전과 후에 비할 것이 없을 만큼 찬란한 문화를 건설해서 모든 서양 민족 문화의 표본이 됐다. 근대의 일본은 메이지 혁명 이후 봉건제도를 벗어버리고 일청·일러전쟁을 일으켜 이김으로써 대번에 동양에서 가장 강한 나라가 될 수 있었다. 하물며 스피드의 이 시대는 어떠하랴? 우리는 해방 후 이루어놓은 것이 무엇인가? 솔직히 말해서 해방조차 완전히 못 되고 있다.

뜻깊은 역사의 날을 기념할 때면 정치업자들은 매양 잘됐다는 거짓 선전만 하고, 생각 없는 민중은 노라리(건달처럼 건들건들 놀며 세월만 허비하는 짓. 또는 그런 사람 - 편집자) 기분에 빠지지만 나라는 그렇게 해선 절대로 될 수 없다. 마땅히 과거를 깊이 반성해서 뉘우쳐 고칠 것은 고치고 현재를 똑바로 들여다보며 알 것을 알아 문제 해결을 하며, 미래를 멀리 내다보아 대세를 붙잡아서 민족의 나아갈 방향을 결정해야 할 것이다.

당초에 해방부터 잘못됐었다. 우리 해방은 우리 손으로 싸워서 얻은 것이 아니고 역사의 대세가 가져다준 것이었다. 미국 소련이 우리를 동정해서 준 것도 결코 아니다. 그럴 수밖에 없는 역사의 대세였기 때문에 그들도 거기 따라서 한 것뿐이었다. 대세이기 때문에 그것은 하나의 명령이요 해방될 수 있는 기회지 해방의 실상이 아니었다. 이것을 해방이 다 된 사실인 것처럼 생각했던 것이 큰 잘못이었다. 우리 자신이 다시 싸워 얻어야 하는 것인데 그 점을 우리가 잘 알지 못했다.

민족도 하나의 산 인격인데 어떻게 남이 대신하거나 그저 주거나 할 수 있겠는가? 개인의 혼이 누구를 죽일 수도, 죽음을 당할 수도 없는 것처럼, 민족의 혼도 누구를 멸망시킬 수 있는 것도 뉘에게 멸망당할 수 있는 것도 아니다. 자유는 누가 주는 것도, 뉘에게 받는 것도 아니다. 다만 천 년이 가도 스스로 싸워서만 얻는 것이다. 그런데 오늘까지도 그때 우리는 해방이 됐다고 하니 어찌 정신이 있다 할 수 있겠는가? 참대로 말한다면 야심 있는 일본을 한때 눌러놓고 "자, 네가 자유해 봐" 한 것뿐이었다. 일본을 누른 것도 한때지 영구히가 아니다.

왜? 어느 나라가 어느 나라를 영구히 누를 수는 없기 때문이다. 또 일본이 갔다고 우리를 얽매던 제국주의가 아주 간 것도 아니었다.

왜? 역사는 사람의 일이기에 서로서로의 책임이지 일방적이 아니다. 일본이 먹어서만 우리가 망했던 것처럼 생각하는 것이 또 크게 잘못이다. 제국주의의 가장 악독한 데가 바로 거기인데, 한 민족에서 책임감을 없애버리는 데인데, 우리가 깨닫지 못했다. 그러므로 제국주의는 여전히 우리 안에 가능성으로 있었다. 상대자가 갈리면 또 다시 남의 식민지가 될 가능성이 얼마든지 있었다.

설계도 없이 집을 짓다니

그렇기 때문에 대세가 올 때는 그것을 잡아 탈 만한 정신적 또는 물질적 준비가 돼 있어야만 한다. 못 됐거든 온 후에라도 시급히 해야 한다. 역사에 무임승차는 없다. 해방 후 한동안 무임승차의 버릇이 유행했던 것은 우리의 그 역사적 태도를 단적으로 잘 드러내는 것이었다.

생각해보라. 어제까지 제 말 쓰지 말라면 말 못하고, 제 옷 입지 말라면 맞지도 않는 유카타에 게다 끌고 나오고, 성 고치라면 조상의 위패 똥통에다 던지고 일본 이름 쓰고, 젊은 놈 남의 전쟁에 나가 죽으라고 시국 강연하라면 있는 지식과 말재주를 다 떨어 하던 사람들이, 사람이 아니라 놈들이, 어떻게 그대로 해방받아 자유하노라 할 수 있겠나?

생각이 옅었다.

그다음 새날이 오고 새 임을 맞는다면 청소부터 하고 거친 것으로 나마 새 옷 입어야 하지 않나? 낡은 악을 청산했어야 하는데 못한 것이 많다. 잘못된 국민성격이나 사회 풍습 같은 것은 하루이틀에 아니 된다 하더라도, 지난날 일본의 앞잡이 노릇하던 것만은 싹 씻었어야 할 것이다. 그런데 해방 후, 북한은 또 몰라도, 이 남한에서는 정치· 군대·경찰이 주로 친일파로 되지 않았나?

이 무슨 운명인가? 이리해서 일본의 제국주의는 여기서 새 모양으로 자라게 됐으니, 오늘 일본 사람이 다시 자기 옛집 찾아들듯 꺼림도 부끄럼도 없이 오는 것을 이상하다 할 것이 없다. 이 점은 미국을 나무라고 싶고 죽은 이승만에게 채찍을 더하고 싶지만 아무리 그렇다 하더라도 민중이 정말 똑똑했다면 그들도 어떻게 할 수가 없었을 것이다.

썩었다.

또 결심도 부족했다. 정신적으로 그런데다가 일본이 물러갈 무렵은 긁어먹을 대로 긁어먹어서 물자가 말랐고, 기술도 배우지 못하게 했으니 없었고, 정치 경험도 기회를 주지 않았으니 못해서, 여간 어려운 조건이 아니었다. 거기서 새 역사를 지어내려면 전 민족이 비상한 결심을 하고 고난에 견딜 각오로 뭉쳤어야 할 것인데, 그렇지 못했다. 미국 군대, 소련 군대 오는 것을 보고 그저 환장이 되어 미친 것이 그것을 증명하지 않나?

국론통일을 못했다. 이 책임은 정치인들이 져야 한다. 미·소의 세력을 우리 힘으로 어떻게 할 수 있는 것이 아니고, 남이야 어쨌든 우리는 우리 할 것을 하는 것이 책임인데, 그밖에 길이 없는데, 또 그렇게 했다면 될 수 있지 없는 것이 아닌데, 그때 나서는 사람들이 누가 천거한 것 아니고 자천해서 나왔는데, 그렇다면 절대로 야심이 있어서는 아니 될 것인데, 그들이 민족의 운명 생각보다는 권세욕이 더 강했기 때문에 민중의 힘을 얻어 외국 세력을 견제하려 하지는 않고 반대로 외국 세력에 붙어 지배권을 쥐려 했다. 그랬기 때문에 민족 분열을 만들고 만 것이다. 악한 놈들이다.

또 아무 이념이 없었다. 설계도 없이 집을 짓는 것과 마찬가지다. 어디 바로 될 수 있겠는가? 역사를 짓는 비결은 전화위복에 있다 할 것이다. 나쁜 환경이나 조건을 아니 만날 수는 없고, 만났으면 그것을 내 목적에 맞도록 뒤집어 이용하는 재주가 있어야 한다. 그러려면 우선 목적이 서 있어야 하지 않나?

소련이 북에 왔어도 공산주의는 그들의 이념이지 우리 것이 될 수 없으며, 미국이 남에 왔다 해도 민주주의는 그들의 것이지 그 제도를 그대로 모방해서 될 것이 아니다. 우리는 어떤 나라를 세우자느냐 생각이 있었어야 할 것이다. 그런데 오늘까지 아무것도 없다. 언제 민주주의를 민중에게 가르친 일이 있던가? 정치한다는 그들 자신이 민주주의의 '民' 자만 알았다면 오늘까지 이런 따위 정치는 아니 했을 것이다. 정치가 아니다. 그저 권력부림이지. 민중과 외면하고 자기네끼리만 둘러앉은 사람들에게 이념이 어찌 있겠나? 이쯤는 전체에서만 나오는 것인데.

현실을 바로 보아야 한다

정말 해방이 되려면 현실을 똑바로 들여다봐야 한다. 구렁을 보지 않고 어떻게 빠져나오며 독사의 굴을 보지 않고 어떻게 독사를 잡겠는가? 똑바로 보아야 한다. 정면으로 눈을 크게 뜨고 보아야 한다. 유심히 보아야 한다. 그저 눈을 빤히 뜨고 본다고 보는 것이 아니다. 마음으로 보아야 한다. 목적을 두고 의미를 찾는 마음으로 보아야 한다.

아무 해석이 없는 주마간산走馬看山식의 보는 것으로는 역사의 주인이 될 수 없다. 경제의 구렁, 정치의 독사는 굉장히 복잡·교활한 조직 기술이기 때문에 생각 없이는 보고도 모른다. 그렇기 때문에 민중에게는 반드시 날카롭게, 또 깊이, 물건과 일을 분석·비판하는 정직하고도 찬찬한 학자가 있어야 하고, 중간에 서서 돼가는 일과 생각을 잘 보도해주는 민첩하고도 대바른 언론인이 있어야 한다. 그런데 우리에게는 지식인들이 왼통 기가 죽었으니 어떻게 하나.

현실을 똑바로 본다는 것은 참 어려운 일이다. 현실이란 곧 상처다. 없음에서 있음을 조각해내는 것이 삶인데, 어떻게 찢어지고 피남이 없겠는가. 현실을 보면 상처투성이요, 미래의 휘장을 열어젖히려 할 때는 언제나 그 앞에 죽음의 형상이 서서 지키고 있는 것을 본다. 그러나 사실 그것은 허상이다. 내 마음의 약한 것 때문에 일어나는 허깨비이지 실상이 아니다. 그렇기 때문에 역사적 민족의 첫 번째 자격은 용감이다. 겁이 없어야 그 휘장을 찢을 수가 있고, 그래야 현실은 제 참 모습을 보여준다.

그뿐 아니라 민중의 눈을 가리려는 도둑들이 있다. 현실의 보물 창고의 문을 열면 민중이 직접 앞장설 줄을 알기 때문에 야심 있는 지배자들은 여러 가지 방법을 써서 현실을 가리려 한다. 월남 가서 군인이 죽어도 몇 사람이 죽었나를 보도하지 못하게 한다. 공장 안에 노동자의 불평이 있어도 그 기사를 신문에 보도하지 못하게 한다. 그렇기 때문에 대바른 언론과 정직한 학자 없이는 아니 된다는 것이다.

그러나 또 민중의 뒷받침이 없이 학자와 언론인은 있을 수 없다. 민중이 모를 때는 지식인이 강해야 하고, 지식인이 약할 때는 민중이 채찍질을 해야 한다. 일제시대에 '친일파'란 말은 세계에서 제일을 자랑하는 일본군대보다도 더 무서웠다. 그랬기 때문에 학자가 감옥 가는 것을 영광으로 알았고, 신문사가 정간·폐간 당하는 것을 자랑으로 여겼다. 활자를 뒤집어 먹으로 박은 것이 나오면 신문이 더 팔리는데 어찌하겠나. 그런 기억을 상기하며 동아일보사, 조선일보사를 바라보면 단번에 불을 지르고 싶은 생각이다. 정신이 다 죽은 다음에 생긴 휴지 팔아먹기 신문들이야 이빨에 걸 것이나 있겠는가?

그럼 그런 생각을 가지고 민중을 제 눈으로 볼 때 무엇이 뵈나?

첫째, 민족의 분열이다. 물론 남북 분열이 우선 문제지만 그것만이 아니다. 남 안에도 자체 분열이 있다. 하나 둘만이 아니라 분자화다. 돌아가는 말이 불신풍조라 하지 않던가? 북에도 마찬가지일 것이다. 언론의 압박이 있는데 어떻게 분열이 없겠나? 언론은 민중의 신경이다. 신경이 마비되면 제 몸을 가누지 못하지 않던가? 민족 통일이 첫째 과제인 것을 모를 사람이 누구겠나?

그러나 참 어렵게 됐다. 대세가 오지 않아 어렵단 말이 아니다. 대세는 틀림없이 올 것이다. 그러나 그 올 때 우리 안의 준비가 문제다. 일반 씨올에게는 문제 있을 것 없다. 씨올은 십 년을 마른 이로 두어도 죽지 않는 씨올이다. 그것은 맨사람대로 있는 사람이다. 그러므로 남북의 차이도, 유식 무식의 차이도 없다. 칼로 물을 잘라도 물은 아니 잘린다. 칼만 빼면 언제나 하나다. 소위 이데올로기란 것, 체제란 것은 칼 같은 것이다. 씨올은 약하기가 물 같아도 체제로 인해 그 근본 성격을 잃지 않는다.

문제되는 것은 씨올의 자리를 떠나 높아지자고 무슨 지위에 올라간 인간성을 잃어버린 사람들이다. 북의 정치인, 남의 정치인, 북의 공무원, 남의 공무원, 북의 군대, 남의 군대 이런 사람들이 문제다. 대세가 오는 날 재빨리 회개하고 있는 것을 다 돼지 먹는 주염('쥐엄나

무'의 북한어 - 편집자) 껍질로 알고 알몸으로 나선다면 문제가 없는
데, 조국이 그들을 받아들이는 것이야 탕자의 늙은 아버지같이 할 것
이지만, 그들이 그렇게 하기가 어려울 것이다. 이것이 민족의 장래를
위협하는 가장 큰 걱정이다. 그들이 나라 민족의 장래보다 제 가지고
있는 돈과 지위에 달라붙지 않을까?

그다음 우리는 빚을 졌다. '빚진 종'이라는 옛말을 생각해보면 그
만이다. 빚을 갚기 전에 자유 없다. 자세한 것을 물을 것도 없이 일본
에 빚졌으면 일본의 종이다. 36년 지나봐서 일본 사람이 인심이 후한
민족도 아니요, 또 주고도 뺏길 멍청이는 절대 아니란 것을 잘 안다.

그다음 그것과 어쩔 수 없이 붙어 있는 외국 세력이다. 우리는 진
정한 의미의 자주독립 민족이 못 된다. 외국 군대·외국 자본이 들어
와 있는 한 독립 없다. 이것을 내몬 다음에야 국민이다. 어떻게 할까?

마지막으로 사회 풍조의 썩어짐이다. 지배자들은 민족의 장래가
문제 아니라 자기가 권세 누리는 것이 문제이기 때문에 그저 잘된다
잘된다 해서 자기가 살 동안만 지나가면 그만이라 생각한다. 신라 경
순왕은 망하는 순간까지 포석정에서 안심하고 놀았고, 어리석은 이
왕李王은 제 지위만큼은 보존이 되거니 했다. 민중도 속는다. 정신 깬
민중은 짜먹기 어려운 것을 알기 때문에 될수록 모든 것에 호화로운
풍을 길러 민중의 정신이 마비되도록 한다.

위로 올라가는 것만이 길이다

이러는 즈음에 갑자기 아시아 정국에 변동이 왔다. 갑자기도 아니
다. 생각하는 사람들은 벌써 알고 있지 않았나? 생각 없는 사람에게
는 모든 것이 의외다. 미국·중국이 가까워지고 일본·중국이 손을 잡
으려는 것이 그 속셈이야 어떻든 세계의 현상으로 볼 때 좋은 일이지
나쁜 일이라 할 수가 없다. 그런데 우리 입장이 딱하게 됐다. 까닭이
어디 있나? 내 힘대로가 아니고 남의 힘에 곁들여가던 길이기 때문

이다. 우리를 끌고 가던 사람은 저를 위해 한 것이지 우리를 위해 한 것이 아니었다.

이다음은 몰라도 지금까지는 국가란 자기 본위이지 남을 위한 것이 아니다. 개인에게는 자기 희생이 덕이어도 나라에서는 그것을 죄악으로 안다. 여기에 현대 국가주의의 잘못이 있고 국가가 선고받은 운명이 있는 것이지만 우리가 남을 생각할 때 이상주의로만 생각하는 것은 스스로 속임이다. 하여간 앞서가는 자가 자기 본위로 했기 때문에 우리에게 미리 통고 없이 적당하다 하는 때에 갑자기 노선을 변경해도 나무랄 수가 없다. 그러나 따라오던 뒷 차량의 운명은 참으로 참혹한 것이다. 앞선 자는 새 계획대로 한 것이니 조절해 갈 수가 있지만 뒷 놈은 타성에 의해 꺼꾸러질 수밖에 없다. 우리 남북한의 운명은 그것 아닌가?

이것을 그림으로 표시한다면 마치 십자로와 같다. 38선이 그어졌을 때 우리는 남·북으로 긴장됐다. 북을 따를까 남을 따를까가 문제였다. 그것은 이데올로기의 문제로 나타났다. 그렇게 해서 소위 냉전 시대를 지나는 동안 변동이 오기 시작했다. 우리가 생사선 위에 뒹구는 동안 이익을 본 것은 동의 일본과 서의 중공이었다. 일본은 경제적으로 부흥할 기회를 얻었고, 중공은 군사적으로 강해질 기회를 얻었다. 이제 그들이 이때까지의 남·북의 종적從的 긴장선에 대해 동·서로 서로 이끌어 횡적橫的인 새 긴장선을 죄기 시작했다. 그렇게 돼서 우리는 이제 십자로 위에 서게 됐다.

이때까지 나는 우리 역사를 고난의 역사라 하면서도 행여 이제는 끝이 났으면 했는데, 끝이 나긴 고사하고 이제 정말 본격적인 고난이 오게 됐다. 전엔 고생을 해도 민족 정신을 잃을 염려는 없었는데 이번에는 민족이 아주 없어질 위험이 있다. 사람이 아무리 있다기로 민족성이 없는데 무슨 민족이라 하겠나? 이제 침략은 정치·경제·군사만 아니라 문화적으로 오고 있다. 이 민중은 생각이 있는가 없는가? 어디로 가려나? 십자로가 아니라 십자가다. 이제 정말 못이 박힌다.

길이 어디 있나? 길은 동도 아니요, 서도 아니요, 남도 아니요, 북도 아니다. 길은 오직 한 점에 있을 뿐이다. 그 한 점이 어딘가?

맹자의 말에 '정우일'定于一이라는 말이 있다. 양梁나라 양왕이 "천하는 어디서 결정이 되는 것입니까" 하고 물었다. 거기 대해 맹자가 "정우일이라 하나에 가서 정해진다"고 대답했다. 또 묻기를 "누가 그 일을 할까요" 하는 데 대해 맹자는 다시 "사람 죽이기 좋아하지 않는 사람이 하지요" 했다.

또 다른 데서는 이런 문답이 있다. 등문공滕文公이 묻기를 "우리나라는 조그만 나라인데 큰 나라 제齊와 초楚 사이에 끼어 있어서 참 어렵습니다. 제를 섬겨야 합니까 초를 섬겨야 합니까" 했다. 그 질문을 받고 맹자가 말하기를 "그것은 제가 알 수 있는 일이 아닙니다. 정말 할 수 없거든 나는 한 가지만 말하겠습니다. 성을 높이 쌓고 못을 깊이 파고 죽을 각오로 지켜서 백성이 떠나지 않고 같이 한다면 해볼 만합니다" 했다. 거기도 하나란 것이 있다.

그 하나가 무엇인가. 십자 위에 섰으면 그 네 길의 어느 길로도 나아갈 수 없다. 그것은 남의 길이지 내 길이 아니다. 남으로 가면 북이 가만 아니 있을 것이요, 동으로 가면 서가 노할 것이다. 다만 할 수 있는 것은 교차점에서 위로 직상하는 것밖에 없다. 그것이야말로 내 길이다. 위로 올라가는 것만이 길이다. 역사의 길은 생명의 길이기 때문이다. 생명은 자라는 것, 자람은 위에 있다. 위가 어딘가? 나, 자신에서 사뭇 하늘로 향하는 것이 위요, 자람이요, 나아감이다. 역사는 거기에만 있다. 그것이 창조의 길이다.

예수의 말씀에 내가 길이요 진리요 생명이란 말이 있다. 그것은 보통 예수를 믿으라는 뜻으로 해석되지만 깊은 뜻을 알려면 그 나를 어느 개인 나로 알 것 아니라, 참 나, 곧 나와 모든 나의 본질이 되는 나로 해석해야 한다. 내가 곧 길이다. 사는 길이 나에 있다. 나를 살리는 것이 곧 남을 살리는 것이 될 때, 그 길이 참 길이다.

하나로 뭉친 씨울

그것을 다른 말로 하면 중도中道라 할 수 있다. 중도는 중中과 화和의 도道다. 원리는 중이요 실천으로는 화다.

남·북 대립이 왔을 때 우리 문제는 중에 있었다. 좌도 우도 아닌 중이다. 둘 중 어느 것을 택할 게 아니라 나는 내 길, 곧 보다 높은 길, 둘의 대립을 극복할 수 있는 길이어야 했다. 그것이 우리 고난의 역사적 사명이었다. 말을 바꾸어 한다면 그렇게 해서만 고난을 벗어날 수 있었다.

동·서의 긴장이 나타난 것은 이데올로기 문제가 아니다. 나라 힘의 문제요 외교 문제다. 그러므로 그 대답은 화에 있다. 친일·친중이 문제가 아니다. 세계평화가 문제다. 문제를 그렇게 잡지 않고 해결할 수 없다. 지난날 외무장관은 실리외교를 하겠다고 했지만 그것은 아무 확실한 외교 원리와 노선의 결정 없음을 말하는 것이다. 2천 년 전으로 올라가서 "덕자본 재자말 외본내말 쟁민시탈德者本 財者末, 外本內末 爭民施奪"[1]이란 가르침을 배워가지고 와야 할 것이다. 화는 약자가 못한다. 내가 정신적으로 강자의 지위에 선 뒤에야 된다. 이른 셈든 아재비가 지는 것이다. 강해야 능히 화동和同을 부친다. 중·일 화동을 부쳐라.

누가 강하냐? 나를 가진 자다. 맹자의 '하나'는 곧 민족적 자아다. 한 덩어리로 뭉쳐서 하나의 유기체가 된 씨울이다. 외교는 외교관만이 하는 것 아니다. 국민이 한다. 씨울의 뒷받침 없는 외교가 어떤 것이든, 한·일이 화하는 것 아니라 직접 불리하게 만든다. 그 노골화되어가는 것이 소위 일본의 공보관 설치라는 문제다.

---

1) 德者本 財者末, 外本內末 爭民施奪: "덕은 근본이요 재물은 말단이니, 근본을 밖으로(소홀히) 하고 말단을 안으로(중히) 여기면 백성들은 다투어 약탈하게 된다." 『대학』, 「치국평천하」.

미래 투시

여기서 우리는 세계사가 나아가는 앞을 내다볼 필요가 있다. 인간은 그 살림을 전반적으로 고쳐 생각하지 않고는 문제를 해결할 수 없는 단계에 이르렀다. 그중에서도 가장 달라져야 할 것이 국가관이다. 정치가들은 제가 쥐고 있는 권력의 노예가 되어 감히 용단을 못하고 있지만 인류의 살림은 용서 없이 달라지고 있다. 이때까지 오던 국가주의가 이 이상 더 계속된다면 인류만 아니라 생명의 씨를 아주 없애 버릴 위험이 있는 것은 이제 전문 학자가 아닌 보통 사람으로도 느끼게 됐다. 이럴 때 인간은 눈앞의 이익·향락만이 아니라 책임감과 의협심을 크게 발휘해야 할 때다. 이제 세계 구원, 생명 보존이란 생각을 내놓고 경제니 정치니 교육이니 하는 것은 어리석은 일이 아니라 죄악이다. 회개의 길도 내놓지 않는 죄악이다. 한번 잘못하면 죽음만이 세계를 다스린다.

이런 자리에서 우리 자신을 돌아볼 때 우리는 도리어 용기를 얻는다. 앞서가는 차가 제 세상인 줄 알고 달리다가 그것이 죽음의 길인 것을 발견하고 어쩔 줄 모르는 때에, 뒤떨어졌던 우리는 그 불행을 행으로 단번에 바꿀 수 있기 때문이다. 대국은 대국이기에 방향 변경을 하고 싶어도 못하는 점이 있다. 그러나 우리는 경제적으로만 아니라 정신적으로도 가진 것이 없는 자 아닌가? 여기서 우리는 예수의 말을 생각할 필요가 있다. "가난한 자는 복이 있다. 하늘나라가 저의 것이다"[「마태복음」, 5: 3].

세상에 우리처럼 가난한 나라가 어디 있나. 이제 돈이 없고 천연자원이 없을 뿐 아니라 고유 종교, 고유 철학조차 있다 할 수 없는 것을 부끄러워할 것 아니라 다행으로 알 수 있게 됐다. 이제는 새 차원이 나타나려 하기 때문에.

십자가에 달리는 한국

예수는 그 믿음을 가졌기 때문에 부끄러운 실패의 십자가를 인류 구원의 십자가로 변경시킬 수가 있었다. 못생긴 마음으로 죽으면 짐 승이요, 생을 초월한 마음으로 죽으면 보다 높은 생이다.

동·서·남·북 긴장의 교차점에 선 자는 화 있을진저! 갈 길이 없 다. 그러나 복 있을진저, 네가 스스로 밑으로 떨어지지만 않고 골고 다의 십자가처럼 버티고 서기만 한다면, 네게서 새 차원의 진화로 올 라가는 돌변화突變化가 일어난다. 생명이 씨올로 된 것은 깊은 신이 다. 씨올이란 개체 속에 있는 전체다. 그러기에 무수하게 썩는 씨올이 있어도 그중 작은 어느 한 알이 전체를 건질 수가 있다. 새 창조를 할 수 있다.

돈에 취하고 권력에 취하는 썩어진 씨올은 마음껏 먹고 썩어질 대 로 썩어지라 해라! 하나의 씨올이 새 생명으로 싹이 틀 때 그것은 좋 은 거름이 될 것이다. 그럼 내가 너를 더럽다 아니하리라. 너는 나를 미워했고 업신여겼어도 내가 어찌 너를 같이 미워하고 업신여길 수 야 있겠느냐? 네가 이북에서 썩거나 이남에서 썩거나 일본에서 썩거 나 또 중국에서 썩거나, 그 어떤 역사의 쓰레기통에서 썩건 간에 나 는 너를 업신여기지 않을 것이다. 제발 네가 비록 우리처럼 역사가 나아가는 바퀴에 찍혀 사도에서 악마의 자식으로 떨어지는 한이 있 더라도 부디 우리 믿기를 잊지 마라!

그럼, 일대 역사적인 결정을 해야 할 것이다. 십자가에 달릴 자의 가장 중요한 일은 어느 순간에 각오의 결정을 내리는 일이다. 아래는 지옥이 있고 위에는 새 나라가 있다.

이것으로 골고다 길의 구레네 시몬[2]의 응원을 삼는다!

• 1971년 8월, 『씨올의 소리』 제3호

2) 구레네 시몬: 구레네 사람으로 예수의 십자가를 든 사람.

군인정치 10년을 돌아본다

나는 한 사람이지만 절대로 혼자 아니다

'군인정치'라 했지만 내 참 느낌대로 한다면 '정치'라고 하고 싶지도 않다. 어떻게 이것을 정치라고 하겠는가? 차라리 '지배'라 하든지 '억누름' '짜먹음'이라 하는 것이 옳을 것이다. 그러나 올바른 전체의 의견을 이끌어내기를 목적으로 하고서 하는 말에 너무 내 느낌만을 내세울 수는 없고, 또 공공하게 내놓고 하는 말에는 일반 세상이 통용하는 말을 따라 씀으로만 이해에 이르기가 쉽기 때문에 그냥 정치라고 부른다. 그러나 이 10년 동안 그들이 한 일을 정치라고 승인해줄 마음은 절대로 없다.

나는 가장 밸 일어서는 것이 소위 그 '기정사실'이라는 말이다. 씨올의 목을 비틀고, 아니다 제 양심을 비틀고, '해먹는' 계급이야 물론 그러겠지만, 신문 잡지까지 그러는 데는 참 답답하다. 만일 되어버린 일은 다 다시 말할 것이 없이 단념해버리고 말 것으로 생각한다면 무엇이 사람인가? 생각해보라, 만일 일본에게 정복당했을 때 몇 날 못가 곧 기정사실로 인정해주고 나라 찾을 생각 아니 했다면 오늘이 있을 수 있었겠나? 따질 것은 10년이 지나가서도 따지고 아니라 할 것은 100년이 되고 죽으면서도 아니라 하는 것이 사람이다.

그러면 혹시 "세상이 다 그렇게 됐는데 너 혼자 아니라 해서 무슨 소용이 있느냐" 할지 모른다. 허지만 그렇지 않다. 소용되는 것만이 귀한 것 아니다. 사람은 뜻에 산다. 뜻이야말로 사는 것이기 때문에 전 민족이 다 제 백성이 된 것 같았을 때에도 일본은 한 사람 안창호를 기어이 바다 밖에까지 나가 잡아다 죽였고, 그까짓 늙은 도둑 하나를 죽여 일본이 없어질 것 아님을 뻔히 알면서도 안중근은 시베리아까지를 헤매어 이토伊藤를 쏘았다. 그리고 그 뜻 때문에, 짐승처럼 먹고 살고 새끼치기만을 생각했던 2천만이 아니라, 그 한 사람들이 죽음으로써 지켜 살렸던 바로 그 뜻 때문에 오늘이 있는 것 아닌가?

세상이 다 그 무리가 된다 하더라도, 그들이 그 마음씨를 고치지 않는 한은 나는 절대로 5·16을 혁명이라고도, 그 이후의 일을 나라 함이라고도 인정해주지 않을 것이다. 그리고 역사의 심판대 앞에 원고로 서서 고발하기를 그치지 않을 것이다. 나는 한 사람이지만 절대로 혼자가 아니다.

그러면 내 속에서 소리가 나서 나더러 묻기를 이렇게 한다.

"너는 고집 아니냐."

"비뚤어진 생각 아니냐."

"너는 이날까지 됐다는 것은 하나 없고 반대뿐이니 그것은 반대를 위한 반대 아니냐."

"너는 말할 자격이 있느냐."

그러나 곰곰이 생각한 후 내 마음은 역시 대답한다.

"그렇다, 나는 말할 자격이 있다."

"버젓이 있다."

"내게 아무 권력이나 명예나 돈이나 내 주장에 대한 야심 없다. 나는 다만 지극히 작은 씨올의 하나로서 나라를 위하고 도리를 살리자는 마음뿐이다. 그러므로 설혹 내 판단에 잘못된 것이 있다 하더라도 말할 자격이 충분히 있다."

"그뿐 아니라, 이때까지 내가 한 판단과 주장은 10년 역사에 의해 옳은 것이 증거됐기 때문이다."

씨울아, 정치강도와 정치학 절도에 속지 마라!

내가 잘났단 말 아니다. 반대다. 잘났다면 바른 판단을 못했을 것이다. 다행히 못났기 때문에 볼 것을 본 것이다. 잘 드는 칼은 언제나 빗나가는 법이요, 무딘 칼에는 실수가 없다. 씨울은 무딘 칼이다. '뽀족한 수'라는 말이 있지만, 잘난 사람은 다 뽀족한 수를 가진 사람들이다. 학자라는 사람, 지도 능력이 있다는 사람, 사업가, 운동가가 다 아는 것과 행하는 것에 뽀족한 것이 있는 사람들이다. 그 대신 제대로 있지 못하고 어디 가서 잘 꽂힌다.

씨울의 마음은 그와 반대다. 뭉투룩해서 잘난 것이 없는 대신 어디가 꽂힐 데가 없고, 그렇기 때문에 제자리를 잃지 않는다. 제자리에 섰기 때문에 그 보는 것이 바르다. 나는 못나서 감히 잘나보자는 엄두를 못 내기 때문에 오늘까지 내가 타고난 씨울의 자리를 떠본 일이 없다. 그것이 나 스스로 말할 자격이 있노라는 이유다.

모든 잘난 사람들이 하는 의론은 다 객관적·현실적임을 자랑한다. 그래서 어질다는 소리를 듣는다. 그러나 그 어짊은 우리를 죽는 데로 이끌지 사는 데로 이끌지 못한다. 가령 생각해보라. '약육강식'이란 말이 있지 않은가? 그처럼 객관적이요 현실적인 사실은 없다. 그렇다면 나도 '약한 놈'이기 때문에 남에게 먹혀 마땅하다 하고 어질게 만족하고 있겠나? 아닐 것은 말할 것도 없다. 이때껏 모든 약한 놈이 다 강한 놈한테 망해버렸다 하더라도, 나만은, 그렇다 이 나만은, 그래서 아니 된다는 것이 사람이요, 살리는 진리 아닌가?

그런데 언제나 사람들이 정치 비판하는 것을 보면 스스로 후진국으로 자처해서 모든 죄악을 '할 수 없는 현실'로 인정하고 '기정사실'로 넘겨버리려고만 하니 이것이 정말 '망국노'의 근성 아닌가? 어째 그렇게 모르나? '나'의 논리와 '남'의 논리가 어떻게 같을 수 있겠나? 지나가던 길손은 제 길이 바쁘면 사람이 죽는 것을 보고도 지나갈 수가 있지만 그 사람이 내 어버이요, 내 자식인 다음에는 그럴 수가 없다. '나'는 결코 일반적인 것의 한 예가 아니다. 나는 '예외'다.

씨올은 나라를 살고 있는 것이지 정치를 하는 것 아니다. 그에게는 선진국도 후진국도 없다. 이상도 현실도 없다. 그저 살아야 하는 명령과 지켜야 하는 뜻이 있을 뿐이다. '정치'란 한가히 옆에서 보는 사람이, 살기 위해서가 아니라, 제 지식을 즐기기 위해 하는 말이요, 그렇지 않으면 불난 집에서 물건을 훔쳐가기 위해, 큰 소리로 "불을 꺼라" 하며 분주히 돌아가면서, 남이 불속에서 생명을 걸고 끄집어낸 물건을 슬슬 도둑질하는 도둑놈의 소리다. 정치 소리를 열심히 할수록 흉악한 도둑이다.

씨올아, 정치 강도와 정치학 절도에 속지 마라!

이제는 돌이켜볼 때

이제 우리는 지나온 10년을 돌이켜봐야 하는 자리에 왔다. 사람은 돌이켜볼 줄 아는 물건이다. 길은 가기만 하면 되는 것 아니라 이때까지 온 길을 기억하고 이제 갈 길을 미리 생각할 줄 알아야 길이 된다. 앞뒤가 없으면 지금 가는 것은 하나의 헤매임일 뿐이다. 그와 마찬가지로 삶도 과거와 미래가 있어야만 삶이 될 수 있다. 그런데 그 과거와 미래는 어떻게 생기느냐 하면 기억과 상상에 의해서 된다. 사람도 일을 당해서 거기 반응하는 데서는 동물과 다를 것이 없으나, 사람이 동물과 다른 점은 사람은 그저 일을 치르기만 하면 그만이 아니라 다 치르고 난 후에도 그것을 기억이라는 방법으로 속에 두고 거기 대해 늘 생각을 하고 또 그것을 미루어 미래를 생각한다는 데 있다. 이것은 하나의 새 세계다. 겉의 세계에 대해 속의 세계다. 하나의 새로운, 보다 높은 차원의 세계다. 그림이 자연의 단순한 그림자만이 아니듯이 돌이켜봄에 의해서 되는 정신의 세계도 결코 지나간 일의 그림자만이 아니다. 하나의 독립한 높은 가치의 세계다. 사람의 생활의 목적이 되는 모든 보람은 여기서 이루어진다.

그런데 그 돌이켜봄은 엄정한 의미에서 시시각각으로 있는 것이지만, 사실에서는 늘 그렇게 이론적으로만 할 수는 없고, 가다가 어떤 때에 매듭을 짓게 된다. 생각하는 것이 사람의 특성이지만 생각하기는 결코 쉬운 일이 아니다. 어려운 사정에 강요를 당해서만 비로소 하게 된다. 지금이 바로 그러한 때라는 말이다.

군대를 다루는 데 늙혀서는 아니 된다는 법이 있다. 군대가 일 없이 어느 한곳에 가만있으면 그 기운이 죽어버린다. 이것을 늙는다고 한다. 그러므로 군대를 지휘하는 사람은 싸움이 없는 때는 늘 군대를 이동시킨다. 아무 일이 없어도 한곳에 가만두지 않고 쉬지 않고 이동시킨다. 졸병들은 알지도 못하고 늘 어디 무슨 작전이 생겼나 하고 이리 가고 저리 간다. 그것을 심리적으로 분석하면 생각할 여유를 주지 않는다는 말이다. 일이 없이 가만있으면 자연 생각을 하게 되고 생각하면 시비가 나오고 불평이 나온다. 그러면 명령이 잘 실행되지 않는다. 그것을 막기 위해 될수록 바쁘게 만들어 생각을 못하도록 만들자는 것이다.

이성에 어그러지는 일이지만 전쟁 그 자체, 군대란 물건 그 자체가 이미 근본적으로 하나의 큰 부조리, 비이성적인 것임을 생각한다면 각별 이상할 것도 없다. 거짓은 그것을 유지하기 위해 또 하나의 거짓을 요구하고, 부조리는 그것을 억지로 세워나가기 위해 또 하나의 부조리를 강요한다. 그리하여 무리에서 무리로 달린다. 그러나 이 우주가 진리를 가진 우주인 이상 그것이 무한으로 용납될 수는 없다. 결국 터지고야 마는 날이 온다. 그것이 혁명이다.

5·16 이후 오늘까지의 정치를 한마디로 표시한다면 '못살게 군다'고 할 수 있다. 국민이 감당하기 어려운 일을 계속 만들어서 쉴새없이 몰아쳤다. 왜 그랬을까? 국민이 미처 생각할 여유를 가지지 못하게 하기 위해서다. 왜? 생각하면 5·16 자체가 당초부터 이성에 어그러졌던 것을 알게 되기 때문이다. 압박자들은 언제나 씨올을 지치게 만들려고 하는 법이다. 물론 지쳐도 제 할 생각은 해야 하는 것이 사람이지만, 사람은 또 약한 것이어서 누우면 죽을 줄 알면서도 깨어

있지 못하는, 눈 속에 지친 사람같이, 생각을 될수록 피하는 버릇이 있다. 씨을을 짐승처럼 부려서 국물을 짜먹자는 지배자들은 이 심리적 법칙을 알기 때문에 그것을 계획적으로 악용하는 것이다.

그런데 이 몰아침의 비이성의 행군에 변화가 오게 됐다. 이날까지의 사회가 무표정, 자포자기, 마비, 멍청이의 사회였다면 요새는 갑자기 생각하기 시작하는 사회다. 왜 그렇게 됐나? 무엇이 우리로 하여금 생각하기를 시작하게 했던가?

첫째, 미국의 갑작스런 정책 변경이다. 타고 가던 차가 급커브를 돌게 됐으니 몸을 세우려 의식적으로 노력을 하지 않을 수 없다. 둘째, 계속해서 일어나는 큰 사건들이다. 광주단지사건,[1] 특수부대 난동사건,[2] 한진 노무자 데모사건, 매일같이 있는 무장공비 침입사건, 또 무슨 사건, 무슨 사건……. 차가 엎어질 듯한 것을 보자 큰 소동이 일어나는데 차장이나 운전사가 아무 대책도 없이 "일 없어요, 일 없어요" 하기만 하니 의심스럽다. 셋째, 그보다도 더 큰일난 것은 엔진에 고장이 났다. 공화당의 내분이다. 엔진이 아까워서가 아니다. 그까짓 기계는 못쓰게 되면 내버리고 새 것으로 갈아치우면 그만이지만, 그게 터지는 바람에 애매한 씨을만이 많이 상하겠으니 말이다.

이래서 우리는 이 10년 정치를 깊이 반성해서 마감을 봐야 할 필요를 느끼게 됐다.

1) 광주단지사건: 1971년 8월 10일 경기도 광주군 신개발지역주민 수만 명이 공권력을 해체시키고 도시를 점거했던 사건. 당시 정부는 토지투기, 철거이주민의 분양권 불법전매 등 주민의 생계와는 전혀 무관한 정책을 추진했다. 이에 격분한 주민들은 지역 내 토지불하가격인하 · 세금 부과 연기 · 긴급구호대책 마련 등을 요구하며 도시를 점거했다. 이날 서울시장 양택식이 이주단지의 성남시 승격과 함께 주민의 요구를 무조건 수용할 것을 약속함으로써 마무리되었다.
2) 특수부대 난동사건: 1971년 8월 23일 인천 중구 실미도에 있던 북파부대원들이 기간병들을 살해하고 탈출해 청와대로 향하던 중 자폭한 사건이다.

5·16은 와서는 아니 되는 것

5·16이 일어나자 거리에 많이 나돈 소리가 "이제 정말 올 것이 왔다"는 것이었다. 그러나 이제 와서 우리는 그 말을 다시 생각해볼 필요가 있다. 그것은 정말 와야 하는 것이었던가? 씨올은 정말 군인혁명을 기다리고 있었던가?

첫째, 올 것이 왔다는 그 소리는 정말 씨올의 소리였던가부터 생각해보자. 아니다. 결코 씨올 전체의 소리 아니다. 일부 지식인이 깊이 생각하지 않고 한 소리였고, 그렇지 않으면 일어난 힘에 대해 아첨하려는 심리에서 나온 소리다. 씨올 전체의 의견이 아닌 증거로는 그때부터 오늘까지 5·16 그 사건이나 그것을 일으킨 사람들에 대해 감격하고 고마워한 일이 한 번도 없다. 이제라도 극장에 가서 그 애국가 나오고 박정희 씨 사진 나올 때에 관중의 태도 보면 알지 않나? 일어서라고 강요하는 것부터가 사실을 스스로 증명하는 일이지만 일어서면서도 입 속에서는 모두 피피 하지 않던가?

소위 정치란 본래 사람의 속을 문제삼는 것 아니요, "옆 찔러 절 받자"는 것이기 때문에 시키는 사람들은 억지로라도 절을 시켜놓고는 거기서 쾌감을 느끼겠지만, 생각이 있는 사람은 아니 그렇다. 어린애처럼 그런 것 가지고 더럽게 싸울 수도 없으니 앙앙거리는 강아지에게 먹을 것 던져주는 식으로 하라는 대로 하기는 하지만 속은 크게 불쾌를 느낀다. 그렇기 때문에 모두들 "이것은 애국가에 대한 모욕"이라고 한다. 옳은 말이다.

10년이 지나서 다 굳어진 듯한 오늘도 그런데 하물며 그때에 환영했겠나? 나는 첨부터 5·16에는 반대했고 오늘까지 싸워오는 사람이기 때문에 혹시 내 치우친 생각이나 아닌가 하고 끊임없이 반성하고 지배자들과 씨올의 얼굴을 늘 번갈아 살펴보는데 절대로 씨올 전체가 고마운 혁명이라 하고 승인해준 일 없다. 지배자들은 이후에 역사에 적힐 것을 생각해 신경을 곤두세워 갖은 수단 방법으로 '국민의 지지'를 얻었다는 소리를 남기려 애쓰지만, 일부 시킨 사람들을 내놓고는, 전체는 결코 지지하지 않는다.

또 그 올 것이 왔다는 말을 분석해볼 필요가 있다. 올 것이라 할 때 그 올 것이란 무엇인가? 물론 혁명이다. 그때 전체 사회가 혁명을 기다린 것은 사실이다. 그러나 군인이 해야 한다고 기다린 사람은 아마 하나도 없을 것이요, 또 하리라고 짐작조차 하지도 못했을 것이다. 그러면 올 것이 왔다는 말은 할 만한 말이면서도 대단히 경솔한 말이다. 혁명을 기다린 것은 사실이지만 그렇다고 어떤 사람이 어떤 방법으로 해도 좋단 말인가? 절대로 그럴 수는 없다.

여기 대해서는 언론인들이 우선 책임을 져야지만 씨올들 자신도 깊이 반성해야 한다. 마음에 허락하지 않은 것은 사실이다. 그것은 나도 안다. 하지만 분명 와서는 아니 되는 것이면 그 경솔 혹은 아첨으로 하는 말을 분명히 부정했어야는데 그렇게 하지 않았다. 그 책임은 스스로 져야 한다. 내가 기른 강아지가 내 발꿈치를 물었으면 기른 내가 책임을 아니 질 수 없다.

왜 나는 첨부터 반대했던가? 물론 박정희가 어떤 사람이고 김종필이 어떤 사람인 것을 알아서 한 일 아니다. 나만 아니라 거의 전 국민이 1961년 5월 16일 새벽 총소리가 귀를 울릴 때까지 그런 사람들이 세상에 있는 줄조차 몰랐다. 반대한 이유는 오직 하나, 군인이기 때문이다. 나는 60이 되도록 정치에 관계나 흥미를 가져본 일은 한 번도 없어도, "군인이 정치에 주둥이를 내밀어서는 안 된다"는 것은 일찍부터 들어 알고 있었다.

이것은 상식이다. 천하의 통칙이다. 정치의 철칙이다. 인류 전체가 여러 천 년 두고 많은 쓰라린 체험을 통해서 얻은 지혜다. 그렇기 때문에 나도 그것을 믿었다. 믿은 것은 결코 나만 아니다. 사람인 담에는 다 그것이 옳은 말인 줄을 알았을 것이다. 다만 나는 그것을 내 믿는 대로 말했는데 다른 사람들은 분명히 말하지 않았을 뿐이다. 그렇기 때문에 나는 그 말하지 않은 전체를, 더구나 그중에서도 지식인을 나무란다.

10년이 지나고 이제 끄트머리가 차차 내다뵈는 오늘 나는 그 올 것이 왔다던 사람들에게 묻고 싶다. 그래 오늘날도 올 것이 왔다고 생각하느냐? 그래 정말 잘 됐다고 생각하느냐? 제발 사람이 되고 싶고, 나라를 사랑하고, 잘못을 저지른 그들도 사람으로 건져주어야 한다는 생각이 있거든 이제라도 그것은 잘못한 말이었다고 바로잡기를 바란다.

왜 군인은 정치를 하면 아니 되나? 예로부터 "병兵은 흉기凶器라." 사람이 손에 칼을 잡으면 제 본심을 잃기 쉽기 때문이다. 사람의 근본 천성은 착한 것이나 한번 무기를 손에 쥐면 그만 그 본성을 잃고 사나워지기 쉽다. 사납다는 것은 남을 나와 마찬가지의 인격적인 존재로 알지 않고 내 욕심을 채우기 위한 하나의 물건으로만 보는 심정이다. 그래서는 정치 못 한다.

군사혁명 하지 말아야 했다!

정치는 공자의 말대로 "정야자政也者는 정야正也"라, 사람과 사회를 바로잡자는 것이다. 바르다는 것은 서로 제 욕심만 부리지 말고 사람답게 같이 살자는 말이다. 그것을 하자고 나서는 것이 정치다. 그렇기 때문에 참 의미로 하면 정치에는 스스로 나설 수 없다. 남들이 나를 바른 사람으로 보아, 나서달라 해서 비로소 나설 일이다. 그때에도 정말 어진 사람은 사양하고 나서려 하지 않는다.

그러니 내가 하겠다 감히 나서는 것은 차마 못할 일이나 스스로 칼을 들고 제 인격의 힘이나 사상의 힘으로도 아니고 단지 흉기의 힘을 빌려 세상을 바로잡아보겠다는 것은 어리석음에도 분수없는 일이다. 그러니 나라는 그만두고 그 일을 하려는 그들을 인간으로 대접하는 의미에서도 어떻게 보고만 있겠는가? 어찌 차마 잘한다고 할 수 있겠는가? 그래서 나는 그 사람들의 내력을 물을 것 없이 반대했다.

"너 나올 자리 아니다."

나라 일이 어지러운 것은 사실이니 단순한 군인식의 생각에 우리가 일어서서 바로잡자 하는 생각을 했던 것은 허락해준다. 그럴 수 있다. 그러나 거기가 생각이 부족한 데다.

스스로 자기 힘을 믿는 데 두 가지 있다. 아주 어질어서 하든지 그렇지 않으면 아주 어리석어서 하든지. 그렇기 때문에 나는 이 어려운 시대에 감히 스스로 나서는 사람일수록 믿지 않는다. 어리석든지 그렇지 않으면 아주 흉악해서든지.

그렇기 때문에 나는 5·16은 오발탄, 곧 잘못 쏜 총이었다고 분명히 규정짓는다. 나는 4·19는 헛총이라 했다. 헛총은 첨부터 쏴서는 아니 되는 것을 알기 때문에 알을 아니 넣는다. 사람 죽일 뜻 없다는 말이다. 오발탄은 그와는 다르게 쏴서는 아니 될 것을 쏜 것이다. 오늘의 이 어려움은 거기서 시작된다.

그들은 오늘도 계속해서 쏘고 있다. 내가 10년 역사를 군인정치라 이름짓는 것은 이 때문이다. 그들은 민정이양 때부터 심술을 부려서 군복을 아니 벗으려 했지만 여전히 군인이다. 군복을 벗어도 군인 버릇을 면하려면 적어도 3년은 갈 것이라고 나는 말했는데 3년은 그만두고 10년에도 되지 않는다. 3년 기한은 씨을 노릇 그만하고 군에 잡혀 있었던 것이 3년이니 다시 본성에 돌아오는 데도 적어도 그만한 세월은 들 것이라는 생각에서 한 말이었다.

그런데 불행하게도 10년에도 아니 되니! 돌아올 뜻이 없기 때문일 것이다. 보라, 그 하는 모든 일이 군인 일색 아닌가. 그렇지만 마음에 새겨둘 것은 아시리아도 스파르타도 로마도 나폴레옹도 비스마르크도 신통히 예외 하나 아니 남기고 다 망했다는 사실이다.

그때에 도리를 배웠다는 지식인들이 분명히 "군사혁명은 해서는 아니된다"는 말을 했던들 나라가 이렇게 망칙하게는 아니 됐을 것이다. 그들이 공약한 대로 다시 군인으로 물러갔을 것이다. 그런 것을 "이제 정말 올 것이 왔다" 하며 인정해주는 태도를 보이니, 이제 세상에 사람 없는 것은 뻔한 일이고, 그래 그날부터 업신여기고 학자의 입에 말 재갈을 물리기 시작했다. 말을 했더라면 사람 대접을 받고 나라도 바로됐을 것인데 말 한마디 아니했기 때문에 말같이 재갈을 물고 밥은 아닌 죽을 얻어먹으면서 제 갈 길을 가지 못하고 타고 앉은 놈이 이끄는 대로 가야 했다. 아아, 도리야, 네가 지금 어디 있냐? 이성아, 네가 지금 어디 있냐? 양심아, 너는 지금 어디서 포로의 한숨을 쉬느냐?

속임수의 공약

혁명공약이란 것을 내세웠다. 그 목적은 자기네의 목적과 그 나아가는 방향을 국민 앞에 내놓아 그 신용을 얻자는 데 있었을 것이다. 그러므로 이것이 그들을 아는 데와 그들이 한 일을 비판하는 데 가장 중요한 글이다.

나는 첨부터 그것을 믿을 수 없었다. 우리가 언제 어디서 그들이 하는 말이나 글을 본 것이 없고 그들의 이날까지의 경력을 모르고, 따라서 그 어떤 심정의 사람들이며 얼마나한 인격을 가졌는지 모르는데 한 손에 칼을 들고 불쑥 나서서 하는 말을 어떻게 신용하겠나?

아는 것이 있다면 그들이 군인이요, 나라를 위해 싸웠다는 것뿐인데 그것만으로는 믿을 수 없다. 군대는 어떤 망나니도 가야 하는 곳이요, 전쟁은 시키면 제 인생관, 신앙, 사상과는 관계없이 해야 하는 것이니, 단지 군대에 있었다는 것만으로 무조건 애국자라 믿을 수 없고 전쟁에 참여했다고 해서 사상이 견실하다고 믿을 수도 없다.

나 보기에는 그런 자기네들로서 일방적으로 국민 앞에 공약을 한다는 것은 너무도 자기를 모르는 일이요, 국민을 너무도 홀홀히 생각하는 행동이었다. 좋게 보면 그 단순성이 너무도 가엽고 나쁘게 보면 건방진 행동이었다. 첨에는 나는 동정하는 눈으로 보았다. 이때껏 전장판으로 다닌 사람들이 나라일 한심한 것을 보고 의분을 느껴 그러는 것이겠지. 그러나 그 동기는 고맙지만 생각이 부족하다. 그들이 어떻게 정치를 알겠나?

그러나 후에 와서는 그 동기마저 의심하게 됐다. 마땅히 물러나야 할 때에 물러나지 않으니, 그럼 그 공약은 첨부터 지킬 목적으로 내세운 것 아니라 한때 국민을 속이고 넘어가기 위한 것 아니었나. 나는 지금도 그들이 이것을 밝히지 않는 한은 믿지 못한다. "지키고 싶은 마음은 있었으나 못 지켜 죄송합니다" 하고 물러나든지, 그렇지 않으면 "첨부터 우린 계획적으로 했다" 그러든지, 그러면 국민도 제 할 생각이 있을 것이다.

어떻게 지킬 수 있겠나? 조금 생각이 있는 사람은 그 공약公約이 공약空約인 것을 첨부터 알 수 있었을 것이다.

"하룻강아지 범 무서운 줄 모른다."

그들이 감히 혁명에 손을 댄 것은 인생에 경험이 적고 정치가 뭔지를 몰라서 한 것이었다. 모르고 했으니 일을 그르칠 것은 뻔한 것이었다. 그런데 이 지식인들이 올 것이 왔다 했으니 너무도 잔혹한 일이다. 사람을 그렇게 못쓰게 만들고 나라를 망쳐놨으니. 그래, 잘 됐다고 항변할 자신 있는 사람 있거든 씨올 앞에 나서봐라!

그들이 얼마나 생각이 부족했던가는 내가 지나본 한 토막 대화로 짐작할 수 있다. 유달영 님이 국민운동본부장으로 있을 때 찾아갔다가 그 자리에서 재건최고회의 한 사람을 만났다. 유 부장은 이미 그들과 접촉이 있어서 알기 때문에 내게 그 사람을 소개하면서 말하기를, "최고회의 안에도 선생님 좋아하는 파와 좋아하지 않는 파가 있습니다. 이분은 선생님을 굉장히 좋아하시는 분입니다" 했다. 나도 나를 좋아한다니 좋았지 나쁘지 않았다. 그래 있는 대로 말을 했다.

"당신들이 전장판으로 다니노라 책을 봤담 몇 권이나 봤겠소? 생각을 했담 얼마나 했겠소? 당신들은 정치 못 합니다."

"왜 못 해요, 할 수 있습니다."

"그럼 할 것 다한 다음 공약대로 물러나겠소?"

"아, 물러나지요."

"그만두시오. 거기가 당신들이 생각이 모자라는 데입니다. 정치란 것은 내놓는다, 아니 내놓는다, 싸움으로 되는 것이지, 그래 학교 선생이 일정한 연한이 지난 다음 이제 너는 졸업이다 하고 증서를 주어 내보내듯이 그렇게 한단 말이오?"

"그렇게 못할 것 있어요? 저희들은 그렇게 합니다."

"저희들은 그렇게 합니다" 하던 그 소리가 지금도 내 귀에 쟁쟁하다. 이 10년 어느 날이면 그것을 잊었겠나? 그 사람 이름을 내가 기억하지 못한 것이 다행이다. 이름이라도 알았으면 욕을 많이 했을 것이다. 물론 그 사람 하나를 가지고 전체를 단정할 수는 없으나, 그래도 생명 내걸고 한다는 혁명동자들이었으니 대체 그 정도에 그 방식이라 생각해 무방할 것이다. 슬픈 일이다. 어쩌면 무슨 운명에 나라가 그런 사람들 손에 떨어진단 말이냐? 아니다, 운명 없다. 모두 우리 자신의 책임이지.

민중에게 높은 이상을 제시하라

나무는 그 열매로 좋고 나쁨을 판단한다. 5·16혁명 공약 나무에는 어떤 열매가 달렸나? 정직하게 말해봐라. 저즘께 국무총리라는 사람이 제 입으로 삼불三不을 말하지 않았나? 군인으로서 돈 한푼 없던 사람이 무엇으로 지금의 그 큰 돈을 모았나? 나라의 것 도둑질한 것 아니냐 하는 정문頂門의 일침을 맞고도 "내 재주와 힘으로도 그만 것은 모을 자신이 있다"고 재치 있게 뱃심 좋게 넘기는 그 사람들이 한 10년 정치에 달린 열매가 부정, 불신, 불안뿐인가? 그 재치, 그 뱃심, 더 분명히 말해서 그 철면피가 그 공약을 애당초 만들고 그 자연적인 결과가 오늘에 나라를 휩쓰는 이 불신, 부정, 불안 아닌가?

기차표 사러 창구에 가면 얼마나 물을 줄도 모르고 돈뭉치를 들이밀고는 모든 것을 옳게 해주겠지 믿고 거스름돈을 헤어보지도 않으리만큼 순진한 백성을 어떤 놈들이 오늘처럼 서로 못 믿게 만들었느냐?

나라를 다 뺏기고 일본 밑에 종살이를 하면서도 안심하고 농사, 장사하고 일본 선생 손에 제 새끼를 키워달라 맡길 만큼 마음 착한 사람들을 어떤 놈들이 오늘처럼 이렇게 근심 걱정에 싸여 있게 만들었느냐? 부정부패야 말인들 할 것 있느냐? 너희 정치한 것들이 그렇게 만들었지 누구냐?

　공약이라 해서 약속한 것을 지키지 않았다는 면만 생각할 것 아니라 그것이 일으킨 사회악을 생각해야 한다. 어째서 잘했노라 자랑하고 싶을 때는 모든 것이 5·16 덕택에 다 된 것처럼 말하면서 잘못된 것을 물으면 그것은 사회가 나빠서 그렇다고 책임을 씨올에다 미느냐? 그렇다. 너희가 그러지 않아도 모든 책임을 어미처럼 그 등에 몰아친다. 그러나 씨올의 손에서 가장 좋은 것은 다 뽑아서 나라한다는 이름 아래 진탕치듯 먹고 마시고 놀아나는 너희로서야 어찌 그럴 수 있느냐? 그렇게 비겁하냐? 최치원이 신라 때만 있고 지금은 없는 줄 아느냐? 지금도 세상을 망가뜨리는 놈은 "부제천하지인개사현륙不啻天下之人皆思顯戮이라, 억역지중지귀기의음주抑亦地中之鬼己議陰誅라"[3] 다 하고 있다. 귀신이 다른 데 있는 줄 아느냐? 노하는 씨올의 마음 거기가 곧 그 있는 곳이다.

　그러나 그까짓 모든 것보다 더 중대한 것은 그들의 사상이다. 집을 헐어 고치는데 목적도 설계도 없이 헐기만 하면 되느냐? 그런데 나라는 어째 아무 이념도 사상도 없이 손을 대느냐? 그 이념 없는 것을 증명하는 것이 그 공약이다. 그 속에 민주주의나 세계라는 말이 도무지 나와 있지 않다. 단 한마디 '민주공화국'이란 말이 있으나 그것은 민주주의를 위한 말이 아니다. 사상 비슷한 것이 있다면 오직 한 구

---

3) 不啻天下之人皆思顯戮 抑亦地中之鬼己議陰誅: "천하 사람들이 모두 너를 드러내 놓고 죽이려 생각할 뿐만 아니라 또한 땅속의 귀신들도 이미 너를 죽이려고 의논했을 것이다." 최치원,「토황소격문」. 원문은 "不惟天下之人皆思顯戮 仰亦地中之鬼己議陰誅"로, 함 선생은 '惟'(생각할 유)를 '啻'(울 제)로, '仰'(우러를 앙)을 '抑'(누를 억)으로 바꿔서 인용하고 있다.

절 반공을 국시로 한다는 것이 있으나 그것이 어떻게 무식한 말임은 이미 우리가 여러 번 한 말이다.

이것은 두 가지 사실을 의미한다. 하나는 그들이 평생에 민주주의에 대한 열심이 없고 따라서 거기 대해 이해가 도무지 없음을 말하는 것이요, 그다음은 그들이 민중을 모른다는 것을 보여준다. 그들은 민중을 아주 깔봐서 굶주린 것만 제해주면 자기네를 영웅으로 알려니, 아마 그렇게 생각한 모양이다. 그러면 그들이 전 민중의 지지를 종시 얻지 못한 것은 당연한 일이다. 씨올은 아무리 보잘것없이 바닥에 사는 듯해도 그들의 마음은 결코 의식주에만 있지 않다. 권력에 욕심 있는 사람들은 저희 인생관이 그 정도기 때문에 민중도 그러려니 하지만, 민중은 시냇물 같아 매우 얕으면서도 그 속에 별이 찬란한 하늘을 품고 있다.

민중을 동원시키려면 높은 이상을 보여주지 않으면 아니 된다. 이것은 모든 시대의 역사가 증명하고 있다. 그런데 그들이 혁명을 하는 애국 영웅으로 자처하면서 민주주의고 사회주의고 간에 아무 이념도 내세우는 것이 없는 것을 보면 그 사상의 빈곤의 정도를 알 수 있다. 그렇다면 당초의 말대로 청소작업을 끝내고는 곧 물러갔으면 좋았을 것이다. 그런데 그렇게 하지 않았으니 일은 잘못될 수밖에 없었다.

새 역사라 말은 그러지만 정말 새 역사를 생각했다면 어떻게 '세계'라는 생각이 한 번도 머리에 떠오르지 않았을까? 이 시대는 '세계적인' 시대인데, 그렇게 역사에 대한 이해, 이해는 그만두고, 성의도 없는 사람들이 정치에 손을 댔다는 것을 참 슬픈 일이다. 우리 역사가 새롭게 앞으로 나아가기는 고사하고 뒤진 걸음을 하게 된 것은 여기서부터 시작되었으니 말이다.

일전에 공화당 내분 파동[4]이 있었을 때 바람결에 오는 소리가 박 총재가 노발대발해서 하는 말이 "민주주의를 못하더라도 당의 단결을 깨치는 것은 용서할 수 없다"고 했다고 한다. 사실인지 아닌지 알 수 없으나 나타난 결과로도 맘속에 공화당이 있을 뿐이지 민주주의가 없는 것을 알 수 있다. 하나님, 이 백성이 무슨 죄로 이 운명을 당해야 합니까?

비겁한 지식인들은 가라

내가 만일 5·16 주체만을 잘못이라 한다면 비겁한 일이다. 우리들 지식인이라는 사람들도 책임을 같이 져야 한다. 사실은 더 밉다 해야 할 것이다. 오지 못할 것이 왔을수록 씨올을 이끌어갈 책임은 그들에게 있기 때문이다.

혁명공약에서 가장 중요한 말은 그 본문 여섯 조건보다도 끝에 붙여 쓴 말이다. 여섯 조건이 다 잘못된 것이라 하더라도, 그대로 실행하지 못했다 하더라도, 또 못했을수록, 그 마지막에 달아 쓴 말대로 물러갔더라면 일은 이렇게 나빠지지 않았을 것이다. 그런데 나는 그 달아 쓴 조건은 말 그대로 진심으로 한 것으로 받아들이고 싶다. 자기네도 군인으로서 정치에 나서는 것이 옳지 않은 줄은 처음에는 알았을 것이다. 그래서 그 정치 잘못해서 4·19의 비싼 값을 내고 모처럼 얻은 좋은 기회를 놓쳐버리고 국민의 기대를 저버리고 있는 썩어빠진 정치인들을 깨끗이 몰아내기만 하면 곧 물러서려고 했을 것이다.

이것은 그들 혁명동지 사이의 굳은 약속이었을 것이다. 그중 몇은 그렇게 해서 주체세력을 만들면서도, 우리 다 같이 물러서자 하면서도, 속으로는 일이 잘 되기만 하면 한번 권세를 쥐어볼 것을 첨부터 슬그머니 속에 품고 있었는지 모른다. 그것도 그랬으리라고 나는 믿는다. 그러나 적어도 전체로서 하는 엄숙한 약속에서는 전원이 일치

4) 공화당 내분 파동: 공화당의 항명파동을 말한다. 1969년 4월 8일 국회는 문교행정의 실패 등을 이유로 신민당이 제기한 문교부장관 권오병에 대한 해임건의안을 가결시켰다. 공화당은 즉시 항명한 의원 5명을 제명 처분했다. 이후 1971년 10월 2일 야당 측이 제기한 내무부장관 오치성의 해임건의안이 국회에서 일부 공화당 의원의 가세로 가결됨으로써 다시 공화당에 항명파동이 일어났다.

해서 욕심 없이 할 일 다하고는 깨끗이 물러날 것으로 결심하고 있었으리라고 생각한다. 그러지 않고는 그만큼 일이 성공될 수 없다. 그렇기 때문에 그 후에 민정으로 돌려야 한다 할 때에 그들이 약속을 어기고 주저앉아 해먹기로 태도를 고친 것은 일부의 몇은 몰라도 대다수의 분자는 중간에 변한 마음에서 된 것이라고 본다.

제가 제 자신을 아는 사람이라고는 수양이 퍽 깊은 사람 아니고는 못하는 것이고 보통 사람은 제 속에 무엇이 있어 어느 때 자기 양심을 누르고 발동을 할는지를 모른다. 군인같이 생각이 단순한 사람들은 더구나 그럴 것이다. 그렇게 제가 저도 모르는 사람이기 때문에 혁명에 손을 대서는 아니 된다는 것이다. 나라 형편 두 눈이 있으면 못 볼 리 없고, 보면 세상이 한번 바뀌어야겠다 하는 생각 누구는 못하나? 그것도 모르면 정말 천치 바보게. 알지만, 알면서도 감히 손을 내밀지 못한다. 왜? 내가 나를 좀 알기 때문에. 그러기에 감히 하는 사람이 잘난 것 같지만 아니다. 감히 하지 못하는 사람이 감히 하는 사람보다 훨씬 더 어질다. 그러기에 보라, 혁명치고 실패 아니한 것 어디 있나.

그 깊은 원인이 어디 있나 하면 혁명가 그 자신의 타락에 있다. 본래는 순수한 의협심에서 일어났는데 나중에 성공해서 권력의 맛을 보면 그만 변해버린다. 나폴레옹, 레닌, 스탈린, 모택동만이 아니다. 거의 다 해방의 영웅에서 지배자로 떨어져버린다. 슬픈 일이다. 이에서 더 슬픈 일이 어디 있겠나?

5·16도 그 예외 아니다. 몇십 년 죽을 판 살 판, 지하로 감옥으로 피비린내나는 혁명운동에서 부대낀 사람도 변하는데 하물며 8기생 7기생 아직 여름철에 자란 해바라기 대 같은 사람들에서일까? 누구의 말처럼 5·16은 자기네도 그렇게 쉽게 될 줄은 몰랐는데 의외로 쉽게 성공이 됐기 때문에 그만 미쳐버린 것이다.

그런데 여기 지식인의 책임이 있다는 말이다. 당초에 무엇이 올 것이 왔다고 했나? 모르는 길거리의 군중은 또 몰라도 일 뒤의 이치를 더듬고 말 속의 뜻을 캐려는 지식인이 어찌 그것을 모른단 말인가? 이제 올 것이 왔다는 그 한 말의 죄가 얼마나 큰지 아나? 쫓겨갔던 원수가 불과 20년에 다시 오는 것도, 학원이 짓밟혀 승냥이 자고 간 자리같이 된 것도, 농촌이 말이 못 돼 양식을 사다 먹고 거지떼가 서울로 몰려오는 것도, 내일의 주인이 될 젊은이가 얼굴로 아스팔트 바닥을 닦으며 골목에 헤매는 것도, 강도·깡패가 날뛰는 것도, 다 이 한마디에서 시작된다. 공약에 나타난 것 보면 그래도 아직 조심성이 남아 있었는데, 올 것이 왔다는 바람에 아주 피가 머리로만 돌아버렸다. 그래도 아니 속은 것은 씨을이었다. 그들을 아무리 억지로 춤을 추게 하려 해도 아니 추었다. 차마 팔다리가 놓지 않았다. 양심이 살아 있기 때문에.

지식인들은 씨을에게 속죄해야 한다

지식인이 그 죄를 속하려면 이제라도 솔직히 우리 판단이 잘못됐었다 하고 씨을 앞에 증언해야 한다. 그러면 그것이 그때 잘못했던 것보다는 훨씬 더 큰 일을 할 수 있다.

못쓸 나물은 떡잎부터 잘라야 하는데, 그것을 못하면 그 담은 없애버리기가 어려워진다. 올 것이 왔다 하고 승인해주지 않았으면, 지식인이 용감히 일어나 성의 있는 태도로 이것은 아니 되는 일이라 했더라면, 지나가긴 한 일이지만, 5·16은 성공 못 됐을 것이다. 오늘의 이 꼴을 보고 잘 됐다 한다면 언어도단이다. 그 사람과는 말도 할 필요가 없다. 사실상 공화당은 지성과 사회 양심에서는 줄 떨어진 사람들이다. 그러나 만일 정직하게 이것은 잘못된 방향으로 나가는 역사임을 인정한다면 그것이 우리가 하지 못한 '아니' 한마디 때문인 것을 알고 이제라도 해야 한다.

반드시 했어야 할 그 한마디를 아니했기 때문에 그 담은 자승자박이라 점점 끌려들어갔다. 정치 고문이란 것이 한동안 사슴의 뿔처럼 올라갔던 일이 있었다. 세상에 무용無用의 장물長物도 그런 따위가 어디 있을까? 이제 와서 공정히 말해보자. 그래 그 정치 고문들이 한 것이 무엇인가? 계엄령 펴게 한 것인가? 일제시대부터 눈물로 해온 것까지 넣어 모든 사회단체 해체시킨 것인가? 두 번 헌법 고친 것인가? 날치기 국회인가? 만일 그것들을 부인한다면 한 일 없이 수십만 원씩 월급 받아먹은 것밖에는 아무것도 없지 않은가? 묻지 않아도 그 대부분은 나갔던 것을 후회할 줄 안다. 왜 그것도 몰랐는가?

나는 배운 것은 없어도 거기는 혹하지 않았다. 물론 나 같은 사람에게는 오지도 않았거니와 설혹 왔다 해도 거기 넘어가지 않을 자신은 있다. 나간 데는 두 가지 사람이 있다. 하나는 정말 5·16을 찬성해서 나간 사람. 그러나 그렇다 해도 그것은 버젓치 못한 일이다. 찬성했다면 일전에 벌써 동지가 되어 지도했어야지. 학자가 나갈 자리는 지도의 자리지 그 고용원으로 채용이 돼서는 학문에 대한 모욕이다. 그러므로 학자답다면 생각이 설혹 같다 해도 다된 일에 참여하지는 않을 것이다.

그담 둘째 사람은 찬성은 아니하면서도 나간 사람인데 그들에게는 두 가지 죄가 있다. 하나는 거절했어야 하는데 못한 것이요, 하나는 이미 나갔으면 당당히 그 잘못을 말해주었어야 하는데 하지 못한 것이다. 그러니 결론은 목숨이 아까워서 했다는 것밖에 없다.

왜 찬성 아니하면서도 거절 못했나? 칼보다도 제 한 말 때문이다. 나와서 아니 되는 것이 나왔는데 유언 무언으로 그것을 승인했으니 협력하라는데 거절이 어려웠을 것이다. 위에서 말했던 그 최고회의의 사람이 나보고 하는 말 중에 "우리도 처음에는 국민운동을 위해 선생님을 모시려 했는데 들으실 것 같지 않아 그만뒀습니다" 했다. 그래 내 대답도 "잘 알았습니다" 했지만 이쪽 태도가 분명하면 시시한 말은 걸어오지 않는다. 코를 한 번 꿴 다음에는 죽을 땅인 줄 알면서도 끌려가지 않을 수 없다. 생이란 그렇게 앞이 어두운 것이다.

내게는 생각할수록 이상하다. 왜 첨부터 그것을 몰랐을까? 고문으로 나오라는 것이 정말 내 가르침을 받기 위한 것이 아니라, 자기네들 저지른 죄에 승인의 레테르를 붙여서 국민을 속이려 하는 것인데 그것을 몰라? 몰랐다면 어리석은 것이고 알고 했다면 비굴하고 간악하다. 학자로서의 지위를 위해서는 내가 살겠다고 남을 죽을 데로 넣는 악독이다. 나를 먹여살리고 나를 동지로 대해주는 민중을 차마 저버리다니!

눈에 뵈지는 않으나 그것이 후진인 젊은이에게 미친 영향은 참 크다. 지금도 우리는 일제시대를 돌이켜보며 아깝게 생각하는 몇 인물이 있다. 그들이 시국강연하라고 할 때에 죽기를 각오하고 아니했다면 젊은이들은 크게 정신의 사람을 얻었을 것이요, 그랬다면 해방 후에 온 어려움도 좀더 잘 이겨 넘겼을 것이다.

지금도 그렇다. 상당한 학식과 인망을 가지는 분들이 그 굴레를 쓰고 들어가는데 참 안타깝다. 자기는 자기로서 생각이 있어서 하는 일이라 하겠지만 거기 잘못 생각이 있다. 칼 들고 혁명한 사람이 누구의 말 듣겠나? 또 할 말 있다면 왜 제자리에서는 못하나? 일반으로 우리나라 지식인은 용기가 없다. 부끄럽고 슬픈 일이다. 삼은5)은 이제 어디로 갔는가? 사육신은 어디 갔으며 생육신은 어디 갔는가?

세상이 얼마나 타락이 됐으면 예술가라는 것들이 세조를 잘했다고 하게 됐으니! 이놈들, 살아 있는 권력에 아첨하기 위해 죽은 권력을 지옥에서 끌어내느냐? 부귀는 아무리 누려도 끝이 있고 목숨이 산다면 얼마나 사느냐? 그러나 비벼버리면 거품보다도 더 쉽게 자취도 없어지는 듯한 이 정신이란 것이 종내 꺼짐이 없이 살아나서 말을 하는데 어떻게 하느냐?

부귀야 그까짓 것 누리고 싶으면 누리라 하지, 권력의 정말 죄악은 국민을 비겁하게 만들고 가슴속에서 자유 판단의 능력을 마비시켜

---

5) 삼은(三隱): 고려 말기에, 유학자로 이름난 세 사람. 포은(圃隱) 정몽주, 목은(牧隱) 이색, 야은(冶隱) 길재를 이른다.

버리는 일이다. 사람은 사람이기에 그 능력이 아주 없어지지는 않는다. 그렇기 때문에 참혹하다. 아주 없어지면 차라리 짐승이 되니 문제가 없는데 아주 없어지지도 않으면서 그 힘을 잃기 때문에 사람도 못 되고 짐승도 못 되고 참혹하고 흉악한 괴물이 돼버린다. 네가 사람이라면서 한때 쾌감을 위해 사람과 나라를 그렇게 만드느냐?

붓이 칼을 이긴다

예로부터 "칼이냐 붓이냐" 하는 말이 있다. 세상을 다스리는 것이 결국 폭력이냐 그렇지 않고 이성이냐 하는 말이다. 사람 따라 의견도 다르고 시대 따라 그 모양도 다르지만, 긴 역사에 비춰서 결국 따진다면 붓이 이기고야 만다는 데 이미 판결이 내려져 있다고 할 것이다. 그것이 인간 역사다. 그러나 현실을 보면 늘 칼이 이기는 듯하다. 그렇기 때문에 문제다. 그 이유가 뭔가. 속담말로 주먹은 가깝고 법은 멀기 때문이다. 폭력은 곧 눈에 뵈게 결과가 나타나는데 이성의 작용은 그렇지 못하다.

여기 생각할 것은 인간의 정신연령이다. 정신이란 따지고 들면 결국 사람을 알아보는 일이다. 우선은 나는 사람이다 하는 것이고, 그 담은 저것도 사람이다 하고 알아보는 일이다. 이것은 인간이 허구한 세월을 동물의 지경에 헤매다가 제 속에 알갱이처럼 들어 있던 속의 빛에 의해서 된 일이다.

그때까지 그들도 동물처럼 본능적으로 하는 폭력밖에 몰랐을 것이다. 그러나 사람은 사람이기 때문에 그것만으로는 될 수 없어서 많은 비극이 일어났을 것이다. 물건이라면 폭력이면 그만이지 문제가 없다. 그러나 인간은 인간이기에 첨부터 잠자는 상태로나마 그 물건만이 아닌 무엇을 가지고 있었기 때문에 폭력을 쓸 때마다 문제가 해결된 것 같으면서도 거기 늘 강한 항의가 들어 있는 것을 느끼지 않을 수 없었을 것이다. 이것이 인간으로 하여금 생각하게 했고 그 결과 이성으로. 사랑으로 발동하게 됐다.

그것이 얼마나 힘들었을 것인지는 어린아이가 자라는 것을 보면 알 수 있다. 첨에는 순전히 동물인 듯 폭력밖에 모르다가 그 담에 감정이 일어나고 그 담에야 이성의 작용이 나타난 것이다. 인류 전체의 진화 과정도 그러했을 것인데, 길고 긴 세월이 들었을 것이다. 그러므로 우리는 성급히 폭력이냐 도리냐 하고 결정을 하려 하기보다는 먼 뒤를 돌이켜보느니만큼 또 영원한 앞을 내다보아 확실한 믿음을 가져야 할 것이다.

붓이 이긴다. 그렇다. 인간이 동물의 지경을 면한 것은 아직 얼마 되지 않았다. 아직도 폭력이 세를 쓰는 것 같지만 정신적인 존재인 인간은 그것을 이루어내고야 말 것이다. 5·16도 그 대세 속에서 한때 거꾸로 흐르는 조그만 파동일 뿐이다.

흔히 하는 말이 후진국이라는 나라에서는 군사혁명은 피할 수 없는 일이라 한다. 그것을 치르지 않고는 빠져나갈 수 없는 하나의 시련으로 친다면 옳다. 그러나 그 일을 정당화하기 위해서 한다면 잘못이다. 객관적 논리와 삶의 진리가 서로 딴 것임은 이미 위에서 말했다. 피할 수 없다는 것은 과학이지만 '나'는 과학의 대상 속에만 엎디어 있지는 않는다.

후진국이 뭐냐? 그 인간적인 점에서 소위 선진국이라는 나라와 조금도 다를 것이 없다. 다만 정치적·경제적인 조건이 혼란한 상태에 있는 것뿐이다. 그 어지러운 것을 보면 차분한 이성이나 따뜻한 사랑만으로는 해결될 것 같지 않고 쾌도난마快刀亂麻라, 단번에 칼을 가지고 해치우는 수밖에 없다, 하고 싶은 생각이 일어난다. 그래서 군인이 칼을 들고 일어서게 된다. 그렇지만 아무리 급해도 인간의 알갱이를 희생시키면서까지 할 수는 없다. 역설적인 말이지만 무력은 쓰면서도 그 쓴 것이 잘못임을 인정해서만 어느 정도의 가치의 인정을 받을 수 있다. 첨부터 그 정당성을 주장하는 것은 야심가만이 하는 소리다.

분명히 알 것이, 모든 칼은 빗나가고야 만다. 칼 그 자체가 빗나감이다. 이날까지 모든 칼 든 사람이 잘못했지만, 나만은 빗나가지 않는다는 확신 또는 변명을 하지만, 그 생각이, 바로 그 생각이 빗나간 생각이다. 칼이 빗나갔다니 그 칼날 가는 데를 말하는 것 아니다. 물론 칼날 그 자체가 잘 갈았을수록 빗나가는 법이지만 설혹 그 자르기로 목적한 것을 똑바로 자른다 해도 그것으로 칼질이 바로된 것 아니다. 도대체 빗이고 바르고가 그 칼 맞는 물건에 있는 게 아니라 제 마음에 있다. 죽일 놈을 죽이고 살릴 놈을 살리는 데 왜 잘못이냐 반문하겠지만 그것이 빗나가는 칼의 소리다. 도대체 누구를 죽일 권리가 있나. 악한 놈? 누가 악한 놈인가. 누구를 악한 놈이라 할 때 벌써 칼이 빗나간 것이다.

5·16은 빗나간 칼이다

그러므로 "칼을 쓰는 자는 칼로 망한다"는 예수의 말은 영원히 진리다. 칼 쓴 놈을 어느 다른 칼 쓰는 놈이 반드시 죽여서 하는 말 아니다. 칼을 써서 사람의 목이 떨어질 때 사실은 제 목이 떨어진다. 제가 저를 죽이지 않고 남에게 칼을 대는 재주는 없다. 그러므로 모든 칼은 첨부터 빗나갔다.

5·16은 빗나간 칼이다. 빗나갔기 때문에 치노라 친 도둑은 못 치고 딴 것을 쳤다. 첫째, 그 자신의 목을 쳐서 군인정신을 잃게 했고 국민 자격을 잃게 했고 인간성을 잃게 했다. 그리고 나라도 죽고 도리도 죽었다. 내리쳤던 칼을 다시 뽑았을 때 거기 엎디어 있는 것은 공公이요, 남아 있는 것은 사당私黨이었다. 이 10년 정치는 한마디로 공화당을 위한 것이었지 '나라'는 그 눈 속에 있지 않았다.

칼을 뽑아들고 "모든 사회 단체는 해체해라" 했다. 꿈쩍 못하고 그대로 했다. 칼이 이겼다. 그러나 바로 자른 것일까. 빗나갔다. 모든 사회단체가 죽었을 때 죽은 것은 그 단체만이 아니라 이 나라의 이성이요, 문화 창조 의식이었다. 무슨 권위 가지고 그 명령을 할까? 사회단체란 다 악한 것일까? 그럴 리 없다. 그러면 그 행위는 곧 이성에 대해 도전한 것이다.

그들은 이성의 명령이 씨올의 가슴속에 살아 있는 것을 두려워했다. 그 앞에서 칼은 얼마나 힘 없는 것임을 잘 알고 있었다. 그러므로 도둑놈이 강도질하려 할 때 우선 그 입부터 막아 "도둑이야!" 소리를 못하게 하듯이 그들은 인간적인 모든 활동의 동맥인 사회단체를 없애버렸다. 그러나 사회단체 없는 나라에서 임금 자리에 올랐다기로 그것은 돼지 무리에 임금으로 앉은 것과 마찬가지다. 그러나 돼지 무리에 임금이 될 때 그 자신이 먼저 돼지가 된 것을 그들은 모를까? 사실 10년 동안의 일이 먹을 것만 얻으면 만족하는 돼지의 생활이다. 그렇기 때문에 남이 업신여긴다. 우리를 사람 있는 나라로 안다면 일본이 그렇게 건방진 태도로 전국을 누비지는 못할 것이다.

그다음에 일어난 신문 압박, 학원사찰, 학생 데모의 짐승 같은 탄압, 반공법 제정, 중앙정보부 설치, 낱낱이 들 필요도 없이 모든 것이 결국은 이 칼이 붓을 꺾자는 의식적·계획적인 작업이다. 이 글을 쓰고 있는 순간 신문은 군인이 고대에 새벽에 뛰어들어 학생을 잡아갔다는 보도가 나온다. 차차 절정에 오른다. 어서 올라라. 태강즉절(泰剛則折: 너무 굳거나 빳빳하면 꺾어지기가 쉬움 – 편집자)이다. 칼치고 아니 꺾인 칼 있더냐?

칼만을 알고 붓을 모르는 것은 나를 위해서가 아니라 너를 위해 불쌍한 일이다. 씨올이야 칼을 맞거나 총알을 맞거나 상관이 없다. 불사체다. 칼로 자를 수도 없고 불로 태울 수도 없고 물로 녹일 수도 없는 것이 정신이요, 이성이요, 그 정신 그 이성을 품고 못난 채 살아 있는 것이 씨올이다.

생각해봐라, 칼을 설혹 쓴들 어찌 그렇게 쓰느냐? 군인은 칼을 알아야 하는데, 첫째, 칼은 집에 꽂아두는 것이지 뽑는 것 아니다. 집에 둔 채 대적을 이기는 것이 정말 군인인데 네가 몰랐고, 또 뽑아도 칼은 밖에서 쓰는 것이지 어찌 안에서 쓸 수 있느냐? 칼을 방 안에서 쓰는 놈은 도둑이다. 반드시 제 집과 저를 망친다. 60만 칼자루를 이 좁은 집안에서 10년 휘둘렀으니 결과가 어떻겠나 생각해봐라!

아, 사람 노릇 하기가 이렇게 어려우냐? 나라하기 이렇게 힘드냐? 제발 붓을 한 번 맘대로 놀리도록 해보려무나! 시와 노래와 철학으로 이 강산을 빛낼 것 아니냐?

짓밟힌 씨올

뭐니뭐니해도 10년 군인정치의 가장 큰 죄악은 씨올을 업신여긴 일이다. 글을 쓰고 힘써 바른 말을 해보자는 사람들도 흔히 서민庶民이란 말을 쓰지만 나는 그 서민이라는 말부터 보기 싫다. 서 자에 무슨 죄가 있는 것 아니지만, 몇천 년 내려오면서 나라의 주인인 씨올을 억누르고 짜먹는 도둑놈들이 그들이 들고 일어나는 것이 무서워서, 어려서부터 저의 자손에게는 나면서부터 잘난 것이 있는 듯 특권의식을 불어넣어주고 씨올의 새끼들에게는 첨부터 하늘이 못난 것으로 만들어서 제 등에 타고 앉은 위에 양반들에게 짐승처럼 복종하는 것이 그 본분인 듯 열등의식을 갖도록 하자는 목적에서 만든 말이다.

그러므로 정말 역사를 바로잡고자 하는 사람들은 말부터 그런 것은 아니 써야 한다. 서민이니, 하층사회니, 무식계급이니, 다 씨올을 없이 보고 타락시키는 독한 병균이 들어 있는 말이다. 세상이 바로되려면 혁명밖엔 길이 없는데, 혁명하려면 생각부터 달라져야 하고 생각이 달라지려면 말을 고치지 않을 수 없다. 국민이니 민중이니 인민이니 하는 말을 버리고 씨올이란 말을 우리가 새로 만들어 쓰는 것은 이 때문이다.

참 웃을 일이, 각하니, 영감이니, 장관, 관청하는 말들을 아무 생각 없이 하는 그들에게 인간혁명이니 세대교체니 체질개선이니 하는 말을 마구 해돌렸으니! 그들은 그것이 봉건시대의 죽은 말인 줄을 모른다. 이 민주주의에 도대체 관이란 것이 어디 있겠나? 그들이 관청이라 부르면서 무슨 높기나 한 곳이거니 생각하는 곳이나, 내가 아침 저녁으로 손질을 해야 하는 우리 집 닭장이나, 그 나라 해가는 데 없어서 아니 되는 점에서는 터럭만큼도 다름이 없다.

이 10년의 불행의 근본 원인은 그들의 머리가 낡은 데 있다. 케케묵은 봉건시대의 "나라는 우리가 한다" "저것들을 어떻게 다스려야 할까?" 이런 따위 식의 머리다. 그렇기 때문에 혁명을 저희 몇이서 어느 구석에서 만들어서 씨올 위에 씌우려 했다. 무식이다. 어느 곡식 어느 열매 어느 버러지 새끼 하나가 밖에서 자라 들어가는 것이 있던가? 어느 조그만 집 하나라도 지붕 꼭대기서부터, 토대로 지어 내려오는 것이 있던가? 그런데 만물의 으뜸인 인간의 역사만은 위에서 내리 씌워서 된다? 모든 도둑이 이날까지 그랬고, 그랬기 때문에 그 죄로 망했다. 너희도 그 예에서 빠지지 못할 것이다.

그러므로 나는 서민이란 말 쓰지 않는다. 씨올이다. 새 시대를 낳을 씨올이다. 그런데 그 씨올을 업신여겼다. 그 때문에 이 10년 씨올은 자라지 못하고 병들었다. 나라의 주인이 병들었으니 어떻게 나라 일이 바로 됐겠나. 그들이 씨올을 어떻게 학대했나. 권세의 자리를 뺏자마자 그들도 진정으로는 그 자리가 씨올이 앉아야 하는 자리임을 알기에 씨올에게 좀 아첨하는 소리를 하여서 그 자리를 놓치지 않아보려 했다. 그래서 큰소리로 한 것이 부정부패를 깨끗이 쓸어버린다는 것이었다.

나는 들을 때부터 웃었다. 어떻게 그들이 그것을 할 수 있을까. 제 실력을 모르는 말이다. 마치 페스트 균을 손으로 씻어버리자는 것과 마찬가지다. 용감이람 용감이지만 그것은 참 용감이 못 된다. 의분이람 의분이지만 그것은 참 의분이 못 된다. 사람의 모든 일이 자기를 아는 데서 시작인데 자기 처지도 능력도 모르고 하는 일이 어떻게 옳은 일이 되겠나.

그러므로 그것은 욕심에서 나왔다는 것이요, 의의 탈을 쓴 자기기만이요, 따라서 씨올에 대한 아첨이라는 것이다. 부정부패는 사회의 병인데, 병은 그 병에 대해 공부한 의사가 병의 이치, 약의 이치에 따라서 해야지, 결코 무리로는 되지 않는다. 그렇기 때문에 나는 첨부터 웃고 걱정했다. 이제 와서 그들이 무슨 말을 할 수 있나. 독한 균을 맨손으로 씻으려 했으니 결과는 저도 거기 전염된 것과 사방 더 많이 퍼진 것밖에 없다.

이 불신의 장본인이 누구냐

도대체 5·16에 관계되고 부자 아니 된 사람 어디 있나? 첨에 그 마음 깨끗했던 것을 나도 믿으려 했다. 그러나 소독 아니 하고는 아무리 힘 있고 재주 있는 사람도 페스트에 전염 아니 될 놈 없듯이 네가 당초에 수양은 부족한, 전쟁에만 전문인 하나의 군인인데 어떻게 그 돈의 왕국의 마수를 벗어날 수 있느냐? 증권파동 일으킬 때 벌써 너는 죽을 병이 든 것이다. 그런데 그 부정한 몸을 가지고 혁명한답시고 도시로 농촌으로 교회로 학교까지 까불고 아니 간 데가 없이 다녔으니 어떻게 이 나라에 성한 곳이 있겠느냐? 아아, 슬픈 일이다.

또, 그담 뭐라 했지? 농어촌 고리채 정리라 하지 않았나? 나는 무식하고 경험이 적어도 그것이 '군인식'으로 될 수 없는 것은 첨부터 환했다. 그런데 그것을 한다고 서둘렀으니 어떻게 됐느냐?

들어두어라, "뿔을 바로잡다가 소를 죽인다" 하지 않더냐. 너를 두고 한 말이다. 농촌을 살린다는 것이 그 근본 목적인 것을 잊지 않아야지. 그 생각은 없이 결과만을 내려 하는 것은 자기 자랑하려는 욕심에서 나온다. 반성해보라, 네가 한 일 중 어느 하나가 잘했다는 공로 내세우려는 심리로 하지 않은 것 있으며, 실속보다는 껍데기 수작, 사실은 없는 숫자 맞춤으로 하지 않은 것 있나? 제발 명심해두어라, 농어촌은 나라의 생명이 들어 있는 곳인데, 그 생명이 어디 있느냐 하면 그 인간적인 인정, 그 정과 의리로 얽힌 산 관련에 있는데, 어리석은 네가 빚 정리하노랍시고 그 산 관련을 왼통 끊어버렸으니 어떻게 됐겠나 생각해보아라.

오늘의 이 전면적인 불신풍조의 장본인이 누구냐? 일제시대에 이러했느냐? 자유당 시절인들 이렇기까지야 했느냐? 한마디로 이 원인은 네가 칼부림을 했기 때문에 민족의 동맥, 모세관, 신경이 왼통 끊어져서 그러는 것이다. 그래서 농어촌의 빚이 정리됐느냐? 사실대로 말해봐라. 집을 텅텅 비우며 이 서울에 거지살림하러 오는 그 사실이 말하고 있지 않느냐?

그럼 또, 네 한 것이 무엇이냐? 거지 없앤다 했지, 폭력배 없앤다 했지, 그래 모두 강제로 잡아서 강원도로 보냈지. 너는 기억 아니하는지 몰라도 나는 기억한다. 어떻게 잊겠나. 그들도 사람인데! 네가 정말 그들도 인간으로 대접하고 그들을 인간답게 만들자는 성의가 있었다면, 그 겸손과 그 사랑이 있었다면, 차마 그렇게는 못했을 것이다. 비겁한 신문 잡지가 따끔한 비평 하나 못했으니 너는 정말 잘했는가보다 했는지 모르나, 씨올들은 외면했다. 그것이 내 자식이기 때문에. 그렇게 해서 어찌 사람이 될 수 있겠나?

그렇다, 첨부터 너는 사람 만드는 것이 목적이 아니었다. 무리 아니다. 전장판에서는 늘 '대적'만을 보고 자랐지 인간을 볼 기회가 없었으니! 네 목적은 시원히 했다는 치하 듣자는 어리석은 자부심과, 더 파고 들면 그 소위 잘산다는 지배계급이 하나되어 눈엣가시 같은 그런 찌꺼기들을 뵈지 않게 멀리 치워놓고 맘놓고 재미있게 살아보잔 고약한 귀족주의에서 나온 것일 것이다. 역사는 이렇게 참혹한 것이냐!

그러니 그들은 우리를 업신여기고 짓밟고 짜먹을 뿐만이 아니라 그보다 더한 짓을 했다. 우리를 타락시켰다. 우리를 가르치지도 않고, 배울 수 있는 평등한 기회를 주지도 않고, 우리 힘으로 살아갈 수 있게 그냥 두지도 않고, 그 결과 우리를 무식과 가난에 얽매놓은 후에는 미신과 주림을 악용해 우리의 인권을 스스로 팔아먹도록 만들었다.

내 자립 협조하던 시골을 내버리고 도시라는 인간 공창가로 몰려들 때 벌써 타락이지만, 그대로만 둔 것 아니라 막걸리 한 잔, 종잇조

각 하나에 우리의 인권을 팔도록 강요했다. 그리해서 민주주의의 이 세계 무대에서 주권 없는 하나의 식민지 백성으로 전락시킨 후 우리를 이제까지 미국에 팔더니 또 오늘은 일본에 팔았다.

이 죄를 어떻게 할까? 너와 나 사이에 이루어진 이 죄, 너만 아니요, 나만도 아니요, 너와 내가 합작해서 지은 이 죄를 어떻게 해야 하느냐?

우리가 뚫어본다

너는 눈이 있냐, 없냐. 인간 양심이 네게 남아 있냐, 다 없어져버렸냐. 남아 있을 줄 안다. 내게 있으니 네겐 없겠냐. 보자, 똑바로 보자! 무엇이 뵈느냐. 공장이 뵌다. 고층 건물이 뵌다. 고속도로가 뵌다. 그 공장 굴뚝에서 나는 연기는 뭣 타는 연기냐. 그 하늘 솟는 높은 집이 무엇을 디디고 올라가느냐. 그 구불구불 구렁이처럼 기어가는 길이 어딜 파먹고 있느냐. 한마디로 네 소위 말하는 서민 아니냐. 씨을 태운 것이 그 연기, 씨을의 매골 쌓은 것이 그 집, 씨을이 간 잎을 파먹고 골수를 빨아먹잔 것이 그 길 아니냐.

그래 근대화라고 목청을 돋워서 선전했지. 무엇이 근대화냐. 까내 놓고 말하자. 너희 생각은 좋은 뜻으로 해석한다 해도, 이것밖에 되는 것 없지 않느냐. 곧, 떨어진 사회를 발전시키려면 어느 정도의 무리나 희생은 부득이한 일이다. 우선 공업 발전 아니하고는 앞서가는 나라들을 따를 수 없으니 농촌을 좀 희생을 시켜가면서라도 공업부터 일으켜야 한다 하는 말이지. 그 점이 너희 생각이 잘못된 데다.

우리나라는 이날까지 농업국이다. 그러면 설혹 앞을 보아 공업화한다 해도 이 파리한 농민을 키워 그들을 살쪄워 그들이 자기 손으로 모은 자본으로 공업을 일으키도록 하는 것이 원리원칙이다. 그런 것을 그 결과에 급급한 마음에 갑자기 많은 빚을 밖에서 얻어들여서 했으니 그 바람에 농촌은 무너질 수밖에 없었다. 그렇게 대다수 국민을 다 파산을 시켜놓고는 새로 일어난 몇 사람의 군인재벌로 공업을 일으켜도 밑터를 좁게 하고 높이만 쌓은 탑이 무너질 수밖에 없는 모양으로 그 경제가 튼튼할 리가 없다. 그런데 외국 차관으로는 경제부흥 아니 된다는 모든 전문 학자의 경고를 들으면서도, 네 손에 쥔 칼 하나만을 믿고 내몰면 아니 되는 일이 없다면서 고집을 부렸다.

왜 그랬는가. 우리가 뚫어본다. 네 생각에 첨부터 나라는 들어 있지 않고 어떻게 하면 넘어가지 않는 권력구조를 만들까 그 생각뿐이었다. 그러려면 돈 있어야 한다. 네 판단은 그랬지, 돈이 어디서 나느냐. 사업을 시키고 거기서 뜯어내야지, 이것이 너의 지혜였다. 그래서 소질이야 있고 없고 돈을 바칠 만한 사람에게 업체를 주지 않았나. 빚을 모아 짜고 들어서 한 지배계급이 되어 민중을 영원히 착취해먹자는 심산이었다.

그러나 결과는 어찌 됐나? 긴 것은 기다릴 것도 없이 미국의 섬유 문제 하나로 벌써 두 번 5개년계획이라고 내두르며 큰소리하던 것이 이제 밑둥에서 무너지게 되지 않았느냐? 미국의 그 문제 아니고라도 어느 때 어느 문제에 가서 부딪쳐서라도 망할 수밖에 없는 경제구조다. 지금이 어느 시대라고 씨을 무시하고 경제를 계획하느냐. 그러므로 우리 판단으로는 너희는 당초부터 나라가 문제 아니라 살아 있는 동안 뽑아먹을 수 있는 데까지 뽑아먹자는 것뿐이다. 그다음에야 내가 알 것 있느냐 하는 뱃속이다. 그렇지 않고야 어떻게 이 10년 동안 비겁하나마 아니할 수 없이 하는 신문인의 그 입쓴 소리, 멍청한 씨을의 가슴속에 어느 날은 터질 운명을 가지고 쌓이는 그 불평, 물러설 줄 모르고 끈질지게 계속되는 학생들의 반항을 그렇게까지 철면피로, 잔혹하게 악랄하게 눌러가면서까지 그 악한 정책을 계속하느냐. 세계에 이런 긴 역사를 가지는 문화 민족으로서 이런 더러운 정치 경제를 가지고 있는 나라가 또 어디 있느냐.

생각해보라, 사회가 이러고서 어떻게 서 가겠나. 사회구조가 피리미드처럼 밑바닥이 넓어야 하지 않느냐. 일어설 때 네 말대로 백척간두에 재주를 부리려느냐. 너는 잔나비의 재주를 부리다가 망해도 좋을지 모르지만 나라야 어찌 그럴 수 있느냐. 국가를 태반 위에 놓는 단 말 듣지도 못했느냐.

나라는 절대로 칼 끝에 세우지 못한다. 칼 끝에 쌓아올리는 그 탑, 그 부조리, 비인도, 반역사의 교만한 그 탑은 반드시 무너지고야 만다. 그리고 그 무너지는 날 그 씨올의 돌들은 네게 복수할 것이다. 아니다. 부서지는 법 없는 그 불사체는 그 자체가 불사기에 누구를 죽이지도 않는다. 그러나 교만했던 칼날 네가 스스로 제자리인 밑바닥을 찾아 돌아가는 씨올의 돌 세례에 맞아 가루가 되고 말 것이다.

깊이 생각해야 한다. 사람은 절대로 먹는 것으로만은 살지 못한다. 또 먹는다 해도 혼자나 몇이 먹는 것이 먹는 것 아니다. 골고루 먹는 것이 참 먹음이요, 참으로 밥을 바로 먹었을 때 밥은 결코 육신의 양식만이 아니다. 정신도 함께 자란다. 그러므로 군인정치 10년의 죄는 씨올의 정신을 타락시켰다는 데서 그 극점에 이른다. 밥은 굶으면 한때 약해지지만 정신은 타락하면 몇 대를 가도 바로잡기가 어렵다. 이제 민족을 이렇게 만들었으니 어찌하려느냐.

씨올아, 일어서자! 밤낮 짐승 노릇만 하겠느냐

이렇게 불쌍한 민족이 어디 있느냐. 사람은 그렇게 착하고 재주 있으면서 정치한다는 놈 잘못 만나서 신라 이래 오늘까지 이꼴이다. 사람으로 보아서 무엇이 남만 못하단 말이냐. 이 나라의 지배자들이 그어디 보아도 악독했던 것뿐이다. 그래서 제대로 기운을 펴고 자라지 못했다.

이 도둑놈들아, 이순신 팔아먹지 말고 이순신이 또 나게 하려무나! 그것이 정말 이순신 존경 아니냐. 이순신이 하나만이냐. 이 나라의 어느 여자의 탯집도 다 이순신을 낳을 수 있다. 다만 너희 정치한다는 놈들이, 호랑이 아니 나와야 여우 같은 놈들이 뽐낼 수 있을 것이므로 호랑이를 못 나오도록 한 것 아니냐. 그것이 적어도 이조 5백 년 역사 아니냐. 그래서 남들이 다 튼튼한 민족국가 세우는 때에 우리만이 실패한 원인 아니냐.

이놈들아, 큰 숲이 없는데 어디서 큰 재목이 나느냐. 씨올이 죽었는데 어디 가 인물을 구한단 말이냐. 인물이 얼마나 없으면 20세기 지성의 시대에 군인정치 10년을 당하고 있단 말이냐. 그래서 우리에게 시급한 것이 있다면, 새 역사를 위해 어서 해야 할 것이 있다면, 민족의 성격을 바로잡고 씩씩한 정신을 길러주는 것에서 더한 것이 없는데, 너희가 혁명이란 이름 아래, 반공이란 이름 아래, 정치 안정이란 이름 아래, 이 씨올을 그전보다도 더 묶었으니 어찌하잔 말이냐.

일본 때도 이렇게 비겁은 아니 했고 이렇게 자포자기는 아니 했다. 너희도 양심 있을 것 아니냐. 이렇게 썩은 때가 어디 있느냐. 이것이 뉘 잘못 때문이냐? 불쌍한 민중, 5백 년을 기운을 못 펴고 살았는데, 이제 하나님의 뜻이 있어 해방이 되고 자유하라는데, 네가 누구이기에, 글쎄 누구이기에 이것을 막는단 말이냐?

물러가라! 깨끗이 물러간다던 말 잊었느냐?

씨올아, 일어서자! 밤낮 짐승 노릇만 하겠느냐?

한번 사람답게 죽어보자!

동아東亞의 저기압의 중심이 이 나라에 생기고 있다. 단번에 뛰어들 만하지 않으냐. 너 아느냐, 회리바람의 중심에는 하나님의 보좌가 놓여 있다. 죽음으로 거기 들어가면 영원한 삶이 있으되, 네가 그 회리바람 변두리에서 비겁하게 서성이다가는 그 폭풍에 휘말려들어가 낙엽처럼 춤을 추다가 어느 하늘가에 떨어져 영원한 매장을 당할지 모른다.

아마 그 중심에 뛰어들라고 이 칼이지!

• 1971년 10월, 『씨올의 소리』 제5호

오월을 생각해본다

우리나라는 지금 아주 위태로운 지경에 있습니다. 입 가진 사람은 다 말을 하고 있고 다 걱정을 하고 있는데 일은 바로잡히지 않고 있습니다. 그렇다면 그것은 우리 민족의 성격적인 문제가 되고 마니, 큰일이라 하지 않을 수 없습니다. 도산島山은 그가 살았을 때에 "민족은 좋은데 정치를 잘못해서 안됐다"는 말을 많이 했다고는 하지만, 정말 큰 문제입니다. 나는 30대 이후 오늘까지 우리의 역사를 고난의 역사라고 보고 있습니다만, 그래서 그 근본 원인을 종교 속에서 밝혀보려 하고 있습니다만, 그것도 같은 말입니다. 나는 솔직히 말해 생각이 깊지도 못하고 의지가 굳지도 못한 사람입니다. 그렇지만 문제가 이렇기 때문에, 시원치는 못하지만 말을 하지 않을 수도 없습니다.

중국 사람의 옛말에 "정말 좋은 일을 찾고 싶거든 세 늙은이에게 물어라"〔若要好 問三老〕 하는 말이 있습니다. 왜 세 늙은이일까요? 나이 많도록 살아오는 동안 실지로 경험해 얻은 지혜 때문일 것입니다. 이야기가 이렇습니다.

옛날 어떤 사람이 마차를 타고 길을 가다가 보니, 언덕 위에서 세 농부가 밭일을 하고 있는데 셋 다 백 살이 넘어 보이더라는 것입니다. 무슨 방법으로 그렇게 장수할 수가 있었느냐 물었더니 첫째 늙은이가 하는 말이 "우리 집 안방에 내 늙은 아내가 얼굴이 예쁘지 않지" 하더라는 것입니다. 색을 많이 쓰지 않았다는 말입니다. 그리고 둘째 늙은이가 나오더니 "배 짐작을 해가면서 먹지" 하더랍니다. 또 셋째 늙은이가 나오더니 "밤에 잘 때 얼굴을 아래로 하고 자지 않지" 하더랍니다. 그것이 다 실지로 경험해서 얻은 지혜입니다.

또 같은 이야기를 이렇게 표시하는 것도 있습니다. 어떤 사람이 사냥 나갔다가 승냥이를 한 마리를 잡아서 죽이려 했더니 묵자墨子의 겸애주의兼愛主義, 즉 모든 산 물건을 사랑하라는 주의를 지키는 동곽東郭 선생이란 사람이 죽여서는 안 된다고 해서 놔주었더랍니다. 그런데 그 승냥이란 놈이 배가 고파지자 동곽 선생을 보고 이제는 당신을 잡아먹어야겠다 했답니다. 동곽 선생이 어떻게 할지를 몰라 옛말대로 세 늙은이에게 물었더니 죽여야 한다고 해서 그 말을 듣고 승냥이를 죽였다는 것입니다. 그래서 "무슨 결단하기 어려운 일이 있거든 세 늙은이에게 물어라" 하는 말이 있다는 것입니다.

내가 이 난처한 시국을 보고 말하겠다는 것도, 무슨 각별한 학설이라기보다는 살아가는 동안에 얻은 역사적인 지혜의 말입니다. 사실 요새 정국이 굳어지고 말이 많게 되자, "한마디 하셔야 하지 않아요?" "원로들이 말씀을 해줘야지요?" 하는 말을 많이 듣습니다. 언덕위의 세 늙은이의 말을 듣는 심정으로 내 말을 들으시기 바랍니다.

첫째 군인들부터

아무래도 문제는 군인에게 있습니다. 당초 박정희 씨가 1961년 5월 16일 밤 북에서 오는 공산군을 막으라는 군대를 끌고 서울로 달려들던 데서부터 잘못이 생겼습니다.

본래 우리나라에서는 예로부터 군부대가 서울에 들어오지 못하는 법이고, 임금은 성문 밖을 나가서는 안 되는 법입니다. 그것은 긴 역사에서 실지 경험으로 얻은 지혜이고 또 법입니다. 그러기에 그때 원효로에 살던 나는 갑자기 아닌 밤중에 총소리가 들려, 혹시 용산역에다 무슨 탄약 같은 것을 실어다놓은 게 무슨 잘못으로 폭발되는 것인가

하고 의심했지, 어느 순간에 적군이 침입할지 모르는 전선을 지키던 군인이 서울로 거꾸로 달려들리라고는 꿈에도 생각 못했습니다. 그런데 라디오를 틀어놓으니 난데없는 군인 쿠데타라는 것입니다.

그 순간부터 일은 잘못된 것입니다. 자꾸 질서 질서 하며 거리모퉁이마다 군인을 세워놓고 무장을 하고 있지만, 저것이 누구를 겨눈 것일까 생각할 때 벌써 치가 떨리고 울고 싶습니다. 당초에 질서를 깨기 시작한 것은 군인이지 시민이 아닙니다. 그 후 그 보기 싫고 치 떨리는 상황은 오늘까지 계속되고 있습니다.

사람이 사람 노릇을 하면서 살아가려면 무엇보다 먼저 평안입니다. 인형처럼 명령을 받고 서는 군인은 그저 위의 명령이라는 생각뿐이겠지만, 그들을 믿고 어려움 속에서 생명의 길을 찾아 나가려던 시민 편에서는 앞이 아뜩해지는 일입니다. 칼은 그것이 번쩍하는 순간, 벌써 사람의 마음에서 믿음과 안정을 빼앗아버리고, 군중이란 것을 살겠다는 본능에만 붙잡혀버린 짐승떼로 만들어버립니다. 그러기를 20년이 넘었으니 어떻게 되겠습니까?

학생들이 가만있을 수 있겠나 한번 생각을 해보십시오. 그런 것은 생각도 하지 않고, 박정희 씨는 "해마다 3, 4월만 되면 연중행사 같은 데모"라고 했고, "뿌리를 뽑는다"고도 했으니, 그렇게 자기만 알고 저편이 돼서 생각할 줄 모르는 마음에 어떻게 정치를 할 수 있습니까? 그러는 사람이 스스로 민족중흥한다 했는데 어떻게 됐습니까? 그 데모 뿌리뽑는다고 서슬을 부리는 것을 보고 나는 혼자서 비웃었고, 그들 부하들보고 "데모 뿌리 절대로 못 뽑는다"고 했고, 데모 뿌리 뽑으려다가 제 뿌리나 뽑히지 말란다고 말해주었던 것입니다.

그러다가 그는 자기가 한 일의 결과를 스스로 받아 궁정동의 티끌로 돼버리고 말았는데, 그다음의 군인이 어찌해 그 경고를 모르고, 그보다 더 악독한 광주사태를 빚어냅니까?

우리는 정말 슬픕니다. 그 후 오늘까지 이어져온 그 끔찍한 일들은 되풀이해서 말하고 싶지도 않습니다. 새파란 젊은이들이 제 목숨을 끊으면서 항의를 하는데도 아직도 먹먹하고 있을 뿐 아니라, 그 데모 탄압방법이 더욱더 잔인해지니 어떻게 하자는 것입니까? 나는 높은 자리에는 키도 닿지 않기 때문에 말할 생각도 하고 있지 않습니다만, 그러나 못났지만 나도 사람으로서의 책임도 있기 때문에 그 아래 심부름꾼들에게는 여러 번 속에 있는 대로를 말했습니다. "만일 정말 훗날 역사에 '광주시민이 내란을 일으켰으므로 군대를 명해 토벌했다'고 적힌다면 나는 이대로 살아 있을 마음이 없다"고.

우리나라가 이래서는 안 됩니다, 절대로 이래선 안 됩니다. 이런 식으로 학생들에 대해 탄압일로로만 나간다면, 나라는 망하고 말 것입니다. 학생들이 고분고분 자기네 말 듣지 않고 항의한다고 그것을 밉게 보아 그렇듯 잔인한 방법으로 탄압하기를 계속한다면, 나는 절대로 살아 있고 싶지 않습니다. 학생 탄압을 위해 꼭 같은 새파란 젊은 것들 뽑아 훈련을 시켜가지고 골목골목 세우고 일부러 대결을 시키는 것은 너무도 잔혹·악독한 처사입니다. 제 소위에 취해 모르니 그러지, 한번 눈을 크게 뜨고 역사의 큰 흐름을 바라본다면, 역사는 결코 그렇게 무심하게 죽어 있는 것은 아닙니다. 오늘날 그 강군이라던 아시리아가 어디 있으며, 로마가 어디 있습니까? 천하를 아우른 진시황도 망했고, 스파르타도 망했습니다.

이 어려운 시국을 바로잡는 길은 군대의 힘을 빌려 정권을 유지해 간다는 그런 망상을 즉시 버리는 데 있습니다. 본래 군대란 특별한 경우를 위해 밖에서 오는 도적을 막기 위한 것이지, 그것으로 정치를 해서는 안 됩니다. 사람은 힘보다 정신 도덕에 사는 존재입니다. 군인의 집권이 길어지면 국민은 타락해버립니다. 정말 정치를 하고 싶거든 이때까지 이용해왔던 그 군대를 제자리로 돌려보내, 본래 맡은 외적을 막는다는 그 일을 충실히 하게 하고, 정치는 주인인 국민 자신이 숨김없이 하는 요구를 들어서 해야 합니다. 사람의 마음을 총칼로 모으겠다는 것은 어리석은 생각입니다.

학생들에게

이것이 지성과 폭력의 대결인 것을 잊어서는 안 됩니다. 데모는 생명의 법칙에 의해 당당히 할 것이지, 결코 한때의 감정이나 기분에 따라 해서는 아니 됩니다. 우리가 싸우는 목적은 진리를 드러내는 데 있지, 결코 어떤 실리를 얻는 데 있지 않습니다. 우리는 악과 싸우는 것이지, 결코 어느 누구와 승부를 겨루는 것이 아닙니다. 저쪽이 하는 일이 아무리 무지하고 악독하더라도 그 때문에 그 사람을 없애버리는 것이 목적이 돼서는 아니 됩니다. 그런 생각에 빠지는 순간, 나 자신도 내가 상대해 싸우는 바로 그 악의 포로가 돼버리고 맙니다.

그러므로 모든 행동은 어엿이 정정당당하게 해야 합니다. 이기기 위해 매수나 분풀이 행동을 해서는 아니 됩니다. 아무리 저쪽에 잘못된 행동이 있어도 그 사람의 인격을 무시해서는 안 되고 모욕감을 주는 말을 해서는 아니 됩니다. 그것을 하기 위해서 반드시 지키는 원리가 있어야 합니다.

사람은 어디까지나 정신적인 존재입니다. 정신을 토대로 하고 보다 높은 정신을 드러내기 위해 싸우는 것임을 어느 순간도 잊어서는 아니 됩니다. 그리고 최후의 심판자는 씨을인 것을 명심해야 합니다. 결코 나를 위해 싸우는 것 아닙니다. 그러므로 행동의 결과에 종이 돼서는 안 됩니다. 나 자신은 언제나 『성경』에서 예수가 말하는 '무익한 종'의 자리에 서야 합니다. 모든 혁명이 처음에 일어날 때 아침 햇빛같이 당당하고 찬란하다가도 마지막에는 파쟁에 빠지고 마는 것은, 이김의 상금을 스스로 차지하고 싶어하는 영광주의 때문입니다. 나의 의무를 다했을 뿐으로 만족하고 감사하지, 결코 명예나 권위에 도취하려는 감정에 빠져서는 안 됩니다. 그것이 무익한 종의 자격입니다.

학생들이 분명히 알아야 할 것은 깊은 의미에서 볼 때 권력욕에 빠진 군인들은 사실은 역사적 부상병이란 것을 알아야 합니다. 미워하기보다는 불쌍히 여겨야 하는 사람들입니다. 우리의 군대는 불행하게도 일본 군대의 계통에서 자라났습니다. 거기 우리의 비통이 있습니다. 알지 못하는 동안에 그들의 의식구조가 군국주의로 굳어져 있습니다. 그들이 그리되고 싶어서 된 것이 아니라 하나의 역사적인 상처로 그리된 것입니다.

그러므로 직접으로는 우리가 원고인 듯하지만, 사실은 그들이 도리어 원고입니다. 스스로도 모르게 역사적으로 병균에 걸려 있습니다. 그러므로 그들을 죄악의 사슬에서 해방시켜줘야 합니다. 비극이람 참 비통한 비극입니다. 그런 마음을 가지지 않고는 우리가 이 싸움에서 이길 수 없습니다.

그렇기 때문에 학생들의 할 일은 우선 장차 오고 있는 시대에 눈을 두는 일입니다. 잘못하다가는 지난날의 원수를 갚는 데 빠지고 말아 정말 우리 할 사명을 못 하고 말기가 쉽습니다. 우리는 말하자면 세계사에서 속죄양의 신세가 된 것입니다. 그것이 당장은 불행인 듯하지만 사실은 우리의 영광입니다.

어쩌면 우리는 지난날의 피해의식이 너무 강하기 때문에 거기 끌려서 앞날에 우리를 위해 기다리고 있는 영예의 의무를 잊기가 쉽지만, 절대로 그래서는 아니 됩니다. 우리는 전쟁을 미덕으로 알던 구시대의 사람이 아니고, 전쟁을 몰아냄으로 인해 미래의 혁명군으로 불린 사람들입니다. 바로 그러한 정신으로 우리를 향해 원수나 되는 듯이 흉악을 부리는 저들을 녹여서 새 평화의 군인을 만들어야 합니다.

씨올들에게

최후의 심판자는 여러분들인 것을 알아야 합니다. 나는 여러분을 역사의 행길가에 앉은 늙은 갈보라고도 하지만, 사실을 더 분명하게 말한다면 여러분은 수난의 여왕입니다. 하나님이 우리에게 맡기신 것은 콩쥐의 역할입니다. 그러기 위해 우리를 길고 긴 고난 속에 두셨습니다. 제국주의 시대의 모든 더러운 때를 씻어야만 하기 때문입니다. 그래서 해방의 기쁨을 채 맛보기도 전에 다시 우리 허리가 잘려 여태 전쟁의 안개 속에 헤매이게 된 것입니다.

여러분은 해방 후 오늘까지 그 아름다운 젊음을 무지막지한 철모르는 군인들이 쏘는 최루탄 속에 다 써버리고, 죽고, 병신 되고 하는 저 우리 해방둥이들을 보십니까? 그렇게 불쌍한 것이 어디 있습니까? 그러나 또 그렇게 용감하고 어엿한 것이 어디 있습니까? 공산당이라는 누명을 써가면서 20년을 넘어 데모에 일어나고 데모에 잠을 자는, 그러면서도 무슨 살인귀라도 되는 양 갖은 악형 갖은 비방 들으며 하루도 피곤한 줄 모르는 그 우리의 젊은 학생들을 보십니까? 잘 보시는 줄 압니다. 그들을 위해 승리의 깃발을 흔들어주는 것을 여러분이 하셔야 합니다.

여러분, 새 시대가 오고 있습니다. 아직은 우리가 지는 것 같고, 어엿한 우리 마음이 다 녹아버리는 것 같지만 새날이 오고 있습니다. 오고야 말 것입니다. 만물의 주인 되시는 님이 그를 티끌과 짓밟힘 속에서 건져내서 자기 수레에 싣고 그 눈물을 닦아주는 날이 꼭 오고야 말 것입니다. 갖은 작폐를 다하면서 우리를 괴롭히던 저 제국주의라는, 저 국가라는 우상이 불사름을 당하는 날이 오고야 말 것입니다. 그날에는 저 국가라 하면서 갖은 악을 행하던 그 우상이 없어지고, 하나님의 뭇 아들딸들이 나타나서 평화를 노래할 것입니다. 그때에 가서 여러분들이 깃발을 들어 데모 학생들에게 너희가 옳았다 이겼다 하며 그 상한 것을 고쳐주고 그 눈의 눈물을 닦아주어야 할 것입니다.

여러분을 이날껏 밑바닥에 두신 것은 그 위에 서서 지도자로라 했고 높노라고 하던 것들이 거짓이었음을 증명하기 위해 한 것입니다. 높고자 하는 자는 낮아지라고 했던 것은 그 때문입니다. 밑바닥에서 고생하지 않고는 참으로 높은 것이 무엇이며 참으로 영광인 것이 어느 것임을 알 수 없기 때문에 하신 것입니다.

그러므로 그날이 올 때까지, 국가라는 모든 인류를 속여 제 종으로 삼았던 그 가증한 우상이 엎어지는 날까지 여러분 씨올은 모든 일을 지켜보며 서 있어야 할 것입니다.

오월이 오고 있습니다. 그 끔찍한 고난을 생각나게 하는 그 오월이 옵니다.

군인도, 학생도, 씨올도 앞에 오는 새날을 기억하고, 이 오월을 보내야 합니다.

• 『함석헌전집 18』(한길사, 1986)

제5부

새 교육

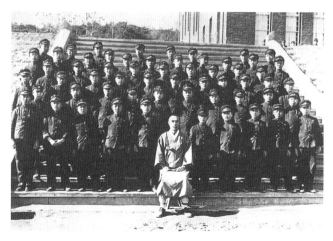

1936년 오산중학교 재직 시절 학생들과 찍은 사진

"다 깎아먹어도
어린 새순만은 남겨야 한다.
……지성만은 짓밟아서는 아니 된다.
왜 그런가.
어느 때도 잠자서 아니 되는 것은 주체성인데,
민족적으로 제 정신을 차리는 것인데,
그 주체성은 지성의 부지런한 활동 아니고는
깨워낼 수 없기 때문이다.
지성이 이렇게 푸대접을 받고는,
업신여김을 당하고는
나라의 장래가 있을 수 없다"
-「대학이란 무엇이냐」

새 교육

현 교육의 비판

새 교육을 말하게 되는 것은 지금 교육에 결함이 있기 때문이다. 지금 교육은 무엇이 잘못인가? 그 비판으로부터 시작해보자.

1. 지금 교육은 효과를 내지 못하고 있다

교육이념이 옳냐 그르냐는 별문제로 하고, 지금 교육 자체가 내걸고 있는 그 목표도 실현하지 못하고 있다. 간단히 말하면 학교는 빈말을 하고 있을 뿐이란 말이다. 가장 알기 쉬운 실례를 든다면, 국민학교 아동으로부터 대학생에 이르기까지 동무 사이에 서로 부르는 칭호를 "이 자식" "인마" 하고 있는데, 아무리 열등한 학교, 아무리 부족한 선생이라도 아마 이것을 이대로 해도 좋다 하고 또는 관계하지 않고 내버려두지는 않을 것이다. 사회적으로도 여기 대한 말이 많으니만큼 반드시 학교로서는 이것을 수정하려고 힘을 쓰고 있을 줄 안다.

그런데 왜 아니 되나? 이런 것은 피교육자에게 크게 힘이 드는 것이 아닌 이상, 바로 하기만 하면 쉽게 그 효과를 낼 수 있다. 그런데 그 효과가 나지 않는다면 현 교육 방법 그 자체에 잘못이 있다 할 수밖에 없다. 이런 극히 간단한 것이 그렇다면 이보다 더 복잡한 높은 인격도야에서는 말할 것도 없다.

지능방면에서는 인격도야와 같지는 않겠지만 거기서도 소기의 목적을 달하지는 못한다. 무엇보다 알기 쉽게 낙제제도가 그것을 말하고 있다. 교육은 어버이 마음이 하는 것이다. 어버이를 대신한 것이 선생이다. 그런데 아버지가 만일 교육을 한다면 거기 낙제생이란 것이 있을까? 소질의 우열을 말하는 것은 소용없는 일이다.

교육은 우량아에만 하고 열등아에게는 하지 말란 것은 아니다. 반대로 열등아야말로 교육의 필요가 있다. 그 아이는 그 아이대로 적당한 교육이 있어야 할 것이다. 그런데 낙제라는 제도로 그것을 추려내 버리는 것은 무책임한 일이다. 그것은 교육자가 자기의 무성의·무능을 가리기 위한 협잡하는 제도이다. 또 낙제하지 않은 자라고 다 교육이 됐느냐 하면 그렇지 않다.

만일 오늘 학교에서 상급학교 입학이라든가, 병역연기라든가 이러한 위협적인 강제수단이 섞이지 않는다면 성적 불량자는 훨씬 더 많을 것이다. 그런 것은 다 교육과는 관계없는 것인데 학습의 효과가 겨우 그런 것의 힘을 빌려서야 나타난다면 그것은 교육이 아니다. 교육은 학습자가 흥미를 일으키도록 해야 하는 것이다. 아무 인격적인 흥미 없이 고통을 피하기 위하기 위해 하는 것이면, 어떤 내용의 것임을 막론하고 그것은 교육이 아니다.

이렇게 볼 때 지금 학교는 거의 교육적인 효과를 내지 못하고 있다. 잘되었어도 학생 자신이 잘된 것이요, 잘못되었어도 학생 자신이 잘못된 것이지, 학교의 힘이 별로 없다. 졸업증이 있어야 출세한다는 사회제도 때문에 학교가 있는 것이지, 결코 학교가 아니고는 사람이 될 수 없다 해서 있는 것은 아니다. 누구라도 지금 학교에서 얻는 것을 학교 말고도 도서관에서도 충분히 얻을 수 있다. 그럼 지금 학교가 있는 것은 엄정히 말하면, 교육의 필요를 위해서가 아니고 다른 필요, 가령 말하자면, 지식인의 농민지배라든가 지배계급의 자기옹호라든가 그런 것 때문에 있는 것이다.

2. 이 교육은 사회와 절연이 되어 있다

이것은 우리나라뿐 아니라 세계적으로 공통된 현상이지만 피교육자가 교육을 받고 나와도 사회의 요구에 응할 자격이 되어 있지 못한다. 사실 교육의 주체는 사회인데, 실시하기는 학교라는 일정한 기관이나 선생이라는 특수한 개인이 하지만 그 교육을 시키는 것은 사회인데, 이제 말로는 사회생활을 할 수 있는 일원을 만드는 것이 교육의 목적이라 하면서 정작 졸업을 하고 나와도 그 사회의 요구와 맞지 않는다면 그런 큰일이 어디 있나? 만일 병영에서 훈련을 받은 군인이 전선에 나가면 그 무기가 구식이어서 실전에 아무 소용이 없다 한다면 어찌 될까. 이것이 그와 같지 않은가? 사회가 급작히 변했다 해도 변명이 아니 된다. 그럴수록 그것 하자는 것이 바로 교육 아닌가? 학교는 고물 진열소는 아니다. 학교는 내일 일선으로 갈 군인이 오늘 훈련을 받는 병영이다.

그런데 그럴 뿐만 아니라 학원에서는 실사회와 먼 것을 일종의 영광으로 아는 이상한 공기가 있다. 이것은 봉건귀족적인 낡은 전통의 잔재일 것이다. 본래 교육이 옛날에는 지배자의 교육이었고 민중의 교육이 아니었다. 고로 서민 계급의 발달을 따라 교육이 민중에게까지 보급은 되면서도 옛날의 전통을 못 벗는 것이 있다. 마치 상놈이 장가를 들면서도 사모관대 하는 것과 마찬가지다. 그것은 본래 귀족이 하던 것이요, 상놈은 혼인식이고 무엇이고 없었는데 시대의 변천을 따라 상놈도 돈이 생겼으므로 결혼식을 하게 됐으니까 옛날 귀족이 하던 찌꺼기를 주워 먹어보는 것이다. 그러나 옳게 한다면 서민에게는 서민생활에 적합한 결혼식이 있고 교육이 있어야 할 것이다. 서민이면서 서민의 사회를 멸시하고 거기서 먼 것을 고상한 것처럼 아는 것은 어리석은 교육이다.

선생은 미국 유학을 했고 학교 경영비는 미국에서 나오는지 모르나, 교육받는 자가 이 나라 청소년이요, 교육받고 나가 살 곳이 이 나라라면, 이 나라 사람의 교육을 하여야 교육이지, 미국 마담을 길러선 무엇에 쓰나? 거기에다 다 갈보로 팔아먹을 터인가? 사실 지배자가 피지배자에게 교육을 줄 때는 언제나 자기네를 위한 종을 기르잔 목적이다. 그러나 생명에는 모체 반항의 신비로운 법칙이 있어서 모든 지배자는 제 길러낸 종의 칼에 죽었다. 그러니 아무리 자본주의·물질주의의 잔재를 얻어먹고 컸다 하더라도 거기 대해 반항도 할 줄 모르고 도리어 저를 스스로 천시한다면 그것은 짐승만도 못한 것이다.

그리고 기괴한 것은 매년 학년말이 되면 학교마다 졸업식을 하는데 거기 가서 들으면 교장이란 교장, 내빈이란 내빈은 반드시 졸업생을 보고 친절한 듯이 하는 말이, 이제부터 실사회에 나가면 험악하니 천만 주의하라고 부탁을 한다. 부탁인가, 발뺌인가? 논밭을 팔고 가족의 피를 긁어 바쳐가며 3, 4년 공부한 것이 그 소리나 듣기 위해서였던가? 교육자가 어떻게 양심을 가지고 얼굴을 들고 그런 소리를 하며, 사회의 유지가 어떻게 정신이 있고서 그 소리에 곁들임을 하고 있을까?

대체 그것이 무슨 소리인가? 험악할 줄 알거든 왜 미리 알려주고 준비시켜주지 않고 이제 와서야 그런 소리를 하는가? 힘이 부족했노라 할지 모르나 그러면 왜 진작 물러나지 않았나. 이날까지 있은 것은 정말 교육적인 양심으로 있었나? 사회가 험악한 줄은 교사를 기다릴 것 없이, 3, 4년을 요할 것 없이, 논밭을 팔아 바칠 것 없이, 내일이라도 나가 내 눈으로 보면 안다. 교육자는 학원이 그렇게 신성하고 평화의 낙원이요, 사회가 그렇게 험악한 곳이라면 학생을 영 내보내지 말고 두면 좋지 않은가? 그리고 보면 친절도 친절이 아니요, 예고도 예고가 아니다. 한낱 자기가 도망할 구멍을 여는 것뿐이다.

3. 학원에 영리심이 침입해 있다

교육은 위에서 말한 것같이 어버이 마음이 하는 것이므로 그것은 은의관계恩義關係로 되는 것이다. 그저 주고 그저 받아서만 교육이 된다. 옛날의 교육이 그 방법적인 면에서는 도저히 현대에 비할 수가 없으리만큼 빈약하면서도, 교육적인 효과에서는 지금 교육보다 훨씬 힘 있었던 것은 다름 아니요, 그것이 은의관계로 됐기 때문이다. 그런데 지금은 교사도 학생도 다 서로 매매관계로 만나지 결코 은의의 감사한 심리로 만나지 않는다. 교사는 지식을 소매하는 사람이고, 학생은 또 자기도 후일에 장사하기 위해 밑천을 만들려고 지식을 사고 있다. 그러면 인격적·윤리적인 것은 전연 없다. 그리고 교육이라면 사람되기 위한 일이기 때문에 구경에서 인간교육이요 윤리교육이지, 지능교육이란 없다.

지知요, 능能이라 하더라도 그것은 인격적인 지요, 능이지 단순한 동물적인 지능이라면 교육이랄 것이 없다. 교육은 인간에게만 있는 일이다. 인간성을 도야하잔 것이 교육의 목적이다. 단순한 동물적인 생존욕을 만족시키기 위한 것이라면 교육이 아니다. 그것은 동물에도 있다.

그리고 영리심이란 결국 생존욕의 발로다. 교사는 밥을 아니 먹고 산다는 말은 아니다. 교육행위와 밥먹는 일을 인과적으로 결부시켜서는 아니 된다는 말뿐이다. 교사도 먹어야 살지만 학생이 먹여주는 것이 돼서는 아니 된다. 학생도 생활에 필요한 기술을 얻어야지만 돈을 주고 사는 것이 돼서는 아니 된다는 말이다. 그렇게 돼가지고는 선생 제자 사이에 애愛니, 신信이니, 경敬이니, 감사니 하는 관계는 전연 바랄 수 없다. 그러나 교육은 그것 아니고는 절대 불가능하다. 인격이란 다른 것이 아니요, 곧 그것이기 때문이다.

현 교육의 결함의 원인

그럼 오늘의 교육에 그런 잘못이 있게 되는 원인은 무언가? 왜 교육은 빈말뿐이요 효과를 얻지 못하며, 왜 사회와 절선絶線이 되며, 왜 영리적이 되었나?

1. 교사의 질의 저하다

현대 교육의 잘못은 사범교육에서부터 있다. 옛날엔 선생이란 자신이 내로라 하고 나선다고 되는 것이 아니었다. 이른바 사표師表라고 해서, 선생이란 모든 사람이 그 덕행과 지식을 존경, 사모하므로 자연히 되는 것이었다. 그런데 근세 이래로는 교사가 완전히 직업화되었으므로 미성년 때부터 교사될 것을 작정하고 사범학교에 들어간다.

본래 많은 사람의 사표가 될 자격이란 그리 흔한 것은 아니다. 그런데 그런 것을 학업의 성적 점수를 보고 택하여 그것을 교사로 기술적으로 길러냈으니, 그중의 대부분은 참 것이 못 되고 가짜일 것만은 사실이다. 지능 방면도 그렇지만 인격 방면은 더욱 그렇다. 바로 이것이 교사의 질이 저하하는 첫째 원인이다. 학교가 늘어가면 갈수록 이 폐단은 점점 더해간다. 학교가 많으면 교사가 많아야 하고, 교사가 직업적으로 양성되면 될수록 가짜가 더 많아지고, 그러면 그럴수록 그 끼치는 해는 등비급수적等比級數的으로 늘어갈 것이다.

그런데 해방 이후 그것이 더 심해졌다. 하나는 사회적 제재력이 약해졌기 때문이다. 안정이 된 사회에서는 사회적으로 무언리無言裏에 되는 제재가 있기 때문에, 도덕으로나 지능적으로나 질이 낮은 자가 감히 내로라고 나서지 못한다. '세상의 눈' '세상의 손가락'이 무서워서 감히 머리를 들지 못한다.

그런데 해방이 되어 일시 사회의 통일이 깨지자, 된 것 못된 것이 마음대로 날뛰게 되었다. 또 학문적 권위가 내려간 것도 그 원인의 하나다. 그전에 학계라면 대개 일본인이 그 권위자요, 우리에게 연구의 길을 자유로이 주지 않았기 때문에 학문의 권위자가 별로 없었다. 그런데 해방으로 인하여 일본인이 다 갔으니 자연히 학문의 정도가 일시 내려갈 것은 정한 일이다. 이 틈을 타서 자격 있는 놈, 없는 놈이 막으로 발호하게 되었다. 자연과학 같은 것은 성질상 갑자기 속일 수 없으니 비교적 낫지만 인문과학 방면은 실로 수라장이었다. 더구나 국문·역사 같은 것은 글자만 알면 제각기 되는 줄로 알고 나섰다. 그러니 질이 내려가지 않을 수 없다.

거기다 더 가세를 한 것이 천박한 열심이다. 열심과 실력과는 별문제건만 열심이 조금 있다는 사람은 그 열 때문에 정신의 정상을 잃어 제 부족을 잊게도 되고, 심하면 알면서 그 열성을 구실로 감히 무책임한 일을 한다.

그 외에 해방 이후, 생활이 곤란해 어디나 밥을 먹을 수 있는 곳이라면 양심을 누르고라도 서보자는 생각, 병역기피 등을 위해 일시보신책으로 하는 등, 이런 모든 조건이 합하여 작용하여서 교사의 질을 떨어뜨렸다. 교사의 질이 떨어져서 학생의 존경을 잃으면 벌써 교육은 틀린 것이다.

2. 오늘 학교가 인격적 접촉을 할 수 없는 곳이기 때문이다

교육이 인격적 접촉을 통해서 되는 것은 말할 필요도 없다. 그런데 인격관계는 정의情意의 관계이기 때문에 수와 거리에 반비례한다. 같은 사람을 멀리서 보아 다르고 손을 잡고 이야기해보아 다른 것이요, 같은 말을 열이 들어 다르고 스물이 들어 다르다.

고로 교회나 학교는 적을수록 이상이다. 그런데 자본주의는 상품을 만들어주는 기술자를 요구했고 반드시 인격이 필요하지 않았으므로, 제국주의가 한참 성할 때 될수록 많은 사람을 될수록 빨리 교육하자고 대규모식의 학교를 세웠다. 그리하여 오늘날 학교교육 제도가 생겼다. 그러고 보면 그것은 공장이지 학교가 아니다. 거기서는 아동이라는 원료를 넣고 교사라는 기술직공이 교수라는 기계작업을 하면 다수의 제품이 나온다. 그러면 일정한 격이 있어서 거기 맞으면 상품으로 나가고 맞지 않는 것은 아낌없이 내버림을 당한다. 공장주는 채산이 목적이지 그 개체의 운명이 문제 아니기 때문이다.

그런데 해방 후 이것도 격화되었다. 물자는 부족하고 천박 부허浮虛한 교육열은 올라가고 해서 경쟁적으로 다수주의를 취하였다. 그리하여 한 한급에 백 명을 산算하게 됐으니 거기 교육을 기대할 수 없는 것은 다시 말할 필요도 없다. 부형은 자제를 맡기고 사람을 만들어주기를 바라지만 교사는 그 많은 학생을 일일이 기억할 수도 없다. 그리하여 돈으로 모든 것이 되는 세상에 어떤 부형은 자기 자제를 위하여 돈으로 교사를 독점하려 해보지만, 그렇게 하면 그렇게 되는 교사나, 그 교사에게 특별 애호를 받는 아이나, 옆에서 그것을 보는 다른 아이나 그 셋이 다 교육에서는 떨어진 것이다.

3. 지금 교육은 학생본위가 아니요 학교본위다

교육은 사제간에 성립되는 정의의 활동으로서 되는 것이다. 그런고로 좋은 선생은 제자를 고르는 법이요, 좋은 제자는 스승을 택하는 법이다. 그런데 지금은 스승도 없고 제자도 없다. 있는 것은 학교뿐이다. 그리하여 학교의 직원, 좀더 분명히 말하면 학교라는 공장의 지식 소매의 고인(雇人, 고용인-편집자)은 있지만 스승이 아니요, 학교의 졸업생, 다시 말하면 생산제품은 있지만 제자는 없는 것이다. 교사가 취직을 할 때도 그 학교가 일류냐, 이류냐, 봉급을 얼마 주느냐, 그것을 보고 간 것이지 결코 가르쳐줄 제자를 보고 간 것이 아니다. 학생이 입학을 할 때도 학교를 골라 간 것이지 스승을 택해 간 것이 아니다.

그럼 이것은 학교라는 한 조직체, 한 제도, 한 괴물이 있어 교사와 학생을 잡아먹고 만 것이다. 둘 다 학교를 위해 희생이 된 것이다. 그럼 이것은 분명히 본말이 바뀐 것이다. 본래를 말하면 교육을 위해 학교가 있는 것이요, 학교를 위해 교사나 학생이 있는 것이 아닌데 지금은 그렇게 되고 말았다. 그리고 이것을 조금도 이상한 것으로 알지 않고 당연한 것으로 알고 있으면서 교육의 효과를 기다리니 그야말로 이상한 일이다.

지금 학교는 한 개 몰록 신상神像이다. 우매한 시대에 부모가 자식을 가져다가 숯불로 달궈놓은 그 신의 철상鐵像에 올려놓아 거기서

타 죽는 것을 보고 복이라 기뻐했다 하지만, 우매한 것은 그들만이 아니다. 문명했다는 현대인도 마찬가지 아닌가. 유소청년幼少青年을 잡아먹고 커가는 괴물을 보고, 거기 들어만 가면 인간성을 잃고 마는 곳인데, 그것을 보고 교육해준다 절을 하는 것이 무엇이 나을 것이 있나?

더구나 근래에 보기 싫은 것은 소위 우량학교라는 것이다. 그 우량이란 것은 고관의 자녀가 많이 간다는 말이요, 입학 경쟁률이 높다는 말이다. 인간이란 어리석은 것이어서 교사도 부형도 그 교육정신보다도 우선 경쟁이 심한 데 입학했다는 데 일종의 우월감을 느낀다. 또 우량이 정말 우량이라 하더라도 그 한두 학교 때문에 다른 학교가 받는 해는 거기 비할 바가 아니다. 이런 것은 다 지나간 시대의 제국주의적인 사상에서 나오는 것이다. 소위 우량학교의 거물급 교장이란 것을 보면 배만 뚱뚱했지 그 속에서는 케케묵은 냄새가 난다. 그런 것이 시대의 요구에 응하는 인물을 길러낼 리가 없다. 그런 학교 뒤에는 다 뒤에 서 있는 물건이 있다. 그것은 청소년의 피를 빨아먹고 크는 특권계급이다.

4. 공상적인 교육이다

교사에게 참 애국심이 없고, 실사회를 이해하려 힘쓰는 것이 없다. 여기는 물론 정부의 잘못이 크다. 나라 다르고 정부 다르건만, 그리하여 정부는 잘못하여도 나라는 사랑해야 하건만, 나라를 사랑하기 위해 현 정치세력에서는 초연하는 것이 교육자여야 하건만, 교육에 종사한다는 사람들이 대개 기백이 없어서 정부에서 위력으로 누르면 그냥 굴종을 해버리든지 그렇지 않으면 아주 퇴영적·이기주의적이 되어버려 공적 정신을 잃어버리고 만다. 사실은 교육에 참 사명감이 있다면 당로(當路: 정권政權을 잡음 – 편집자) 정치가 같은 것은 안하眼下에 두고 보아도 좋다. 교만해서가 아니라, 스스로 품는 이상에 충실하기 위해서이다.

그런데 현실을 보면 썩은 영달주의·출세주의의 교육뿐 아닌가. 이것은 교육이 아니다. 우리나라가 옛날부터 관존민비[1]의 폐해가 심한데 거기다 서구로부터 생존경쟁 사상이 들어왔으므로 그것이 그만 도도한 풍이 되어, 어느 부모도 교육에 미친 듯이 떠들지만 그 실은 교육을 위한 것이 아니요, 출세의 한 수단으로 그리한다. 이런 것을 바로잡아야 할 것이 교육자인데 그들도 역시 거기 흘러버렸으니 교육과 실사회와는 자연 멀어질 수밖에 없다. 지금 학교에서 하는 교육은 내 자식 하나에만 할 교육이지 남의 자식에게도 일반으로 할 교육은 아니다. 그것이 공상적인 교육 아닌가.

5. 전시戰時 기분이다

교육계의 실정이 그런데다가 더욱 그것을 조장시킨 것은 해방 이후의 전시 기분이다. 전쟁의 죄악이 많지만 그중에도 큰 것은 인간의 심정을 최저선으로 저하시키는 일이다. 생명의 위협을 당하기 때문에 그만 이상이 죽고 생존욕만이 강해진다. 그리하여 책임감이 없어지고 그 결과 폭력주의·책략주의·고식주의가 성하게 된다. 일반적으로 고상한 것, 영원한 것, 엄숙한 것, 거룩한 것, 우수한 것을 구하는 마음이 없어지고 극도로 일시적인, 기분적인, 육감적인, 이기적인 것만을 생각하게 된다. 그렇기 때문에 교육자는 내놓고 영리적이 됐고 학생은 망나니가 돼버렸다.

6. 나라 주권이 약하다

국민의 양심 위에 군림하는 권위가 없다. 일반적으로 국민이 다 그렇지만 더구나 미성년자에게 두려운 생각이 없다. 어쩌면, 기탄忌憚이 없다니. 나라는 청년의 마음에 꺼려하는 것이 있어야 되어가지,

---

1) 관존민비(官尊民卑): 관료를 높이 보고 백성을 낮추어 보는 절대주의 시대 민중의 정치의식.

청년이 꺼리는 것이 없으면 사회질서를 유지할 수 없다. 질서를 유지 못하는데 교육이 무엇인가? 학생 풍기 나쁘단 것은 무엇이며, 살인 강도 많다는 것은 무엇인가? 청년에게 무서운 것이 없다는 말이다. 청년이 무서운 것 없다는 말은 성년자에게 도덕 없다는 말이다. 법과 칼을 들어야 무서운 것 아니다. 인격이 없으면 그런 것을 들수록 배척을 받는다. 불법은 반드시 군인·경찰로 막는 것이 아니다. 사회적 양심이 없는데 군인·경찰이면 어떻게 하나. 누구보다 군인·경찰 자신이 먼저 양심이 없는데 어쩌나. 법은 사회적 질서 정신의 표시에 지나지 않을 것이다.

일본세력이 떠나간 후에 사회가 혼란에 빠졌다는 것은 우리에게 독립정신이 부족한 증거다. 정말 도덕적 역량이 있는 국민이면 압박자가 물러갈수록 사회가 정돈돼야 할 터인데, 그렇지 못한 것을 보면 이때까지의 질서는 채찍을 무서워하는 짐승의 질서지, 자각하여 하는 인격의 질서가 아니었다. 이제 만일 남북한에서 외국세력이 완전히 물러간다고 가상해보라? 그러면 어쩌할까, 생각만 해도 두렵지 않은가? 교육자나 피교육자가 다같이 바라볼 권위가 있어야 교육은 될 수 있다. 정신적·도의적인 나라가 없으면 권위적인 나라도, 교육도 있을 수 없다.

근본 원인

위에서 우리는 현 교육의 결여의 직접 원인이 되는 몇 가지 사실을 밝혔다. 이제 한 걸음 더 나아가 그 근본 원인이 무엇인가를 찾아보기로 하자.

1. 자본주의적 모순이다

지금 우리가 사는 사회는 자본주의 사회이다. 모든 제도·표준이 자본주의 경제조직 위에 놓여 있다. 그러므로 이제 그것이 실생활의 요구와 들어맞을 수 없게 됐다. 그 제도 위에서는 교육은 자연히 모순이 있을 수밖에 없다.

이런 것이 고쳐지지 않는 한 민중은 노동을 해도 해도 어디선지 모르게 빨아먹는 흡혈충 때문에 빈혈이 되어 늘 경제적으로 불리한 지위에 서게 되고, 경제적으로 불리하면 어쩔 수 없이 사회의 잘못으로부터 오는 불행을 맡아 지게 된다. 위에서 현 교육의 잘못되는 직접 원인으로 든 여러 조건을 하나로 묶어 말하면 사회에 윤리적 질서가 없다는 말인데, 그 질서가 서지 못하는 원인은 이 자본주의에 있다. 윤리적 질서라니, 다른 말 아니고 각 사람의 인격을 존중한다는 말인데, 자본주의는 형식적으로는 자유나 인격주의와 일치되는 것이므로, 제도상으로는 계급도 없고 인격의 차별도 없다. 그러나 이 돈이라는 중간 마녀를 씀으로써 사실상 도덕은 상층계급에만 있지, 하층계급에는 없는 것이나 마찬가지다.

사회의 권위가 없다는 것은 지배자들이 자기네 이익을 위하여 정의를 매수 혹은 독점했기 때문이다. 민중이 지키지 않는 것은 자기네에게 불리하기 때문이다. 정의란 것이 정의될 수 없는 줄을 알기 때문이다. 그러면 혼란은 민중의 반항의 첫걸음이다. 그러나 모든 시대의 역사가 증명하는 것같이 혁명을 겪고야 고치는 것은 크게 불행하고 어리석은 일이다. 그러므로 혁명을 부정하고 자본주의의 여러 모순을 시정하기에 최선을 다하는 미국이나 영국의 사회는 지극히 현명하다 할 것이다.

2. 완전한 민족통일을 못했다

위에서 자본주의의 폐해라 했지만 같은 자본주의 사회에 살면서 하필 우리만이 그 폐해가 심한 것은 웬일인가? 왜 우리는 미국의 달러를 오백 대 일로 바꾸지 않으면 안 되나? 우리가 자본주의 시대에 뒤떨어져서 남들이 그 안에서 민족통일을 하는 때에 우리가 하지 못했기 때문이다. 본래 자본주의가 봉건제도에 반항할 때는 해방적이었다. 인권을 옹호했다. 그래서 자본주의 안에서 각 민족은 자랐다. 우리는 그때에 남이 착취하는 시장으로 제공되었기 때문에 그 자본주의를 써가지고 민족통일을 이룰 수가 없었다. 같은 동양에서도 일본이 먼저 동양의 주인이 됐고, 제2차 세계대전 후에도 우리보다 쉽게 회복이 되는 것은 그들은 민족적 통일을 이루었기 때문이요, 우리가 38선의 비운을 당하는 것은 민족통일을 못하고 식민지였던 탓이다.

소위 약소 민족이란 다 그것이다. 정치란 다른 것 아니요 서로 짐을 남에게 떠넘기는 것인데, 우리는 약했으므로 남이 떠넘기는 짐을 받아 진 것이다. 미·소 주둔이요, 6·25사변이요, 다 남의 짐이 우리 등으로 온 것이다. 앞으로 역사는 결코 짐을 떠넘기는 정치를 하지 않게 될 것이다. 그때까지 가는 중간이 문제다. 약한 자는 화 있을진저. 그러나 약한 것은 무엇이냐 하면 민족적으로 통일이 못 된 것이다.

그럼 우리는 왜 같은 자본주의 시대를 만나면서도 완전한 통일민족이 못 됐나? 그것은 다른 것 아니요, 서민계급이 발달 못했기 때문이다. 더구나 중류사회가 없었기 때문이다. 일본의 예를 든다면, 그들이 메이지유신[2]에 성공하고 자본주의 국가로 발달할 수 있었던 것은 도쿠가와 바쿠후[3] 300년 시대에 서민이 어느 정도 발달했기 때문이다.

우리나라는 그것이 되지 못했다. 산하고갈山河枯渴한 강산이 증명하는 대로 국민의 생활력이 말라버렸다. 위에는 손톱·발톱만 발달한 양반계급이란 것과 아래는 빼빼 말라버린 염소 같은 짐승 아닌 짐승이 있을 뿐이었지, 민중이 없었다. 그러니 신문명이고 무엇이고 받아들일 여유가 없었다. 그래서 같은 시대의 물결을 만나고도 타지 못하

---

2) 메이지유신(明治維新): 19세기 후반 일본의 메이지 천황 때, 에도 바쿠후(江戸幕府)를 무너뜨리고 중앙집권 통일국가를 이루어 일본 자본주의 형성의 기점이 된 변혁의 과정.

3) 도쿠가와 바쿠후(德川幕府): 도쿠가와 이에야스(德川家康)가 천하통일을 이루고 에도(江戸: 오늘날의 도쿄東京)에 수립한 일본의 무가정권(武家政權: 1603~1867). 전국의 통치권을 장악, 각처에 할거하는 다이묘(大名)들을 복속시켜 바쿠한 체제(幕藩體制)라는 집권적 지배체제를 확립했다.

고 떨어졌고, 떨어지면 남의 짐은 다 맡을 수밖에 없었다. 36년간 일본 식민지였다는 것은 일본의 자본가가 자기 국내의 문제를 피하려고 내다버리는 짐을 맡았던 것이요, 지금은 미국·중국·소련이 자기네가 앞서 가노라고 그 지배자들이 제 나라에서 문제될 쓰레기를 내다버리는 것을 맡은 것이다.

그럼 그것은 또 왜 그렇게 됐나? 이 나라 역대의 위정자라는 놈들이 민중을 짜먹기만 하고 조금도 기르지 않았기 때문이다. 착취자도 좀 꾀있는 착취자는 어느 정도 길러가며 짜먹는 것인데, 이 나라 착취자는 어리석어 기르지는 않고 짜먹기만 했다. 그런고로 저도 쇠약하여 보다 강한 놈이 왔을 때는 한가지로 짜먹히는 종이 되었다.

다른 말로 하면 우리나라 백 가지 병의 원인은 가난에 있다. 가난했기 때문에, 생활력이 없었기 때문에 튼튼한 나라를 이루지 못했다. 사회의 속힘이 있으면 일시적으로 패전을 한다든지 남의 제압하에 서는 것은 문제가 안 된다. 속에 생활력이 없는고로 백 가지 병충해가 침투한다. 그렇기 때문에 이 나라는 국민정신·국민도덕이 없는 나라다. 목표 없는 민중이다. 그렇기 때문에 교육은 형식뿐이지, 아무 이념이 없다.

3. 사상의 빈곤

그럼 국민정신이 부족한 것은 또 원인이 무엇인가? 생각이 없기 때문이다. 사람은 생각하는 동물이다. 생각하지 않는 사람은 사람이 아니다. 생각이란 다른 것 아니요, 물질을 정신화함이다. 없는 데서 있는 것을 창조해냄이다. 고로 악한 놈, 병든 놈, 불리한 조건에 있는 놈일수록 생각하는 것이요, 또 하지 않으면 안 된다.

생각하면 서로 떨어진 것이 하나가 될 수 있고, 생각하면 실패한 것이 이익으로 변할 수 있다. 인도를 인도로 만든 것도 생각이요, 히브리를 히브리로 만든 것도 생각이다. 철학하지 않는 인종은 살 수 없다. 그런데 이 나라는 고유철학이 없는 나라다. 그러면 이 비참은 당연한 것 아닌가? 물질적 가난은 정신적 가난의 상직적인 표시일 뿐이다. 정신이 끊어지는 때에 이집트 문명은 땅속으로 들어갔고, 정신이 일어나는 때에 아테네는 세계를 얻었다. 우리의 가장 근본적인 결점은 생각이 깊지 못한 것이다.

생각은 생명의 자발自發이다. 피어나는 것이다. 고로 그것이 있으면 모든 더러운 것이 거름이 되어 꽃으로 피고, 그것이 없으면 모든 밖으로 온 꽃이 누르는 점이 되고 썩히는 누룩이 된다. 우리나라 정신사를 보라. 불교가 들어와 한때 성하더니, 대륙에서 오는 영향이 끊어지면 그것도 시들 뿐 아니라 도리어 썩어서 신라 쇠망, 고려 패망의 원인이 됐고, 유교가 들어와 또 한때 송학宋學이 성하더니, 그 역시 중국에서 쇠하면 여기서도 스스로 발달을 못하고 쇠해버려 이조 멸망의 원인이 됐을 뿐이다.

이제 기독교는 어떻고 과학은 어떨까? 오늘 세계는 옛날과 달라 세계가 하나가 되니 남의 덕에 그러기를 면할지 모르나, 면해도 그것은 아무 실작용實作用은 못하는 맹장 같은 것일 것이다. 살려거든 생각해야 한다. 제 철학을 가지고, 제 종교를 가지고, 제 역사를 가지고, 제 세계를 가져야 한다.

이 어려움을 당하고 간절히 느끼는 것은 위대한 인격인데, 위대한 혼이 나는 것 없이 까막까치 같은 무리가 모여서 만든 제도, 조직으로 새 역사는 지어질 수 없는데, 인격은 생각하는 민중 없이는 나지 않는다. 기울어지는 궁전을 버틸 거목은 백두산록白頭山麓 나무바다에 가서야 구할 것이지, 도시에서 구할 것이 아니다. 이러한 의미에서 우리나라에 갑자기 위대한 교육가는 나지 못한다. 민중의 나무밭을 가꿔야 한다. 그러면 10년 혹은 50년 후에 그 사람을 얻을 것이다.

4. 혼의 병

같은 마음, 같은 인간성을 가지고 왜 생각이 나지 못하나? 혼에 병이 들었기 때문이다. 그릇된 낙천주의, 이것이 태고시대에 우리를 잘

못 만든 원인이 아닐까. 한〔太, 韓〕, 밝〔白, 明, 朴〕 하는 사상으로 나타
난 것을 보면 그 종교에 넓고 큰 것이 없지 않았던 모양이나 그것이
깊은 뿌리를 국민의 정신 속에 박지 못했기 때문에 이것은 한개 흔적
으로만 남았다. 지금의 산 생명이 되지 못한다.

그 원인은 깊이 연구해보아야 할 것이지만, 우선 잠깐 말한다면 그
것이 자연히 시적·신비적인 것으로만 되어 선仙이란 것으로 되어 흘
러버리고, 깊은 윤리적인 것이 되지 못했기 때문이 아닐까? 인간 본
성에야말로 문제가 있는데 그것을 넘겨봤기 때문이 아닌가? 우리는
심각성이 부족한 민족이다. 고로 깊은 자기파악을 못 했다. 저를 깊
이 보지 못하면 세계를 깊이 볼 수도 없고 역사를 깊이 볼 수도 없다.
오천 년 역사라 하면서 분명한 정신적 체계를 가지지 못했다니 그것
은 무슨 부끄럼인가? 그러고도 살아온 것이 참 기적이다. 그러기에
산 것이 아니다. 밤낮 외력의 침입에 이리저리 굴러온 것이지, 걸어
온 것이 아니다.

그렇기 때문에 속힘이 없다. 일찍이 서양인이 우리를 평하여 중국
인보다도 보수적이라 했지만 요새 보면 그렇지도 않다. 일부 유학자
나 십승지신자十勝地信者를 내놓고는 일반적으로 보保고 수守고 도대
체 가진 것이 없다. 해방 후 유행풍이 그것을 잘 증명한다. 유행을 잘
따른다는 것은 무지하단 말이요, 아무 속알 없단 말이다. 그렇기 때
문에 세계의 모든 폐해는 이리 몰려온다. 제 것을 가진 것이 없기 때
문에, 제가 없기 때문에 남의 죄악의 쓰레기통이 된다. 새 교육이 나
오려면 먼저 혼의 선생이 있어야 할 것이다.

시급히 개선해야 할 것

앞으로 세계는 하나의 세계일 것을 생각하고 그 세계의 주인은 민
民일 것을 생각하고, 이 교육에서 시급히 고쳐야 할 것을 찾아본다면
무엇인가?

1. 초등교육을 보급시켜야 한다

학교 이름부터 국민학교란 것을 떼어버리고 유산·무산을 가릴 것 없이 적령이 된 아이는 다 교육을 받을 수 있도록 되어야 한다. 국민학교란 이름은 지난날 일본이 전체주의의 독재정치를 민중 위에 씌우려 할 때에 붙인 것이다. 거기는 국가지상주의·민족숭배사상이 들어 있다. 이제 자라나는 아이는 세계의 시민일 터인데 그런 것을 붙여 인간성을 고의로 치우치게 하면 그것은 나아가는 역사 진행에 공연한 마찰만 일으키는 일이다. 아직도 애국반이니 동회니 하는 것을 통해, 대낮에 장안대로에 영문 모르는 혹은 하기도 싫은 행진을 하게 하는 도깨비가 있는 것은 민중의 가슴속에 어둠이 있기 때문이다. 어서 다른 무슨 시설, 사업은 못 하고라도, 민중이 누가 제 대언자代言者가 될 것인가를 알고 그것을 제 손으로 당당히 쓸 수 있는 정도가 될 만큼은 가르쳐야 할 것이다.

공자는 백성을 가르치지 않고 전쟁시키는 것은 백성을 버리는 것이라 했다. 앞으로의 세계에 급격한 일이 어떻게 언제 있을지 모르는 오늘날, 싸워도 어째서 싸우는지도 모르게 해두는 것은 잘못된 것이다. 불속의 밤알은 남더러 주워내라 하고 싶은 심정의 지배자들이 될수록 민을 어리석은 데 두어 짐승처럼 복종하게 하는 것을 원하겠지만, 역사는 그런 것을 허락하지 않는다. 지금 의무교육 실행이 안 되는 것은 위정자의 성의가 없어서 아니 되는 것이지, 불능한 것이 아니다. 그보다 더 긴급한 일은 없기 때문이다.

2. 대학을 줄여야 한다

우리나라는 지금 서느냐, 무너지느냐 하는 갈래길에 섰다. 그 기본조건은 민생이다. 민중이 우선 먹어야 한다. 건전한 사회가 되려면 되도록 노동하는 자가 많고, 놀고먹는 자가 적어야 할 일이다. 대학이 늘수록 놀고먹는 자가 늘어갈 뿐이니 많을수록 국민적으로는 손해다. 그러니 대학 수는 훨씬 줄여 학문에 소질이 있는 자로 필요한 수에만 한하게 하고, 그 경비를 초등교육에 돌려야 할 것이다. 대학 하나를 헐면 소학교 몇십 개가 나올 수 있고, 대학생 하나가 농촌으로 돌아가면 무산아동 몇이 학교를 갈 수 있다.

대학을 자꾸 지원하는 것은 정부가 인물 등용에 반드시 실력으로써 하지 않고 소위 간판으로 하기 때문인데, 정부가 그 방침을 쓰는 것은 표면은 그럴듯한 구실을 내걸고 사실은 특권계급이 자기네의 이익과 지위를 옹호하는 제도를 지켜가는 방법으로 하는 것이다. 학교를 졸업해야 우대한다 해서 실지로 필요하지도 않은, 하고 나오면 실업자가 되는 교육을 강요함으로써 농민을 착취하고 있다.

3. 학교 제도를 소규모로 할 것

교육이 철저하려면 될 수 있는 대로 학급 수가 적고, 한 학급에 학생 수가 적어야 한다. 대학교주의는 교육적 제국주의이다. 소규모 학교주의를 말하면 항상 경비 때문이라 하나, 경비를 아끼다가 사람을 짐승으로 만들면 무슨 소용이 있나? 경비 남는 것은 눈에 뵈고 인격 파괴되는 것은 뵈지 않으니, 눈에 뵈는 것만을 보는 자는 교육자의 자격이 없다.

또 공연한 구실이지 실제로는 그렇지도 않을 것이다. 학교라면 반드시 벽돌집 석조전을 생각하니 그렇지, 교육이 거기서만 된다는 법은 없다. 아주 소규모의 학교로 하면 도리어 쉽게 될 수 있다.

더구나 그리하면 이로운 점이 정신적으로 더 있다. 교육 효과 올리는 데 첫째 조건은 교사단의 화합 일치이다. 그것이 아니 되면 집이 클수록 그것은 감옥이요, 교사는 간수처럼 되지 않으면 안 된다. 그런데 교사 화합을 하려면 교사 수가 될수록 적어야 한다. 같은 사람을 가지고도 무릎을 겯고 앉으면 좋은 의견이 나오고, 결점이 있어도 서로 이해 포용하게 되고, 다수 사람이 집회 성질로 앉으면 형식 일편의 빈 소리가 있을 뿐이요, 교사간에 통일이 있을 수 없다.

또 아동 편으로도 천 명이나 드나드는 학교에서는 사람을 만나는 것이 아니고 '학생'을 만날 뿐이니 사회적 훈련이 될 수 없다. 옛날에 인정 미담이 동문 수학에서 얼마나 많이 나왔나. 이런 여러 점을 아울러 생각할 때, 학교, 더구나 초·중학교는 적은 규모로 할 필요가 있다. 지금 교사가 교육에 취미를 못 가지고 빵을 먹기 위해 부득이하다는 것은 그것이 인격 창조가 아니고 사무적이기 때문인데, 소규모의 학교를 하면 참 재미있게 적은 보수에도 만족하고 할 수 있을 것이다.

4. 정신교육이어야 한다

모든 조건을 다 그대로 두고라도 교사가 산 정신이 있는 사람이면 어느 정도 효과가 있지, 없을 리 없다. 지금 교육은 도무지 정신이 없다. 그것은 교사가 시대 창조의 신념이나 윤리를 가지지 못했기 때문이다. 그러면 학생은 자연 게을러지고 거칠어지고 더러워진다. 시설이나 방법론에 마음을 쓰기 전에 먼저 정신을 불러 일으키는 것, 이것이 긴요한 일이다.

새 교육의 이념과 실현 반법

이때까지 말한 것에 비추어 앞으로 할 새 교육이 어떤 것임은 대개 짐작할 수 있다. 한 걸음 더 나아가 어떻게 하면 그 교육을 실현할 것인가? 그것을 좀 자세히 찾아보기로 하자.

1. '하나'의 교육

먼저 교육의 목표를 하나되는 것으로 세워야 한다. 하나란 가장 구체적으로 말하면 나라의 통일이다. 그러나 그것은 그것으로 그치는 것이 아니고 나아가서는 세계가 하나되는 세계국가에까지 가야 하는 것이요, 속으로 들어오면 내가 하나가 되는, 나와 하나님이 하나되는 인격통일에까지 이르러야 한다.

이 셋은 셋이면서 하나다. 이것을 정말 삼일교육三一教育이라 할 수 있다. 일이 셋이 있다. 세계가 하나, 나라가 하나, 내가 하나. 내가 하나라는 것은 더 들어가면 나와 하나님과 하나요, 세계가 하나라는 것은 더 올라가면 우주와 하나님이 하나란 데 가고 마니 이것은 위로도 아래로도 하나님에 가고 마는 교육이다. 그래서 '하나'의 교육이다. 그중에 가장 중심이 되는 것은 나라의 통일이다. 이것이 가장 현실적인 문제이기 때문이다. 이제 이 셋의 관계를 그림으로 표하면 한개 거목과 같다. 나라의 통일이 그 줄기가 되고 그것의 뿌리가 자아의 인격통일이 되고, 그 가지와 잎과 꽃과 열매가 세계의 통일이 된다.

먼저 나라가 하나되는 것부터 말해본다면, 이 앞의 교육은 나라의 통일을 분명한 목표로 세우지 않으면 아니 된다. 지금도 교실마다 가보면 남북통일이란 표어를 써붙였으나, 그런 것으로 될 것이 아니다. 지금까지 누구나 다 통일문제를 정치적 내지 군사적인 문제로 생각하지 그것을 정신적인 문제, 윤리적인 문제로 생각하지 않는다. 우리가 나라의 통일을 목표로 하는 교육을 하자는 것은 무력통일·북진주의 그런 것을 말하는 것은 아니다. 무력으로 되는 그것은 완전한 통일이 아니다. 문제부터 바로잡아야 하는데, 38선은 결코 군사상의 선이나 정치상의 선만이 아니다. 이것은 또한 정신적 선이요, 도의적 선이다. 남북이 갈린 것은 우리 손으로 한 것이 아니요, 외래의 힘으로 됐다. 그것은 우리의 국민적 성격을 향해 내미는 한개 시련 문제다.

몸에 병균이 들어오면 그것이 우리 건강력에 대한 한개 시문試問이어서 그것을 능히 내쫓으면 내가 살고, 못하면 나는 죽는다. 그와 마찬가지로 38선은 우리의 국민적 도의력을 향해 칼을 넣어서 상처를 내고 너는 이것을 능히 합할 수 있느냐, 묻는 것이다. 우리의 도덕적 생명력이 그것을 합하면 우리는 한 국민으로 살 것이요, 못하면 망하는 것이다. 들어오기는 무력으로 들어온 상처이나, 낫기는 도의력으로 나아야 한다. 실지의 역사로 말하면 남북 통일은 어떤 전쟁이나 정치 교섭으로 될지 모르나 그때에도 우리가 정신적으로 통일된 것이 있으면 그 기회를 받을 수 있으나, 만일 정신적으로 하나된 것이 없다면 아무리 정치적으로 일시 합해도 그것은 통일이 아니다. 그런 고로 이것은 순전히 도덕적인 문제로 대해야 옳다.

그리고 이것을 도의적인 문제로 취하느냐, 아니 하느냐에 따라 교육은 크게 달라질 것이다. 생각해보라, 이제 갈라진 나라를 순전히 남북이라는 지리적인 것으로 생각하지 않고 정신적인 분열로 생각하여 그 통일은 누가 할 것이 아니요, 내가 할 것이다, 내 인격으로 할 것이다라고 생각할 때, 그 교육이 어떻게 되겠나? 우리 교육은 도덕적 정신으로써 남북을 통일하는 인물을 길러내자는 것이라 생각할 때, 우리는 어떻게 크고 고귀한 일에 관계되어 있는가를 알 수 있다.

그러나 문제는 거기에서만 그치지 않는다. 세계가 하나가 되어야 한다. 남북을 통일하는 것은, 옛날에 생각하던 것같이 우리도 강한 국가를 만들어, 열강이 서로 싸우는 속에 영웅답게 참여하기 위해서가 아니다. 이제 그런 것은 다 지나가고 세계가 하나가 되는 날이 온다. 벌써 오고 있다. 우리에게 38선이란 문제가 생긴 것은 사실은 세계가 하나돼가는 과정의 하나로 나타난 일이다. 이제 국경선으로 나라를 지킬 수 없고, 피와 같은 것으로 민족을 지킬 수가 없어졌다. 그 때문에 생긴 것이 38선이다. 38선은 우리나라 남북한의 경계선이 아니다. 남북한이 서로 다를 것이 없다. 민족이 같고 말이 같고 풍속이 같고 도덕이 같은데 다른 것이 무엇인가?

38선은 사실은 미·소의 경계선이요, 미·중, 중·소의 경계선이다. 세계 각국이 그 군대를 보내어 이것을 지키고 싸운 것은 이것이 다 자기네의 국경선이기 때문이다. 그럼 세계 각국의 국경이 다 거기와 있다면 그것은 결국 국경이란 없어졌단 말이다. 사실 현대의 고민은 다른 것 아니요, 세계가 벌써 하나가 됐는데 그 생활로는 한 나라인데, 관념으로는 아직 그리되지 못하고 옛날 국가관·민족관·계급관·역사관에 매여 있어 그 때문에 오는 고민이다. 다시 말하면 새 윤리를 세우지 못한, 그래서 그것을 세우느라 힘쓰는 고민이다.

이제 교육자의 일은 여기 있다. 교육자가 역사의 뒷열에 서서는 아니 된다. 앞장을 서야지. 하나의 세계를 만드는 정신적 개척자로서의 사명감을 가져야만 바른 교육을 할 수 있다. 당락當落 정치업자 같은 것은 안하眼下에 보라고 한 것은 이 때문이다.

주인은 그런 것에 괘념 말고 스스로 할 일을 해야 한다. 이제 역사는 커다란 문제에 다다랐다. 종래의 나라와 나라, 민족과 민족이 서로 싸우던 것이 의미가 없어지는, 동시에 그 의미가 밝아지는 한 가지의 일이 다가오고 있다. 인류는 이것을 성취하면 인간이요, 못하면 짐승도 못 된다.

세계가 한 집이 돼보자. 살빛이 좀 다르다고 비웃고, 말이 다르다고 의심하고, 바람같이 곧 변하는 풍속이 좀 다르다고 서로 배척을 하고, 서로 싸울 아무 까닭도 없는데 싸워온 것이 인류역사요, 그 싸움을 붙여놓고 중간에서 이利를 취한 것이 지금까지의 정치가·군인·영웅 하는 물건인데, 교육자는 공연히 속아 그 앞잡이를 하고 열심을 내어 민족의 신성, 국가의 신성, 계급의 권리를 가르쳐왔다.

그 때문에, 인위적으로 치우쳐 만든 관념의 교육 때문에 인류는 잘못을 많이 저질렀다. 이제 교육자는 그렇지 않은 것을 스스로 깨달아야 한다. 정치업자·전쟁업자들에게 이용을 당해서는 아니 된다. 이제 선악의 표준은 여기 있다. 작게 보면 남북을 통일하는 정신적 인격 없이는 도덕적 종교도 없는 것같이, 크게 말하면 한 집으로 만들면 선이요, 못하면 악이다. 따라서 참 교육이냐, 거짓 교육이냐 하는 것도 여기서 갈린다.

마지막으로 자아의 통일, 나라가 하나가 되고 세계가 하나가 되는 문제를 실천을 하려 들면 자연히 필연적으로 내가 하나가 되어야 한다는 문제에 다다른다. 38선은 세계의 표현인 동시에 또 나의 표현이다. 우리 인격에 분열이 없다면 남북의 분열이 있을 리 없다. 국민이 다 참 나를 지켜 외적 조건의 변동에 따라 생각과 행동을 이리하고 저리하는 사람이 없다면, 그러한 나를 소련군이 왔다면 어찌하며, 미군이 왔다면 어찌할 수 있을까.

밖은 안의 표현이다. 그러므로 나라를 통일하고 세계를 통일하려면 먼저 내가 한 사람, 곧 참 사람이 되어야 한다. 통일 못 된 것은 참 인격 아니요, 참 인격 아니고는 남을 한 사람도 움직일 수 없다. 한 사람도 못 움직이는데 나라와 세계를 어떻게 움직일까? 이제는 문제가 전쟁 가지고 될 수 없다는 것만은 차츰 분명해지고 있다. 인류는 아직도 몇 번 더 참혹한 일을 저지른 후에야 깨닫겠는지 이젠 아주 아니 하겠는지 모르나, 아무 때 가서도 하여간 전쟁 가지고 아니 된다는 것은 반드시 깨닫고 그만두는 날이 올 것이다. 또 와야 하지, 만일 그렇지 못하면 점점 발달하는 과학으로 인류는 자살을 하고야 말 것이다.

그러나 그렇게 비관할 것은 아니다. 인간은 그렇게 어리석은 것은 아니다. 역사는 그렇게 무의미하게 끝날 것이 아니다. 고로 인류는 역사를 완성하고야 말 것이다. 이제 세계는 하나가 된다. 그러기 위해 혹은 그렇게 함으로써 인간은 참 사람 곧 한 사람이 될 것이다. 이 날까지 한 사람은 없다. 모두 분열된, 고민하는, 이랬다 저랬다 하는 인간뿐이다. 그러나 인간은 하나된 인격을 닦아내고야 말 것이다.

이런 의미에서 고래古來의 모든 성현의 말씀은 일치한다.『대학』에 '평천하'平天下의 근본이 몸 닦는 데 있다 한 것, 희랍의 고언에 "너 자신을 알아라" 한 것, 예수께서 "하늘 나라 너희 안에 있다" 한 것은 다 한 말이다. 교육은 다른 것 아니요, 참 사람 곧 통일된 인격을 만들어내자는 것이다. 철이 없기 때문에 동생끼리 싸우는 모양으로 인류도 철이 들지 못해 싸웠다. 국가요, 민족이요, 다 소꿉질이다.

소꿉질은 쓸데없는 일은 아니다. 어느 아이도 소꿉을 놀아야 어른이 되는 모양으로 가족주의 아니고는 민족에까지 자랄 수 없고, 민족주의 아니고는 국민으로까지 자랄 수 없었고, 국가주의 아니고는 전쟁해보지 않고는 오늘의 역사 단계에 오지 못했을 것이다. 그러나 자라고 나면 모든 것이 소꿉질이요, 소꿉질이 돼버리면 버려야 한다.

철이 든다 했지만, 철이란 때란 말이다. 때가 오면 안다는 말이다. 지금은 알게 된 때다. 안다는 건 다른 것 아니요, 내가 한 사람, 곧 통일된 인격이 되는 일이다.

그러면 그와 같이 철이 들어 알면 옛날의 소꿉질 같은 전쟁은 다시 가르치지 않을 것이다. 전쟁은 분열된 자아의 표현이다.

생각해보라. 이것이 얼마나 큰일인가. 전쟁을 아니하고도, 분립을 아니하고도 경쟁을 아니하고도 살아갈 수 있는 세계를 만든다는 것, 이것은 저 군국주의적 열을 고취하고 그 흥분된 심리를 이용해 단순한 국민의 주머니를 털어먹자던 교육이요, 입신이요, 출세요, 박사호號요, 내걸고 후원회비니 사친회비니 하는 명목하에 민중에게 과중한 부담을 시켜가며, 죽어가는 농민의 출현을 강요하는 달콤한 꿈을 꾸자는 교육에 비할 때, 얼마나 높고 크고 몸을 바쳐서 할 만한 것인가. 철이 든 눈으로, 참 자아의 눈으로 사회를 보면 불쌍한 마음이 동할 것이다. 그것이 교육자의 심정이다.

이것이 새 교육의 체계다. 인격의 통일, 나라의 통일, 세계의 통일을 목표로 하는 하나의 교육, 그것은 지심地心에서 하늘에 닿는 거목이다.

2. 교사의 재교육

위에서 말한 것과 같기 때문에 무엇보다 교사가 새로운, 깊은 세계관을 가지는 것이 문제다. 교사가 인생이고 역사고 그런 문제에 관해서는 생각도 아니 하는 지금의 모양을 가지고는 새 교육은 바랄 수 없다. 교사는 스스로 자기를 들여다보아, 두 가지 도덕적 무장을 하지 않고는 앞에 있는 정신적 싸움을 싸워낼 수 없다. 하나는 개인적인, 인생적인 면에서 하는 것이요, 또 하나는 전체적인, 역사적인 면에서 하는 것이다.

개인적인 면에서 말하면, 교사란 사람, 더구나 새 교육의 교사는 생사를 달관한 사람이어야 한다. 사람의 모든 것이 생사선生死線에 가

닿으면 달라진다. 그렇기에 생사 문제에 대하여 분명한 결정이 우선 있어야 한다. 교육이 말뿐이 되고 마는 것은 그것이 생사선을 통과하지 않은 것이기 때문이다. 일사一死를 각오한 사람의 말이 아니면 들을 것이 없다. 또 그러한 사람의 말이면 말에까지 갈 것 없이 그 존재조차가, 남의 가슴에 비수 같은 작용을 한다. 이 앞의 일은 인류의 모든 사고방식을 근본적으로 변경시켜야 하는 것인데 그런 일이 "뽕도 딸 겸 임도 볼 겸" 식으로 될 수는 없다.

오늘의 교사를 보면 모두 그런 식의 약은 사람뿐이다. 지식인의 대부분이 인생의 가는 줄 위를 윤리적인 인생관과 심미적인 인생관의 두 부채를 양손에 갈라쥐고 교묘하게 재주를 넘어 건너가보자는 생각을 하고 있지만 그것은 어리석은 생각이다. 그럴 것 없다. 더구나 교사는 예수가 말하는 선한 목자의 각오를 가지지 않으면 아니 된다. 양을 위해 목숨을 버릴 결심을 한 후에야 교단에 서는 것이 옳다. 진리에 순殉하려는 사람만이 교사다. 인생을 재미있게 살아보잔 아첨하는 생각, 자라처럼 위험만 보면 목을 움츠리는 비겁한 생각을 가지고 교사가 돼서는 아니 된다. 그는 남들이 누리는 미의 세계를 자기는 죽음 속에 보려는 사람, 사死 속에야말로 온갖 미가 들어 있는 것을 보는 사람이어야 한다. 다시 말하면 신앙 없이는 교사가 되지 말란 말이다.

전체적인 면에서 말하자면 그는 역사적 달관을 하여야 한다. 역사의 의미를 모르고 교사가 되는 것은 소경이 남을 인도하는 것과 마찬가지다. 교육이란 앞을 보고 인도하는 일인데 역사가 어디로 흐르는지 그것을 모르고는 할 수 없다. 위에서 이미 말한 것이기 때문에 되풀이할 필요는 없지만, 세계가 하나된다는 것을 그는 분명히 알아야 한다.

하나된 세계사상이 그 가슴에 있지 않으면 안 된다. 이런 의미에서 참 교사는 예언자다. 역사상의 위대한 교사를 보라. 다 그렇지 않은가? 인간을 위대하게 만드는 것은 그 힘이 아니요, 재주가 아니요, 사업도 아니요, 그 사상이다. 사상 없는 인간은 볼 것 없는 인간이다. 교사는 사상가여야 한다. 그러면 사상이란 무엇인가? 정신적 전체 아닌가. 시간·공간의 제약 내에 있으면서 그것을 뛰어넘는 것이 사상이다. 그래서 예언자라는 것이다.

교사란 역사창조를 하자는 것인데 역사창조를 하려면 자기 내부에 역사를 가지지 않고는, 즉 자기가 곧 전체가 아니고는 아니 된다. 세계가 어떻게 되든지 그것은 우리는 몰라요, 하는 교사는 저속한 교사다. 교사의 가슴 속에는 역사적 통경通景, 역사적 투시, 역사적 전망이 있어야 한다. 이 발코니에 아침 저녁으로 서서 내다보는 시간이 있어서만 저는 피로를 회복할 수 있고 새 영감을 부단히 얻을 수 있다. 교사가 아이들의 신뢰와 흥미와 헌신을 못 얻는 것은 이 영감이 없기 때문이다. 그리고 그 신뢰와 흥미와 헌신이 없이 무슨 교육이 될까?

3. 학원에서 구체제 청산

과거에는 역사의 일선에 군인·정치업자가 나가 서고, 교육자는 그 뒷 거둠을 하는 것이 일이었다. 어느 국가에서나 문교부장관 같은 것은 각료 중의 찌꺼기였다. 사실 문교부장관 같은 것을 하잔 인물은 그런 대접을 받아 마땅하다. 교육에 문교부가 무슨 관계가 있나? 그것은 인생 생활에 장의사가 있는 것과 마찬가지다. 죽은 자들은 죽은 자를 뜯어먹고 살라(죽으라) 하라. 그러나 이 앞으로는 교육자가 일선에 선다. 그렇기 때문에 교사가 구제도에 거리끼어서는 아니 된다. 하물며 거기 붙어 빨아먹으려 해서는 아니 된다.

학교에 가보면 어떻게 곰팡 냄새가 나는지, 낡아빠진 봉건적·자본주의적 관념과 형식이 꽉 들어차 있다. 그런 것을 일소해 치우지 않으면 새 교육은 할 수 없다. 고상하게 하노라는 것이 케케묵은 귀족주의의 잔재를 주워 붙임이요, 규모 있게 한다는 것이 식민시대의 일본 상전에게 배웠던, 사람을 노예화하는 방식을 그대로 씀이요, 열심 낸다는 것이 출세 영달하자는 자본주의의 고취다. 학생의 풍기가 나뿐 것은 당연한 일이다. "소인小人이 한거閑居에 위불선爲不善이라"고, "일이 없기 때문에 나쁜 짓을 하는 것"이다[『성어사해』成語辭海]. 인간성이란 제대로 두면 일하려는 것이요, 일하면 스스로 행복하고 만족해하는 법이다. 학생은 군인인데, 인생의 미래를 전취하자는 발발潑潑한 욕망을 가진 것이 학생인데, 군인은 놀려두면 그 원기를 쓸 곳이 없어 행패를 부리는 법이다. 고로 군인은 활동을 시켜야 하는 것이다.

학교가 만일 학생을 잘 써 작전을 한다면 결코 풍기문란을 일으킬 리가 없다. 전환해야 한다. 본능을 전환해 쓴 것이 문화 아닌가? 학생에게 이상을 주고, 전투 목표를 주고, 출동 명령을 내리라. 그러면 일거양득이 될 것이다. 학생은 인생의 영웅이 되니 좋고, 사회는 평안하니 좋고. 왜 학생을 동원해 자본주의의 구체제를 일소하고 민중을 정말 해방하여 세계를 하나로 만드는 혁명전에 내세우지 않나. 사자를 집 안에 가두었으니 해를 끼칠 것은 정한 일 아닌가? 부모의 고혈을 긁어다 바치는 것인 줄을 뻔히 알고, 교사란 것 그것 받아먹고 사는 착취자인 것을 말짱 알고, 정치란 것이 온통 그런 것임을 뚜렷이 보고 있고, 사회의 어느 모퉁이를 보나 썩은 것뿐이고, 어느 선배도 그것을 치우자고 의분을 내는 놈은 하나도 없는 것을 다 알고 있는데, 학생의 마음에서 무슨 좋은 생각이 나겠나.

그러고는 공부를 해도 세상은 실력대로 되는 것 아니요, 가정은 저 때문에 못살게 되고 고향은 날로 무너져만 가는 것을 보고 있는데 어떻게 자포자기하는 생각, 비관하고 원망하고 무책임하게 하는 생각이 나지 않겠나. 학원이 사회와 떠나 있는 것을 자랑하려거든 차라리 구제도의 색채를 완전히 없애버리고 시대에 앞섬으로써 하면 좋지 않은가.

학교에 가면 반공 소리를 듣지만 정말 반공을 하고 있나? 당초에 공산주의는 왜 생겼나. 자본주의가 잘못된 것 때문 아닌가? 하는 일은 틀렸으나 그 입에 구실은 있지 않나. 그럼 반공은 내 속에서 자본주의적인 폐단을 청소해서만 될 것이다. 썩은 것이 없는데 파리가 왜 올까? 우리 집 문간에 공산 도둑이 와서 야료를 하면 반드시 우리 집 안에는 자본주의가 들어앉아 있는 것이다. 내 대적이란 나 자신이 나가서 반사된 것이다. 내 속의 착취자·압박자를 없애라. 그러면 밖에 있는 반대자가 자연 없어질 것이다.

4. 교육이념의 신화

자본주의요 공산주의요 하지만 그것은 아직 표면의 소리요, 문제는 깊은 데서 해결되지 않으면 안 된다. 그런 말은 정말 근본적인 것을 하기 위한 수단으로 하는 말이지, 문제가 정치적·경제적인 것으로 해결되지는 않는다. 문제는 인간의 본질, 존재의 성격 속에 있는 것이기 때문에 교육 이념이 거기까지 깊어지지 않으면 안 된다.

현대의 큰 폐는 인생을 아주 옅게 보는 데 있다. 이것을 아주 광범한 의미로 자연주의라 하자. 눈에 띄고 귀에 들리는 것을 사실로 인정하고 그것만 보자는 생각이다. 근세 자연과학이 발달하기 시작한 이래 이런 생각이 전 세계 사람의 생각 속에 꽉 들어가 있다. 옛날에는 사람들이 신의 실재를 믿었고, 영혼의 불멸을 믿었고, 자연계 전체를 인격화해보고, 영계의 존재를 믿어 그와 신비로운 교통을 하려고 힘썼다. 고대의 종교·철학의 제목은 우주의 본체, 인생의 근본, 생명의 신비에 있었다.

그러던 것이 문예부흥 이래 과학적 연구가 성해짐에 따라 자연계와 여러 법칙이 발견이 됐고, 이전에 신비로운 신의 능력으로 믿었던 것이 한쪽에서부터 모조리 무너져 자연법칙으로 설명이 되고 말았다. 자연의 세계는 차차 넓어지고 신들의 왕국은 점점 줄어들었다. 그리하여 인간들은 단숨에 아주 신을 허무의 나라로 축출해버렸다. 신이란 것은 없다 했다. 영이니 무어니 하는 것도 없다. 이렇게 생각하게 됐다. 과학이 만일 실험을 생명으로 하는 과학정신에 충실하다면 그런 속단은 못했을 것이다. 그러나 새로 발견한 것이 너무 놀라운 데 취한 과학은 그렇게 속단을 해버렸다.

그것이 가두에 흘러나와 실지의 인생철학으로는 "사람은 죽으면 다다" 하는 것이 됐다. 만유인력과 같이 현대인의 심리를 지배하고 있는 기본사상은 이 "사람은 죽으면 다다"라는 말이다. 이 결론이 나오는 근거는, 세계는 우리 오관五官으로 경험하는 이것 이대로라는 데 있다. 그것이 자연주의다.

자연계에서 이대로다 하고 긍정하는 사상은 인간의 자기 내부에도 적용이 됐다. 심리에 대한 자세한 연구를 하고 거기 따라, 인간이란 것도 여러 가지 감각이 모인 것이지 별것이 없다 하게 됐다. 그러고 보면 그전에 연역적으로 세웠던 하나님이니, 영이니 하는 것은 모두 집어치우게 됐다. 사회학·심리학이 발달하는 것을 따라 그 생각은 더욱더 퍼져나갔다. 그리하여 교육도 그러한 인생관 위에서 해가게 되었다.

그리하여 그런 결과는 어떻게 됐느냐 하면 놀라운 데 이르렀다. 이왕 이대로 가다가는 이 생이라고 살아 있는 동안에 감각적 자아가 요구하는 대로 살자는 것, 될수록 밑지지 말고 쾌락하게 요 동안을 지내자는 것이 인생의 목적이 되었다. 그것이 현실주의요, 물질주의요, 그것을 개인적으로 실현하기는 곤란하기 때문에 다수의 힘으로 하자는 것이 군국주의요, 자본주의요, 그것을 가르치는 교육이 주지주의主知主義, 출세주의다. 이것이 소위 현대문명이란 것이다.

그러나 이제 와서는 달라졌다. 각 나라가 생존경쟁 철학을 진리로 믿고 서로 경쟁한 결과는 20세기 초의 제1차 세계대전으로 나타났고, 소비에트 혁명·공산주의 전파로 나타났고, 나치즘으로 나오고, 지난번 제2차 세계대전으로 나타나 세계는 온통 혼란에 빠졌다. 이제 인간은 다시 생각하게 되었다.

그러는 동안에 깊이 보는 양심들이 생각한 것도 있고, 과학도 더 진보되는 것을 따라 전의 속단을 잘못으로 알게 되어, 옛날보다는 모두 깊고 높은 의미에서 하나님을 찾고 영을 말하게 되었다. 더구나 근래의 물질관이 대변동을 하여 물질·정신의 구별이 없다는 데 이르러서 앞에 새로운 세계관을 예감하게 됐고, 우주·인생을 윤리적인 입장에서 고쳐 해석하려는 노력이 높아진다.

그러면 이제 교육에서 먼저 할 일은 자연주의를 단연 내쫓는 일이다. 이때까지 교육은 자연주의에 추종하여 현실의 인간을 이대로 긍정하고 자연적인 합목적성을 믿어서 이성이 지시하는 대로 발달해 나가기만 하면 되는 줄 알았지만 이제 그것은 잘못임을, 속은 것임을 알았다. 이제 우리는 인간성이 그대로 자라기만 하면 되는 것이 아니요, 그것은 근본에서 어떤 변화가 일어나지 않으면 안 된다는 생각을 하게 됐다.

그렇게 생각하고 옛날부터 있는 위대한 종교의 가르침을 다시 음미해 보면 거기 대체로 공통된 한개 진리가 있다. 인간은 구원을 요하는 존재라고 가르친 말이다. 그중에서도 이것을 가장 분명히 가르치는 것이 기독교의 인생관이다.

그러면 종래에 하던 식으로 인재 배양이니, 인간성 개발이니 인격 발견이니 하는 것만으로는 부족하다 할 수밖에 없다. 배양, 발전, 계발, 유도, 보호가 아니다. 그것은 혼의 개조이어야 한다. 인간 자기 내부의 것만으로 충족한 것이 아니라, 종자가 자라서 나무가 되려면 일광과 알 수 없는 우주 방사선이 가해져야만 될 수 있는 것같이 인간이 되려면 초월적인 세계에서 내려와 가입되는 것이 있지 않고는 아니 된다.

본래 모든 위대한 인격에는 반드시 어떤 회심의 경험이 있는 것은 이것을 말하는 것이다. 인간은 개조를 요하는, 회개를 요하는, 기질 변화를 요하는 존재이다. 달콤한 자연주의의 교육을 가지고 인격을 완성할 수도 세계를 구원할 수도 없다. 인격 발전에 가장 중요한 힘이 되는 것은 감사하는 마음, 신뢰하는 마음, 존경하는 마음, 사랑하는 마음, 참는 마음인데 이 감정을 불러 일으키지 않고 인격을 발전시킬 수는 없는데, 이 모든 감정은 자기 자체에 대하여 품는 것은 아니다. 자기에 대해 동떨어진 절대적인, 그러면서 은총적인 위치에 서는 자, 자기로서는 어떻게 할 수 없는, 그리고 자기가 그 앞에서는 그대로 있을 수 없는 어떤 이에 대해서 품는 느낌이다. 인간의 혼, 그 자체의 근본 부르짖음은 구원의 부르짖음이다. 모체에서 떨어져 나오며 부르짖는 그 첫소리는 "나를 이대로 두지 마소서" 하는 절규이다. 그것은 곧 인생 일생의 절규이다.

사랑으로 하면 즐겁다

'교'敎라 하지만 가르치는 것만 가지고는 부족하다. '구'救가 되어야 한다. 교사는 저것이다 하고 가르치는 자이지만, 인생이란 가르쳐만 주면 갈 수 있는 힘을 가진 자냐 하면 그렇지 않다. 인생은 그대로 두면 죽는 존재다. 생리적으로 그렇다. 동물의 새끼는 대개 나면 스스로 생활을 해갈 수 있게 생겼으나, 사람의 자식은 여러 해를 두고 키우지 않으면 못 산다. 모성애는 그 새끼의 하잘 수 없는 꼴을 보고 나타나는 것이다. 건지는 데까지 가야 참 교육이다.

'육'育이라 하지만 그저 키우는 것만 가지고는 부족이다. '제'濟가 되어야 한다. 건너주는 것이 되어야 참 키움이다. 그 자리에 그냥 있는 것이 아니라, 보다 높은 자리로 옮기어져야 정말 자란 것이다. 한 매듭에서 윗 매듭으로, 잎에서 꽃으로 건너감이다. 그보다도 차라리 '제'祭라 하는 것이 나을지도 모른다. 제는 길러서 바치는 것이다. 인생은 그저 무목적으로 자라는 것이 아니라 바칠 데가 있어 키우는 것이다. 인생은 제물이다. 바치어진 존재다. 바친 다음에야 참 사람이 된다. 그러나 제물을 바치면 바친 자에게 도로 주어 받아먹듯이 인생을 절대자에게 바치면 자기를 도로 찾게 된다. 그러나 도로 받은 '나'는 바칠 때의 '나'가 아니다. 그것은 위에서 은총으로 준 보다 높은 거룩한 '나'이다.

'학'學이라 하지만 그저 배우는 것만으로는 부족하다. '신'信에까지 가야 한다. 학은 그 글자가 말하는 대로 모방이다. 교육이 처음에는 모방이다. 그러나 모방에만 그처서는 못쓴다. 신에까지 가야 한다. 신, 믿는 것은 하나가 되는 일이다. 어떤 기술을 배운다면 배워서 자신自信 있는 데 이르러야 한다. 자신이란, 나와 기술이 따로가 아니요 곧 하나인 지경에 이른 것이다. 참 배우면 하는 줄을 모르고 하게 된다. 그러면 하는 것이 아니다.

'습'習이라 하지만 익히는 것만으로는 부족하다. '애'愛에까지 가야 한다. 『논어』첫머리에 "학이시습지 불역열호"學而時習之 不亦悅乎라. 배워 늘 익히면 즐겁지 않으냐, 했지만 즐거우려면 그것을 사랑해야 된다. 짐으로 알고 해서는 즐거울 수가 없다. 익히는 것은 곧 밖으로부터 들어온 모방이 내 생명의 힘이 되도록까지 하는 일인데, 학이 학으로만 있지 않고 신信이 되면, 신이 또 신으로만 있지 않고 새 활동으로 변화해 나오게까지 되자는 것인데, 그것은 그 일을 사랑함으로만 될 수 있다. 애이기 때문에 즐거운 것이다.

이렇게 볼 때 우리가 보통 교육이라, 학습이라 하는 것이 불철저한 중간적인 것임을 알 수 있다. 교육이 효과를 못 내는 것은 당연한 일이다. 이념은 철저하여야 한다. 철저하지 못한 이념은 죽은 관념에 지나지 않는다.

우리는 위에서 새 교육은 나라의 통일을 목표로 하는 교육이어야 한다고 했지만 그것은 힘으로써 될 일이다. 그러나 무력으로는 절대 아니 될 것이라 했으니, 그럼 무슨 힘인가. 교육은 힘을 기르잔 것인데 무슨 힘을 기를까. 힘에는 두 가지가 있다. 하나는 물력 혹은 체력이요, 하나는 영력 혹은 혼력이다. 물력은 잘 뵈는 것이요. 영력은 뵈지 않는 것이다. 이날까지 교육이라면 물력·체력을 기르는 것이 주요 목적이었다.

새 교육은 새 종교적 신앙으로부터

문명이란 다시 말하면 체력의 보루이다. 그것은 힘을 밖에서 구하는 생각이다. 손으로는 약하기 때문에 돌을 들어 친다. 그것이 발달하면 원자탄에까지 이른다. 과연 크다 할 것이다. 잘못하면 지구가 없어진다 하지 않나. 체력도 발달, 연장되면 여기까지 간다. 정치란 다른 것 아니요, 어떻게 하면 밖의 힘을 많이 끌어다가 나를 위해 잘 쓸 수 있느냐 하는 것이다. 그러나 정말 큰 것은 혼의 힘이다. 정신의 힘이다. 인류 역사란 뵈지 않는 혼의 힘이 어떻게 체력, 곧 폭력을 이겨오나 하는 기록이다. 폭력은 남을 괴롭게 함으로써 내가 이기자는 것이요, 혼의 힘은 내가 고통을 견딜 때 나는 힘이다. 그 혼에는 무한한 힘이 들어 있다. 그리고 그것이 대개의 사람에게는 갇혀 있다. 혼에 고장이 듦으로 인하여 그 힘을 내 쓰지 못한다. 그런고로 사람이 약하다. 사람이 만일 혼의 고장을 완전히 제除한다면 그 앞에서 무력 같은 것은 문제도 아닐 것이다.

그러므로 혼에서 고장을 제거하여 혼으로 하여금 그 본래의 힘을 발휘할 수 있게 하는 것이 필요하다. 석가도 그것이요, 공자도 그것이요, 예수도, 소크라테스도 그것이다. 그러나 현대에서 대규모의 폭력과 싸워서 혼의 영력을 발휘한 가장 좋은 증거는 간디다. 그 조그마한 사람은 다만 자기 혼에 거리끼는 여러 가지 장애를 제해버림으로써 나오는 힘으로 인도 2억 민족을 움직였고, 그것으로 세계의 제일 대제국인 영국의 백만 군대를 물리쳤다. 이제 우리가 하자는 교육은 이 교육이다. 맨주먹으로 38선을 열 수 있는 혼의 힘을 기르는 교육을 하자는 말이다. 그것은 될 것이다.

이제 인류가 폭력주의의 극치로 원자탄·수소탄을 만들어놓고도 마음대로 못 쓰는 것은 무엇인가? 역사가 폭력만으로는 될 수 없다는 것을 말하는 것이 아닌가. 과거에 이런 일이 없었다. 무기를 만들고도 못 썼다는 것은 앞으로 역사는 폭력을 아니 쓰는 시대에 들어가려 하고 있다는 뜻이다. 그런 의미에서 38선이 무력전을 그만두고도 여전히 박혀 있는 것은 우리에게서 무엇을 기다리는 것이 아닐까? 우리 혼의 힘을 시험해보자는 것이 아닐까?

역사가 만일 이전과 마찬가지로 폭력으로 될 것이라면 우리는 소망이 없다. 망하든지 영원히 남의 종노릇을 하는 수밖에 없을 것이다. 그러나 만일 폭력이 소용없는 시대가 온다면 우리야말로 그 적격자가 아닐까. 그렇게 생각할 때 우리의 교육 시야에는 무한대의 세계가 열려 있다 할 수 있다.

5. 교육과 종교

마지막으로 한 가지 더 새 교육과 종교와의 관계에 대하여 한마디 하기로 하자. 새 교육이 혼의 힘을 발휘하기 위한 혼의 개조 같은 혼의 해방의 교육이라면 그것은 자연히 종교적일 수밖에 없다. 교敎, 육育, 학學, 습習이 아니고 구救, 제祭, 신信, 애愛여야 한다고 한 것은 이 때문이다. 그러나 혼의 개조라 했지만 혼의 개조를 능히 할 교사가 누군가? 그러므로 단순한 교육을 하려는 한, 이상은 좋으나 실현은 할 수 없다고 내던질 수밖에 없을 것이다. 이것은 종교적 신앙으로만 될 수 있다. 교육은 다시 옛날처럼 종교교육으로 하자는 말은 아니다. 종교적인 신앙을 가지고 하자는 말이다. 교사의 이상이라면 몸으로써 모범을 뵈는 것이라 하겠지만, 아무도 교사된 자신을 가지고 "나를 봐라" 하지는 못할 것이다.

양심적이면 양심적일수록 할 수 없을 것이다. 그 못할 소리를 하게 되는 것은 신앙에 서서만 가능하다. 개인적으로는 보잘것없는 인물이 명예의 군복을 입고 군기를 들면 모든 사람이 경례를 하고 또 그 경례를 부끄러움 없이 받을 수 있듯이 참 교사는 절대자의 군복을 입고 그의 깃발을 든다. 그러면 "나를 봐라"가 부족한 자기를 보란 것이 아니요, 자기를 통해 자기의 부족에도 불구하고 사람의 혼을 해방하는 어떤 한 분을 보람인 줄 알고 안심하고 "나를 봐라" 할 수 있다. 그렇지 않고 누가 능히 교육을 할까? 교사나 제자나 다같이 어떤 한

분을 봄으로써 혼의 빛을 발해 가는 교육, 그것이 하나의 교육이다. 미래를 차지할 새 교육이다.

　　교육은 그 하나를 찾고,

　　정치는 그 하나로 나아가는 길을 열고,

　　예술은 그 하나의 깃발을 그리고,

　　종교는 그 하나이고.

・1956년 5·6월, 『새교육』 제8권 5·6호

남강, 도산, 고당

장작을 준비한 사람

홍경래는 세상을 한번 고쳐 만들어보려다가 그만 실패하고 정주성 북장대에 꿈으로 사라졌다. 역사를 읽어 여기에 이르면 저절로 한숨이 나옴을 금치 못한다. 그러나 사실 뜻으로 생각해보면 그는 실패할 수밖에 없었다. 그는 민중을 깨우치지 못하고 말았기 때문이다. 전하는 말에, 그가 군자금을 얻으려 세남이 부자 김이대를 달래려 할 때 먼저 관상쟁이, 무당을 보내어 운명을 예언하는 척하며 반드시 귀인을 만나 크게 부귀하게 될 것이라 꾀었다 하며, 또 임신년壬申年에 일을 일으키려 함에 미리 '임신기병'壬申起兵 넉 자를 글자 풀이로 하여 "일사횡관 귀신탈의一士橫冠 鬼神脫衣, 십필가일척 소구유양족十疋加一尺 小丘有兩足"[1]의 민요를 지어 돌려 민심을 휘젓게 하였다 한다.

재주라면 재주요, 그 시대로는 면치 못할 일이라면 일이기도 하지만, 이것은 그가 어디까지나 술책의 사람, 꾀의 사람이요, 사상가·신앙가가 아님을 말하는 것이다. 그는 긴 세월을 두고 민중의 가슴속에 정의와 자유의 정신을 깨워주려 하지 않고, 교묘한 꾀로 사람을 끌어

---

1) 一士橫冠 鬼神脫衣 十疋加一尺 小丘有兩足: "한 선비의 갓이 삐딱하다〔壬〕, 귀신이 옷을 벗었다〔申〕, 열 필에 한 필을 더한다〔起〕, 작은 언덕에 두발이 달렸다〔兵〕." 곧 '임신년에 군사가 일어난다'(壬申起兵)는 뜻이다.

쉽게 결과를 얻어보려 했다. 그러나 민중을 깨우지 않고는 혁명은 아니 되는 것이요, 깊은 사상, 높은 도덕의 신앙 아니고는 민중의 양심에 절대적인 동원령을 내릴 수는 없다.

공자는 "가르치지 않고 싸우는 것은 백성을 버리는 것"이라 했으며, "옳은 사람이 7년을 가르치면 백성이 능히 싸울 수 있다" 했다 〔『논어』, 「자로」〕. 의무와 봉사의 정신으로 자각하지 못한 민중을 이해로 충동하여 한때 폭동은 일으킬 수 있고 정권을 뺏을 수 있으나, 역사를 새롭게 하는 참 혁명은 할 수 없다. 혁명에 첫째 필요한 것은 철저한 혁명이론과 높은 정신에 불타는 뜨거운 신앙이다.

홍경래가 평안도 상놈으로 나서 감히 500년 눌린 멍에를 목에서 벗어버리고 일어선 그 의기는 장하다. 그에게 의협심은 있었다. 용맹도 있었다. 그러나 그에게 사상은 없었다. 신앙은 없었다. 그의 분憤은 인간의 분이지 하늘의 진노는 못 되었다. 그는 정말 하늘 말씀〔命〕을 받은 것이 없었다. 그는 모세가 못 되고 크롬웰이 못 되었다. 그러므로 민중의 가슴속에 자고 있는 호랑이 혼을 깨울 수는 없었다. 그는 성공했대야 옛날 있던 영웅의 정도를 벗어나지 못했을 것이다. 영웅이 뭐요, 정치가가 뭔가? 권력을 쥐려 할 때는 민중을 꾀어 혁명을 일으키고, 일이 이루어지면 딱 잡아떼고 민중을 속여 압박자의 본색을 나타내는 것이 그들이 걷는 공식적인 걸음이 아닌가?

홍경래도 민중을 정신적으로 깨우치지 않은 한은 성공을 한대도 제2의 이성계, 제2의 수양대군이 됐을 뿐일 것이다. 무지와 간난과 타락의 역사적 짐에 지쳐 짐승보다도 못한 살림을 하는 민중을 사람으로 만들려면 정권 다툼이나 계급 싸움 같은 껍데기 혁명으로는 도저히 될 수 없고, 새 철학, 새 윤리, 새 종교를 주어서만 바랄 수 있는 일이다. 그러므로 그는 실패한 것이 마땅했다.

그러나 또 홍경래의 꿈은 정말 사라졌을까? 아니다. 그의 외침이 깊은 혼에까지는 못 들어갔으나 역시 민중의 소리인 이상 아주 죽어버릴 리는 없었고, 그것이 생명의 살잔 한 번댐인 이상 실패일 수는 없다. 그가 죽은 것은 보다 강한 천만 홍경래로 살아나기 위해서요, 그 일이 실패한 것은 보다 참된, 보다 순수하고 끈덕진 운동으로 뿌리박아 나가기 위해서였다. 홍경래는 역적으로 몰려 죽었지만 민중은 그를 자기네의 영웅으로 전설 속에 영원히 살렸다.

세상을 한번 공평하게 만들어보잔, 모가지에서 멍에를 벗고 자유롭잔 그 정신은 자꾸 번져나가고 스며들었다. 그것은 방아를 밟는 지어미들의 이야기 속에, 나무를 베는 지아비들의 지껄임 속에 살아 있었다. 길가 버드나무 밑 바람소리 속에 그것은 들어 있었고, 주막집 마루 끝에 붓는 술잔 그림자 밑에 숨어 있었다.

지금도 평안도에서는 무슨 일을 맹렬히 떨쳐 일으킬 때는 "다북동을 일으킨다"고 한다. 홍경래가 혁명의 불길을 든 것이 가산嘉山 다북동〔多福洞〕이기 때문에 하는 말이다. 고구려가 망한 후 천 년 무너진 역사를 그 불에서 한번 고쳐 다듬어내나 하고 기다렸던 노릇이 그만 실패되고 만 것이 그들은 못내 한스러웠던 것이다. 그래 말마다 '다북동'이요, 모여 앉으면 '홍경래'였다.

다북동은 종시 일어나고야 말 것이다. 홍경래는 혁명의 껍데기를 지은 사람이요, 붙어야 할 불의 장작을 준비한 사람이다. 이제 정말 불이 일어나야 하고 속울의 혁명이 생겨야 한다.

산 정신의 샘이 되어

칼과 활로 하는 혁명이 껍데기의 혁명이라면 속울의 혁명은 교회와 학교를 통해 하는 정신의 운동이다. 홍경래가 들다가 못 들고 만 민중 혁명의 정말 큰 불은 그가 간 지 한 세기 후에 남강 이승훈 선생, 도산 안창호 선생, 고당 조만식 선생에 의하여 일으켜졌다.

남강 선생은 홍경래가 하늘에 사무치는 한을 품고 죽던 그 정주성에 양반의 사냥개인 관군이 혁명에 나섰던 민중을 단으로 묶어 세우고 무찔러 흐르는 피가 내를 이루던 그 광경이 아직도 생생한 가운데 자랐을 군인의 아들로 태어났고, 도산 선생은 그 홍경래가 났던 용강에서 났고, 조만식 선생은 그가 성공했더라면 필시 새 나라를 거기서 배판했을 평양에서 자랐다.

그들은 홍경래처럼 칼과 활을 들지는 않았다. 그처럼 술책을 쓰고 선동을 하지는 않았다. 다만 붉은 가슴을 가지고 민중의 붉은 가슴을 대했다. 그렇지만 그 운동은 홍경래의 난으로는 비할 수 없는 맹렬한 형세로 퍼져나갔다.

홍경래의 난이 있은 후 수십 년에 세상은 달라졌다. 이리 같은 양반의 학정은 끝에 오르고, 견디다 못한 민중의 절망적인 반항은 벌떼같이 일어나고, 거기다 서양에서 건너오는 신문명의 사상은 사나운 바람처럼 들이불고 세상은 물 끓듯 어지러워져갔다. 그러는 동안에 날마다 깨어가는 것은 사회의 바닥을 이루는 민중이었다. 거머리같이 피 맛을 본 다음에 떨어지지 않는 특권계급이 구차하게라도 그 권세를 지켜볼까 하고 정권과 민중을 일본에다 싸구려 흥정으로 팔아넘겼고, 그 때문에 이 민중의 자각운동이 한때 방해를 아니 받은 것은 아니다. 그러나 어떤 것을 가지고도 역사의 대세를 막아낼 수는 없었다.

그러므로 이 무기 없이 하는 혁명은 나날이 자랐다. 곳곳에 일어나는 교회와 학교가 그것이다. 그때 전국적인 현상이었지만 특히 서북지방이 더 성했고, 그중에서도 가장 두드러진 것이 평양의 대성학교大成學校, 정주의 오산학교五山學校였는데, 대성은 합방이 되자 없어졌고 오산만은 길이 남았다.

세 분은 민중의 가슴속에 굽이치기 시작한 커다란 운동을 대표하는 이들이요, 민중에게 가장 두터운 신임을 받은 지도자들이다. 그런데 이 세 분이 다 오산학교에 관계되어 있다. 남강 선생은 학교를 세운 분이니 말할 것도 없고, 도산 선생은 남강 선생이 당초에 학교를 세우도록 영향을 준 이며, 조 선생은 전후 두 번에 걸쳐 교장으로 있었다. 그러므로 오산은 특별한 존재가 될 수밖에 없었다.

오산은 단순히 글만을 가르치잔 곳이 아니었다. 시작을 할 때 상투 튼 학생 여덟으로 됐고, 그 쓰던 집은 옛날 서당 그대로였으나, 속 정 신은 전연 달랐다. 산 정신의 샘이 되어 이 썩어진 사회를 맑혀보잔 것이 그 이상이었다.

상상을 맑힐 샘물 한 줄기
다섯 뫼 그늘에 흘러 나네

하고 그 동문회 노래의 첫머리는 부른다. 그것은 또 옛날같이 입신 출세의 준비소가 아니었다. 바로 혁명의 보금자리가 되잔 것이었다.

네 손이 솔갑고 힘도 크구나
불길도 만지고 돌도 주물러
새로운 누리를 짓고 말련다
네가 참 다섯 뫼의 아이로구나

하는 교가의 한 절이 그것을 말한다. 새 세상을 한번 만들어보자는 것이요, 그러기 위해 불길 속을 지나고 물결 밑을 통과하잔 것이 그 기상이다. 그러나 그것은 한개 물질문명적인 것만이 아니었다. 바로 하늘 땅을 꿰뚫는 정신적 생명인 것이었다.

저 하늘의 해와 달도 돌아다니며
이 땅 위에 물과 바람 또한 뛰노니
천지 사이 목숨불을 타고난 우리
열센 힘을 뻗득이어 빛을 내이자

팔다리를 놀려 운동을 하면서도 이것이 그 정신이었다.

오산의 세 가지 정신

오산학교를 이루는 것은 세 가지 요소로 되어 있다. 그 첫째는 청산맹호 식의 민중정신이요, 그 둘째는 자립자존의 민족정신이요, 그 셋째는 참과 사랑의 기독정신이다.

먼저, 오산은 평안도의 오산이요, 평민의 오산이다. 오산은 역시 평안도가 아니고는 아니 됐을 것이다. 양반 냄새 모르는 평안도요, 거기서도 군인의 아들로 났던 남강이 그것을 상징한다. 그는 나면서부터 평민이었다. 지금 군인이라면 서슬이 시퍼렇지만 그때의 군인은 형편없는 상놈이나 들어가는 것이었다. 그러므로 이조 말년 군인 명부에는 산 사람 이름보다 죽은 놈의 이름으로 수만을 채워두는 일이 많았다고 한다.

하여간 남강은 평민이었고, 오산학교는 평민정신이 자라는 곳이었다. 당초에 학교를 순전한 촌 골짜기에 세웠다는 것부터가 놀랄 일이다. 또 이름도 조그마한 지방 이름대로 오산이라 했다. 세상에서 흔히 하듯이 굉장한 공작의 꼬리같이 빛나는 이름이 아니다. 겉치레하기 좋아하는 우리나라 버릇에 이것부터 혁명적이었다. 뽐내는 것은 민중을 속이고 잡아먹으려는 영웅주의, 귀족주의의 짓이다.

이름이 그렇듯이 그 사람도 그랬다. 오산 졸업생이라면 수수한 검은 수목(낡은 솜으로 실을 켜서 짠 무명 – 편집자) 두루마기가 그 표요, 적은 보수에 만족하고 일 충실히 하는 것이 그 특색이라고 이름이 났다. 민중의 친구가 그럴밖에 없지 않은가? 이것은 고구려 망한 천 년이래, 울분 속에 지켜진 혼이 나타난 것이었다. 이것이 혁명의 장작이 된다.

다음, 불이 일어나려면 불씨가 있어야지. 불씨는 그때 태평양 물결 타고 건너오는 민족주의 사상이다. 남강 선생은 마흔 살을 넘기까지는 한개 실업가로 남이 돈 모으면 나도 돈 모아야 하고 남이 벼슬하면 나도 벼슬해야 하며 지내다가, 평양에서 청년 도산의 웅변을 듣고 마음속에 크게 깨달아 머리 깎고 술 담배 끊고 곧 집으로 돌아와 학교를 세우고 사생활을 집어치우고 이로부터 나라 위해 내놓은 공적 생애가 시작이 되는데, 그때 선생의 마음을 그렇게 일변하게 한 것은 다른 것 아니요 곧 민족주의 사상이다.

도산이 말을 잘하여서가 아니라 그 말하는 내용, 사상이 진리였기 때문이다. 사실에서 더한 웅변이 어디 있을까? 남강은 자기 가슴속에 답답하던 것이 확 뚫리는 것이 있었기 때문에 감동한 것이었다. 답답한 것은 다른 것 아니라 봉건제도로 인해 눌린 민중의 혼이요, 뚫린 것은 다른 것 아니고 민족주의 이론에서 그 해결의 실마리를 보았기 때문이다.

사실 양반의 압박·착취에 빼빼 마른 염생이가 된 민중에게 사민평등四民平等의 새 사회제도, 헌법, 의회의 새 정치조직을 가르치며, 침략하는 여러 나라 앞에서 풍전등화 같은 운명에 놓여 있는 국민에게 민족자존을 주장하고 생존경쟁 철학을 뒷받침으로 하는 자유주의를 고취하는 민족주의는 하늘에서 오는 복음 같지 않을 수 없었을 것이다.

남강 선생도 처음에 어찌 흥분했던지 평양에서 새 결심을 하고 돌아온 후, 남들이 보고 미쳤다고 했다 한다. 그저 사람을 만나면 눈물을 흘려 나라 일을 탄식하고 그저 가르쳐야 한다고 열변을 토하니 그럴 수밖에 없지 않았겠는가? 이리하여 민족주의는 오산정신의 한 요소가 되었다.

그다음 장작이 있고 불씨가 있어도 불이 잘 붙으려면 바람이 잘 들어가야 한다. 그 바람은 기독교 신앙이다. 서양사상이 들어오기 시작한 후 한때 양고나팔에 맞춰 일어서는 학교가 그야말로 우후죽순이었는데, 그것이 얼마 못 가서, 더구나 합병 후 일본 탄압이 일자 곧 다 붙다가 마는 장작처럼 질식해버렸다. 그런데 기독교 학교만이 비교적 같이 갔다. 그 신앙이 모든 어려움을 극복하는 영감이 되었기 때문이다.

모든 운동이 스스로 함에까지 가지 않으면 오랠 수 없는데, 스스로 함은 신앙에 의하여 혼이 깨지 않고는 불가능하다. 남강 선생도 정말 그 정신이 철저해진 것은 감옥에 들어가『성경』을 깊이 읽고 신앙을 얻은 후다. 대개 인물이 되는 데는 세 요소가 있다 할 수 있다. 하나는 타고난 바탕이요, 그다음은 그 바탕을 스스로 알아 발전시킴이요, 또 그다음은 시세다. 이 세 가지가 잘 맞아야 큰 인물이 된다.

남강의 타고난 바탕은 전이나 후나 다를 것이 없을 것이다. 그러나 이제 깊은 신앙적 자각이 생김에 따라 비로소 자기의 바탕을 잘 알고 시대의 의미를 잘 깨달아 그 할 것을 다하게 됐다. 그러므로 남강 인격의 고갱이는 기독교 신앙이고, 따라서 남강의 인격을 그 고갱이로 삼는 오산정신의 알짬도 거기에 있다. 이 점은 도산 선생이나 조 선생에게도 마찬가지다. 기독교 신앙 없이는 이 세 인물은 없고 오산도 없다.

남강·도산·고당 선생의 인격의 알짬이 기독교 신앙이고 따라서 오산정신의 알짬 역시 그것임을 말할 때 잊어선 아니 될 것은, 그것이 선교사와 관계없다는 사실이다. 이 세 분이 다 선교사 밑에서 일한 이들이 아니요, 오산학교는 미션 학교가 아니었다.

나는 오산이 만일 미션 학교였더라면 오산이 되지 못했으리라고 생각한다. 미션 학교가 아니었기 때문에 도리어 자유로운 산 정신을 살릴 수 있었다. 미션 학교라고 다 그렇다 할 수는 없겠지만, 매양 미션 학교가 형식적인 교리를 강요당함으로 말미암아 생각이 고루하고 어딘지 뼈다귀 빠진 듯한 데가 있음을 세상이 잘 알고 있다. 이것은 선교사 밑에서 일하는 사람이 그릇된 추종으로 인하여 정신의 독립을 잃고, 또 재정적 독립을 못하는 데서 오는 폐단일 것이다. 간디의 말대로 경제적 독립 없이 데모크라시 없다. 오산은 경영은 늘 어려웠으나 그 대신 독립정신은 잃지 않았다. 교회 학교가 아닌 대신 민중의 학교가 될 수 있었다.

내가 만일 미션 학교엘 다녔더라면 어느 선교사의 동정으로 미국쯤 갔을는지 모르고, 그랬더라면 혹 목사가 됐든지 어느 신학교의 교수가 됐는지도 모른다. 그러나 그렇게 아니 된 것은 천만다행이다.

또 한 가지는 기독교라도 가톨릭이 아니었다는 점이다. 가톨릭이

거나 프로테스탄트거나 사랑과 참을 주장하는 데서는 마찬가지나 역시 현실 면에서는 가톨릭 다르고 프로테스탄트 다르다. 우리나라 에 가톨릭 들어온 지 수백 년인데 왜 그것은 남한에만 퍼졌고 프로테 스탄트는 북한에 주로 퍼졌을까! 간단히 잘라 말하기는 어려우나 역 시 가톨릭은 귀족주의적이 되어 양반 사회에 맞고 프로테스탄트는 자유를 그 생명으로 하는 만큼 평민적이어서 상놈에게 맞아서가 아 닐까? 어쨌거나 황해도·평안도·함경도에 가톨릭 별로 없고 프로테 스탄트였던 것이 그 민중사상이 발달하는 데 관계가 있는 것은 사실 인 듯하다. 그 증거로 세상이 다 인정하는 민중운동 지도자에 가톨릭 신자 없고 가톨릭 신자 중에 민중운동에 나선 사람 별로 없다.

일제시대에 보면 프로테스탄트는 같은 프로테스탄트라도 우리 교 회와 일본 교회가 서로 따로였고 가톨릭은 그런 일 없이 하나였다. 그 원인은 무엇일까? 자유정신 때문이다. 가톨릭더러 말하라면 신앙 엔 민족 차별이 없어 그렇다 할지 모른다. 그러나 하나는 뻔히 압박 자요, 하나는 분명히 피압박자이면서 한 자리에서 예배함은 스스로 속임수일 뿐이다. 그 경우에 교회는 현실적으로 힘이 드는 의무에서 의 도피소밖에 되는 것 없다. 그것은 세속주의를 이김이 아니고 거기 굴복함이요, 협력함이다. 그러한 스스로 속이는 초연주의보다는 완 전치는 못한 신앙이라도 차라리 따로 예배하는 것이 거짓은 아니라 할 수 있었다.

하여간 청천백일하에 숨길 수 없는 객관적 사실이, 천주교는 민중 의 자유를 위해 (해방 전까지는) 싸워본 일이 없다는 것이다. 그들은 나라를 세속주의에 아주 내맡기는 값으로 교회 안에서 식민지적인 평안을 얻으려 했다. 그들은 일찍이 교황을 위하여는 순교한 일이 있 어도 나라와 민중을 위하여서는 한 마디 공적 증언도 한 일이 없다. 남강·도산·조 선생이 만일 천주교 신자였더라면, 그리하여 교황 명 령을 지상명령으로 알았더라면 오늘 같은 민중운동의 지도자는 못 되었을 것이다.

그들에게 민족독립을 위해 목숨을 내걸고 싸우게 한 것은 그들이 믿은 프로테스탄트 신앙이었다. 이름도 '프로테스탄트' 아닌가? 반항이다. 내댐이다. 남강은 법정에서 독립운동한 것은 하나님의 명령에 의하여 한 것이라 증거했다. 가톨릭에서는 아마 하지 말라 했는지 모르지. 3·1운동에 가톨릭만은 들지 않았다. 가톨릭은 역시 현대 민중의 바다에 홀로 떠 있는 봉건 귀족주의의 외로운 섬이다. 그들은 교회에는 열심이어도 사회악과 싸우는 데는 흥미가 없어했다. 그러나 키르케고르의 말대로 사실 "저기가 문제가 아니라 여기가 문제" 아닌가? 삶은 여기 아닌가? (가톨릭에 대한 나의 생각은 6·25 이후 아주 달라졌다. 가톨릭 자체가 달라져서 자유를 위한 싸움에서 아주 적극적으로 나오게 됐기 때문이다. 지금 나는, 가톨릭의 제도는 여전히 반대나, 기독인으로서는 가톨릭·프로테스탄트의 차별을 조금도 하지 않는다.)

늙은 비둘기의 수고

1921년 봄 나는 오산학교에 보결생으로 들어갔다. 만세를 부르고 집에 돌아와 있는 이태 동안 속은 썩을 대로 썩다가 그해 4월에 다시 학교를 가려고 서울로 올라갔다. 입학시기가 지났고 떼쓸 줄은 천성이 모르므로, 도로 내려오던 길에 오산에 들른 것이 내가 오산 사람 되던 시초다. 하나님이 그리 보냈지.

3·1운동 때 오산학교는 민족주의의 소굴이라 하여 일본 헌병이 불을 지르고 헤쳐버렸는데, 이때 뜻있는 이들이 간신히 힘을 써 학교를 다시 시작하고 학생을 받은 때였다. 그때에 가니 조그마한 동구 안에 옛날 서당이었던 기와집이 한 채 있어 그것을 사무실로 쓰고 임시로 선생 학생이 합해 손수 세웠다는 교사인데, 기와도 못 얹고 이엉을 덮었고, 교실에는 책상·걸상이 하나도 없이 마룻바닥에 앉아 공부라고 하는데 그전 관립학교에 다니던 내 눈엔 초라해 뵈기 짝이 없었다. 집이 수십 채밖에 아니 되는 촌에 4, 5백 명 학생이 모여드니 있을

곳이 없어 농갓집 사랑방, 건넌방에 서로 끼어 욱적거리니 옴이 성하고 장질부사(장티푸스 – 편집자)가 나고 더럽기 한이 없었다.

설비가 그런데 사람도 마찬가지다. 옛날부터 계신 선생님이라고는 두서너 분뿐이고 다 새로 온 분들인데, 인제 와보니 엉터리 선생도 많았다. 한 달 있다 가는 분, 한 학기 있다 가는 분, 시간을 별로 충실히 하지 못했다. 그래 유명한 말이 됐지만, 후일 상해 가서 신문기자로인가 있다 세상을 떠난 신언준이라는 친구가 하도 딱해 "오늘도 5전 어치는 배워야 하지 않아요?" 했다. 그때 매달 수업료가 1환 50전이었다.

학생도 합탕이었다. 전부터 있던 학생은 몇 안 되고 모두 모여든 사람들인데 평고平高 퇴학자가 있지, 신성에서 담합회〔同盟休校〕하고 온 자가 있지, 서른 된 수염 난 이가 있지, 교회 장로 하는 사람이 있지, 훈장 하던 사람이 있는가 하면 일본 백화파[2] 문학을 읽고 문사연 하는 치가 있지.

그런데 이상한 것은 이 모든 것이 한데 어울려 거의 자기도취라 할 만큼 "우리 오산, 우리 오산" 하고 지내는 것이었다. 공립학교에서 "오마에"너라고 부르는 소리만 듣던 내 귀가, 선생들이 아주 어린 학생보고도 "네 그랬지요" 하는 존경하는 말을 쓰는 것을 처음 들으니 퍽 놀랍고 어딘지 모르게 친절미가 흐르고 있는 그 공기가 말할 수 없이 좋아 보였다.

전부터 있던 학생의 말을 들으면, 오산의 면목은 다 없어졌다는 것이다. 그런데도 오히려 어떤 보이지 않는 힘이 전체를 둘러싸고 있었다. 물론 그것은 몸은 지금 감옥에 가 있어 못 보지만 남강 선생 때문이었다. 나는 거기서 처음으로 '한글' '배달' '한배'라는 말을 배웠다.

---

2) 백화파(白樺派): 1910년 창간된 일본의 동인지 「백화」를 중심으로 일어난 문예사조. 자유주의를 비경으로 이상주의·인도주의·개인주의적인 경향을 보였다.

둥지 안에 누워 자는 고운 새끼를
멕일 것 얻노라고 해가 맞도록
골몰하게 다니던 늙은 비둘기
훨훨훨 날아와서 뻑뻑 구르르

지붕 위에 지저귀는 참새의 무리
우리 청년 더운 가슴 노래하는 듯
이곳에서 저리로 제서 이리로
무리 지어 날아다님 곱기도 하다.

늙은 비둘기라는 한 마디에 남강의 면목은 나타나 있고, 지저귀는
참새라는 데 민중의 아들의 기상은 들어 있다. 학생들은 남강 선생을
보통 '범 영감'이라 했는데, 그럼 범과 비둘기, 그것은 잘 대조되는
표현이다. 마치 예수를 사자라 하면서도 어린 양이라 하는 것과 비슷
하다. 참새 무리의 가슴속에 백두산 호랑이의 혼을 넣어주자고 늙은
비둘기의 수고를 하는 남강!

백두산서 자란 범은 백두호라고
범 중의 범으로 울리나니라
우리들은 오산에서 자라났으니
어디를 가든지 오산이로다

제가 어떻게 될지 알지도 못하는 젊은 맘이 이렇게 부르며 노상 교
만 아닌 자존심을 느끼고 한 것은, 아무것도 한 것 없고 거울 속에 비
치는 백발만이 부끄러운 오늘에 와서 불러도, 역시 어깨가 들먹들먹
좋다. 위대와 나를 하나로 붙들어매고 녹여서 넣어주는 믿음같이 위
대한 것은 없다. 믿는 혼은 영원히 젊었다.

땅속에서 우는 뼈다귀

"만주 좁쌀에 동네 썩은 된장은 혼자서 다 치운다"던 오산이라도 선생 학생이 한데 어울려서 같이 울고 웃던 그때가 참 좋았다고 선배들은 말하건만 나는 그때에 헤매인 자식이었지 그것을 모른다. 헤매다 돌아든 그때는 남강 선생이 아직 감옥에 계셨고, 선생님 옥중에서 백발되어 나오신 때는 내가 학교를 졸업했고, 일본을 거쳐 오산에 다시 오자마자 선생님 또 일본 시찰 가셨지, 돌아오시기를 기다려 인제라도 배워보자 느지막에 생각이 들려 하니 선생님 훌쩍 가버리셨다.

인생이랍시고 오고 싶어 온 것도 아니고 보내신 고로 온 것인데, 할 것을 맡은 맘은 없지 않건만 육신은 약하고, 무한한 것을 추구하는 것은 속에 품었건만 닥쳐지는 길은 천만 갈래여서 어쩔 줄을 모르고 어물어물 저즘저즘, 개인이요 전체요, 사회요 역사요 하다가 한번 석 자 흙 밑을 들어가면 다시 이러구저러구 없는 이 삶에서 다행이라면 "저분이로구나" 하는 스승을 만난 것처럼 다행이 어디 있을까? 그러나 그 대신 분하다면 그런 줄을 알면서도 내 둔함, 내 게으름, 내 뻑뻑 멤 때문에 그 스승을 못 배우고 말았구나 하게 되는 것처럼 분한 일이 세상 어디 또 있을까? 남들에겐 몰라도 내겐 선생님이 일찍 가신 것은 내가 듣지 않았기 때문이었다.

날도 시간도 잊을 수 없는 1930년 5월 8일 아침 9시, 지금도 그 자리가 눈에 선한 학교 운동장 복판에 학생을 다 모아놓고 타오르는 정기에 늙은 두 볼을 벌벌 떨면서 여느 때와 같이 말씀을 하시고는 그 끝맺는 마디가 "나는 너희가 그렇게 말 듣지 않는다면 다시는 말 아니하겠다" 그러고는 딱 단에서 내려와버리셨다. 그날 해가 서산에 기우는 무렵, 우연도 아니게 내가 댁으로 돌아가시는 뒤를 따라가게 되었다. 그것이 영원한 댁으로 가시는 길인 줄은 꿈에도 모르고, 따르는 나를 '네가 오거나 말거나 나는 내 갈 길을 간다' 하시는 듯, 뒤도 아니 거들떠보시고 살대같이 나가셨다. 그때 생각에 "기운으로 버티었구나" 했던 것이 지금도 기억에 남아 있다.

그런게 그 길로 가서서 그날 밤 늦도록 동리 사람에게 자립생활을 가르쳐주신다고 자면회自勉會를 모아놓고 말씀하셨다. 그러고는 갑자기 병이 나 네 시간 만에 밝는 9일 새벽에 아주 가버리셨다. 내일도 뵈오려니, 또 말씀을 해주시려니, 미련한 내가 평안한 잠을 자다가 새벽에 두드려 깨움을 받아 황급히 달려간 때는 벌써 하늘 땅을 불러도 소용이 없는 때였다. 나는 얼굴에 덮어놓은 수건을 들춰보지도 않았다. 이것을 당하고도 하는 말씀 못 들었다 할 수 있을까?

그런 지가 이제 30년이 되어온다. 그 동안에 나는 무엇이 되고 나라는 무엇이 됐나? 뭐 하자고 남 다 자는 이 밤에 이 글을 쓰고 있나? 할 말이 있을까? 말할 자격이 있을까?

아버지여, 내가 하늘과 아버지께 죄를 얻었사오니 지금부터는 아버지의 아들이라 일컬음을 감당치 못하겠나이다.
• 「누가복음」, 15: 21

어리석은 것은 말을 아니하곤 못 견딘다. 어리석음을 어리석음대로 드러내보자. 남강은 할 것은 하자는 이였다. 어려서 남의 심부름 꾼이 된즉 주인이 시키기를 기다릴 것 없이 내 할 일을 하였다. 그러면 저절로 심부름이 벗겨졌다. 젊어서 장사를 한즉 줄 것을 주고 받을 것을 받고 집을 팔아서라도 회계를 분명히 했다. 그러면 또 저절로 빚이 벗겨지고 돈이 모였다. 그러나 마흔이 지나 게으른 것 아닌데 하던 장사 틀리고, 살림은 커졌어도 나라 일이 어려워졌고, 민중의 운명 급해진 것을 깨닫게 된즉 누가 시킴 없이 집을 잊고 그 일 스스로 내 할 것으로 잡아다려 두 어깨에 지고 나섰다. 그러면 또 저절로 나라의 어른으로, 씨올의 스승으로 돼버렸다.

할 일이 있는 사람에게 게으름이 있을 리 없다. 남강의 입에서는 "이따가"란 말이 나온 일 없다. 언제 기지개를 켜는 것을 본 일이 없고 하품 하는 것을 보지 못했다. 예순이 지났어도 언제 몸을 찌그리는 일도 다리를 뻗고 버둥버둥하는 일도, 대낮에 낮잠을 자는 것도 나는 본 일이 없다. 그에게는 어려서 자란 곳이 놋점〔鍮器工場〕이었던 것같이 인생은 다듬어냄이었고, 젊어서 직업이 장사였던 것같이 삶이란 개인이거나 나라거나 밑져서는 아니 되는 것이었다. 갈 때는 올 때보다 이利를 남긴 것이 있어야 한다. 그야말로 『성경』에 있는 착하고 진실한 종, 작은 일에 충성하는 종이었다.

할 것은 하자는데, 좋고 언짢고, 높고 낮고, 네 거 내 거가 있을 리 없다. 3·1운동 당시 독립운동을 하자고 부서를 다 짜놓은 민족 대표들! 이 선언서에 뉘 이름부터 먼저 쓰느냐가 문제 되어 옥신각신하는데 어디 나갔다 들어오다가 비로소 그것을 알고 "그거 무슨 문제될 것 있느냐, 그 순서가 무슨 순서냐? 죽는 순서야! 어서 손병희부터 먼저 써라" 해서 막혔던 일이 동이 터지듯이 일사천리로 됐다는 것은 세상이 잘 아는 이야기 아닌가? 그러나 밖에 뵈는 명예에 관하여는 그렇게 맑지만서도, 정말 일이 뉘게서 된 것이냐, 참과 거짓이 문제 되는 때에는 누웠다가 벌떡 일어나며 성을 낼 만큼 스스로 허하는 것이 있더라는 것은 눈으로 본 이가 말하는 것이었다.

할 것을 하자는 이에게 두려움이 있을 리가 없다. 남강은 곧고 거세고 냅뜰성(명랑하고 활발하여 나서기를 주저하거나 수줍어하지 않는 성질 - 편집자)있고 짤름이 있었다. 언제 무슨 일에 크거나 작거나 수단 방법을 쓴 일 없고 꾀로 넘기거나 달래거나 아첨하거나 그런 것은 기색도 볼 수 없었다.

105인사건의 악형이 어찌 심했던지 "어느 목사도 거짓말 아니한 목사가 없다"는 거며 선생 자신의 말로도 "네 에미라도 붙었느냐 하면, 예 했지 아니하고 배겨낼 수가 있나" 하는 것인데 선생만은 버티었다. 후년에 오산학교를 재단으로 만들기 위해 관청에 왔다갔다할 때 남강이 매수를 당했느니 절개를 팔았느니 세상에서 말이 많았지만 선생 자신의 말씀을 들으면 "교육하는 목적이 무엇이냐?" 하는 일본 관리 앞에서도 "나는 조선 사람을 길러내자는 것이 목적이다" 했다는 것이다. 자기 말씀으로도 그 질문을 당할 때 처음에는 잠깐 "글쎄 어쩌나?" 하는 생각이 있었으나 "참이 제일이지" 하는 생각에 그렇게 각오하고 대답했다는 것이다. 묻던 일본 사람도 너무 어이없어 눈이 휘둥그레져 "그게 무슨 소리냐?" 하더라는 것이다. 그래 뒤이어 "생각해보시오. 조선 사람도 제 노릇을 해야 일본이 살아갈 수 있지. 이 서력동점西力東漸시대에 조선 사람이 만일 제 노릇을 못하면 일본 나라는 어떻게 돼가겠소?" 하니 그 묻던 평북 도지사 이쿠다生田가 손을 내밀어 턱 잡으며 "과연 선생님이십니다" 하고 그 후부터 태도가 일변하여 자기가 모든 것을 주선해, 하려던 일을 되게 하여주었다는 것이다.

"옳은 말인 담엔 다 들어야 해"

그러나 선생이 정말 용勇하신 것은 다음 같은 이야기에서 알 수 있다. 아마 남강 선생을 가장 바로, 가장 깊이 아시기는 유영모[3] 선생님일 터인데 유 선생님 말씀이 이렇다. 남강 선생이 대소 간에 모든 일을 당신께 의논하셨는데 예순이 되어 다시 혼인을 하실 때는 아무 의논이 없으셨다. 또 말년에 끊었던 담배도 도로 피우시는 일이 있게 됐다. 그래 어느 때 조용히 말씀드릴 기회가 있었으므로 그 여러 가지를 다 있는 대로 말씀을 드리면서 "전에 아니 그렇던 선생님이 지금 이러신 것은 역시 선생님이 좀 기운이 풀어지신 것 아닙니까?" 했더니 다 들으시고는 솔직히 "그래 자네 말이 다 옳아" 하시더라는 것이다.

이 아무 변명 않고 솔직히 자기 잘못을 인정하는 것이 정말 용기

---

3) 유영모(柳永模, 1890~1981): 교육자이자 종교인. 오산학교 교사와 교장을 지냈고 YMCA의 연경반을 지도했으며, 노자의 『도덕경』을 번역했다. 톨스토이의 영향을 크게 받아 무교회주의적인 입장을 취했다.

다. 다른 사람은 감히 따르지 못하는 무서운 점이다. 남강이 '범' 소리를 듣는 것은 이 참 때문이다. 겁쟁이는 버티는 법이요, 변명하는 법이다. 범인은 이 비겁 때문에 일생 못난 거로 남고 만다.

참, 참.

그리고 내가 가장 못 잊는 것은, 선생은 당신이 그렇게 크고 높이 나시면서도 지극히 작은 것도 대접해주신다는 점이다. 말씀을 하시다가는 늘 "나는 무식해" 하고 솔직한 말씀을 하고 젊은이들의 말이라도 옳다 하고 들은 다음엔 곧 그대로 하며 조금이라도 될성부르다 하고 보신 것이 있으면 어떻게든지 그것을 길러주고 써주고 하시려 애썼다.

내가 동경서 우치무라 선생에게 무교회 신앙을 배워 돌아오자, 처음엔 나도 덮어놓고 교회에 반대하자는 생각은 아니어서 교회에 나갔고, 하라는 대로 청년반을 맡기도 했으나, 날이 가는 동안에 아무래도 그냥 있을 수 없어 부득이 교회에서 나와 몇몇 학생을 데리고 따로 『성경』연구 모임을 하였다. 선생님도 처음엔 그것을 좀 못마땅하게 아셨는지도 모른다. 그러더니 한 번은 서울을 갔다 오시더니 나를 불러서 말씀이 "내 기독교 신우회信友會니 무어니 하기에 무엇이 참 있는 줄 알았더니 ○○○이란 놈도 깍대기야. 내 자네 글도 다 읽어보고 생각을 알았네. 이 다음 서울 가면 그 『성서조선』 쓰는 사람들 좀 볼 터이니 주소를 알려주게" 하셨다. 언제 감히 잡지 한 권 드리지도 못했던 내게는 꿈밖의 놀람이었다.

그 후 과연 서울 가서 『성서조선』의 동인들을 불러서 보셨고 오산 돌아오셔서는 몸소 우리 성경모임에 나오셨다. 어떤 때는 아무도 오는 사람 없고 선생님과 박기선 님과 셋이 마주앉는 모임이었건만 그래도 학교 선생들에게까지 들려주고 싶으셔서 "옳은 말인 담엔 다 들어야 해" 하시며 끌어내기까지 하셨다. 이것은 전혀 조금이라도 쓸 만하다 뵈는 것이 있으면 그저 길러주려 하시며 이 백성을 위하여는 할 수 있는 데까지 해보잔 어버이 마음에서 나온 일이었다.

페스탈로치의 묘비에 "일생을 남을 위해 살고 자기를 위하여는 아무것도 아니한 페스탈로치"라 쓴 것을 세상이 입에 올려 외지만, 남강이야말로 그저 주자는 살림이었다. 할 것을 하자는 이라 했지만, 그 할 것이란 온전히 자기를 위한 것이 아니라 전체를 위한 것이었다. 자기를 내놓는 것이 곧 그가 할 일이었다. 묘비에 명銘을 쓰는 정인보 선생이 선생의 후반생을 한 구句에 나타내어 "20년간 차생차사且生且死"라 한 것은 길이 남을 명문이다.

또 죽고 또 살고 또 죽는 것은 바치잔 맘 하나 때문이다. 집을 내놓고, 땅을 내놓고, 목숨을 내놓았다가 나중엔 남들은 목숨을 내놓아서까지라도 건져보자 애를 쓰는 이름까지도 내놓아 세상의 시시비비를 모르고 오로지 저것들을 어떻게나 건져주잔 한 생각에 동으로 서로 달리다가 바탕이 다해 다시 더 내놓을 것이 없어진즉, 이제 남은 건 이것밖에 없다 하는 마음으로 죽은 후의 뼈다귀마저 내놓았다.

평상시에도 "사람이 어찌 아이들한테 둘러싸여 흥흥 앓다가 죽느냐? 나는 그러고 싶지는 않다" 하시더니 정말 전장에서 전사하듯이 갑자기 가셨는데, 마지막에 급하신 중에도 평생의 뜻을 잊지 않고 "남은 뼈다귀는 생리 표본으로 만들어 학생들 연구하는 데 쓰게 하라"고 유언을 하셨다. 그래 그 유언대로 하려 했으나 그때 일본 관청에서 못하게 금하여 하는 수 없이 황성산 밑에 묻었다. '사제갈死諸葛이 주생중달走生仲達'이라더니, 죽은 제갈량이 산 중달을 도망하게 했다더니 남강의 죽은 뼈다귀가 대일본제국의 백만 관리로 하여금 벌벌 떨게 했다. 그러나 남강은 그렇게 힘 있었는데, 그 아들들은 어찌 그리 힘이 없었던고? 묻을 때 울음 삼키며 이 뼈를 언제 다시 캐내어 청천백일의 광명을 보게 하나 하고 묻었던 백골이 30년이 되는 오늘, 일본은 다 가고 그림자도 없는데 왜 아직 못 나오고 있나?

아버지가 아버지로 유산을 남겨도 아들이 못나면 그 유산을 못 누린다. 역사 있은 이래 이런 유산이 어디 있나? 금도 아닌, 땅도 아닌, 지위도 아닌 유산, 백골이 진토되어 넋이라도 있고 없고 님 향한 일편단심은 가실 줄이 없다고, 그 가루의 보이지 않는 한 알 한 알에 남강의 산 혼이 들어 있는 그 백골, 그 유산! 그것을 우린 받을 자격이 없다. 볼 자격이 없다. 남강의 아들 노릇을 했으면 맞지. 아, 남강의 뼈다귀가 땅 속에서 운다. "야, 예루살렘의 딸들아, 나를 위해 울지 말고 너희와 너희 자녀를 위해 울어라"하고 울던 그 울음〔「누가복음」, 23 : 28〕.

뼈다귀 남강! 남강은 뼈다귀다. 뼈다귀는 뼈다귀가 있어야 받는다. 뼈다귀 없는 백성이니깐 뼈다귀 없는 역사지! 뼈다귀는 뼈다귀 내놓고야 받는다. 우리도 있는 것은 다 바치고 남은 것이 죽은 뼈다귀밖에 없어 그것을 내놓았다면 그 뼈다귀 볼 자격 있지. 왜 뼈다귀 없는 백성이 됐느냐? 개란 놈들이 뼈다귀까지 다 먹어버렸다. 산 채로 두고 생사람의 뼈다귀를 뽑아 먹는 저 개들을 집어치우려무나!

지극한 정성이면 능히 물건을 움직인다

도산 선생은 꼭 두 번밖에 못 뵈었다. 한 번은 상해에서 붙들려 오셨다가 나오신 후 서울에서 김교신[4]·송두용 두 분과 함께 춘원 선생을 같이해 여관으로 가뵌 것. 그때는 소화불량이 심하여 괴로워하시던 때라 별 말씀도 못 듣고 각별한 인상 없이 돌아왔다. 그다음은 선생님이 오산을 오셨을 때다. 선생님 자신도 그랬겠지만 누구에게나 첫째 떠오르는 생각이요, 가장 한스러운 것이 "남강이 살아 계셨더라면" 하는 것이었다. 그러나 두 분이 다 말이 없다. 천지가 먹먹이구나! 한 분은 죽어서 말이 없고 한 분은 입은 있어도 말이 없다. 그때 도산은 함구령을 받았다. 어디 가든지 아무 말도 못한다는 조건하에

---

4) 김교신(金教臣, 1901~45): 동경고등사범학교를 졸업하고, 무교회주의자인 우치무라 간조에게 가르침을 받았다. 귀국 뒤 함석헌·송두용 등과 함께 『성서조선』을 창간, 교리전파와 민족혼 고취에 심혈을 기울였다.

오신 것이었다.

　그 웅변의 도산, 내가 어릴 적에 듣기에도 연설을 하면 사람을 울렸다 웃겼다 한다던 안창호! 그 안창호가 왜 벙어리냐? 도산이 벙어리가 아니라 이 민족이 벙어리지. 이 민족이 아파도 아프단 말을 못하고 백주에 도둑을 맞으면서도 "도둑이야!" 소리도 못하는 민족이니 말 들을 자격이 없지. 바른말 듣고도 말도 못하는 백성아, 네까짓 연놈들이 말은 들어 무엇하느냐 하고 하나님이 벌을 하시니, 남강도 "난 인젠 말 아니한다" 입 닫았고, 도산도 벙어리가 됐다.

　말로 삼천리 강산을 울리던 도산이 말 못하면 오나 마나지, 싱겁고 거북하고 무겁기만 했다. 그러나 우레 같은 웅변은 아니 했어도 이슬같이 스며드는 한 마디는 들었다. 조카따님 맥결 씨가 따라왔는데 사과를 깎는 것을 옆에서 보시다가 "그거 이렇게 하면 손에서 더러운 것이 묻지 않고 좋지 않느냐?" 하시며 손수 본을 뵈며 가르쳐주셨다. 밥상이 들어오는데 조금도 불쾌하게는 아니하시면서 상 위와 상발을 손가락으로 문지르며 "여기만 닦으면 뭘 해, 여기도 잘 닦아야지." 그것이 도산의 면목이다. 크게는 나라를 닦아내자는 인물이 상발 밑까지를 본다. 큰 동시에 무한히 작고 세밀한 것이 도산이다. 정말 혁명가 아닌가? 그래 조신성[5] 여사로 하여금 "원, 영웅이 잘기는 또 왜 그리 잘아! 좁쌀을 쓿어 먹었나?" 하게 했다는 것이다.

　그다음 시국이 급박해지자 일본은 매놓은 사자도 안심이 아니 돼기어이 선생을 다시 잡아들여 종내 옥사를 하고 말았다. 내가 평양 송산에 농사학원을 하러 나가자 거기서 선생이 마지막에 계시다 간 송태松苔가 멀지 않으므로 하루는 학생을 데리고 거길 찾았다. 을밀대乙密臺 마찬가지로 옛날 송태선인松苔仙人이 살았다는 곳이다. 외양

---

5) 조신성(趙信聖, 1867~1952): 독립운동가이자 교육자. 그리스도교를 전도하는 한편, 헌납금을 임시정부에 보내고 독립운동가를 피신시키는 등 적극적인 항일운동을 전개했다.

으로는 조용한 산골짜기에 섰는 한 별장이나 사실은 여기서 마지막 꿈을 그리다 가신 곳이다. 그 집은 모든 것을 선생 독특한 고안으로 모두 생활개선이란 견지에서, 싸게 들고, 편리하게, 깨끗하게, 능률 있게 하잔 한개 실험이었는데 공사를 채 이루지 못하고 가셨다고, 골짜기 밖에다가는 그때 거기 와 계시던 형님 되는 이의 말로는, 우리 나라를 근본으로 바로잡는 일은 종교에 있는데 지금 교역자가 형편 없으므로 목사의 재교육을 위한 수양관을 지을 계획이었다고 하였다. 선생 계시던 서재를 보자고 했더니 첩첩이 닫혔던 문을 여는데, 보니 방안을 생시와 똑같이 쓸고 닦고 바로 오늘 꺾은 꽃이 화병에 꽂혀 있었다. 거기 바로 앉아 계신 듯했다. 허건만 안 계시는구나! 둘째 조카따님 성결 씨가 그때 와 있었는데 그가 하는 바인 듯했다. 그때의 고맙던 생각! 자연 우리 기도는 목으로 짠물이 아니 넘어갈 수 없었다.

그때 안 장로에게서 들은 이야기의 하나로, 선생이 열네 살에 공부할 맘에 서울을 갔더라는 것이다. 가서 잠깐 있는 동안 청일전쟁이 나서 피난을 하러 경상도로 내려가서 길을 떠났다. 중도에 어떤 점잖은 이를 만나니, 자기는 경상도서 피난을 서울로 오는 중이라 하며 말을 채쳐 가더니 무슨 까닭인지 다시 돌아와 부르며 자기와 같이 가지 않겠나 하여 그를 따라 서울에 와서 잠깐 의탁하고 있게 되었다.

그 후 난리는 괜치 않았고 공부는 해야겠는데 돈도, 아무 의지할 데도 없고, 마침 그때 배재학당이 열려 학생들이 신학문 공부를 하는데, 그 옆에 있게 되어 매일 그 구경을 하였다. 그때는 책과 연필을 내주며 제발 공부하라는 때라, 학생들은 마당 옆에 와서 멍하니 구경하고 있는 이 시골 초립동을 보고 자꾸 공부하라 권하였다. 그래 어떻게 하면 입학이 되느냐 하니 서양 선교사가 있는데 그의 허락만 받으면 된다고 하였다. 그래 그 선교사를 찾아보고 공부하고 싶다 하니 그 입학시험이,

"어디서 왔나?"

"평양서 왔습니다."

"평양이 여기서 몇 리인가?"

"8백 리입니다."

"뭐 하자고 거기서 공부하지 않고 여기까지 왔나?"

"그럼 제가 하나 묻겠습니다. 미국이 여기서 몇 리입니까?"

"8만 리."

"그럼 8만 리 밖에서 가르쳐주러 오는데 8백 리 밖에서 배우러 못 올 것 무엇입니까?"

요샛말로 '오케이' 그래 입학이 됐다는 것이다. 그 말을 들으며 벽을 바라보니 족자가 하나 걸려 있었는데 거기는 이 글이 씌어 있었다.

오직 지극한 정성이라야만 능히 물건에 움직여지지 않고
오직 지극한 정성이라야만 능히 물건을 움직인다.
唯至誠不能動於物,
唯至誠能動於物

설명하는 이가 이것은 선생이 평생에 좋아하는 글귀여서 어느 친구에게 특별히 써달라고 하여 자리 옆에 늘 걸어두었던 것이라 하였다.

그렇구나, 어려서나 자라서나, 늘 그 지극한 정성이 곧 도산의 인격이로구나. 전기를 쓴 이의 말을 들으면, 선생을 따르는 사람들이 저희끼리 의견이 충돌되어 싸우다가도 선생이 한번 나타나면 다 풀려버린다고 한다. 그 역시 지성의 힘 아닌가?

나라 일 이 꼴인데 그 도산은 어딜 갔나? 망우리에서 정말 근심 걱정을 잊고 있나? 나는 도산 선생의 모든 말 중에 가장 좋은 것이 "민족은 참 좋은 민족인데" 하고 마지막까지 낙망을 아니한 그것이다. 지극한 정성 아니고 누가 능히 그럴까. 그는 지금 와도 "백성은 참 좋은 백성인데⋯⋯" 할 것이다. 그렇지, 백성이야 참 좋은 백성이지, 정치가 나빠 그렇지. 그러나 참 나쁜 백성 아닌가. 그렇게 좋은 제 바탕을 찾지 못하고 그 정치에 늘 맡겨두니 그렇게 못난 백성이 어디 있을까?

"아니다!" 하는 철학

조그마한 키에 무릎을 치는 무명 두루마기, 머리는 박박 깎고 수물수물 얽은 얼굴에 수염도 별로 없고, 눈은 자그마, 음성은 언제나 나즈므라. 이러면 조만식 선생인 줄 거의 다 알 것이다. 젊어서는 술도 많이 마시고 난봉도 부렸다는데 어째 회심을 하게 됐는지, 나는 아직 그것은 자세히 들은 일이 없다. 만세 부르기 전 바로 오산에 계셨고, 부활하고 또 계셨건만 나는 한 번도 직접 배워본 일이 없다.

조 선생을 역시 웅변이라 하는데 무엇이 웅변인지 나는 한 번도 들어본 일 없어 모르겠다. 동경서 학생 노릇을 하던 시절 조선일보사 사장으로 계신 선생을 뵈온 일이 있고, 송산 사저에 몇 번 찾아가 뵈온 일 있으나, 언제나 여러 말씀 아니 해주셨다. 역시 말보다는 말 없는 웅변 아니었을까? 물산장려를 일관하여 몸소 실천을 한 것이 민중의 신임을 산 밑천일 것이다.

남들이 "조만식, 조만식" 해도 솔직한 말로 나는 조 선생이 왜 위대한지 몰랐다. 조 선생이 참 놀라운 것을 안 것은 해방 후다. 하나님의 장난이란 참 알 수 없는 일이다. 운명의 38선을 그어 나라를 남북으로 끊는데 어째 남과 북을 그렇게 사정이 반대되게 했는지? 경제적 자원이나 시설로 하면 대부분 이북에 있고 이남에는 아주 빈약하여 그것이 오늘 우리 부흥에 큰 지장이 되는데, 인물에서는 어찌도 그리 반대로 이북 다섯 도에 조만식 한 분만을 남겨놓았을 뿐인가?

이남이 물자에선 너무 없어 걱정이요, 인물에서 너무 많아 걱정이다. 그래 그 인물을 어떻게 하면 없애나 하는 것이 정치업자들의 밤낮 고심 참담하는 숙제거리다. 그런데 이북은 다섯 도를 조만식 단 한 사람더러 맡으라 했으니!

사람이 결국은 이기심이어서 나중에 가서는 저 혼자 먹어야 속이 시원해하지만 그래도 어려운 일을 당하면 죽일 때는 죽이더라도 역시 동무 있는 것이 맘이 든든하고 좋은 법이다. 사실 동무란 죽일 자료를 얻기 위한 것인지도 모른다. 사람이란 동물은 죽일 미끼가 없으면 적적해한다. 이웃은 결국 나의 희생감이다. 살찌게 먹이고 쓰다듬다가 먹는 날 가서는 아주 분명하게 "죽어다오" 하는 우리 안에 기르는 닭 모양으로 친척도 친구도 다 하룻날 가서 잡아먹기 위해 기르는 것인지도 모른다.

내가 인생철학을 알랴마는 적어도 요새 세상은 그래 보이더라. 그것은 그만하고, 하여간 해방 후 이북엔 정치적 인물은 조만식 단 하나였다. 그다음은 다 그의 아래, 다 그를 추종할 사람들이지 감히 그와 의견을 나누고 바꾸고 정권을 다툴 사람이 없었다. 거기는 송진우도, 김구도, 장덕수도, 여운형도 없었다. 조 선생이 야심이 있다면 편하기도 했겠지만, 민족의 운명이 갈리게 될 고비를 만나 좌우를 돌아봐야 다 자기의 결정을 기다려 턱을 쳐들고 있는 자뿐이지 감히 의견이나 수완을 가지고 의논하고 협력할 아무도 없는 것을 볼 때 얼마나 외롭고 난처했을까?

소위 5도연합회의라 할 때 나도 평북 간부의 하나라는 이름으로 나갔는데, 가보니 그렇게 보려 해서 그런지 선생이 '슬픔의 사람'으로 보였다. 할 수가 없어 그랬지, 할 수만 있다면 붙들고 실컷 울어드리고 싶었다. 다른 것도 그렇거니와, 소위 신탁통치 문제가 나왔을 때 어떠했을까? 사람이 아무리 자신이 있다 하여도 무슨 어려운 문제에 먼저 결정을 내리기는 누구나 꺼리는 거요, 자연 좌우를 돌아보는 법이다. 어디 남들은 어쩌나? 조 선생은 그럴 수가 없었다.

후대 역사에 그 결정이 잘되고 잘못됨이 뚜렷이 남을 이 문제를 당하고, "아니" 해야 옳은 줄을 분명히 알았다손, 전부가 그 반대인 줄을 아는데, "아니" 한 마디만 하면 칼이 곧 목에 들어올지도 모르는 문제인데, 그때 심경이 어떠했을까? 그런데 선생은 혼자서 "아니" 했다.

소련 사람이 처음 북한에 들어가자 조 선생을 '조선의 간디'라고 선전했다. 아닌 게 아니라 생김생김에도 비슷하다면 비슷한 점이 있지만, 이것은 누가 보나 빤히 소련이 음흉한 계획으로 하는 정책이었다. 인제 조 선생이 만일 소련 의견에 잘 맞추기만 하면 북한의 정권이 왼통 자기 손안에 있는 것만은 사실이다. 반대로 만일 그 명령을 아니 듣는다면 그 결과가 어찌 될 것인가는 물을 것도 없다.

그리 생각하고 그 '아니' 한 마디를 생각할 때 그것은 벼락보다 무서운 한 소리다. 그것은 한 번만인가? 아니다. 그 후에도 몇 번, 몇 번인가? 김일성 다음으로 가장 세력자였던 최용건이는 조 선생이 오산서 안아 길러낸 사람이다. 그는 나와도 동급이었으므로 잘 안다. 그의 말에 자기의 은사이기 때문에 될수록 전향을 시켜드리려고 열아홉 번 선생님을 달랬다는 것이다. 이것은 그가 신의주 왔을 때 나와 마주앉아 한 소리다. 그래도 선생님은 만세 반석이었다는 것이다.

나는 그 소리를 듣고 비로소 놀랐다. 그 조그만 몸 속에 그렇게 큰 것이 있었던가? 그저 공산당들이 붙어 공격하고 달래고 설명하고 공갈하고 하면 가만 앉아 듣는다는 것이다. 그리고 할 대로 다 한 다음에는 자기는 가만히 "아니!" 해버린다는 것이다. 이보다 더 무서운 영웅이 어디 있나? 죽이자 할 수는 없다. 그러나 죽이지 말라 하긴 참 어렵다. '조 선생은 어찌 됐을까?' 하고들 묻지만 물을 필요가 없지 않은가? 죽기로 결심하고 든 어른을!

민중의 이름이 뭔가? '비겁' 이것이 곧 그 이름이다. 민중처럼 비겁한 것이 어디 있나? 이날까지 역사는 민중의 비겁한 역사 아닌가? 일은 다른 데 있지 않고 그 비겁한 민중을 깨워 제 속에 있는 것을 찾아 용감하게 서도록 하는 데 있다. 그러기 위해서는 "아니" 하고 죽어 보여주는 자가 있어야 한다.

이 세상을 "기다!" 하기 위한 것으로 하는 것은 땅에 붙은 짐승. 하늘을 지향한 혼을 가진 사람에겐 이 세상은 "아니다!" 하기 위한 것이다.

"기다!" 하는 모든 철학 거짓 철학, "아니다!" 하는 철학 참 철학. "기다" 하는 종교 사탄의 종교, "아니다" 하는 종교 하나님의 종교. 우리가 오늘 여기까지 온 것은 "기다"당 때문이 아니고 "아니다"당 때문이다. "아니다"당은 참 드물다. 때로는 역사가 한 사람의 한 마디에 달린다. 우리는 조 선생에게서 한 사람의 값을 알았다.

우리는 어디를 가든 씨올이다

오늘날 남강 선생이 계셨으면!
오늘날 도산 선생이 계셨으면!
오늘날 조 선생이 계셨으면!

내가 어리석어서만 이런 생각을 하는 것은 아닐 것이다. 누구나 다 하는 생각이지. 내가 평안도 놈이 돼서만 하는 생각은 아니다. 나라 꼴을 조금이라도 본다면 내 지방이고 네 지방이고, 내 당이고 네 당이고 할 새가 있느냐?

가만히 보고 있지 못할 일이 참 많지 않으냐? 남강이 만일 계신다면 그저 있진 않을 거다!

우리를 정말 믿어주는 이를 보고 싶지 않느냐? 도산이 만일 계신다면 이렇지는 않을 거다!

"아니" 하는 사람이, 죽을 각오를 하고 그러는 사람이 있어야 하지 않겠느냐? 조 선생이 만일 오늘 계신다면 입을 닫고 있진 않을 거다!

왜 갔을까? 계셨으면 하는 이는 왜 아니 계실까?

하늘에서 소리가 나기를 "너희가 사람 죽이는 죄를 또 세 번 지었을 것이 가엾어서다."

남강이 만일 살고 도산이 만일 살고 조 선생이 만일 살아 있다면 그들의 목을 위하여는 과연 무엇이 준비돼 있었을까? 금사슬일까? 그렇지 않으면 밧줄일까?

선생님들 고맙습니다.

백두산서 자란 범은 백두호라고
범 중에 범으로 울리나니라
우리들은 씨올에서 자라났으니
어디를 가든지 씨올이로다.

• 1959년 6월, 『사상계』 제71호

한 배움

자루 없는 칼

나는 대학을 다녀보지 못했다. 이 지식을 파들어가고 숨은 것이라고는 하나 없이 벼룩 똥집까지도 발끈 뒤집어보여야 속이 시원해하는, 무엇보다 큰소리가 지성인임을 자랑하는 데 있는 이 20세기에 대학을 못 가본 것은 확실히 부끄러움이요, 불행이다. 그래 나는 오래두고 대학 못한 것을 한했다. 이젠 이 앞으로 대학을 갈 것 같지는 않으니 아마 그 한은 한대로 영원히 남을 것이다.

하기는 지금도 꿈을 그리지 않는 것은 아니다. 그것은 늙은이 대학을 하나 해봤으면 하는 것이다. 사업에 재주 없는 나로서는 한개 그림에 지나지 않는 일이지만, 누가 해도 했으면 좋겠고, 하면 될 수 있을 것이라 생각한다. 젊어서는 기운도 있고 욕심도 강하니, 공부를 해도 욕심에서 하고 깨끗한 진리 찾는 정신에서 하기가 어렵지만, 늙어서 이제 인생의 테두리가 그어질 대로 그어지고 고요히 있어 오고야 말 날을 기다리는 태도에 들어가면 좀 참된 공부를 할 수 있지 않을까?

옛날 섭공葉公이 자로子路를 보고 그 선생인 공자님에 대해 물었다. 자로가 무어라 대답을 못하고 돌아가 선생님보고 그 말을 했더니 공자님 하는 말이, "너 왜 이렇게 좀 말하지 못했느냐? 그 사람됨이 분이 나 먹기를 잊고, 즐거워 근심을 잊어, 장차 늙음이 닥쳐올 줄을 모른다"라고. 분이 나는 것은 아직 배워 얻지 못해서요, 즐거운 것은 이미 배워 깨달았기 때문이다. 공자님은 정말 인생을 배운 이였다. 그래 참 남의 스승이 됐다.

늙으면 좀 공부가 될 것이다. 거죽이 엷어지면 좀 비치어 내다뵈는 것이 있을 것이다. 공자야 열다섯에 이미 참뜻을 꽉 세웠다는 것이니 말할 것 없지만, 그래도 늙음이 닥쳐오는 것을 모르고 배우려는 마음은 좀 늙었기 때문에 더 났을 것이다.

공자야 어쨌거나, 나는 오늘에 대학 공부를 했으면 하는 생각이 나건만 못하니 한이다. 이제 사는 형편이 허락이 아니 되는 점도 있으나, 그보다도 대학이 어디 있느냐? 저기 다방과, 댄스홀과 미장원과, 사창 하숙과 그 수를 다투려는 듯 수두룩이 있는 것이 어디 대학이더냐? 장삿집이요, 도둑의 둥지요, 갈보굴이지.

그러니 늙은이 대학 하나 있기를 바란단 말이다. 감투 쓸 가망도 다 없어진, 팔아먹을 생각도 다 달아나버린, 순전히 알고 싶어서, 죽기 전에 진리를 좀 알고 죽고 싶어서, 속으로 살이 찌고 속으로 기름기가 돌고 싶어서 공부를 하려는 맘들을 놓고, 역시 팔아먹고 써먹잔 맘 없는 맘이 와서 가르쳐주면 그야말로 늙을 줄을 모르는 생명이 약동하지 않을까?

늙은이가 늙을 줄을 모르고 공부를 하면 젊은이들도 좀 정신을 차릴 것이다. 칼은 어린이에게 주기 전에 어른에게 줄 줄 알면서, 칼보다도 날카롭고 조금 하면 저도 죽고 나도 죽는 지식은 어째 철없는 맘에 철없는 공명심·영웅심·호기심·탐심에 호소해가며 주려 하나? 칼 찬 것이 대장부냐? 기운 있는 것이 대장부지. 칼 채우기가 급지 않다. 어서 제 몸 거둠 제가 하고 필요한 때 남의 붙들 만한 정신과 몸의 힘을 길러주는 것이 급하지. 젊은이가 작폐를 하는 것은 힘이 나기 전, 셈이 들기 전 칼부터 찾기 때문이다. 이 다음에 지옥이 있는지 모르겠지만 만일 있다면 가장 심한 형벌을 받을 놈은, 나무 작두에 모가지를 잘리울 놈은 고등학교·대학교를 자꾸 세우고 저도 잘 알지 못하는 것을 가르쳐준 학자들일 것이다.

세상이 잘못되길 왜 잘못됐나? 어린애들에게 칼 주었기 때문 아닌가? 그 칼을 어린이에게 주지 말고 늙은이에게 줄 것이었다. 칼은 쓰잔 칼이 아니요, 쓰지 말잔, 쓰지 말고 들어 뵈잔 칼이다.『성경』못 읽었나? 선악을 아는 지식의 열매는 먹지 말고 보고만 있으라 했던 것을. 늙은이가 날카로운 칼을 들고 점잖이 앉았더라면 젊은이는 저절로 점잖고 순종해 할 일을 했겠지. 이 나라가 잘못된 것은, 늙어서 욕심 버리고 앉아 얼굴로 다스렸을 늙은 것들은 철없이 해먹고 더 해먹겠다 서둘고, 일을 시켰어야 할 젊은이는 자루 없는 칼 같은 잘못된 지식만 받았기 때문이다.

늙은이를 대학으로 보내고 젊은이를 일터로 보내라.

옛사람 말 옳지 않은가?

다행히 남은 힘이 있거든 학문을 하겠다.

겹쓴 궁감투

나는 대학을 못하고 사범師範을 했다. 그것이 두고두고 한스러웠다. 내가 왜 훈장질을 배웠던가?『맹자』를 어려서 배웠건만 겉먹었다. 아마 그것 가르치던 훈장도 역시 잘못되어 바로 가르치지 못했는지 모른다. 맹자 말을 바로 듣는다면 훈장질할 놈이 누구냐?

"사람의 걱정이 남의 스승 되기 좋아하는 데 있다. 못할 것은 선생 노릇이다"〔『맹자』,「이루 상」〕.

일찍이 조만식 선생께 이런 얘기가 있다. 선생님이『조선일보』사장으로 계셔 여러 가지 어려움을 겪을 때 누가 보고 "그것은 왜 하셨소?" 하였다. 그랬더니 선생님 대답이 "떠돌아다니던 감투가 내게 와 떨어져서 그러지요" 했다. 그 뜻을 물으니 설명하기를 옛말을 끌어다 했다. 옛적에 하늘에서 궁감투 셋을 만들어 사자를 주어 내려보내며 인간 중에 가장 궁하게 사는 놈에게 씌우라고 했다. 명령을 맡은 자가 인간 세상에 내려와보니 서당 훈장이 제일 궁상스러워 보였다. 그래 하나를 씌워주었다. 그다음 두루 다니며 보니 메트리('미투리'의 옛말 - 편집자) 삼는 신장수가 또 훈장만은 못해도 참 궁한 꼴이었다. 그래 또 하나 씌웠다. 나중에 감투 하나가 남았는데 세상을 두루 뒤지며 보아야 도무지 씌울 놈이 없었다. 그래 하는 수 없이 훈장한테 다시 돌아와 네가 또 쓰는 수밖에 없다 하고 마저 씌우고 갔다. 그래 훈장은 궁감투를 겹썼다는 것이다.

조 선생이 떠돌아다니던 감투라고 하신 것은 이 마지막 감투를 가리킨 것이다. 훈장이 궁감투를 겹썼다는 데는 감투가 겹이니만큼 뜻도 겹이다. 하나는 좋은 뜻에서요 하나는 나쁜 뜻에서라 할 수 있다. 좋은 뜻에서라 함은 사람이 정직하면 궁한 법이다. 훈장질에까지 갈 것 없이 선비가 본시 궁한 법이다. 궁사窮士라 하지 않나? 조 선생이 어려운 판국에 신문사 사장을 한 것도, 이북 다섯 도의 정치 책임의 자리에 앉았다가 시베리아 어느 들판에서 얼어 죽은 시체가 됐는지, 어느 감옥 어느 토굴 속에서 어떤 참혹한 최후를 당했는지 모르게 된 것도 과연 떠돌던 궁감투를 썼다면 쓴 것이라 하겠지만, 그것은 결코 못나서가 아니다. 선비다운 맘, 점잖은 맘, 곧은 맘 하나 때문이지.

거기 비추어보면 요새 국민학교 교원은 결코 궁감투가 아니다. 그 자리 하나를 사기 위해 5만 환, 10만 환 금새(물건의 값 또는 물건값의 비싸고 싼 정도 - 편집자)가 정해 있다니 궁감투가 웬 궁감투냐? 요샛것을 잘났단다면, 속일 줄 하나를 몰라 일생 혀로 밭을 갈아먹고, 그 똥은 개도 아니 먹는다던 초학 훈장은 과연 못난 것이다. 그러나 그것 때문에 하늘에서 궁감투를 보낼 리는 없다. 하늘과 여기는 반대다. 여기서 권세의 감투가 거기서는 죄수의 벙거지요, 거기서 영광의 두루마기는 여기 오면 부끄러움의 누더기다.

훈장이 궁감투를 겹쓰는 것은 맘이 곧기만 해서가 아니요, 변통성이 없어 틀에 박힌 거짓 선을 하고는 그것을 잘난 줄로 알기 때문이다. 맘이 속되다. 한 달에 쌀 몇 말에 목이 매여 할 말을 맘대로 못하고 놀릴 팔다리를 자유로이 놀리지 못하고, 한평생을 선생님 노릇을 하기 위해 가슴속엔 설엉키는 생명의 불꽃을 가지면서, 외양으로 언제나 틀에 박힌 행동을 하는 데 그의 궁이 있다.

저들은 작대기 노릇을 하느라고 언제 한 번 푸른 잎을 피우고 가지를 돋우고 뿌리를 뻗어보지 못한다. 살아도 화분에 심은 나무같이 요리 꼬부라지고 조리 잘린 형식주의의 살림을 하다 만다. 교사·목사·신부·스님이 다 그따위다. 외양이 가장 면바른 듯하나 속은 엉망진창이다. 한 번도 참을 해보지 못한다. 일생을 남을 위해 살고 자기를 위해 살지 못하는 그들이 참을 알 리 없다. 나만이 못나고 모질어서 그런지 모르지만 내가 교사랍시고 선생 소리 들어가며 이날까지 온 느낌으론 그렇다는 말이다. 그러나 반드시 나 혼자의 생각만이 아닐 것이다.

장횡거[1]가 주자朱子의 백록동서원白鹿洞書院에 가서 "옛 사람은 저를 위해 공부하더니 이젯 사람은 남을 위해 공부한다"〔古之學者爲己 今之學者爲人〕는 제목을 가지고 강의를 하는데 주자가 옆에 앉아 들으며 2월달인데 땀이 흘러 견디지 못해 부채질을 했다 하지 않나? 존경하는 사람에게선 성인 소리까지 듣던 주자가 그랬다면 보통 사람은 말할 것도 없다. 선생질이란 그렇게 격대기(깍지의 함남 방언 – 편집자) 노릇이기가 쉽다. 주자는 땀이라도 흐르니 주자가 됐지만, 땀도 한 방울 흘릴 기회 없이 일생을 새까만 때 묻은 옷을 거는 작대기 노릇을 하다 마는 것은 참 궁감투를 겹써 마땅하지 않은가?

그런데 사범학교란 그것을 떡잎 시절부터 하잔 것이다. 세상에 참혹한 것이 스물도 되기 전부터 나는 이제 졸업하면 선생이 되지 하고 벌써 틀을 쓰고 있는 것과 그 젊은이의 무한히 자라나는 생명의 촉각을 게발 따듯 모조리 다 따버리고 나중엔 조약돌처럼 맹숭맹숭한 성

---

1) 장횡거(張橫渠, 1020~77): 중국 북송의 유학자. 유가와 도가의 사상을 조화시켜 우주의 일원적 해석을 설파함으로써 이정·주자의 학설에 영향을 미쳤다.

격에 천 번 들어도 꼭 같은 소리만 나오는 레코드판 같은 인물을 교사·목사·신부로 팔아먹는 소위 사범학교, 신학교란 것에서 더한 것은 없다. 그래 나는 그런 사람을 만나면 "너도 사범死凡이 됐니?" 한다. 거기는 생명이 사는 곳이 아니라 죽는 곳이요, 위대해지는 곳이 아니라 못난이가 돼버리는 곳이다. 같은 지식도 거기서는 벌써 팔아먹을 것을 생각하고 배우는 데 고린내 나는 것이 있다.

교사·목사·신부치고 고린내 아니 나는 것 있던가? 사범엘 들어가고 나서야 그것을 느껴서 이런 데를 왜 왔나 후회했다. 대학에 가서 자루 없는 칼을 받아 잘못해 몸에 상처를 내고 사람을 더러 잡는 한이 있더라도 차라리 한번 자유로운 연구를 해보았으면 하는 맘이 간절했다. 대학에서 잘못된 지식을 가지고 사람을 해치는 것이 칼로 죽이는 거라면, 교사·목사·신부가 죽이는 것은 모가지를 비틀음이요, 입을 막고 코를 막아 숨이 차서 죽게 함이요, 가스로 독살을 하는 셈이다. 그 노릇을 하다니! 내가 죽을 때 후손을 위해 유언하는 일이 있다면 백 대 천 대에 경찰관 노릇은 아예 해먹지 말라 하겠다고 말한 일이 있었지만 거기 한마디를 덧붙일 여유가 있다면, 교사·목사·신부를 넣을 것이다.

사범이 정말 사범이 되려면 사범死範이어야 할 것이다. 죽기를 바로 죽도록 본을 보여주어야 한다. 사람이 정말 배울 것은 사는 법이 아니고 죽는 법이다. 삶은 타고난 것이기 때문에 사는 법은 제절로 안다. 그것은 하늘법이다. 생生은 명命이다. 새삼스레 살라 하지 않아도 살 줄 안다. 정말 삶은 바로 죽음에 있다. 삶은 하나님이 하실 것이지만 죽음은 우리가 할 일이다. 예수가 한 일은 십자가 하나다. 잘못 사는 까닭이 잘못 죽는 데 있다. 그러므로 배울 것이 있다면 죽는 법이다.

몸으로써 본때를 보여야 참 스승이라 하지만 본때란 죽는 본때다. 본때 있게 죽는 것이 스승이다. 선사先死, 먼저 죽어 봬준 이가 선사先師다. 그런데 교사·목사·신부란 다 저렇게 죽는 것이 좋다고 손가락질만 하고 있지 자기네는 한 걸음도 움찍거리려 하지 않는다. 그들도 그전의 사범死凡에게 그렇게 배웠기 때문에 그런 사범死凡의 시범밖에 못한다. 일체 문제와 모든 사람의 속이 죽음의 턱밑에 가서야 결정이 나는데, 아직도 쌕쌕 숨을 쉬고 있는 물건이 무엇을 알기나 한 듯 보기나 한 듯 큰소리를 할까. 배울 만한 참이 내게 있다면 "그중의 괴수는 나다" 해야 할 일이지만, 오늘의 종교와 교육은 생불여사生不如死의 종교요, 교육 아닌가?

인생대학에서 배운 사람 노릇

나는 백묵가루와 책좀이 있는 대학에는 못 갔지만 그 대신 밧줄과 고랑과 철창으로 된 대학에는 가본 일이 있다. 이른바 인생대학이라는 곳이다. 모든 것을 보이는 것으로만 하는 시속 사람은 거기를 옥이라 하지만, 뵈는 것보다 뵈지 않는 뜻을 말하는 사람은 거기를 대학이라 한다. 안과 밖은 서로 반대가 되는 법이라 사실 대학은 감옥이요, 감옥은 대학이다. 이 세상 대학에서는 지식은 점점 늘어가나 사람의 참 속 바탈〔性〕은 갈수록 줄고 병신이 되고 없어지는 곳이요, 감옥에서는 집을 빼앗기고 살이 빠지고 징역살이를 하나 속은 점점 깊어가고 넓어가고 높아가는 곳이다. 다만, 생각이 있는 자에게는 말이다.

여기서나 저기서나 조건은 생각에 달렸는데, 생각 있으면 잃음이 얻음이요 생각 없으면 얻음이 잃음인데, 감옥이란 곳은 생각을 하는 곳이다. 그러므로 대학이다. 사실 감옥이란 곳은 인생의 부끄러움이지만 그 부끄러움 속에 사람됨을 배우는 것이 있다.

에덴 동산의 그림이 그것을 표시하지 않나? 몸뚱이 한복판에 부끄러운 것이 있어 무화과 잎으로 가려야 했는데 사실 사람이 사람 노릇은 거기서 배우게 된다. 몸 복판에도 부끄러운 감옥이 있고 사회 복판에도 부끄러운 감옥이 있어 그것을•감추려 하는 동안에 문명이고 도덕이고 발달해가는 것이 사람이다. 정치요, 교육이요, 종교요, 그리고 그 모든 것이 결국 발을 붙이고 있는 토대인 감옥이란 것도 결국 못 먹을 것을 먹은 입, 못 만질 것을 만진 손, 못 내놓을 것을 내놓은 그것을 가리자는 무화과 잎새가 커지고 엮인 것밖에 되는 것 없다.

정치도, 종교도, 교육도, 예술도 따지면 눈가림이다. 하나님의 눈, 다시 말하면 참의 눈을 가리잔 것이 그 목적이다. 참을 차마 바로 볼 수 없기 때문에 눈을 가리는 것이 문명이다. 가려지고 될 것이 아니지만 가려보자는 것이다. 거기 사람의 살림이 근본적으로 거짓인 것이 들어 있다. 하지만 가려가지고 되지 않지만, 아니 되는 것을 해보는 동안에 배우는 것, 되는 것이 있다. 이것 가지고는 아니 된다 함이다.

감옥은 인류의 문명의 한복판에서 "이것 가지고는 아니 된다" 하는 경고판이다. 그것은 법률이 죄를 없애는 것이 아니라 죄를 만들어 내는 사람을 잡은 것임을 알려주는 곳이다. 그것은 인생을 관리밖에 못하는, 속이 빽빽 멘 사람들은 모르는 것이지만 도리어 그 안에 좀 들어가본 사람은 곧 아는 일이다. 살창 안에 들어가 앉아보면 세상이 곧 바뀐다. 간수를 보면 "정말 내가 죄수냐, 네가 죄수냐?" 묻고 싶어지는데 그들은 그것을 모른다. 자유가 없고 징역을 하기는 저나 내나 마찬가지인데, 내 먹을 밥을 제가 가져와야지, 내가 기침만 한 번 크게 해도 눈이 휘둥그레지지, 누가 주인이요 누가 종이냐?

사람이 제 자유를 잃지 않고 남의 자유를 빼앗는 수는 없으며, 제 맘이 먼저 불행하지 않고 남을 괴롭게 하는 재주는 없는 법이다. 사람의 인격과 살림은 하나지 결코 서로 떨어진 것이 아니기 때문이다.

그런데 관리 해먹는 사람들은 하늘에 해 같은 이 이치를 모른다. 살창 안에 있는 죄수는 제가 자유 빼앗긴 줄을 알기나 하지만 살창 밖에 있는 죄수는 그것조차 모르는 죄수다. 그리고 병은 병인 줄 모르는 것일수록 중한 병 아닌가? 그러면 살창의 안팎은 사실은 바뀐 것이다. 누가 더 중한 죄수냐 하면 살창 밖인 줄 알면서 기실은 더 깊은 옥 속에 있는, 남을 가둔 줄 알면서 사실은 제가 갇힌 간수다. 그리고 간수 뒤에는 형무소장이 섰고 형무소장 뒤에는 법무장관이 섰고 법무장관 뒤에는 대통령이 섰고 대통령 뒤에는 나라가 섰다. 그럼 징역을 사는 것은 어느 한 도둑놈이나 살인자가 아니요, 곧 우리나라가 징역을 살고 자유를 잃고 아파하고 있는 것이다. 사회 중에 가장 이상적인, 가장 단단한 가정이란 데서는 이것은 환한 진리다.

아들의 종아리를 칠 때 사실 아프고 부끄러운 것은 그 아버지 자신이다. 아버지는 그것을 알고 하므로 가정엔 감옥은 없다. 법으로 다스리잔 사람들의 답답한 점은 여기 있다. 남을 벌할 때 벌 받는 것이 자신임을 알았다면 사회는 훨씬 쉽게 고쳐졌을 것이건만, 관리란 관리는 다 신통히도 맘이 종잇장같이 엷은 사람들이어서 원수를 갚는다는 맘으로 벌을 하며 썩 잘한대야 바로잡아주노라고 하지만 결코 바로잡아지지는 않는다. 그것을 깨달으려면 그들 자신이 한번 그 대학에 입학을 해봐야 알 것이다.

감옥은 확실히 인간의 부끄럼이다. 부끄럼이므로 대학이 된다. 대학이 참 대학이 못 되는 것은 그것을 자랑으로 여기기 때문이다. 자랑이 부끄러움이고 부끄러움이 자랑이건만 이 사회에 점잖다는 사람들은 그것을 모른다. 생각해봐! 그렇지 않은가? 내가 대학 졸업생이라 자랑을 하려면 대학 졸업 못한 부끄러워하는 내 형제가 있어야 하지 않나? 그럼 내 자랑이란 내 형제를 못난 것으로 만들어야 되지 않나? 그것을 자랑으로 아는 내 맘이야말로 부끄럽지 않은가? 참 지식은 부끄러워할 것이다.

그럼, 감옥이 부끄러운 것이라면, 그것을 최후의 의지로 하고 서 있는 국가 사회제도도 부끄러운 것이다. 가장 알기 쉽게, 말 아니 듣는 놈은 잡아 감옥에 보낼 준비를 해놓은 담에 하는 교사·목사·대통령은 부끄러움이지 조금도 영광될 것 없다. 아무도 아무리 천하미인이 있다 하더라도 그의 팔을 비틀고 발에 고랑을 채워가며 내 아내 노릇을 해라 하지는 아니할 것이다. 그것보다는 차라리 제 맘에 좋아서

와서 꼬리를 치는 강아지가 훨씬 더 사랑할 가치가 있지 않겠나? 그런데 세상에 강제로 팔을 비틀어 자기를 존경해달라는 정치가는 어찌도 그리 많은고? 감옥만 없으면 하나도 하루도 못 해먹을 지배자들! 감옥이 뭐냐? 폭력의 상징 아닌가?

폭력으로 되는 정치·교육·종교·문명, 부끄럽다! 대체 동물 중 어느 동물이 제 짝 제 새끼를 살창에 가둬두는 놈이 있던가? 짐승 중 어느 짐승이 제 동무를 발등 좀 밟았다고 두고두고 물고 찢고 찌르고 지지고 하던가? 사람이 감정의 동물이라, 저도 알 수 없고 억제할 수 없는 충동에 한때 남을 때리고 죽이고 하는 수가 있다 하더라도 그것은 용서할 수가 있지만, 가장 지식을 가지고 점잖다는 지성 있는 지도자라는 사람들이 이성을 가지고 앉아서 서로 건너다보고 차를 마셔가며 연구·의논·토론하여, 아무리 잘못을 했다손, 저도 같은 인간성을 가지고 제 속에도 같은 가능성이 있는 것을 빤히 알면서, 정의와 사랑이란 이름 아래, 그 동료의 손발에 고랑을 채우고, 사형을 선언하고(가장 엄숙히!), 정신이 똑똑해 그 목에 밧줄을 걸어 죽이는 일을 어떻게 할 수 있단 말인가? 옛날같이 감정으로 하는 독재적 폭군이라면 몰라도 그렇지 않은 다음에야 정의·인도를 표방하는 법치국가라면서 어떻게 그것을 할까?

사람으로서는 능히 못할 것을 그들로 하여금 하게 하는 것은 소위 법이란 것이다. 그들이 심정을 가지는 개인으로 형사·검사·판사·대통령을 하라면 다 사양할 것이다. 하지만 다행히 양심의 가책을 거기다 다 밀어버릴 수 있는 법이란 허재비(허수아비의 방언 – 편집자)가 있기 때문에 감히 하는 것밖에 없다.

그러나 정말, 일하는 것은 법인가? 아니다. 어떤 법도 결국은 어떤 개인의 판단이 없이는 힘이 되지 못한다. 그러면 한 것은 결국 어떤 책임을 질 수 있는 개인이건만 그는 그것을 법에 밀고 자기 양심을 속여 거짓 평안을 얻어가며 이해를 위해 그것을 한다. 그러므로 법 이론이야 어찌 됐든 간단한 인간의 심정에 비친 사실로 볼 때 법은 당파의 형태를 쓰는 인간의 이기심이 제 이익을 지키기 위해 남을 없애려 할 때 제 속 깊은 데서 항의하는 양심을 속이고 누르기 위해 그럴듯하게 만들어놓은 함정일 뿐이다. 인격으로 사는 가정에 법 없다.

법은 인간의 자랑이지, 하지만 인간의 부끄럼이다. 법의 끄트머리가 되는 감옥도 부끄럼이다. 문명국이라는 나라의 도시마다 우뚝우뚝 서는 감옥, 그것은 과연 인간의 자랑일까? 이 20세기 문명이란 결국 우리는 능히 감옥을 만들었다 하고 대낮에 해를 보고 밤에 찬란한 별을 우러르는 것인가?

그렇게 생각하는 지배자·지도자가 있거든 단 하루라도 제가 몸소 제 손으로 만든 그 감옥에 가보라 해라! 이제 겨우 사형폐지론이 나오는 이 문명은 조금 더 나아가면 감옥 그늘 밑에서, 사형자들의 무덤 앞에서 하는 이 정치 이 문명이 부끄러운 것임을 알게 될 것이다.

감옥이 안방이람 정부는 중문이요, 학교는 밖 문이요, 종교는 그 밖의 가시울타리 아닌가? 폭력주의를 제하라! 그러기 전엔 다 거짓말이다. 다른 사람은 몰라도 나는 이것을 그 인생대학에서 배웠다. 누가 가르친 것 아니다. 예수의 가르침도 석가의 가르침도 거기 가기 전엔 잘 몰랐다. 아노라 했어도 몰랐다. 거기 가서 남 다 자는 밤을 뜬 눈으로 새워본 다음에야 알았다. 지금도 아직 다 알았다는 것이 아니나 그래도 거기서 조금이라도 눈이 띄었다는 말이다.

나는 아무 대학도 다녀본 일이 없지만, 그 대신 예수와 간디와 한 가지 이 대학에 이름을 올릴 수 있었던 사람들 편에 잠깐이나마 갔던 것을 다행으로 여긴다. 젊은이마다 한 번은 거기 가보라 하고 싶건만 그럴 수도 없고! 그렇다. 거기는 본래 누가 가라 해서 가는 곳이 아니라 제가 가는 곳이지. 아니다, 제가 가는 것이 아니다. 하나님이 보내는 것이지. 참을 사랑해라. 그러면 하나님은 보낼 자는 그 영광의 수도장으로 보내실 것이다.

그렇다, 이 사람이 사람을 잡으며 의를 행하노라 하고 사람이 제 형제를 짐승보다 더 낮게 평가해 차별을 하는 이 세상에서는, 살인·강도·강간·역적을 하는 자들과 두려운 맘이 없이 같이 먹고 잘 수 있는 것은 분명히 영광이니라. 이 사회에서는 대통령 노릇을 해도 무장대에 밤낮 갇혀서야 하지만, 그 안에는 도둑질할 놈도 없고 도둑맞을 놈도 없고 누가 누구를 지배할 것도 없고 누가 뉘게 지배를 받을 것도 없다.

세상엔 없는 자유·평등이 거기서는 돼가고, 사랑까지도 여기서보다는 거기서 차라리 더 볼 수가 있다. 죄의 짐을 항상 남의 등에 지우려는 이 의인의 세계에서는 한 사람도 맘의 평안이 있는 사람이 없어도 세상 죄짐을 다 맡아 진 그 세계에서는 아무도 걱정 있는 사람이 없다. 그러나 그러던 그들도 학교를 졸업하는 학생 모양으로 이 세상으로 돌려보내준다는 말을 들으면 그날 밤부터 잠을 못 잔다. 이 세상이란 이상한 곳이지. 이 이상한 세상에서 왕 노릇을 하겠다는 사람들은 더구나 이상하지. 불안의 임금이 되겠단 말인가? 지옥의 왕이 되겠단 말인가?

살창 틈으로 본 세상

내가 그 대학을 처음으로 구경한 것은 일본 동경에서다. 스물세 살에 거기를 갔는데, 그때까지 나라가 망하는 시대에 났으면서도 나는 피난 한 번 해보는 일 없이, 밥 한 번 굶고 한 번 헐벗어본 일 없는 양상으로 지내왔다. 그대로 갔다면 나야말로 인생이 뭔지 세상이 뭔지를 모르고 헛살고 갔을 것이다.

하늘 무서울 말로 나도 믿음에 좀 감격이 있기 위해 어려움을 당해보는 일이 있었으면 하는 생각을 한 일이 있었다. 외아들인 우리 아버지의 맏아들로 난 나는 사방에서 귀염을 받을 수밖에 없었고, 따라서 뜻은 아주 약해, 지금도 내가 나 자신을 알지만, 결단성이 없는 사람이다. 스물이 넘도록 온 길은 마냥 한 들판길 같은 것이었다. 거기다가 어리석게도 망국 시절에 남의 선생이 되게 된 운명의 나이므로 하나님이 일부러 하셨든지, 주제넘은 양상의 생각을 노하시어 '봐라' 하고 그랬는지, 그해에 유명한 동경대진재가 있었다.

대학을 하겠는지 사범을 하겠는지 그것은 아직 미지수고, 화씨 100도의 더위 밑에서 참혹한 수험생의 생활로 1923년 여름을 다 보낸 9월 초하룻날 정오에, 갑자기 지진이 일어나 동양 제일이라던 대도시가 눈 깜짝하는 사이에 다 무너지고 겸하여 불이 일어나 하룻밤 사이에 그 3분의 2가 타버리는 것을 눈으로 보았다. 흔들린 것은 땅이 아니고 타버린 것은 동경이 아니었다. 내 세계가 온통 흔들리고 타버렸다.

불길이 하늘에 닿은 화염 지옥 속에 앉아 시노바즈노이케不忍池 못가에서 벌벌 떨며 새우는 하룻밤 동안에 사람이 무엇인가를 처음으로 보게 되었다. 나라도 민족도 문명도 도덕도 다 깍대기요, 어느 순간에 미친 불길의 한 번 핥음에 사라져버릴지 모르는 그 순간에 내 가슴 안에는 저 밖의 불보다 더 무서운 불이 붙고 있었다.

그래도 이튿날 날이 밝아오면 살았노란 생각이 났고 또 이 사바세계로 돌아온다. 그래서 되느냐 하는 듯 새 막이 열린다. 저녁때 밥을 지어 먹으려고 친구와 둘이 나가 찬거리를 사가지고 큰길에서 골목으로 막 들어서려는 순간 군중이 와 하고 달려와 우리들을 둘러싸더니 "이게 진짜다, 이게 진짜다" 하는 것이었다. 그들의 손에는 번쩍이는 칼·대창·쇠뭉치가 들려 있었다. 어찌된 영문인지를 알 수 없었다. 혀가 딱 말라 하느라지(입천장 – 편집자)에 붙는 순간 순사가 오더니 군중을 헤쳤다.

그는 평소에 내가 그리 드나드는 것을 늘 알았을 것이었다. 군중이 슬몃슬몃 헤쳐간 후 나는 본시 맘이 약한 물건이라 그냥 집으로 돌아오려 했지만 같이 나갔던 친구는 좀 똑똑한 사람이므로 순사에게 질문을 했다. 왜 군중을 유야무야 보내고 마느냐고. 순사는 왈칵 성을 내더니 그렇게 알고 싶거든 가자 하고 끌었다. 나도 따라나섰다.

순사는 처음에는 나더러는 돌아가라 하더니 나도 같이 간다 하니 갈 테면 가자고 둘을 같이 데리고 갔다. 간즉 난생 처음 보는 경찰서란 곳이었다. 옷을 다 벗기고는 내복만 남기고 살창 속에 넣어버렸다. 한 평 남짓한 방에 사람을 얼마나 잡아넣었는지 앉을 수도 설 수도 없다.

그게 모두 조센징(한국 사람)이고, 그 밖에 중국 사람이 한둘, 일본 사람이 하나였으나 그들은 한국 사람으로 알고 잘못 잡혀온 것이었다. 거기 들어가서야 비로소 한국 사람들이 폭동을 일으키고 우물에 약을 치고 불을 놓았다 하여 잡아 가둔다는 것이다. 아까 군중이 "이게 진짜다" 했던 그 뜻을 그제서야 알았다. 뒤창으로는 어제부터 붙은 불이 아직도 붙고 있는 것이 보였다. 불이 여기까지 오면 이 문을 열어줄까? 생각하니 어제 본 세계가 또 천당이었다. 밤이 새도록 사람을 잡아들이는데 강도하던 놈, 강간하던 놈, 어떤 놈은 끌어오고 어떤 놈은 모가지를 매오고.

우리는 담당 형사가 보장을 했기 때문에 그 이튿날 나왔으나 나와서 들으니 그 일은 소위 정치한다는 놈들이 이런 때에 공산주의자가 혁명을 일으킬까 걱정하여 민심을 모으는 한 수단으로서 만들어낸 소리라는 것이었다. 그리하여 이때에 학살을 당한 우리 동포가 여러 천 명이었다.

이때는 나는 유치장이란 곳을 하루 잠깐 구경했을 뿐인 셈이었다. 그러나 그래도 자유가 무언지 정치란 어떤 것인지를 그전 어디서보다도 그 후 어느 책에서보다도 더 깊이 배웠다. 평소에 보는 일본 사람은 결코 그렇지 않았다. 친절하고 인정미 있고, 내가 있던 집 주인은 우리나라가 일본의 식민지인 줄도 모르고 당신네 나라는 어디요, 거기서도 양복을 입소, 하고 묻는 형편이었다. 그렇던 사람들이 그렇게 험악해지는 것은 웬일일까? 순전히 정치가의 책임이다. 민중아, 너처럼 착한 것이 어디 있느냐? 그러나 너처럼 어리석은 것이 어디 있느냐?

역사 있은 이래 정치한다는 놈들이 갖은 죄악을 다 짓고는 국민이란 이름 아래, 너의 등에 다 떠넘겼지. 그러고는 깜박 속아 아무 터무니도 없는 이웃끼리 공연히 서로 죽이고 싸웠지. 다들 일본이 우리나라를 먹었다 하지만 거짓말이다. 일본에 있던 제국주의 정치가들이, 그들이 민족을 속여서 한 일이지 일본 민중이 우리 민중과 원수질 까닭이 없다. 그리고 일본의 제국주의자가 능히 우리나라를 침노한 것은 우리나라 안에 있는 같은 제국주의자가 끌어들였기 때문이었다. 일본 민중에 섞여 살아보고 그 전고에 없는 큰 재난을 같이 겪어본 나로서는 일본 민중을 미워하고 의심할 아무 거리도 없다. 민중은 어디서나 같은 단순한 인간들이다. 미운 것은 민중이 아니고, 그들을 속이고 선동하는, 거기도 있고 여기도 있는 지배주의자·폭력주의자들이다.

옥 속에서 쓴맛 겪으니 뜻은 굳어진다

두 번째는 정말 입학을 한 셈인데, 그것은 오산학교에 있는 동안에 됐다. 내 집에 두었던 두 젊은이가 여름방학 동안 좌익 운동자들과 함께 모여 독서회를 했던 것이 발각되어 나를 그 주모자로 인정하고 평안북도 경찰부에서 잡아다가 정주경찰서에 넘겼다. 그해는 1930년, 남강 선생님은 5월에 돌아가시고, 여름에 나는 서울에 있는 김교신 형과 같이 독일어 공부를 하기로 약속을 하고 올라와서 정릉리에 새로 지은 그 집에서 두 주일을 지내고 새 학기를 위해 집으로 내려간 그날이었다.

고읍역에 내리니 기다리던 강아지가 마중 나와 꼬리를 치는 듯 "선생님, 무슨 물을 말씀이 좀 있는데 잠깐 서로 갑시다" 하는 것이었다. 천만 꿈밖이지만 내 속에는 정말 아무것도 짚이는 것이 없으니 태연한 맘으로 갔다. 그러나 갔더니, 웬걸, 한 주일을 있다가 나오게 되었다. 나와서 들으니 신문에다는 ML당 관계자를 잡았다고 대서특필로 냈더라는 것이다. 예나 이제나, 그 한 주일에 유치장이 어떤 것임을 비로소 그 풍속과 맛을 알아서 이것이 훗날에 퍽 도움이 되었다.

세 번째는 1940년 평양 시외 송산리에 농사학원을 경영하러 나갔다가 그 여름에 설립자인 김두혁 형이 동경에서 검거되어 그를 중심으로 하는 계우회사건[2]이 일어나자 나도 거기 관련되어 평양 대동경찰서에 들어가 1년을 있게 된 것이다. 내가 조금 주의하지 못한 탓으로 버리노라 한 편지가 휴지 속에 있다 발견이 되어 젊은이 다섯을 잡아넣어 수년씩 징역을 시키게 된 것은 지금도 그 맘의 아픔을 잊을 길이 없다. 그들은 다 나라를 바로잡아보자고 비밀결사를 만들었다가 그리된 것인데 지금 그들은 다 어디 있는지?

경찰에서 찾는데 아니 갈 수도 없고, 아버지는 그때 위암으로 임종이 가까워 옥호동 약수에 계셨는데 겨우 하룻밤을 모시면서 이제 가면 땅 위에선 다시 뵙지 못할 줄 알면서 그런 말을 하지도 못하고 돌아서지 않는 발길을 돌리던 생각, 행여 다시 나와 임종이라도 할 수 있었으면 했는데, 그것도 허락이 아니 되어 종시 영원한 죄인이 된 소식을 그 안에서 들었을 때에 천지가 아득하던 생각, 그 후 나와서 들으니 마지막에 무슨 남겨놀 말이 없는가 묻는 말에 아버지는 "나야 뭐……" 했다는 것이다. 가시는 당신이야 걸을 것(미련이 남을 것-편집자)이 없지만 마지막까지 나를 걱정하는 어버이 맘이었다. 서울서 김교신, 송두용 두 형이 내려와 상제 노릇을 한 것은 이때였다.

그때에 지낸 가지가지를 다 기억할 수는 없지만 지금도 당장 기억에 새롭게 아니 잊히는 것은 한 방에 잠깐 들어왔다 나간 어떤 늙은이에게서 들은 사이고 다카모리西鄕隆盛[3]의 시다. 그는 내게 그것을 일러주기 위해 하나님이 보내기나 했던 것처럼 생각된다.

옥 속에 쓰고 신 맛 겪으니 뜻은 비로소 굳어진다

2) 계우회(鷄友會)사건: 동경농과대학 조선인 졸업생들의 모임인 계우회 회원들이 동경에서 항일운동을 한 혐의로 체포된 사건. 회원 중 김두혁이 송산농사학원의 전 주인이었는데, 이를 빌미로 당시 송산을 맡고 있던 함석헌도 투옥됐다.
3) 사이고 다카모리(西鄕隆盛, 1827~1877): 일본 도쿠가와 막부 말기의 정치가.

사내가 옥같이 부서질지언정 개와장처럼 옹글기 바라겠나

우리 집 지켜오는 법 너희는 아느냐 모르느냐

자손 위해 좋은 논밭 사줄 줄 모른다고 하여라

獄中辛酸志始堅,

丈夫玉碎愧甌全

我家遺法人知否,

不用子孫買美田

그러고 나서 집에 와보니 앞길이 막막했다. 아버지는 이젠 아니 계시지, 지금까지 나이 마흔이 넘도록 집일에 관하여는 아무 걱정을 모르고 왔는데 이제부터는 한 집의 가장 노릇을 해야 했다. 첫째로 재산 상속을 할 것인가가 문제였다. 참에서 보면 아니할 거라 생각도 됐지만 아버지가 남겨놓은 보(保)[4]도 있고 해서 하기로 했다. 이때까지 몇십 명 가족이 별 어려움 모르고 살던 커다란 살림을 꾸려야지, 배운 것은 교사질밖에 없는데 앞으로 학교에는 다시 갈 맘 없지, 또 갈 수도 없었다. 일본 사람의 사상적인 압박이 나날이 심해갔기 때문이다.

7, 8정보 되는 땅을 다뤄야 하는데 농사는 맘으로 좋아만 하지 실지로 기술은 없다. 세상과 어울릴 줄 모르는 것은 타고난 성질이지, 이제 와서 생각하면 전에 교원 생활이란 복잡한 사회의 비교적 좁은 한 면에만 접촉하는 단순한 살림이었다. 이제는 호주 노릇을 하고 동리의 동민, 면의 유력자 노릇을 해야지, 아버지가 하던 학교 일·교회 일을 관계해야지, 나는 판무식쟁이임을 갈수록 느꼈다. 아버지가 하던 한의 노릇이라도 할까, 남겨놓은 의서를 뒤적거려보기도 했다. 방황이요, 더듬음이었다.

책은 아직 4백 리 밖 평양 송산리에서 먼지 속에서 혼자 울고 있다.

---

4) 채무자가 채무를 이행하지 아니할 경우, 채무자를 대신하여 채무를 이행할 것을 부담하는 일.

그것을 집으로 가져올 길조차 없었다. 그러고 있는 동안 1년이 가고 1942년 여름에 『성서조선』 사건[5]이 일어나 또 서울로 붙들려 올라오게 되었다. 아무도 알은체하지도 않는, 그러나 속으론 모두 놀라 저 사람이 또 저렇게 되누나 하는 줄을 내 맘에도 아는, 용암포 길거리를 손에 수갑을 차고 끌려가며 바라본 때의 5월 초승 포플러의 새로 돋아나는 연초록색 잎새가 바람에 한들거리던 모양이 지금도 눈에 선하다.

정주 때는 아무 건이 없으니 맘이 든든했고, 평양 때는 내 부주의로 몇 사람이 가누나 하는 생각에 괴로웠고, 이번 사건은 아무것도 없건만 평상의 사상을 밉게 보아 마구 죄를 만들어 씌우자는 것이니 이것을 어떻게 싸우냐가 문제였다. 지금도 서대문경찰서 앞을 지나노라면 아직도 두 사람이 그 안에 담벽을 새 두고 앉은 듯한 느낌이 있다. 그때 유달영柳達永 교수도 거기 같이 있었기 때문이다.

한편으로는 시원도 했다. 머리 아픈 세간 살림 문제가 다 없어졌다. 형사와는 몇 번 경험이 있으니 그 싸워가는 것쯤은 그리 문제 아니었다. 형사란 결코 공공한 법의 정신, 나라 사회의 질서를 위하는 맘에서 하는 것은 아니다. 그러므로 나와 통할 점이 하나도 없다. 어떤 때는 냉정한 듯도 하고, 어떤 때는 동정을 해주는 듯도 하고, 담뱃대, 빵 조각쯤 내놓는 때도 있지만 그 속에는 언제나 쥐를 잡아다놓은 고양이의 심리가 있다. 절대로 놔주지 않는다.

그러므로 형사와 턱 마주 앉으면 인정도 도리도 다 없고 저와 나와는 이해가 서로 상반되는 양극임을 분명히 알아야 한다. 그 비위를 맞추어서 일을 쉽게 만들어보려는 따위 생각을 해서는 아니 된다. 비위를 거스려야 매를 맞는 것밖에 없는데, 사람이 매를 맞아서는 여간해

5) 『성서조선』 사건: 기독교계 월간지 『성서조선』이 강제 폐간되고 관계자들이 구속된 사건. 조선총독부는 1942년 3월호의 머리말 「조와」(弔蛙: 개구리를 애도함)가 조선을 개구리에 빗대 일본 통치를 비판하고 있다고 판단했다. 주요 필자였던 함석헌도 검거돼 서대문형무소에 투옥됐다.

서 죽는 것 아니다. 매를 맞으면서도 내 지킬 것인 담에는 터럭만한 것이라도 지켜야지 일단 그것을 내놓으면 그담은 다시 찾을 길이 없다.

고집이란 말을 들어도, 경위로 따짐을 당해도 잡아뗄 것은 딱 잡아떼야 한다. 내가 언제나 저보다 위에 서야 한다. 맘의 가라앉음으로, 심리를 더듬음으로, 그러나 무엇보다도 의리로 저보다 높은 자리에서 내려다봐야 한다. 그에게 기가 눌리고 비겁하고 애원하는 태도로 나가서는 아니 된다. 형사에겐 동정은 털끝만큼도 없는 법이다. 저는 나를 먹으려다 못 먹으면 그저 아까운 것을 놓쳤다 하는 정도가 아니다. 나를 죄로 만들지 못하면 저에겐 손해가 난다. 그러므로 그들은 나와 이해싸움이다. 절대 양보란 있을 수 없다.

우리더러 독립운동했다는 것이다. 그래 그전에 다 검열 맡아 냈던 글을 이제 와서 새삼스러이 트집을 잡는 것이다. 독립운동이람 물론 독립운동이지. 학교에서 가르치거나 집에서 일을 하거나 다 독립운동이지. 그 아닌 것이 있을 수 없다. 그러니 어느 의미론 "네 했습니다" 하고 지우는 대로 고분고분 5년이건 10년이건 지고 싶은 맘도 있으나, 저의 독립운동이란 말과 내 독립운동이란 말의 뜻이 다르다. 그것을 뻔히 알고 그놈에게 속고 싶은 맘은 없었다. 그러자니 싸움이었다.

나중엔 신앙문제를 가지고 온다. 묻기를 "하나님을 믿느냐? 믿지 않음 죄라지?" "그렇다." "그럼 『성경』에 믿지 않는 자는 멸망한다는데 어떻게 생각하느냐?" 이렇게 물은 뒤에는 만일 "그렇다, 믿지 않는 자는 망한다" 하면, 그러면 천황폐하는 믿지 않는데 망하겠느냐 하는 질문을 하여 걸고 넘어가려는 흉계가 들어 있는 것이었다. 그것을 뻔히 아는 내가 알고도 넘어가고 싶지는 않았다. 그래 대답하기를 "『성경』에는 두 가지 가르침이 들어 있다. 믿음을 가르칠 때는 믿지 않는 자는 멸망한다 하지만, 또 하나님의 사랑을 가르칠 때는 하나님이 나중에 모든 사람을 하나 빼지 않고 다 구원한다는 약속이 있다" 했다. 그러니 그 형사의 대답이 걸작이었다. "그런 협잡 종교가 어디 있느냐?” 협잡이 아니지, 탄력이지. 내가 만일 14만 4천[6]을 믿는 따위 변통 모르는 신앙이었다면 어쩔 수 없이 바가지를 쓰고야 말았을 것이었다.

이때는 예심에까지 갔으니 이제 대학 예과를 한 셈이었다. 졸업까지를 꼭 하는 줄 알았는데 웬일인지 1년 후에 나오게 되었다. 나와보니 세상은 바짝 어려워졌다. 일본이 마지막 발악을 하는 바람에 강산이 바짝 마르고 사람은 기름틀에 깻묵처럼 눌렸다. 이젠 농사다. 김교신 형이 흥남엘 가보자고 천릿길을 턱턱 찾아왔으나 나는 갈 맘이 없었다. 그래 이젠 아주 농사하기로, 풀 아래 머리를 들이밀기로 했다. 두루마기를 입고 차를 타고 영어책을 들고 보다가 이동경찰에 붙들려 신의주까지 갔다가 간신히 나왔다. 수염을 기르자, 메트리를 신자.

하루는 머리를 깎으러 용암포에 나갔다. 오노라니 길에서 어떤 사람이 자전거를 타고 지나가는 것을 만났다. 슬쩍 지나가더니 다시 돌아와서 당신 아무개 아니냐고 일본말로 묻는다. 그래 그렇다고 하니 그놈이 웃으며 “도무지 촌 할아버지 같구만그래” “그럼 촌 할아버지가 촌 할아버지 같지 않구 어째?” 그것은 담당 형사였다. 우리 집을 찾아오다가 그리된 것이었다. 오늘 이 수염은 그렇게 되어서 달려 있는 수염이다.

이태를 농사를 하는 동안에 해방이 왔다. 내 나설 자리가 아닌 줄을 모른 것도 아니건만, 자치회에를 나섰다가 신의주에까지 가서 도道 정치에 어림도 없이 참여를 했고, 그랬다가 학생사건이 나서 해방 후엔 정말 생각지도 않았던 옥엘 또 가게 되었다. 남들이 저 사람은 팔자에 타고난 감옥이라 했다나? 팔자에 탄 것이 어디 있겠느냐? 한 가지를 못하기 때문에 그런 거지. 한 가지 재주만 있는 사람은 일본시대에는 일본식으로, 공산시대엔 소련식으로, 그러나 또 미국 만나

---

6) 하나님 심판의 날에 구원받는 기독교인의 수. 12지파 1만 2천 명씩, 총 14만 4천 명이라고 한다. 「요한계시록」, 7: 4.

면 미국식으로 잘 살지 않더냐? 소련 군인의 따발총 밑에 50일 갇혔다 나왔다.

넘어야 할 38선이 있으므로 수염은 두었다가 그때에 깎으려 했는데 정작 넘을 때는 그럴 새도 없이 넘어 이 수염은 3대 역임의 수염이 돼버렸다.

언제 이화대학 교회에 가서 이야기를 하게 됐기에 모양내는 것을 좀 시비했더니 누가 후에 일러주는데, 어느 학생이 "저는 수염은 왜 길렀나" 하더라나. 지난해 8월엔 또 놔버린 지 오랜 대학 과정 잊을까봐 하나님이 걱정하시어 20일 동안 서울형무소에서 복습을 하고 왔는데, 그때도 금줄 친 사람이 감방 앞을 지나가다 또 공연히 이 수염을 가지고 시비를 했다. 운명의 수염인가?

이제 또 언제 가서 남은 과정을 정말 치르고 졸업생이 되겠는지 이렇게 중도 퇴학생으로만 그치겠는지 모르나 이제 대체는 짐작을 하게 됐다. 이날까지 이 꼴로나마 걸어오는 데는 그래도 거기서 배운 것이 힘이 되는 것이 많다. 요즘 젊은이들 순경만 보면 그저 겁을 내는데, 그 겁 조금도 나지 않는 것도 그 덕택, 밥 맛을 참으로 좀 안 것도 거기서, 사람 맛을 좀 안 것도 거기서, 세상을 뒤집어 볼 줄 안 것도 거기서다. 밥이 맛있는 밥, 맛없는 밥이 따로 있지 않다. 어떤 사람도 거기를 들어가 한 달만 있으면 "깡보리밥이 이렇게 꿀맛인 줄은 미처 몰랐다" 한다. 보리 속에 꿀이 들어 있는 것을 어느 대학에서 가르치던가? "이젠 집에 가면 아내보고 잘한다 잘못한다 소리 아니해야겠는데." 그것은 거기 들어와서는 저마다 하는 소리다. 부부 화목의 길이 여기 있다.

거기를 가면 미운 사람은 다 없단다. 오직 형사 하나만 밉다지. 그저 시설이 잘되길 바라고 전쟁이 어서 끝나기를 바란다. 이런 대학이 사회에 어디 있나? 거기에는 선한 사람 악한 사람이 따로 없다. 강도를 하고 들어왔노라는 사람과 같이 있어봤는데 그렇게 온순한 사람은 없고, 제 아내를 가위로 스물다섯 곳 찔러죽이고 왔노라는 사람과도 얼마 동안 같이 지냈는데 그렇게 좋은 사내는 없었다. 대학을 졸업했다는 놈도 사흘만 되면 쓰리꾼 아이들과 밥 그릇을 다투고, 신사라던 사람도 간수의 호의 하나를 얻기 위해서는 비겁하기가 짝이 없다. 바깥 사회의 질서는 거기 들어오면 왼통 뒤죽박죽이 돼버린다.

그 인생의 찌꺼기라는 것이 모여든 그 안에 서로 의리는 여전히 있고 양심은 그대로 살아 있다. 그로써 보면 사람의 행동으로 인하여 그 바탕이 변하는 것은 아니요, 아무리 죄를 지었다는 사람도 그 속의 바탕은 흙 속의 진주처럼 여전히 살아 있다. 그러나 그 바탕은 결코 상벌로 자라게 할 수 있는 것이 아니다.

한 배움, 한배 움

유영모 선생님이,『대학』처음의 "대학지도 재명명덕 재친민 재지어지선"大學之道 在明明德 在親民 在止於至善을 우리말로 이렇게 옮기셨다.

한 배움 길은 밝은 속을 밝힘에 있으며, 씨올 어뵘에 있으며, 된 데 머무름에 있느니라.

대학은 한 배움이다. '한'은 하나란 말이요, 또 크다는 말이다. 삼국 시대 벼슬 이름에 대각간大角干이란 것의 간干, 성길사한(成吉思汗: 칭기스 칸의 음역어 – 편집자)의 한汗, 그것은 다 우리나라 이름의 한韓과 한가지로 이 한이다. 대학은 큰 것을 배움이요, 하나를 배움이다. 참 큰 것은 하나일 것이요, 하나란 하나, 둘의 하나가 아니다. 그 이상, 그 이외에 다른 것을 생각할 수 없는 것이 하나다. 이른바 하나님이다. 그러므로 하나는 참이다.

또 '한 배움'은 '한배 움'으로 쓸 수도 있다. 대학은 한배 움이다. 한배란 한문으로 태백太白이다. 백두산白頭山을 한배뫼, 단군 할아버지를 한배님이라 한다. 한배는 조상이다. 움은 운다는 말의 명사다. 대학은 한배를 욺이다. 조상을 욺이다.

생명의 근원을 옮이다. 운다는 것은 속에서 우러나온다는 말이 나타내는 것같이 속뜻의 나타남, 드러남이다. 한배 움은 조상의 뜻대로 함, 하나님의 뜻대로 함이다. 우리 겨레는 한 사람이다. 우리는 큰 사람을 목적하는 살림을 하는 사람이다. 하나인 인격, 언제나 누가 말 하나 아는 '그이' '군자'를 이상으로 하는 사람이다. 중국 사람이 "동쪽에 군자 나라가 있다" 한 것은 그래 한 소리인가? 『성경』에서 하면 그리스도, 인도교에서 하면 아트만, 혹은 크리슈나 그것이다. 이 우주에는 사람이 여럿 있는 것 아니다. 만물이란 것은 눈에 뵈는 꼴뿐이요, 그 참은 한 인격이 있을 뿐이다. 사람은 한 사람, 그이 곧 그리스도뿐이다. 모든 사람, 여러 사람, men은 그 한 사람, The One, The Man의 나타남뿐이다. 사람의 습작품이 사람들이다.

유교에서 이것은 대인代人이라 했다. 『대학』은 대인大人의 학學이라 했는데, 그 대인이란 나이 많은 몸이 큰 사람이란 말이 아니다. 큰 사람을 길러내는 것이란 말이다. 『주역』에,

큰 사람이란 하늘 땅으로 더불어 그 속을을 같이하며
해 달과 더불어 그 밝음을 같이하며
귀신으로 더불어 그 좋고 언짢음을 같이한다.
大人者 與天地合其德
與日月合其明
與鬼神合其吉凶

한 것이 곧 이것이다. 맹자는 이것을 이렇게 말했다.

큰 사람은 그 빨가숭이 마음을 잃지 않은 이라.
大人者 不失其赤子之心
•『맹자』,「이루 하」

또는 이렇게 말하기도 했다.

큰 사람은 저를 바르게 하여 물건이 바르게 되는 이라.
大人者 正己而物正者也
　•『맹자』,「고자 하」

했다. 빨가숭이 마음, 난 대로 있는 마음, 이 세상 살림하는 동안에
잘못되지 않은 마음, 그것이 곧 덕德, 속을이다. 그 속을, 그 근본 마음
자리를 찾아 기르면 그것은 곧 우주에 통하는 힘이요, 해 달을 뚫는
밝음이요, 뵈고 뵈지 않는 모든 생명의 운동이 다 거기 있단 말이다.
그래서 장자는,

큰 사람은 성인도 못 견딘다.
大人聖人不足以當之
　•『장자』,「즉양」

고 한 것이다. 대학의 목적은 그런 인격, 마음의 그런 자리를 찾아
기름이다. 그 목표를 가리켜 도道, 곧 길이라 한다. 길은 공도公道, 누
구나 그리 가야 하는 것이기 때문에 모든 사람의 행위의 목표가 도道
이다.『중용』은

하늘이 말씀한 것을 이론 바탈, 바탈대로 함을 이론 길, 길닦음을
이론 가르침.
天命之謂性, 率性之謂道, 修道之謂教
　•『중용』,「제1장」

이라 한다. 도에 관하여는 노자가 여러 가지로 깊은 설명을 하나
그것을 다 말할 수도 없고, 한마디로 도는 변치 않는 바탈이다. 형상

있는 이 세계의 모든 것은 하나도 그대로 있는 것이 없다. 영원한 것이 없다. 그러므로 참이 아니다. 사람이 불행한 것은 이 변해 마지않는 물질세계의 영향을 받기 때문이다. 그러므로 이것을 버리고 그 변하는 밑에 있는 변치 않는 참을 찾아야 한다는 것이 종교의 가르침이다. 그 점에서는 중용이나 노자나 인도사상이나 기독교나 다름이 없다. 그러므로 옛날 가르침의 목적은 주로 이 바탈을 찾는 데, 참을 찾는 데 있었다.

대학을 서양말로는 유니버시티university라 하는데, 그것은 라틴말의 우니Uni, 곧 하나라는 데서 나온 것이다. 우주를 유니버스라 하는데, 그것도 천지만물이 여러 가지지만 그것이 통일이 되어 산 하나라는 뜻에서 하는 말이다. 그래 보편이니 통일이니 하는 뜻이 있다. 대학을 유니버시티라 하는 것은 각 부분이 제각기 전문을 하나 그것이 모두 서로 유기적인 통일을 하여 하나가 되도록 하는 곳이란 뜻에서 하는 말이다. 그리고 보면 이것도 대학이란 뜻과 서로 통하는 말이다. 동서양을 물을 것 없이 대학의 본뜻은 바탈을 찾는 데 있다.

그러나 오늘날 대학 교육이 그러냐 하면 아니다. 점점 갈라져나가 서로 끄트머리로 나가는 것이 대학 교육이다. 지금은 제 전문하는 부문 이외에 대하여는 서로 무식쟁이다. 부분적으로 발달하는 것은 좋으나 전체로서의 종합, 하나됨은 잃었다. 지금 대학 교육을 아무리 받아도 이 사회에 적응해나가는 지혜를 조금도 갖지 못하는 것은 이 때문이다. 특수한 부분적인 지식은 있건만 지혜는 없다. 이것은 본래 희랍의 학문이 그런데다가 문예부흥 이래 발달하는 과학의 영향이 더해서 점점 그렇게 된 것이다. 거기서는 현상계에 대한 견문〔information〕을 넓히는 것이 목적이지 그 현상의 뒤에 무엇이 있나가 문제 아니다. 그러나 현상에 대한 지식이 아무리 늘어도 그것이 현상을 다스릴 수는 없다. 뵈는 것은 뵈지 않는 것에서 나왔기 때문이다.

동양의 생각은 그 뵈는 것보다 뵈지 않는 것을 더 문제삼았다. 그러므로 과학은 발달 못하고 철학·종교가 그 문화의 주장이 됐다. 과학이 발달 못하고 현상의 세계를 경시한 죄로는 이른바 아시아적인 사회가 돼버려 서구 나라의 식민지가 돼버리는 불행을 당했지만, 지금은 인류의 역사를 끌고 나가던 그 서구주의가 막다른 골목에 들어갔고 지식을 넓히는 주의의 교육은 사람을 불행하게만 만들었다는 생각을 가지게 되어, 대학 교육은 그 학풍이 완전히 변해야 할 것을 느끼고 있다.

그럼 학풍이 어떻게 달라져야 할까? 그것은 이 세대 자체가 전개시켜나갈 것이요, 어느 개인이 플랜을 그려서 될 것은 아니지만 사람은 역사적 존재인지라 학풍을 변하려 할 때에도 전혀 새것을 갑자기 시작할 수 없을 것이다. 역시 전번 문예부흥 모양으로 지금까지 나아가는 길이 아닌 다른 어떤 길에서 찾아보는 수밖에 없을 것이다. 이것이 요새 동양 소리가 차차 높아가는 까닭이다.

그런데 그 동양 학풍의 특색이 무엇이냐 하면 밖이 아니고 안을 찾는 것, 지식이 아니고 지혜를 찾는 것, 듣고 보는 것을 넓히는 것이 아니라 성질이 달라지는 것〔transformation〕을 문제삼는 일이다. 그것을 기질의 변화라 했다. 혹 깨달음이라, 해탈이라, 새로 남이라 한다. 대학 교육의 목적은 기질의 변화에 있어야 할 것이다. 변화란 현상계에서 하는 말이지 참의 세계에서 하면 바탈을 찾음이다. 복명復命이다. 돌아감이다. 회개다. 이 물질의 지배를 받는 현실의 사람은 그 도를 아무리 높여도 그것은 현상이 복잡해졌을 뿐이지, 그것으로 외계의 지배를 면할 수는 없을 것이다. 그 사람은 어디까지나 썩을 사람이지 생명이 아니다. 과학이 발달하여 장생불사하는 법을 발견한다해도 그것은 참 생명은 아니다. 참 정신을 찾지 못하는 한은 과학이 발달한다 해도 죽음을 이기지는 못할 것이다.

위에서 대학을 감옥이라 하고, 감옥을 대학이라 한 것은 그 때문이다. 대학에서는 많이 배우는 대신 속을 잃고 죽게 되는데, 감옥에서는 현실의 세계를 왼통 박탈당하고 남은 것은 오직 물질의 세력이 못 미치는, 정말 하늘이 준 밑천인 마음, 바탈 하나만 남기 때문에 도리어 그것을 찾게 된다. 정신이 아무것도 아닌 것 같지만 그것을 찾으면 모든 것이 그 안에 있다. 모든 것이 정신에서 나왔기 때문이다.

• 1959년 10월, 『사상계』 제75호

대학이란 무엇이냐

대학, 큰 하나를 이루는 존재

요즈음 대학이 크게 관심거리가 됐다. 그것을 미워하는 사람들로서는 그 뜰에 기관총을 걸어놓고라도 그리 들어오는 놈을 다 쏘아버리고, 그 교실 연구실을 구둣발로 짓밟고 기구를 들부수기까지 하고, 그 안에 있는 놈을 다 때려 내쫓아서까지라도 그것을 없애버렸으면 좋겠고, 그것을 아끼는 사람들로서는 그 학생 하나가 매를 맞고 그 교수 하나가 업신여김을 당하는 것도 나라 전체와 민족 문화의 밑터가 흔들리는 것이어서 견딜 수가 없다. 그렇게 된 것은 물론 세상이 다 아는 대로 한일조약에 반대하는 '데모' 때문이다.

그러나 학생들이 그렇게 대규모의 열렬하고 끈덕진 '데모'를 해야만 됐고, 벼슬아치 군인들이 그렇게 강경하게 철저하게 무자비하게 탄압을 하게까지 된 것은, 그리하여 깊은 감정의 맞섬에까지 이르게 된 것은, 우연한 일인가, 즉 다시 말하면 어느 누구 누구 특정한 사람들의 잘못으로 인하여 된 것일까, 그렇지 않으면 거기 역사적 필연, 즉 이때 이 나라의 일로 보아서 그럴 수밖에 없는 무엇이 있어서 된 것인가? 만일 우연히 된 것이라면 지금은 아무리 큰일같이 보여도 그리 걱정할 것이 없을 것이다. 아무리 악한 사람이라도 죽는 날이 올 터이니 그러면 그 악은 저절로 소멸되고 말 것이다. 그러나 만일 그렇지 않고 거기 그럴 만한 역사적인 까닭이 있어서 그리된 것이라면 그것은 깊이 생각하여서 하지 않으면 아니 되는 큰일이다.

대체 대학이란 무엇인가? 물론 그것은 소학에 대립시켜서 하는 말이다. 옛날 중국에서 자녀들 교육을 하는데, 나서 일곱 살이 되면 소학에 들여보내어 가르쳤고 거기서 쓰는 교과서도 『소학』小學이라 했다. 그리고 자라서 열다섯이 되면 사회의 상류계급의 자녀들이 대학에 들어가서 공부를 하였다. 거기서 쓰던 것에 『대학』大學이란 책도 있다. 그 『대학』의 첫머리에는 "대학자大學者는 대인지학야大人之學也라", 대학은 큰 사람들이 하는 학문이라고 설명이 붙어 있다. 큰 사람이란 물론 작은 사람 곧 어린이에 대한 어른이라는 뜻도 있지만, 또 그것만 아니다. 그러한 신체의 나이를 말하는 것 외에 정신연령을 가리키는 뜻도 있다.

그러한 중국의 학제를 우리나라에서도 채용했으므로 예로부터 우리나라에서도 소학 대학 했고, 후에 문화의 발달에 따라 그것만으로는 부족하여 중간에 또 학교를 두게 됐으므로 그것을 중학中學이라 했다. 서양에서는 소학이라 하지 않고 초등학교라 하고 대학은 '칼리지' 혹은 '유니버시티'라 부르는데, '칼리지'란 모여 있는 기관이란 말이요, '유니버시티'란 종합이라는 말이다. 각각 연구하는 분야가 서로 갈려 전문적이지만 합하여 하나를 이룬다는 뜻이다. 본래 '유니버스'는 우주란 말인데 그 뜻을 직역하면 하나로 됐다는 뜻이다. 우주 안에 만물이 있지만 그것이 조화되어 하나를 이루었다는 뜻에서 나온 말이다. 대학을 유니버시티라 하는 것도 그런 뜻에서 온 것이다. 종합대학이라 번역한 것은 그 때문이다.

제왕학, 치인지학을 넘어서

그러나 대학이 무엇이냐 하는 것은 이러한 명사의 풀이만이 아니라 역사적으로 어떻게 해서 생기게 됐느냐, 그 유래를 생각해야 더 자세히 알 수 있다. 지금 대학이라면 누구나 알기 쉽게 전문적인 지식·기술을 배우는 곳이라 하겠지만 역사적으로 그 유래를 찾으면 그렇게 단순한 것만은 아니다.

누구나 아는 대로 교육은 본래 일반 민중에서 시작된 것이 아니고 첨에는 어느 특수한 계급, 좀더 분명히 말해서 상류계급 혹은 지배계급에서 시작되었다. 넓고 깊은 의미의 교육이라면 아이들이 그 아버지 어머니의 옆에서 그 사냥하고 밭 갈고 옷 꿰매는 것을 보고 조력하던 데서 이미 시작됐다 할 것이지만, 보통 말하는 제도로 되어 있는 교육은 생활이 간단한 옛날 사회에서는 별로 필요를 느끼지 않았고 일반 민중을 지도·지배하는 윗계급 사람에게 비로소 그 필요를 느꼈다. 마술을 하는 종교나 몽둥이나 칼을 쓰는 추장은 그 후계자에게 그 비법을 특별히 가르칠 필요가 있었다. 이것이 교육의 시작이다.

소학 혹은 초등교육은 비교적 이른 적부터 자못 널리 보급이 되어 있었다. 그것은 인생을 살아가는 근본 기초되는 지식 기술은 누구에게나 없어서는 아니 되기 때문이다. 그러므로 위에 말한『소학』에 보면 "인생칠세人生七歲면 개입소학皆入小學"이라 해서 다 학교에 보낸다고 했고, 그 가르치는 내용을 보면 쇄소灑掃, 응대應對, 진퇴進退에 관한 것, 애친愛親, 경장敬長, 융사隆師, 친우親友하는 법을 가르친다고 했다. 이른바 기본교육이다. 아무리 지배하고 부려먹는 사회라도 이 정도도 아니 가르쳐주고는 할 수가 없었기 때문이다.

그러나 지배계급이 자기네의 아들딸을 생각할 때는 그것만으로는 될 수 없다. 백성 노릇을 하는 데는 먹고 입고 방 쓸고 대답하고 나가고 물러가고 어른보고 어떻게 하고 스승 친구보고 어떻게 절하고 어떻게 접대하는 것을 알면 그만이지만, 남을 다스리는 사람, 생각과 욕심이 가지가지인 무리를 거느리고 일을 시키고 싸움을 조정, 판단해주고 법을 만들고 상벌을 고르게 주어야 하는 데는 특별한 지식과 훈련이 있지 않으면 아니 되었다. 그것이 대학이다. 그렇기 때문에 나라에서는 반드시 대학을 세워 임금의 아들과 귀족들의 맏아들과 일반 백성 중에서 특별히 잘난 놈을 골라뽑아서 시킨다고 하였다. 그러고 보면 대학은 그 본래의 뜻에서는 제왕학帝王學, 치인지학治人之學, 곧 사람 다스리기를 배우는 곳이었다.

그런데 문화는 발달하는 것이요 세상은 복잡해지는 것이라, 늘 그대로 있지 않아서 서민계급의 발달을 본즉 옛날에 하던 기본교육만으로는 될 수 없고, 차차 전문지식과 기술을 계획적으로 방법적으로 가르칠 필요를 느꼈다. 근대의 대학은 이리하여 일어난 것이었다. 그러고 보면 그 뜻은 옛날과는 많이 다를 수밖에 없다. 이제 대학은 제왕학, 치인지학만일 수 없다. 인생의 내용을 풍부히 하는 가지가지의 이치와 기술을 제각기 다투어가며 연구하게 되었다.

한 나라 한 민족의 정신적인 생명

그렇게 대학의 발달이 근대로 오면서 사회에서 하는 역할이 옛날과는 아주 다르게, 보다 크고 넓고 깊게 되었다. 옛날엔 거의 정치적 목적에 국한됐던 그 활동이 이제는 인간 문화 전반에 걸치게 되었다. 이제 이것을 한마디로 묶어 한다면 대학은 문화의 전승과 발전을 종합적으로 맡아서 하는 것이라 할 수 있다. 옛날에도 정치에 관한 것만이 아니라 종교·예술·문학·공예 하는 것도 가르치지 않은 것 아니나, 그때는 목적이 오로지 정치적인 데 있었다.

지금은 그럴 수 없다. 정치와는 따로 서 있고 그 목적을 이루기 위해서는 될수록 정치와는 따로 서지 않으면 아니 된다. 이제 대학이 하는 일은 정치기관이 하는 것보다는 훨씬 더 넓고 영구적인 일이다. 이때까지 온 모든 문화는 자연대로 되는 옛날과 다르게 전문 연구가에 의하여 연구되어 대학이라는 곳으로 일단 모여들고, 거기서 그 문화를 받아서 더 새롭게 발전시킬 다음 대의 사람에게 넘어간다. 정치도 여기서는 그 한 부분밖에는 안 된다. 생명은 발전하는 것임을 생각할 때, 인간은 역사적·사회적인 존재임을 생각할 때, 대학이 하는 일은 그 뜻이 얼마나 크고 높은 것임을 알 수 있다. 애급의 문명이 나일 강의 선물이라면 근대의 문명은 대학의 선물이다.

그러므로 대학의 사명이 그렇듯 중대하므로 거기는 독특한 지위 혹은 특권이 주어지지 않으면 아니 된다. 주어진다지만 누가 주는 것 아니다. 그 스스로가 가지는 것이다. 특권 혹은 특전이라지만 그것은 정치적 특권같이 어떤 일부를 위한, 전체에서의 책임을 면하기 위한 특권이 아니라 전체를 위해서 그 해야 할 사명을 다하기 위한 특별한 지위요 대접이다. 한 집의 어린이는 권력이 강하여 혼자 행복을 누리기 위하여 특별한 대접을 받는 것 아니라 한 집의 생명이 거기 달려 있기 때문이요, 영광과 즐거움이 그것 없이는 있을 수 없기 때문이다. 어린이 제가 요구하는 것 아니요 아버지 어머니가 허해서 되는 것 아니라, 스스로 그런 것이다. 이것을 다른 말로 하면 하늘이 주는 것, 천부라고 한다. 어린이가 받는 귀여움, 존경은 천부다. 대학의 특전도 그런 것이다.

한 가문의 생명이 어린이에게 있듯이, 한 나라 한 민족의 생명, 더구나 그 정신적인 생명은 대학에 있다. 맹자는 인생의 참 즐거움을 셋을 꼽는데 교육의 즐거움을 그 마지막으로 꼽았으며 자기는 스스로 천하의 미래를 약속하는 영재를 가르치는 스승으로 자처했다. 그는 임금이 부르는 것을 물리치면서 자기는 천작天爵을 가졌는데 어찌 인작人爵을 가지고 부르느냐 했다. 임금이요 정치가는 사람이 주는, 제도나 법으로 주는 지위지만 교육자가 가지는 지위는 그 학식과 인격을 통하여 오는, 하늘이 주는 지위라는 말이다. 그러므로 그 둘은 서로 상대가 되지 않는다. 하물며 그 인작을 가지고 천작을 업신여김에서일까. 한 스승에 대해서도 그렇거든 모든 스승 모든 영재를 한데 모은 대학에서일까.

대학은 마땅히 특별대접을 받아야 한다. 월급을 더 주고 훈장을 주란 말이 아니라, 나라 전체가 그것을 아끼고 보호하고 가꾸고 북돋우어야 한다는 말이다. 꽃이 가지 끝에 있는 것은 자기만 잘 보이기 위해서가 아니요 꽃 노릇을 하려면 모름지기 그리해야 하기 때문이다.

꽃처럼 자기 주장 아니 하는 것이 어디 있나? '화무십일홍'花無十日紅이라고, 아무리 아름다운 꽃도 잠깐뿐인데, 그렇게 약하고 연한 것인데, 가지의 맨 끝에 있는 것은 그래서만 종자의 계속이라는 중대한 역할을 할 수 있기 때문이다. 그런 것을 모르고 그것이 높이 있다 해서, 일은 아니 하고 영화를 누리기만 한다 해서 시기하고 미워하고 꺾어버리고 깔고 앉으려는 뿌리가 있고 그루가 있다면 얼마나 어리석고 섭섭한 일인가? 젊은이는 민족의 어린 순이요, 대학은 그 순에 피는 꽃이다. 우리의 모든 소망과 이상이 거기 있다. 아끼고 대접해야 하지 않나?

생명의 뿌리 뽑으려다 존재의 뿌리 뽑힌다

그런데 그 대학이 나무의 줄기 같은 정부로부터 원수처럼 앎을 당하게 됐다. 이 얼마나 슬프고 걱정되는 것인가? 일이 그렇게 된 원인을 찾으면 대학생들이 한일조약을 반대하여 '데모'를 행한 데 있다 하지만, 그리하여 한일조약에 대하여 제2의 이완용이 되더라도 결행하겠다는 자신을 가지는 정치인들은 그 못된 버릇을 뿌리째 뽑겠다고 대언장언大言壯言, 혹언酷言을 하지만, 그렇게 뽑아버려야 하도록 나쁜 버릇도 아니요, 또 결코 뽑아버릴 수 있도록 옅고 만만한 것도 아니다.

이번의 데모는 그만두고 대체 악의 뿌리가 어디 있는지는 아는가? 선이요 악이요 하지만 선은 결코 누구의 선이 아니며 악도 누구의 악이 아니다. 순舜은 '여인위선'與人爲善했다 하지만 순만 아니라 선하려면 '여인'與人일 수밖에 없다.

혼자서는 선은 못한다. 혼자서 한 것은 선일 수 없다. 99인이 천국이나 정토엘 가도 한 사람이라도 지옥 간 놈이 있다면 그것은 천국이 아니다. 전체가 구원이 될 제 구원이지, 전체가 얻지 못한 것이 무슨 구원인가? 생명은 전체에만 있다. 전체가 생명이다. 선도 전체가, 악도 마찬가지다. 그러므로 선한 자 상 주고 악한 자 벌 준다는 것은 소학에서나 하는 방편의 가르침이지 참이 아니다. 참에서 보면 선·악이 한 뿌리에 달렸다. 어떤 선도 캐어들어가면 악에 연접이 되어 있고, 악도 캐어 들어가면 선과 연접이 되어 있다. 그러므로 선을 죽임이 없이 악의 뿌리를 뽑을 수는 없다. 뿔을 바로잡다가 소를 죽인다는 말은 그래서 있다.

그렇기 때문에 하나님의 아들이라는 믿음을 받는 예수가 가라지 뿌리를 뽑지 말라, 그것은 마지막 날까지 기다려라 한 것이다. 세상에 이보다 더 어진 교훈이 있을 수 없다. 소 아니 죽이고는 소 뿔도 못 뽑거늘, 나라를 아니 망치고 어찌 젊은이의 데모를 뽑을 수 있겠나? 데모의 뿌리는 의기에 있고, 의의 뿌리는 젊음에 있고, 젊음의 뿌리는 생명에 있으며, 생명의 뿌리는 하나님이다. 절대다. 그 뿌리를 뽑으려다가 너의 존재의 뿌리가 도리어 뽑히고, 그 바람에 옆의 몇 사람 코를 다치지나 않을까 두렵다.

이치만 그런 것 아니라, 이치가 그렇기 때문에 역사상의 사실을 보아도 대학생의 항의의 역사는 길다. 우리나라같이 다른 데 예가 없는 전제주의의 정치 역사에서도 그래도 거기 비판을 하고 나선 것은 선비였다. 산림山林은 툭하면 상소하고 올라왔다. 오늘날 말로 하면 데모다. 저 유명한 세종대왕까지 당하지 않았나? 다른 종교를 허락한다 하여서 그 눈동자같이 사랑하던 집현전 학생들이 동맹휴학을 했다. 세종은 세종이니만큼 탄압책을 쓰거나 뿌리째 뽑는다 위협하지는 않았다. 그다음 여러 번 있던 사화란 것도 선비와 관리의 충돌이었다. 그렇게 올라가면 고려에서도 찾을 수 있고 삼국시대와 그 이전의 기록은 모르겠으나 그때에도 없지 않았을 것이다.

선악이 한 뿌리에서 나와 서로 싸우는 생명의 구조인 이 세계에서 지배·피지배의 맞서고 싸움은 면할 수 없는 일이다. 대학생의 데모도 단순히 철이 없어서만 나온 것도, 남의 선전에 넘어가서만 나온 것도 아니다. 그런 점도 없지 않을 것이다. 이 상대세계에 순純이란 것이 어디 있을까? 그런 불순한 점도 있을 것이다. 그러나 그런 조건은 그 어느 계기는 혹 될 수 있어도 그 근본 원인은 아니다. 그리고 거기 대한 바른 조치를 하려면 그 근본 원인을 알지 않으면 아니 될 것이다. 이번 한일조약 반대에서 우리는 그릇된 판단이나 더러운 욕심에서 나온 것이라 보지도 않지만, 설혹 그런 점이 있다 가정을 하더라도 대학생이 데모를 했다 할 때는 그보다는 좀더 깊이 넓게 보는, 나와 너를 한자리에 놓고 하는 자리에서 생각해야 할 것이다.

그러면 단순히 잘못이라고만 하지 않을 터요, 잘못했다 하더라도 미워하거나 보복적으로 나가지는 않을 것이다. 생각하면 참혹한 일이요 비극이다. 데모한 것이 노상 철부지인 어린이도 아니요, 부족하나마 현대의 최고 학부에 있는 지성인인 것을 생각하며 그것을 내 동생으로 안다면, 또 반대로 학생 편에서는 몽둥이로 내 머리를 까고 구둣발로 내 허리를 밟는 그가 노상 야만이 아닌, 나라를 지키자는 20세기의 사나이란 것을 생각하고 그들을 내 형으로 생각한다면, 싸움이 이렇게까지는 아니 됐을 것이다. 이것은 참 비극이다.

붓과 칼

5·16사건이 터졌을 때 어떤 일본 정치해설자가 방송을 통하여 거기 대한 설명을 하면서 군인들이 그렇듯 개혁을 일으킨 것은 아마 학생들이 남북협상을 주장하고 나온 것에 대하여 분개한 것이 그 동기가 아닌가, 그러면 이 사건은 학생 대 군인의 싸움으로 전개되는 것 아닐까 하는 말을 하는 것을 들은 일이 있다. 전적으로 그의 해석을 바로 들어맞았다 시인하는 것은 아니지만, 그 말을 듣는 순간 가슴에 뜨끔 찔리는 것이 있으면서 "저놈들 어째 불길한 말을 할까?" 하는 소리가 내 입에서 나왔다. 그 이후 오늘까지 그 소리를 잊지 못하는데 어쩌면 일이 이렇게 되었을까. 학생과 군인의 충돌, 말만 해도 끔찍한 소리다. 학생은 무엇이요 군인은 무엇인데?

나는 위에서 학생을 가지 끝의 꽃이라 했지만 학생을 만일 꽃이란 다면 군인은 뭘까? 군인은 버티고 서는 그 나무줄기를 둘러싸는 굳은 껍질이다. 우툴우툴 곱지 못하지만 대접을 못 받아서 곱지 못한 것이 아니라 비바람과 싸우며 버러지·짐승과, 보이지 않는 병균과 결러대며 싸우자니 그런 것이다. 위와 아래가 너무 다르고 곱고 미움이 너무도 다르지만, 그 미움이 아니면 그 고움이 어디서 오며, 그 고움을 위한 것이 아니람 무엇하자고 그 아픔일까? 어젯밤 껍질에 있던 진액 오늘 아침 꽃에 가면 그 고움이요, 봄에 꽃이 받던 영광 겨울에 눈 오면 껍질에 가 있지 않나? 하나 아닌가? 하나인데 어째 서로 원수나 되는 양 미워하나.

지금부터 60년 전 나라가 망하려 할 때, 그리하여 기울어지는 집을 이제라도 버티어보자 악을 쓸 때 삼천리 방방곡곡에 연설회가 유행했다. 늙은이 젊은이가 모여 눈물과 입거품으로 불이 나게 논쟁을 하는데 거기 흔히 나오는 제목이 '필검筆劍이 쟁공爭功'이란 것이 있었다. 어찌 보면 소학생들이나 할 유치한 토론인 듯도 하지만 그 토론이 매우 많이 유행했다. 그런데 오늘 세상 형편 보면 어쩌면 그 시대가 되돌아온 듯하다. 그때는 입으로 싸웠던 것을 지금은 실지 몸으로 싸울 뿐이다.

역사는 되풀이한다는 말이 있지만 정말 되풀이인가. 그럴 리는 없다. 역사는 절대진보의 행진이다. 나아가도 나아가는 거요, 물러가도 나아가는 길이다. 이겨도 이기고 져도 이기는 싸움이다. 그 행진에 되풀이란 있을 수 없다. 그러나 되풀이 같은 것을 어쩌나? 그렇다, 되풀이로 나아가는 것이다. 물에 소용돌이란 것이 있다. 뱅뱅 돌아가는 것 같지만 사실은 급히 내려갈 때에 소용돌이가 치는 것이다. 좁은 목을 뚫고 나가려면 그러는 수밖에 없다. 문과 무 싸우는 일, 고려에도 이조에도 있었고 붓이 더 힘 있느냐 칼이 더 힘 있느냐 하는 싸움, 60년 전에도 있었고 지금도 또 있지만 그것은 역사가 물러가서도 멈추어서도 아니요, 이 급한 고비를 어서 빠져나가려 하기 때문이다. 붓과 칼의 싸움은 이제 시작된 것이 아니요 우연히 된 것도 아니다. 본래 있는 싸움이다. 밤낮 치는 소용돌이인데 그것으로 역사는 나아간다.

사람은 행동하는 존재다. 그러나 그보다도 더 생각하는 존재다. 학생과 군인의 싸움은 지知와 능能의 대립이다. 둘이 다 없을 수는 없으나 지는 능을 둘러싸야 한다. 사상 없이 행동이 있을 수 없으나 사상은 행동보다는 넓다. 행동의 세계는 현실에 국한되나 사상의 세계는 이상에까지 미친다. 그러므로 행동의 통일을 늘 깨뜨리고 그 깨진 것을 도로 통일하려 행동하므로 진보는 있다.

대학은 이상을 대표하고 군대는 현실을 대표한다. 현실 없는 이상도 소용없고 이상 없는 현실도 무의미한 것이지만, 둘은 수레의 두 바퀴 같은 것이지만, 그래도 현실은 어떤 때는 자기부정을 하면서도 이상을 살려야 한다. 참 농사꾼은 흉년을 당하면 굶어죽으면서도 씨앗을 남겨 베개로 삼고 누워 미래를 꿈꾸며 죽는다. 이상은 영원한 불멸체이지만, 현실은 그 이상을 지키다가 죽어서 끊임없는 갱신을 해야만 불사체에 이를 수가 있다. 싸움에서는 죽음을 영광으로 삼고 진리에서는 죽지 않음을 영광으로 삼는다. 그 둘이 서로 다르나 구경은 하나다. 다만 나타나는 것이 다를 뿐이다.

그것은 순결하고 높아야 한다

대학을 상아탑이라고 하는 말이 있다. 그것을 만일 현실에서 완전히 떠나 제 스스로의 지경에 도취하는 의미에서 본다면 그 말은 마땅히 물리쳐야 할 것이다. 그러나 그와는 달리 대학에는 확실히 상아탑적인 점이 있다. 그것은 순결해야 하고 높아야 하고 정교해야 한다. 그것은 순전히 진리 탐구의 동산이어야 한다. 속된 명리의 티끌이 들어가서는 못쓴다.

그것은 이상의 보금자리이어야 한다. '비전'이 거기 늘 살아 있어야 한다. 현실주의의 넝쿨이 그것을 덮어서는 아니 된다. 그것은 전문적이어야 한다. 거칠어서는 못쓴다. 웬만 웬만을 목표로 하는 이용주의가 섞여서는 못쓴다.

그러기 위하여 거기는 절대 자유의 분위기가 보장되어야 한다. 처녀의 방은 아버지 어머니도 들여다보아서는 아니 된다는 빅토르 위고의 말같이 학원 안은 아무도 간섭을 해서는 아니 된다. 미래의 꿈을 그리고 있는 겨울 꽃망울 속에는 태양도 들어가서는 아니 된다. 할 말이 있거든 간접으로 따뜻한 사자를 시켜서 하고, 그 자신의 얼굴은 그 망울이 스스로 기뻐서 벌리는 시간까지 기다리고 참아야 할 것이다. 선善에 급히는 금물이요, 사랑도 독촉을 해서는 망가져버린다.

군인의 학원 난입은 참 잘못이다. 물론 학생에게 잘못 없다는 말 아니요, 군인에게 잘한 것 도무지 없다는 말 아니다. 군인을 나무라서도 학생을 편들어서 하는 말이 아니다. 전체를 위하고 도리를 위해서 하는 말이다. 대학, 그것은 민족의 딸의 골방이요, 문화의 꽃의 겨울망울 아닌가?

다 깎아먹어도 어린 새순만은 남겨야 한다. 나랏일이 어려우면 할애할 일이 많다. 노래도 한때 못 해도 좋고, 춤도 한때 그쳐도 좋다. 부득이하면 이웃과의 교통조차 피해도 좋다. 그러나 지성만은 짓밟아서는 아니 된다. 왜 그런가? 어느 때도 잠자서 아니 되는 것은 주체성인데, 민족적으로 제 정신을 차리는 것인데, 그 주체성은 지성의 부지런한 활동 아니고는 깨워낼 수 없기 때문이다. 지성이 이렇게 푸대접을 받고, 업신여김을 당하고는 나라의 장래가 있을 수 없다.

학생과 군인이 충돌이 됐다는 것은 지知·능能의 분열이다. 지성이 실력에 눌려버리면 키 잃은 배 같아서 추진력이 강하면 강할수록 더 미쳐 돌아갈 것이요, 나중에는 파선하는 수밖에 없을 것이다. 그 지와 그 능이 서로 조화를 이루도록 해야 할 것이다. 무엇으로 할까? 덕에 의해서만 될 것이다. 덕이 무엇인가? 전체를 내 속에 체험하는 일이다. 우주를 내 속에, 내 속에 품을 때 모든 행동은 저절로 조화될 것이다. 이것이 공자가 지知·인仁·용勇 셋을 천하지달덕天下之達德이라 하면서도 인을 그 근본으로 삼은 까닭이다.

학생·군인의 대립은 우리 국민성격의 약함을 말하는 것이다. 건전한 도덕정신을 가지는 국민에게 그런 일은 있을 수 없다. 이 의미에서 이것은 큰일이다. 한일문제라는 특수한 문제를 토론하다가 나라의 존망에까지 관계되는 여기까지 이른 것은 우리 국민적 자아의 자기 분열을 의미하는 일이다. 어서 속히 전체적인 화해의 기분에 돌아오지 않으면 큰일에 이르고야 말 것이다. 이 의미에서 우리는 권선징악이라는 아주 엷은 철학에 서서 소위 버릇을 가르친다는 정책을 반대한다.

상아탑을 가지고 말하는 발 디디개를 삼아서야 어찌 되겠나?

• 『신동아』 1965년 10월호

제6부

인간혁명

1970년대 유신 반대 시위에 참여한 함석헌

"우리는 이제 다시 새 혁명을 시작해야 한다.
……우리는 민중을 깨워야 한다.
우리 자신을 가르쳐야 한다.
예배 시간이나 공부 시간만 아니라,
일터에서나, 쉴 때나, 잡담을 하는 때에도,
우리 이상하는 바를 말하고
주장을 선전해야 한다.
민중으로서의 자기 교육, 자기 훈련을 해야 한다.
이제부터 곧 이것을 시작해야 한다"
-「새 시대」

우리가 어찌할꼬

역사의 막다른 골목에서 던지는 물음

"형제들아, 우리가 어찌할꼬?"

19세기 끝에 톨스토이는 이렇게 제목을 붙이고 유명한 책을 썼다. 그는 그때에 세계를 대표하여 이렇게 물은 것이요, 거기 대해 대답을 하려 한 것이다. 그러나 사실 그것은 톨스토이의 말이 아니고 『성경』의 말이다. 기독교가 처음으로 일어나는 아침, 민중이 그것을 보고 놀라서 물은 말이 그것이었다〔「사도행전」, 2: 37〕. 그러니 톨스토이를 알면서 『성경』을 모르면 우스운 일이다. 마치 공산주의자들이 "일하지 않는 자는 먹지 말지어다!" 하고 부르짖으면서도 그것이 자기네가 호랑이 화약 냄새처럼 싫어하는 기독교의 바울의 말인 줄은 모르는 것과 마찬가지다. 바울과 톨스토이를 낳은 것은 예수요, 그들로 하여금 그 말들을 하게 한 것은 그를 믿는 믿음이다.

기독교 역사 첫머리에 이 말이 적혀 있기 때문에 기독교란 곧 예수의 말로서 민중의 이 물음에 대해 대답을 하잔 것이라 생각했기 때문에, 톨스토이는 이 말을 끌어다 쓴 것이다. 또 기독교를 말하고 『성경』을 말하면서 톨스토이를 몰라도 잘못된 일이다. 그 진리가 들어가면 제 선 자리에서 그 말을 제 말로 하게 되지 않을 수 없기 때문이다. '우리가 어찌할꼬?' 이것은 역사가 막다른 골목에 들었을 때 언제나 사람의 입에서 나오는 물음이다. 그리고 종교란 거기에 대해 대답을 하는 일이다. 기독교가 일어난 것은 헬라·로마 문화의 세계가 가던 길이 막혔을 때요, 톨스토이가 이 말을 한 것은 19세기 제국주의 문명이 가던 길이 막힌 때였다. 그러나 오늘은 과거의 어느 때보다 더 크게 더 따갑게 인간이 '어찌할꼬?' 하는 때다.

그럼, 그때에 기독교는 무어라 대답했나?

너희가 회개하여 각각 예수 그리스도의 이름으로 세례를 받고 죄 사함을 얻으라. 그리하면 성령을 선물로 받으리라.

이것을 현대 말로 하면 완전히 혁명해야 된다고 하는 말이다. 회개란 정신적 혁명이다. 종교·도덕적인 말로 하면 회개요, 정치적인 말로 하면 혁명이다. 회개라 번역된 원어 '메타노에오'[1]를 직역하면 생각을 고쳐 한다는 말이다. 요새 공산주의자의 이른바 세뇌, 뇌를 씻는다는 것과 같은 말이다. 쉬운 말로 하면 정신적 혁명이란 뜻이다. 그러나 엄정히 말하면 혁명에 무슨 정치 혁명, 정신 혁명이 따로 있는 것이 아니라 모든 참 혁명은 마음의 혁명이다. '명'이란 숨이다, 말씀이다. 호흡이 새로워지고 말이 새로워짐이 혁명이다. 호흡이 새로우면 생명이 새 생명 아닌가? 말이 새로우면 정신이 새 정신 아닌가? 혁명을 칼 가지고 사람을 죽이는 것으로 아는 것이 잘못이다. 새 공기 마심이 혁명, 새 정신 가짐이 혁명, 그러면 새 행동 아니 나올 것인가?

혁명은 종교적 혁명이어야 참 혁명일 수 있다. 모든 혁명이 실패하고 끔찍한 일을 인간이 되풀이하는 것은 혁명이 종교적인 데까지, 즉 혼에까지 이르지 않기 때문이다. 예수가 참 혁명가인 것은 그가 정치적 혁신을 목적한 것이 아니고 인격의 혁신, 혼의 혁명, 그의 말로 하면 '거듭남'(새로 남)을 했기 때문이다. 그의 말을 들어 행한 자는 영원히 새사람이 되어 새 나라의 백성이 됐지마는, 듣지 않은 자는 망

1) 메타노에오(μετανοέω): 잘못을 뉘우치고 고치다, 회개하다.

했다. 오늘날도 마찬가지일 것이다. 젊은이의 가슴속에 새 우주관, 새 인생관, 새 역사관을 넣어주라. 썩어져가는 탯집 같은 정권을 집어치우기는 손바닥을 뒤집는 것같이 할 것이다. 아니다. 그들의 그것을 손에 대지 않아도 저절로 무너질 것이다. 아기가 다 자라면 태는 제 스스로 끊어지지, 어느 아기가 그것과 싸우는 법은 없다.

세례를 받으라는 것도 그 말이다. 물이란 모든 더러운 것을 씻어 깨끗하게 새롭게 하는 것이기 때문에 정신을 일신하여 새사람으로 새 생활을 이제부터 시작한다는 표시로써 행하는 종교 의식이 세례다.

"예수 그리스도의 이름으로"라는 것은 종파적인, 형식적인 교리의 주장을 떠나서 말한다면 "영원히 참다운 인격으로"라는 말이다. 이 날까지 있던 '나'라는 인격으로가 아니고 전혀 새로운 인격이기 때문에 이름을 바꾸는 것이다. 이제부터는 내가 아니고 예수라는 말이다. 그러나 예수라는 한 역사적 개인이 된다는 말이 아니다. 그것은 될 수도 없는 일, 돼도 소용없는 일이다. 그리스도인 예수다. 예수의 본질은 그리스도다. 그리스도란 영원 무한한 정신적 인격이다.

예수더러 "당신은 누구요?" 하면 그는 대답하기를 "나는 참이요, 길이요, 생명이다"라고 한다. 예수 그리스도의 이름으로 세례를 받는다는 것은 이제부터는 자아를 내버리고 진리인으로 도인으로 생명인으로 살겠다는 말이다. 그렇듯 인격의 변혁을 말하는 것이므로 '각각'이라 했다. 어떤 혁명당에 가입을 하는 것이 아니다. 당의 사람으로 사는 것이 아니라 내 인격이 완전히 자유로이 그렇게 되는 일이다. '죄 사함을 받는다'는 것은 지나간 모든 역사에서 완전히 해방됨이다. 아무런 제약도 받는 것이 없다. 지나간 역사가 원인이 되어 미래의 나를 구속하는 것이 아무것도 없고, 되풀이도 없다는 말이다. 완전히 '새것' '새롬' '샘'이다. 그러므로 완전히 정신적일 수밖에 없다.

'성령'은 새 생활의 생명력이다. 새 숨이다. 질이 다른 새로운 영적 생명을 받는다는 말이다. 이것이 혁명 아닌가? 이렇게 변한 다음에 변하지 않을 것이 무엇일까? 이렇게 된 다음에 못할 것이 무엇일까?

하나님은 삶이요 새로움이다

이랬기 때문에 기독교는 하나의 큰 혁명이었다. 전에는 어느 때도 못 본 혁명이었다. 예수는 혁명가였다. 그이처럼 역사에 근본적인, 또 항구적인 변동을 가져온 이는 없다. 그는 인생을 혁명했기 때문이었다. 그가 "불을 땅에 던지러 왔노라" 한 것은 이것을 말한 것이었다〔「누가복음」, 12:49〕. 그러나 그가 종교가·정치가·학자들이 합작운동을 하여 만든 꾀에 걸려 꼼짝없이, 병아리 목 비틀리듯 십자가에서 죽어버리고, 그를 따라다니던 무리도 맥없이 흐지부지 헤어지고, 기분 나쁠 만한 침묵 속에서 40일이 지나갈 때 특권계급의 지배자들은 가슴을 내리쓸고 속말로 "됐다" 했을 것이었다. 그러는 동안에 예루살렘 골목 어느 다락방에 120명쯤이나 되는 적은 수의 무식쟁이 남녀들이 모여 '한맘이 되어' 모든 존재의 근본이 되는 하나님께 '새 나라'가 오게 해달라고, 새 나라를 믿게 해달라고, 새 나라의 백성의 자격을 달라고 기도를 하고 있는 줄은 몰랐다.

하루아침 그 창문에서 불길이 후끈했다. 불이 난 줄 알고 달려간 사람들은 그 불길이 붙기는 붙는데 타지는 않는 것을 볼 때, 옛날 자기네의 훌륭한 혁명적 지도자 모세가 시내 산에 구경하러 갔다가 가시덤불에 불이 붙는데도 타지는 않는 것을 보고 "신을 벗어라, 네 선 곳이 거룩하니라" 하는 음성을 들었다는 말을 상기하고, 거룩한 두려움과 공경의 마음에 잡혀버렸다. 그러자 불길은 어디 가고 그 방안에 있던 사람들 입에서 여러 나라 말로 연설이 쏟아져 나왔다. 그들은 모두 예언을 했다. 사람들은 예수가 살았을 때 "내가 불을 땅에 던지러 왔다" 했던 말, "거룩한 정신적 세례"라 하던 말을 생각하고 직감적으로 "이게 그 불이로구나" 했다. 그러자 그중 한 사람, 보아서 알던 사람은 아는 갈릴리 바다에서 고기잡이하던 베드로란 사나이가 일어나서, 나라 역사의 맨 꼭대기에서부터 패내려오면서 굉장한 웅변을 했다.

그 말 마디마디가 불길이어서 듣는 사람의 가슴이 가만 있을 수가 없었다. 모세가 시내 산 폭발하는 화산의 공기를 마시고 느꼈던 것 같은, 절대의 벽참, 절대에 들이밀고 다가듦, 온통 타버리고 녹아버리는 듯한, 그러면서도 말할 수 없이 시원한 혼의 밑바닥에서 노래도 아닌, 춤도 아닌, 들부심도 아닌, 무슨 행동이 막 터져나오고야 말려는 듯한 것을 느꼈다. 구경 왔던 노릇이 이제 구경이 아니다. 모세의 때 모양으로 선 그 자리가 신을 벗을 자리, 거룩한 자리, 하나님이 계신 곳이 돼버렸다. 그들의 조상 야곱도 들판에서 자다가 그런 시간을 경험하고 "여기가 하늘 문이다" 했다〔「창세기」, 28: 17〕.

다시 말하면 그들은 그 선 자리에서 어떤 '새 일'이 시작되는 것을 느꼈다. 하나님이란 다른 것 아니요 삶〔生命〕이다. 삶이므로 '새'다, '새로움'이다. 열샘, 날샘, 다 신적 생명에 속한 것이다. 선 자리에서 뱀이 나와도 놀라겠는데 샘이 솟는데 어찌 아니 놀랄까? 물 샘이 솟아도 기뻐 놀라 뛰겠는데, 정신의 샘, 생명의 샘, 역사와 새 날의 샘을 선 자리에서 당한 놈이 어찌 기뻐 뛰고 질겁하지 않을까? 사람들은 이제 어쩔 줄을 모르게 됐다. 어떻게 할까? 오직 하나인 것이 딱 눈앞에 나섰기 때문에 어떻게 할 줄을 모르게 됐다. 해를 보면 캄캄한 것 같이 사람의 눈은 참을 만나면 못 본다. 사람이 본다, 안다 하는 것은 정말 할 것을 아직 알지 못하는 때에 하는 소리이다. 사람은 참에 직면하면, 의무에 맞닥뜨리면, 필연에 코를 대면 어쩔 줄을 모르는 물건이다. 사람의 앎은 모름이다. 그래서 '어찌할꼬?' 한 것이다. 그렇기 때문에 '어찌할꼬?' 하는 때는 어떻게 할지는 벌써 청천백일하에 환히 드러나 있는 것이다. 드러나 있기 때문에 감추어져 있다. 그래서 물었다.

지혜로운 참 혁명

오늘날도 마찬가지다. 지금은 '어찌할꼬?'는 가두街頭의 인사말이 됐다. 그처럼 우리는 드러내는 비밀에 걸려 허우적대고 있다. 예수

때에도 그랬다. 각계 각층 사람이 "빈 들에 외치는 소리로"라고 자칭하는 세례 요한 앞에 나가 저마다 '우리는 어찌할꼬?' 하고 물었던 것을 우리는 『성경』을 통해 잘 안다. 그것이 그 시대상이었다. 그러나 아무도 시원한 대답을 해주는 이가 없었다. 그 드러내는 비밀을 깨쳐 대답을 해준 이가 예수였다. 왜 다른 사람은 못하고 예수는 했나? 그는 두 겹 눈을 가졌기 때문이다. 모든 것이 그에게는 이중의 의미를 가졌다. 예수의 말을 보면 언제나 두 겹의 뜻을 넣어서 쓰고 있다. 생生도 두 겹, 사死도 두 겹, 나도 두 겹, 나라도 두 겹.

그것은 그의 속에 겉에 다른 사람과 같이 가지는 사람 밖에 속에 새사람이 들어 있기 때문이다. 또 그가 그처럼 속에 새사람을 가지는 것은 역사 속에 새로 나오는 세계를 보아냈기 때문이었다. 뱀이 평시엔 껍질이 하나이지만 새로 허울을 벗고 자라려고 할 때는 속에 새 껍질이 생기듯이 역사도 그렇다. 뱀이 허울을 벗는 것은 누구나 보아서 알아도 역사의 뱀이 허울을 벗는 것은 몇 번을 지내보면서도 모른다. 그것이 드러내는 비밀에 속아 허우적대는 인간이다. 그것을 뚫어 보는 자만이 안다. 겹눈이란 이것이다. 혁명가마다 이중 의미의 말을 쓴다. 그러고는 "귀 있는 자는 들어라!" 한다. 그것이 생명의 비방秘方이다. 죽음 속에서 살아나는, 반역을 하면서 사랑을 하는, 무너뜨리면서 세우는, 생명의 자기 발전의 지혜이다.

예수가 "지혜롭기를 뱀같이 하라" 한 것은 이 지혜이다. 그는 인간 역사 첫머리에서부터 원수인 뱀에서 역사를 살리는 부활의, 혁명의 진리를 배웠다. 정말 그는 원수를 사랑했다. 원수처럼 우리에게 가장 중요한 진리를 가르치는 자는 없다. 둘이 하나되는 오묘한 진리, 모든 진리의 꼭지가 되는 진리는 원수에게 배웠다. 원수야말로 미운데, 미운 자가 아니고는 사랑을 내게 가르쳐줄 놈은 없다. 예수는 자기의 발꿈치를 무는 뱀에게서 부단히 자기혁명을 하는 생명의 진리를 배웠다. 오늘날 우리도 원수를 사랑하면 거기서 새 시대, 새 나라의 샘을 볼 것이다. 혁명의 진리를 안 사람, 인생 역사를 겹으로 볼 줄 아는 사람, 낡은 것 속에 벌써 산 것이 다 자란 것을 보는 사람, 땅 위에 벌써 하늘나라가 내려와 있는 것을 보는 사람은 지혜를 가진다. 혁명은 지혜로운 것이다. 옛것을 미워함 없이 새것을 지어낸다. 온고지신을 한다. 그러므로, 그것이 지혜이므로 어려운 때에 제 한 몸과 세계를 구할 수 있는 지혜이므로 남의 스승이 될 수 있다고 공자도 말한 것이다.

프랑스의 대혁명, 러시아의 공산주의 혁명 같은 것은 혁명 중에도 아주 졸렬한 혁명이다. 그것은 혁명의 낙제다. 억지로 한 것, 따라서 되다가 모자란 혁명이다. 참 혁명은 지혜로운 것이다. 혁명의 좋은 실례는 어머니가 아기를 순산하는 일이다. 혁명은 순산이다. 건강한 어머니가 순산을 두려워 아니 하듯이 건강한 국민은 혁명을 두려워 아니 한다. 혁명을 두려워하고 싫어함은 모르기 때문이요, 모르는 것은 사랑이 없기 때문이다. 미유학양자未有學養子 이후가자야而後嫁者也〔『대학』, 제9장〕니라. 모성애가 있으면 어떻게 할지를 아는 법이다. 그것이 하나님이 주신 생명의 지혜이다. 혁명을 싫어함은, 순산하기를 싫어함은 그릇된 향락주의·이기주의·안일주의이다. 그러나 그런 국민은 생산을 기피한 어머니같이 망하고 말 것이요, 그 망함이 외롭고 슬프고 참혹하고, 그 시체를 들개가 뜯을 것이다.

너도 나도 사는 길

여러 말 할 것 없이 우리는 혁명해야 한다. 혁명만이 오직 하나로 나선 길이다. 이제 이것은 우리에게 청천백일하에 감추어진 비밀이다. 다 알면서 모르는 척하는 천하대세다. 예수 때에도 그랬기 때문에 평화의 길이 눈에 숨기어졌다고 했다. 눈에 숨기어진 것은 눈을 감았기 때문이다. 일부러 보지 않기 때문이다. 지금 혁명이 코앞에 와 닿은 것을 일부러 눈을 감고 보지 않고 있다. 왜? 당장의 안락이 아까워서. 비겁한 어머니가 진통이 무서워서 시시각각으로 문드러져 나가는 탯집을 끼고 산실에 눕기를 싫어하는 것과 마찬가지이다. 그것은 살인이요, 자살이요, 살신殺神이다.

매일 살인·강도·강간 사건이 일곱 번씩 나타나는 나라, 그 나라는 무슨 나라인가? 그만 했으면 그 정치는 이제는 썩어 문드러져 나가는 탯집밖에 더 되는 것 없는 줄을 알 것 아닌가? 그래도 이 정치를 붙잡고 아니 놓는 것은 이 아기를 죽이기로 결심하고 든 어머니의 껍질을 쓴 살인귀 아닌가? 혁명해야 된다. 아무리 아끼고 악을 써도 만삭되어 썩는 탯집을 살아나게는 못한다. 나오려는 아기를 틀어막지는 못한다. 그것은 하나님도 못 한다. 나올 것은 나오고야 만다. 나올 것을 알아서 순순히 내놓는 것이 지혜요, 순산이다. 여자는 생산하는 수고로 구원을 얻으리라. 나라 혁명을 함으로써 살아날 것이다. 스스로 물러나는 사회제도, 정권, 그것은 역사 위에 영원히 보존되는 자리를 가질 것이다. 그러나 그렇게 하지 않는 자는 망할 것이다.

다 알지 않나? 무서운 날이 시시각각으로 다가오고 있지 않나? 이러고, 세상이 이러고 무사한 법이 없지 않나. 강력범의 대부분이 군인, 학생, 젊은이란 것은 무엇을 의미하는 것인가. 다 됐단 말 아닌가. 썩을 대로 썩었단 말 아닌가. 젊은이는 의협심 있는 것, 학생은 이상에 사는 것, 군인은 봉공정신奉公精神에 사는 것인데, 그 군인, 그 학생이 이제 백주에 살인 강도를 하게 됐다면 마지막 아닌가. 그들은 썩어질 수 있는 최후의 예비선이다. 살이 문둥이처럼 되는 것은 속의 피는 벌써 썩은 다음 아닌가. 군인, 학생, 젊은이를 욕하지 말라. 그들은 상층계급의 썩은 것이 흘러나오는 하수도밖에 될 것 없다. 그러므로 이제 이 사회기구, 이 정치는 고쳐서 쓸 가능성이 전혀 없어졌다. 지혜 있는 자는 기울어진 담장 밑에 가지 않는다고, 이 정치야말로 기울어진 담장 아닌가? 무너지기 전에 제발 헐어라. 그것이 지혜요 선이요 용기이다.

그런 강력범이 드러내놓고 많이 나온다는 것은 국민이, 더구나 젊은이가 이 사회에 대해 소망을 잃은 증거이다. 국민적인 절망 아니라면 그런 사회상은 아니 나온다. 사람으로 하여금 도덕을 행하게 하는 것이 규칙이요 구속력이라 하지 말라. 인간은 그렇게 어리석은 짐승이 아니다. 도덕은 결국 자제인데, 자제는 보다 높은 것이 눈앞에 있을 때에 된다. 눈앞에 고상한 이상이 없어지면 사람은 언제나 서로 쟁탈하는 짐승으로 변한다. 폭력범이 자꾸 일어난다. 그것은 국민은 없어지고 야수의 무리만이 남았단 말이다. 누가 저들의 눈앞에서 이상의 깃발을 치웠나? 그것이 누군가? 지도자로 자임하는 정치업자말고 누구일까.

그 국민적 이상의 도둑놈을 잡아 치우기 전에 사회에 도둑은 끊어지지 않을 터요, 그러면 씨도 없이 망할 것이다. 다른 예언은 못하여도 이것만은 예언할 수 있을 것이다. 이제 무서운 날이 온다는 것, 돌 하나도 돌 위에 겹놓이지 않는 날이 올 것이다. 망하기로 결심하고든 짐승들은 먹다가 망할 것이다. 그들은 배가 하나님이니, 사는 것보다 배를 채우다가 망할 것이다. 그러나 그렇지 않은, 생명을 사랑하는 자까지 거기 붙어 있다가 옥석이 다같이 타는 것은 안타깝고 아까운 일이다.

지혜 있는 자는 아무리 아까운 듯하여도 멸망할 바빌론을 버리고 산으로 도망해야 할 것이다. 제발 그날이 오기 전에 혁명을 하면 어떤가? 너도 살고 나도 살 것이다. 아니 하면 너 때문에 나도 죽을 것이다. 분명히 알아야 할 것은 혁명밖에 길이 없다. 부분적으로 고쳐서 될 수 없고 전적으로 일신해야 한단 말이다. 그렇지 않으면 사회에 청신한 공기를 넣을 수가 없다. 필요한 것은 공기다, 숨이다, 명命이다, 말씀이다, 정신이다. 새 영을 마시면 새 세계관, 인생관이 나올 터이요, 새 세계관, 새 인생관이 서면 새 교육, 새 정치는 저절로 따라올 것이다.

그렇지 않으면 길은 열리지 않는다. 이 썩어진 머리, 썩어진 성격에 썩어진 정치업자들 손에서 새 역사는 절대로 아니 나온다. 이 학교에는 참 교육자는 오지도 않을 것이며, 와도 그 이상대로 교육을 할 수 없고, 여기서 참 예언자는 배겨나지도 못할 것이요, 용납도 아니할 것이요, 여기서 생명의 거듭남은 있을 수 없다. 이 삼부합작을 하는 삼두정치의 낡아빠진 압박자, 착취자, 기만자들을 완전히 쓸어버려야 새것은 올 것이다. 이 정치는 도둑질이요, 이 교육은 기우개질이요, 이 종교는 땜질이다. 기워서, 꿰매서, 땜질을 해서, 붙여서 될 이나라가 아니요, 이 사회가 아니요, 이 문명이 아니다. 아기가 벌써 산문産門을 잡는데 무슨 잠꼬대들을 하고 있을까?

씨을은 없어지지 않는다

할 것을 아니 하면 무서운 날이 온다. 낳을 아기를 낳지 않으면 그 아기가 원수가 되어 원수갚음을 한다. 사랑이었을 그 아들이 어미를 죽이고 저도 죽는다. 그것이 예수가 경고한 미운 물건이 거룩한 자리에 서는 일이다. 어머니는 무한히 주자는 것인데, 그러므로 거룩인데, 그 어머니의 자리에 제가 안락하고자 하는 물건이 서면 그것이 미운 것 아닌가. 나라를 다스리는 자는 백성을 위하자는 것인데 그 자리에 백성을 긁어먹으려는 자가 앉아 있으면 그것이 미운 것 아닌가. 그러면 멸망이 문 앞에 왔다는 것이다. 그러면 지혜 있는 자는 산으로 도망하고 망할 것에 대해 연연한 애정이나 어리석은 사정 두지 말라는 것이다.

그런 무서운 날을 누가 가져오나? 옛말로 하면 하나님이 보내신다. 오늘날 말로 하면 노한 민중이 한다. 하늘에 계시는 하나님이 이 땅에 오시면 민중이다. 하나님이 참는 이라면 민중도 참는다. 그러나 의義가 있는 이상, 생명인 이상 참다가도 노怒가 터지는 날이 있다. 하나님을 무시하는 지배자들을 민중도 무시한다. 민중이 착하기 때문에 무시한다. 민중은 참는다. 그러나 민중도 노한다. 노하면 큰일이다. 그때는 아낄 줄을 모른다. 민중이 벌레 같지만, 벌레 같다 해서 무시하지만, 또 벌레 같기 때문에 노하면 달랠 길도 타이를 길도 없다.

"너와 내가 같이 죽자!" 한다. 옛날에도 "저놈의 해 언제 없어지나? 내 너와 함께 망해버림 좋겠다!" 했다 하지 않나?

맹자의 말대로 민중이 함께 망하자는데 아무리 쌓아둔 재물이 있대도 즐길 수 있나? 민중을 어리석다고 업신여기는 자, 그것은 민중보다도 어리석은 자다. "그 어리석음은 못 따르겠다" 하지 않았나. 이 민족이 착해도 이 민중이 의기가 약해도, 그래도 사람이요, 산 이상은 생존권을 주장할 것이다. 눌리는 날까지는 눌리지만 터지는 날이 있다. 반드시 있다. 민초民草 아닌가? 풀씨가 없어지는 법은 없다. 양반, 신사, 지배자, 벼슬아치는 씨가 없어지는 날이 와도 민은, 씨울은 없어지는 날이 오지 않는다. 하나님이 계신 한 민民도 있다. 민은 하나님의 씨울이다. 하나님의 포도 동산을 위해 거기 드나들며 해를 끼치는 여우 무리, 쥐 무리를 집어치워라! 아무리 미생물이라도 생사는 안다. 민중도 자기 생명의 최후선이 위협을 당하면 가만 있지 않는다.

이 어리석은 정치가들이 지금 그 최후선을 침범하고 있지 않나? 이 착취자들아, 어서 너희 죄악의 꿰미(꾸러미-편집자)를 채우고 망하여라! 그러나 너와 나를 아끼기 위해, 이 나라의 씨를 위해 제발 그날이 오기 전에 네 착취의 발톱을 늦추어라. 또 권력에 미친 자, 피맛에 취한 자들은 미치고 취했으니 그렇다 하더라도, 무엇을 안다는, 생각을 한다는 학자는, 교육가는, 종교가는 왜 그것을 좀 알려주지 않고 한데 들어 같이 하고 있을까? 그렇기에 장자가 성聖이요 지知요 하는 것은 다 큰 도둑놈을 위해 쌓아주고 지켜주는 것이라 했지.

참뜻은 곧 행동이다

민중은 닥쳐오는 새 시대의 폭풍우의 저기압을 마시고 "우리가 어찌할꼬" 하다가 대답이 없으면 그만 자포자기해 원수갚음의 들부숨을 한다. 그러기 전 그들에게 대답을 주어 그들을 불러 새 시대의 군대로 행진을 하게 하는 것은 새 종교밖에 없다. 오늘은 오늘의 종교

가 있어야 한다. 살인·강도를 하는 군인들, 학생들, 젊은이들, 그대들
은 좀 화가 났지, 좀 밸이 났지, 좀 비꼬였지. 이 사회가 다 됐다 해서
그러지. 군대에 한번 들어가면 청춘, 이상도 다 달아난다 해서 그러
지. 그대들의 먹을 것 입을 것을 다 뺏어가고 배가 뚱뚱한 상관들 꼴
보기 싫어서 집어치우려 해도 힘도 없어 그러지. 양심 있는 놈은 점
점 못살겠더라 해서 그러지. 권력 있는 놈만 사는 세상이냐 해서 그
러지. 갖은 죄악의 잘못은 저희가 지어놓고 그 결과는 그대들에게 돌
리고, 그러고는 비웃고 욕하고 벌하는 지배자들 꼴에 역심이 나서 그
러지. 그러나 자포자기해서는 아니 된다. 죽도록 참음이 참이다. 생
은 참음이다. 생엔 절망은 없다. 생은 영원한 것이요, 죽음은 없기 때
문이다. 아직도 정말 끝은 아니다. 이제 시작뿐이다. 그대들의 사명
은 혁명이지 복수가 아니다. 구원이지 심판이 아니다. 명을 새로 받
으면 된다. 새 종교를 믿으면 된다.

　새 종교가 무어냐? '새'가 곧 새 종교다. 새롬, 샘, 삶, 영원히 스스
로 새로운 생명을 믿음이 곧 새 종교다. 그러면 새어 나가는 새 날의
샘을 따라 새 나라가 내다뵐 것이다. 뵐 것, 샘이 내 속에, 우리 속에
있다. 속의 것이 나오면 새것이다. 새것을 믿으면 스스로 새로운 삶
이 된다. 내가 새롬이 되면 새 숨이 저절로 쉬어진다. 새 숨은 새 샘이
요, 뜻 곧 명령이다. 새로운 뜻이 참 자유하는 새요, 참뜻은 곧 행동이
다. 뜻이 하늘에서는 다 이루어져 있다. 이미 이루어져 있으며 영원
히 이루어질 뜻을 믿으면 땅에도 그대로 이루어질 것이다.

　영원히 스스로 새로운 뜻, 그것밖에 다른 무엇이 있을 수 없다. 그
것이, 곧 그것만이 있음이다. 그러므로 하나다. 하나이며 하나됨이다.
하나님이다. 우리가 어찌할꼬? 하나돼야 할 것이다. 하나를 믿으면
하나됨을 얻을 것이다. 하나되면 됐다. 일체 문제는 하나 못 돼서 나
오는 고민이다. "우리가 어찌할꼬?" 하고 물을 때 민중은 벌써 혁명
의 분위기를 마신 것이다. '우리'나 '내'가 아니다. 전체다, 나라다, 하
나다. 그들은 새 나라의 국민을 지원한 것이다. 인적·파당적 생의 집

착에서 물은 것 아니다. 그들은 벌써 새 나라의 주권이, 새 전체가 움직이고 있는 것을 직감하고 "아무래도 세상이 이 낡은 기구대로는 못 가지" 하는 생각이 들었기 때문에 물은 것이다. 예수의 말을 듣고도 그것이 자기네 속에서 혁명의 불을 일으키고 있는 줄은 모르고 그 예수를 이류의식異類意識에서, 즉 사람으로 대접하지 않고 잡아 죽였다. 그러나 이제 베드로의 가슴에서 불길이 후끈 하고 나오자 어느덧 자기네 가슴에서도 불길이 후끈 하는 것을 느꼈다. 하나되는 영靈을 마시고 동류의식, 동일인격감同一人格感에 들었다. '우리'가 한 것이다.

그러나 '우리'란 것만 가지고는 절대 새로운 것이라 할 수 없다. "형제들아" 함으로야 정말 새 종교이다. 이것은 새 역사의 원리다. 국민이 아니요 가족이란 말이다. 이제 인간관계는 물리적·법리적 관계가 아니고 윤리적·생리적 관계이다. 한 할아버지의 아들이다. 그러므로 한 몸이다. 하나다. 모든 대립·적의·부조화가 없어졌다. 각기 개체면서도 하나인 것, 개성을 가지면서도 한 인격인 것이 형제이다. 인류 역사에 이런 혁명이 어디 있었나? 혁명가로서의 예수의 온갖 비결은 다만 '하나님의 아들'이라는 데 있었다. 그가 하나님의 아들이 되어 아버지와 하나가 될 때 우주의 질서는 일변해버렸다. 해가 전날의 해가 아니요, 달이 전날의 달이 아니었다.

한 말로 아버지가 만물을 내게 다 주셨다 했다. 만왕의 왕이 됐다. 그가 세상을 마음대로 고치시는 것은 이 혼의 절대의 힘으로서다. 그랬기 때문에 역사의 막다른 골목에 걸려 "우리가 어찌할꼬?" 하는 민중에게 사도들은 여러 말 없이 "예수 그리스도의 이름으로 세례를 받아라!" 했다. 너희도 다 하나님의 아들이 되라 하는 말이다. 하나님과 하나인 외아들, 그 말을 번역하면 뭔가? 참밖에 아무것도 없다. 영靈밖에 아무것도 없다. 절대의 참에 들어라. 절대 거룩의 영에 들어라, 네가 곧 참이요 영이어라, 하는 말이다. 그 사람에겐 아무것도 없다. 아무것도 없는 세계를 마음대로 다니기 때문에 자유다.

형제들아, 우리가 어찌할꼬?

우리는 혁명을 해야 한다! 심판의 날 거룩한 자리에 서지 못할 미운 것들을 무자비하게 집어치워라! 없애버려라! 파는 놈, 사는 놈, 빨아먹는 놈, 긁어먹는 놈, 꾀는 놈, 속이는 놈, 음흉한 놈, 간사한 놈, 게으른 놈, 무지한 놈, 모두 용서 없이 씨도 남기지 말고 철저히 숙청을 해버려라!

누구를 죽이란 말 아니야. 미워하란 말 아니야. 네 가슴의 지성소至聖所에서 그 모든 압박자, 착취자, 기만자를 내몰란 말이지.

세상에 거룩한 곳이 있다면 영대靈臺 아니냐? 거기 서서는 아니 될 잡것, 궂은 것이 서니 밉지 않은가?

네 가슴속에 다시는 가정도 나라도 사회도 문화도 전쟁도 두지 말란 말이다. 이 낡아가는 세계를 무시해라! 상대적인 유有를 봄이 없이 봄이 혁명이다. 그것을 없는 것으로 봄, 그것에 의하지 않는 봄, 무無를 봄, 그것이 혁명이다. 무서운 파괴주의자! 그러나 그러면 텅 빈 빈탕 속에 '말씀'〔命〕만이 울린다. 그것이 혁명이다. 혁명 정말 하면 영원의 임금이다.

• 『새 시대의 전망』(백죽문화사, 1959)

정치와 종교

고르디우스의 매듭

문제는 정치에 있다. 정치가 바로 되어야 모든 것이 바로 될 수 있다. 천만 사람이 제각기 눈과 입을 가졌으니 토론을 하자면 천만 가지 의견이 있겠지만, 그것은 얌전한 샌님들이 고르디우스의 매듭[1]을 만지는 것과 마찬가지 일이다. 이론으로 말하면 끊지 않고 푸는 것일 것이다. 그러나 그러자면 매듭은 영 풀릴 날이 없다.

알렉산더가 위대한 정치가인 것은 그가 그 이론을 모르는 것 아니면서도 일도양단, 한 칼로 그것을 찍어서 푼 데 있다. 이것이 정치다. 짬을 찾을 수 없는, 칼을 댈 수 없는 현실의 엉클어진 연쇄에다가, "아무 데나 자르면 그거 그거가" 하는 한 칼을 선뜻 넣어 잘라놓은 것 때문에, 그것을 보고 "그렇게나 하려면야" 하고 아연하는 말쟁이·생각꾼들조차 일생을 두고 매여 있어 말라죽었을 맺힘에서 시원히 풀려놓일 수가 있었다. 이 현실의 문제도 그렇다. 무엇부터 먼저

---

1) 고르디우스의 매듭(Gordian knot): 대담한 행동으로만 풀 수 있는 문제를 일컫는 속담. 또는 풀기 어려운 문제의 대명사. 고르디우스는 그리스 신화에 나오는 프리지아의 왕이다. 그는 왕이 된 기념으로 신전에 전차(戰車)를 묶었는데, 매듭이 복잡하게 얽혀 있었다. 뒤에 이것을 푸는 사람이 아시아를 정복하게 될 것이라는 신탁이 전해내려왔으나 아무도 성공하지 못했다. 그런데 기원전 333년 알렉산더 대왕이 이곳을 지나가던 중 매듭을 풀려다가 실패하자 칼로 끊어버렸다.

라 할 수 없는 현실이지만, 칼을 먼저 넣을 곳은 정치다. 매듭을 풀어서 풀자는 사람은 어리석은 사람이다. 거기 매인 마음을 푸는 것이 푸는 것이다. 그것을 한 것이 알렉산더이다.

인류가 오늘날같이 정치에 관심을 가진 때는 없었다. 오늘은 가장 정치적인 시대이다. 세계 어디나 다 그렇지만 우리나라는 더구나 그렇다. 살기가 이렇게 어려워진 것은, 어려운 것이 아니라 어지럽고 더러워진 것은 정치업자들 때문이다. 해방 이후 얼마 아니 되는 시일 동안에 나라가 이렇게 못쓰게 된 것은 그 죄의 대부분이, 누가 나오라지도 않는데 제각기 민중의 대표라 하고 나선, 하룻밤 사이에 제 손으로 만든, 정치 벌이꾼들에게 있다. 이들 조제남조(粗製濫造: 조제품을 함부로 많이 만듦 - 편집자)한 정치업자들이 없는 재주 있는 듯이, 아닌 정성 긴 듯이, 정치한답시고 나라를 가만두지 않은 데서 나라는 결딴이 났다. "가장 적게 다스리는 정부가 가장 좋은 정부"라는 말을 천고의 명언이라고 세상이 일컫고, 소로는 거기 갱진일보更進一步해 "도무지 다스리지 않는 정부"라고 했으며 노자도 치국은 약팽소선若烹小鮮[『도덕경』, 제60장], 정치는 작은 생선 삶는 것 같아서 건드리지 말아야 한다고 했는데, 정치업자들은 서로 다투어가며 나라를 들추고 주물렀다. 그러는 동안에 사회는 죽탕이 되고 민중은 묵물이 되어버렸다.

꺼지려는 촛불은 한 번 커지는 법이요, 탯집이 터질 듯 움직이면 아기는 나오고야 만다. 태모胎母인 것을 가장 통절히 느낀 때는 태모 노릇을 그만두는 순간 아닌가? 마지막까지 충실히 태모 노릇을 하려고집하면 어머니와 아기가 다 죽어버린다. 오늘은 가장 정치적인 시대다. 문제는 정치에 있다고 하는 말은 이런 뜻에서다.

새 술은 새 부대에

문제는 정치에 있다. 먼저 정치가 바로 되어야 한다. 어떻게 하면 이 썩어진 정치를 바로잡을까? 혁명을 해야 한다. 혁명 이외에 길이 없을 것이다. 혁명이라니 어떻게 하는 것인가? 어느 부분, 무슨 방침을 고쳐서 될 것이 아니라 나라의 틀거지, 사회의 얽어짬을 근본적으로 온통 고쳐야 한단 말이다. 쉬운 말로, 썩은 살은 잘라버려야 한단 말이다. 썩은 살에 아무리 약을 써도 도로 살아나는 법은 없고 오직 할 수 있는 길은, 아무리 아파도 썩은 것은 남김없이 긁어버리고 새 살이 돋아나게 해야만 한다.

왜 그런가? 하늘 아래서 인과의 법칙은 변할 수 없기 때문이다. 역사에 외상은 없다. 말만으론 역사는 아니 된다. 제 열매는 제가 거두어야 한다. 예수는 성격으로 보면 양같이 온순하면서도 "새 술은 새 부대에 넣어야 한다"고 딱 잘라 말을 했다[「누가복음」, 5: 38]. 그렇게 살았다. 각박하고 냉정한 듯하지만 참이다. 참은 사정없다. 그는 혁명가였다. 역사를 참으로 안 고로 그는 혁명적이었다. 썩은 계급을 그대로 두고서 설교를 하고 책망을 하고 건의를 하고 애원을 해도 소용없다. 그들은 썩어진 행동을 고치지 않을 것이다. 고치지 못할 것이다. 그들이 썩어진 것은 개인적 부도덕 때문이 아니다. 역사적 필연이다. 썩어질 수밖에 없어 썩어진 것이다. 썩어진 정치가, 그들은 몰락해가는 계급이다.

파리한 뼈다귀를 얻어 물고 도망가는 강아지들처럼 그들은 지나가는 시대의 더러운 찌끼를 처분하려고 맡은 것이 있어서 나온 존재들이다. 그들은 어디까지나 제 할 것을 할 것이다. 처먹고 또 처먹을 것이다. 그것이 역사를 거스르는 일인 줄 알면서도, 그것이 멸망을 자취自取하는 길인 줄 알면서도 아니 그럴 수 없을 것이다. 그들의 머리는 '대한민국 융희[2] 일월' 하던 때에 얼거리가 잡힌 것이요, 그들의 기술은 입으로는 왜놈 어쩌고 하지만 일본 제국주의 노예제도 밑에서 배운 버릇, 그밖에 모르는 것이요, 그들의 지식은 이제 없어지려

---

2) 융희(隆熙): 대한제국의 마지막 연호. 일본의 강요로 고종이 물러나고 순종이 즉위하면서, 1907년 8월 연호가 광무(光武)에서 융희로 바뀌었다.

고 막다른 골목으로 드는 미국식 혹은 소련식 이데올로기 밑에서 된 것을 갑자기 삼켜버린 것이다.

그들은 두드리고 짜고 이리 뒤집고 저리 뒤집어도 그 밖의 것이 나올 수 없다. 구관념의 정치가인 그들은 가야 하는 운명의 무리이다. 지나가는 시대를 맡은 그 운명의 육식동물에 사정私情을 두는 자는 같은 운명을 당할 것이다. 집어치워야 할 것은 깨끗이 집어치워야 하는 것이요, 새 날은 새 날의 씨울이 맡아 새 식으로 할 것이다. 새 감으로 낡은 옷을 기울 수는 없다.

왜 그런가? 사람이 사람이기 때문이다. 인간성 때문이다. 이성 때문, 물성物性 때문, 상대성 때문이다. '나'라는 것 때문이다. 저로서는 어떻게 못하는 본질에 든 고장 때문이다.

혁명은 못한다

혁명밖에는 이 정치를 바로잡을 길은 없다. 혁명을 해야 한다. 없앨 놈들은 '제사 돼지' 모양으로 살이 찔 때까지 찐 후 사정없이 없애버려야 한다. 그러나 혁명은 못한다. 왜 못하나? 할 사람이 없기 때문이다. 피로 피를 씻어도 피 아닌가? 모든 혁명은 피다. 역사란 결국 그것 보여주는 것이다. 혁명은 해야 할 것이지만 혁명은 할 수 없다는 것, 모든 혁명은 혁명이었기 때문에 혁명이 못 된다는 것, 혁명으론 아니 된다. 모든 혁명가는 협잡꾼이었다. "나보다 먼저 온 자는 다 절도요, 강도다" 하고 평화의 임금은 선언한다〔「요한복음」, 10: 8〕. 왜 혁명으론 아니 되나? 사람이 사람이기 때문이다. 인간성 때문, 물성·육성肉性·이성·상대성 때문이다. 죄 때문이다. 심판을 받는 저나 심판을 하는 나나 다 같은 법칙에 매여 있기 때문이다.

인간은 심판자일 수는 없다. 심판할 줄 모르면 인간이 아니다. 심판하는 것이야말로 인간이다. 그러나 인간의 심판은 결국 자기 심판이다. 그것은 참 심판일 수 없다. 그러나 그런 의미에서 그것은 참 심판이다. 인간, 저는 영원히 심판받는 존재다. 모태에서 나기 전부터 저는 심판된 존재다. 심판, 곧 그것이다. 역사는 피다. 역사가 되풀이되는 혁명으로 일관하는 것은 당연한 일이다.

인간 역사는 자기 심판이다. 혁명은 의를 하려 해서 죄를 이루어놓는 것이다. 혁명은 동기는 선하면서 결과는 악하다. 전체를 고치잔 것이 혁명인데 도리어 혁명은 부분으론 고치나 전체로는 죽인다. 뿔은 바로잡았지만 소는 죽는 것이 혁명이다. 아주 새롭게 하잔 것이 혁명인데 도리어 혁명은 자꾸 되풀이하도록, 갈수록 더 고치기 어렵도록 망가뜨려놓는다. 혁명은 모순이다. 그러므로 혁명은 못한다. 예수는 혁명적이었으나 혁명은 안했다.

정치만능의 우상

스스로 할 수 없는 심판을 아니 하고 못 견디는 운명적인 모순의 인간은 심판을 하는 동시에 또 구원을 하지 않을 수 없었다. 그 구원도 물론 가짜 구원일 수밖에 없었다. 그러나 인간이 심판자가 돼서 도리어 심판을 받고 심판받음으로 해서 죄를 알게 되었듯이, 저는 세계를 건지려 해서 제가 도리어 빠진 자가 되고, 빠져서 구원을 요구하는 자가 됐음으로 해서 정의를 알게 되었다. 그 가짜 구원의 주신主神이 정치이다. 이날까지 인간 역사를 이끌어온 것은 정치만능주의의 신앙이다. 이 점에서는 동서고금이 다름없다. 이날까지 모든 역사 기록이 그저 거의 정치사로 시종한 것은 이 때문이다. 모든 것이 정치에 있다. 정치권만 쥐면 된다. 이렇게 생각하고 힘써왔다.

지금 그것이 끝장에 올랐다. 갈멜 산 꼭대기에서 엘리야[3]와 대결

---

3) 엘리야(Elijah): 기원전 9세기 이스라엘의 예언자. 바알 신앙을 몰아내고 야훼 예배를 정착시켰다. 갈멜산 마루에서 바알 예언자들과 기적의 힘을 겨루어 이긴 이야기가 유명하다.「열왕기 상」, 18:20~40.

을 하는 바알[4] 신의 종교가들 모양으로 이제 모든 나라의 정치만능 교도들은 제 몸을 상해 피를 내며 들뛰면서 정치를 부르짖고 있다. 그러나 그 결과가 어떠할 것을 우리는 엘리야의 이야기에서 잘 알고 있다. 우상이란 클라이맥스가 될 때까지 속여 끌고 올라오다가 일보 전에서 급전직하, 일순간에 그 섬기던 자와 함께 망해버리는 것이다.

정치만능이란 곧 힘 만능이란 말이다. 그저 힘이다. 힘이 있어야 한다. 정치란 곧 힘의 조직적 활동이기 때문이다. 힘이 가장 직접적인 것은 주먹이요, 그것의 연장이 무기요, 거기서 더 나간 것이 지식이다. 과학 지식이 발달하면서부터 정치만능교는 부쩍 왕성했다. 그리고 과학은 물질을 다루는 것이므로 힘은 물질에 있다고 했고, 그 물질과 지식은 끝이 없는 것이라 믿었으므로 근세 이래의 과학은 인간에게 무한의 힘을 약속했다. 이리하여 정치만능교의 전성시대가 열렸고 그 앞에서 예언자 노릇을 한 것이 과학자였다.

이것은 필연적으로 생존경쟁의 철학을 낳았다. 현대의 모든 사상과 행동 밑에는 이 철학이 들어 있지 않은 곳이 없다. 이것은 거의 유일한 문화의 추진력이 됐다. 그 앞에 종래의 모든 종교와 철학은 지새는 달같이 빛이 멀어져버렸다. 역사가들은 현대를 정신적 썰물 때로 판정을 내렸다. 물은 끝까지 내려가고 바다의 마른 밑이 드러나보일 듯했다.

새 종교의 동틈

그런데 그 힘 만능주의 바알 교역敎役들의 기도가 절정에 달하여 서로 흥분하여 찢고 때리고 하는 때에 갑자기 엘리야의 목소리같이

---

4) 바알(Ba'al): 토지의 비옥함과 생물의 번식을 주재하는 고대 동방의 최고 신. 이스라엘에 들어와 널리 퍼졌으나 엘리야가 바알 예배자들의 도덕이 부패함을 책망하고 이들 450명을 죽였다고 전해진다.

책망과 비웃음을 겸한 준엄한 소리가 나타나서 "물질의 힘으로 되는 것은 아니지" 하게 되었다. 이리하여 인간 위에 큰 돌아섬이 시작되었다. 우리는 아직 엘리야가 물을 퍼부은 제단 위에 하늘에서 불이 내려오는 것은 보지 못한다. 그러나 저 정치만능, 힘 만능교도들이 차차 발목을 빼려는 기색을 보이고 있는 것은 사실이다.

이제 폭력의 싸움으로 문제가 해결되지 않을 것, 힘은 밖에 있지 않고 안에 있는 것을 알게 되었다. 안은 어디고 밖은 어디인가? 정신이 안이요 물질이 밖이다. 혼이 안이요 몸이 밖이다. 힘은 네 혼 속에 있다. 이제 앞으로 역사는 이 혼의 힘으로 이루어질 것이다. 생존경쟁이 아니라 혼의 뚫어 비침으로 역사의 흐름은 나아갈 것이다. 놀라운 파괴력을 가지는 무기를 만들어놓고 그것을 쓰기보다도 어떻게 하면 안 쓸 수 있나 하는 것을 연구하기에 애를 쓰고 있는 오늘의 세계는 이것을 잘 암시하는 것 아닌가? 절반 벗은 몸에 단식으로 인해 숨이 끊어지려는 늙은 간디 앞에 세계 제일을 자랑하던 대영제국의 백만 군대가 칼 자루 하나 까딱 못하고, 3백 년 넘게 독사처럼 착취해 먹던 식민지를 내놓고 2억의 민중이 신사적으로 해방을 얻게 되는 그 사실이 이것을 증명하지 않는가? 인류 역사 있은 이래 이런 일을 일찍이 보지 못했다.

이런 의미에서 현대는 종교부흥의 시대이다. 벌써 미국에서는 종교부흥이 유행이 되지 않았나. 그러나 종래 기성종교의 소위 부흥식의 부흥으로는 새 빛은 나오지 못할 것이다. 기성종교는 이날까지 힘 숭배의 이교異敎에 무릎을 꿇지 않고 치마를 벌려 음행을 하지 아니한 자가 없다. 자본주의 밑에 공인을 얻은 종교가 그와 야합을 아니했을 리 없고 공산주의 밑에 내놓고 있는 종교가 그와 타협 아니했을 수가 없다. 물질주의인 그들은 어디까지나 현실주의요 현금주의現今主義다. 그들이 한두 마디 말에 넘어가리만큼 그렇게 어리석지도 않고 인정가도 아니다. 조직체로서 교회를 내세우는 모든 종교는 결국 힘의 숭배자요 정치의 변형에 지나지 않는다.

그러므로 그것은 그 붙어먹은 대음녀大淫女와 함께 역사의 바다 속에 영원히 빠져버리고 말 것이다. 종교부흥의 경향이 보인다 하면 시대 만난 듯이 흥분하는 종교가의 꼴은 엘리야가 일어서는 것 보고 제편이나 되는 듯 박수치는 제사장의 무리같이 쓴 웃음 금할 수 없는 일이지만, 미안하게도 엘리야는 거기 곁눈도 주지 않는다. 옛 종교의 부흥이 아니고 새 종교의 새로남이다.

혁명을 할 수밖에 없으면서도 혁명을 할 수는 없는 딜레마에 빠진 현대는 그 구원을 보다 깊고 보다 넓은 새 종교에서만 찾을 것이다.

정치와 종교의 조화

정치는 무엇이고 종교는 무엇인가? 정치도 택해서 있는 것 아니요 종교도 택할 수 있는 것 아니다. 내가 원하거나 원하지 않거나 나면서부터 정치 속에 사는 것이요, 종교도 내가 믿자거나 믿지 말자거나 관계없이 삶은 종교적이다. 내가 나라를 믿는 것 아니라 나라가 나를 낳은 것이고 내가 종교를 만든 것 아니라 하나님이 나를 종교적으로 만든 것이다. 정치도 종교도 인간 본성에서 나온 것이다.

다같이 인간 본성에서 나왔으면 서로 자연적으로 조화가 있을 듯한데 사실은 아니 그렇다. 역사는 결국 정치와 종교의 대립으로 볼 수 있다. 저울의 두 끝 같아서 하나를 이루면서도, 이 끝이 올라가면 저 끝이 내려오고 저 끝이 올라가면 이 끝이 내려와서 늘 오르내려 저울질하는 것이 역사요 인생이다. 개인 성격적으로도 그렇고 역사적 시대적으로도 그렇고 종교성이 강하면 정치성이 약하고 정치성이 강하면 종교성이 약한 것이 통례이다. 그러면서도 어느 하나를 버리지는 못한다. 그러는 그 점이 바로 정치와 종교가 있는 소이所以이다. 이런 의미에서 정치와 종교의 비비댐은 늘 없을 수 없다.

그러나 또 그러면서 서로 구원이 된다. 정치가 썩을 때 구원하는 것은 종교요 종교가 시들려 할 때 건져주는 것은 정치이다. 만일 원시사회 이래 신정神政으로 내려왔다면 종교도 오늘의 종교가 됐을 리 없고 인류는 어떤 지경이 됐을지 모른다. 인간사회를 간교 음험한 종교가의 손에서 건진 것은 현실주의의 정치였다. 만일 민족주의의 정치의 반항이 없이 로마 가톨릭 교회 그대로 내려왔다면 서양은 어찌 됐을까? 생각하기에도 소름끼치는 일이다. 그러나 또 반대로 허다한 폭군의 발 밑에서 인간을 건져낸 것은 종교다. 잔인무도한 그들의 가슴과 눌리는 민중의 가슴에 정신의 불을 지르는 종교가 아니었더라면 인간이 짐승이 되고 말았을 것은 뻔한 일이다.

그러므로 원시사회가 제정일치였던 것은 사실이나 그것의 복구를 꿈꾸는 정치가 종교가는 다 잘못이다. 그 분리된 것은 생명 성장의 필연적인 법칙으로 된 것이다. 서로 구원되려, 그리하여 인간 생명이 자라기 위하여 그 분리는 온 것이다. 마치 정치의 삼권이 분립돼야만 삼권이 다 서서 한 주권을 이룰 수 있듯이 정치와 종교는 원시형태에서 분립돼야만 종교적일 수 있고 정치적일 수 있었다.

그럼 둘은 적당히 균형을 취할 것인가? 그것이 흔히 있는 종교적 또는 정치적 영웅의 생각이었다. 그러나 그것은 평면적인 생각이다. 인생의 구조를 잘못 그린 데서 나온 생각이다. 생명의 구조는 평면적이 아니고 입체적이다. 정치와 종교는 그 분야를 서로 다루는 병렬적인 존재가 아니다. 정치의 인간은 수평의 인간이다. 정치의 이상은 평平이다. 정政은 정야正也라, 정政은 바르게 하자는 것이요, 치治는 본래 어떤 물 이름이다. 물은 평平해지잔 것, 다스림은 평하게 함이다. 천하를 다스린다는 것은 넓은 천하에 들쑥날쑥, 우불꾸불이 없이 고르고 단순하게 하는 것이다.

그러나 종교적 인간은 지면에서 뻗어나가잔 인간이 아니요, 위로, 하늘로 올라가잔 인간이다. 고로 종교의 이상은 높음에, 거룩함에, 곧음에 있다. 종교는 수직운동이다. 그 정치와 종교가 하나로 된 것이 인간생활이므로 인간사회는 평면상에 그림으로 그릴 수 있는 것이 아니요, 차라리 피라미드형으로, 원추형으로 됐다고 할 수 있다.

그러나 그 수평이란 어디까지나 벌어져나가는 평平이요, 그 수직이란 한이 없는 영원을 지향하는 것이 그 본성이니, 그렇게 그릴 수도 없다. 그러므로 정치와 종교의 관계나 그 비비댐은 균형을 취해서, 타협해서 될 것이 아니다.

여기서 생각나는 것은 유교는 정치와 종교를 하나로 조화해보잔 것인데 그 원리를 중中에 두었다. 중이라면 어반 중 하다는 뜻으로 보통 알고 있으나 그 역시 평면적인 잘못 생각이다. "집기양단執其兩端하여 용기중어민用其中於民"5)이라 할 때 중中을 그렇게 보면 크게 잘못이다. 『중용』을 가르치는 공자는 천하 국가라도 다스리려면 다스릴 수가 있고, 벼슬도 사양하려면 할 수가 있고, 시퍼런 칼날에도 올라서라면 올라설 수가 있지만 중용은 할 수 없다고 했다. 중이 그런 중인데 어반 중으로 알아가지고 될 리 없다.

그렇기 때문에 정치에 관해 밝혀 가르쳤고 후에 많은 정치가를 내인 공자이지만 공자는 결코 정치가는 아니었다. 현대에서 말하면, 간디같이 정치와 종교의 관계를 잘 조화했다면 조화한 이가 없건만, 그의 말로도 종교적이려 하면서 정치에 대해 무관심하다는 것은 말이 아니 되는 소리라 하지만, 간디는 결코 정치가는 아니었다. 인도 독립의 기초를 놓은 그는 "나는 내 몸에 뱀처럼 감긴 정치문제와 싸우지 않을 수 없다" 하였다. 중中은 중축의 중, 혹은 구체球體의 중심의 중이다. 거기가 정치와 종교가 하나로 조화되는 자리다.

이제 역사는 '하나됨으로'

정치와 종교는 다 인간의 생활을 각각 두 면에서 한데 묶어놓는 묶음이다. 하나는 평면에서 하나는 수직에서, 하나는 땅에서 하나는 하

---

5) 執其兩端 用其中於民: "두 끄트머리를 붙잡고 그 가운데로 백성을 다스린다"는 뜻으로, 공자가 순임금의 지혜로운 통치를 찬양하며 한 말이다. 『중용』, 제6장.

늘에서, 하나는 현실에서 또 하나는 정신에서.

둘이 목적하는 바는 다같이 '하나됨'에 있다. 세계를 하나로 만들어보잔 것이 모든 정치가의 이상이었다. 좋은 정치가만 아니라 흉악한 압박자에게도 저도 모르는 근본 동기가 되고 추진력이 된 것은 하나되잔 욕망이다. 세계통일, 이것이 역사발전의 등떠리뼈다. 우주와 인생을, 시간과 영원을 하나로 만들잔 것이 모든 종교의 이상이다. 고상한 윤리적 종교만이 아니라 음사종교汪邪宗教까지도 그 힘은 여기서 나온 것이다.

영원한 생명, 이것이 모든 인생의 바퀴를 돌리는 고동이다. '하나됨', 그것은 절대 명령이다. 진리는 하나다. 하나가 있어서 모든 것이 생겼으므로 모든 것은 어쩔 수 없이 하나를 바라고 그곳으로 가려 하는 것이 그 바탈이다. 물성物性도 그것이요, 영성靈性도 그것이다. 현실은 그것이 나타난 것이므로 나타난 이상은 여러 가지 불완전한 것으로 갈라질 수밖에 없으므로 서로서로의 사이에 문제가 생긴다. 그것이 물리적 힘이요 본능의 힘이요 생존경쟁이요 믿음이요 사랑이다. 먹고 사는 일로 말하면 경제라 하고, 오고 가는 관계에서 말하면 정치라 하고, 복잡한 정신의 관계에서 말하면 종교다.

자유평등의 요구도 이것의 발로요, 자비·사랑·희생·봉사도 이것의 발로요, 포악한 정치가가 민중을 억누르고 짜먹는 것도, 더러운 탐욕쟁이가 돈을 꾸역꾸역 모으는 것도 다 이 하나 돼보자는, 하나로 만들려는 생명운동에서 나온 것이다. 다만 깊이 알아 바로 하면 선이요 몰라서 제멋대로 하면 악이다. 종교란 이 명령을, 바탈 속에 들어 있는 이 하나의 말씀을 될수록 분명히 받아보잔 노력이다. 이러한 의미에서 종교는 인간의 육체적·정신적 모든 활동의 절정에 서는 것이다. 종宗은 마루나 맨 꼭대기에서 모든 것을 통일, 곧 하나로 만들기 때문에 마루라 한다.

아마겟돈 싸움

이상한 시대가 되지 않았나? 재미있는 세계가 돼가고 있지 않은가? 민족국가, 계급국가의 깃발이 퇴색이 돼가는 시대, 종교주의·교회교단주의의 종교가 점점 박물관의 골동품이 돼가는 세계, 정신과 물질의 구별이 없어져가는 과학의 세계. 이제 역사는 '하나됨으로!' 하는 돌진 명령을 받은 것이 아닐까?

서구주의의 같은 산물인데 미·소 둘로 대립이 된다. 나라는 많아도 둘밖에 아니 된단 말 아닌가? 그러면 둘이면서도 하나밖에 아니되는 자리가 있을 것이다. 사실 미·소는 다르면서도 하나다. 그것은 다 역사의 쓰레기통으로 들어갈 구시대의 찌꺼기인 데서 같다.

아시아의 같은 유아遺兒인데 인도·중국이 대립한다. 제법 같은 노선인 듯하지만 사실은 인도의 길이 중공의 길은 아니다. 이것은 같으면서도 다르다.

이 시대의 행세아行勢兒는 '3'이란 것이다. 제3세력, 제3노선. 제3은 무엇일까. 셋은 대립하는 둘 위에 올라서는 것이다. 보다 높은 것이 아니면 3은 못 된다. 보다 높은 것은 무엇일까. '하나'다. 혁명은 맞섬에서 나오는 것, 그러므로 그것은 심판에 끊이는 것이다. 거기 구원은 없다. 혁명할 수밖에 없는 현실이지만 혁명으론 아니 된다. 혁명보다 높은 것이 나와야 한다. 혁명은 명命을 새롭게 함, 새 명령을 받음인데 새 명령은 절대명령이다. 하나의 명령만이 영원히 새롭게 하는 명령이다. 정치는 하나 하잔 것이나 하나는 못한다. 종교도 하나하잔 것이나 제도의 종교론 하나는 못 된다. 그것은 변형된 정치일 뿐이다.

『성경』중 「계시록」의 기자 요한은 우주 마지막에 아마겟돈 싸움이란 것을 그린다. 땅에 있는 모든 나라가 연합하여 영의 나라에 반항하는 최후전이다. 그것은 정치와 종교의 대결을 의미하는 것 아닐까? 참 하나됨은 그 대결을 지나서야 될 것이다. 이 시대는 아마겟돈 싸움으로 달려들어가는 것 아닐까? 이렇게 말함은 소위 성령종교파들이 하는 것 같은 얼빠진 생각으로 하는 말은 아니다. 이성을 가지고 역사를 들여다보아 하는 말이다.

정치만능의 우상이 이날껏 모든 나라와 민족과 종교를 휘두르고 속여 분립을 시키고 싸움을 붙였다. 힘센 자가 하나를 한다고 했다. 이제 그 거꾸러지는 날이 온다. 이날껏 인간이 안 것이 '힘'이었다. 힘, 힘, 힘. 그러나 힘의 우상이 인류를 끌고 결국 간 곳은 원자력이다. 우상 자체는 자폭의 운명에 이르렀고 따라갔던 인류는 창황망조蒼皇罔措할 뿐이다. 원자, 자의 힘, 알 하나의 힘을 보고 그럴진대 그 원자를 낳은 원, 그 자체를 본다면 어찌할까?

원原, 원元, 그것은 하나인 이다. 거기 힘이 있기에 힘이 나오겠지만, 그 한 알의 힘으로 인류의 낯빛을 흙같이 만들지만, 그 자체는 힘만은 아닐 것이다. 무엇도 아닐 것이다. 힘이 크고 무서워도 무엇이지, 무엇은 내 이성의 그물에 걸린다. 원元 그이, 하나 그이야 내 그물에 걸릴 리 없다. 힘을 두려워하고 숭배함은 사람답지 못한 부끄러움이다. 우리가 힘을 쓰려고 나왔지, 힘에 부리우려 나온 것은 아니다.

정부와 국회에서 힘의 숭배를 제除하라. 그래야 나의 세계와 그가 하나되게 하시는 평화의 임금이 오신다. 전투시대의 어지러움을 바라보며 "이 천하는 어디에 가서 떨어지겠소?"天下惡乎定 하고 맹자더러 물은 이가 있었다.

맹자의 대답은 만고의 진리였다.

"하나에 가서 떨어지지"〔定于一〕.

"누가 하나를 할까요?"〔孰能一之〕

또 대답하기를, "사람 죽이기를 좋아하지 않는 이가 하나를 하지"〔不嗜殺人者能一之〕.

하늘 말씀 아닌가?〔『맹자』, 「양혜왕 상」〕

• 『새 시대의 전망』(백죽문화사, 1959)

새 나라 꿈틀거림[*]

씨ᄋᆞᆯ의 정치 참견

플라톤의 이상국理想國은 유명하다. 더구나 그 철학자임금으로 그렇다. 그러나 그것은 이젠 옛날 생각이다. 지금은 철학자가 아니라 씨ᄋᆞᆯ이, 길거리에 웅성거리는 생활꾼이, 나라를 하고 임금질을 하는 때다. 그러므로 씨ᄋᆞᆯ이 제 의견을 말하는 것은 떳떳한 일이다.

철학자가 임금이 돼야 한다는 말은 잘못은 아니다. 철학자는 지혜를 찾는 사람이니, 다만 누가 정말 철학자냐, 어디 정말 철학이 있느냐, 어떤 것이 참말 지혜냐만이 문제다. 철학이라면 보통 머리가 허연 늙은 학자를 연상하고, 지혜라면 곧 곳간에 둘러싸인 책을 생각하지만 아니다. 철학은 구더기 같다는 민중 속에 있고, 지혜는 누구나 다 하면서도 신통히 알지도 않는 삶 곧 그것 속에 있다. 이 말 없는, 말로는 할 수 없는 것을 들여다본 사람이 철학자다. 고전적인 철학을 푸른 이끼 돋아 신비의 기운조차 도는 묵은 샘터라 한다면 씨ᄋᆞᆯ은 그 바위 밑에 깔려 그칠 줄 모르고 솟는 지하수다.

그보다도 차라리 씨ᄋᆞᆯ은 글로뮤〔毛細管胞슴〕요 엽록소다. 글로뮤가 동맥과 정맥의 뵈지도 않는 두 모세관의 끄트머리에 있어서 신비로

---

* 원제는 「새 나라를 어떻게 세울까」, 『인간혁명』(일우사, 1961)에 수록하면서 제목을 바꿨다.

운 작용으로 그 사이에 다리를 놓아 피를 돌아가게 하여 동물의 생명을 만들어내듯이, 또는 엽록소가 억만 잎사귀 속에 숨어 있어 뿌리에서 올라오는 양분과 해에서 내려오는 빛을 결합시켜 미묘한 동화작용으로 식물의 생성을 만들어내듯이, 인간 역사의 맨 앞줄에 서서 하늘과 땅을 맞붙여, 다시 말하면, 물질과 영을 결합시켜 인간생활이라는 이 오묘하고 눈부시고 거룩한 운동을 창조해내는 것이 씨을이다.

산더미 같은 코끼리가 달음질을 할 때 그 힘이 굉장한 것 같지만 눈에 뵈지 않는 그 글로뮤가 한번 끊어져버리면 그 몸은 박테리아의 밥밖에 되는 것이 없고, 하늘을 찌르는 나무가 버티고 설 때 그 기운이 놀라운 듯하지만 현미경에나 나타나는 그 엽록소가 한번 말라버리면 그 줄기는 좀벌레의 집밖에 되는 것이 없다.

마찬가지로 씨을의 혼 속에 사는 힘이 한번 죽어버릴 때 나라요, 민족이요, 문화요, 역사요는 문제가 아니 된다. 나무가 살아서 잎을 피운다는 것은 겉만 보는 무식한 소리요, 심장이 펌프질을 해서 피를 돌린다는 것은 낡은 옛날의 생리학설이다. 정치가가 나라를 다스리는 것이 아니라 삶이 기술과 제도를 내는 것이요, 철학자·도덕가가 민중을 지도하는 것이 아니라 민중이 도리어 지혜를 가르치고 힘을 주는 것이다. 나라는 씨을의 나라요 세계는 씨을의 세계다.

구더기 같은 인생이라 하지만, 사실 이날껏 민중이라면 구더기같이 업신여기고 더럽게 안 것이 낡은 윤리와 사상의 특색이었다. 우민愚民·우맹愚氓·민초民草·서민庶民·검수(黔首: '검은 맨머리'라는 뜻으로, 일반 백성을 이르는 말 – 편집자)·검우黔愚 하는 말들이 다 그것이다. 과연 민중은 먹고 싸고 새끼치는 것밖에 모르는 것 같고 그러노라고 울고 불고, 서로 물고 뜯고, 곱다 밉다 찍짝하다가 썩어져버리는 그것은 구더기나 다름이 없는 듯하다. 그러나 소리 없이 자랄 때는 똥 속에 우물거렸어도 한번 날개를 펼쳐 파리가 될 때, 임금의 밥상에 침을 뱉고 성인의 콧잔등에 똥누기를 맘대로 하는 구더기를 누가 감히 더럽다 하고 업신여길 수 있나?

조그만한 파리를 업신여기고 한 손바닥으로 잡으려던 신사가 보기좋게 제 뺨을 갈기고 말듯이 무지한 민중을 업신여기고 더럽게 아는 도덕가·학자·정치가도 스스로 부끄럼을 사는 것밖에 없을 것이다. 기우其愚는 불가급不可及이지![1] 삶은 더러운 거요 삶은 어리석은 거다. 그러나 삶보다 더 깨끗한 것이 어디 있으며, 삶 말고 더 슬기 있는 것이 무엇일까. 구더기에게 배우면 네가 변화의 진리를 알 수 있을 것이요, 씨올에게 물으면 네가 한없이 되는 지극한 길을 알 수 있을 것이다.

씨올이 나랏일에 참견을 한다면, 아무것도 아는 것이 없고 실행하는 힘이 없고 밤낮 죄만 되풀이 짓고 있는 백성이 역사를 짓는 데 의견을 말한다면, 이날껏 귀족주의에 닦여온, 대웅전 막새 위의 청기왓장 같은 양반 눈에는 시대의 타락으로만 보일 것이다. 우리나라 종교·교육계는 말할 것도 없고, 자유사상을 가진다는 사람들에게까지도 아직 이런 인생관이 완전히 가셨다고는 할 수 없을 것이다. 보수주의자의 눈에는 세상이 언제나 말세같이만 보이는 법이다.

그러나 우스운 것은, 말세라고 탄식을 하면서도 영광의 옛날을 위해 순교는 하지 않고, 살기 위해서 얻어먹으며 따라는 온다. 따라오면 또 같이 살아주는 것이 민중이다. 민중은 말 때문에, 의견 때문에 사람을 버리지는 않는다. 말이야 무슨 말을 하거나, 생각이야 무슨 생각을 가졌거나, 그것 때문에 같이 살지 못할 것은 없다는 것이 민중의 맘씨이다. 말과 생각 때문에 사람을 차별하고 죽이는 것은 학자·사상가·도덕가, 특히 정치가다. 그들은 힘써 이름을 내세우고 명분을 주장하지만, 사실 그들이야말로 염치없다. 더럽다, 타락이다, 업신여기면서도 그 손에서 얻어먹고 그 행렬에 끼어가지 않나? 말은

---

1) 其知不可及 其愚不可及也: "그 슬기로움은 다른 사람들도 미칠 수 있으나 그 어리석음에는 따를 수가 없다"는 뜻이다. 여기서 말하는 '어리석음'이란, 슬기로움보다 나은 어리석음이다. 『논어』, 「공야장」.

지도라 하지만 사실은 따라가는 것이다. 정치가가 민중을 이끌어가는 것이 아니라 무지한 민중이 나라를 이끌어간다.

모든 이름은 다 깃발이다. 깃발을 메는 것은 민중이요, 지도자는 그 것을 바라보고 있을 뿐이다. 그리고 어떤 행진에서도 깃발은 언제나 나아가는 방향과 반대로 나부끼는 법이다. 민중은 깃발을 메고 나아 갈 뿐이요 바라고 가는 것 아니다. 거기 무슨 글자를 썼거나 어디로 나부끼거나 그것은 문제가 아니다. 그것이 크게 문제가 되는 것은 저 지도자라는 사람들이다. 그들은 깃발이 문제이기 때문에 역사의 행 렬을 거꾸로 타고 앉아 있다. 그래 밤낮 잘못으로만, 반항으로만 뵈 는 것이다. 재미있지 않은가? 그 시대에는 늘 타락이라 하고, 시대가 지나가면 역사가는 진보라 하고. "너희 조상은 선지자를 죽이고 너 희는 그 무덤을 꾸민다"는 말은 이것을 가리킨 것이다(「누가복음」, 11:47].

민중은 사회의 바닥이다. 바닥이므로 타락이요 고상이요 따로 있을 여지가 없다. 타락인 줄 알지도 못하는 것이 민중이다. 구더기를 더럽 다 하지만 더러운 것은 구더기가 아니다. 저는 속에서 똥을 내보내면 서 구더기더러 똥 속에 있다고 더럽다는 사람 저 자신이 더러운 것이 지, 민중은 고를 줄도, 갈 줄도 모른다. 바다 같은 것이 민중이다.

지금은 그 민중이 말을 하는 때다. 바다에 놀이 일어나 제 음악을 하는데 잘한다 못한다 할 놈이 누구냐? 이 스스로 하는 음악엔 악리樂 理도 악보도 지휘도 평론도 있을 수 없다. 그것이 갈잎 하나를 고이고 이 띄워 간다기로서 어찌 선善이냐? 또 나라 하나를 온통 삼켰다기로 서 어찌 악이냐? 네가 왜 민중의 바다로 더불어 하나되지 못하느냐? 네 노래란 것이 본래 그 바다에서 배운 것임을 왜 모르느냐? 그것이 타락되어서 네 것이 된 것임을 왜 모르느냐? 야무진 네 생명이란 사 실은 무명겁풍無名劫風에 불려, 하나님의 입김에 불려, 그 바다에서 떨 어져 그 위에 뜬 한 방울 물뿐이요, 그 속에 일어나는 가지가지 생각 이란 미묘한 광선의 굴절로 그 구면球面에 비치는 억만 물결과 그 소리뿐이다. 차별이 무슨 차별이요, 비판이 무슨 비판이냐?

또 타락이라 해도 좋다. 이 세상이 발전이라면 다 좋아하지만 타락하지 않고 되는 발전이 어디 있다더냐? 모든 시내는 다 들판에 내려와서야 강이 되었다. 시내가 깨끗을 자랑하려 골짜기에만 머문다면 논밭을 적실 수도, 배를 띄울 수도, 고기·조개를 기를 수도 없을 뿐만 아니라, 오래지 못해 마르고 썩고 말 것이다.

인간 문화의 역사도 첨에는 산골에서 시작되어, 차차 산허리로, 버덩(높고 평평하며 나무는 없이 풀만 우거진 거친 들 - 편집자)으로 내려와 나중에는 흐린 물결 둘러치는 바닷가에 가서야 비로소 큰 나라로 발전할 수 있었다. 그러는 동안에 정치는 종교적 성인의 손에서 무력적인 임금의 손으로, 임금에게서 귀족의 손으로, 귀족에서 관리의 손으로, 관리에게서 민중의 손으로 점점 내려왔다. 말잔등에 거꾸로 타고 앉아 "이놈의 말이 왜 뒷걸음만 하느냐?"고 채찍질만 하는 말꾼 같은 지도 계급들이 "세상은 다 됐다, 시대는 타락하였다"고 늘 탄식하고 분개하는 동안에, 그들을 태운 민중의 천리마는 그것을 아랑곳않고 늘 저 갈 대로만 갔다. 때리면 때릴수록 더 빨리, 더 제 마음대로 달렸다.

역사가 가는 길은 관념으로는 알 수도, 결정할 수도, 이끌 수 있는 것도 아니었다. 역사는 맹목적이다. "생의 맹목적 의지"라고 누가 잘한 말이다〔쇼펜하우어〕. "하늘에 있는 천사도 아들도 모르고 아버지만 아시는" 터에 맹목일 수밖에 없지 않은가?〔「마가복음」, 13: 32〕 또 못 보고도 모르는 것이 없고 아니 할 것이 없는 전능자에 눈이 무슨 눈일까? 결국은 못 정복할 곳이 없이 세계를 다 그 발굽 밑에 넣고야 말 역사의 천리마에 재갈이 무슨 재갈이며, 혁이 무슨 혁일까? 천사가 뽑아든 칼을 보고 나가는 당나귀를 제 마음대로 돌리려 억지로 혁을 채던 발람이 어리석었지, 세 번 때려도 세 번 말 아니 들은 그 당나귀가 어리석은 것 아니었다〔「민수기」, 22〕.

그러므로 당나귀가 부득이 말을 하게 되는 날이 온다. 지금은 말 못하는 역사의 말, 민중이 말을 하는 때 아닌가? 말 못하던 말〔馬〕이 말을 하게 되면 말꾼에게는 세상이 다 됐겠지만, 그 대신 생명의 역사에서는 새 진화 아닌가? 역사는 발전하기 위해 타락한다. 가지 끝의 아름다운 열매가 새 숲이 되려면 떨어져야지, 타락해야지. 하늘에서 이루어진 뜻이 땅에서도 이루어지려면 하나님이 마구간에서 탄생되고, 세리와 갈보의 친구가 돼야 하고, 구더기 같은 민중에게 넘겨줌이 되어야 한다.

문화가 탄생될 때는 연꽃봉 같은 상아탑 속에서 되어도 자라려면 진탕 같은 민중의 가슴속에 떨어져 거기 뿌리를 박아야 한다. 천지창조는 하나님의 낮아짐이요 브라만의 자기희생이지만, 무한의 뜻이 드러나기 위해서는 그럴 수밖에 없다. 처녀가 죽어 없어지고야 사랑이 새 아들로 나타나고, 실험실을 내버리고야 진리가 새 생산 공장으로 일어선다. 민중은 낮다. 무지요 타락이다. 그러나 인격은 죄를 지으면서 자라는 것이요, 역사는 실패하면서 발전한다. "상선上善은 약수若水니라"〔『도덕경』, 제8장〕.

그러나 또 정말 높고 맑은 것이 어디 있느냐? 작고 옅은 눈으로 보니 산이 높고 골짜기가 맑지, 큰 눈, 뚫어보는 눈으로 볼 때는 반대로 바다야말로 높은 곳이요, 들이야말로 맑은 곳이다. 시냇물이 흐를 때 내려오는 것 같지만 흘러흘러 난바다(육지로 둘러싸이지 않은, 육지에서 멀리 떨어진 바다 – 편집자)에 가면 구름 되어 대번에 하늘로 올라간다. 절대의 높음 아닌가? 또 흘러갈수록 흐리고 더러워지는 것 같지만 그 적시고 가는 옥야천리(沃野千里: 끝없이 넓은 기름진 들판 – 편집자)에 푸른 풀, 푸른 곡식이 어떻게 깨끗한 것이며, 온갖 것을 다 받아 마침내 허허바다에, 끝없는 가슴에 가 청탁淸濁이 한 통을 치고 나면 더럽고 깨끗이고 다 없어지고 마니, 절대의 맑음 아닌가?

그뿐인가? 구만장공九萬長空에 올라 흰 구름되고 나면, 소위 높다, 맑다의 산골짜기의 쫄쫄 우는 시냇물은 도룡뇽의 오줌이지 뭐냐? 그 바다를 무엇으로 흐리게 하며, 그 구름을 누가 물들일 수 있을까? 극동은 극서와 하나일 수밖에 없는 이 상대 세계임을 잊었구나. 지극히 낮은 것은 지극히 높은 것과 하나이니라. 하늘은 바다에 맞닿았다. 거기가 수평선, 바다의 끝이 하늘이요 하늘은 바다의 시작이다. 그러므로 내려간 것은 올라간 것이요, 올라간 것은 내려간 것이다.

바다는 높고 산은 낮다. 산은 낮은 것이요 지구의 꽁지거니, 하물며 그 산에도 못 가는 언덕의 양반의 집이겠느냐? 높은 것은 하늘과 씨올뿐이다. 그 하늘 뜻은 씨올 속에 영글었고, 그 씨올의 꼭지 하늘에 달려 있다. 그 밖의 것은 다 중간 피피한 것이요, 중간이야말로 낮은 거요 몹쓸 거다. 가을 하늘 높고 맑을 제 공중의 씨올인 기러기떼 날아가는 것 보고, 아직 감투 써본 일 없고 쇳동록[2] 만져본 일 없어 하늘 말씀 대신 하는 어린 입들이 부르는 노래 못 들었던가?

앞엣놈은 양반
뒤엣놈은 쌍놈
가운뎃놈은 몹쓸 거

가운데가 누구일까? 생명 행렬에 앞장이 하나님인 것은 말할 것도 없고, 뒤는 아무것도 아는 척하지 않고 믿고 따라만 가는 민중이라 할 수밖에 없고, 그렇다면 그 중간에 서는 것은 울긋불긋 깃발 들고 딱지 붙이고, 땅 위에 앞섰노라 쫄랑대는, 이른바 유식계급·유덕군자·유산계급·지도계급이라는 것밖에 될 것 없다. 앞선 것 같지만 앞선 것도 아니요, 아노라지만 아는 것도 아니다. 이제 길이 낭떠러지 끝에 막혔는데, 앞이 무슨 앞이요 아는 것이 무엇인가? 아노라는, 앞섰노라는 바로 그 생각 때문에 이렇게 된 것이다. 소위 앞선다는 것은 민중에서 떨어짐이요, 소위 안다는 것은 씨올을 모르노라 함이었다. 알려 하고 앞장서려 한 것은 턱 믿고 맘 놓고 따라갈 만한 용기가

2) 동록: 구리나 구리 합금의 표면에 녹이 슬어 생기는 푸른빛의 물질.

없었기 때문에 사실은 위험을 피하여 한 몸의 안전을 찾아 샛틈을 따고 들어온 것이다. 그리하여 하나님과 민중을 떼놓았다. 그러므로 몹쓸 거라는 것이다. 그러기에 짐승 중에서도 영기靈氣 있다는 범이란 놈은 사람을 잡아먹어도 꼭 가운데 선 놈을 잡아먹는다고 하지 않던가? 그놈이 몹쓸 놈이니깐.

그러기에 못나서 민중이 아니다. 의젓하여서 민중이지. 씨을은 스스로 이렇게 버티는 정신을 품어야 한다. 낮은 것이 아니라 높은 거다. 높은 것도 아니다. 제대로이므로 제자리에 있는 거지. 제자리가 정말 높은 것이다. 소위 높으려 한다는 것은 스스로 이미 높지 못하기 때문에, 제자리를 얻지 못하기 때문에 그러는 것이요, 낮은 대로 있는 것은 이미 스스로 높았고 거기 대해 의심이 없기 때문에 턱 안심하고 있는 것이다.

비겁하지 않고 높은 데 오를 자 없고, 도량이 바다 같지 않고 낮은 데 있을 자도 없고, 온전히 어리석어지지 않고 높은지 낮은지를 모를 자도 있지 않다. 고전적인 문화, 전통주의적인 신앙이, 이른바 고색창연이니 우아니 아담이니 점잖음이니 신성神聖이니 정결이니 하는 빛깔과 냄새를 가지고, 민중을 더럽다 어리석다 투박하다 거칠다 무뚝뚝하다 사납다 멍청하다…… 가지가지의 소리로 깔보고 나무라고 업신여기고 떠밀고 못 본 체하지만, 생각해보면 그것은 요컨대, 여왕 모가지의 진주가 죽은 조개의 껍질이듯이, 민중의 산 살림이 타락된 한 부분에 지나지 않는다. 골짜기 맑은 시내는 검은 구름의 떨어진 것이요, 산 같은 물결은 유리알 같은 바다가 잠깐 흔들린 것뿐이다.

그러므로 그 믿음, 사상이 정말 큰 것, 정말 높은 것, 정말 성한 것이 되려면 민중의 바다로 내려가야 한다. 그러면 거기서 단번에 증발이 되어 구름이 된다. 시냇물이 정말 강산의 초목을 살리려면 한번 하늘에 올라가 비가 되어 퍼붓지 않으면 아니 되고, 하늘에 오르려면 골짜기 그늘 밑돌 틈새에 있어서는 될 수가 없고, 반드시 저 흙탕물 이는 돌을 거쳐 바다로 가야만 하는 것을 잊어서는 아니 된다.

낮은 민중에게 즐겨 물어라

무릇 모든 생명 운동이 다 그런 것같이 정치도 한 변화의 선을 넘어야 한다. 한 번 죽고 다시 나야 한다. 불도가니를 거쳐 와야 한다. 민중의 가슴속 불도가니 말이다. 한번 철저히 낮아져야 한다. 있는 것을 다 팔아 가난한 자를 주어야 한다. 있는 것을 다 팔면 민중이다. 물질이 가진 것만이 아니라 정신이 가진 것을 더구나 다 팔아야 한다. 기성사상·기성윤리·기성신조를 다 버리란 말이다. 그것이 정말 '영으로 가난한 자'요, 하늘나라를 차지할 자다.

씨올은 맨사람 곧 가진 것이 없는 사람이요, 가진 것이 없기 때문에 제 바탈을 잃어버린 것이 없다. 그러므로 하늘나라 곧 이상의 나라가 그의 것이다. 이상의 나라를 가지면 땅의 나라를 세울 자격이 있을 것이다. 정신이 가진 것을 다 팔지 않고는 물질이 가진 것을 다 팔 수가 없고, 물질이 가진 것을 다 팔지 않고는 정신이 가진 것을 다 팔 수도 없으며, 있는 것을 다 팔지 않고는 새 시대를 싸워 얻을 칼을 살 수가 없다.

그러므로 예수가 세계 역사를 제자들에게 넘겨주려 할 때에 "옷을 팔아 칼을 사라" 한 것이다. 칼을 사서는 어떻게 하나? "가난한 자를 주라"는 것이다. 그러고는 너도 그와 마찬가지로 나서는 것이다. 옷을 팔아 칼을 사라는 명령에 "여기 칼 두 자루가 있습니다"라 답하니, 이에 예수가 "족하니라"고 답했다.

가톨릭에서는 그 칼 두 자루를, 교회와 세상 나라를 다 다스릴 권세를 가리킨 것이라 욕심을 부린다지만, 그 말은 그렇게 해석할 것이 아니다. "있는 것을 다 팔아 가난한 자를 주고 나를 따르라" 한 말과 아울러 생각하여서 한 자루는 네가 가지고 한 자루는 그것도 못 가진 네 이웃에 주어, 나와 같이 나를 따라 새나라 운동으로 나서란 말로 해석하여야 옳을 것이다. 긴 토론 할 것 없고, 사실 우리가 있는 것을 팔지 않고는 새 도덕, 새 신앙의 무장을 할 수 없는 것이다. 또 물질적·정신적 소유를 정말 다 버리면 나와 이웃을 한 군대로 엮어 세울

수 있는 무장을 자연히 대신 얻게 되지 않나. 옛 선비의 노래대로,

> 옷 없단 말 어인 말고
> 그대 함께 입읍세나
> 내 칼 창을 갈아 메고
> 그대 함께 나섭세나
> 豈曰無衣
> 與子同袍
> 修我戈矛
> 與子同行

　태평양 복판에 가지 않고야 폭풍이 일 수는 없지. 폭풍이 한 번 일지 않고는 세기의 더러움을 씻을 길이 없지. 어떤 이론도, 어떤 도덕도, 어떤 운동도, 씨올의 밸 고분지 밑까지 내려가지 않고는 역사의 진행을 서두르는 폭풍을 일으킬 수가 없다. 들부숨과 일으켜 세움을 한꺼번에 하는 혁명의 폭풍. 그러기에 어쨌던가? 빈 들의 메뚜기와 돌꿀만을 먹던 요한은 맑고 높기는 했지만, 나무 한 그루를 가꾸기 위해서는 또 한 나무 뿌리에 도끼를 대지 않으면 안 됐고, 상한 갈대도 차마 꺾지 못하고 끄물거리는 등잔도 행여 끌 수 없어하는 예수는, 먹기를 탐하고 술을 즐긴다는 욕을 먹으면서도 망나니와 갈보의 친구가 되어, 같이 먹고 같이 마시지 않으면 안 되었다. 둘의 차이는 어느 만큼 더 철저히 낮아졌나 하는 데 있다.
　씨올이 나랏일에 주둥이를 내민다고 책망하고 갈보지 말라. 성인이라는 공자가 불치하문(不恥下問: 손아랫사람이나 지위나 학식이 자기만 못한 사람에게 묻는 일을 부끄러워하지 않음 – 편집자)이라 하지 않았나? 사실은 부끄러워하지 않는 정도가 아니라 반드시 즐겨 물어야 할 것이다. 하늘을 보려거든 굽어 물속을 보아야 하고, 참을 알려거든 낮은 민중에 물어야 한다. 왜 곧추 우러러 하늘을 보지 않고 굽

어 물속을 보느냐고 네가 묻느냐? 네 눈이 정수리에 박혀 있지 않고 눈썹 밑에 있기 때문이다. 왜 눈을 정수리에 내지 않았을까라고 불평을 말하느냐? 네 한정 있는 눈이 한정 없는 빛을 바라다가 소경이 될까 불쌍히 여겨 그리했느니라. 너를 아껴 그랬느니라. 네게 순종 곧 참을 가르치기 위해 그리했느니라.

상대는 상대여야 하고 절대는 절대여야 한다. 거기 하늘 뜻이 들어 있다. 네 눈을 정수리에 내지 않고 눈썹 그늘 밑에 두어 하늘 우러르기를 잠깐 하고, 굽어살피기를 더 많이 하기에 편케 하는 거기 하늘의 존엄과 슬기와 불쌍히 여기심과 공의公義로움이 드러나 있다. 인간이 하나님의 뜻을 아는 오직 하나의 길은, 그 지으신 것을 들여다보고 그것을 사랑함에 있다.

그러므로 너는 너를 낮추어 물속을 들여다보아, 물질 속에 부드러워진 하늘빛의 그림자를 보아, 그 뜻을 알아야 한다. 네가 스스로 힘써 알아내어야 한다. 뚫어 보아야 한다. 너는 참을 직접 보지는 못한다. 네가 하늘을 곧추 우러러 눈부신 무지개를 본다기로서 그것이 바로 빛인 줄 아느냐? 그것도 물에 비친 것 아니냐. 천지를 창조하려 할 때 하나님의 영이 깊은 물속부터 먼저 들여다보았다 하지 않더냐. 그것은 거기 자기 얼굴을 판박아 너로 하여금 땅에 살면서 그 모습을 물 마실 때마다 보아 잊지 않게 하잔 섭리에서 하신 것이다. 아무리 높고 눈부신 철학 계시라 하더라도, 따져보면 민중의 살림이 반사되어 허공에 걸린 무지개다. 구더기를 모르고 파리를 알 수 없듯이 민중을 모르고 나라를 할 수도 없다. 씨올에 물어라.

앓는 자에게 묻지 않고 약을 지을 수는 없다. 고치는 것은 의사가 아니고 앓는 자 자신이다. 앓은 앓음이다. 철학도 종교도 앓는 소리다. 앓이 나음이다. 제 병, 저만이 고친다. 의사는 중간에서 공연히 이름을 도둑할 뿐이다. 학자도 종교가도 정치가도 의사다. 씨올은 앓는 존재다. 알이 들자고 앓는다. 알이 드는 날 앓이 올 것이다. 정치는 약 씀이다. 아무리 고명한 의사라도 먼저 병자가 되지 않고는 못 고친다. 어떻게 더러워도 제 몸같이 만져야 하고 아무리 독한 약이라도 제가 맛보지 않고는 쓰일 수 없을 것이다. 정말 민중 살리는 정치를 하려면 민중을 들여다보고, 만지고, 그 말을 듣고, 그 마음이 되어주지 않고는 할 수 없다. 우리에게 맞는 나라가 정말 나라지 책 속에 있는 나라가 무슨 나라일 수 있을까. 우리 말을 듣는 것이 정치지, 정당 사무실이나 정부 공청에서 짜내어 명령하는 것이 무슨 정치일까.

분명히 들어두어라. 정치는 농사 지음이지, 결코 주우질이나 대장질이 아니다. 정치가는 심고 가꾸는 농사꾼이어야지, 결코 깎아먹고, 두들겨 맞추고, 틀에 부어내고 눌러대는 주우나 철공이어서는 아니 된다. 하물며 주판질만 하고 그저 먹는 장사치나 총으로 쏴잡고 그물로 덮쳐 잡아먹는 사냥꾼이나 어부여서는 아니 된다. 네 모든 쟁기를 버리고 먼저 우리 옆에 누워라, 그리하여 우리 앓는 소리를 들어라.

호랑이를 기르는데 어찌 네 좋아하는 요리로 먹이고, 네 귀히 여기는 옷으로 입히고, 돌집 속에 가두어서 될 수 있느냐. 그렇게 하여서 어떻게 강산에 바람을 일으키는 그놈의 날쌘 꼴을 볼 수 있느냐. 그놈을 정말 기르고 싶거든 우거진 숲 속에 놓아주어 마음대로 생피를 마시고, 덤불과 비탈 사이에 기운껏 달음질을 하게 해서만이 될 수 있을 것이요, 그 놀라운 활동을 정말 보고 싶을진대, 너도 그놈을 따라 내리찧는 폭포 속에 신발을 빠뜨리고 얼크러진 가시덤불에 옷과 살을 찢기며 길 없는 산속을 숨차게 달려서만 될 수 있는 일 아니냐.

민중은 호랑이 넋이요, 나라살림은 호랑이 기름이다. 나라가 잘못된 것은 그 호랑이 넋이 죽었기 때문이요, 넋이 죽은 것은 배가 주리고 갇혔기 때문이다. 호랑이를 가두어놓고 구경하면 재미있느냐? 그 비겁한 서커스장이의 심리를 버리라. 한번 놓아줄 용기를 못 내느냐? 상상력이 그렇게도 말랐느냐? 그대로 놔주지 않고 있으면 그 성급한 넋에 말라죽을 것이요, 호랑이가 한번 죽으면 너는 어느 날 동편 여우에 홀려 죽겠는지, 서편 멧돼지에 물려 죽겠는지, 북쪽 승냥이에 찢기겠는지, 남쪽으로 리바이어던[3] 같은 바다의 괴물이 올라와 삼키어버리겠는지, 알 길이 없다. 비겁하게 그러지 말고 그 호랑이를 푸른 산 속에 놓아주고 네가 그것을 잡아타라. 타고 삼천리 강산을 달려라. 잠을 못 자게 시끄럼을 피던 쥐 무리, 살기 무리가 다 달아날 것이요, 우리 포도원을 해치던 도둑들이 혼쌀나서 도망할 것이다.

자칫하다가는 천 길 낭떠러지 밑에 가루가 될 염려가 있는 바위만이 한번 건너뛰어볼 만한 바위요, 까딱하다가는 뼈다귀도 못 찾고 망할까 봐 겁나는 싸움만이 기어코 한번 해볼 만한 싸움이다. 한 목숨을 잃어버릴 위험을 속에 싸고 있는 일만이 참 일이다. 그러나 예복을 입고 산에는 못 오른다. 신작로에서는 호랑이를 잡을 수 없다. 신작로와 호랑이가 서로가 닿지 않는 것이라면 노선路線과 참 정치도 서로가 닿지 않는 것이다.

우리나라가 힘이 없는 것은, 넋은 빠지고 정책·노선만 찾기 때문이다. 민중은 길 위에는 있지 않다. 아스팔트 길이 우물 정井자로 쪽쪽 째어 있어 장사치가 주판을 튕기고 앉았고 포자장이가 고기를 잘라 팔고 앉았는 도시에 호랑이도 나지 않거니와 산 민중도 없다. 있다면 그것은 그들이 때때로 가서 거울 속에 제 그림자나 보듯 창경원4) 우리 안에 들여다보는 갇힌 호랑이 같은 주리고 갇혀 있는 민중뿐이다. 제도 기관의 사내종 계집종들이다. 산 민중은 산 호랑이 모양으로 교통순경이 서지 않는, 필요한 때는 논두렁·밭두렁으로 가도 누가 말할 사람도 없는 자연 속에 있다.

민중을 만나고 싶은가? 산 민중의 잔등에 타고 달려보고 싶은가, 이 노선·정책·수단·방법만 찾는 사람들아, 찾으려면 길을 찾아야지 노선을 왜 찾아? 길은 발에 있고, 노선은 거미줄같이 공중에 얽혀 있다. 길은 달려가면 저절로 있지만, 노선은 헤치고 끊고 나가야지.

---

3) 리바이어던(Leviathan): 『구약성경』 「욥기」에 나오는 지상 최강의 괴이한 동물.
4) 창경원(昌慶苑): 일제 강점기에 창경궁(昌慶宮) 안에 동·식물원을 만들면서 불렀던 이름. 창경궁의 격을 낮추기 위한 일제의 책략이었던 것으로 보아, 일부 동·식물원을 서울대공원으로 옮기고 1983년에 다시 '창경궁'으로 고쳤다.

기르려거든 뱃심을 길러야지 수완은 왜 기르려 해? 배는 속이요 손은 끄트머리다. 뱃심이 좋으면 잔 요리를 아니 하고 막 집어먹고 돌을 먹어도 녹는다. 다만 그것은 낮은 야만인이라야만 된다. 아아. 산호랑이를 잡아타고 민중의 처녀 숲 속을 달려 바람을 일으키고 길을 낼 정치가는 이 나라에 마침내 아니 오려나?

"아래에 물으라" 한 공자는, 정치란 갈대나 부들 자라듯이 쉬이 되는 것이라 했으며, "인정仁政이 빠르기가 파발마보다 더하다"〔『노자』, 제46장〕 했고, 맹자는 민중을 같이하려 하면 "천하 다스리기는 손바닥 뒤집기 같다"〔『맹자』,「공손추 상」〕고 했는데, 그렇게 쉬운 정치가 이 나라에서는 왜 이리도 어려울까?

대적이 내 속에 있다

나랏일을 말함에 있어서 반드시 먼저 알아야 할 것은, 이것이 전에 보지 못한 큰 위기라는 것이다. 우리는 지금 민족 전체가 사느냐 죽느냐 하는 된고비에 걸려 있다. 자칫하면 이날 이때까지 우리 조상들이 피땀과 눈물로 지키고 기르고 쌓아온 역사가 아주 끊어져버리고, 우리 같은 것이 일찍이 이 땅 위에 있었던가 없었던가 알 사람조차 없이 될 만한 염려가 있다. 혹 설마 할는지 모르지만 그렇지 않다. 이것을 모르는 것은 눈을 일부러 감기 때문이요, 생각을 하지 않기 때문이다. 눈을 감으면 죽음이 닥쳐와도 모르는 법이요, 정신이 나가면 죽는 줄을 모르는 법이다. 죽게 되는 줄을 몰라서 죽는다면 그런 어리석고 가엾은 일이 어디 있나. 가엾다기보다 그런 무서운 죄가 어디 있나. 조금만 눈을 크게 뜨고 조금만 생각을 참되게 해본다면 곧 우리 처해 있는 위기의 뜻을 알 수 있고, 그런다면 누구나 가만있지 못할 것이다.

또 이것이 위기임을 알았다 하더라도 어느 특별한 때, 가령 예를 들면 예배 시간이나 강연 같은 때, 그런 때에만 생각하며 말하고 여느 때엔 잊고 있다면 아무 소용도 없다. 특별한 때에 아무리 열심히 지독히 생각했더라도, 여느 때란 마음의 긴장을 풀어놓는 때가 와서 입때껏 켕겼던 것을 다 놔주어버리면, 이때까지 끌어올렸던 마음의 차는 그만 저 골 바닥으로 도로 미끄러져 내려가, 전에 노력한 공이 다 없어져버리고 만다.

사실은 특별한 공식적인 시간의 의미는 이 여느 때를 정복하여, 마음의 깸에 이었다 끊어졌다 함이 없이 줄곧 부동 정신으로 지내서, 그것이 마침내 자신自新하는 행동으로 되어 나오는 데까지 이르게 하자는 데 있다. 지금 우리 처지는 마치 널빤지 조각을 타고 흐린 물결에 떠내려가는 사람과 같아서, 한순간이라도 깜박했다가는 입때껏 죽기로 싸워온 공이 다 없어지고 만다. 눈이 곧아지도록 깨어 있어 한 물결 한 물결을 놓치지 말고 내다봐 이겨야 한다.

일찍이 제1차 세계대전 후에 세계국가주의를 열심히 주장했고, 『세계문화사대계』라는 저서로 유명한 H.G.웰스는 그의 『세계혁명초안』이라는 책의 첫머리에서 "생각 있는 사람은 스스로 세계혁명운동의 정예분자로 자임하고 나서야 된다" 하면서, 그것은 '드러내놓은 모반'open conspiracy이어야 한다고 했다. 그래서 그것은 공산당들이 하는 것 같은 지하운동이나, 정치상에 흔히 있는 쿠데타식이어서는 아니 되고, 날마다의 살림에서 공·사 어느 때를 말할 것 없이 모든 일, 모든 사람에게 이야기로 주장하고 선전해야 한다고 했다. 즉 혁명을 생활화해야 한단 말이다. 그러면서 하는 말이 가장 경계할 것은 에브리데이즘everydayism이라고 했다.

이 '에브리데이즘'이란 곧 우리가 위에서 말한 '여느 때 주의'다. 참 혁명가에는 운동의 시간과 여느 때의 구별이 있을 리 없다. 어느 날이란 것이 없어지고, 모든 날 모든 시간이 혁명의식으로 꿰뚫려서만 비로소 참 혁명가라 할 수 있다. 정신없는 사람만 아니라, 상당히 생각이 깊고 때로는 놀랄 만한 열정까지 있던 사람으로서도 마침내 떨어지고 마는 것은 이 에브리데이즘, '여느 때 의식'에 빠져버리기 때문이다. 오늘날 우리에게도 가장 중요한 것은 '여느 때 주의'에 빠지지 않는 일이다.

참이라, 지성이라 하는 것은 이러한 어느 날, 어느 살림이 없는 상태를 가리킨 말이다. 여느 때란 뜻에서 빠진, 정신적인 것을 붙잡지 않는, 말하자면 맥을 푹 놓고 풀어진 상태로 있는 시간이다. 보통 사람은 이 상태를 떳떳한 것으로 알고 싶어하고, 뜻·이상·정신 이런 것은 어느 특별한 때 특별한 사람만이 할 것으로 알려는 경향이 있다. 이것이 이른바 세속주의다.

'세속'이라 하나 '에브리데이'라 하나 같은 말이다. 사실 이것은 생명의 제 바탈에서 나오는 버릇 때문이다. 생명은 쉬지 않고 폭발하려 하고 달려나가려 하지만, 반면 가만있으려 하고 평안을 누리려 하기도 한다. 하나님은 쉬지 않는 창조의 하나님인 동시에, 영원한 안식의 하나님이기도 하다. 이 서로 모순되면서도 하나로 되어 있는 두 성질 때문에 이 생명의 행진은 되어나갈 수 있다.

그러므로 이 세계는 밤낮이 서로 번갈아 바뀌는 세계로 되어 있다. 자연에서는 이것이 문제 없이 조화되어 있다. 그러나 이성이 깨어 기억을 하고 미루어 생각을 할 줄 알게 된 사람에게는 의식적으로 평안·쾌락·무사를 추구하는 버릇이 생기게 되었다. 인류 역사의 어려움은 여기서부터 시작이다. 재주 있고 힘 있는 놈일수록 꾀를 부려서 그것을 구하게 되면 일반 민중에게는 자연 그 짐이 무거워질 수밖에 없었다. 그러면 일함과 즐거움이 저절로 조화되어 있었던 소박한 시대는 점점 멀어지고, 사람은 서로 다투어 일은 피하고 평안을 탐하게 되었고, 그러면 자연히 인정은 각박해지고 사회는 복잡한 얼크러짐으로 어지러워진다. 그러면 그것을 해결하기 위해 각 사람의 행동을 규정하는 법이란 것이 생기고, 거기에 따라 상벌이 생기고, 압박이요 전쟁이요 혁명이요 하는 데까지 이르게 된 것이다. 그것이 이른바 문명이요 사회요 정치요 타락이요 사바세계다.

그러므로 모든 참 스승, 참 구세주가 나타날 때마다 가르친 말 다

같이 이 그릇된 무사주의·안락주의·편리주의를 버리고, 생명 근본의 면목대로 돌아가 영원한 뜻을 향해 쉬임 없이 마음을 켱겨 힘써 나아가라는 것이다. '가운데를 꼭 잡아라'〔允執厥中〕 '마음을 다하라'〔盡基心〕 '하나로 꿰뚫으라'〔一以貫之〕 '스스로 힘써 쉬지 말라'〔自疆不息〕 '깨어 기도하라' '이마에 땀을 흘려 네 바탈을 갈아먹어라' '도둑같이 온다' '때가 오지만 지금이 그때라' "하늘나라는 들이치는 자가 얻는다" "죽도록 충성하라"……다. 다 그뜻이다. 금욕도 고행도 요가도 참선도 기도도 다 이 때문이다.

삶은 문제다. 해놓은 설명이 아니요 물음이다. 문제를 풀려는 데서 살림이 나온다. 일함이 건강이다. 힘들여 삭임질할 필요 없이 직접 제 살이 되는 물건을 빨아먹게만 생겼더라면 모든 생물은 곰팡이 같은 것밖에 못 됐을 것이다. 굳고 질기고 거칠고 맛 적은 것을 씹고 녹여 먹고 그것을 삭여 그 속에서 영양이 되는 것을 뽑아내어 변화시켜서 제 몸을 만들려고 애쓰는 데서 아름드리 나무, 달리는 짐승, 헤엄치는 고기, 나는 새, 생각하는 인간이 나온 것이다.

생명은 변화다. 죽은 것을 산 것으로 만듦이 생명이다. 그러므로 생명체는 어떻게 보기에 작은 것이라도 그 속은 우주적 질서의 변동을 하고 있는 것이다. 생명은 창조다. 지어냄이다. 그러므로 끊임없는 힘씀이다. 힘씀보다 애씀이다. 그보다도 기씀, 얼씀이다. 생명은 순간마다 사느냐 죽느냐의 싸움이다. 영원의 위기야말로 생명의 근본 꼴이다. 나라는 그러한 생명의 위험을 느끼고 이기려 애쓰는 데서 나온 것이다. 그러므로 "맞서는 나라가 없으면 나라는 언제나 망한다"는 것이다〔入側無法家拂士 出則無敵國外患者 國恒亡, 『맹자』, 「고사 하」〕. 맞서는 나라를 일부러 만들고 싸우는 자를 찾아 천하를 헤매란 말은 아니다. 달리면 바람은 언제나 있는 법이요, 살려고 애쓰면, 살자는 생각을 놓치지 않는다면, 대적은 언제 어디에나 있는 법이다. 대적이 내 속에 있다.

그러므로 참에서 말한다면 어느 때만 이 나라의 위기가 아니다. 날마다, 시간마다 국가 존망지추(存亡之秋: 존속과 멸망이 결정되는 아주 절박한 시기 – 편집자)이다. 그러나 또 특별히 큰 위기가 있는 것도 사실이다. 지금이 그러한 특별히 큰 위기에 다다른 때다. 그것은 물론 날마다의 위기를 잘 치르지 못한 탓으로 생긴 것이다. 날마다 세수하기를 게을리하면 가다 어떤 날 가서는 살이 아프도록 비비고 밀지 않으면 안 되게 때가 끼는 날이 온다.

이제 우리는 민족의 얼굴을 날마다 씻기를 게을리한 죄로, 마침내 살갗이 껴묻어나도록까지 긁지 않으면 아니 되는 부끄럼과 아픔의 날을 당했다. 그러나 이제 당했으면 이제라도 피가 나도 씻고 긁어야 할 것이다. 그러지 않으면 피가 나는 정도가 아니라 어느 부분을 잘라도 소용이 없으리만큼 온몸이 썩는 날이 올 것이다. 아니다, 벌써 썩었다. 왜, 거리엘 나가면 간 데마다 썩었다, 더럽다 하는 말만 들리지 않던가? 기막히는 일이다.

5백 년 이래에 참 한 사람으로 났던 율곡栗谷의 군사 10만만 기르자는 말을 믿게 들어서 내쫓아서 황해도 산골에서 말라 죽게 했지. 그랬기 때문에 그 말이 채 귓가에서 사라지기도 전에 물 건너 30만 군대가 들어와 팔도강산을 온통 짓밟으며 피로 세수를 시켰다. 율곡이 말할 때 들었더라면 물로 세수하는 정도로 됐지. 그러나 그렇게는 못했더라도 터무니없는 죄명으로 매를 맞아 죽으며 숨을 넘기려 할 때에 "천하 일이 바로 되지 못했는데 나를 죽이면 되느냐?"고 꾸짖어 호소하던 임林 장군이 군사 2만만 달라 할 때라도 들었더라면 됐지. 그런데 듣지 않았다. 그랬기 때문에 '남한산성'에 왔고 그때부터 아주 자유를 잃고 남의 종이 되어버렸다. 그러나 그랬더라도 홍경래洪景來가 분을 터뜨리던 때에라도 정신을 차렸다면 또 바로잡을 수가 있었을 것이다.

그런데 또 깨닫지 못하고 태평 꿈만 꾸려 했다. 그래 세계의 물결이 사방으로 들이쳐 천둥지둥하는 대낮에 입을 헤벌리고 침을 지르르 흘리며 낮잠을 자고 있었기 때문에, 이번에는 두세 도둑이 한꺼번에 들어와 일청전쟁이요 일로전쟁이요 하며 우리를 시체처럼 짓밟았다. 그때에야 조금 깨어 갑신甲申이요 갑오甲午요 꿈틀거려보았다. 그러나 그만 것으로 빠져나갈 고질痼疾이 아니었기 때문에, 드디어 일제 36년의 고통의 초달은 왔다. 그 동안에 좀 깨었다면 깼고 싸웠다면 싸우지 않은 것은 아니지만, 대체로 볼 때 3·1운동에 한번 꿈틀해보았다가 실패하고 난 뒤엔 10년 20년 세월이 흐르는 것에 따라, 지친 사람이 빈 들에서도 눈 속에서도 자려고 드러눕는 모양으로, 압박이 아주 고정되어가는 것을 보자, 구차한 그 속에서라도 평안한 생활의 맛을 좀 보자는 경향이 생기게 되었다.

사실 해방 후 정치가 좀 뜻대로 되지 않는 것을 보자, "살기야 일제시대가 좋지 않았소?" 하는 소리를 감히 내놓고 당연이나 하다는 듯 뻐젓이 하는 사람이 발길에 채는 돌처럼 많은 것을 보았다. 하늘 무서울 소리건만, 감히 그런 생각을 하고 생각을 할 뿐 아니라 말을 한다. 말을 하는 것은 너도 동감이겠지 생각하기 때문에 하는 것이다. 이 사람들이 이런 사람들이다. 그렇기 때문에 해방이 되자마자 뒤미처 전 세계의 정예 군사 ?만을 불러들여 늘씬하도록 짓밟고 강산을 잿더미로 만들게 한 것이다.

백 리를 채 못 나가서 공산군이 방아쇠에 손가락을 걸고 기다리고 있는 서울에서, 남의 나라에서는 우주 정복을 한다 야단을 하는 때에 성춘향이 구경한다고 대낮에 줄지어 서서 해 가는 줄 모르는 민중들, 시골서 그 구경 한다고 쌀 팔아가지고 오는 사람들, 마음이 그렇게 태평이냐? 인생이 그렇게 재미가 있느냐? 일이 그렇게 없느냐? 남의 말 들어보려나?

목숨이 그렇게도 아깝고, 평화가 그렇게도 달콤한 것이냐? 쇠사슬과 종살이를 그 값으로 주고까지 살 만큼 그렇게까지 한 것이냐? 절대로 절대로 아니다. 남들은 어떤 길을 취하겠는지 난 모른다마는, 나는, 적어도 이 나는, 자유를 다오, 그렇지 않으면 죽음을 다오.[5]

이렇게 해서는, 이렇게 태평한 심리를 가지고는 이 위기를 이겨 넘지 못한다. 민중의 것을 도둑질해먹은 양반계급은 어차피 역사의 심판을 받아 영겁의 벌을 받을 것으로 결정이 되었으니, 남은 시간을 먹다 입다 취하다 죽자 해도 좋을는지 모르지만, 역사의 주인인 너 민중이야 어째 생각이 없느냐? 젊은 너는 왜? 학생까지는 왜? 군인까지는 왜? 너는 인생을 구경하려느냐. 역사를 연극 보듯 하려느냐. 구경하는 것이 어째 예술이냐. 하는〔演〕 것이 정말 예술이지. 너는 사람 노릇을 해야 한다. 역사를 놀아내야〔演出〕 한다. 해내어라, 죽음 속에서 산 사람으로 살아 나오너라.

위기는 산통이다

위기라는 기機는 고동이라는 뜻이다. 조그맣고 잘 뵈지 않는 속에 묘하게 꾸며넣은 것이 있어서 조금 다치면 곧 튀어 일어나 작용을 하게 되어 있는 것이 고동이다. 본래 옛날 짐승을 잡는 데 썼는데 나무로 만들었으므로 목木변에 썼고, 기幾에 그 뜻이 들어 있다. 그러므로 기機에는 우선 활동이 일어나는 시작이라는 뜻이 있다. 기계機械·기관機關은 그것이다. 그렇기 때문에 거기서 나아가서 또 모든 것의 신비로운 근본이라는 뜻이 나온다. 천기天機·근기根機하는 것이 그것이다. 또 중요하다는 뜻이 있다. 기밀機密·추기樞機가 그것이다. 그래서 또 변화한다는 뜻이 있다. 심기일전心機一轉이라, 기변機變이라 하는 말은 거기서 나온다. 따라서 징조라는 뜻을 가지게 된다. 견기見機라, 망기忘機라 하는 것이 그 뜻이다. 그러므로 기機는 늘 언제 일이 있을지 모르는 조심·경계, 이렇게도 될 수 있고 저렇게도 될 수 있는 분

5) 패트릭 헨리(Patrick Henry, 1736~99): 미국의 정치가로 버지니아 주 초대 지사를 지냈다. 대륙회의에서 활약했으며, 인지조례 반대운동을 이끌며 독립혁명을 지도했다. 1775년에 '자유가 아니면 죽음을'이라는 연설로 유명해졌는데, 이 인용문은 그것의 맨 마지막 부분이다.

기점을 늘 속에 품고 있는 불안이 있다. 그래서 위기라는 것이다.

위기에는 죽을 가능성이 있느니만큼 살 가능성이 있다. 붙잡으면 生이요 놓치면 死다. 하면 복이요 못 하면 화다. 시간은 늘 위태로운 것이다. 그 뱃속에는 늘 쌍둥이가 들어 있다. 시간의 뱃속을 째보아도 아무것도 있을 리가 없지만, 그 빈탕 속에서 생 아니면 사가 나온다. 옛날 읽던 『초등소학』初等小學에 「금알 낳는 오리」 이야기가 있었는데, 욕심 많은 사내가 단번에 그 안의 금알을 다 끄집어내려고 오리 배를 갈랐다가 한 알도 없어서 "기가 막혀 자빠졌다"는 구절이 있었다. 그 구절이 하도 인상적이어서 이날껏 잊지 못하지만, 생의 금알을 단번에 얻으려고 시간의 배를 가르는 사람이야말로 참 기가 막혀 자빠질 것이다.

生은 단번에 나오는 법 없이 일하니만큼 한 알 한 알 나오지만, 그 대신 영원히 나올 수 있고, 死는 단번에 쏟아져 나온다. 혹은 생이 단번에 쏟아지면 사인지도 모른다. 그러므로 기가 막혀 자빠지는 것이다. 죽음이란 놓쳐버린 삶이요, 화란 잃어버린 복뿐이다. 삶이냐 죽음이냐, 복이냐 화냐는 시간의 뱃속에서 나오지만, 또 그 속에 이것이 나갈까 저것이 나갈까 하고 다 된 쌍둥이가 에서와 야곱처럼 싸우고 있는 것은 아니다. 도무지 알 수 없는 신비다. 다만 우리가 아는 또박또박 하는 힘씀으로 기도를 올리면 삶의 복이 나오고 쉽게 먹으려 욕심을 부리면 죽음의 화가 나오는 일이다.

이 세계는 기機의 세계다. 생 아니면 사인 세계지, 중성中性이 아니다. 이거 아니면 저거다. 그러므로 삶은 의무를 짝한다. 세계는 자아를 가진 세계다. 그러므로 명命하는 세계다. 사람을 자기 형상으로 지었다니 하나님도 두 손, 두 발, 두 눈, 두 귀를 가진 좌우대칭으로 나타나는 하나님일 것이다. 아니다. 하나님이 본래 묻는 하나님, 명하는 하나님이기 때문에 이 세계가 상대적으로 됐을 것이다. 시시각각으로 두 손에 두 길을 갈라 쥐고 내놓으며, 사람의 마음을 향해 "네가 스스로 결정하라, 행하라" 하는 것이 그다. 그러므로 사람의 마음은

늘 고동을 건드리는 손가락같이 위기에 놓여 있다. 이른바 일촉즉발
一觸卽發이다.

위험을 느끼는 것은 의무를 가지기 때문이요, 의무를 느끼는 것은
누가 시켜서 되는 게 아니다. 가르침 없이 되는 양지良知·양능良能이
다. 그것은 이 우주 이 생명이 뜻을 가진 우주요, 생명이기 때문이다.
의무란 양심에 비친 뜻이다. 뜻 없다면 '마땅히'란 것도 없을 것이다.
마땅히가 없다면 위험도 불안도 죽음도 있을 리 없다. 동산 복판에
세워놓고 "네가 선악을 알게 하는 나무의 실과는 먹지 말라. 네가 먹
는 날에는 정녕 죽으리라" 한 것은 이것이다. 선악 문제는 지킬 것이
지, 그것을 살 것이지, 생각으로 알려 할 것이 아니다. 알면 모른 것이
다. 삶이 벌써 깨졌기 때문에 지식이 생긴 것이다. 인류의 영원한 고
민·고통의 근본은 절대의 뜻에 대하는 태도에 이성이 앞장을 서려
는 데 있다는 말이다. 이성 아니고 사람일 수도 없지만 이성적인 데
근본 모순이 들어 있는 것도 사실이다.

선악은 알듯 하면서도 모르는, 모르면서도 알고 있는 영원의 문제
다. 전쟁이 우리에게 참혹하면서도 말할 수 없이 매력이 있는 것은
이 때문이다. 전쟁이라니 다른 것 아니요, 눈앞에 달려 있는 선악과
다. 눈앞에 다가온 의무란 말이다. 나라란 여러 가지 의무가 종합되
어 구체적으로 나타난 것인데, 말하자면 먹으면 지혜와 능력이 하나
님과도 비슷해질 듯 탐스러운 열매가 그득 달린 선악과 나무인데,
그중에서도 가장 탐스러워 보이는 것이 이 전쟁이란 말이다. 그러므
로 나라와 전쟁을 떼어 생각할 수 없다. 역사는 전쟁의 역사다. 그러
나 그것도 따먹어서는 아니 되는 열매다. 먹으려 할 때는 전능만복全
能萬福을 약속하는데, 정작 먹고 나면 불안과 공포가 남을 뿐이다.

그러므로 선악을 알게 하는 열매는 열매인데 어떻게 대하느냐에
따라 참 지혜와 거짓 지혜가 생기듯이, 전쟁도 그것이 큰 의무는 의
무나, 어떻게 치르느냐에 따라 복이 될 수 있고 화가 될 수 있다. 선악
과를 먹지 말라는 명령대로 순종하여 먹지 않음으로 먹었더라면 참

지혜 곧 평화와 기쁨을 가져오는 지혜를 얻었을 것이다. 영으로 먹지 못하고 입으로 먹었기 때문에, 즉 참으로 실천하지 않고 거짓 형식으로, 욕심으로 했기 때문에 불안·공포만이 왔다.

전쟁도 그렇다. 싸움이 생명의 한 원리지만 싸움은 해서는 아니 된다. 싸우지 않음으로 싸워야 한다. 시뻘겋게 익은 선악과를 아귀아귀 따먹듯이 총칼이 닥쳐온 때에 나가 살점을 날리고 핏줄기를 뿌리며 전쟁을 하는 것은 어리석은 일이다. 장쾌한 듯하지만 남는 것은 불안·공포뿐이다. 일이 거기 이르지 않도록 싸우는 것이 정말 이기는 국민이다. 속에서 위기를 잘 이겼으면 겉으로는 위기가 오지 않을 것이다.

그러나 속에서(예언으로, 뜻으로, 징조로 있을 때에) 잘 치르지 못하면 겉으로 오고야 만다. 일 날 것이다. 일은, 사건은 하늘 뜻이 드러난 것이다. 뜻을 뜻으로 이루었더라면(하늘에서와 같이 온전히 참을 했더라면) 일은 일어나지 않았을 것이다. 일은 벌써 일 났기 때문에, 뜻 잃었기 때문에, 일 저질렀기 때문에 일어난 것이다. 자는 뱀을 알고 피했으면 뱀 아니 만나는 것인데, 짓밟았기 때문에 뱀 만났고 물린 것이다. 일은 잘못된 말씀이다. 터져서 피가 나는 상처로 하는 말이다. 그러나 또 그러기 때문에 시급하다. 일이 났으면 어서 어떻게 해야 할 것이다. 일 났어도 멍하고 있으면 더 큰일 나고, 더 큰일 나도 멍청해하고 있으면 더 큰일이 난다. 망한다.

'생존권'이라고 누가 그러더냐? 그것은 과학의 격동으로 인해 달을 채우지 못하고 유산되어 나온 팔삭동이 철학에서 나온 소리다. 삶은 권리가 아니요 의무다. 스스로 난 인간이 아니요 누가 낸지도 모르게 내서 나온 인간이 권리가 무슨 권리냐, 작게 볼 때는 권리같이 보이겠지만 크게 보면 의무가 있을 뿐이다. 맘에 없으면 아니 살 수 있는 것이 삶이 아니다. 좋고 언짢고 여부가 없는 것이 삶이다. 삶에 선택 없다. 삶이 나의 택함으로 되는 게 아니라면 죽음은 더구나 나의 손을 댈 수 있는 게 아닐 것이다. 우리가 아는 것은 다만 "살아라"

하는 명령을 받은 것뿐이다. 누가 하는지 언제까지라는지도 모른다. 그저 살아야 한다는 것이다. 삶을 축복이라거나 저주라거나 사람이 제 맘대로 붙인 해석이 그 절대의 명령을 조금도 더도 덜도 하는 것이 없다. 그것은 나 스스로 약해진 우리 소리지 생명 자체의 말씀이 아니다. 축복이라는 말은 아첨이요 저주라는 말은 공갈이지만, 그 임금이 아첨이나 공갈로 끄떡 있을 임금이 아니다.

그러므로 삶은 그저 당하는 것이다. 참음이다. 이 세계는 인토忍土다. 참을 곳이다. "하나님은 사랑이라" "사랑은 영원히 있을 것이라" 했는데 또 "사랑은 길이 참음이라" 한다. 그러므로 핑계 못한다. 원고 피고 소용없다. 잘못의 원인이 내게 있거나 남에게 있거나 문제가 아니다. 흘러가는 강물에 공평·불공평이 없듯이, 역사의 흐름에도 정당·부정당이 없다. 다 절대의 정당이지 따져도 소용없다. 면제해줄 자도 대신해줄 자도 없다. 당했으면 당한 내가 하는 것뿐이다.

이것이 체념이다. 행복을 목적 삼는 민족은 실패하지 않을 수 없을 것이다. 행복 없다. 그것은 신기루다. 신선이 사는 것 같지만 그 실상을 찾아보면 역시 눈물·콧물·똥덩이·핏덩이 속에 잠겨 돌아가는 인간세계가 공중에 거꾸로 비치면 그렇게 뵈는 것이다. 행복은 전도된 허상이다. 있는 것은 다만 영원 무한한 의무의 태양이 역사적 민족의 머리 위에 빛날 뿐이다.

그러므로 네가 역사적 민족이려거든 핑계 말라, 변명 말라. 그저 불평 없이, 자랑 없이, 당해라, 참아라. 용감해라, 용감한 자만이 역사의 말씀의 법궤法櫃를 메고 요단 강을 건널 수 있다. 핑계와 앙탈은, 어차피 하기는 하면서도 돌아서 끌려가며 하는 못난 것이 하는 짓이다. 이왕이면 앞을 보고 나아가면서 할 것이다. 용감히 즐거운 마음으로 하는 자에게는 천당이 준비되어 있고, 돌아서 불평하는 자에게는 지옥이 준비되어 있다. 천당·지옥이 어디 있다더냐? 무한히 앞으로 나아가며 영원의 뜻을 내 뜻으로 하는 그것이 곧 천당이요, 뒤의 음침한 그늘만 보고 티끌만 마시며 영원히 믿지 못해 하는 마음, 그것이 곧 지옥이다.

우리는 모든 낡아빠진 관념을 버려야 한다. 지난날의 그릇된 민족 신성주의 교육 때문에 우리는 우리 잘못을 일부러 가리우고 변명해왔고, 그 때문에 위기의식이 둔해져버려서 일을 그르쳐왔다. 우리 민족은 덮어놓고 잘났다 하고 우리 역사는 어쨌든 빛난다 해야 한다는 것은 얼마나 어리석은 일인가?

우리 위기의 시작은 38선이 갈라지던 데 있었던 게 아니다. 부여·고구려 시대, 만주 평원을 내버리던 때부터 시작된 것이다. 서에 중화민족, 동에 일본민족, 북에 몽고 선비의 크고 사나운 민족들이 있는데, 만주를 빼앗기고 압록강·두만강 남쪽의 파리한 염생이(염소 – 편집자)의 갈빗대 같은 산맥 틈에 옴츠려 박힌 다음에는 무슨 재주를 부려도 될 수 있을 수가 없지 않은가? 아무리 느티나무 씨라도 화분에 심은 담엔 병이 들게 마련이지 클 수가 없다. 한사군漢四郡이 옆구리에 청룡도를 꽂는데 그것을 못 뽑고 4백 년이 가는 민족, 이것이 무슨 민족인가. 어째 어느 역사가도 그것을 욕하는 사람은 하나도 없이 잘했다고 칭찬만 억지로 만들려는가. 4백 년 동안에 중화민족은 어떤 문화를 쌓았는지 모르는가. 허리에 칼침을 맞고 뽑을 생각을 못하고 4백 년을 온 것이 뭐 그리 영광인가.

스스로 잘났다 하기 위해 제 허물에 대해 일부러 눈을 감는 것은 비겁한 일이다. 국민적 양심이 그렇게 된지라, 신라의 좀팽이들이 통일이랍시고 했으나 마지막까지 손바닥만한 반월성 구석에서 움지락 거렸지, 감히 도읍을 평양은 그만두고 대구로 옮겨볼 생각도 한번 못했다. 위기에 대해 반발력이 이렇게 없고 그 나라가 돼갈 리가 없다. 그러므로 백 년이 못 가서 썩고 말았다.

왜 그렇게 기운이 없었을까? 지배하는 귀족계급이 썩어진 불교문화에 취했던 것이 근본 원인이다. 그러므로 오늘날 깊이 있는 몇 개의 예술품을 가지고 신라를 과대평가하고 그 잘못을 가려서는 못쓴다. 근래에 민족주의가 일어나려 하던 때에도, 우리는 한갓 남을 본

따서 자랑을 꾸며 자기도취를 하려고만 하고 민족적으로 깊은 자아비판을 하려 하지 않았기 때문에 참 혁명을 이루지 못하고 만 것이다. 양심의 혁명 없이 정치혁명 있겠나?

마땅히 넓고 철저한 국민정신의 개혁운동이 일어났어야 할 것이다. 그런데 그것을 못했다. 궁예弓裔가 조금 생각이 있었으나 못 했고, 왕건王建이 꿈을 그리다 말았고, 비교적 힘있게 해보려 했던 것은 묘청妙淸·정지상鄭知常·백수한白壽翰이 일으켰던 대위국[6] 운동이건만, 그것은 선비 김부식金富軾 한 패가 박멸을 해버렸다. 그러나 그 실패의 근본 원인도 역시 종교에 구해야 할 것이다. 그들은 그때 귀족계급의 썩어진 종교에 대항하기 위해 우리나라 옛날로부터 내려온 국선國仙신앙을 일으키려 했건만, 그 종교 자체가 높은 도덕, 깊은 정신적 생명이 부족한 것을 어찌하나?

그러나 민족의 위기와 그것을 극복할 국민적 성격을 의논한다면 이성계李成桂와 그가 일으킨 이조 500년에 가장 큰 죄를 지워야 할 것이다. 민족의 정신을 아주 말살시켜버리고 국민의 가슴에서 만주 옛터에 대한 생각을 아주 긁어버려 꼽추를 만들어버린 것이 그이기 때문이다. "상국지경上國之境을 범하면 천벌을 받는다"며 어리석은 군중을 선동해가지고 만주를 치러 가자는 최영崔瑩 장군의 목을 잘랐지. 그가 얼마나 분했으면 목을 잘린 다음에도 몸이 한참 넘어가지 않고 버티고 서 있었을까. 넘어갈 수가 없지, 어떻게 순순히 넘어가고 말 수가 있을까. 죽은 시체를 버틴 것은 최영의 넋이 아니요 민족의 넋이었다. 그렇다면 그의 무덤에 풀이 아니 나서 붉은 무덤〔赤塚〕

---

6) 대위국(大爲國): 고려 인종 13년(1135)에 묘청이 난을 일으켜 서경을 도읍으로 하여 세운 나라. 묘청 일파가 서경천도를 하고자 한 까닭은 서울을 서경으로 옮기는 동시에, 개경의 귀족세력을 꺾은 뒤 자신들이 정권을 잡아 정치 혁신을 도모하자는 것이었다. 이를 간파한 김부식 등의 보수사대파는 묘청의 주장을 적극적으로 반대했다. 김부식은 묘청을 편들었던 정지상·백수한 등을 먼저 참수한 뒤 서경에 가서 반란을 평정했다. 이로써 묘청 등이 꿈꾸던 대위국의 혁신 정치는 1년 만에 무너져버렸다.

이라 했다는 것도 거짓말이 아닐 것이다. 반드시 귀신의 힘을 생각할 것 있느냐. 대낮에 울려고 가는 산 귀신들의 발 덕에 그랬겠지.

그리고 어쨌나? 그것만인가? 평안도·함경도를 아주 대가리를 들지 못하게 눌러버렸다. 그것은 왜 무슨 정책일까? 다른 것 아니다. 인걸은 지령地靈이라, 정신은 땅에서 떨어질 수가 없다. 고구려의 남은 정신이 그나마 살아 있는 것이 있다면 일찍이 그 옛터이던 묘향산맥·개마고지의 줄기줄기일 수밖에 없는데, 그들이 만일 조금이라도 울끈불끈했다가는 대국大國에 대해 모처럼 강아지 꼬리를 치고 얻어 쓴 왕관이 떨어질 것이므로 아예 그 기운을 따짬에서부터 자르기 위해 한 짓일 것이다. 악독하고 비겁한 인물!

이리하여 백두산 호랑이 넋은 그만 사라지고 대·소백산 여우 무리, 살기(살쾡이의 방언 – 편집자) 무리만이 살게 되었다. 5백 년 정치가 한마디로 호의(狐疑: 여우가 의심이 많다는 뜻. 매사에 지나치게 의심함 – 편집자)지 무엇인가? 5백 년 일대에 민중의 가슴에 믿음이라곤 찾아볼 수 없다. 민중은 나라를 못 믿고, 신하는 임금을 못 믿고, 양반은 양반끼리 서로 못 믿고, 원대한 국민적 신앙이 없는데, 높은 정신문화가 나올 리 없고, 본래 의義가 아니라 이利로 세운 나라인데, 서로 싸움만 일삼는 것은 당연한 일이었다. "상하교정리上下交征利면 이국위의而國危矣"이다〔『맹자』, 「양혜왕 상」〕. 처첩妻妾 모양으로 울타리 안에서 시기와 음해로 서로 싸우기를 일삼는 민족인지라, 의기가 있을 리 없고 활달이 있을 수 없다. 의기도 활달도 없는지라 시세가 닥쳐와도 잡아타지를 못했고, 그랬기 때문에 일본에게 망했고, 그랬기 때문에 남의 전쟁 미끼가 됐고, 서로 당기는 바람에 두 토막이 나버렸다.

그러면 이 위기는 천 년 이래의 모든 실패가 몰려서 된 것이요, 모든 죄악이 쌓이고 쌓여서 온 것이다. 그러므로 이때껏의 그 어느 것보다도 더 크고 더 심각하다. 정치적인 문제만 아니라 사상적인 문제로 오는 것이므로 그 미치는 영향도 크고 깊다. 잘못하다가는 민족이 아주 씨도 남지 못하고 말 것이다. 그런데다가 이것은 우리 일만이 아니고 세계적인 문제다. 그러므로 더 어렵다. 그러나 어려우면 그만큼 뜻도 크다. 우리는 잘하면 우리나라를 새로 일으킬 뿐 아니라 세계 역사에 새 시대의 길을 열게 할 것이다. 우리 문제가 세계적인 관계로 해결될 것이라면, 세계의 문제는 우리로 인해 될 것이다. 우리는 이 역사적 현실의 뜻을 잘 깨달아 그 중대한 책임을 어느 때나 잊지 않고, 위기를 반드시 이기고 나가도록 해야 할 것이다.

위기는 산통産痛이다. 못 낳으면 어머니도 태아도 다 죽는 것이요, 낳으면 한 새 세대가 시작된다. 우리의 고통은 나라를 낳으려는 고통이요, 나오려는 나라는 망했던 나라의 회복이 아니라 보다 높은 나라의 새로 일어남이다. 낳자! 이를 악물고, 주먹을 바드득 쥐고, 힘을 주어라, 힘, 힘을!

위기극복의 세 요소

그럼 이 된고비를 우리는 어떻게 하면 이길 수 있을까. 어떻게 하면 이 늙은 엄마의 앓는 소리를 새로 낳는 아기의 우렁찬 울음소리로 변하게 할 수 있을까.

첫째, 깊은 종교 신앙이 있어야 할 것이다. 그 이유는 이 세계는 뜻을 가진 세계요, 이 인생, 이 역사는 그 뜻이 마음먹어 하는 나타냄이기 때문이다. 모든 것의 근본은 뜻이다. 뜻 없으면 아무것도 없다. 뜻이 한 뿌리에 달려 있는 때 안개도 참이요 호랑이도 착한 것이요 티끌도 아름다운 것이지만, 뜻 하나 잃으면 꽃도 고울 것이 없고, 성인도 잘났달 것이 없고, 바위도 굳달 것이 없다. 뜻이 주인이요 뜻이 전능이다. 뜻이 하나님이다.

종교는, 한마디로 그 뜻을 찾자는 운동이다. 언제부터 있는지 어째 있는지 알 수 없는 뜻, 알 수 없건만 기어이 알고 싶은 뜻, 누가 시켜서 찾는 것도 아닌 뜻, 그 뜻이 나타나서 너요, 나요, 네 마음이요, 내 마음이다. 그 마음이 그 뜻을 느끼고 찾아내고 그 뜻에 제 뜻을 맞추어 하나되려 하는 데서 예술이 나오고, 학문이 나오고, 도덕이 나오고, 나라가 나오고, 전쟁이 나왔다. 그것이 종교다. 인생의 모든 일은 종교적 동기에서 나오는 것이요, 그러므로 도덕적 결과에 끝을 맺고야 만다.

유신론·무신론이 따로 있지 않다. 적어도 늘 찾는 인간인 담엔 믿지 않는 사람이 없다. 그러므로 네가 죽게 된 것은 네 속에서 뜻의 꿈틀거림이 가늘어졌기 때문이다. 뜻의 꿈틀거림이 왜 가늘어졌나? 네가 찾기를 게을리했기 때문이다. 이제라도 살고 싶거든 네 죽게 된 뜻을 찾아라. 뜻이 서는 날, 너는 살아날 것이다.

20세기 과학시대에도 기적이 있다. 죽은 지 3천 년 된 나무에 꽃이 피었다. 나라가 망한 지 3천 년 만에 흩어진 물방울 같은 유대민족이 다시 모여들어 팔레스타인에 나라를 세웠으니 마른 나무에 꽃이 아닌가? 그러나 그것이 기적인가? 아니다. 모르고 보니 기적이지, 알고 보면 당연한 과학이다. 뿌리가 있어서 된 꽃이다. 그 뿌리가 뭔가? 그들의 종교다. 나일 강가에 가보라. 그 피라미드는 오늘도 서 있고 그 스핑크스는 지금도 엎드렸건만 그것을 지었던 그 이집트 사람은 지금 어디 있나? 유프라테스 강가에 가보라. 그 물결은 여전히 흐르고 그 갈대는 변함없이 흐느적거리지만 일찍이 그 언덕에 세웠던 바빌론·아시리아의 공중 낙원은 어디 갔나? 이집트와 바빌론·아시리아가 한창 성했을 때 그 틈에 끼인 손바닥만한 유대의 운명은 참으로 비참한 것이었다.

그러나 3천 년 후인 오늘의 결과가 생긴 것은 무엇 때문인가? 어느 과학적인 역사가도 그 원인이 그들의 종교가 다름에 있음을 부인하지 못할 것이다. 하나의 종교가 그 나일 강의 진흙같이, 그 유프라테스의 갈대같이 엷은 대신에, 하나의 종교는 그들이 그 종교의 뼈다귀 되는 십계명을 찾아 얻던 그 시내 산의 불 뿜는 구멍같이 그렇게 깊고, 그렇게 뜨겁고, 그렇게 맹렬한 것이었다. 그러므로 역사의 무덤 속에서 살아나온 것이다. 과연 그들의 종교가 세계의 어느 종교보다도 특별히 죄 사함과 다시 살아남을 힘 있게 가르침은 우연한 일이 아니다.

"호랑이에게 물려가도 정신만 차리면 산다" 이것은 우리 조상들이 파란 많은 운명에 부대껴오며 얻은 인생철학이다. 정신 차림이 종교지 다른 것 아니다. 별을 보지 않고 어떻게 방향을 알겠나? 하나님을 모르고 어떻게 정신을 차리겠나? 무서운 것은 대적이 아니요 살자는 정신이 빠진 내 마음이다. 대적을 몰아내기 전에 먼저 우리 가슴패기에서 졸음, 지침을 몰아내라. 여느 때 주의, 그럭저럭 주의, 나 몰라 주의를 몰아내라. 무기를 주기 전에 먼저 믿음을 주어라. 정책을 찾기 전에 먼저 사명을 찾아라. 나라를 세우고 싶거든 네가 꼿꼿이 일어서라.

둘째는 물샐 틈 없는 계획을 세워야 할 것이다. 그것은, 이 우주는 법칙을 가진 우주요, 사람은 이성을 가진 것이기 때문이다. 뜻은 흐트러진 것이 아니다. 많으면서 하나인 것, 서로 다르면서도 같은 것, 변하면서 변하지 않는 것이 뜻이다. 그러므로 차례가 있다. 이理가 있다. 자람이 있다. 조화·절차가 있다. 그러므로 삶은 '마구 함'이 아니다. 조리 있게 순서 있게 해야 한다. 평시보다 비상시일수록, 약한 것으로 강한 것을 이기려 할수록, 적은 것으로 많은 것을 대적하려 할수록 그렇다. 정치는 힘내기지만, 힘은 기술에 있다. 쓸 줄을 알아야 힘이 된다. 그러나 술術은 도道에서야 나온다. 이를 따라서만 된다. 잘하면 하나로 열을 대적할 수 있고 한 알을 심어 백·천 알을 얻을 수 있지만, 잘못하고 법대로 아니 하면 한 말을 심어서 한 알을 못 거두기도 하고, 만 사람을 써서 한 사람을 못 당하기도 한다. 이치의 무서움이 그러하다.

계획은 미리 함이다. 그러므로 일을 당하기 전에 벌써 물건을 알았어야 한다. 농사를 하려면 땅을 알고 씨를 알고야 할 것이요, 집을 세우려면 나무를 알고 돌을 알고야 할 것이다. 나라를 하려면 사람과 자연을 알고야 할 것이다. 그리고 물건을 알려면 사랑하지 않고는 될 수 없다. 과학은 자연을 사랑하고 믿고야 될 수 있는 일이다. 계획함은 삶을 사랑하는 일이요 물건을 아끼는 일이다. 사랑하는 사람끼리는 만날 날을 미리 약속하고 같이 놀 일을 연구하고 의논한다.

같은 어려움을 당하고도 독일은 부흥이 빠르고 우리는 더딘 것은, 그 원인이 그들은 계획성 많은 민족이요, 우리는 그것이 부족하다는 데 있다. 우리가 어떻게 계획성이 부족하냐 하는 것은 6·25와 요새의 국토건설 사업에서 잘 알아볼 수 있다. 자연도 이치가 있고 질서가 있은 담에는 계획 없이는 살 수 없는 일이지만, 그래도 한 옛적 자연대로만 살던 때는 어느 정도 계획 없이 살 수도 있었다. 그러나 지금처럼 고도로 발달된 기술과 나날이 복잡해지는 제도 속에 사는 오늘날에는, 계획 없이는 도저히 살 수 없다. 하물며 뒤떨어지고 넘어진 우리에서일까?

셋째는 씩씩한 실력을 길러야 할 것이다. 이 땅은 일을 하는 곳이다. 이 인생은 이마에 땀을 흘려야 사는 인생이다. 뜻이라 정신이라 했지만, 그것은 뜻만으로 저절로 살게 된다는 말이 아니다. 육신이 아니고는 정신은 있을 수가 없고, 일이 아니고는 뜻이 나타날 길이 없다. 그리고 몸은 길러야 힘이 나는 것이요, 재주는 익혀야 바로 되는 것이다. 그러므로 뜻이 근본일수록, 뜻을 드러내자는 맘이 간절할수록 힘을 길러야 할 것이다.

삶은 즐김이지만 그 즐김은 힘을 써버리는 데서만 나온다. 그러므로 생명은 그 신비로운 법칙에 의하여 즐기는 한편, 다음에 보다 더 큰 즐김을 얻기 위하여 다른 한편으로 힘 기르기를 잊지 않는다. 그러므로 즐길 줄만 알고 힘을 기를 줄 모르는 민족은 망할 수밖에 없다. 옛날에 서양에서 로마가 모든 문명을 통일하여 유럽 여러 나라의 기초를 놓게 된 것은 그들이 힘을 기르는 데 특별히 나갔기 때문이요, 반대로 인도가 누구보다도 뛰어난 정신문화를 가지면서도 오랫동안 남의 종살이를 면치 못한 것은 정신이 귀한 줄을 아는 한편, 너무 치우쳐 정신만을 생각하고 육신을 업신여기고, 심지어는 미워하고, 힘을 기르는 데 서툴렀기 때문이다.

지금 우리는 떨어진 사회에다가 고도로 발달된 미국의 향락적인 문명에 갑자기 접했기 때문에 생각 옅은 민중이 그 향락을 본뜨기에 급급하고 힘 기르기에 힘쓸 줄 모른다. 이것이 크게 걱정되는 일이다. 자유는 마음으로만 하는 것이 아니다. 정의는 말로만 부르짖는 것이 아니다. 내 몸이 실지로 자유하는 데 이르고 내가 정당한 내 분을 지킬 수 있어야 한다. 그러나 그렇게 되려면 씩씩한 힘을 기르지 않고는 아니 된다. "마음에는 원이로되 육신이 약하도다"〔「요한복음」, 15: 4〕. 정신 도덕의 수양이란 다른 것 아니고 몸이 정신의 명령을 잘 들어 못할 것이 없이 능히 하는 데 이르도록 함이다.

썩어진 선비란 글과 말로만 알고 실지는 아무것도 못하는 흰 손 가진 자를 말하는 것이다. 우리나라를 망친 것은 "동방예의지국 존주대의"東方禮義之國 尊周大義 대의명분만을 외고 있던 썩어진 선비임을 잊어서는 아니 된다〔『김농암별집』金農巖別集, 「제가제문」諸家祭文〕. 일하라! 즐기기를 조금 하고 힘을 다듬고 저축하기를 더 많이 하라!

우리가 할 국가적 사업

우리가 할 일이 무엇인가? 많다, 많다. 무엇보다도 먼저 통일해야지. 이것은 우리 민족 1천 년 이래의 역사적 과제다. 이것부터 하고야 사람이지, 이것 못하면 살지도 못하려니와 산다 해도 사람이 아니다. 해방이 와서 독립이 된다 하면서도 완전히 되지 않고 남북이 둘로 갈라진 것은 우연히 된 일이 아니다. 그 뜻이 있다.

그 뜻이 무엇인가? 첫째 민족의 힘을 시험함이다. 독립을 주되 거저는 아니 준다는 말이다. 본래 독립은 스스로 하는 것이지 누가 주는 것이 아니다. 그런데 이 해방은 밖에서 왔다. 그러나 거저는 없다는 생명의 진리, 역사의 법칙을 어길 수는 없다. 그러므로 조건을 붙여준 것이다. 그런데 우리가 신탁통치 문제에서 국민의 뜻이 하나로 통일되지 못했기 때문에 첫번 묻는 물음에 우선 낙제한 것이다. 그것이 이제 15년을 왔다. 15년만 아니라 천만 년이 들어도 그 문제는 우리가 하나로 되는 때에 가야만 풀릴 것이요, 해방이 밖에서 왔듯이 통일도 밖에서 온다면 그때는 혼란이 더욱 심할 것이요, 6·25보다 더 참혹한 것이 있을 것이다.

남북 분열의 둘째 뜻은 옛날식 국가는 쓸데없단 말이다. 세계에서 크기와 발달되기를 서로 다투는 미국과 소련이 마주 서서 의논을 해도 해결 못 하는 이 문제는 그따위 식의 나라는 이 앞으로는 소용없다는 말이다. 그따위 식이 무슨 식인가? 생존경쟁 철학, 세력균형주의로 되는 폭력의 나라 말이다. 인류는 이제 몇천 년 전부터 입은 무거운 갑옷을 벗으려 고민을 하고 있다. 38선은 그 찢어지는 금이다. 괴로운 것은 우리만이 아니요, 도리어 저들이며 인류 전체다. 이것이 지금 우리 등에 지워진 문제다. 그 금 속으로부터 새 시대를 알리는 울음을 우는 수탉이 나오면 좋다. 못 나오면 곯은 달걀의 썩은 냄새가 온 인류를 졸도시킬 것이다.

셋째는 우리가 세계 참여를 하려고 그리된 것이다. 이날까지 우리는 6천 년 문화 민족이면서도 한번 세계 역사에 주연을 해본 일이 없다. 이제부터 해보라는 것이다. 6·25 이후에 백과사전에서 찾던 한국은 일약해서 세계 신문의 첫 줄을 차지하게 되었다. 그것이 그 뜻 아닌가? 무엇으로 세계 참여를 할까? 군대로? 무기로? 의회정치로? 그것은 벌써 다 앞선 나라들이 있다. 우리가 할 것은 그것이 아닐 것이다. 우리 할 것은 새것에 있다. 새 문명의 출발을 하는 데 있지 않을까? 새것이 무엇일까? 서로 싸우는 이편도 아닌 저편도 아닌 그 어느 편보다도 높은 그러면서도 그들을 다 구원하는 중도적인 것이어야 할 것이다. 가운데야말로 우리 나아갈 길이다. 그것이 우리의 올라설 무대다. 그럼으로써 우리는 세계 참여를 할 것이요, 우리의 세계사적 사명을 다할 것이다.

38선 한 금에 이 세 가지 큰 뜻이 달려 있는 줄을 안다면 우리는 일체 모든 일을 다 그만두고 국민의 전 역량을 여기 기울여서 해야 할 것이다. 그런데 지금 우리나라를 보면 한심하기 짝이 없다. 국제 정세로는 통일의 기운이 바작바작 다가오고 있는데, 국민에는 도무지 통일 감정이 없다. 그러고는 나라와 민족의 통일이라는 이 큰일은 마치 몇 사람 정치가가 하기나 할 듯이, 남의 일인 듯이 구경하려는 태도로 있다.

그리고 통일을 의논하는 정치가라는 사람도 그것을 정말 조국의 운명을 결정하는 일로 알고 정성으로 하기보다는, 자기와 정치 의견이 다른 사람을 거꾸러뜨리고 정권을 내가 쥐려는 싸움거리로나 삼으려는 경향이 보인다. 통일을 어떻게 전체 국민의 열망 없이, 떠받침 없이 할 수 있겠나. 민족이 떠받아줌이 없이, 정치가가 어디 있고 정책이 어디 있겠나. 이것이 어찌 걱정스런 일 아니겠나. 이러다가는 전 민족이 망하고 만다. 이제 통일 문제는 우리의 정치 문제만이 아니라 종교와 도덕 문제다. 통일 못 하면 몸이 망하는 것만 아니라 우리 영혼이 망한다.

그다음 우리가 국민으로서 당한 문제 가운데 또 하나는 만주 문제다. 이것은 위에서 말한 통일 문제와 관련되어 있는 문제. 우리나라를 완전히 통일하는 데 만주를 생각지 않고 될 수 없는 일이다. 애당초 우리나라의 운명이 어려워지기 시작한 것이 우리가 만주를 내놓던 데서부터다. 역사로 보아서 만주는 우리의 옛터다. 우리 조상이 나라를 열기 시작한 것이 여기요, 그것이 언제부터인지도 알 수 없이 아득한 옛날부터이다.

그러면 막막한 만주 평원에 바람이 한 번 불 때 하늘에 닿는 그 티끌은 그것이 다 우리 조상의 뼈다귀와 살의 풀어진 것이요, 그 시커먼 흙은 그들의 피와 땀이 잦아먹어서 된 것일 것이다. 그 바람 속에 그들의 한숨이 들어 있고 그 구름 위에 그들의 꿈이 깃들어 있지 않겠나. 그런데 어떻게 그것을 잊을 수 있겠는가. 도道가, 무엇이 도인가? 보본추원(報本追遠: 조상의 은혜에 보답하는 뜻으로 그 음덕을 추모함 – 편집자) 아닌가. 근본을 찾는 것이 종교요 도덕이다. 그럼 제 나라가 일어난 곳이요, 조상의 뼈가 묻힌 옛터를 잊어버리고 어찌 나라가 될 수 있단 말인가. 생각하면 분통이 터지는 일이다.

압록강·두만강을 한번 건너서 본다면 끝이 없이 무연한 만주평원의 그 기름진 흙, 그 시원한 바람이 그렇게 도발적이건만, 더구나 그것이 우리의 옛터임을 생각할 때 뱃속에서 창자가 열두 번 뒤집히는 경치건만, 이 이조 5백 년에 우리 조상이라는 양반들이 동지사(冬至使: 조선시대에 해마다 동짓달에 중국으로 보내던 사신 – 편집자)랍시고 그 부끄럼의 길을 해마다 두세 차례 넘나들면서도 한번도 그 땅을 찾아볼 용기를 내보지 못하고 겨우 한 것이 효종의,

청강에 비 듣는 소리 그 무엇이 우습관대
만산 홍록이 휘드러져 웃는고야
두어라 춘풍이 몇 날이리 우울대로 우어라

하는 한 구절로만 그쳤으니, 세상에 이렇게 기백 없는 민족이 어디 있단 말인가? 예로부터 중국 사람이 금릉평원金陵平原을 보고 천자天子 되어볼 생각을 못하는 놈은 사람이 아니라 했다 하거니와, 넓고 넓은 옛터를 승냥이 무리, 여우 무리에 내맡기고 찾을 생각을 못하는 민족은 참 사람이라 할 수가 없는 것이요, 사람의 자격이 없은 다음에도 반도 산골짜기에 구겨박혀 뭇 발길에 구박을 받았어도 할 말이 없다.

이제라도 살려거든 그 땅을 찾아야 한다. 또 하늘이 배포한 땅의 생김으로 보아도 만주와 반도는 떨어져서는 아니 된다. 만주가 방안이라면 반도는 문간이다. 방 없는 문간도 몹쓸 것이고 문간 없는 방도 몹쓸 것이다. 둘은 서로 통하고 하나 돼야 경제적인 발전을 이룰 수 있다. 역사의 다른 예언은 다 할 수 없더라도 아무 때에 가서라도

동양에 평화가 와서 사람의 살림이 바로 되는 날이 온다면, 그것은 반드시 만주가 개방되고 더구나 우리가 거기서 자유로 살 수 있게 되어서만 될 수 있는 일이라는 것만은 예언할 수 있다. 만주평원에 서리어 있는 허다한 우리 조상의 원통한 혼을 그냥 두고 어떻게 역사가 바로 될 수 있겠는가?

만주를 잃은 것은 우리 조상의 안일주의·소성주의小成主義·고식주의姑息主義·숙명주의에 그 책임이 있다. 침략자만 악한 것 아니라 침략받은 자도 꼭 같이, 사실은 보다 더 악하다. "사람마다 반드시 제가 스스로 업신여긴 다음에 남이 업신여기는 것이요, 집마다 반드시 제가 스스로 헌 담에 남이 허는 것이요, 나라마다 반드시 제가 스스로 친 담에 남이 쳐 없애는 것이다."[7] 이제 우리는 어느 대적을 향해 하기 전에 우선 우리 자신을 향해 데모를 해야 한다. 잃어진 옛터를 찾기 위해. 팔아먹은 도둑은 우리 자신이다.

이렇게 말함은 제국주의의 낡아빠진 사상을 도로 주워들자 함이 아니다. 침략주의를 선전함이 아니다. 민족지상주의가 아니다. 그것은 다 다시 돌아올 수 없는 잠꼬대라 오해해서는 아니 된다. 이런 말을 하는 것은 자립을 위해 하는 말이다. 장차 날이 오면 세계가 한 나라가 될 것이다. 그러나 그날이 와도 스스로 자립하지 못했던 민족은 거기 참여하지 못할 것이다. 나라는 서로 대립하는 것인데, 자립하지 못하고 어찌 대립할 수가 있을까? 싸우는 대립만이 대립 아니라 참 대립은 협동하는 대립이다. 세계가 하나가 되어도 오랜 역사에서 다듬어 얻은 각 민족의 특색은 아니 없어질 것이다. 없어진대도 오랫동안을 두고 스스로 될 것이요, 인위적으로 없애려 하면 도리어 잘못이다. 그러므로 우리도 여러 천 년 두고 다듬어온 우리 성격을 완성해내어야 할 것이다. 그런데 그러려면 경제적·정치적으로 완전한 자립 없이는 아

---

7) 夫人必自悔, 然後人悔之, 家必自毁, 而後人毁之, 國必自伐, 而後人代之. 『맹자』, 「이루상」.

니 될 것이요, 그러려면 만주를 잊고 내버려서는 아니 될 것이다.

우리가 만주를 잃을 때에 잃은 것은 땅이 아니다. 우리나라의 뿌리였다. 우리가 반도에 내리몰릴 때 줄어든 것은 영토가 아니라 우리 민족의 정신이었다. 이제 그 잃어진 뿌리를 도로 찾아 북돋우고 그 줄어든 정신이 다시 펴 뻗치도록 해야 한단 말이다. 또 우리가 만주에서 쫓겨난 것은 동양 역사에서 하나의 큰 죄악이다. 그러므로 그것을 바로잡아야 한단 말이다. 그것을 바로잡아야만 우리도 그것을 옳지 않게 빼앗아 먹었던 그들도 역사적 죄악을 면할 것이다.

셋째 우리가 당한 문제는 중국 문제다. 8억의 중국 민족이 공산주의로 통일이 됐다. 그것은 무서운 사실이다. 공산주의가 무서운 것이 아니다. 사상은 변하는 것, 이리도 되고 저리도 될 수 있다. 저희에게 공산주의 있다면 우리에게는 민주주의 있다. 사상으로서 공산주의가 나은 것도 아니요, 절대 진리도 아니다. 공산주의가 그대로 가지는 못할 것이다. 무서운 것은 8억 되는 인간이 통일되어 하나로 움직인다는 사실이다. 그들을 하나로 만든 것은 겉으로 보기에 공산주의인 것 같으나 아니다. 민족 감정이다. 같은 공산주의 안에서도 소련과 중공이 서로 세력 경쟁을 하고 있는 것은 무엇인가? 유고슬라비아는 무엇을 말하며, 헝가리는 또 무엇을 말하나? 민족이란 그렇게 무서운 것이다.

민족이 영원한 것은 아니지만 그저 이론 한 조각으로 쉬이 없어질 것은 아니다. 민족을 무시하고 역사를 생각한다면 아무리 날카로운 이론을 하노라 하여도 그것은 공상이요, 몽상이다. 계급을 말하지만 민족은 계급보다 강하다. 계급은 이해관계가 풀어지는 날 없어지겠지만, 민족은 이해관계로만 되어 있는 것이 아니다. 많은 정신적 요소가 들어 있다. 그러므로 계급 대립이 있어도 민족의식은 없어지지 않는 것이요, 없어진다 하여도 그냥 계속해 같이 있을 것이다.

그러므로 염려되는 것은 중국 사람의 민족 감정이다. 공산주의를 아무리 가졌다 하더라도 중국 사람의 가슴속에 "우리는 중화민족이다” 하는 자랑과 교만은 여전히 있을 것이다. 아마 한층 더 강해졌을 것이다. 문제는 거기 있다. 역사를 돌이켜볼 때 어떤가? 중국 민족이 통일되어 강력한 나라를 이룰 때마다 그 힘을 사방으로 뻗쳐 주위의 여러 작은 민족을 정복했다. 그러고는 업신여기고 억누르고 착취했다. 한대漢代에 그랬고, 당대唐代에 그랬고, 송·원·명·청대에 모두 그랬다.

우리도 몇천 년 그 시달림을 받아온 민족의 하나다. 사실 우리가 우리대로 맘껏 자유로운 발전을 못해온 것은 이 중국 민족의 교만이 그중 큰 원인이다. 민족 감정이란 본래 배타적이 되기 쉬운 것이니 어느 민족에나 교만이 없지는 않지만, 중국 민족은 특히 그것이 강한 민족이다. 그러므로 여러 천년 전부터 주위의 다른 민족들을 업신여겨왔다. 이른바 동이東夷·서융西戎·남만南蠻·북적北狄이라는 것이다. 그런데 그 중화는 청조가 망한 뒤에 서양 사람에게 눌려 ‘쿨리·차이나·짱고로’ 하는 멸시를 받아왔다. 그러다가 오랜만에 통일이 된 것이므로 이제 반드시 큰 반발이 있을 것이다.

사실 벌써 국제 무대에서 중공의 콧바람이 얼마나 사나운지를 우리는 잘 알고 있다. 곤륜산 마루턱에서 바위가 구르기 시작한 것이다. 그러나 아직 세계의 주도권이 미국·소련에 있으니 그렇지, 이제 그 바위가 가속도적으로 내리구르기 시작하는 날, 그것이 무슨 파괴를 할지 알 수 없을 것이다. 미국은 벌써 거기 공포심을 품기 시작하고 모든 일에 넘버원을 자랑하던 양키가 이맛살을 찌푸리기 시작하고 있다. 그러나 누구보다 걱정인 것은 우리 아닐까? 우리 인구를 다 한대도 5천만밖에 못 되는데, 그것을 8억에 비교하면 20분의 1이다. 둘이 충돌될 때 우리는 가루가 되고 말지 않을까. 그러면 어떻게 될까? 다시 한사군漢四郡이 되려나? 다시 김춘추金春秋가 되고 신라가 되려나? 또 이성계가 되고 또 삼전도8)에 삼배구고두(三拜九叩頭: 이마를 땅바닥에 세 번 부딪치기를 세 번 반복하는 항복례 – 편집자)를 하려나? 죽어도 그럴 수는 없지.

그렇지 않으면 "우리의 조국 러시아"라고 하던 얼빠진 공산주의자 모양으로 공산주의는 민족을 초월한 것이니 그럴 리가 없을 것이라고 하루살이의 낙관 신앙을 가지려나? 아니다. 민족 감정은 그렇게 얕은 것이 아니다. 속아서는 아니 된다. 우리가 나라고 의리고 다 집어치우고 오로지 짐승 같은 구차한 생존만을 위해 못할 것이 없이 한다면 몰라도 만일 그렇지 않고 나라를 이루고 우리의 삶으로써 영원한 뜻을 드러내는 것을 사람이 마땅히 지킬 의무로 안다면, 아무래도 이 곤륜산 마루턱에서부터 굴러내리는 바위의 세력 같은 중국 민족과 어쩔 수 없이 한번은 대결을 해야 할 것이요, 그 교만 횡포를 이기지 않고는 살아나갈 길이 없다는 것을 밝히고 깊이 생각하지 않으면 아니 될 것이다.

어렵다면 참 어려운 일이지만, 그 대신 뜻으로 하면 큰 뜻이 있는 일이다. 생각해보라. 이제 인류는 한 큰 돌아설 목에 다다랐다. 지금까지 오던 것과 180도로 다른 문명을 지어내지 않으면 아니 되는 단계에 이르렀다. 그중 큰 하나가 민족 감정을 버리는 일이다. 이날까지 배타적인 민족 감정이 정의의 영광의 탈을 쓰고 얼마나 많은 죄악을 지어왔던가? 이제 그것을 버리지 않으면 아니 되는 때가 왔다. 소련이 아프리카 검둥이에 아첨을 하고, 인도 사람이 뉴욕에서 어깻바람을 일으키며 다니는 때다. 이제 인종차별, 민족의 자랑이 없어져야 한다. 중국의 사람 자랑, 미국의 돈 자랑, 영국의 신사 자랑, 소련의 과학 자랑, 그것이 다 떨어져나가야 한다. 그런데 중국 사람의 그 교만을 누가 바로잡아줄 수 있을까? 아마 우리를 내놓고 없을 것이다. 그 대신 그것을 만일 한다면 장차 오는 세계의 앞날을 위해서 그런 큰 공헌이 없다 할 것이다.

8) 삼전도(三田渡): 오늘날의 서울 송파구 송파동에 있던 나루. 조선시대에 서울과 남한산성을 이어주던 나루였다. 조선의 인조가 병자호란 때 수항단(受降壇)을 쌓고 이곳에서 중국 청나라 태종에게 항복했다.

어떻게 할 수 있을까? 폭력이나 외교로 맞겨뤄대서는 도저히 소망이 없을 것이다. 또 설혹 한다 하더라도 의미가 없다. 그것은 피로 피를 씻음이다. 교만으로 교만을 바꿈이다. 산에서 내리구르는 바위를 손으로 막으려는 자는 어리석은 자다. 그것은 지혜로만 된다. 내리구르는 바위는 손으로나, 다른 바위를 맞굴려서는 막을 수가 없어도, 조그마한 물림돌을 넣으면 쉽게 막을 수가 있다. 그것만이 단 한 가지 방법이다.

다만 거기에 요구되는 몇 가지 조건이 있다. 첫째 가까이 있을 것, 둘째 그 돌이 굳을 것, 셋째 날카롭게 세모질 것, 넷째 날쌔게 재빠르게 집어넣을 것. 아무리 무섭게 내리구르던 바위도 세모진 돌을 집어 재빨리 기술적으로 그 밑에 집어넣으면 곧 멈출 수 있다. 그러나 그 물림돌이 굳지 않으면 아니 되고 날카롭게 모지지 않으면 아니 되고 때를 놓치지 말고 빨리하지 않으면 아니 된다.

그것은 무슨 뜻인가? 첫째, 우리가 중국에 가장 가까이 있으니 중국 민족의 교만을 제어하는 것은 우리의 의무로 알아야 하고 비겁하게 피할 생각을 해서는 아니되는 것이요, 둘째, 그 사명을 다하려면 우선 우리가 굳게 통일돼야 한다. 작은 것은 걱정 없다. 굳게 통일만 되면 할 수 있다. 그리고 세모졌다는 것은 무엇인가? 그 중심을 겨눔이다. 삼각으로 생긴 돌은 구르는 바퀴의 중심을 막는 것이다. 그와 마찬가지로 우리가 수는 적어도 굳게 한데 뭉쳐 중국 민족의 양심을 움직이면 된다. 구르는 바위 밑에 들듯이 자기 희생의 정신으로 그들의 양심을 찌르면 그들을 제어할 수 있다. 다만 참되게, 용감히, 민첩히, 때를 놓치지 말아야 할 것이다. 이것은 우리가 할 수 있지 않을까?

다시 말하면 장차 오는 세계 역사의 요청인 민족 감정의 바로잡음이 약소민족으로서 우리가 오늘 맡은 과제란 말이다. 옛날에 큰 민족들이 우리를 못살게 방해했던 대신 오늘 우리가 그들을 건져주어야 한다. 이것이 정말 원수 사랑, 덕으로 원수 갚음이다.

넷째로 우리가 할 국가 사업은 세계평화운동을 함이다. 지금 세계 역사는 미·소 둘의 대립을 기틀로 하고 움직여나간다. 이 두 나라가 대립된 것은 우연이 아니다. 이 두 나라는 다른 모든 나라와 뜻이 다르다. 미국은 구세계의 종교의 결산인 개혁운동으로 신세계에 새로 옮겨진 새 정신을 혼으로 삼고 생긴 나라요, 소련은 구세계의 정치의 결산인 세계대전의 결과로 새로 일어난 나라다. 둘 다 다른 나라들처럼 자연성장으로 된 나라가 아니요, 인간이 의식적으로 세운 이성이 낳은 것이다. 그 점에서 둘은 서로 타협할 수 없이 반대면서도 같은 나라들이다.

그러므로 그들이 서로 충돌하는 것은 다른 나라들이 하는 것 같은 단순한 이해 충돌만이 아니다. 사상의 싸움, 이상의 싸움, 그보다도 인간성의 싸움이다. 미·소의 대립에서 인간은 자기분열·자기대립·자기번민을 하고 있는 것이다.

그러므로 이것은 분열이지만 통일의 한 걸음이다. 싸움이지만 평화의 한 노력이다. 반대되는 두 다리가 서로 반대로 움직이면서도 되어 나오는 것은 앞으로 나아가는 한 운동이듯이, 이 세계의 대립은 역사를 평화의 길로 이끌고야 말 것이다. 비관해서는 아니 된다. 믿어야 한다. 믿음이 이김이다. 이제 둘의 싸움으로 위기에 빠진 것은 미국도 아니요, 소련도 아니요, 폭력 문명 그 자체다. 인간은 살기 위해 싸웠지만 이때껏 그것이 역사의 기조였지만, 앞으로는 그것이 모순임이 폭로될 것이요, 인간은 살기 위해서 하는 전쟁을 내버릴 것이다.

이제 세계평화운동을 하는 데 우리가 앞장을 서지 않으면 아니 되는 처지를 당했다. 왜? 당초에 충돌의 금이 우리 등에서 났으니 그 금이 아물어 하나가 되는 것도 거기서 시작해야 할 것이다. 또 생각해보면 이치가 그렇지 않은가? 두 큰 사내가 싸운다면 그것을 화해시키는 것은 어린아이여야 할 것이다. 성난 두 싸움꾼이 그 싸움을 말리려 하여 큰 사람이 나서면 도리어 더 격분하여 세드리 쌈이 될 걱정이 있지만, 약한 소년이 나서서 악수를 시킨다면 아무리 사나운 사내들이라도 들을 수밖에 없을 것이다. 아마 어릴수록 효과적일 것이다.

세계평화를 생각할 때 제3세력이 나와야 한다 하는 것은 옳은 말이다. 그 제3세력은 둘 다 합친 것보다 더 강한 무력을 가진 나라라 생각하면 어리석은 일이다. 그것은 또 되풀이다. 정말 제3세력은 약소민족일 것이다. 세계역사가 재미있게 되어가지 않나? 아프리카의 검둥이의 새로 일어나는 나라들이 국제관계에 결정권을 쥐게 되어가고 있다. 약하고 어릴수록 정신이 높은 것이 있고 그 높은 정신이 참 중재·화해를 하는 것이다. 하늘나라는 어린아이들의 것이다. 또 우리가 떨어졌으니만큼 우리가 앞서서 본을 보이면 많은 약소국에 힘이 될 수 있다. 4·19는 그 좋은 실례를 보여주고 있다.

우리는 6천 년 문화민족이면서도 이날껏 큰 나라를 못 이루었다. 물론 우리의 잘못으로 그리된 것이다. 거기는 뜻이 있다고 볼 수 있다. 우리는 소위 강대국이 되어서 할 공헌이 있는 것 아니고, 도리어 약하고 작아서 그것으로 큰일을 할 것이 있어서 그렇게 된 것 아닌가? 어른의 싸움을 말리는 어른보다도 더 힘 있는 어린이.

마지막으로 우주시대에 합한 사상을 낳는 일이다. 슬픈 것은 우리의 사대주의·자포자기·자기멸시다. 세계적인 것, 인류적인 것, 그런 데서 우리는 아주 제외가 된 것처럼, 그런 데는 감히 엄두를 못내는 것이 우리 버릇이다. 기운이 그렇게 죽었다. 뜻이 그렇게 낮다. 왜 그렇게 스스로 업신여기나. 왜 우리라고 큰 것을 바라지 못할까. 왜 우리라고 늘 뒤에 떨어지기만 해야 하나. 불쌍한 것은 가난도 떨어짐도 아니요, 가난, 떨어짐 때문에 정신까지 죽어버린 일이다.

그러나 역사를 보라. 역사가 언제 직선행진만 하던가? 가다가 몇 번씩 돌아서고 되돌아가고 하는 것이 역사요, 바뀌는 것이 시대다. 이집트도 바빌론도 로마도 독일도 다 기왓장처럼 부서져버렸고, 세계의 종교를 세우는 예수는 누가 존재를 인정치 않는 망국 유대의 한구석에 난 이름 없는 젊은이였다. 우리나라라고 못할 것이 무엇인가? 자신 없는 민족은 망해라! 우리가 새로 오는 우주시대의 사상을 한번 낳으면 어떤가. 될 수 있다. 지금 세계 역사는 "우로 돌아 앞으로!"를 하려 하고 있다. 이제까지의 국가사상이 근본적으로 달라지려 한다. 이 폭력국가, 이 세력균형주의의 정치가 없어지려 하고 있다.

새 국가사상이 나오고 새 정치철학이 나와야 한다. 이때까지는 경쟁주의가 모든 문화의 추진력이 되어왔다. 이 앞으로는 그것은 버려야 한다. 이때까지는 종교는 선한 자에 복을 주고 악한 자에 벌을 주어 그것으로 인간을 달래고 채찍질해왔다.

이제 그것은 좀 유치해 뵈게 되었다. 이제 인간은 상벌에 매여 있는 인간이 아니다. 그보다는 높이 스스로 해야 한다. 이때까지는 이 지구를 우주의 중심으로 알고 여기서 자리를 다투는 것이 일이었으나, 이제는 이 지구는 한개 부두에 지나지 않고 사람은 널리 우주의 바다에 활동을 하게 되었다.

그러므로 이제 요청되는 것은 보다 넓고 높고 깊은 인생관·세계관·국가관·문화관이다. 누가 그것을 먼저 할까? 시작이 절반이라, 모든 것은 그 시작이 중요하다. 사상에선 더구나 그렇다. 누가 먼저 새 시대의 첫 광선을 볼까? 옛이야기가 있다. 천하의 모든 새들이 모여 임금을 택하려 했다. 독수리는 나서서 제 부리와 발톱을 내보여 위력을 자랑하며 제가 되겠다 하였다. 공작이 나와 제 아름다운 깃을 펼쳐 화려를 자랑하며 제가 되겠다 하였다. 학은 또 나서서 제 높은 풍채를 자랑하며 제가 되겠다 했다. 가지가지 새가 가지가지 재능을 자랑했다. 그럴 때 시커먼 까마귀 한 마리가 썩쉰 목소리로 반대하며 말하기를 "아니다, 온 나라를 다스리는 임금이려면 지혜가 있어야 한다" 했다. 모든 새의 의견이 거기 찬성을 하여 드디어 가장 지혜 있는 자를 뽑기로 하였다.

그럼 무슨 방법으로 지혜 있는 자를 알까? 여럿이 의논한 결과 먼저 해가 올라오는 것을 발견하는 자로 하기로 하였다. 그리하여 모든 새가 동쪽을 향하여 서로 해 올라오는 것을 먼저 보려고 경쟁하였다. 그리고 본즉 살풍경이 일어났다. 모든 강한 것 때문에 약한 놈이 짓밟히고, 서로 떠밀고, 비명이 하늘에 찼다. 그럴 때 저 뒷줄에서 채 들리지도 않는 가느다란 소리가 쩩하고 들렸다. "나는 올라오는 햇빛을 봤다." 모든 새가 다 깜짝 놀라 돌아본즉 그것은 새 중에 가장 작은 조그만 굴뚝새였다. 그는 모든 억센 놈들 틈에서 경쟁해야 쓸데없는 줄을 알고 뒤를 돌아서서 먼 산만 바라보고 놀고 있었다.

그런데 해가 지평선에 아직 비치기도 전에, 그 서쪽에 서 있는 높은 산봉우리에는 벌써 그 첫 광선이 비쳤다. 이 약한 굴뚝새는 그것을 보았던 것이다. 그리하여 가장 약하고 가장 보잘것없는 굴뚝새가 새 나라의 왕이 됐다는 이야기다.

우리는 인류 중의 굴뚝새 아닐까? 경쟁은 센 놈들에게 맡기고 돌아와서 평화의 봉우리를 건너다보면 새 시대의 첫 광선을 우리가 먼저 볼 수 있지 않을까? 모세도 굴뚝새, 예수도 굴뚝새, 첫 광선을 동에서부터가 아니고 서에서 발견되었다. 역사는 매양 역리逆理로 돌아간다. 새 시대의 종교는 우리가 보아야 한다. 마치 다시 살아난 예수는 윤락의 계집 막달라 마리아가 먼저 만났듯이.

풀솜같이 연한 마음 가는 실로 뽑아내어
무지개에 물들이어 삼십억을 한데 얽고
좋구나 춤을 들추며 아빠 집을 가볼까

아시아 큰 길거리 꽃동산 열어놓고
서편 형 동편 아우 다 끌어 손목 쥐고
세 목이 한데 어우러져 울어보면 어떠리

세 가지 어려움

그런데 이 크고도 뜻 높은 국가적인 사업을 하려 할 때 우리 앞에 가로막힌 난관이 있다. 그것은 위에서 말한 세 가지 요소에 대한 세 가지 어려움이다.

첫째, 씩씩한 실력이 있어야 한다고 했는데 우리는 가난하다. 옛날 당나라 두보杜甫는 전쟁으로 인하여 깨어진 나라를 놓고 기막혀 "국파산하재 성춘초목심"國破山河在 城春草木深이라 슬픈 노래를 불렀지만, 오늘 우리는 산하가 뭐고 초목이 뭐냐?〔두보, 「춘망」春望〕 초목조차 없는 헐벗은 강산이다. 이 가난을 어떻게 할까? 흉년에 인상식(人相食: 흉년에 너무 배가 고파 사람끼리 서로 잡아먹음 – 편집자)을 한다고, 지금 우리는 인상식을 하고 있다. 날마다 신문이 우리게 보여주는 도둑질·강도·날치기·깡패·자살·살인, 그것은 사람이 사람을 잡아먹는 것 아닌가. '의식족이지예절'衣食足而知禮節9)이라, 그럼 가난이 이렇게 심해졌는데 인심이 타락되는 것은 당연한 일일 것이다. 그러니 주린 배를 못 채웠는데 어느 겨를에 큰 사업을 생각할 수 있을까. 그러므로 경제제일주의는 옳은 말이다. 먼저 경제부흥부터 해야만 한다.

지금 걱정되는 것은 국민의 기업심企業心이 떨어진 일이다. 이것은 국민이 자포자기하는 심리에 빠진 것을 말하는 일이다. 본래 우리 민중이 양반계급의 악독한 착취에 부대껴온 사람들이므로 아무리 노력하여 벌어도 내 것이 되지 않는 줄을 알아 크게 사업을 하려 하지 않는다. 이른바 생불여사(生不如死: 살아 있음이 차라리 죽는 것만 못하다 – 편집자)의 참혹한 현상을 겨우 견디어가는 데만 족해버리는 버릇이 붙은 데다가 오늘의 정치불안이 있기 때문에 점점 더 기업심이 없어졌다. 그러나 이런 때일수록 졸라매고 견디어 국민적 파산을 면하도록 힘써야 할 것이다. 배가 고프고 영양 부족이 된 국민을 가지고는 아무것도 못 한다. 경제부흥이 백 가지 부흥의 기초다.

둘째, 무지無知이다. 가난하므로 무지해졌다. 궁해지면 사람의 빛인 이성이 어두워진다. 이성이 어두워지면 사회에 무리한 일, 이치에 어

---

9) 衣食足而知禮節: "의식(衣食)이 넉넉해야 예를 안다"는 뜻으로, 사람은 생활이 풍부해야 예절·체면을 차릴 수 있다는 말.『관자』, 「목민」.

그러지는 일이 많이 생긴다. 그러므로 민중이 무지하면 사회분열이 생긴다. 사람을 통일하여 하나로 만들고 사회에 질서가 있게 하는 것은 이성이기 때문이다.

우리 민족의 결점은 조직성·계획성이 부족한 데 있는데, 이것은 가르쳐줌으로만 극복할 수 있다. 무지한 민중을 가지고는 투쟁할 수도 없다. 먼저 마음이 깨고야 모든 개혁이 될 수 있다. 미신 때문에 여러 가지 죄악이 늘어가는 것이 많다. 그러므로 과학교육은 시급히 필요하다. 무지에서 해방되어야만 다른 모든 불행에서 해방이 될 수 있다.

셋째는 민지民志의 타락이다. 가난하면 무지에 빠지고 무지해지면 양심이 마비된다. 양심이 한번 마비되면 모든 법과 제도가 아무 소용이 없다.

이 우주의 근본은 윤리다. 나라의 토대가 국민의 가슴속에 보이지 않게 들어 있는 의무감에 놓여 있는 것은 말할 것도 없다. 정말 질서는 불문법으로 유지되어간다. 불문법은 양심에 씌어진 법이다. 그러므로 글로 쓸 필요가 없다. 그 법이 토대가 되어 모든 법이 힘을 발한다. 사람들의 맘의 바닥에서 불문법이 없어질 때 사회는 법으로도 칼로도 어찌할 수 없다. 지금 우리 사회는 양심이 극도로 풀어졌다. 그러므로 아무것도 할 수 없다. 학문도 양심이 살아 있어야 하고, 기업도 신용이 있어야 되어갈 수 있고, 혁명도 의리를 존중하는 맘이 있어야 할 수가 있다. 그러므로 우선 민중의 양심을 회복하도록 힘써야 할 것이다.

이와 같이 이러한 세 어려움은 서로 원인이 되고 결과가 되어서 악순환을 하고 있으므로 어디도 손을 댈 수가 없다. 가난을 없애야 할 줄 알건만, 경제부흥을 하려면 우선 지식이 있고 양심이 있어야 하고 민중교육을 해야 할 줄 알 것이다. 하지만 그러려면 우선 살림이 윤택해지고 민지民志가 올라가야 하겠고, 민지를 올리려면 반대로 우선 교육을 하고 고픈 배를 채워주어야겠고, 이리하여 이치로는 알면서도 어떻게 못하는 것이 현상이다.

그럼 어떻게 할까? 이런 때는 이론만 말고 어디서 그 순환의 고리를 잘라야 한다. 고르디우스의 매듭을 자르지 않고는 풀 수 없다. 능히 자르는 용단이 있어야 한다. 어디서 자를까? 시작이 절반이라. 마음이 있을 뿐이다. 내 마음에서부터 시작하는 수밖에 없다. 마음은 무에서 유를 만들어내는 신비의 곳간이다. "허이불굴 동이유출"虛而不屈 動而愈出이라, 인생에 핑계는 없다[『도덕경』, 제5장]. 공평 불공평도 없다. 어떤 나쁜 환경에 났다 하더라도 그 때문에 내 의무를 못하노라는 핑계는 성립되지 않는다. 도대체 생이란 것이 불가능을 명하는 것이다. 할 수 없는 것을 해보라는 것이 생의 명이다. 살 수 없는 것을 살아보라는 것이다. 하늘에서 내리는 비에 공평 불공평이 없듯이, 내가 당하는 역사에도 공평을 요구할 수 없다. 그저 당한 운명을 개척해나갈 뿐이다.

쉬워도 하고 어려워도 해야 한다. 그것은 우리 마음이란 무한한 밑천이기 때문이다. 많이 쓰는 자는 많이 쓰고 적게 쓰는 자는 같은 마음을 가지고도 적게 쓴다. 마음은 힘이 있다면 한없이 있고, 없다면 아주 무력하다. "정신일도하사불성"精神一到何事不成 할 때는 무한히 쓴 것이요, "마음에는 원이로되 육신이 약하도다" 할 때는 아무것도 못한 것이다[「마태복음」, 26: 41]. 어찌하여 그런가? 마음은 쓰기에 달렸기 때문이다. 본시 마음은 일一이다. 하나다. 전 우주적이다. 그러나 갈라지면 터럭끝만큼도 못하다. 그러므로 내 마음에서 자르자는 것, 내 마음에서 출발하자는 것이다.

그러므로 마음의 비결은 화和에 있다. 인화人和다. 네 마음 따로 내 마음 따로 아닌 하나인 자리에 이르면 무한한 힘이 나오는 것이요, 갈라지면 아무것도 못한다. 하나는 참이요, 갈라진 여럿은 거짓이기 때문이다. 화는 총수總數만이 아니다. 그 이상이다. 화和하지 못하면 그 낱개의 힘도 내지 못하고 만다. 여기 신비가 있다.

맹자孟子는 "천시불여지리天時不如地利 지리불여인화地利不如人和"[『맹자』,「양혜왕 하」]라 했다. 혹은 '인중승천'人衆勝天이라 한다. 인중人衆은 인화人和다. 사람이 마음을 합하여 하나되면 하나님의 뜻을 움직인단 말이다. "너희 두세 사람이 내 이름으로 모이면 내가 거기 있다" 한 것도 이 때문이다. 두세 사람도 그렇거든 전 국민이 화합한다면 그 힘이 어떠할까. 양만춘이나 이순신이 한 줌 되는 군사로 큰 대적을 이긴 것은 인화의 좋은 실례요, 항우가 산을 빼는 힘과 세상을 덮는 기운을 가지고도 실패한 것은 인화를 못한 까닭이다.

그러므로 저는 "천망아天亡我요 비전지죄非戰之罪"[『사기』, 「항우본기」]라, 하늘이 나를 망하게 한 것이지 내가 싸움 잘못한 죄는 아니라 한다. 하지만 옳게 보는 사람의 눈으로 하면 "강강필사인의왕剛強必死仁義王, 음릉실도비천망陰陵失道非天亡"[『고문진보』古文眞寶, 「우미인초」虞美人草] 사나운 마음이 죄 없는 의제義帝를 죽이고 10만 포로병을 하룻밤새 학살하고 했으니, 음릉에서 길 잃은 것이 어디 하늘이 한 것이냐? 네 스스로 인화하지 않아서 그리된 것이라, 하게 된다.

그러므로 인화를 하도록, 마음이 하나되도록 힘을 써보는 것이다. 꿈틀거림은 화합 운동이다. 하나되어보려고 꿈틀거려보는 것이다. 서로 불평만 하고 누웠으면 못쓴다. 그것은 책임을 남에게 떠밈이다. 그래가지고는 위기를 못 이긴다. 대개의 혁명이 파괴는 하면서도 건설은 못하고 마는 것은 혁명은 불평 불만을 자극해가지고 되는 일이므로 서로 책임지려고는 하지 않고 잘못의 책임을 남에게 떠넘기려고만 하기 때문이다. 그러므로 참 혁명을 하려면 반항보다는 의무를 강조해야 할 것이다.

그러면 그 화和를 어떻게 하면 얻을 수 있을까? 중도中道를 지켜서만 될 수 있다. 『중용』中庸에 "중中은 천하지달도天下之達道요, 화和는 천하지달덕天下之達德"이라 했다. 덕은 도에서 나온다. 덕은 내가 체험을 얻은 것인데 체험은 도, 곧 진리를 내 몸에 몸소 해야만 얻을 수 있다.

중中은 중정中正이다. 올바른 자리다. 보다 높은 자리다. 초월한 자리다. 그러므로 '희로애락지미발'喜怒哀樂之未發을 중中이라 한다. 중은 또 극極이다. 혹은 하나다. 공公이다. 인仁이다. 빔이다. 허虛·영零

이다. 하늘이다. 그 중中을 바라서만, 그것을 목표로 해서만 화和에 이를 수 있다. 화는 하늘을 바라고 꿈틀거리는 구렁이의 운동이다. 꿈틀거리면 화기和氣가 생긴다. 피가 돈다. 기분이 변한다. 이것은 피가 돌아가서 되는 혁명이다. 무혈혁명이다. 무혈이 아니고 참으로는 유혈이다. 참 의미의 유혈혁명이다. 유혈혁명이 아니라 통혈혁명通血革命이다. 피 돌리는 혁명이다. 피가 돌면 살아난다.

국토건설 운동의 참 뜻

장張 내각 때부터 국토건설 운동을 크게 일으켰다. 그것은 때에 맞은 옳은 일이었다. 욕만 먹어왔고 또 실제로 별로 이렇다 할 만한 것을 한 것이 없는 장 내각이요, 일마다 시비만 하고 싸움만 하는 우리나라 정당들이었건만, 이번 이것만은, 일부 조금 말썽이 없는 것은 아니었으나 대체로 말이 없는 것을 보면, 그만큼 잘하는 일이었다. 그러나 이것은 정부의 일이 아니다. 국민 전체의 일이다. 이야말로 국민의 꿈틀거림이어야 한다. 이것은 자원과 지식과 기술과 도덕과 믿음을 다 한데 합하여 있는 대로 끝까지 내써서 국민 전체가 하나가 되지 않고는 아니 된다. 국민 운동이다. 살려고 살겠다고 결심하고 믿음을 가지고 하는, 어쨌거나 해보는 꿈틀거림이다.

꿈틀거려보아야 한다. 못살겠다는 소리만 되풀이하고 앉아 있으면 정말 죽는다. 머리를 갈대같이 숙이고 중얼거리는 것만이 기도가 아니라, 전문 종교가들이 특별한 꼴을 하고 음성에 이상한 곡조를 붙여서 연극같이 하는 것만이 기도가 아니다. 국민이, 일반 민중이 보통 때에 생각하고 있고 의식적으로 주거니 받거니 입으로 외고 있는 말, 그것이 정말 기도인데, 죽겠다 기도하면 죽음이 올 것이요, 살겠다 기도하면 삶이 올 것이다. 그리고 신부나 목사나 중이 하는 기도는 아니 이루어지는 일이 많이 있어도 이 기도, 민중이 하는 줄 모르게 하는 기도는 틀림없이 반드시 이루어진다.

꿈틀거려야 한다. 생명이 하나님이기 때문에, 정신이 하나님이기 때문에, 생각을 해야, 생각을 하거든 꿈틀거려야 한다. 하나님이 내 안에 계시기 때문에 내가 하는 대로 주신다. 자려드는 놈에겐 잠을, 죽으려드는 놈에겐 죽음을, 살려드는 놈에겐 삶을, 선을 하려 결심을 하고 드는 놈에겐 선을 주신다. 꿈틀거림이야말로 선한 하나님, 전능한 하나님에 대한 기도다.

꿈틀거려보아야 분명치 못하던 이상이 분명해지고, 한층 더 높은 것이 보이기도 하고, 약하던 제 사지에 자신도 생기고, 뜻밖에 동지가 많은 것도 알고, 어려움이라 생각했던 것과는 다르게 쉬이 물러가는 것도 알고, 무엇보다 좋은 것이 꿈틀거려보아야 민중이 하나되는 감정이 일어난다. 이것이 중요한 것이다. 하나된 감정, 이것이 한번 일어나면 점점 그 열도가 오르고, 그 열이 올라 어느 정도에 가면, 모든 사람이 제 작음과 어리석음과, 이날까지 몸에 뱀처럼 감겨 있어 모든 전력을 다 먹어치우던 지나간 죄악을 다 잊어버리고, 어떤 커다란 의식이 움직임을 느끼게 된다.

그것이 차차 올라가면 지혜의 계시를 하늘에서 받아 어디서 오는지 모르게 새 계획이 나오고, 더 올라가면 못할 것이 없다는 폭풍 같은 의지가 제 속에서 소용돌이를 쳐 올라오게 된다. 그것이 혁명이다. 민중의 꿈틀거림은 마치 높은 산꼭대기에서 떨어지는 눈사태와 같다. 시작할 때는 한 알 두 알이지만 운동하면 할수록 점점 더 커져 마지막에는 바위도 굴리고 부수고 만다. 그러나 눈사태가 지나고 나서 녹으면 아무것도 남는 것이 없듯이, 민중의 운동도 무서운 일을 하고 나서 지나가면 아주 자기주장을 아니 하는 평화 속에 흩어진다.

좋지 않은가? 알프스 산에서는 눈이 많이 온 날은 예배당의 종도 아니 친다고 하더라. 그 종소리의 진동에라도 저 산꼭대기의 눈이 한 알이라도 떨어졌다가는 큰일이기 때문이다. 한번 꿈틀해볼 만하지 않은가? 민중의 가슴을 향해 종을 울려라!

그러므로 국토건설 운동의 참 뜻은 정신운동에 있는 것을 알아야 한다. 이것은 민중의 인화人和를 이루는 데 그 목적이 있어야 한다. 국민정신 없이는 될 수 없는 일이요, 또 모든 사업을 해서 국민 성격을 세우는 데 이르지 못하면 소용없다. 첫째 국민 성격이다. 국민 성격이 서지 못하면 아무것도 못하는 것이요, 그 대신 어떤 어려움을 통해서라도 튼튼한 국민 성격이 세워지면 그다음엔 못할 일이 없다.

성격이라니 틀이 잡힌다는 말이다. 한 사람에 있어서도 나이 어릴 때는 아직 인격의 틀이 잡히지 못한다. 그러므로 신용이 되지 않는다. 인격이란, 언제나 누구나 그 사람을 그 사람으로 믿을 수 있게 그 생각하는 것과 행하는 것에 틀이 잡힌 것이다. 그것을 덕이라고 한다. 사람의 천성이 선하다 하지만 선이 나면서부터 기성품으로 되어 있는 것은 아니다. 생각을 하지만 생각이 첨부터 순수하게 되는 것도 아니요, 행동을 하려 하지만 행동이 첨부터 뜻대로 되는 것 아니다. 내 속에서 나오는 맑지 못한 것도 있고 밖으로부터 오는 유혹, 방해도 있고 해서 쉽게 이상대로 되는 것이 아니다. 그런 것을 또 힘쓰고 또 힘써 다시 하는 동안에 자리가 잡히고 틀이 잡히게 된다. 그러면 그담부터는 틀림없이 옳은 대로 할 수 있다. 그런 다음에야 비로소 선하다 할 수 있다. 『논어』 첫머리에 "학이시습지學而時習之면 불역열호不亦悅乎라" 한 것은 이 때문이다.

익혀야 된다. 한 번 두 번에 되는 게 아니다. 자꾸 익혀서 정말 익은 지경에 가야, 저절로 되는 지경에 가야 참 내 것이다. 그것이 덕德이다. 그러므로 덕은 득야得也라, 덕이란 내가 얻은 것이라 하는 설명을 하게 되는 것이다. 사람의 근본 욕망 중에 가장 강한 것이 가지자는 소유욕이라지만, 정말 내 것은 내 성격, 곧 덕밖에 없다. 물질적인 것은 아무리 내 것이라 하여도 잃을 수 있고 도둑맞을 수 있고, 나라 등기소에 등기를 해두어도 죽으면 어쩔 수 없이 떨어져 나간다. 그러나 내가 닦아 얻은 내 성격은, 정신은 몸이 죽는다고 없어지는 것 아니요 억만 년을 가도 내 것 곧 나지, 다른 사람의 것일 수가 없다. 그러므로 인격을 귀히 아는 것이다. "네 보물을 하늘에 쌓아라." 하늘은 다른 것 아닌 정신이다.

개인이 그런 것같이 국민도 그렇다. 국민의 국민된 값은 성격을 쌓아 올려서만 된다. 사람이 아무리 귀하여도, 다 진·선·미를 추구해 가는 존재인 줄을 알아도, 청소년 때를 잘 믿을 수 없는 것은 아직 성격이 서지 않았기 때문이다. 이제 선을 약속하지만 이따가 과연 하겠는지, 오늘 동지 되기를 맹세하지만 정말 끝까지 지키겠는지 믿을 수가 없다. 믿게 되려면 인생의 전장에서 10년, 20년 산전수전을 겪어 이기고 난 다음이 아니고는 아니 된다. 그랬다가 또 믿지 못하는 일도 있다. 덕은 그렇게 어렵다.

국민도 어린 국민 있고 노성老成한 국민 있다. 수양 있는 국민 있고 수양 없는 국민 있다. 스스로 생각해봐! 우리는 어떤 국민인 것 같은가? 틀이 잡힌 국민인 것 같은가? 수양이 있다 하겠나, 없다 하겠나. 나이 많다고 반드시 어른은 아니지, 역사가 길다고 틀 잡힌 국민이라 할 수 없을 것이다. 글을 많이 읽었다고 수양이 있는 것은 아니지, 5천 년 문화라고 반드시 덕이 있다 할 수는 없을 것이다. 어제까지 "긴상, 리상"이다가 또 오늘은 "미스터 김, 미스 리"하는 이 사람들, 일본이 상전일 때는 일본 사람에게 "조선 사람은 무얼 그저 주면 좋아한다"는 말을 듣고 미국이 상전인 오늘엔 미국 사람에게 "당신은 또 무엇 해달라고 왔소?" 하는 말을 듣는 이 민중, 이것이 대체 성격이고 나고 생각을 하는 사람들인가, 아니 하는 사람들인가. 5천 년을 대체 어떻게 왔을까? 굴러 왔을까? 발길에 채여 왔을까?

백발이 자랑이라 하지만 제가 제 살림을 쌓아왔을 제 자랑이지 빌어먹으며 된 백발, 부끄럼이지 자랑될 것이 없지. 온순이 덕이라지만 넓은 맘을 가지고 참았을 제 덕이지, 못생겨서 제 주장도 못한 것은 덕이 될 수 없지. 눈이 있고 입이 있다고 남 보는 건 나도 보고, 남 먹는 건 나도 먹고, 남 부르는 노래는 나도 불러보고 싶다고, 남의 흉내는 다 내려 하지만, '나' 자체를 잃었는데 즐김이 무슨 즐김이요 취미가 무슨 취미냐? 길거리를 지나갈 때마다 생각나는 건 옛 글귀만

이더라.

계집년들 나라 망한 아픔 알지도 못하고
강 건너 부르느니 노자노자만이로구나
商女不知亡國恨
隔江猶唱後庭花
• 두목杜牧, 「박진회」泊秦淮

어서 국민 성격을 세우자. 우리도 어서 남이 믿어주고 존경하고 업신여기지 못할 만한 성격을 길러야 한다. 영국 사람은 그 조상이 해적이었어도 어디 가나 신사대접 받지 않던가? 독일 사람은 그 조상이 북유럽 숲속의 야만인이었어도 지금 어디 가나 생각 깊고 솜씨 있는 민족으로 존경을 받지 않던가? 프랑스 파리는 세계에서 가장 사치한 곳이라 하여도 그 국민은 아주 검소하고 애국심 깊기로 이름이 있고, 이탈리아는 이탈리아라는 명사만 들어도 도둑놈을 연상한다는 말을 들으면서도 그래도 예술이라면 이탈리아를 내놓고는 못한다 하지. 스위스의 자유 정신, 미국의 민주주의, 중국 민족의 대륙성, 러시아 민족의 심각성, 그 무엇이 다 있지 않나.

일본은 섬 속에 있어도 동양의 앞장꾼으로 자부하려 하고, 인도는 300년 압박 착취에 지쳤어도 그래도 세계에 새 질서를 가져올 것은 자기네로 자임하고 있지 않나? 그런데 이 세계의 큰 길거리에 있는 수난의 여왕은 무엇을 가졌으며 무슨 생각을 하나? 안 돼! 우리도 일어서야 해, 성격을 세워야 해. 감기만 들어도 먹기를 그만두고 마시기를 그만두고 보기도 싫고 듣기도 싫고 사지를 축 늘어뜨리고 전신의 백혈구·적혈구가 총출동을 하여 들어온 추위 내쫓기에만 전력하지 않던가? 그래 열이 40도에 오르지 않나? 한 나라 민족의 운명이 관계되는 위기인데, 어떻게 남 잘사는 민족이 하듯 먹고 마시고 노는 것을 빠뜨리지 않고 다해가며 할 수 있단 말인가? 열을 40도에 올려야 한다. 민중이 총출동하여 정신을 일으키기에 힘써야 할 것이다.

모든 것, 전쟁이거나 풍수재風水災거나 질병이거나 다른 나라의 업신여김이나 온갖 것을 다 이용해서 성격을 다듬어내는 데 힘써야 한다. 착하고 넓고 깊고 씩씩하고 끈기 있는 성격을 우리 손으로 다듬어내는 일이 첫째 일이다. 지나간 것을 걱정할 필요는 없다. 우리 할아버지가 거지였으면 어때? 우리 할머니가 갈보였으면 어때? 어느 신사 숙녀는 거지 할아버지 갈보 할머니의 자손 아닌 것이 있다더냐? 역사는 공작의 꼬리처럼 자랑하자는 것이 아니다. 그것을 발판으로 차고 앞으로 나아가자는 것이다. 앞으로 내가 나간 담에야 그것이 금덩이면 어떻고 똥덩이면 어떠냐? 관계없다.

문제는 앞에 있다. 이제에 있다. 이제 정신 차리는 것이 문제요, 이제 제 성격을 다듬어 세우는 것이 일이다. 그리고 정신이 귀한 것은 시간·공간의 제한을 아니 받는 데 있다. 10년 하던 거지질도 이제 결심하면 그만둘 수 있다. 지금은 예와 달라 국제 무대에 참여 아니 하고는 나라 못 하는데, 거기는 국민 성격이 뚜렷하지 않으면 아니 된다. 남이 우리를 협조해주려는 경우에도 우리를 신용하지 못하기 때문에 일이 어려운 것 아닌가? 어떤 국민도 국제 간에 신용을 못 얻고는 서갈 수 없지. 신용이 어디서 오나? 우리 불행의 근본 원인은 국민적 성격이 약한 데 있다.

그러나 마구 달려나가기만 한다고 전진이 되는 것 아니다. 반드시 목표가 있고 길이 있어야 한다. 그저 꿈틀거리는 것이 아니라, 목적을 정하고 참된 원리에 따라서 해야 할 것이다. 그래서 도덕이라고 한다. 성격이라고 다 좋은 것 아니다. 좋은 성격 있고 나쁜 성격 있다. 미덕이 있고 악덕이 있다. 미덕은 올바른 길, 곧 도道에 따라서 한 것이다. 그러므로 도덕이라 한다. 그러기 때문에 국토건설 운동의 참뜻은 그 정신에 있다는 것이다.

마음에 진리의 씨를 뿌려라

국토國土라 하지만 토土부터가 문제다. 정말 나라 땅, 나라터가 어디냐? 물론 '보천지하막비왕토'普天之下莫非王土라고 산이란 산, 내란 내, 들이란 들이 나라 땅 아닌 것 없지만 정말 나라터는 이내 가슴이다〔『맹자』, 「만장 상」〕. 이 가슴속에 나라가 있으면 저 모든 강산이 다 나라 땅이지만, 이 가슴속에 나라가 없다면 그것이 나라 땅 될 수 없다. 그러므로 삼천리 강산이란 것은 이 가슴이 나타난 것, 혹은 그 연장에 지나지 않는다.

단군의 가슴속에 나라가 터 잡혀서 만주와 반도가 그 나라 땅이 됐지, 그 땅을 얻어가지고 나라를 세운 것 아니다. 아브라함이 고향을 떠나 갈 바를 모르고 나갈 때에 나라는 벌써 그 가슴 안에 있었고, 모세가 이집트에서 떠날 때에 가나안은 그 가슴 안에 있었고, 메이플라워 호가 유럽 해안에서 떠날 때 벌써 벌써 미국은 그 배 안에 있었다.

또 사실 이 가슴이 무엇인가? 이것이 바로 이 나라의 알짬 아닌가? 이 나라의 흙을 먹고 그 물을 마시고 그 바람을 숨 쉬고 그 햇빛을 받고 그 풀, 그 나무를 다 자료로 삼아서 피로 되고 살로 되고 뼈로 되고 신경으로 된 것이 이 가슴 아닌가? 이 강산이 살아난 것, 생명화·정신화한 것이 이 가슴이다. 반대로 이 가슴을 펴고, 피어내면 저 강산이다. 그러므로 몸과 나라가 서로 딴 것 아니다. 내 몸이 곧 살아 있는 나라요, 나라 땅이 곧 내 몸이다.

이 가슴, 이 마음을 가지고 옛 사람은 '방촌지지'(方寸之地: 사방 한 치의 좁은 땅. 즉 사람의 마음을 뜻함 – 편집자)라 혹은 '심전'心田이라 했다. 땅에 곡식을 심듯이 우리 마음도 갈고 거기 진리의 씨를 심어 키운다는 뜻으로 한 말이다. 누가 한 말인지는 모르나 "항존방촌지單存方寸地 유여자손경留與子孫耕"이란 말이 있다〔서산대사,『유가귀감』〕. 저 논이나 밭은 가난하여 못 가질는지 모르나, 이 방촌만한 땅, 곧 마음밭만은 남겨두어 길이길이 자손으로 하여금 갈아먹게 했으면 하는 말이다.

아무리 가난해도 그 밭만은 다 가지는 밭, 또 그 밭만 잘 갈면 저 밖의 논밭은 자연 얻을 수 있는 밭, 논밭은 갈아먹으면 땅힘이 빠져 나중엔 못 갈아먹게 되지만, 이 밭은 갈아먹을수록 기름져가고 수확이 더 많이 나는 밭, 논밭은 남이 빼앗을 수도 있지만 이것은 빼앗으려 해도 빼앗을 수 없는 밭, 논밭은 그 생산력에 한정이 있지만 이것은 그 생산력이 거의 무한인 밭, 논밭에서는 한 번 먹으면 없어지는 쌀이나 콩이 나지만 이 밭에서는 한 사람 아니라 천만 사람이 두고두고 먹어도 한이 없는 시와 노래와 학문과 재주가 나오는 밭이다.

이 밭이야말로 거룩한 땅, 약속한 땅이다. 단군이 나시기도 여기 나셨고, 나라를 여기 세웠고, 그 무덤도 여기 있다. 여기가 태백산太白山이요, 여기가 신시(神市: 환웅이 태백산 신단수 밑에 세웠다는 도시 - 편집자)요, 여기가 당장경唐藏京이요, 여기가 평양이다. 역대의 모든 할아버지 묘가 있고, 앞으로 날 모든 자손의 씨가 또 여기 있다. 아무리 어려움을 당한다 해도 이것만 가지고 도망하면 다시 나라를 세울 수 있고, 잃어버린 역사를 여기서 다시 찾아낼 수 있으며, 이것을 잘 넓히면 우리만 아니라 온 세계 사람이 그 안에 다 살 수 있다. 이것이 새 예루살렘이요, 이것이 서방정토다. 이것이 잘되면 하늘나라요, 못되면 지옥이다. 하나님이 여기 계신다. 천지창조하려 한 때 들여다본 깊은 물이 여기 있고, 노아가 구원을 얻던 아라랏 산도 여기 있다. 이것이 참 거룩한 땅 아닌가. 이것이 정말 소우주 아닌가.

밭을 갈아 농사한다는 것은 땅·물·바람·햇빛·마음·힘이 다 합해져서 부르는 합창이다. 그 여러 가지가 잘 화和하지 않고는 될 수 없다. 마음밭을 가는 것도 마찬가지로 천·지·인의 합창이다. 그러므로 이것은 사람의 합창이라 할 수 있다. 칼릴 지브란의 말대로 일함은 사랑이 볼 수 있게 나타난 것이다. 그러므로 국토건설 운동은 사랑의 꿈틀거림이어야 한다. 지금 저 산이 저렇게 헐벗은 것은 사랑이 떨어졌음이요, 저 냇물이 마른 것은 사랑이 마른 것이다.

우리 밭이 마른 것은 사랑이 시든 것이요, 우리 광산 구덩이가 막힌 것은 사랑의 마음이 막힌 것이다. 이제 이것을 개발하는 것도 사랑으로야 될 것이다. 나라 사랑, 남 사랑, 나 사랑, 진리 사랑, 생명 사랑, 그 사랑이 꿈틀거리기 시작하면 잊었던 노래를 저절로 하게 될 것이요, 반대로 힘써 명랑한 맘, 믿는 맘, 사랑하는 마음으로 노래를 부르면 사랑의 꿈틀거림이 이 죽음의 골짜기에서 일어날 것이다.

나 죽겠네, 못살겠네, 슬프네, 애타네…… 그런 따위 살이 썩어 문드러져 나가는 듯한 퇴폐적인, 애수적인, 육감적인, 고상한 감정은 죽여버리고 저속한 감정만 자극하여 민심을 돋우지 못하고 점점 깨진 뱃조각 잠기듯 가라앉게 하는, 주저만 앉고 드러누워 흙구덩이만 찾게 하는, 망국조의 유행가를 예술이란 이름 아래, 오락이란 이름 아래 극장에서, 가정의 라디오 앞에서, 에미도 애비도 자식도 한데 둘러앉아 듣고만 있지 말고, 극장 헐어 팽개치고 국민학교 만들어 길거리에 헤매는 것들을 모아다가 가르쳐주어, 기운 있게 뛰며 노래하는 것을 본다면 그 얼마나 힘나는 일일까. 민주주의라고 제멋대로 망할 길 찾고 제멋대로 망하게 두는 정치요 교육이요 종교이니 할 수는 없지만, 그래서 될까? 살 생각이 있는 백성이라면 묵은 풀은 한 낮에 후려갈기고 불을 들내놓고(마구 밖으로 드러내놓다 - 편집자) 갈아엎듯이 이 민심을 한번 갈아엎어보기를 힘써야 할 것이다.

사랑의 합창을 해보자!

국토건설의 첫째: 막음

건설 사업의 첫째는 저수지를 막는 것이라더라. 진주 남강을 막고, 강원도 소양강을 막고, 그 밖에도 전국 골짜기 골짜기의 냇물을 막아 저수지를 만들어 발전을 하고 수리를 하는 것이 그 계획이라고 한다. 좋다. 아무리 가난한 나라라도 비는 오지. 그 비 속에 한없는 에너지가 들어 있으니 그걸 흘러 빠지게 그냥 두지 말고 막아서, 쓰잔 생각은 옳은 생각이다.

그러나 그 흘러 빠지는 것을 막을 생각일진대 그것보다 먼저 국민의 정력의 흘러 빠짐을 막을 생각을 해야 할 것이다. 서로 당파 싸움하는 데 얼마나 많은 국력·정력이 빠지나? 무리한 탓으로, 무리를 하는 탓으로 얼마나 한 국민 정력이 흘러 빠지나? 오락이라 위안이라 하면서 쓸데없이 하는 술·담배·과자·요리·노래·춤·가지가지 흥행, 그것을 구경한답시고 긴긴 날을 서서 보내는 동안에 돈은 얼마나 한 돈이 외국으로 빠지며, 시간은 얼마나 한 시간이 흘러가며, 남의 나라 구호미 먹고 얻은 국민의 정력은 얼마나 쓸데없이 흘러 빠지고 있나? 공정한 의분도 아닌데 쓸데없이 하는 데모에 국민의 생리·심리의 힘은 얼마나 빠지나?

그런 것 다 집어치우고 부족하나마 있는 공장으로 가고, 들로 가 일한다면 생산이 얼마나 많이 됐을 것인가? 그러므로 진주 남강 막기 전에, 소양강 막기 전에, 우리 허리에서 흘러 빠짐을 막고 눈·귀·코·입으로 흘러 빠지는 것을 막자. 이것을 아니 막으면 설혹 어떤 저수지를 막는다 하여도 그것은 밑 없는 항아리에 물 붓기일 것이다.

가난한 나라에도 비는 오는 모양으로, 그 비 속의 에너지만 잡아쓰면 얼마든지 살 수 있는 모양으로, 우리가 아무리 지난날의 잘못이 많은 민족이라도 하나님의 생명의 법칙이 고마워서 차별 없이 새로 주는 것이 있다. 이제부터라도 마음의 흘러 빠짐을 막아 그 힘을 모으면, 지금 당한 어려움을 어렵잖게 면할 수 있을지니 그러므로 새 나라 꿈틀거림의 첫째는 막음이다.

국토건설의 둘째: 뒤집음

그다음, 건설 사업의 둘째는 황무지 개척이라 한다. 갈아먹기만 하고 기르지 않은 땅이 산성화된 것, 묵어서 가시덤불이 된 것을 갈아 뒤집어엎어 논밭으로 만들고 목장으로 만들자는 것이다. 우리가 살기 어려운 것은, 사람은 많고 땅은 비좁은 까닭도 있지만, 그보다 더 큰 원인은 땅을 뽑아 먹기만 하고 땅힘을 기를 생각을 하지 않은 데 있다. 그러므로 이것은 고쳐서 땅의 생산력을 올리도록 하는 것이 필요하다. 그렇게 하려면 무엇보다도 이 버려진 땅을 한번 뒤집는 것이 필요하다.

그러나 내 말은 땅을 갈아 뒤집어엎기 전 민심을 갈아 뒤집어엎자는 것이요, 땅을 뒤집어엎거든 그것을 민심을 뒤집어엎는 일로 알고 하자는 말이다. 땅이 묵은 것이 걱정이 아니라 사람들의 마음밭이 묵은 것이 걱정이다. 마음밭이 먼저 묵어서 산과 들이 묵은 것이다. 인심이 황폐해지지 않고 국토가 황폐해질 리 없다. 지금도 일본 갔다오고 대만 갔다온 사람들 말은 다 한결같이 그 개발사업의 되어감을 칭찬한다. 우리보다도 못한 자연을 가지고, 우리보다도 더한 인구의 지나침을 가지고도 개발이 그와 같이 우리보다 앞선 것은, 다만 그 까닭이 그들의 민심이 우리보다 더 개발된 데 있다. 그들은 우리보다 정신을 차린 것이다. 우리도 정신을 차리면 이 땅을 가지고도 아직 잘 살아갈 수가 있을 것이다.

이 민중은 오래 거름을 주지 않고 뽑아만 먹은 땅 같아서 그 마음이 아주 각박해졌다. 본래는 아주 순하고 두터운 것이 우리 성격이었다. 그것은 역사에서 증거할 수 있다. 그런데 오래 사나운 정치의 압박과 짜먹음을 당하는 동안에 아주 사납고 얇아졌다. 또 땅을 자꾸 밟으면 전에 아무리 좋던 것도 거기 공기가 통하지 못하고 물이 들어가지 못하고 햇빛이 뚫고 들어가지 못하므로 곡식이 뿌리를 펼 수가 없어지듯이 인심도 그렇다. 자꾸 압박을 받았기 때문에 이제는 길바닥 같아서 무슨 소리도 감동을 줄 수 없고, 어떤 정치 방침이나 계획도 그대로 듣고 따라오게 할 수가 없어졌다. 또 양순하던 짐승의 새끼도 자꾸 시달림을 받고 장난을 하면 그만 성질이 약아져서 좀처럼 말을 들으려 하지 않듯이, 민심도 그렇게 약아져버렸다. 이제 그들에게 이 좋은 자연도 감격의 대상이 못 된다. 그러므로 아낄 것이 없이 그저 깎아먹어버린다.

가난이 물론 큰 원인이지만 그것만은 아니다. 아무리 가난하다 해도 사람은 감격하고 감상鑑賞하는 것이 있는 법이다. 중국 노동자를 보면, 집도 가족도 없는 쿨리라도 아침에 일터에 나갈 때 새조롱을 가지고 나가 일하는 옆에 놓고 그 노래를 들으며 일하고, 저녁에 돌아올 때는 그 누더기를 입은 몸으로도 조롱을 들고 빙긋이 웃으며 막으로 돌아가는 것을 볼 수 있다. 그 정신을 가졌다면, 가난한 살림이기는 하지만 그래도 이 강산이 저렇게까지는 아니 될 것이다.

자연에 대해 그러면 사람에 대해서도 그렇다. 이제 이 사람들에게 위대한 인물이 없다. 인물 없다는 말들을 많이 하고 또 그것이 사실이기도 하지만, 탄식만 말고 원인을 찾아 알아야 할 터인데 그러려 하지는 않는다. 원인은 다른 것 아니요, 인물을 존경하지 않기 때문이다. 하늘이 사람 내는 데 차별이 있을까? 손바닥만한 아테네에 페리클레스 내고 소크라테스·플라톤 내는 하나님이 우리나라라고 아니 내려 할까? 책임은 우리에게 있다. 사람대접을 하지 않기 때문이다. 일본 사람은 제 고향에서 대신만 하나 나도 곧 신으로 모시려 한다. 사람을 신으로 숭배하는 것이 잘하는 것은 아니지만 그 존경하려는 마음은 아름답다. 그런 정신 있으니 나보다 나은 이의 지도를 즐겨 받고, 그러니 나라가 되어갈 수 있다.

우리 사람은 누라 뭐라 해도 신통하게 여기려 하지 않는다. 왜? 이 날껏 너무 속고 그 지도자라는 것들에게 너무 학대받았기 때문이다. 그러므로 우리나라 정치는 어렵다. 감격 아니 하는 민중을 가지고 어떻게 정치를 하나? 인도에서는 위대한 사람이 있으면 그를 한번 보기 위하여, 그 말을 반드시 듣자는 것 아니라 그 얼굴만이라도 한번 보고 감격을 얻으려고, 몇십 몇백만 되는 사람이 며칠씩 밥을 싸가지고 백 리, 천 리 밖에서 모여드는 일이 예사라고 한다. 간디는 그것을 퍽 싫어하여 자기를 민중이 불러 '마하트마'라 한 것도 좋아 아니 했지만, 물론 그리하는 일은 옳은 일이지만, 민중편에서 생각할 때는 그러는 민중이니 일이 되었지, 우리같이 약아빠진 민중으로는 아무것도 할 수 없을 것이다.

생각하면 이 민중같이 불쌍한 것은 없다. 우리나라 사람의 마음 꼴을 보면 마치 길가에 선 꽃나무 같다. 꺾이고 찢기고 할퀴고 하여 그 가지가 옳게 자라지 못하고, 꼬부라지고 혹 돋고 병들고 뜯기다 못하여 이제는 다시 꽃도 잎도 필 수가 없어진 것과 같다. 꽃나무이기 때문에 그리됐지, 아름다움이 있지, 하지만 그 아름다움이 화가 되어버렸다. 한나라가 쳐들어오고, 당나라가 쳐들어오고, 만주·몽고·선비·거란이 쉴 새 없이 도둑해 들어오고 일본·러시아가 짓밟고 하는 동안에 강산이 황폐한 것은 또 그만두고, 우리 성격이 온통 망가져버렸다. 그래 비겁해지고 거칠어지고 게을러졌다. 평화적이요 착한 것은 좋았는데, 자기를 지킬 줄을 몰랐다. 그것이 원인이 되어 오늘날 이 꼴에 이르렀다.

그럼 어떻게 하나? 갈아 뒤집어엎어야 한단 말이다. 묵어 가시밭이 되고 산성화하여 풀이 한 대 아니 나는 땅도 깊이 갈아 뒤집으면 된다. 그 모양으로 사람도 그렇다. 땅을 아무리 밟아도 그 겉이 밟히지, 깊은 속에는 밟히지 않은 것이 있다. 가시가 나도 겉에 났지, 깊은 속에는 가시 뿌리는 못 들어간다. 사람도 뺏기고 짓밟히고 꺾이고 찢기고 물들임을 당하여도 그 겉이지, 그 본성에까지는 못 들어간단 말이다.

나는 우리 민족을 세계의 큰 길가에 앉은 늙은 갈보라 본다. 한민족漢民族이 먼저 더럽히고, 그다음 몽고 민족이 더럽히고, 만주·일본·러시아·영국·미국이 차례차례로 이 아시아의 꽃동산지기 처녀를 윤간했다. 우리가 우리 역사를 읽다가 그 책을 찢고 싶어지는 것은 이 때문이다. 세상에 이런 더러운 역사가 어디 있나. 하지만 내 말은 낙심하지 말잔 것이다. 사람이 아무리 타락해도 본성은 그대로 있기 때문이다.

저희가 침을 뱉었다면 우리 옷에 뱉었지, 우리 마음에 뱉었느냐? 우리가 그들에게 입을 맞췄다면 이 입술을 준 것이지, 우리 혼을 주었느냐? 주려 해도 줄 수 없고, 빼앗으려 해도 빼앗을 수 없는 것이 혼이다. 물건은 도둑질해가면 제 것이 될 수 있으나, 그러나 사람의 혼은 도둑질해가도 제 것을 삼을 수가 없을 뿐 아니라 남의 혼을 뺏아 제 것으로 삼는다면 자동적으로 저는 제 혼을 잃기 때문에, 혼에는 도둑질도 빌림도 꾸어줌도 있을 수 없다. 뺏겼다, 짓밟혔다 함은 사실은 잊어버린 것이요, 밟혀 속으로 빠져든 것이다. 그러므로 도로 깨면 그만이요, 찾으면 그만이다.

뒤집자는 것은 이 때문이다. 이 육肉을 나로 아니, 내가 빼앗겼다, 잃었다, 더럽혔다 하고 비관하지, 이것을 뒤집어, 생각을 뒤집어서 나로 알던 썩어지고 더러워진 주름잡힌 이 육을 속으로 묻어버리고, 깊은 속에 눌려 잠자던 내 혼을 나로 알아 찾아내면, 아직도 내가 하나도 잃은 것도 상처난 것도 없는 나를 발견할 것이다. 이 타락된 민족성을 뒤집어엎고 우리 속에 살아 있는 처녀성을 찾아내자는 말이다. 정말 민족의 처녀성은 불가탈不可奪이요 불가염不可染이요 불가멸不可滅이요 불가변不可變이다. 그것을 차지할 수 있는 이는 역사의 주인인 영원의 사람뿐이다.

우리 가슴을 뒤집어엎기 위해 깊이 사랑의 보습, 사랑의 괭이를 넣어라.

국토건설의 셋째: 북돋움

그다음 또 건설 사업의 하나는 조림造林, 나무 심기다. 산에 나무가 없으면 나라가 망하지만 마음의 산은 더구나 그렇다. 산의 나무를 깎아먹어 새빨개지면 땔나무가 없고 집 지을 재목이 없고 난물이 나고 비가 오지 않게 되어 못 살게 되지만, 해가 그것만은 아니다. 사람은 푸른빛이 없으면 못 산다. 하늘이 푸르고, 물이 푸르고, 먹는 식물이 푸르다. 입으로도 푸름, 곧 엽록소를 먹어야 살지만, 눈으로도 푸름을 마시고 코와 살갗으로 푸름을 숨 쉬어야 한다. 푸름은 생명의 빛이요, 평화의 빛이다. 푸름이 없는 사막에는 사람이 못 살고, 살아도 어떤 민족이 사는 것을 우리가 안다. 지구 위에 먼저 식물이 성하고 그다음에 동물이 퍼졌다. 산을 다 깎아먹은 우리나라에 인심이 갈수록 쌀쌀하고 깔깔해지고 싸움만 느는 건 당연한 일이다. 나무를 아껴라.

그러나 나는 산이 푸르러지려면 먼저 마음을 푸르게 해야 한다고 한다. 마음이 벗겨진 사람이 나무를 심을 수 없다. 그러므로 마음에 먼저 평화의 조림, 생명의 조림을 하자는 말이다. 아무리 깎아먹은 산에도 나무 뿌리는 있다. 또 나무를 뿌리까지 캐 먹어도 풀은 있다. 풀씨는 하늘 바람이 헤치므로 자연히 있다. 그러므로 새삼스러이 심지 않더라도 나는 것을 가꾸면 된다. 북돋우면 된다. 사람의 천성은 아무리 짓밟힘을 당하여도 그 본성에서 자꾸 돋아나오는 것이 있다. 아무리 말 못할 역사라도 민중의 생활력은 있다는 말이다. 그것을 북돋아주면 된다.

맹자가 말한 야기夜氣를 기르잔 말이다. 그는 말하기를, "우산牛山의 나무가 아름답지만 찍어 먹으면 없어진다, 찍었지만 밤 동안에는 자라는 것이니 그것을 길러라, 사람이 벤 것을 마소가 뜯어먹기까지 하면 자랄 수가 없지 않으냐? 이 밤숨, 밤 동안에 자라는 힘, 그것을 길러라, 그럼 다시 아름다운 숲이 될 수 있다"[10] 하는 말을 하였다. 그도 전국시대의 거칠고 사나워지는 민심을 보고 그것을 건지려고 해준 말이었다.

오늘 우리는 그때보다 더하다. 그러므로 더 힘써, 더 참고 견딤으로 가꾸고 북돋지 않고는 아니 될 것이다. 얼어 죽을 각오를 하면서라도 몇 해를 참으면 숲이 우거질 것이요, 숲이 깊어지면 그때는 마음대로 찍어도 넉넉히 견딜 것이다. 이 키우는 동안이 문제다. 우리 정신

---

10) 孟子曰 牛山之木 嘗美矣 以其郊於大國也 斧斤伐之 可以爲美乎: "맹자가 말하기를, 우산(牛山)의 나무는 아름다웠다. 큰 나라 수도의 교외에 있는 관계로 도끼로 그 나무들을 찍어댔으니 아름다워질 수가 있겠는가." 맹자는 '우산의 비유'를 들어, 사람의 본래 성품은 착한 것이었으나 혼탁한 세상의 영향으로 인해 흐려져서 악해지기도 한다고 말했다. 『맹자』, 「고자 상」.

도 이 고비가 문제다. 이 동안에 서로 비평만 말고, 서로 원망하고 죽이지만 말고, 돋아나는 나무순을 가꾸듯, 나는 싹을 북돋듯이 못살게 된 민중의 맘을 길러주면 10년, 20년이 지난 그때는 무슨 큰일을 하자 해도 될 수 있을 것이다.

우리에게도 뿌리는 있다. 적어도 씨는 있다. 이것을 꼭 믿고 북돋워야 한다. 하루아침 시장기를 못 참아 돋아나는 떡잎을 잘라 먹는 계집은 어리석은 계집이요, 하루 한 알이 마음에 차지 않아 한꺼번에 금알을 먹겠다고 오리 배를 가르는 사나이는 미친 사나이다. 그런데 이 나라에 떡잎을 자르고 오리 배를 째는 정치가가 왜 그리 많으냐. 제발 참고, 맹물을 마시면서라도 사랑의 씨를 민중의 가슴에 뿌리자!

국토건설의 넷째: 뚫음

그다음은 또 길을 내는 것이 건설의 하나다. 교통 불편한 산골에 길을 내어 산업과 언론의 발달을 재촉하자는 것이다. 민중의 살림이 어려워진 것은 막혀서 통치를 못하기 때문이다. 돈이 막히고, 소식이 막히고, 공부 길, 취직의 길이 막혔기 때문이다.

본래 돈은 돌아가자는 것이다. 빙빙 돌아가자는 것이다. 빙빙 돌아간다 해서 돈이라 이름을 지은 것이다. 돈은 자꾸 이 사람에게서 저 사람에게로 돌아가서만 그 값을 나타낼 수 있는 것이다. 그런 것을 나만 두고 쓰겠다고 가두어두면, 그것이 부자라는 것이요, 부자가 생기면 일반은 못살게 된다. 돈만인가? 천지 모든 이치가 돌아가는 것이 그 원리다. 피가 자꾸 돌아가야 살이 찌고 몸이 건강하다. 피가 가다가 어느 한 곳에 뭉쳐 돌지 못하면 그것이 죽은 피라는 것이요, 어혈瘀血이라는 것이요, 그러면 거기서 병이 난다. 지구도 돌아가고 별도 돌아가고, 물과 바람도 하늘 땅 사이를 돌아가고, 생명은 늘 돌아가서만 산다. 죽었다는 것은 돌기를 끊인 것이다.

물질도 그렇지만 정신은 더 그렇다. 우주를 돌아가는 것이 정신이다. 우리말·글·풍속·도덕·종교, 그것은 다 정신이 돌아가는 데서 나온 것이다. 내가 무엇을 생각하는 것이 아니다. 우주를 도는 정신이 지금 이 순간에 이 '나'라는 정거장에 나타난 것이다. 여기 늘 있지 않고 또 어디로 가야 한다. 말은 그 때문에 생겼고, 글·그림은 그 때문에 생겼다.

문화란 생각을 돌리는 일이다. 잘 돌수록 발달한다. 어떤 묘한 생각이 나서도 그것을 내 재주로 알고 내게만 두려 하면 썩고 만다. 밥이 썩어도 큰일이지만 재주·사상이 제 속에서 썩으면 그 해는 더 크다. 나를 자랑하는 것은 우주적인 정신을 제 것으로 독점하는 일인데 그런 학자·도덕가·종교가로 인하여 세상은 얼마나 썩는지 모른다. 우리나라 사람이 재주는 있으면서 문화가 크게 발달 못한 것은 재주 자랑하고, 이익을 저 혼자 먹으려 하고, 세상에 널리 열어놓으려 하지 않았기 때문이다. 그것을 고루固陋라 한다. 내가 생각한 것을 아낌없이 발표해야 다른 사람이 그것을 듣고 더 새로운 생각을 하고, 그것을 내가 들으면 또다시 더 크고 새로운 것을 생각할 수 있다. 이리하여 발달한다.

그렇게 하자는 것이 학교요, 교회요, 신문이요, 잡지요, 책이요, 음악이다. 그런데 그런 것을 나만 좋게 하자는 욕심에 어느 한 곳에 묶어두면 그것을 계급이라 한다. 그러므로 계급이 많고 계급의 차이가 심한 나라일수록 발달을 못한다. 인도 같은 나라는 그 좋은 실례다. 그러나 우리도 인도 못지않게 계급의 폐해가 많은 나라다. 4·19는 그것 때문에 터진 것이다. 돌지 못하는 피가 몰렸다가 터지고 나온 것이다. 그러므로 피를 흘리게 되었다. 그렇게 일부 아까운 피를 땅에 쏟으면서라도 그 돌아가려는 길을, 막았던 것을 헤쳤으니 요만큼이라도 살았지, 만일 그렇게라도 못했다면 우리 전체가 그 독소로 다 죽고 말았을 것이다.

이승만이 경무대 앞에 철조망을 치고 자유당이 사업을 독점했을 때 그것은 민중의 핏대를 누른 것이다. 그렇게 하고 그들은 그 피를 마시기 위해서였다. 돌려야 한다. 돈도 돌리고 지식도 돌리고 기술도 돌리고 지위도 돌리고 모두 온통 돌려서 어느 누가 독차지하지 않도록 해야 한다. 잘 돌아가면 있는 사람 따로, 없는 사람 따로 있을 리 없고, 높은 사람, 낮은 사람, 지식 있는 사람, 무식한 사람, 따라서 선한 사람, 악한 사람 따로 있을 리 없다. 그러면 행복·불행의 차이가 있을 리 없다. 나라가 아니 되는 것은 요컨대 행·불행의 차이가 있기 때문이다. 행복을 같이하면 물론이지만, 불행이라도 같이하면 문제 없다.

　아닌 게 아니라, 행복·불행이 따로 있지 않다. 불행을 같이하면 행복이요, 행복을 혼자 하는 자가 있으면 서로 다 불행이다. 다시 말하면 하나됨이 행복이요, 차별이 불행이다. 그런데 그렇게 물질과 지식이 잘 돌아가게 하려면 교통·통신이 잘 돼야 한다. 그러므로 길을 내자는 것이다. 지금 이 정치는 도시 중심이지, 결코 농촌 본위가 아니다. 그러나 꽃을 잘 피우기 위해 뿌리에 거름을 많이 주어야 한다면, 나라가 바로 되어 도시가 나라의 꽃 노릇을 하려면, 그 돈과 지식을 농촌으로 많이 보내야 할 것이다.

　그러나 다시 생각해볼 것은 교통·통신이 이렇게 편해진 오늘의 문명인이 왜 불행은 옛날 사람보다 더 하냐는 것이다. 옛날은 세상이 이렇게 어지럽지는 않았다. 지금 우리나라도 옛날에 비하면 교통은 퍽 편해졌다. 지금은 어느 시골 사람도 서울을 매일같이 다니며 산다. 그런데 마음속의 불안을 말한다면 그 옛날 어느 때도 못 보던 정도다. 그런 것 아니라 바로 말하여서 지금 시골을 불행케 만드는 것은 자동차요, 전신·라디오다. 교통이 이렇게 잦아지지 않았던들 그들이 이렇게 못살게 되지는 않았을 것이다. 시골 사람이 서울 내왕하는 것은 잘사느라가 아니요, 못사느라고 그러는 것이다. 해방 이후 자동차 많아지고, 서울 장사꾼·학생이 시골에 자주 가면서부터 농촌의 자치는 깨지고, 인정은 야박해지고, 순진하던 젊은이는 타락하고, 얼굴엔 핏기 없어지고, 산천까지도 결딴났다. 그런데 이제 남아 있는 산골에 또 마저 길을 낸다?

그러므로 먼저 생각할 것은 정신이다. 피가 맑을새 잘 돌아가야 한
단 말이지, 더러운 피는 빨리 돌아갈수록 걱정이다. 독사에 물렸으면
그 피가 못 돌아가도록 밧줄로 동여야 한다. 팔이나 다리가 끊어지는
한이 있더라도 단단히 동여 그 피가 못 돌게 해야 한다. 산골에 길 내
는 것이 덮어놓고 좋은 것은 아니다. 독사 같은 마음이 아니어야지.
그러므로 길을 뚫기 전에 먼저 마음을 뚫자는 말이다. 마음에서 무식
한 민중을 내 형제로 알아야 하지, 그것은 내가 이용해 먹을 미끼로
아는데 교통·통신이 무슨 덕이 되는 것이 있을까. 길은 신작로·아스
팔트·포장 도로가 아니라 공도公道다. 공의公義의 길, 정의의 길, 공평
의 길이다. 이사야, 세례 요한이,

　빈 들에 주의 길을 예비하라,
　그 바른 길을 곧추 만들어라.

한 것은 이 때문이다. 저기 있는 빈 들이 아니라 이 민중의 가슴에
있는 빈 들이다. 민중을 사람으로 대접 아니 한 정치 때문에 그들 가
슴속에 가시밭이 생겼다. 불툭 나온 바위 같은 것이 있고, 쑥 들어간
구멍 같은 것이 있어 거기 사자, 여우가 엎디고 독사가 깃들이었다.
그러므로 사람이 가까이 갈 수 없어졌다. 민중이 음흉해지고 간사해
지고 거짓하게 되고 사나워지고 양심을 존중하지 않게 되면, 나라를
해갈 수 없다.

지금 우리나라가 그렇지 않은가. 아무도 민중이 그 마음을 주는 것
을 보지 못할 것이다. 민중이 무표정·무관심이다. 누가 그렇게 만들
었나. 전에 민중을 사람으로 대접하지 않았기 때문이다. 이제 민중의
가슴은 빈 들이다. 거기 길손이 지나갈 수 없고 하룻밤의 쉼을 얻을
수 없다. 이제 거기다가 길을 내자는 말이다. 그리하여 하나님이 거
기 임금으로 오시게 하란 말이다. 민중의 가슴이 이 끝에서 저 끝이
환히 내다뵈도록 정의의 길, 평화의 길을 내란 말이다. 그러기 전에

는 하나님은 아니 오신다.

누가 그 길을 낼까? 먼저 제 마음에 사랑이 있고 의가 있는 사람이 아니고는 안 될 것이다. 사랑의 빛으로 비쳐서 그 맹수와 독사가 스스로 쫓겨가게 하고, 그다음 정의의 불도저를 들이밀면 그 높은 것이 낮아지고 우므러진 것이 돋우어져서 편편한 길이 될 것이다. 사람의 마음, 더구나 무식한 민중의 마음은 감응되는 것이라, 이쪽에서 열면 저도 가슴을 열고 대한다.

필요한 것은 민중을 업신여기거나 믿지 못해 하지 않는 것이다. 민중은 악독한 것이 있지만 그 본바닥이 그런 것은 아니다. 비루한 점이 있지만 그 마음 자체가 본래 그런 것 아니다. 무지하지만 말하면 알아 듣는다. 그러므로 원시림 속에 개척의 길을 내는 사람 모양으로 모험하는 정신이 있어야 한다. 무조건 믿고 가는 것이다. 민중에게 속지 않으려 엿보고 조사하는 눈치를 가진 자는 영원히 민중을 얻지 못할 것이다. 예수는 무지한 민중을 믿었다가 그것들에게 저버림을 당해 자기가 죽으면서까지 그들을 업신여기거나 의심하지 않았다. 그랬기 때문에 종래 민중을 정복하고야 말았다.

국토건설의 다섯째: 피어냄

마지막으로 건설사업의 가장 유망한 것은 광산·수산을 힘써 함이다. 농터는 다 말이 못 되고 산은 다 벗겨 먹었더라도 아직 남아 있는 밑천이 있다. 하늘이 우리나라에는 땅속과 물속에 보배를 특히 많이 넣어주었다. 아들의 장래를 걱정하는 아버지가 어린 아들이 철이 없을 때는 남에게 속아 그 논밭과 보배를 다 팔아먹을 수 있어도 철이 들어 깨달을 때를 미리 알고 팔아먹으려도 팔아먹을 수 없이 금항아리를 그 집터 밑에 묻어두고 죽는 것과 같이, 이 천연의 자원은 우리의 앞날을 위해 준비된 것인지도 모른다. 이제 이 금·철·무연탄·중석 그리고 생선을 잘 캐내고 잡아내면 넉넉히 살아갈 수 있다.

그러나 내 말은 그 천연자원도 잘 개발해야 하지만 우리 정신의 천연자원을 더 잘 개발해야 한다는 것이다. 우리 땅속에 금이 많이 있다. 남이 도둑해간 것도 있지만 원체 많으므로 아직 많이 들어 있다. 그와 같이 우리 본바탕에 금같이 순수한 것이 모든 역사적 죄악에도 불구하고 남아 있다. 우리 민족의 착함, 어짊[仁]이다. 혹 다른 나라 사람들이 우리나라 공산당들이 하는 일, 6·25 때의 어떤 일을 보고 아주 잔혹한 민족이라 하지만, 그것은 모르는 말이다. 그것은 무식과 한때의 흥분으로 인한 잘못이지, 우리 근본 생각이 아니다. 그것을 역사상에 있는 다른 민족들의 일에 비겨볼 때 아무것도 아니다. 우리는 5천 년 역사에 남의 나라 지경을 넘어 도둑질한 일이 없다. 못났다 할 지경이지만 그 근본은 착하기 때문이다. 해방이 된 후 완전무장 해제를 당한 원수를 보고도 원수 갚으려는 생각을 하지 않았다. 우리 가슴 밑바닥에는 그 인仁이 아직 남아 있다. 그것을 내쓰면 금처럼 빛날 것이다.

또 무연탄은 거의 무진장으로 있다 한다. 그것을 잘 캐어 쓰면 모든 기계를 돌리고 발전을 하고 벗겨진 산을 쉬이 푸르게 할 수 있을 것이다. 우리 속에도 무연탄이 있다. 더 무진장으로 있다. 노래 못 들었나?

석탄 백탄 타는데 연기만 펄펄 피건만
요 내 간장 타는데 연기도 없이 잘 탄다

이 민중의 가슴속에는 연기도 없이 타는 무연탄이 무진장으로 들어 있다. 저 무연탄이 지난날 무성했던 숲이 지층 속에 깔려 눌리고 찜을 받는 동안에 깜깜한 숯이 되어버렸듯이, 이 민중도 일찍이 푸른 역사를 가졌지만 그것이 지질학 변동 같은 역사적 변동으로 그만 이 날껏 눌려 탄화炭化가 되어버렸다. 위의 노래는 거기서 나온 소리다. 연기도 없이 타는 민중의 간장은 이제 잘 풀어만 주면 무연탄처럼 빛을 내고 열을 내어 옛날의 푸름으로 다시 이 나라를 입힐 수 있는 것이다. 그러므로 누가 그 광 구덩이에 들어가느냐가 문제다. 그 옷과 얼굴이 다 더러워지고 가다가는 광이 무너져 죽을지도 모르고 혹은 가스가 폭발할는지도 모른다. 그러나 그런 것을 모험하고 캐기만 하면, 능히 민중의 본바탕을 밝혀내기만 하면 큰 기적을 행할 것이다.

중석이 우리나라에 많다지. 새 무기에 필요한 이 중석이 세계에서 우리나라가 가장 많은 것도 이상한 일이다. 세계 시장의 중석 시세를 좌우한다 하지 않나. 그와 마찬가지로 우리 속에도 역사의 대변동을 시키려면 시킬 수 있는 재주가 들어 있다. 어떻게 캐어쓰나가 문제다. 그 좋은 물자를 두고도 우리 살림을 우리가 못하기 때문에 겨우 여기 팔고 저기 팔고 하는 것뿐이지만, 우리가 마음대로 우리 손으로 캐내면 더 놀랍게 쓸 수 있다. 우리는 지금 우리의 재주·기술을 남한테 팔아먹고, 우리 노동력을 상품으로 팔아서 살아간다. 자립생활을 하여서 이것을 우리 마음대로 쓰면 크게 발달할 수 있을 것이다.

바다에는 물고기가 어찌 그리 많아 동쪽의 일본으로 하여금 침을 흘리게 한다. 지난날도 미국 대사관의 문화과장 헨더슨〔韓大善〕 씨와 이야기를 하는 중에 그의 말이 "한국 역사를 읽으면서 이상한 것은 왜 이렇게 반도의 나라로 있으면서 바다를 이용할 줄 몰랐는지 모르는 그 점이다" 하는 말을 들었지만 그것은 누가 보기에도 동감이다. 바다야말로 아무리 캐먹어도 다할 길 없는 무진장의 자원인데, 왜 이 자원을 옆에 놓고 앉아 굶주리고 있을까? 참 아까운 일이다. 우리의 장래는 바다에 있다. 그리고 그 바다로 발전 못한 원인이 민주주의와 깊은 관련이 있다. "배 타면 뱃놈이라 천대한 것이 그 원인의 하나 아닌가?" 하는 헨더슨 씨의 말은 옳은 말이다.

그런데 황해·동해·남해도 바다이려니와 우리 속에는 그보다 더한 바다가 있다. 더 넓고, 더 깊고, 더 신비로운 본성의 바다이다. 저 바다에도 고기가 많지만 이 바다 속에 있는 생명의 성어聖魚에 비하면 그까짓 것은 아무것도 아니다. 초대 기독교인들은 로마제국의 핍

박 밑에서 믿노라고 '예수 그리스도 하나님 아들 구세주'란 다섯 말의 첫 자를 따서 합하면 고기라는 희랍말이 되기 때문에 그것으로 서로 암호를 삼았고, 그래서 천주교에서는 지금도 성어숭배를 하고 있지만 그까짓 고기보다 이 민중의 본성의 바다에 있는 고기야말로 성어다. 정말 '하나님 아들 예수 그리스도 구주'다. 예수는 믿어도 구원을 못 얻을지 몰라도 이 성어는, 제 가슴속에 꼬리치는 생명의 성어는 믿으면 틀림없다.

야, 예수가 뭐냐? 갈릴리 바다를 들여다보다가 제 가슴의 바다의 성어를 잡은 것이 예수 아닌가? 그러기에 "내가 너희로 사람을 낚는 어부가 되게 하겠다" 했고, 부활한 다음에도 맥이 쭉 빠져 갈릴리 바다에 밤새 고기 잡으려다 못 잡고 낙심하려는 제자들을 보고, "애들아, 고기 잡은 것이 있느냐? 지금 잡은 생선을 가져와!" 했다. 그때야 제자들이 깨달았다 하지. 저 바다가 문제냐? 이 바다가 문제다. 먹으면 썩어지는 생선이 문제냐? 이 잡아도 잡아도 끝이 없는 생선, 먹자는 것이 아니라 보기만 하면 살아나는 본성의 생선이 문제다. 고기를 잡자, 한 마리 잡으면 천하를 다 싫증나도록 먹인다 했던 고기. 장자莊子도 그것을 잡았는데 우리가 못 잡는단 말이냐?

우리 본바탕이 문제다. 그것을 피어내야 한다. 생명은 스스로 피어나는 것이다. 그래서 피[血]다. 같은 생명이 피기에 따라 잎이 되고, 꽃이 되고, 동물이 되고, 사람이 되고, 노래·춤·학문·영이 된다. 사람의 생명은 그 됨이 과일과 같다. 겉에 아름다운 과피果皮가 있고, 그 다음 맛있는 과육果肉이 있고 맨 속에 씨가 있다. 껍질이 곱지만 그것은 눈을 끌자는 것뿐이지, 먹을 때는 벗겨버린다. 그러나 맛있는 살을 다 먹혀도 아까울 것이 없다. 그것은 본래 주잔 것이다. 먹는 놈 저는 도둑질로 알고 먹었지만 씨 편에서 보면 먹히우고 싶은 것이다. 그것은 그 씨를 땅에 던져줌을 얻기 위하여다. 아무리 잘 먹어도 씨는 못 먹는다. 씨는 도둑질 못한다. 도둑질할 필요 없이 도둑질하려도 할 수 없는 것이 씨다.

우리 몸도 그렇다. 나의 참 나는 내 속에 있는 씨다. 복숭아 씨를 도인桃仁이라 하지. 우리의 씨는 인仁이다, 사랑이다, 참이다. 공자의 인仁은 사랑과 참을 한데 합해 한 말이다. 그것이 우리 바탕이다. 이제 우리를 해하는 자가 아무리 우리 껍질과 살을 해하였다 하더라도 그로 인하여 내가 내 본성만을 나의 참 나로 알게 되면 나의 그 대적이 내 해방자가 된다. 이제 우리 민족이 할 일이 그것이다. 우리가 우리 속에 깃들어 있는 인을 피어내면 우리 전날 원수가 은인이 되고, 전날 불행이 복이 되고, 이날껏의 부끄럼이 자랑이 될 수 있다.

이 수천 년 역사의 큰길에 앉아 약탈당한 수난의 여왕이 그 얼굴엔 상처가 나고 치마는 찢어지고 꽃바구니는 다 빼앗기고 텅 비었어도, 그래도 그 가슴속에는 누가 빼앗으려 해도 빼앗을 수 없이 살아 있는 인이 있다. 그 착함, 그 어짊, 그 의젓함을 가졌으면 새 나라 임금의 여왕이 되지 않겠나? 뜯긴 것은 본래 없어져야 할 것, 버려야 할 것이었다. 이제 깃들어 있는 속알을 피어내면 거기서 우리 철학, 우리 예술, 우리 종교가 나온다.

그러나 광석이 금이 되고, 석탄이 열이 되며 빛이 되고, 중석이 새 무기가 되려면, 땅을 깊이 파고, 돌을 까고, 수천 도 열에 제련을 하고, 다듬고 불사르고, 갈고 해야 하는 모양으로 우리 속을 그렇게 깊이 파고, 찌끼를 제하고, 다듬고, 갈지 않으면 아니 될 것이요, 고래를 잡으려면 폭풍을 무릅쓰고, 진주를 따려면 깊은 바닷속에 숨바꼭질을 하지 않으면 아니 되는 모양으로 모험을 하고 내 몸을 희생해야 할 것이다.

민족정신의 혁명

그러므로 국토건설이란 것은 사실은 혁명이다. 혁명하는 정신 아니고는 이 사업을 이룰 수 없을 것이다. 이것은 피 흘리지 않고 하는 혁명이다. 사실을 말하면 피를 더 많이 흘리는 혁명이다. 폭력으로 하는 혁명은 아무리 피를 많이 흘린다 하여도 일부분이지만 이것은 전체가 다 흘려야 하는 혁명이다. 다만 피를 핏대로 쏟는 것이 아니라 땀구멍으로 쏟을 뿐이다. 위에서 말한 대로 유혈流血이 아니라 통혈通血이다. 피 돌림이다. 피를 속으로 잘 돌리면 겉으로 끔찍하게 흘리지 않게 된다. 혁명 잘하면 혁명 없다. 이것은 새로 남이다. 새 정신으로 사는 일이다. 그러므로 제각기 제 방촌지지를 잘 개척하면 국토 건설은 저절로 될 것이다. 반대로 전국민이 하나되어 국토개발을 하면 각 사람의 심전은 저절로 개발이 될 것이다.

그러므로 버릴 것이 있고 새로 세울 것이 있다. 무엇을 버릴까?

당파 싸움질하는 버릇을 버리자.

사대주의 버리자.

숙명관 버리자.

안일주의 버리자.

출세주의 버리자.

고식주의 버리자.

이것이 다 우리로 하여금 우리 본성을 못 찾게 하는, 묵은 역사의 하수도에서 썩게 하는 껍질들이다.

무엇을 새로 세울까?

무엇보다 '나'를 가지자.

하나되는 정신 가지자.

기업 정신을 기르자.

연구심을 더 깊이 하자.

반드시 새 믿음을 얻도록 하자.

물질적으로 하면 우리의 백 가지 병의 근본이 가난이다. 좀더 넓은 들이 있었더라면, 만주라도 그냥 지니고 있었더라면, 이렇지는 않았을 것이다. 원체 가난하니 구차한 생각을 할 수밖에 없고, 구차하니 비겁하고, 속이 죽으니 있던 것도 다 잃어버리지 않았나?

그러나 그럼 하늘이 왜 우리에게는 그렇듯 가난으로 주었을까? 역사를 읽어보아도, 아무리 스스로 돌아보는 맘으로 보아도, 우리 잘 못만이라고는 할 수 없는 것이 있다. 핑계를 하자는 말이 아니라 사실 우리 스스로가 하지 않은 조건도 있다. 우리 지리적 조건이 고난의 터전으로 마련이 되어 있다 할 수밖에 없다. 그러면 어쩌나? 핑계가 없는, 자포자기도 죄로 규정이 되는 생명의 연극에 그럼 어떻게 하나? 길은 오직 하나밖에 없다. 물질적 가난을 정신적 부의 조건으로 돌리는 일이다. 하나님에게 공평이 없다 하여서는 말이 아니 되는 것이니, 눈에 뵈는 이 불공평을 뵈도록 해석을 새로 하는 것밖에 없다.

그렇다. 혁명은 해석에서부터 시작이다. 이 우주는 뜻의 우주이므로 중요한 것이 해석이다. 해석이 깊을수록, 즉 현실의 지면에서 멀리 들어갈수록 뜻이 커진다. 통일이 더 넓어진단 말이다. 서로 떨어진 것 같다가도, 서로 어긋나는 것 같다가도, 더 깊이 들어가보면 다 한 밑바닥의 층에서 나온 봉우리임을 알 수 있다.

이제 그렇게 보면 우리의 가난이 우리로 하여금 정신의 세계로 눈을 돌리게 하기 위하여, 그리하여 거기서 큰 부富를 얻도록 하기 위한 것이라 생각할 수 있다. 그렇게 생각하면 이때껏 못 풀던 모순을 풀 수 있고 모순이 풀리면 맘은 평안해지고 맘이 평안하여 혼란·불안이 없어지면 그때 정신은 그 맹렬한 창작활동을 시작한다. 고상한 예술이 반드시 배부른 사람에게서 나온 것 아닌 것을 우리는 안다. 그것은 내가 나를 찾은 것이다. 나의 살 뜻을 찾은 것이 나의 살 자리 찾은 꽃이요, 자리를 얻으면 일은 시작된다.

내게 자리를 다오, 그럼 내가 세계를 움직이리라.

그것이, 이 믿음이 종교지. 혁명이지.

새 시대, 새 믿음

그럼 새 나라는 나에서 시작이다. 내가 나라다. 루이 14세가 그 말을 하면 죄지만, 바닥에 있는 씨올이 하면 당당한 말이다. 임금은 꽃이요, 그보다도 과일 따먹은 자요, 민중은 그가 다 먹고 땅에 던진 씨다. 인이다. 인仁은 인야人也라 참이다. 다 먹고, 먹을 수 없어 남은 것 참 아니겠나? 진리는 밑에 있다. 나라는 아래[下]서 난다. 올[種子]에서 난다. 자라나라고 버리니, 나지 않겠나? 내가 나라하는데, 누가 막을 놈 있을까?

나는 하나다, 1이다. 한 나다. '일아一我다, 대아大我다' 전 국민이 떠들어도 한 나의 꿈틀거림이다. 그 태동이다. 혼의 운동이다.

우리가 현실을 이기지 못하는 것은 이미 말한 것같이 악순환 때문이다. 한 가지를 고치려면 그와 관련된 다른 것을 먼저 고쳐야겠고, 그것을 고치려면 또 그것이 걸려 있는 것을 먼저 고쳐야 하며, 이론을 따져 올라가면 결국 맨 처음 것에 돌아와서 이러지도 저러지도 못한다. 이성이 자기 사슬에 얽힌 것이다. 문제를 겉에서 보는 한은 만년 가도 이것이다.

그러므로 살려는 자는 잘라야 한다. 콜럼버스가 이론만 따지는 반대자들 앞에서 계란의 한끝을 부수며 꽉 눌러 세우듯이 찍는 데가 있어야 한다. 거기가 용단이다. 그러나 어디를 자르나? 자를 곳은 한 곳뿐이다. 이 '나'다. 천지간에 만물이 있어도 내 마음이 마음대로 할 수 있는 것은 이 나뿐이다. 죽으면 이 '나'가 죽어야지, 누구더러 죽으라 할 권리가 없다. 그것을 알고 전체를 놓아 살려주기 위해 '나'를 죽을 것으로 단정하고 자른 것이 예수다.

그런데 재미있는 것은 생명이다. 신비로운 것은 정신이다. 나를 자르면 거기서 새싹이 돋는다. 누구나 그 이치를 모를 사람은 없다. 이것이 지혜다. 다만 알고도 하지 않을 뿐이다. 그것이 어리석음, 곧 죄다. 나를 자르면, 죽어라 하고 자르면, 찍히는 동시에 곧 새싹이 돋는다. 돋아도 하나만이 아니다. 열도 스물도 돋는다. 그러므로 일은 저질러야 한다. 이것이 혁명의 원리다. 다만 잘못은 나를 내놓고 남에게 하려는 데 있다.

"하늘 나라 너희 안에 있다." 새 시대의 선봉은 우리란 말이다. 이 것은 낡아빠진 민족주의에서 하는 말도 아니요, 그렇다고 객관적으로 무슨 조건을 따져 하는 것도 아니다. 생명의 성질상 그럴 수밖에 없다. 우리는 우리가 낡은 역사의 가장 뒤떨어진 자임을 안다. 우리는 세계의 하수도다. 그러나 그렇기 때문에 새 역사의 상수도일 것이다. 새 시대란 곧 가치의 뒤집힘이다. 높은 것이 낮아지고 낮은 것이 높아지며, 속이 겉이 되고 겉이 속이 되는 일이다. 그럼 우리가 앞장될 밖에 없지 않은가? 앞장을 무슨 영광이나 되는 듯 자랑하려는 것은 낡은 생각이다. 자랑할 수 없어진 바로 그것이 우리의 자격이다.

동지가 있어야 한다. 선善은 혼자서는 못 한다. 죄도 인류적인 죄요, 선도 인류적인 선이다. 온 세상이 다 악해도 나 혼자 선을 행하여 하늘 나라 간다던 것은 낡아빠진 종교다. 세상에 그런 더러운 맘이 어디 있나? 인류 전체가 죄를 범하지 않고 내가 죄인 됐을 리가 없고, 내가 선을 하려는 데 전체를 잊고 될 수 없다. '여인위선'(與人爲善: 남과 함께 선을 행함 – 편집자)이요, '천하위공'天下爲公이다. 그러므로 하나됨을 힘쓰는 것이 선이다. 악을 하여도 세계 사람이 다 하나가 되어서 하면 그것이 선일 것이다. 하나된 인간을 하나님도 어찌할 수 없다. 아니다. 하나님 아니고 어떻게 하나되겠나. 사람의 특성은 감응하는 것이다. 하나가 참으로 하면 반드시 그것이 전체에 느껴진다. 이러므로 사람이 될 수 있다. 그 힘이 곧 성령이다.

성지 회복의 십자군을 일으키자. 예루살렘도 아니요, 메카도 아니요, 바라나시도 아니다. 우리 속의 거룩한 땅이다. 그것을 잃어서 나라를 잃고, 세계를 잃고, 우주를 잃고, 하나님을 잃고, 못살 놈 죽을 놈이 됐다. 이것을 도로 찾는 것이, 모든 것을 도로 찾는 시작이요 또 그 끝이다.

세계 역사에서 십자군의 사실처럼 뜻 깊고 가르침 많은 것이 무엇일까? 민족·나라의 차별 없이, 누가 시킨 것 없이, 아무 물질적인 이익의 목적 없이 단순히 그 믿는 믿음의 터를 찾자고 온 유럽 사람이 하나로 뭉쳐 큰 운동을 했던 것이 이것이다. 그 후에 타락했다는 말을 말라. 불순한 것도 끼었다는 말을 말라. 그 모든 것을 인정하면서도 이것이 인류 역사에서 거룩한, 독특한 뜻을 가지는 것을 눈감을 수 없다.

그들은 헤매다 죽으면서도, 아무 성공을 못하면서도 "이것은 하나님의 뜻이다" 외치며, 나아가고 또 나아갔다. 예루살렘이 문제 아니다. 그것은 영원한 성지에 대한 인간의 회복 운동의 한 표시였다. 십자군은 늘 있고, 늘 있어야 할 것이다. 이것은 혼의 행군이다. 사람의 얼굴을 향해 부를 것이 아니라 혼을 향해 불러야 한다. 싸우는 것은 몸이 아니고 혼이기 때문이다. 혼을 향해 부르는 것이므로, 부르는 나도 입으로 부르는 것이 아니요 혼으로 불러야 한다.

그러므로 이것은 새 종교라야 한다. 이제 우리가 하자는 이 새 나라는 정신적으로 일단 높은 나라다. 영靈의 자람이다. 그러므로 이것은 기적 이하가 아니다. 생각도 못하던 일을 하자는 것이다. 인간의 찌꺼기를 모아가지고 새 나라를 세우자는 것이다. 죄인들을 불러 새로운 대제사장으로 세우자는 것이다. 이것이 기적 아닌가? 이것은 종교 아니고는 아니 된다. 기적은 종교로만 된다. 종교는 기적을 하잔 것이다. 이 세계에서 능치 못한 일, 될 수 없는 일을 하잔 것이다. 이치로 될 수 있는 일이라면 우리 손으로 과학의 지시를 따라 하지, 하필 하나님을 찾고 종교를 말할 필요 없다. 인간의 힘으로 할 수 없는 것을 하자는 것이다.

그것이 무엇인가? 죽은 자를 살리는 일이다. 그저 살릴 뿐 아니라 새 나라 임금으로 세우자는 것이다. 죽은 자가 누군가? 죄인이다. 세계 역사에서 아주 몹쓸 민족으로 낙인을 찍힌 것이 죽은 자 아닌가? 이것을 살려야 한다. 그것은 종교만이 한다. 마치 뒷골목의 망나니를 영웅으로 만드는 것이 새 나라를 세우기 위한 전쟁인 것과 마찬가지다. 고향에서 죄를 지어 살 자격이 없는 놈은 군인으로 나가는 것밖에 길이 없다. 나가서 새 나라를 얻고 돌아오면 그때는 옛날의 채주債主·선생·신부·목사가 다 나와 절을 하게 된다.

도덕을 변경하는 것은 시대다. 모든 타락자를 살리기 위해 새 시대는 필요하다. 전 시대의 도덕가가 아무리 반대하여도 그것은 반드시 해야 한다. 선은 지극히 작고 더러운 것도 버리지 않는 것이기 때문이다. 낡은 세대가 민중을 온통 죄인으로 규정한다. 낡은 역사가 우리를 온통 못난 민족으로 규정한다. 그러므로 우리는 살기 위해 이 역사를 뒤집어야 한다. 세계의 우리 같은 낙오 민족을 다 살리기 위하여 한번 낡은 질서를 다 휴지로 돌리고 새 질서를 짜야 한다. 이미 있는 도덕적·정신적 부르주아를 내려뜨리고 지금의 도덕적·정신적 프롤레타리아를 임금으로 세우는 새 질서를 짜내야 한다. 그러기 위해서는 새 종교가 있어야 한다. 종교는 정신적 낡은 질서에 대한 혁명이다.

그러므로 낡은 종교를 버려야 한다. 낡은 제도의 종이 된 종교다. 낡은 제도가 무엇인가? 생존경쟁 철학 위에서는 폭력국가다. 민족적으로 갈라서는 문화다. 과학을 모르던 때의 인간, 자기중심적인 생각을 우주 질서 속에 넣어서 만든 모든 신화다. 이제 그런 모든 요소를 집어치워야 할 것이다. 그러므로 이제 묵은 전통을 자랑하는 종교는 낡아빠진 종교다. 신화적인 설명을 강요하기 위하여 과학을 원수처럼 아는 종교 또한 낡은 종교다. 그런 것에 대하여 용감하게 부정하는 태도를 가지면 새 종교는 나타날 것이다.

새 믿음을 가져야 한다. 새 종교 올 것을 믿는 것이 새 종교다. 우리처럼 믿음 없는 민족이 어디 있나. 못사는 근본 원인은 믿음 없음에 있다. 마지못해 사는 사람처럼 이럴까 저럴까 하는 것이 죄다. 삶은 의무다. 살지 못하면 죄다. 그러므로 살기를 결심해야 한다. 그러면 믿음이 생긴다. 우리로 믿음이 없게 만든 것은 기성종교·기성도덕이다. 거기서 우리를 살 자격 없는 자로 정죄했기 때문에 거기 우리 기가 죽은 것이다. 이제 믿음으로 그 정죄의 선언을 깨쳐버려야 한다. 그리고 어떤 죄인도 다 불러 하나로 살리는 인류 속에 특권계급을 만들지 않는 종교를, 예수처럼, 석가처럼, 또 한 번 부르짖어야 한다.

네가 믿음으로만 살리라!

• 1961년 4~6월, 『사상계』 제93~95호

인간혁명

시대의 말씀

모든 시대는 제 말씀을 가진다. 그 말씀이 그 시대의 뜻이다. 봄에는 새가 울고, 여름에는 우레가 울고, 가을에는 벌레가 울고, 겨울에는 바람이 울어 일년 사철의 뜻을 드러내듯이, 역사 위의 시대 시대도 각각 제 소리를 하여 역사의 뜻을 드러낸다.

뜻은 하나지만 말씀은 가지가지다. 해는 한 해지만 사철의 바뀜이 있어서만 산 물건의 뜻을 알 수 있듯이, 역사의 뜻도 시대가 자꾸 바뀌어서만 알 수 있다. 시대란 변하면서 변하지 않는 것이다. 역사는 끊임없이 변하는 것이다. 그러나 변하는 것은 변하지 않는 것이 있어서만 있을 수 있다. 또 반대로 변하지 않는 것은 변해서만 변하지 않을 수 있다. 죽음이 아니고는 삶을 알 수 없듯이, 변함이 아니고는 변하지 않음을 알 수 없다.

변함은 변하지 않는 것의 스스로 나타냄이다. 그러므로 역사에는 시대가 있고 시대는 제 말씀을 가진다. 역사의 근본이 되는 것은 영원히 변함없는 참 그 자체다. 그것이 역사의 밑을 흐르는, 맨 처음부터 끝까지를 꿰뚫는 뜻이다. 그러나 그 참은 바위같이, 만들어놓은 옷같이, 죽은 완전이 아니다. 정통주의적인 종교 신자는 그런 하나님을 믿기도 하지만 그것은 참의 한 면일 뿐이다. 참은 산 참이지 죽은 참이 아니다. 산 것은 자라는 것이다. 참이나 완전을 생각하는 데 자란다는 생각을 빼고는 바로 되었다 할 수 없다.

하나님은 있는 이라기보다도 영원히 있으 '려'는 뜻이다. 영원의 미완성이다. 그 무엇이 '려' 하는 데서 영원이 나오고 또 무한이 나온다. 그러므로 역사는 자꾸 변하게 마련이다. 그러나 또 역사가 흐르는 별같이 미처 볼 새 없이 변하기만 하는 것이라면 또 생명일 수 없다. 실지로 그런 존재는 없다. 어떤 허무한 극단의 생각만을 하는 철학자가 그러한 소리를 하기도 하나 그것도 역시 한 면만을 본 이야기다. 생명은 변하면서도 변하지 않는 것, 변하지 않기 위해 변하는 것이다. 많으면서도 하나인 것, 많으므로 하나를 나타내는 것이다. 그러므로 변하면서도 구절이 있다. 그것이 시대란 것이다. 그리고 그 시대가 나타내는 뜻이 말씀이다.

그러므로 말씀에는 두 가지 뜻이 있다. 둘이 하나. 어떤 직선도 머리와 끝의 두 점이 있듯이, 머리와 끝을 내지 않고는 선을 그을 수 없듯이, 그리고 선이 아니고는 면을 그릴 수 없고 면이 아니고는 체體를 그릴 수 없듯이, 말씀 아니고는 전체 되는 뜻을 말할 수 없는데, 말씀은 반드시 두 끝이 있다. 선은 점이 모여서 된 것이 듯이 말씀은 뜻의 나타난 것이지만 아무리 점을 잘 찍어도 기하학적인 점을 찍을 수는 없고, 찍어놓으면 벌써 점이 아니고 선인 것과 마찬가지로, 해놓으면 벌써 하나는 하지 못하는 두 끝을 가진 말씀이다. 뜻은 생각조차도 할 수 없는 절대요, 말씀은 그 뜻이 상대적으로 나타난 것이다.

말씨란 말이 있지만 말이야말로 씨 같은 것이다. 그것은 지나간 것의 결과인 동시에 장차 올 것의 원인이다. 말씀은 현재요, 현재는 말씀하는 뜻이다. 그것은 뵈지 않는 것과 뵈는 것 중간에 선다. 그것은 정신인 동시에 물질이다. 심판인 동시에 구원이다. 그것은 역사인 동시에 계시다. 말을 입으로 하게 된 것은 우연한 일이 아니다. 입은 한 입으로, 들어가기는 물질이 들어가서 나오기는 정신이 나온다. 죽음도 거기 있고 삶도 거기 있다.

"사람이 밥으로만 살 것 아니요, 하나님의 입으로 나오는 모든 말씀으로 살 것이니라"[「마태복음」, 4: 4]. 들어가는 것으로만 사는 것이 아니고 나오는 것으로야 참 산단 말씀이다. 들어감으로 사는 것은 작은 생명이요, 나옴으로 사는 것이 정말 큰 생명이다. 먹는 것은 사람의 입이요, 말씀하는 것은 하나님의 입이다. 어떤 말씀은 악하지 않더냐? 그런 소리 말라. 말씀에 선악이 없다. 또 설혹 선악이 있다 하여도, 그것이 다 살리는 말씀이다. 선만으로 사는 것 아니다, 악으로도 산다. 선악이 합해서 하는 말씀으로 산다. 그러기에 '모든 말씀'이라 하지 않았던가?

말씀은 많아도 한 말씀이요, 어느 한 마디가 빠져도 옹근 말씀이 아니기 때문이다. 하나면 말씀이요 여럿이면 소리다. 선악은 네 귀에 들리는 소리지 말씀이 아니다. 모든 말씀을 한 말씀으로 들으면 살 것이다. 선악이 다 있어서 선이 된다. 시대의 말씀은 전체의 말씀이다. 참의 음성이요, 하나님의 뜻이다. 우주에서는 하나님이 전숲이요 역사에서는 사람[民衆]이 전숲이다.

그러므로 시대의 말씀은 민중의 입에서 나와야 한다. 민심이 천심이다. 종교도 철학도 정치도 문학도 미술도 음악도, 다 이 시대의 말씀을 해보자는 것이지만, 정말 시대의 뜻을 그대로 나타내는 것은 민중이 직접 하는 말이다. 그것을 떠돌아가는 이야기라고 한다. 그것은 바람같아 어디서 오며 어디로 가는지 알 수 없기 때문에 풍설風說이라 한다. 그것은 또 물같이 막으려야 막을 수 없이 번져나가기 때문에 유언流言이라 한다. 또 그것은 버러지같이 조그만 듯하면서도 잡을 수 없이 날아다니며 콕콕 쏘는 것이 있기 때문에 비어蜚語라고도 한다. 종교에서는 이것을 더럽게 여겨 '망령된 말'이라 하고, 철학에서는 이것을 업신여겨 '무식한 소리'라 하고, 예술에서는 이것을 깔보아 '야비한 소리'라 하고, 정치에서는 더구나도 밉게 보아 '비국민'非國民이라 '악선전'이라 하고 다스리려 하지만, 역사의 나아감은 이것 없이는 아니 된다.

물론 거기 어느 정도의 점잖지 못함, 비꼬아댐, 분함, 거슬림, 마구

함, 불안不安됨이 들어 있는 것은 사실이지만, 그것은 사회의 바닥을 이루는 민중으로서는 할 수 없는 일이다. 바로 그것 때문에 민중이요 그것 때문에 말하는 것이다. 그것은 마치 차가 언덕을 올라가려 할 때에 가스 냄새와 엔진 소리가 요란한 것과 마찬가지다. 도덕적으로 볼 때 비난할 점이 없지 않으나, 그것 때문에 그 가지는 역사적 의미를 빼앗아서는 아니 된다. 그것은 지금 보기에 다듬어지지 않아서 몹쓸 돌 같으나 이따가 새 시대의 집을 지을 때에 그 머릿돌이 될 것이다.

또 지금 다듬지 않았으니, 낡은 집에 그 돌이 떨어지면 부스러지고, 그 돌 위에 떨어지는 것은 가루가 되는 '산 돌' 노릇을 하지, 그것도 지금 건축가의 소견에 맞게 다듬어졌다면 그 역사적 역할을 하는 산 돌이 되지 못할 것이다. 작은 도덕은 질서유지를 목적하는 것이요, 큰 도덕은 영원을 향해 역사의 차를 내미는 폭발하는 힘을 가진 것이다. 민중은 교양이 부족한 것이다. 그러므로 작은 도덕은 못하는 일이 많다. 그러나 큰 도덕에는 어긋나는 일이 없다. 참 큰 도덕은 하자 해서 하는 것 아니요, 하는 줄 모르게 그 됨으로 하는 것이기 때문이다.

시대의 말씀은 마치 구름 같은 것이다. 해가 나서 쬐면 땅 속의 물이 뵈지 않는 길을 타 피어올라 김이 되듯, 민중의 가슴이 빛에 비침을 받으면 그 생각이 저도 모르게 피어오른다. 그 한 방울 한 방울의 생각은 극히 작은 것이지만, 뵈지 않는 그 김이 꽉 들어차면 사회는 어딘지 모르게 무더움과 압력을 느끼는 것이요, 그것이 영원한 진리의 찬 바람에 부딪칠 때 비로소 형태를 나타내어 수증기가 엉켜서 된 구름같이 막연은 하지만 뚜렷한 모양을 가지고 사회 위에 어떤 그림자를 지게 한다. 그것이 시대의 말씀이란 것이다. 구름은 비가 되어 떨어져야 말 듯, 떨어지면 시원하고 해가 다시 빛나고 땅에는 새 변동과 새 자랑이 있듯이, 민중의 입을 통해 사회에 떠돌아 불안과 혼란을 느끼게 하는 시대의 말씀은 마침내 제 할 일을 하고야 만다. 그러나 한다 해도 그것은 소나기같이 제 가슴으로 도로 돌아오는 것이요, 아픔도 슬픔도 기쁨도 죽음도 삶도 제 스스로 당하는 것이다.

시대의 말씀이 그렇듯 건축가의 버린 돌의 성격을 띠는 것은 민중이 교양을 못 받았기 때문이요, 교양이 없다는 것은 결국 사회 기성 제도의 정식定式·공식公式에 참례하지 못했다는 말이다. 이상한 모순이지만 민중이라면 공公이나 정正에서 먼, 사적인 존재로만 아는 것이 언제나 나라를 해간다는 건축가들의 생각이다. 그들의 생각으로 하면 공이나 정은 정부 공청·군대·교회당·학교 하는 그런 기관에만 있는 것이요, 일반 민중은, 땅에 직접 붙어 살고 거기서 정말 생을 창조해내고 그리하여 그 땅과 한 가지 나라의 모든 상부건축의 밑터가 되는 민民은, 사사私事로 사사私事를 위해서만 사는 것들이다.

이것이 민주주의 시대에 있어서 대낮의 도깨비 같은 생각이건만, 이 생각이 언제나 사회의 상층부에서 기관을 맡아 가지고 있는 사람들, 땅에 직접은 뿌리를 대지 않고, 겨우살이처럼 남에게 붙어 중간 착취를 해먹고 사는, 소위 지도 계급의 사람들의 머리에 꽉 박혀 있는 생각이다. 그러나 다시 생각해볼 때, 어느 것이 정말 공이요, 어느 것이 정말 사인가? 누가 주인이요, 누가 종인가? 누가 전체요, 누가 부분인가? 그보다도 도대체 대자연에 어디 공사의 구별이 있을 것인가? 공사는 지배자들이 자기네의 특권을 합리화하기 위하여 만들어 낸 말일 뿐이다.

사람이 사회 없이 살 수 없지만 사회 조직에 이 근본 모순이 들어 있고, 나라 아니하고 살 수 없지만 나라 제도에 이 근본 불합리화가 들어 있기 때문에 모든 것이 온통 뒤집혔다. 그리하여 아래가 위가 되고 위가 아래가 됐다. 주인은 방 밖에 쫓겨나와 있고, 종이 방 안에 들어앉아 호령을 한다. 그러나 주인은 어디까지나 주인인지라, 배반한 종이 도리어 주인을 학대하여도 주인은 차마 같이 못하는 것이 사실 형편이다. 민중은 악독하게 하지 아니하려 한다. 거슬리는 아들에게 지는 아버지 모양으로 민중은 한없이 지려 한다. 민중은 전체이기 때문에 사랑하는 것이요, 사랑이기 때문에 참고 견딘다. 견딜 수 있는 데까지 견디는 것이 민중이다.

그러므로 그 하는 말은 자연 풍자적일 수밖에 없고, 거꾸로 비꼬고 뒤집고, 은어隱語로 반어로 역설적으로 하는 것일 수밖에 없다. 그들은 정식의 말, 공식의 말을 하지 못한다. 그것을 하기에는 마음이 너무 참되고, 너무 뜨겁다. 사랑은 한없이 주는 대신 한없이 요구한다. 한없이 요구하고 기대하는 마음이 어떻게 문간이나 가게에서 하는 인사나 흥정의 말을 쓸 수 있을까? 공식 말, 정식 말은 인사말, 흥정 말밖에 아니 된다. 사랑은 말하지 않는 것이다. 마음으로 모르면 말해도 결국 모를 것이기 때문이다. 그러나, 그러니만큼 참다 못해 말을 하는 때면 반드시 숨겨서 한다. 그러므로 그것은 비틀리고 꼬집는 말이다. 수수께끼다.

한 시대에 있어서 모순이 점점 깊어져 혁명이 일어나려 하는 때의 떠돌아가는 민중의 말은 대개 그런 것이다. 그것을 푸는 데는 벨사살(벨사자르) 왕의 궁전 담벽에 쓴 글씨를 읽는 사람[1] 모양으로 하늘에서 받은 지혜가 있어야 한다[「다니엘」, 5: 1~31]. 그리고 하늘은 그 지혜를 사랑과 참이 있는 마음이 아니고는 주지 않는다. 나라는 정식·공식의 말이 부족해 못하는 것 아니다. 이 사랑의 숨은 말을 몰라서 못하는 것이다. 공식·정식이라면 나라와 나라 사이에 외교문서같이 공식·정식이 어디 있을까? 그러나 외교문서를 참으로 신용할 수 있을까?

그러므로 시대의 말씀은 들을 줄 알아야 한다. 푸는 것이 중대한 문제다. 맺히고 엉킨 것이 풀리려면 물 속에 들어가야 하고 불 속에 들어가야 한다. 민중이 하는 시대의 말씀을 알아들으려면 사랑이

---

1) 다니엘을 이름. 바빌론 왕 벨사살이 하루는 천여 명의 손님들을 초청하여 큰 연회를 열었다. 그때 이상한 손가락이 나타나 연회장 담벽에 "메네 메네 데겔 우바르신"이라는 글씨를 썼는데, 궁중의 어느 누구도 풀이하지 못했다. 이에 총명하기로 소문난 다니엘이 부름을 받아, 이를 바빌론의 멸망을 의미하는 것으로 해석해냈다. 과연 그날 저녁 메데와 파사의 연합군이 쳐들어와 바빌론은 멸망했다.

있어야 한다. 사랑이 뭔가? 전체를 안음이다. 전체 속에 녹아버림이요, 풀어짐이다. 그러면 자연히 알려질 것이다. 맹자가 "나는 말을 알며, 나의 호젓한 기운을 잘 기른다" 하며, "그 기운이 한없이 크고 한없이 거세어서 참으로써 기르고 해하지 않는다면 누리에 그득 찬다" 한 것은 그 지경을 말한 것이다[『맹자』, 「공손추 상」].

민중은 제 말을 알아만 주면 그 마음을 활짝 열어주는 것이요, 민중이 마음을 주면 그 사람은 나라를 맡을 수 있다. 그러나 종래 아무도 알아주는 사람이 없으면 화를 내는 날이 온다. 사랑은 길이 참지만 또 사랑은 노여워하는 것이다. 그 폭발점을 가진다. 길이 참느니만큼 폭발하는 날이면 큰일이다. 하나님은 소멸燒滅하는 불이라 하지 않던가? 민중의 노함은 하나님의 불이다. 그러기 전에 그 말을 들어야 한다.

8·15와 4·19

5·16 군사혁명은 확실히 우리 역사에서 한 구절을 짓는 사건이다. 크게 하면 우리는 아직 8·15 해방으로 시작되는 한 큰 시대의 나아가는 운동 도중에 있다. 이 시대가 어떤 시대가 될지는, 따라서 이 시대의 말씀은 아직 잘라 말할 수 없다. 그러나 그 동안에도 벌써 몇 개의 작은 구절들은 지나왔고, 이 5·16도 그러한 작은 구절의 하나다. 그러므로 그것도 제 말씀을 가진다. 그 말씀을 풀고 거기 대답을 하는 것이 이제 우리 일이다.

8·15 해방이 온 후 곧 떠돌기 시작한 말은 '하늘에서 떨어진 떡'이라는 것이었다. 그것은 철학자가 한 말도, 사상가가 한 말도 아니요, 무식한 민중이 한 말이지만, 하늘 말씀이었다. 누가 한 것 없이, 그러기 때문에 누구나 다 제 말로 할 수 있는 말이므로 하늘에서 준 말씀이었다. 그 속에는 일제 36년 동안 우리 자신의 한 일에 대한 심판과 동시에 앞으로 우리가 할 일에 대한 내다봄이 들어 있었다. 심판이란

것은, 그 해방은 우리가 싸워 얻은 것이 되지 못하고 그저 받은 것이라는 말이요, 내다봄이란 것은, 그것은 그렇기 때문에, 그저 받은 것이기 때문에, 한없이 다행이요 고맙지만, 고마운 그만치 각별히 조심하여 받아야 할 것이요, 만일 잘못했다가는 도리어 큰일이 난다는 뜻이 들어 있는 말이다. 들어오는 복을 잘못 받으면 화가 되는 것은 역사가 가르쳐주는 것이기 때문이다.

그런데 불행하게도 그 떡이 가슴에 걸렸다. 왜 내려가지 못하고 걸리게 됐던가? 그 원인을 밝히는 것은 반드시 할 일이지만 지금 여기서 그것을 할 수는 없고, 다만 간단히 말한다면, 떡은 엉뚱한 놈이 먹고 민중에게는 차돌을 주어 먹였으므로 그만 그것이 가슴에 걸려 관격(먹은 음식이 갑자기 체하여 가슴속이 막히고 구토와 배설곤란을 겪는 증상 – 편집자)을 일으켰다는 것을 말해둘 뿐이다. 그것이 38선이요, 6·25였다. 관격이니만큼 말이 나올 여지가 없었다. 곱을락 일락 몸부림을 했을 뿐이었다.

그런데 피와 불길과 연기와 무쇠가 한데 어우러져 회오리바람을 쳐, 땅 위의 모든 생기 있는 것을 몰아 캄캄한 하늘에 용을 올리던 4년의 전쟁이 지나가고, 낙동강가에 용 오르다가 떨어진 이무기인 양, 천벌 맞다 겨우 살아난 짐승인 양 나가자빠져 겨우 숨을 돌리고, 인제 살았나보다 정신을 돌리려 할 때에, 난데없이 나타난 것은 '백골단'이요 '땃벌떼'[2]였다. 그것을 보고 민중은 거의 절망할 지경이었다. 그래서 한 외침이 "못 살겠다 갈아보자"였다. 나오기야 뉘 입에서 나왔거나, 그것은 민중의 가슴에서 터져나온 소리였다.

그렇다, 못 살 것이다. 돌을 먹고 어찌 살 수 있을까? 대낮에 백골을 만나고 어찌 살 수 있을까? 꿀은 제가 다 먹고 쏘기만 하는 땃벌떼

2) 땃벌떼: 이승만 초대 대통령이 1952년 부산에서 자신의 정치적 목적을 위해 동원한 폭력조직. 이들 조직의 지원과 계엄령 선포 등으로 국회를 장악한 이승만은 대통령 직선제를 골자로 하는 발췌개헌안을 통과시켰다.

와 어찌 살 수 있을까? 그러나 못 살아서는 아니 된다. 못 살 것을 사는 것이 사람이요 역사다. 살아야 한다. 살도록 만들어야 한다. "못 살겠다"는 사실은 "어떻게 해서든지 살아야 한다"는 말을 뒤집어 한 것이다. 강하게 하는 말은 뒤집어 하는 법이다. "너는 어떻게 해서든지 살아야 한다" 하는 하나님의 절대의 명령을 혼 속에 받았기 때문에 입으로 그 말이 나오는 것이다. 그것은 동지의 혼을 불러일으키자는 호소요, 대적에 대하여서 하는 무서운 항의다. 그러기 때문에 그 밑에 연달아 "갈아보자" 하고 외치는 것이다.

갈아야 한다. 죽음을 물리치고 새 삶을 일으키기 위해 갈아야 한다. 엎누르는 자를 갈아치우고 얽매는 제도를 갈아버려야 한다. 갈 힘이 우리 속에 있다. 이를 갈아 결심하면 그 찌끼들이 갈려나갈 것이다. 아니다, 그보다도 차라리 혼에서 쏘는 빛이 나와 도둑 무리가 눈을 가리고 쫓겨가도록까지 마음을 갈고, 지식을 갈고, 힘을 갈아내야 할 것이다. 숫돌이 갈리지 않곤 칼을 갈아낼 수 없듯이 역사를 가는 혁명의 칼도 나를 갈아 세우지 않고는 할 수 없을 것이다. 그와 같이 그것은 하늘 명령이요 민중의 소리였기 때문에, 한 입이 그것을 부르자 만 입이 거기 응하여 온 사회에 불길처럼 번져나갔다.

그 불길을 막으려고 쓰레기로 민중의 입을 틀어막은 것은 '먹자' 주의의 어리석은 자유당 머슴애였다. 불은 죽는 듯했으나 죽을 리가 없었다. 틀어막은 쓰레기가 단번에 확하고 붙어터지는 날이 왔다. 그것이 4·19다. 민중의 감격이 거의 3·1운동이나 8·15 때를 생각나게 하리만큼 올라갔던 것은 결코 우연이 아니었다. 사람들은 서로 눈물을 닦으며 "그래도 의가 아직 살아 있구나, 우리나라 걱정 없다" 했다. 그리고 그 외침에 선소리를 먹였던 민주당에게 주저함 없이 정권을 맡겨준 것도 조금도 잘못한 일이 아니었다.

그러나 언제나 속는 것이 민중이라, 이번에도 또 속았다. 민주당은 민중의 기대를 어기고 자기네 권력 본위로 일을 우물우물했다. 그들은 감투를 자기네 머리에 가져다 쓴 것과 몇 개의 문패와 사무소 간판과 등기소의 소유권 대장의 이름을 바꾸고, 명함과 도장을 몇 개 새로 만든 이외에는 아무것도 새로 한 것이 없었다. 저금통장을 그대로 가지고 있고 등기소의 문서가 그냥 있고, 졸업증·이력서를 그냥 뽑낼 수 있고, 학교·은행·공장·회사·관공청의 출근부와 규칙이 그대로 남아 있는데, 민중에게 새 살림이 찾아올 리가 없었다. 그것을 보고 민중이 입을 닫고 가만히 있을 리가 없다. 얼마 못 가서 길거리와 공공한 모임에서 내놓고 하는 소리가 들리기 시작했다. "그놈이 그놈이다"라는 것이다.

그놈이 그놈, 과연 바로 한 말이었다. 시대는 늘 제 말씀을 가지고, 민중이 그것을 틀림없이 하는 줄을 알기는 알고 있었지만, 요렇게도 정통을 뚫어 맞춘 말은 참 없었다. 일본시대 말년에 일본이 중국을 쳐들어가는 것을 보고 무식한 사람들도 "고양이 소 대가리 맡았지"(도저히 해낼 수 없을 만큼 힘에 겨운 큰일을 맡을 경우를 비겨 이르는 말 – 편집자) 하는 것을 듣고, 또는 일본 저희 입으로 초토전술焦土戰術 '뿌리째 뽑기 운동'을 하더니 정말 나라가 잿더미가 되고 뿌리째 뽑히는 것을 보고, 말씀이란 참 무서운 거다, 사람의 입이란 참 두려운 거다 하고 놀라 혀를 떨어본 일이 있었지만, 이것도 그보다 더하면 더했지 조금도 못지않게 놀라운 말씀이다. 정치하는 사람들이 생각이 좀 있었다면 크게 깨닫고 재빨리 반성해서 어떻게 하는 것이 있었어야 할 것이었다. 그런데 아무것도 하지 않았다. 그러므로 실속 없는, 이질하는 놈이 변소 가듯 하는, 데모만 매일같이 일어났다.

그러나 책망할 것은 사실은 민주당이 아니요, 민중 자신들이었다. 데모 일던 날부터 온 사회를 통해 학생 칭찬만이요, 4·19 예찬뿐이었다. 일이 그렇게 하고 바로 될 리가 없다. 학생이 잘했고, 그 데모로 자유 찾게 됐으니 기뻐하고 칭찬하는 것도 옳은 일이지만, 사람은 잘하는 가운데도 잘못이 있는 법이요, 옳은 일이지만 미처 생각이 못 가는 부분이 있는 법이다. 정말 축하를 하고 정말 나라를 위하려면 칭찬을 하는 동시에 그 부족한 점을 알려주어야 한다. 사람은 두 다리로 걷는 물건이라 곧장은 못 가고 좌우로 왔다갔다 지之자로만 나간다. 그러므로 바른 다리가 나갈 때는 등때기 왼편의 힘줄이 버티어주고, 왼 다리가 나갈 때는 그 바른편 힘줄이 버티어준다. 몸이 그러면 마음도 그렇다. 반대가 있어서만 중도中道로 나갈 수 있다. 사람은 다 치우치는 물건이지 한 사람도 제대로 중정中正한 사람은 없다. 그러기 때문에 예부터 나라에는 싸우는 신하가 있어야 하고, 아버지께는 싸우는 아들이 있어야 하고, 친구에게는 싸우는 친구가 있어야 한다고 하는 것이다.

그런데 감히 4·19를 정당히 비판하고 학생에게 엄숙히 경고해주려는 사람은 별로 없었다. 그러면 혹 혁명을 부정하고 학생의 공로를 가리려는 것 같아서 그랬는지 모르나, 모르는 생각이다. 말을 해주는 것은 그를 사랑하고 존경하고 아끼기 때문이다. 잘못과 미처 생각하지 못하는 점이 있는 것을 빤히 알면서도 말해주지 않는 것은 미리부터 그를 믿지 않음이요, 깔봄이요, 버림이요, 망하기를 바람이다. 그러고는 무조건 칭찬만 하면 그것은 권력에 대한 아첨이요, 저는 하는 것 없이 따라만 가겠다는 심리다.

큰일을 하러 나서는 사람일수록 옆에서 충고를 해주고 사정없는 비판을 해주어야 한다. 남이 능히 못하는 일을 하는 사람이란 성의가 있는 반면 자신이 너무 지나쳐 생각이 좁아지기 쉽고, 용기가 있느니만큼 또 고집이 있기 쉽다. 그리고 일이 되고 일반의 감사가 있으면 있을 수록 들뜬 영웅심에 빠지기 쉽다. 혁명가가 거의 실패하는 것은 이 때문이다. 그러므로 정말 그의 동지는 일이 일어나는 그 순간부터 그의 싸움꾼이 되어야 한다. 그러므로 4·19가 실패한 것은 민중 자신의 책임이다.

그놈이 그놈이란 말은 민주당도 자유당이란 말이지만, 그렇게만 듣고 말면 아니 된다. 민중도 그놈이란 말이다. 그러므로 그놈이 그놈이란 말은 옳으면서도 잘못된 말이다. 정말 바로 하려면 "나도 그놈이다" 혹은 "그놈이 나다" 했어야 할 것이다. 인도의 『우파니샤드』

경전 속에는 저 유명한 "그것이 곧 너다"Tat Tvam Asi 3)의 철학이 있지만, 우리야말로 그 깨달음에 갔어야 할 것이었다. "그놈이 그놈"이란 말은 판단으로는 옳으나 정신이 잘못됐다. 그것은 구경꾼의 말이지 스스로 역사를 짓는 자의 말이 아니다.

그러나 민중이 스스로 역사를 메는 자가 되지 않고 구경하는 자가 되어서 어떻게 할까? 인생에는 구경꾼이 없고 역사에는 제삼자가 없다. 4·19에서 우리의 근본 잘못은 우리가 스스로 역사의 책임자 노릇을 하려 하지 않고 서서 기다리려 한 데 있다. 모든 잘못의 근본 원인은 너·나를 갈라 생각하는 데 있다. 나라는 너·나 생각이 없고, 너도 '나'라 하는 데 있다. 모든 것을 '나'라 하는 것이 나라요, 나라하는 생각이다. 그러므로 너·나 봄〔彼我觀〕을 떠나지 못한 사람은 인생 구원을 말할 자격이 없고, 선을 좋아하고 악을 미워하는 정도 이상을 모르는 마음은 사회 경륜을 의논할 수가 없다. 그놈이 그놈이라 하지 말고, 이놈도 그놈도 나다 하게 되어야 한다.

또 그보다도 나쁜 것은 구경만 하고 결과를 기다리려 하는 것만 아니라, 따지고 들어가면 자포자기하는 마음이다. 그것은 4·19 후에 된 선거가 증명하고 있다. 제 살림을 맡아볼 일꾼을 뽑는데, 그 뽑히는 사람에게 제 집의 운명이 달렸는데, 투표수가 유권자의 3분의 1도 못 되었으니 그것은 민중이 제 운명을 집어 내던지고 "될 대로 되라" 하는 것밖에 다른 것 아니다. 이것은 물론 이날껏 너무 속아왔기 때문에 지친 생각과, 아무리 현실이 비관할 정도라도 민중이 정치에 대하여 무관심하면, 옛날은 그러고도 최하의 생존이나마 해갈 수가 있었지만, 지금은 도저히 그렇게는 될 수 없고 전체가 아주 망하는 것밖에 없는데, 그 사실을 깨닫지 못하는 무지에서 나온 것이다. 만일

3) Tat Tvam Asi: 『우파니샤드』에서 우달라카 아루니가 그 아들에게 한 말. 순수한 자아는 모든 현상의 터이자 궁극적 실재, 곧 아트만과 전체적 또는 부분적으로 동일하다는 뜻이다.

이 자포자기의 태도로만 나간다면 나라는 건질 길이 없다.

그놈이 그놈이니, 어느 정당도 믿을 수 없고 어느 인물도 기대할 것이 없어졌으니, 그렇다면 남은 것은 오직 한 길밖에 없는데, 그놈이 그놈인 줄 아는 그 자신이 "그럼 이젠 믿을 건 나밖에 없다" 하고 운명을 걸고 나서는 마지막 힘을 써봤어야 할 것인데, 그러려는 기색이 없었다. 5·16 바로 전에 세상꼴은 가속도적으로 어지러워가고 사회의 공기가 간 곳마다 답답했던 것은 이 때문이다.

5·16의 세 마디 말씀

5·16은 그렇게 되어서 온 것이다. 무슨 일이 있어야 하겠는데, 민중이 일어서야겠는데, 일어서지 않기 때문에 군인이 일어선 것이다. 군인 자신도 자기는 일어설 것이 아님을 알았다. 그랬기 때문에 "은인자중하던 군은 드디어 일어섰다"고 하였다. 그럼, 일어설 것이 아닌 줄을 알면서도 일어섰다면, 그것은 일어설 자를 일어나게 하기 위해서일 것이다. 일어설 것은 군인이 아니요, 민중이다. '은인자중'이라는 데서, 참다 참다 못해 일어섰노라는 말에서, 민중은 그들의 괴로운 마음의 호소를 들어야 할 것이요, 거기 대해 행동으로 대답을 해야 할 것이다.

그런데 칼을 뽑아 들고 나선 군인을 보고 민중은 뭐라 했나? 길거리의 첫소리는 "올 것이 왔다" 하였다. 그 말은 잘한 말일까, 잘못한 말일까? 잘한 말이다. 무슨 일이 있었어야 할 것을 아니 느꼈던 사람 없으니, 그것은 과연 올 것이 온 것이다. 아무 때에 가서도 왔어야 할 것이었고 또 오고야 말 것이었다. 또 그놈이 그놈 아닌 것이 와야 할 터인데, 군인은 이날껏 썩어진 정치에 버무리우지 않았다. 그 의미에서도 올 것이 왔다.

그러나 그 말은 잘못이다. 정말 와야 할 것이 군사혁명일까? 우리가 기다린 것은 그것일까? 그것으로 일이 될 수 있을까? 도대체 무력혁명이 할 것일까? 어느 민족의 역사에도 군대 없는 나라는 없고 혁명 없는 역사는 없지만, 혁명은 할 만한 것일까? '어쩔 수 없이'와 '마땅히'와는 다르다. 혁명은 어쩔 수 없이 있기는 하겠지만 마땅히 할 것은 아니다. 혁명은 겉을 바로잡기 급해 속을 돌아보지 않고, 남의 죄를 추궁하기에만 열심이어서 그 짐이 전체의 것임을 알아 그 짐을 같이 지려는 생각을 도무지 하지 않기 쉽다.

혁명은 일로는 이루면서 정신으로는 잃는 것이요, 병은 고치면서 아이는 죽이는 것이다. 목적은 선하면서 수단은 나쁜 것이 혁명이다. 그리고 수단이 나쁠 때 목적의 선은 남아 있지 못한다. 목적은 끄트머리에만 있는 것이 아니라 전 과정의 순간순간에 들어 있다. 수단이 곧 목적이다. 길이 곧 종점이다. 길 감이 곧 목적이다. 그러므로 도道라는 것이요, 길 감을 바로 하는 것이 바로 그 목적이기 때문에 도덕이라 하는 것이다. "목적은 수단을 신성화한다" "목적을 위하여는 수단을 가리지 않는다, 결과만 좋으면 다 잘됐다" 하는 것이 모든 혁명가가 외치는 구호지만 속는 것이 바로 거기 있다. 이 변명 밑에 얼마나 많은 죄악이 행해지고 있나? 역사에 혁명이 끊이지 않는 것은 바로 이 때문이다.

먼저 왔던 의사는 늘 한 가지 병을 고치기 위해 다른 병을 또 만들어 다음 의사를 부를 원인을 만들어놓는다. 그리고 보면 의사는 당장 보면 고치는 듯하나 사실은 병을 만드는 사람임을 알 것이다. 모든 혁명가는 다 의사다. 그러므로 혁명정신은 필요하지만 혁명은 못할 것이다. 역사를 그 사건으로만 보면 로베스피에르,[4] 레닌도 필요하고, 단두대, 인민재판도 없을 수 없는지 모른다. 그러나 제삼자로서 심판을 할 때는 설혹 그렇다 하더라도, 나 자신이 곧 그 역사를 메는

---

4) 로베스피에르(Robespierre, 1758~94): 프랑스 혁명기의 정치가. 급진적 자코뱅 당의 지도자로 왕정을 폐지하고, 독재체제를 수립하여 공포 정치를 펼쳤으나, 17984년 테르미도르의 쿠데타로 타도되어 처형되었다.

자리에 서서 양심의 바닥을 잠잠히 들여다볼 때 누가 감히 거기 고개를 숙이고 손가락으로 글씨를 쓰고 있는 한 형상을 아니 볼 사람이 있으며, 또 정의의 심판자로 자인하는 나에게 "너희 중에 죄 없는 자가 먼저 돌로 쳐라" 할 때 감히 내가 하겠다고 나설 수가 있을까?〔「요한복음」, 8:6~9〕 혁명은 어느 양심을 누르는 것이 없이는 못할 것이다. 그러나 왜 누르면서도 할까? 이것과 저것을 저울질하여 이것이 저것보다 무겁다 하는 것이 있었기 때문에 한다. 즉 많은 사람의 이익을 위해서는 얼마쯤 양심을 누르고라도 하는 것이 선이라 생각했기 때문일 것이다.

거기 속이는 것이 들어 있다. 첫째 양심은 수량으로 다룰 것이 아니요, 둘째 이해와 선악과는 서로 비길 것이 아니다. 양심은 실낱만치 상처가 나도 아주 죽는 것이다. 선악에는 수학이 들어가지 못한다. 온전한 선이 아니면 악이요, 털끝만한 악이 끼어도 벌써 선일 수 없다. 그러나 이해는 수리의 세계에 속하는 것이다. 그러므로 양심과 이익과는 서로 바꾸지 못한다. 그런데 그것을 슬쩍 바꾼 데가 민중을 속인 것이다. 왜 그것을 선이라고 설명을 붙였을까? 속이는 너 자신도 이해보다는 선악이 높은 것임을, 민중은 정말로 정의가 아니고는 움직이지 않는 것임을 알았기 때문이다.

그런데 그것을 알고도 선악의 문제를 이해의 문제로 바꾸어놓은 데가 너희 스스로가 속은 점이다. 너는 민중을 높이 평가하지 않고 낮춰 평가했으며 사람의 높은 부분에 호소하지 않고 낮은 부분에 가서 아첨한 것이다. 너는 눈에 보이는 결과를 얻기에 급급했던 것이다. 너는 너의 높은 자아를 누르고 천박한 자아에 져버렸다. 너는 네자신을 혁명하지 못하면서 세상을 바로잡는다고 잘못 자신한 것이다. 그러므로 스스로 속았다. 그러므로 전체를 속였다.

그러기 때문에 혁명정신은 필요하나 혁명은 못할 것이다. 누가 나서야 할 것이지만, 나는 감히 못 나선다. 역사상 무력혁명이란 피할수 없는 것임을 인정하면서도 나는 무력혁명을 해서는 아니 된다. 그러나 우리는 모든 혁명이 다 그와 같이 불순한 것임을 알면서도 또 혁명에 높은 뜻이 있음을 인정하지 않을 수 없다. 자코뱅당 때문에 프랑스대혁명의 의의를 깎을 수는 없었다. 그것은 모든 참혹과 죄악을 끼고 있음에도 불구하고 인류의 커다란 한 걸음임에 틀림이 없다. 그러므로 우리는 두 가지 중의 어느 것을 하지 않으면 안 되는 요청을 만나게 된다. 혁명가를 영웅으로 모심으로 혁명정신을 부정할 것이냐? 혁명정신을 살리기 위해 혁명을 부정할 것이냐?

물론 모든 혁명가를 잡아 혁명의 제단에 희생으로 바침으로써 혁명을 정신 속에 살려야 한다. 그것이 사실은 혁명가들의 소원이었다. 보다 더 자세히 말하면 "그들은, 동기는 다 옳았으나 수단이 잘못됐다"고 단정해야 한다. 그렇게 비판해야만 혁명이 역사를 밀어나가는 거룩한 생명의 운동이 되고, 혁명이 거룩한 정신의 운동으로 되어서만 그 제단에 바친 제물은 살아난다. 일을 정화하고 건지는 것은 사상이기 때문이다. 살리는 것은 공로가 아니라 뜻이다. 그러므로 혁명정신은 필요하지만 혁명은 못할 것이다. 그러므로 "올 것이 왔다"는 말만 가지고는 군사혁명을 살리지 못한다. 그러고만 말면 그것은 한 개 자기 도취요, 힘에 대한 아첨뿐이다.

그래서 둘째 말이 나왔다. 그것은 "이것이 마지막이요" 하는 말이다. 나는 무식한 사람들의 입에서 그 말을 들었을 때 놀랐고 곧 누가 그 말을 가르쳐주더냐 묻고 싶었다. 그러나 그 순간 내 속에서 내 입을 막는 것이 있었다. '민중에 대한 업신여김' '인간 모욕' '하늘에 대한 불신' '못 묻는 자 너는 다만 들어라, 듣고 생각하라!'

왜 마지막일까? 참다 못해 말했고, 말하다 못해 일어섰고, 일어서서도 아니 돼 칼을 뽑아 들었으니 마지막 아닌가? 또 왜 마지막일까? 대통령제가 우리나라에는 적당하다 하여 대통령제로 했더니 독재됐지, 독재에 견딜 수 없어 내각책임제면 나을까 해서 내각책임제로 했더니 이번엔 무능에 빠졌지, 무능에 참다 못해 이번엔 또 군인이 일어났으나, 아무리 역사가 거꾸로 가는 일이 있다 해도 설마 임금을 앉힐 리는 없고, 그러면 남들에게서 실례를 보는 대로 군사독재가 되는 것일까? 그러니 마지막 아닌가.

또 왜 마지막일까? 먼젓번에는 맨주먹으로 일어난 학생을 향해 군대더러 누르라 했더니 군대가 학생들과 마주 보고 빙긋 웃고 손잡았기 때문에 일이 바로 됐지만, 이번에는 일어난 것이 무기 든 군인이니 무사할까? 그러니 마지막 아닐까. 또 왜 마지막일까? 민주주의 미국이 가장 싫어하는 것은 군사독재일 터인데 미국과의 관계를 어떻게 하려나? 미국과 손을 끊는다면 공산주의밖에 될 것 없지 않을까? 또 국내적으로라도 국민이 독재는 좋아 아니 할 것인데, 그러면 어떻게 정국을 수습해갈까. 쉬이 민심 통일 아니 되는 동안 일선에 금이라도 가고 그리하여 이북에서 내리밀면 어찌 될까? 여러 가지 생각이 그 한 마디 속에 들어 있다.

그러나 마지막이란 말의 정말 깊은 뜻은 거기 있지 않다. 그것은 그 말하는 민중의 표정을 보면 알 수 있다. 그들은 웃으면서 하는 것도 아니요, 울면서 하는 것도 아니요, 도망을 하거나 숨으면서 하는 것도 아니다. 얼굴에 불안도 있지만, 흥분하지도 않고 서 있으면서, 다시 말하면 자기를 잃지는 않으면서, 침통하게 하는 말이다. 그러므로 그것은 두려움도 있고 걱정도 있는 비판이기는 하지만 순전한 비관은 아니다. 마음에 여유가 얼마쯤 있는 말이다. 자신을 완전히 가진 것도 아니지만 또 완전히 잃어버린 것도 아니다.

그러므로 그 "마지막이지요" 하는 말 뒤에는 의식으로나 무의식으로나 남아 있는 하나가 있다. 정말 '마지막'에 직면한 사람은 기쁨으로거나 슬픔으로거나 자기를 잃어버린다. 마지막이라는 생각도 못한다. 그러므로 "마지막이지요" 하는 사람의 속에는 정말 마지막 될 것은 하나 남겨두고 있다. 아직 정말 최후의 운명을 결정할 그 하나는 남겨두고 마지막이란 말이다. 좀더 분명히 말하면 "이번에 일이 바로 되면 좋지만 그렇지 못하면 정말 큰일이 나고야 말 터이니, 이것이 혁명으로는 마지막이 되어야 한다" 하는 말이다. 그러므로 그 속에는 혁명을 일으킨 군인에게 "제발 잘못해주지 말기를!" 하고 빌고 바라는 말이 들어 있다. 그럼 그 정말 마지막에 큰일을 내고야 말 것은 누구인가. 두말 할 것 없이 그 걱정하는 자신밖에 될 것 없다. 거기 우리의 맨 마지막의 발붙임이 있다.

그러나 5·16의 말씀은 그 두 마디에 그치지 않는다. 한 마디 더 있다. "사람이 달라져야 한다" 하는 말이다. 혁명정부에서는 이 말을 받아 '인간개조'라는 정책의 표어를 내붙였지만 이것은 어느 천재나 지도자가 생각해낸 말이 아니고, 혁명 첫날부터 온 민중의 입에서 동시에 나온 말이다. 물론 이 말을 그 전에 하지 않은 것은 아니다. 그러나 그것이 민중의 소리가 된 것은 이번이다. 이것은 위의 두 말과 합하여 삼부작을 이루는 이 역사적 현재의 말씀이다. 먼저 두 말만이고 이 말 없으면 이 시대의 말씀이 못 될 것이고, 이 말만이고 먼저 두 말이 없으면 힘이 없다. 이 세 구절 속에 변증법적 정신의 움직임이 있다. 여기 과거에 대한 마감과 현재에 대한 알아봄과 미래에 대한 내다봄이 있다.

첫 마디는 혁명에 대하여 "잘했다" 하는 말이요, 둘째 마디는 "그러나 잘 아니 됐다" 하는 말이요, 마지막 마디는 "이렇게 해야 한다" 하는 명령이다. 지나간 시대의 썩은 정치를 생각하니 그것을 쓸어버린 것이 잘했다는 말이요, 나는 나 자신을 심판하지 않으면서 민족을 심판할 수 없으니 잘못이라는 것이요, 부정에 의하여 긍정하는 죽음으로 살리는 역사적 건너뜀의 자리에서 말하니 이렇게 하라는 것이다.

그러므로 이 혁명이 정말 바라봐야 하는 목표는 이 마지막 마디인 '인간개조'다. 그러나 합合의 자리는 정正과 반反에 대한 정당한 종합 없이는 가지 못한다. 내가 네가 되고, 네가 내가 돼야 한다. 그것은 나도 너도 아닌 동시에 또 나며 너다. 여기서 혁명은 어쩔 수 없이 속으로 들어오게 된다. 어느 정당이 문제도 아니요, 어느 계급이 문제도 아니요, 어느 제도나 어느 일이 문제가 아니다. 역사를 지어가는 사람, 그것이 문제가 된다. 그래서 혁명은 학생도 못하고 군인도 못한다고 하는 것이다. 학생도 사람은 아니요 군인도 사람은 아니라 하는 것이다. 어느 사람도 다 사람이지만, 그러나 어느 사람도 그것을 사람이라 긍정하면 인간은 죽어버린다. 모든 사람이 '사람이 아니'로 부정되어서만 인간은 살아난다. 사람이 아니란다고 감정을 내는 학생이나 군인은 참 사람은 못 된다. 그것은, 사람밖에 못 되는 사람이다. 그리고 사람 밖에 못 되는 것은 사람 아니다.

사람은 자기초월을 하는 것이다. 그리고 자기부정을 하지 않고 자기초월은 못한다. 자기부정을 못하고, 제가 사람인 줄 알고 제가 심판자·개혁자·지도자인 의식만 가지고, 제가 스스로 죄수요 타락자요 어리석은 자임을 의식 못하는 사람은 혁명 못한다.

혁명은 누구를, 어느 일을 바로잡는 것 아니라, 명命을 바로잡는 일, 말씀 곧 정신, 역사를 짓는 전체 그것을 바로잡는 일이다. 그러므로 혁명가는 혁명가 아니다. 혁명하노란 사람은 혁명 못한다. 혁명은 혁명 아니다. 도대체 인간개조란 말이 아니 된 소리다. 키를 열두 자로 한단 말인가. 눈을 세 알로 한단 말인가. 밥을 아니 먹고 바람을 먹고 살게 한단 말인가. 터럭을 하나 더 나게 할 수 있단 말인가, 덜 나게 할 수 있단 말인가.

그러면 그런 것이 아니라 마음이라고 하겠지. 남의 마음 고치기 전에 네 마음이 어떤 것인가, 우선 보여라. 마음이 어디 누구인가. 혁명 지도하던 날부터 새 사람인가. '인간개조'하자는 너는 누구인가. 사람이 뭐냐. 말을 하는 동물이냐. 말이 뭔가. 말은 거짓이다. 동물에는 속이고 속음이 없는데, 사람의 일은 온통 거짓인 것은 말 때문이다. 혁명은 그 말씀 못 되는 그런 따위 사람의 말을 고치잔 말인데 혁명의 구호가 무슨 구호인가. 말로 바로 될 인간이요 역사라면 네게까지 수고를 끼칠 것이 없이 5만 년 전 굴 속에서 말하기를 처음으로 배웠을 때 벌써 됐을 것이다.

인간개조·인간혁명·사람의 말씀을 고침, 아, 그 무슨 말인가. 그 무슨 말 아니 되는 소리인가. 하지만 또 사람은 고쳐보아야 한다. 말씀은 새롭게 해보아야 한다.

4·19가 실패한 까닭

우리는 지금 혁명 도중에 있다. 이제는 신문·라디오에 진력이 나고 길거리 풍경에 구역이 난다. 8·15, 6·25, 4·19, 5·16 혁명을 밥먹듯 하고 물 마시듯 하는 나라, 이것은 무슨 나라요, 거기 난 우리 운명은 무슨 운명인가? 그러나 참 말을 못하고 깍대기 수작을 하는 신문·라디오에는 진력이 나도 좋고, 제각기 제 뜻을 표시하지 못하고 회오리바람에 떠돌아가는 검불같이 남의 뜻에 사는 길거리 풍경에는 구역을 해도 마땅한 일이지만, 혁명에는 진력이 나고 구역을 해서는 아니 된다. 죽어도 할 것은 해야 한다. 혁명이 자꾸 뒤이어 오는 것은 참 혁명하지 않기 때문이다. "혁명완수" 소리 참 듣기 싫다. "재건합시다"를 인사로까지 하자는 데는 기가 딱 막힌다.

'인사'란 것이 무엇인지 아나? 세상에 속알맹이는 쏙 빠지고 깍대기만 남은 것이 인사인데, 재건을 인사로 주고받자는 지도자의 속내를 알 수 없다. 할 생각이 그것밖에 없나. 또 인사가 스스로 나오는 것이 인사지, 만들어주어 시키는 것이 인사인가. 옆 찔려 절하는 놈보다도 옆을 찔러서라도 절을 받겠다는 놈이 더 어리석지 않은가. 재건이 됐으면 재건의 인사가 저절로 나오겠지만 인사로 재건을 한다는 것은 못 듣던 소리다. 소학생의 국민체조가 혁명은 아니다. 옛 지혜의 가르침을 잊었나? "받는 소는 씽하지 않고 받는다" "끓는 물에 김 없다."

8·15에서 6·25로 온 것도 생각 없었기 때문, 6·25에서 4·19로 온 것도 생각 없었기 때문, 4·19에서 5·16 온 것도 생각 없었기 때문이다. 5·16에도 또 생각 없으면 대통령에서 변소 푸는 것까지를 다 군인이 한다 해도 더 큰일 나고야 말 것이다. 제발 혁명한답시고 국민을 건드리어 생각할 여유가 없게 만들지 말라! 속에 사무치면 겉에

나타난다[誠於中 形於外. 『대학』, 「전」, 제6장]. 생각이 터져나온 것이 혁명이다. 생각 없이 휘두르는 주먹, 미친 놈의 주먹이거나 그렇지 않으면 맹수의 발톱이다. 5·16이 생긴 것은 4·19의 실패 때문이니 그 까닭을 알지 않고는 이 혁명을 이끌어갈 수 없는 것이다.

잘못을 아는 것이 지식의 전부가 아니다. 어째서 잘못인 줄을 알아서만 '잘'에 이를 수 있나! 아픔을 느끼는 것은 몸 가진 사람이면 다 할 수 있지만 병을 고치는 것은 그 까닭을 아는 의사만이다. 그럼 생각을 누가 하나? 몸에는 나 아니고 남이 의사 노릇을 해줄 수 있지만, 역사에는 민중 자신이 아니고는 아무도 고칠 수 없다. 생각해도 전체가 생각해야 하는 것이요, 행동해도 전체가 행동해야 한다. 전체의 생각만이 참 생각 곧 진리요, 전체의 행동만이 참 행동 곧 선이요, 전체의 감정만이 참 감정 곧 정의다.

4·19는 왜 실패했나? 한 마디로 전체가 움직이지 않았기 때문이다. 첫째 그것은 독재자·압박자를 내쫓을 뿐이었지 나라의 주권을 누구에게 맡길 것을 생각하지 않았다. 민중이 스스로 제가 나라의 주인인 것을 철저히 알았다면 그랬을 리가 없었다. 학생들의 죽음에 대하여 개인 개인 눈물을 흘리면서까지도 민중 전체로 생각하려 하지 않았다. 그러므로 선거를 절차에 따라 하면서도 민중이 스스로 주권자로 움직인 것은 아니었다.

그러므로 그 당연한 결과로 정권의 옮겨짐이 있었을 뿐이지 그 정권 행사의 밑이 되는 제도를 바로잡는 데 이르지 못했다. 제도는 국민 전체의 모든 행동의 틀거리가 되는 것이므로 그것을 고치기 전엔 개인 개인의 정성과 애씀은 아무 보람이 없다. 지금은 소박한 태고시대의 간단한 살림이 아니고 복잡한 조직의 사회기 때문이다. 그러므로 그 제도를 고치는 것은 전체의 힘으로만 된다. 일부의 권력자가 한때 하여도 그것은 참으로 한 것이 아니다. 우리는 옛날의 진시황의 운명이 어떠했고 오늘의 히틀러의 운명이 어떠했던가를 잘 알고 있다.

그다음은, 또 지난날 잘못의 책임을 어느 개인 몇 사람에게 지우는 것으로만 만족하고 국민 전체가 스스로 그 책임을 지려 하지 않았다. 잘못은 어디까지나 이승만과 자유당의 일로만 알았고 혁명은 어디까지나 학생의 의분으로만 알았지 자기네 일로 알려 하지 않았다. 다시 말하면 혁명이 아주 피상적인 데만 멈추고 말았다. 학생은 잘못한 것 없다. 제 할 것을 했다.

그러나 학생은 학생만이 아니다. 전 민중의 분노가 없이 학생은 일어나지 못한다. 전체의 감정은 비교적 순진한 무사無私한 데서 발표될 수밖에 없으므로 학생이 움직인 것뿐이다. 그랬으면 민중이 그것을 알았어야 할 것이다. 아버지가 아들의 씨를 넣었어도, 난 후에 이것은 내 아들이다 인정을 해야만 아들이 된다. 4·19는 아버지가 인정 아니 하므로 사생아가 되어버린 가련한 혁명이다.

생명의 가장 높은 운동은 돌아옴이다. 생각이란, 정신이란, 창조주에게서 발사된 생명이 무한의 벽을 치고 제 나온 근본에 돌아오는 것이다. 아들이 아버지를 알아봄이다. 그러므로 생각하지 않고는 아니 된다는 것이다. "반자反者는 도지동道之動"이라, 돌아갈 줄 아는 것이 큰일이다(『도덕경』, 제40장). 혁명 곧 레볼루션revolution은 다시 돌아감이다. 학생은 민중이 그 아버지인 줄을 알았어야 할 것이고, 민중은 4·19가 제게서 나간 아들의 울음임을 알았어야 할 것이었다. 그런데 그것을 서로 하지 못했다. 그러므로 오뉴월 복날 잡히는 강아지 같은 몇 개 원흉을 잡을 뿐이었지, 정말 잡을 역사의 제물, 민족을 잡지 못했다. 그것을 잡았어야 하는 것이다. 즉 민족적 반성을 깊이 하고 민족성을 고치기를 시작했어야 한다는 말이다. 그것을 못한 것이 잘못이다. 잘못도 민중의 잘못이요, 잘도 민중의 잘이다.

5·16은 이 두 가지 잘못, 즉 낡은 제도를 고치지 않은 것과 국민 성격을 바로잡으려 하지 않은 것 때문에 일어났다. 군사혁명이라는 겉에 나타난 일 때문에 정신을 뽑히어 속뜻을 잊어서는 아니 된다. 먼젓번에 순진한 학생이 맨주먹으로 일어났던 대신에 이번에는 사람의 피맛을 봤던 군인이 칼 들고 나왔으니 놀라지 않을 수 없고, 또 나

선 군인 자신에게도 큰일로 생각되지 않을 수 없을 것이다. 큰일이람 큰일이다. "은인자중"이라 하고 "백척간두에 헤매는 조국"이라 하는 데 큰일 한다는 자부심이 잘 나타나 있다.

그러나 또 너무 지나치게 생각을 해도 못쓴다. 뽑아든 칼날은 눈이 부신 법이다. 칼날 앞에도 제 정신을 가지는 것은 여간한 사람이 아니고는 아니 된다. 그 칼날을 보는 사람도 그렇지만 든 사람 자신은 더구나 위험하다. 보는 사람은 겁이 날 수 있지만, 뽑아든 자신은 까딱하면 미치기가 쉽다. 겁이 났던 것은 지나가면 다시 정신을 차릴 수 있으나 미친 것은 영 미쳐버리고 만다.

그러므로 이 혁명은 큰일이지만 그 군사혁명이라는 데 정신을 잃어서는 아니 된다. 더 크게 역사를 돌아보고 내다볼 때 이만한 일은 늘 있던 일이요, 다 지내본 일이요, 앞으로도 이보다도 더한 일이 또 있고 또 있을 것이다. 아무리 생각이 옅고 열심이 크고 자부심이 많기로서 이번에 우리나라가 아주 단번에 이상적이 되리라고 생각을 할까? 제 처지를 아는 것이 어진 일이다. 이것으로 다 되지 않는다. 조심하는 사람만이 일을 바로 할 수 있고, 겸손한 사람이 아니고는 조심을 하지 못한다.

5·16도 4·19도 마찬가지다. 먼젓번에 못한 것을 하려 분통을 터치고 일어난 것이기 때문에 그 일이 전보다 강력하게 되는 것은 자연스런 일이다. 이번은 제도를 고치는 것과 인간개조를 한다는 것을 처음부터 내걸었다. 그러나 그 뜻은 4·19와 다를 것 없다. 이것도 저것도 마찬가지로 민중에서 나온 것이요, 그러므로 또 민중에까지 돌아가야 한다. 학생이 작은아들이라면 군인은 큰아들이다. 작은아들은 순진했던 대신에 큰아들은 세상 맛을 아는 만큼 제 뜻이 강할 수 있다. 그러나 둘이 다 민중인 아버지의 승인을 얻어야 하는 점은 마찬가지다. 그런데 큰아들은 지각知覺이 자랐으니만큼 이론은 옳으나 일을 그르칠 위험도 그만큼 많다. 저 유명한 예수의 탕자 비유는 그것을 잘 가르친다〔「누가복음」, 15: 11~32〕. 사람은 혼과 심정心情의 영

물이라, 성격의 개조가 꾸중과 매채(회초리의 방언-편집자)와 따짐
만으로는 아니 된다. 너는 깊이 생각하라! 심정을 가지라. 칼은 쪼개
겠지만 심정은 합한다.

민족성의 개조

모든 혁명 운동은 세 가지 요소로 되어 있다 할 수 있다. 첫째는 지
도 인물이요, 둘째는 조직이요, 셋째는 이론이다.

혁명 운동이 언제나 뛰어난 인물로 시작이 되는 것, 지도자를 한
번 잃을 때 이때껏 아무리 크던 세력도 물 속에 흙덩이를 던짐같이
맥없이 풀리고 마는 것을 우리는 실지 역사에 비추어서 잘 알고 있
다. 혁명이란 본래 사회의 부정·불의에 대해 그것을 고치러 일어나
는 것이므로 정의감이 강한 사람이 아니면 아니 된다. 그리고 정의는
반드시 정의에 의해서만 불러 일으켜지는 것이다. 또 그것은 처음에
지극히 적은 수에서 일어나 마침내 전체에까지 미치자는 운동이므
로 절대로 서로 믿는 것이 아니고는 불가능하다. 그러므로 항상 이랬
다저랬다 하는 동지들의 마음을 통일하여 흔들림이 없게 하려면 절
대 진실한 인격이 중심에 서지 않고는 아니 된다.

또 그것은 미묘 복잡한 역사의 흐름 속에서 하는 것이므로 과거에
대한 깊은 해석, 현재에 대한 올바른 파악, 미래에 대한 날카로운 내
다봄을 능히 하는 식견이 앞서야 한다. 또 그것은 서로 헤아릴 수 없
는 모략 흉계를 쓰는 대적과 싸우는 것이므로 인정의 낌새를 잘 살펴
능히 잡을 것을 잡으며 놓을 것을 놓고 켕기고 늦추는 것을 자유자재
로 하는 재주 있는 사람이 통솔해야 한다. 그것은 또 착하고 모질며
어질고 어리석으며 가지가지의 성격의 사람들을 한데 묶어 한 움직
임에 내세워야 하는 것인지라, 바다같이 넓은 도량의 인격이 화합시
켜주는 것이 있지 않아서는 아니 된다. 그것은 또 인정과 이해와 긴
전통과 오랜 풍습의 얼크러진 묵은 폐해를 고치자는 것인지라, 일도

양단하는 용단의 성격이 앞장을 서지 않으면 안 된다.

그는 실로 클 때는 산도 눈넘겨 보아야 하면서도 또 작을 때는 터럭도 불어가면서 찾지 않으면 안 될 것이요, 엄할 때는 제 골육도 돌아보지 아니하면서도 또 인자할 때는 버러지도 밟고 건너가지 못하는 사람이어야 할 것이다. 그러나 아무리 다 하노라 해도 사람의 뜻이요, 사람의 재주요, 사람의 학식과 사람의 경험이라, 일의 최후의 결정권이 저에게 있지 않으니, 그는 무엇보다 우선 믿음의 사람이 아니면 아니 될 것이다.

그다음 조직이 필요한 것은, 혁명은 직접적으로는 힘내기이기 때문이다. 개인의 힘은 주먹에 있고 무기에 있지만, 단체의 힘은 조직에 있다. 조직 있는 소수 앞에서 조직 없는 다수는 아무것도 아니다. 군중에서 총수總數 이상의 지혜와 힘을 내는 것이 조직이다. 현대문명의 특색은 조직에 있다. 사람의 바깥 모양은 다름이 없으나 그 살림에 있어서는 "나 세상 건드리지 않는데, 세상이 나 건드릴 것 있느냐" 하던 옛날과는 딴판의 사람이다. 마치 한 개의 세포로 볼 때 억만년 전 원시의 바닷가에 단세포 생명이 생겼을 때나 고등동물이 생긴 이제나 다름이 없지만, 그 살림에서 보면 오늘 우리 몸을 이루고 있는 4백 조 넘는 세포는 결코 원시단세포 그것과 같은 것이라 볼 수 없는 것과 마찬가지다.

사람의 생명은 개인이 그 최종이 아니다. 생명진화의 가장 높은 단계인 정신 생활은 인간의 조직 사회를 통해서 발달했다. 그러므로 전반적으로 생활 형태를 면하려 할 때 긴밀한 조직 없이 될 수 없다. 조직은 하나 하나의 개체들이 보다 높은 하나를 드러내는 방법이다. 정신운동 중에 가장 높은 것인 종교는 조직 중의 가장 높은 조직, 강제가 전혀 없는 조직, 조직 아닌 조직이다. 혁명 운동은 여기 가까울수록 성공한다.

그러나 지도 인물과 조직이 아무리 있어도 보이는 그것뿐이고 보이지 않는 속의 하나됨이 없으면 소용없다. 정신의 하나됨, 하나되는 줄을 알고 하나되는 하나됨이 아니고는 안 된다. 그것을 이상이라, 이념이라 하고 그것을 밝히는 것이 이론이다. 나쁜 줄을 알지만 왜 나쁜 줄 알지 않으면 안 되고 좋은 줄 알지만 왜 좋은 줄까지 알지 않으면 안 된다. 까닭을 아는 것이 사람이다. 사람을 이성적 존재라 하지만 이(理)는 까닭이다. 까닭은 나를 뜻에 붙들어 매는 줄이다. 이른바 존재 이유다. 부분을 모아 하나되게 하는 것이 까닭이다. 그보다도 전체 속에서 자기로 자각케 하여 자아를 성립시키는 것이 '이'(理)다.

그러므로 이(理)를 밝히지 않고 전체에 이를 수 없고, 따라서 자기의 올바른 자격과 행동을 결정할 수 없다. 그리고 각 자아가 전체와 자기에 대한 분명한 깨달음 없이 나를 알 수 없고 남을 모르고 조직 운동이 있을 수 없다. 그러므로 혁명 운동에는 반드시 사회과학이 앞서야 하고 그에 앞서서는 반드시 인생관·세계관이 있어야 한다. 인생의 뜻도 역사의 뜻도 정치의 원리도 문화의 법칙도 모르고, 사상도 공부도 아무것도 없이, 단지 내게 싫은 놈 집어치워라 하는 감정과, 우물 안의 개구리같이 날마다 신변에서 일어나는 현실의 잔물결에서 얻은 천박한 지식만 가지고 혁명을 하겠다는 것은 어리석을 뿐만 아니라 허해둘 수 없는 잘못이다. 나는 혁명을 했으면 하고 바라는 생각은 천도 있고 만도 있으면서도 감히 손을 대지 못하는 것은 이 세 가지를 할 자격이 다 없기 때문이다.

그러면 그 세 요소가 의미하는 것이 도대체 무엇인가? 한마디로 전체 운동이다. 이것을 갈라 설명하면 둘로 될 수 있다. 하나는 대중적이라는 것이고 또 하나는 지속적이라는 것이다.

혁명이 성공되려면 반드시 대중운동이 아니면 안 된다. 근대의 혁명은 옛날의 영웅들이 지도하던 혁명과는 다르다. 이것은 민중의 자기해방 운동 곧 자유운동임을 잊어서는 아니 된다. 옛날 무왕·탕왕이 하고, 왕건·이성계가 하던 혁명도 민중을 얻지 않고는 아니 되었다. 그러나 그것은 어디까지나 민중 자신이 한 것이 아니요, 개인 혹은 일부 계급이 민중을 이용했을 뿐이다. 근대의 정치 이념은 링컨의 '민중을 위한, 민중에 의한, 민중의'라는 세 마디에 다 된다. 민중을 위할 뿐 아니라 민중에 의한 민중 자신의 정치여야 한다. 그러므로 그것은 민중이 직접, 전체가 하는 운동이어야 한다. 아무도, 대중적인 것이 현대 혁명운동의 특색인 것을 부인할 사람은 없을 것이다.

이제는 아무리 무식해도 옛날의 우민·우중은 아니다. 스스로 인격적인 자각을 하기 시작한 민중이다. 옛날에 말하던 '백성놈'은 이제는 있을 수 없다. "우리도 사람이다" 하는 그 말 앞에 칼도 돈도 꾀도 소용없다. 이제는 다스리는 것이 정치 아니다. 말이 그 말이므로 그냥 받아 쓰나 그 뜻은 다르다. 다스린다는 것은 구식 생각이다. 교도敎導라는 말도 부족하다. 그 '교'敎라는 것을 민중이 스스로 하는 자기교육이라는 뜻으로 한다면 몰라도, 적어도 다스리도 옛날에 하던 지배자 의식, 선의독재善意獨裁의 의식을 못 면하고 한다면 큰 잘못이다. 그렇게 시대의 정신, 민중의 호흡을 모르고는 혁명에 손댈 자격 없고, 손 대면 반드시 잘못 만들고 말 것이다.

오늘은 스스로 하는 것이 민이요, 스스로 하는 민의 종합행동이 정치다. 지금은 생각하는 것도 민중 자신이요, 이론을 세우는 것도, 방안을 꾸미는 것도, 행동하는 것도, 감독하는 것도, 비판하는 것도, 민중 곧 전체의 대중 그 자체다. 그러므로 대중 그 자체로 하여금 대소를 스스로 하게 하지 못하고 간섭하려는 것은 시대착오다. 적어도 그렇게 하지 않고는 공산주의를 이길 수는 없다. 독재를 해야 힘이 날 것 같고 민속敏速할 것 같지만, 땅 속에 가서 히틀러·무솔리니에게 물어봐라, 그러면 알 것이다. 공산주의가 사실에 있어서는 독재를 하면서도 내세우기는 민주주의를 내세우는 것이 이유 없는 줄 아나?

그다음 지속적이라는 것은, 참 전체의 운동은 스스로 하는 운동이므로 시간적으로 계속해나가는, 다시 말하면 자라는, 또 다시 말하면 자신自新하는 운동이어야 한다. 지도자 있을 때는 하고, 없으면 끊어지는 것은 참 혁명이 아니다. 소위 혁명 시기에는 하고, 평화가 된 뒤에는 쉬어버리는 것은 참 혁신이 아니다. 한번 고쳐놓은 다음엔 스스로 자기를 고쳐나가는 것이 정말 혁명이다. 그러므로 늘 붙들고 있겠다는 것은 참 지도자, 참 혁명가 아니다. 될수록 빨리 안심하고 물러서는 것이 정말 스승이다. 사랑이 어머니에게 더할 리가 없건만 아무 어머니도 1년 이상 젖을 먹이는 어머니는 없다. 1년 동안에 줄 것을 정성껏 다 주었고, 그만하면 될 줄 믿기 때문이다. 그러므로 요점은 한때 한 일만 아니라 언제나 모든 일을 스스로 고쳐나가는 데 있는데, 그런다면 피 흘리는 참혹한 혁명, 숨 막히는 비상시란 것이 자꾸 있을 리 없는데 그 스스로 함은 민중이 민중으로 속에서 깨지 않으면 아니 된다.

그 민중의 속이란 무엇인가? 그것은 민중 속에 들어가지 않으면 모른다. 그 대신 들어만 가면 안다. 나이 많은 사람이 젊은이의 속을 모르는 것은 젊은이가 되지 못하기 때문이다. 스스로 낮아져서 민중이 될 만한 사랑과 겸손이 없고 "내가 나가지 않으면 천하를 어떻게 하리오" 하는 식의 지배자 의식, 지도자 의식에 굳어진 사람은 민중의 심정을 모른다. 그리고 늘 그것이 어리석어만 뵈고 무지하고 더럽고 게으르고 무기력하고 불쌍해만 보인다. 그렇다, 그 불쌍하게 여기는 따위 생각을 버려야 한다. 거기가 어려운 점이다.

교도는 네가 민중을 교도할 것이 아니라 민중이 너를 교도해야 하는 것이다. 모든 지식층의 지도자가 처음에는 불붙는 성의를 가지고 혁명을 시작했다가도 마침내는 민중을 저버리고, 따라서 민중에게 저버림을 당하는 것은 민중을 다스리고 간섭하고 교도하려는 의식 때문이다. 그것은 민民 속에 하나됨이 아니기 때문이다. 민중과의 호흡이 끊어지는 순간 혁명의 힘도 끊어진다. 장자가 "참 사람은 발꿈치로 숨을 쉰다" 한 것은 이것일까?〔『장자』, 「대종사」〕 민중이 뭐냐? 하나님의 발꿈치, 나라의 발꿈치지. 지도자는 모가지로 숨을 쉬는 줄 알지만 모가지로 쉬는 숨은 쌕쌕하고 모가지를 조르는 날 곧 끊어지지만, 발꿈치로 쉬는 숨을 끊을 놈이 누구일까?

혁명에 깊고 넓은 이론, 치밀한 조직, 뛰어난 인격이 요구되는 것은 이 두 가지, 곧 대중적이며 지속적인 운동을 일으키기 위한 것이다. 그리고 그 운동이 이루어졌을 때 그것을 국민성격 혹은 민족성이라 한다. 그러므로 혁명의 목표는 국민성격을 세움에 있다. 혹은 민족성을 개조함에 있다 할 수 있다. 혁명은 국민성격적인 운동이어야 한다. 성격은 법칙적인 것이다. 개개의 행동을 늘 규정하고 성립시켜 일정한 목적 혹은 이념을 실현할 수 있도록 만드는 것이 성격이다. 그러므로 그것은 전체에 대한 통일성도 있고 시간에 대한 지속성도 있어야 한다. 통일성도 지속성도 다 외계에 대한 인격의 자기주장이다. 그러므로 성격이란 곧 자기실현의 힘이다. 그것 없이는 문화활동이라 할 수 없다.

그런데 인격은 본래 성격적인 것이므로 국민성격을 세운다, 혹은 민족성을 개조한다 하는 말은, 이미 되어 있는 한 성격을 깨뜨리고 새로운 한 성격을 세우는 것을 의미한다. 어느 때에도 파괴함이 없이 건설할 수는 없다. 그러므로 혁명은 어렵다. 성격은 문화창조의 원동력도 되지만 또 그 방해도 된다. 위에서 4·19의 실패 원인이 민족성 개조에까지 가지 못한 데 있다 하고, 5·16의 혁명 목표가 거기 있다 한 것도 이 때문이다. 이 의미에서 5·16혁명은 올 것이 왔다 할 수 있다. 그러나 그것을 어떻게 성취하느냐가 문제다.

혁명은 민족성 개조에까지 이르러야 한다

모든 혁명은 어느 의미로는 다 성공이라 할 수 있다. 혁명을 해서 하기 전 모양에 되돌아간 일은 한 번도 없으니 다 성공이라 할 것이다. 무슨 결과를 얻었다기보다 혁명하려고 한 그 일, 혁명 운동 그 자체가 곧 혁명이다. 그 의미에서는 모든 혁명은 다 성공이다.

그러나 보다 깊은 의미에서는 모든 혁명은 다 실패다. 이날까지 무수한 혁명을 했어도 혁명이 끊이지 않고 앞으로도 혁명이 계속될 것만은 사실이니, 그 일 자체가 모든 혁명은 실패임을 증명하는 것이다. 그것은 성질상 그럴 수밖에 없다. 왜 그런가? 혁명은 악과 싸우는 일이기 때문이다. 혁명의 구체적 목적은 어떤 제도 혹은 어떤 계급 혹은 어떤 개인에 있을 수 있으나 그것을 좀더 근본적인 뜻에서 말한다면 악과 싸우는 일이다. 그런데 악은 소위 근본악이어서 인간 본질에서 나오는 것이므로 사람이 사람인 한, 없어질 날이 없다. 그러므로 한 혁명은 뒤에 올 다른 혁명의 씨를 뿌리게 마련이다. 혁명은 죄악의 형태를 변하게 할 뿐이지 그것을 없앨 힘은 없다.

이것을 역사에서 말하면 모든 혁명이 실패하는 까닭은 민족성의 개조에까지 가지 못하기 때문이라 말할 수 있다. 역사상의 모든 혁명 중에서 가장 성공적이라면 미국의 독립운동, 프랑스의 대혁명, 소비에트 러시아의 혁명처럼 성공적인 것은 없을 것이다. 그러나 오늘날 세계의 어지러움은 그 세 혁명이 뿌려놓은 씨 때문에 일어난 것이라, 그때에 배태된 죄악을 바로잡기 위한 보다 크고 근본적인 새 혁명의 시작이라 할 수 있지 않을까? 그런데 그 세 혁명에서 그때의 모든 문제를 해결지으면서도 오히려 해결짓지 못하고 남긴 것이 있다면 무엇일까? 민족성 문제가 아닐까? 역사상 모든 문제의 근본은 민족에 있다. 역사의 주체는 민족이기 때문이다.

이날까지 모든 생물의 운명은 종족적으로 결정되어왔고 모든 인간의 흥망성쇠는 민족적으로 결정되어왔다. 민족이 망했는데 한 개인이나 가족이 홀로 남은 예가 없다. 살아남았다 하더라도 그것은 반드시 어떤 다른 동족에 흡수되어서다. 사람의 몸은 개체적으로 존재하나 살림은 사회적으로만 할 수 있게 되어 있다. 몸을 낳아준 것은 부모가 아니라 종족이요, 양심과 생각과 말과 믿음을 준 것은 교사가 아니라 사회다. 그렇듯 운명을 같이하는 그 사회를 민족이라 한다. 그러므로 모든 혁명이론은 민족성의 파악에서부터 시작할 것이고, 모든 혁명의 목표는 민족성의 개조에까지 미쳐야 할 것이다.

근래에는 민족주의가 지나간 시대이므로 민족은 아주 값없는 것으로 알기도 쉬우나 그렇지 않다. 민족과 민족주의와는 딴 문제다. 가족주의가 없어져도 가족은 있으며, 가족주의가 없어진 민족시대에야말로, 가족의 참 의미를 알 수 있는 모양으로, 민족주의 없어져도 민족이라는 사실은 있고, 민족지상주의·민족신성주의가 없어진 인간의 시대에서야말로 민족의 참뜻을 알 수 있다.

물론 민족은 영원한 것은 아니고 교통·통신이 빨라질수록 민족적 특색이라던 것은 차차 엷어질 것이다. 그러나 그것은 십 년, 백 년에 될 일이 아니고 천천히 될 것이요, 그것을 인위로 갑자기 없애려면 도리어 많은 해를 일으킬 것이다. 그러므로 그것은 자연의 형세에 맡겨 천천히 되어지도록 할 것인데, 그런다면 아직 상당히 오랜 동안을 민족성이 그 영향을 역사 위에 미치고 있을 것이다.

또 계급사관이란 것이 있어서 인간의 운명을 결정하는 것이 계급인 것처럼 생각하려 하는 사람들도 있으나 그것은 잘못이다. 계급제도란 본래 옛날 사회에서 운명을 같이하는 단체 안에서 이질적인 분자를 없애지 않고 허락하여 받아들여 살리기 위하여 생긴 제도다. 피가 다르면 무조건 죽여버리는 것이 보통이던 원시시대를 생각하면 이것은 그때로서는 상당히 진보된 사상이라 할 수 있고, 또 진보거나 퇴보거나 간에 계급이 운명을 같이하는 마지막 단체가 아니고 그것은 보다 넓고 포괄적인 공동체 안의 한 분자임을 알 수 있다.

오늘의 계급은 옛날의 그것같이 엄격한 것도 아니며, 또 어느 정도 이해의 차이를 표하기는 하나 그것이 그의 인간으로서의 운명을 결정하는 마지막 조건은 아니다. 지배·피지배, 착취·피착취의 관계가 있다 하더라도 그것이 그 둘이 같은 한국 사람, 영국 사람이라는 말을 듣는 데 아무 영향을 미치지 못한다. 우리가 2천 년 전부터 유교·불교를 받아들였어도 그것이 우리의 한국 사람인 것을 변동시키지 못했다. 한사군이 우리나라 중부에 들어와 4백여 년을 있었다. 그럼에도 불구하고 한민족인 데 변함이 없었다. 우리를 그러한 몇천 년 파란에도 불구하고 하나라는 의식을 가지고 뚫고 내려오게 하는 이 성격적인 그것은 무엇인가? 그 무엇을 민족적 성격이라, 민족적 자아라 하는 것이요, 그것이 역사의 주체다. 그러므로 혁명의 주체도 당연히 그것이다. 역사상의 모든 죄악은 결국 민족적 성격의 결함이다. 그러므로 혁명은 반드시 민족적 성격의 개조에까지 미쳐야 한다.

그럼 그 민족성을 개조하는 것은 어떻게 할 수 있을까. 그것을 하는 데는 먼저 민족성은 어떻게 이루어지는 것인가, 그 구조를 알지 않으면 안 된다. 민족성은 개인의 성격과 마찬가지로 인간본성과 자연환경과 역사적 배경이 한데 얽혀서 된 것이다. 그중에 근본되는 것은 물론 인간본성이다. 자기를 인격적으로 무한히 발전시키자는 강한 욕망을 가지는 인간의 한 단체가 그 타고난 자연과 역사의 조건을 이용할 수 있는 데까지 이용하여 자기 속에 본래부터 들어 있는 바탈을 실현해낸 것이 민족성이다. 자연조건은 순전히 주어진 것이므로 거기에 대하여는 사람이 제 뜻대로 할 수 없고, 다만 거기 순응 혹은 이용해가는 수밖에 없다. 그것은 순전한 생활의 자료가 되는 것밖에 없다.

역사적 환경은 반은 주어진 것이요, 반은 제 뜻이 들어갈 수 있는 것이다. 자기네 조상이 이미 지어온 문화유산, 그 전통·도덕·종교·풍속, 또는 자기네 주위에 있게 된 다른 민족·나라·문화와의 교섭, 이런 것은 자기네 뜻에 관계없이 주어진 것이지만 또 인간적인 것이니만큼 그 뜻으로 변경할 수도 있다. 둘 수도 있고 버릴 수도 있고 받을 수도 있고 배척할 수도 있고, 서로 평화적으로 교섭을 할 수도 전쟁을 할 수도, 합하여 하나를 이룰 수도 있다. 그러므로 그것은 반 자유 반 부자유다. 그러므로 사람이 순전히 자유할 수 있는 것은 제 본바탈의 분야뿐이다.

그러므로 가장 중요한 의미를 가지는 것이 그것이다. 제 본성을 어느 만큼 깊이 아느냐, 어느 만큼 그것을 자제하고 길러가느냐 하는 것에 따라 같은 자연과 역사의 조건 속에 놓여 있으면서도 이러한 운명을 가질 수도 있고, 저러한 운명을 가질 수도 있다. 그러므로 모든 것은 제 본성을 어느 만큼 스스로 다스리고 키워가느냐 하는 데 달렸다. 여기서 자연 민족성의 개조는 자아개조로 들어가는 수밖에 없어진다.

그 이유를 설명한다면 첫째 생각하는 것은 단체가 아니고 개체기 때문이다. 군중에는 군중심리가 따로 있고 단체에는 단체의식이 따로 있는 것은 사실이지만, 직접 생각하는 작용은 어쩔 수 없이 개인이 하지 단체가 직접 하지는 못한다. 군중심리·단체의식 하는 것은 개인의 생각이 서로서로 작용하여 그 영향을 서로 받는 데서 나온 것뿐이다. 그러므로 단체의 생각을 고쳐가려 하여도 어쩔 수 없이 개인의 마음에 호소하는 수밖에 없다.

우리는 어떤 문화적인 활동을 하는 때에 있어서도 사람의 지식·기술·성격 모든 것이 오직 정신이라는 가는 한 길을 통해서만 전해진다는 것을 잊을 수는 없다. 모든 것이 한 번은 반드시 글·말을 통하여 정신으로 되어가지고야 이 사람에서 저 사람으로 건너갈 수 있다. 그러므로 인간이 개체적으로 존재하는 한, 생각하는 힘이 개인의 뇌세포에 있는 한, 어떤 민족적인·세계적인 개인의 반성하는 힘을 기다릴 수밖에 없다.

그다음은 모든 종족적인·생리적인 정신적 능력은 개체 속에 유전되기 때문이다. 이것은 그 이유를 물을 수도 설명할 수도 없고, 다만 그 사실을 인정하고 그것을 이용하는 수밖에 없다. 생명진화의 한 큰 원인이 유전에 있는 것은 사실이다. 생명의 자기보존의 의지에서 그렇게 되었겠지만, 전全 종족이 가지는 특징이 유전인자를 통해 한 개체 안에 다 있게 된다. 그러므로 개체가 전체 안에 있기도 하지만 전체가 또 개체 안에 있기도 한다. 여러 개체가 전체의 성격을 갈라 가지는 것이 아니라 각 개체가 다 전체를 가능성으로 가지고 있다. 그러므로 전체의 발전은 개체의 발전을 통해서만 되게 되어 있다. 민족적인 본성은 개인의 자아 속에서만 볼 수 있고 발전시킬 수 있다.

또 그다음, 사람의 마음은 서로 감응하는 것이기 때문이다. 마음은 마음을 느끼고 서로서로 작용하고 서로 영향 받는다. 마음은 마음에 의해서만 계발된다. 개인의 마음은 마치 라디오 방송 같은 것이다. 서로서로 시간·공간을 초월하여 방송을 하고 소식을 받는 것이 마음이다. 우리가 의식하는 정도만이 아니다. 의식은 정신작용의 극히 표면에 지나지 않는다. 사람의 마음은 제가 알지도 못하는 가지가지의 생각을 무한 갈래의 파장으로 시시각각 방송하고 있다. 그것이 온 우주를 향해 번져나간다. 그것이 서로서로 미묘 복잡하게 영향을 끼친다. 우리 의식은 그것을 알지도 못한다.

사람의 '마음·혼·성격' 하는 것은 이렇듯 서로 감응하는 힘에 따라 되는 것이다. 그 하나는, 능력은 각 사람의 정신 수양의 정도에 따라 가지가지다. 인간은 일찍부터 이 사실을 알았기 때문에, 요가요, 참선이요, 기도요, 정신통일이요, 심령술이요, 신유(神癒: 신앙 요법의 하나. 신의 힘으로 병이 낫는 것을 이른다 – 편집자)요 하는 여러 가지 것들이 있다. 이 다음은, 과학적으로도 설명이 되는 때가 오겠지만 지금의 과학으로는 정신이 서로 감응하는 길을 알 수 없다.

알 수 없으나 있는 것은 사실이다. 그래서 "영으로 난 사람은 바람이 임의로 부는 것 같아서 그 소리를 들어도 그 어디서 오며 어디로 가는지를 알지 못한다"고 예수가 말한 것이다〔「요한복음」, 3: 8〕. 사람과 사람 사이만 아니라 우주와 사람과의 교통도 이 감응하는 힘으로 된다. 맹자가 "만물이 다 내게 갖추어 있다, 돌이켜보아 참 되면 기쁨이 이에서 더한 것이 없다"〔『맹자』, 「진심 상」〕 "마음을 다하는 자는 바탈을 알고 바탈을 알면 하늘을 알 수 있다"〔『맹자』, 「고자 하」〕 한 것은 참말이다. 이리하여 민족성의 개조는 우리 자아의 개조에 의하여 하는 수밖에 없다.

자기를 개혁한 사람만이 세상을 새롭게 한다

살게 하는 것은 개인에 있지 않고 전체에 있다. 그러기 때문에 나라를 하는 것이요 나라 없이는 못 사는 것인데, 그 전체는 또 실지로는 어디 있느냐 하면 내게, 곧 자아에 있다. 나라는 땅에 있지 않고, 허공에 있지 않고, 내게 있다. 나라는 민民이요, 민은 나다. 그러므로 "하늘 나라는 너희 안에 있다" 하는 것이다〔「누가복음」, 17: 21〕. 하늘 나라만 아니라 땅의 나라도 내 안에 있다. 하늘 나라, 땅의 나라가 따로 있는 것이 아니다. 그 뜻을 말하면 하늘에 있는 것이요, 그 몸을 말하면 땅에 있다. 그러기 때문에 "뜻이 하늘에서 이룬 대로 땅에서도 이루어지이다" 한다〔「마태복음」, 6: 10〕.

그러면 "내〔自我〕가 곧 나라"요, "나〔自我〕를 본 자가 아버지〔民族·世界·하늘〕를 본 것이다"〔「요한복음」, 14: 9〕. 그 나는 새삼스러이 있을 것도 아니요 없을 것도 아니요, 보라, 여기 있다 저기 있다 할 것도 아니요, "아브라함 있기 전부터 있는 나"〔「요한복음」, 8: 58〕, 참 나, 천상천하 유아독존인 나다. 그러고 보면 민족성의 개조는 결국 자아의 개조에 돌아가 닿고 마는 것이요, 자아의 개조는 곧 나 찾음이요, 나 앎이요, 나 함이다. 나 봄이 아버지〔全體〕 봄이라면, 나 함이 곧 아버지 함이다. 밥 먹음이 곧 제사요, 옷 입음이 곧 미사요, 심부름이 곧 영예요〔service〕, 정치가 곧 종교다〔まりつりごと〕. 그러면 혁명은 어쩔 수 없이 종교와 연결될 수밖에 없다. 혁명이 종교요, 종교가 혁명이다. 나라를 고치면 혁명이요, 나를 고치면 종교다. 종교는 아낙이요, 혁명은 바깥이다.

그러면 민족 개조를 하려면 정치와 종교가 합작을 하지 않으면 안된다. 자아개조를 하려면 사람과 하나님이 합작을 하지 않으면 안된다. 민족의 씨가 나요, 나의 뿌리가 하늘이다. 그러기 때문에 참 종교는 반드시 민족의 혁신을 가져오고, 참 혁명은 반드시 종교의 혁신에까지 이르러야 할 것이다. 혁명의 명은 곧 하늘의 말씀이다. 하늘 말씀이 곧 숨·목숨·생명이다. 말씀을 새롭게 한다 함은 숨을 고쳐 쉼, 새로 마심이다. 혁명이라면 사람 죽이고 불 놓고 정권을 빼앗아 쥐는 것으로만 알지만 그것은 아주 꺽대기 끄트머리만 보는 소리고, 그 참 뜻을 말하면 혁명이란 숨을 새로 쉬는 일, 즉 종교적 체험을 다시 하는 일이다. 공자의 말대로 하면 하늘이 명命한 것은 성性, 곧 바탈이다 〔『중용』, 제1장〕.

바탈은 변할 수 없는 것이다. 그러므로 혁명은 그 변할 수 없는 것이 잊어지고 잃어지고 가리워진 것을 도로 찾는 일이다. 그러므로 그저 들부수고 변경하는 것만이 재주가 아니라 그 도로 찾아야 할 것이 무엇임을 먼저 밝혀 알아야 한다. 생명은 자기를 실현하자는 것, 자아의 본성 바탈을 드러내자는 것이다. 그러면 우리 살림에 무엇이 잘못됐다는 것은 결국 바탈을 잃었다는 말이다. 그러므로 잘못을 고치자는 노력인 혁명은 바탈 찾음이다. 간디의 말대로 하면 제1원리에 돌아감이다. 그러므로 혁명 운동이 일어나기 전에 먼저 종교적 새로남이 있고 믿음의 굳게 선 것이 있어야 한다. 혁명을 못하는 종교처럼 고린내나는 것이 없지만 또 신앙을 가지지 못한 혁명처럼 사납고 무서운 것은 없다. 공산당이 무엇인가? 종교 없는 혁명 아닌가? 역사에 비추어볼까?

민족 개조한 이야기를 한다면 아무도 모세를 내놓고 말할 수 없을 것이다. 역사 있은 이래 그처럼 크게 민족 개조를 한 사람은 없을 것이다. 그런데 그가 어쨌나? 그가 났을 때 그의 민족은 나라도 문화도 없이 이집트에 종살이하는 통일 없는 한 군중이었다. 그러나 그는 그러한 참혹한 민족의 한 고아로 태어났으면서도 이상한 운명으로 이집트 임금의 딸의 양자가 되어 궁중에서 자랐고 당대 제일의 이집트 문화의 교육을 받아 40세 장년에 이르렀다. 그러나 아무리 민족을 잃어버린 그라도 핏줄·젖줄을 통해 들어오고, 바람과 구름과 햇빛·별빛·번개·우레를 타고 오는 마음줄, 혼줄을 통해 감응되고 자라는 제 바탈을 영 잃어버릴 리는 없었다.

그리하여 40에 사상이 발하기 시작함에 이집트의 문화와 궁중의 영화를 내던지고 민족을 구원하고 나라를 세우자는 큰 뜻을 머금게 되었다. 그리하여 맨 처음에 한 것이 누구나 생각이 조금 있고 열심이 좀 있는 사람의 다하는 일인 폭력과 선동에 의한 혁명이었다. 그는 자기의 열성과 용기를 자신하고 스스로 민중의 지도자로 나섰고 민중은 당연히 자기를 알아보고 따라오려니 생각했다. 그러나 일은 예기했던 것과는 달랐다. 민중은 자기를 알아주지 않았고 도리어 배반했다. 그리하여 그 혁명운동은 맥없이 실패하고 그는 목숨을 건지기 위해 빈 들로 도망했고 남의 양떼를 지켜주며 겨우 밥을 먹게 되었다.

이때에 영웅 심사가 어떠했을까? 아무도 알 사람이 없다. 옛날의 영화와 빛났던 꿈은 깨지고, 내가 동족을 사랑하건만 동족은 나를 알아주지 않고 하늘도 내 높은 뜻을 돌아보지 않는 듯, 한갓 남의 나라에 헤매는 도망꾼이 되어 무지한 나무꾼·꼴꾼에 섞여 뜻 아닌 세월을 보내게 되었으니, 웬만한 사람이면 비관하고 자포자기하고 말았을 것이다. 그러나 그는 그러지 않았다.

낮에는 말없는 짐승을 벗으로 삼고 밤에는 검푸른 하늘에 영원의 신비를 속삭이는 무수한 별을 동무로 삼아 날을 보내고 해를 맞는 동안, 그는 하는 것이 생각이었다. 생각하고 생각했다. 자연에 배우고 하늘에 빌고 제 속에 찾았다. 지나간 것을 씹고 이젯것을 들여다보고 앞엣것을 내다보고, 해석하고 명상하고 상상하고 간구하고 귀 기울였다. 어느 풀포기가 그의 눈물에 아니 젖은 것이 있을까? 어느 바위틈이 그의 비어트는 손자국 나지 않은 것이 있을까? 그러는 동안에 40년 세월이 흘렀다. 전에 칠 같던 머리 이제 눈같이 희어졌고 일찍이 살푸듬 좋던 얼굴 지금은 주름살뿐이다. 그러나 머릿빛이 희어지는 동안에 마음도 밝아졌고 주름이 느는 동안에 지혜도 늘었다. 옛날의 열심이 가라앉는 대신 겸손이 더해졌고 젊은 날의 혈기가 준 대신 영이 자랐다. 그리하여 모세는 이제 정치의 사람이 아니라 단순한 믿음의 사람이 되었다.

그러나 알 듯 하면서도 알 수 없었다. 이제 혁명이란 생각도 다 없고 민중을 자기가 지도한다는 생각도, 가르친다는 생각도 무슨 큰 일을 한다는 생각도 다 없다. 하지만 또 뭔지 모르는 애탐, 안타까움, 찾음이 늘 있는 것도 사실이다. 나이 80이 되었고, 남의 고장에서 얻은 아내에게서 아들·딸도 낳아서 이미 자랐고, 인생의 저녁 때가 됐다면 다 된 그때에도 그는 가만 있을 수가 없어서 찾고 찾는다. 그 마음을 그냥 둘 수가 없어서 그는 거기 있는 활화산인 시내산에 오르는 것이 날마다의 일과가 됐다. 그 불을 뿜고 소리를 지르는 화산 구멍이 제 마음만 같아서였을 것이다. 그 속에서 무엇이 나올 것 같아서였다. 나이 80이 지나도, 인생의 실패를 다하고 쓴 잔을 마실 대로 다 마시고도 가만 못 있는 사나이, 그 사람은 무슨 사람인가? 그야말로 사람의 근본 형상이 아닐까?

웃지 말라, 우리 가슴속에 다 빈 들이 있고, 다 헤매는 도망꾼이 있고, 다 불 뿜는 화산이 있고, 다 거기 처자를 거느리고도 아직도 그 불 구멍을 구경하러 다가드는 백발의 어린이가 있지 않나? 그때의 모세야말로 자아에 육박하는 인간 모습이었다. 하루는 그 진동하는 불꽃 가운데서 그는 본 것이 있고, 들은 것이 있다. 본 것은 불이 붙는데 타지 않는 가시나무 떨기요, 들은 것은 제 이름을 부르고 "네 발의 신을 벗어라, 너 선 자리가 거룩하니라" 하는 소리였다〔「출애굽기」, 3 : 5〕. 가시나무 같은 죄악의 세상 속에서 불붙으면서도 살라버리지 않고 영광만을 드러내는 이, 그것이 하나님 아닌가? 선 자리가 그대로 거룩한 예배의 자리인 곳, 그것이 사람의 제 바탈 아닌가? 이제 더 가까이 가지 않고 다 간 것이요, 신을 벗었으니 더 갈 곳도, 도망할 일도, 이 밖에 또 찾을 것도 없는 사람이다. 여기가 예배 자리요, 이것이 종교다.

그다음의 이야기를 우리는 다하지 못한다. 80세의 모세가 시내산 화산구가 보고 싶듯이 참 삶의 모습이 보고 싶어 견딜 수 없거든 너 스스로 지금도 살아 진동하는 생명의 화산인 『성경』을 찾아 올라가면 알 것이다. 아무튼 모세의 새 생애는 여기서부터 시작이다. 하나님의 가라는 명령을 받아 민족 구원의 큰 혁명을 시작한다. 이제는 제가 계획 꾸며 하는 혁명이 아니다. 혼 위에 오는 절대의 명령에 못 견디어서 하는 운동이다. 간디의 말대로 '진리파지' 운동은 미리 계획하여서 하는 운동일 수 없다. 참 진리의 싸움은 설계하는 이도 하나님이요, 지도하는 이도 하나님이다. 사람은 제 신발 밑의 티끌보다도 더 자기를 낮추는 겸손을 가지고만 하나님의 뜻을 드러낼 수 있다. 이때의 모세는 이렇게 된 것이다.

그리고 그 한 혁명의 방법이 어떠했던가? 활을 가지고 간 것도 칼을 가지고 간 것도 아니요, 다만 지팡이 하나만 짚고 간 것이요, 비밀 결사를 조직한 것도 지하운동을 한 것도 선동을 한 것도 아니다. 내놓고 이집트 임금을 직접 보고 한 평화의 반항이었다. 강제도 위협도 아니고, 비굴한 타협이나 악독한 계교도 아니요, 한 번 말해 아니 들으면 두 번 하고, 두 번 해 아니 들으면 세 번 하고, 나중 열 번까지 하여 들도록 하는 정정당당한 싸움이었다. 그러고도 또 기억할 것은 그것은 덮어놓고 자유만 위한 것이 아니었다. 하나님을 믿음으로 되는 국민성격을 세우자는 것이 그의 지도목표였다. 그러므로 곧 목적지에 가기를 서둘지 않고 빈 들의 길을 일부러 돌아돌아 40년을 헤매게 했다. 그리해서만 참 성격을 다듬어낼 수 있고 참된 성격을 다듬어서만 앞날의 이상을 이룰 수 있다고 생각했기 때문이다.

그러는 동안 몇 번 민중으로부터 원망을 들었고 배반을 당했지만 그는 까딱이 없었고, 그랬기 때문에 그다음의 유대 역사는 있을 수 있었다. 인류 구원의 종교인 기독교가 유대민족에게서 난 것은 결코 우연한 일이 아니다. 유대민족 3천년의 역사는 모세의 자기개조가 전개된 것이라 할 수 있고 인류의 구주라는 일컬음을 듣는 예수의 인격은 모세의 인격의 완성이라 할 수 있지 않을까?

또 동양 역사에서 실례를 든다면 장량張良의 일을 들 수 있다. 흔히 말하기를 중국 민족은 실리주의적이라 하지만 그러한 중국에 있어서도 정치와 종교는 뗄 수 없이 관계되어 있다. 사실 유교가 종교냐 아니냐 하는 말도 있지만, 말하는 것도 어리석은 말이다. 유교야말로 현실에 잘 이용된 종교다. 그 때문에 인생과 우주의 깊은 철리와 신비에 대해 부족하다면 부족한 점도 없지 않으나 위대한 종교임에는 틀림없다.

그 유교를 써서 오래 어지럽던 천심·인심을 통일하고 중국 문화에 통일을 주어 시대를 긋는 발전을 하는 것이 한漢이다. 그러므로 중국 문화를 말하는 사람들이 다 한대漢代를 경계선으로 갈라 그 전과 후를 설명한다. 장량이라는 인물은 그 한나라의 혁명 통일을 지도 완성한 사람이다. 한漢보다 전前은 진시황으로 유명한 진秦인데 진이 춘추전국시대 5백 년 어지러움의 뒤를 이어 천하를 통일은 했으나 불과 수십 년에 그 통일이 깨지고 다시 천하가 어지러웠다. 그 뒤를 이어 정말 튼튼한 통일을 하여 중국 민족 발전의 터를 놓은 것이 한인데, 그 한대 문화의 근본 성격은 유교적인 데 있다.

진시황이 세상에 보기 드문 영웅이라 하면서 실패한 까닭은 뭐냐? 다른 것 아니고 한마디로 군사독재였기 때문이다. 그는 어디까지나 무武의 사람이요, 그가 강사講師로 썼던 이사,5) 상앙6)은 어디까지나 법法의 인물, 책략의 인물들이었다. 진나라란 다른 것 아니고 무력과 법과 술책이 서로 잘 맞붙은 것이다. 그리할 때 6국을 어려움 없이 통일할 수 있었다. 그러나 사람은 아무래도 자유가 생명이다. 자유 없는 통일을 언제까지 견디고 있을 리 없었다.

"초수삼호楚雖三戶나 망진자亡秦者는 필초必楚라"는 말이 있었다〔『사기』,「항우본기」〕. 초나라가 다 망하여 없어지고 두세 집밖에 아니 남는다 해도 이 다음 진나라를 쳐 없앨 것은 반드시 초나라 사람일 것이란 말이다. 초는 양자강 남쪽인데 그 남중국 사람들이 특히 자유사상이 강하기 때문에 하는 말이다. 과연 혁명이 초나라에서 일어나서, 민중의 손에서 무기만 다 뺏고 선비에게서 책만 다 빼앗아 불사르고 말썽부리는 놈은 모조리 잡아 죽여 지식인이 정치 비평만 못하게 하면 천하는 염려없이 늘 해먹을 줄 알아 자기는 시황제始皇

---

5) 이사(李斯, ?~기원전 208): 통일시대 진나라의 정치가. 군현제를 진언하고 분서갱유를 단행했다.
6) 상앙(商鞅, ?~기원전 338): 전국시대 진나라의 정치가. 부국강병의 계책을 세워 후일 진 제국 성립의 기반을 세웠다.

帝고 그다음 2세, 3세 억만세까지 임금이 되어 다스린다던 진나라에, 만리장성은 그대로 섰고 무기고에 무기는 그대로 그득 있건만, 하룻밤 새 천하는 어지러워 물 끓듯 하게 됐다.

장량은 그때 망한 한韓나라 명문집 아들이었다. 시세를 보고 나라를 회복하고 천하를 건지자는 뜻을 일으켰다. 젊은 선비인 그는 의분을 품고 제 손을 들여다보았다. 손은 희었다. 이것으로 될까? 어림이 없었다. 생각한 결과 그는 무력적 쿠데타를 일으키는 수밖에 없다 했다. 동지를 찾았다. 들으니 창해蒼海에 의기 높은 장사壯士가 있다고 생각했다. 전하는 말에 우리나라 영암靈岩 사람 검도령이라고 한다.

장량이 그를 찾아 그 뜻을 말하니 그는 말하기를 "내가 평생에 80근 철추를 두고 기다리는 것은 천하에 불의한 일이 있거든 한번 풀어보자는 것이다" 하고 쾌히 허락하였다. 때마침 시황이 천하를 순시하여 박랑사博浪沙에 이른 때, 두 사람은 거기서 기다려 한 마치로 때려 죽이려 했다. 그러나 불의를 행한 놈은 언제나 의심이 많고 경계하는 법이라 시황은 평소 앞에 빈 수레를 앞세우고 다니는 것이었다. 그것을 모른 단순한 사내 검도령은 빈 수레만 부수고 잡혀 혼자일을 담당해 입을 닫고 악형 밑에 죽고 젊은 혁명가는 혼쌀나서 도망하여 하비下邳라는 지방에 가서 숨었다.

뜻이 있는 사람에게는 실패는 도리어 좋은 가르침이 되는 법이라, 도망한 장량은 거기서 깊이 생각을 다시 하기 시작했다. 그리하여 무력혁명주의의 어리석음을 깨닫고 보다 깊은 길을 찾기로 했다. 그러려면 우선 스승이 필요했다. 그리하여 그는 답답한 가슴을 안고 스승을 찾아 두루 다녔다.

하루는 이교圯橋라는 다리를 건너노라니 한 늙은이가 거기 걸터앉아 있어 신짝을 다리 밑에 떨어뜨리고 지나가는 장량이더러 그 신을 좀 집어 달라는 것이었다. 양良은 내려가 신을 주워다 공손히 꿇어앉아 드렸다. 그리고 일어서 발걸음을 내놓자마자 늙은이는 또 신짝을 떨어뜨리고 다시 주워다주기를 명했다. 양은 아무 말 없이 전과 같이 공손히 했다. 그리고 일어서 가려 했더니 늙은이는 또다시 전과 같이 했다.

이제 일부러 하는 것이 분명했다. 그러나 양은 또 아무 말 없이 정성으로 전과 같이 했다. 그러자 늙은이는 "이 젊은이가 꽤 가르칠 만하군" 하고는 내일 새벽 어디서 만나자고 지점을 정하여 약속해 보냈다. 장량은 약속대로 이튿날 새벽에 갔다. 그러나 늙은이가 먼저 와 있었다. 그리고는 젊은이가 늙은이와 약속을 하고 뒤지느냐고 꾸짖고, 내일 다시 오라 했다. 그 이튿날 장량은 더 일찍 갔으나 또 늙은이에게 뒤졌다. 늙은이는 또 꾸짖고 돌려보냈다. 장량은 그 이튿날은 반드시 먼저 할 결심으로 아침부터 가서 기다렸다. 늙은이는 오더니 "글쎄 그럴 터이지" 하고는 소매 속에서 책을 한 권 내주며 이것만 잘 보면 천하를 건질 길이 이 안에 다 있을 것이라 했다. 그래 장량이 그 책을 가지고 공부하여 천문지리 인간 만사를 모를 것이 없이 알아 마침내 유방을 도와 혁명 통일을 완성했다는 것이다.

물론 역사적 사실이라기보다는 한개 전설처럼 된 것이니 그 사이의 참 경위를 알 수는 없으나, 어쨌든 말하고자 하는 근본 뜻이 칼로 천하를 건지려 해도 될 수 없고, 반드시 자기완성을 힘쓴 다음에야만 할 수 있다는 것, 진리를 배우려면 겸손하지 않고는 될 수 없다는 것, 자기개조를 하려면 비상한 체험과 끈기 있는 노력이 아니고는 될 수 없다는 것을 말하려 하는 것만은 분명한 일이다.

장량만일까, 모든 위대한 사람의 역사에 반드시 들어 있는 도 닦는 이야기는 다 한가지로 자기를 개혁한 사람만이 세상을 새롭게 할 수 있다는 것을 말하는 것이다. 그런데 몇천 년 전부터 이미 환한 진리인데 어찌해서 지금도 의심을 하여 진시황을 꿈꾸는 사람이 그리도 많은가?

인격의 구조

자기개조를 하려면 인격의 구조를 먼저 알 필요가 있다. 몸의 구조를 모르고는 병을 고칠 수도, 몸을 발달시킬 수도 없다. 몸이 복잡한 구조를 가지듯이 인격도 복잡한 구조를 가지고 있다. 구조가 복잡한 것은 작용이 복잡한 것을 의미한다. 구조와 작용 사이에는 뗄 수 없는 관계가 있다. 대개 정비례하는 듯하다. 단세포 생물은 생활 기능도 간단하고 고등한 동물에 올라갈수록 복잡한 몸의 구조를 가지고 있다. 그리고 생리작용과 정신작용 사이에도 정비례하는 관계가 있는 듯하다. 진화의 계단을 따라 생리작용이 복잡해지는 것은 복잡한 의식작용, 즉 넓고 깊은 생각을 하기 위해서인 듯하다. 그리하여 마지막에 나온 것이 의식 중에서도 가장 높고 큰 것인 인격이란 것이다.

구조를 알려면 해부하고 분석하는 수밖에 없다. 물론 해부하면 죽는다. 그러므로 해부 분석해 얻은 것은 죽은 시체지, 생명을 빠져나간 얼거리지, 생명은 아니다. 그러나 역시 그밖에 길이 없다. 해부 분석하지 않고 직관으로 종합함으로 아는 것도 있다. 그 편이 오히려 더 중요한 점도 있으나 아무리 직관하고 이심전심한다 해도 거기 극히 소박하나마 분석이 벌써 들어 있는 것이요, 또 아무리 생명의 신비는 직관에 의해 파악이 된다 하더라도 해부 분석을 함에 의해서 그것은 퍽 더 유효하게 도움을 줄 수 있다. 그것을 동서의학에서 보면 잘 알 수 있다.

동양의학에도 해부 분석이 없는 것 아니나 아무래도 그것의 특색은 직관적·종합적인 데 있다. 거기서는 신의神醫를 관형찰색觀形察色을 하는 자라고 한다. 환자에게 묻고 만져보고 하기 전에 무언지 모르게 턱 느끼는 것으로 그 속에 든 병을 안다는 것이다.

서양의학은 그와 달라 세밀한 해부와 분석을 토대로 한 생리학·약물학으로 된다. 지금도 동양의학에는 서양의학에서 하지 못하는 신기한 치료가 있어 앞으로 그 의학을 두어 갈 필요가 확실히 있으나 대체로 볼 때 그 어느 것이 더 발달한 의학임을 말할 필요도 없다. 정신의학에 있어서도 마찬가지다. 근래의 발달한 심리학·생리학·사회학·인류학에 의하여서 우리는 옛날 사람이 생각했던 것보다 훨씬 더 복잡한 정신의 세계를 알았고 인격에 대하여 아는 것도 훨씬 늘었다. 해부 분석만으로는 아니 되지만 그것을 하지 않고는 또 아니 된다.

신비로운 것, 말로 할 수 없는 것을 볼 때는 '조화'라 하지만 조화는 본래 '造化'다. 조造는 물리적이요 화化는 화학적이다. 물리·화학이 합해서 활동해 나온 것은 기계다. 기계라면 우리말로는 틀이다. 베틀·재봉틀이다. 인격이라는 격도 일종의 틀이다. 그 사람틀이 잡혔다. 틀이 크다 하는 것은 다 그 인격을 가리키는 말이다. 보통 기계라면 생명과는 반대되는 것으로 아나 사실은 생명이야말로 틀이다. 정말 기계의 시작은 생명이다. 틀이란 것은 부분이 모여서 그 모아놓은 부분 이상의 어떤 작용을 하는 것이다. 그러므로 '조화 들었다' 하는 것이다. 서양 말에서 생명의 활동을 한가지 말로 표시하는 때가 있는 것은 이 때문이다. 메커니즘mechanism, 오거니즘organism이다.

사람이 기계를 만든 것은 제가 기계이기 때문일 것이다. 이 앞으로 사람은 기계를 발달시켜 유생·무생의 구별이 없어지는 지경에 갈 것이다. 이것을 기계문명이라 욕하지만 이것은 아직 얼치기 기계가 돼 그렇지 정말 참 기계, 생명의 기계 그대로 되는 자리에까지 가면 참 신비로운 지경에 갈 것이다. 참 신비로우면 신비 아닐 것이다. 기계가, 못 만든 사람에게는 조화지만 만든 자신에게는 조화될 것 없다. 우리가 우리 자신을 아직 모르니 신비지 참 신비를 하는 지경에 가면 신비 아닐 것이다. 지아비와 지어미가 만나 새 인격을 만드는 것을 조금도 이상히 알지 않는 것은 스스로 그것을 만들 줄 알기 때문이다.

몇십 년 전만 해도 종교의 나라가 신성불가침을 주장하는 한 큰 무기가, 생명은 인조人造는 못한다는 것이었다. 나는 그때도 전문 과학은 없으면서 종교가 거기다 목을 매서는 며칠 못 간다고 했다. 내 신앙은 사람이 생명을 인조한다 해도 조금도 흔들릴 것 없는 신앙이라 했었는데, 지금 와보면 벌써 그런 것은 토론거리도 되지 않는다. 생명을 인조해도 하나님의 거룩에 터럭끝만큼도 관계될 것 없지 않은가? 그보다도 사람이 하나님 아들이라면 아버지 한 것을 아들도 하는 날이 올 것이요, 와야 할 것이다. 자기 한 것을 아들도 한다고 시기하는 것이 하나님이 될 수 없을 것이다. 이 악독한 인간도 아들이 자기보다 낫다면 기뻐하는데 하물며 하나님일까? 과학과 기계의 발달은 낡은 종교를 몰아내고야 말 것이다.

아무튼 우리는 기계를 발달시켜서만 기계 이상의 참 기계인 우주기계의 의미를 정말 알 수 있고, 생명을 인조해보아서만 정말 인조 아닌 생명의 자조自造하는 신비를 느낄 수 있듯이, 우리 자신의 인격을 해부하기 위해 스스로 죽는 지경에까지 가야만 참 우리 자신을 알 수 있고 그래야 세상을 건지는 법을 알게 될 것이다. 오늘의 의학이 이렇도록까지 발달한 것은 약을 스스로 실험하며 목숨을 바친 의사들 때문이다. 인격의 세계에서 그것을 한 것이 예수요 석가였다.

아무라도 조금만 반성해보면 아는 것은 우리 인격이 육과 영으로 됐다는 사실이다. 갈라놓은 육과 영은 육도 아니요 영도 아니지만 그렇게 말할 수밖에 없다. 우리가 분명히 알아야 하는 것은 분명히 "육은 육이요 영은 영"인데, 또 육 없이는 영 없고 영 아니고는 육 없다는 일이다. 둘인데 하나다. 서로 반대하는데 하나로 살아 있다. 하나를 집이라면 하나는 주인이라 할까? 하나를 자료라면 하나는 건축이랄까? 그보다도 물과 흐름이랄까? 소리와 음악이랄까? 하나는 늘 평안·향락을 구하는데 하나는 언제나 뜻을 찾는다. "육은 육이요 영은 영이라"「요한복음」, 3:6] "살리는 것은 영이라"[6:63] 하면서도 왜 그랬는지 또 "내 옆구리를 만져라, 내 손에 못 자국을 봐라"[20:27] 했다. 알 수 없는 일이다. 어떤 이는 이 육이 원수인 양 고행을 하는데 또 어떤 이는 "이것은 하나님의 거룩한 집이다" 한다. 그 두 말이 다른 소리일까? 믿다기에는 너무도 묘하게 생긴 몸이요, 귀하다기에는 너무도 얼떨떨한 마음이다.

또 그다음은 누구도 우리 인격이 개체와 전체로 있음을 모르지 않을 것이다. 이 때문에 나란 것이 있는 것은 분명하면서 알 수 없는 것은 나다. 모든 얼크러진 문제가 나와 너와 그 때문에 생기는데 그 당초의 까닭은 여기에 있다. 나·너 때문에 나눠지고 한 나를 잃어버리는데, 나와 너란 사실 점(點: 저임〔자기임〕)을 하나 잘못해서 그러는 것이다. 등 뒤에 지면 나인데 가슴에 품으면 너다. 이 개체 전체의 모순 때문에 자유와 통일의 갈등이 생기고 경쟁과 협조, 전쟁과 평화의 대립이 일어나나 이것 없이는 생명의 진화는 없었을 것이다.

나는 어디까지나 독특하기를 원하는데 그는 어디까지나 하나이기를 명령한다. "묘창해지일속"渺蒼海之一粟[7]이라 하면 너무도 허망한 것 같고 "만물개비어아"萬物皆備於我[8]라 하면 너무도 자기도취인 것 같기도 하고, 주관이 옳은가? 객관이 옳은가? 청허대사[9]의 말대로 주객을 다 꿈이란 그도 역시 꿈 가운데 잠꼬대인가? 이것도 알 수 없을 일이다. 그가 자기 모습대로 우리를 만들었다기도 하고 우리가 우리 꼬락서니대로 그를 만들었다기도 하고 그 두 말이 서로 다른 말일까? 지소무내 지대무외至小無內 至大無外.[10]

그다음 또 인생과 역사의 면面이 있다. 시간 속에 살면서 영원을 향한 것이 인격이다. 그래서 한편으로는 완성을 목표하면서 또 한편으로는 영원히 미완성이다. 하나는 횡단면이요 또 하나는 종단면이다.

---

7) 渺蒼海之一粟: "넓고 푸른 바다에 한 알의 좁쌀"이라는 뜻으로, 매우 큰 것 속에 아주 작고 보잘것없는 것이 끼어 있음을 이르는 말. 소동파, 「전적벽부」.

8) 萬物皆備於我: "만물이 내게 다 갖춰져 있다." 『맹자』, 「진심 상」.

9) 청허대사(淸虛大師, 1520~1604): 임진왜란 때 승병을 이끌고 한양 수복에 공을 세운 서산대사를 말함. 위의 시는 「삼몽사」(三夢詞)의 한 구절이다. 주인이 나그네에게 꿈 이야기를 하고(主人說夢客)/나그네가 주인에게 꿈 이야기를 하네(客夢說主人)/지금 꿈 이야기하는 두 사람(今說二夢客)/그들도 역시 꿈속의 사람인 것을(亦是夢中人).

10) 至小無內 至大無外: "지극히 작아서 그 안이 없고, 지극히 커서 그 밖이 없다." 원문은 "至大無外 謂之大一 至小無內 謂之小一." 『장자』, 「천하」.

인생은 변함없이 제 바퀴를 도는데 그 때문에 역사의 수레는 나아간다. 이 지구부터가 자전·공전을 겸한 세계다. "천 년이 하루 같고 하루가 천 년 같다"는 것은 그래서 하는 소리인가?(「베드로후서」, 3: 8] 시간 속에 공간이 늙고 있나? 늘어가는 것과 늙는 것이 하나인가? 그렇지 않음 공간 속에 시간이 자라고 있나? 영원히 깸 없이 잠이 무한히 자람인가? 잠이 자람이요 자람이 잘 함인가? 살 같은 광음光陰에 살 수 없는 목숨을 바치고 사라짐으로 살아나는 역사인가? 혹은 말하기를 "때가 오려니와 지금이 그때라" 하지(「요한복음」, 5: 25]. 또혹은 말하기를 "내가 열세 번 세상에 부처로 왔노라" 하지. 그 말이 서로 다른가, 같은 말인가? 70년에 다 마쳐버리기에는 시詩와 사랑이 너무 남고, 영원을 두고 쌓으라기엔 피와 땀이 너무 모자란다. 거울 속에 비친 얼굴 서로 보니 나인가, 남인가? 역사의 거울에 비친 인생도 서로 보건만 하나난가, 둘인가?

또 예로부터 하는 말이 인격은 지智·정情·의意로 됐다고도 한다. 그것은 솥의 세 발인가? 세 겹 노끈 같이 꼬인 것인가? 세 층 집의 층층인가? 그렇지 않으면 한 그루 나무의 뿌리와 줄기와 가지인가? 어느 것이 깊고 어느 것이 옅으며, 어느 것이 주인이고 어느 것이 종인가? 서로서로 주인이요 서로서로 종인가? 그렇지 않고 프리즘을 통해 나오는 무지개인가?

또 도교에서는 정精·기氣·신神으로 그린다. 그도 그럴듯하다. 유교에서는 이·기라 하고 사단·칠정이라 가른다. 불교에서는 육근六根·팔식八識을 말한다. 기독교에서는 몸·맘·혼으로 본다.

그 어떻다 했거나, 한가지 산 인격을 이모저모에서 그린 것일 것이다. 마지막으로 통틀어 한 가지 간단한 그림을 그려보기로 하자. 그것은 한 알 무르익은 복숭아라 할 수 있다. 먹으면 신선이 된다는 천도天桃라 하자. 천도에 천도天道 있다. 복숭아는 세 부분으로 되어 있다. 껍질과 살과 씨다. 사람의 눈을 끄는 것은 가장 아름다운 껍질이나, 껍질은 먹을 때는 벗겨버린다. 우리 인격에서도 남이 가장 알아

보기 쉽고 곧 칭찬·비난의 대상이 되며, 잘났노라 자랑하기 쉬운 것은 실은 인격의 겉껍질밖에 아니 된다.

복숭아의 빨간 껍질이 사람의 눈을 끌자는 목적뿐이요, 그것을 알아보기는 했을지라도 정작 먹을 때는 껍질을 아낌없이 벗겨버리듯이, 인격에서도 맨 겉껍질인 풍채요 지식이요 재간이요 하는 것은 정말 그를 가까이 할 때는 문제 삼지 않는다. 그런 것은 보기에만 좋았지 맛은 아무것도 없다. 그러므로 누구라도 아낌없이 버린다.

그다음은 살이다. 복숭아의 가장 맛있는 것은 이 부분이다. 먹으면 없어지는 듯하나 복숭아로서는 먹히는 것이 소원이다. 그가 원하는 것은 씨를 전파해주는 것인데, 그러기 위해서는 사람의 힘을 빌릴 필요가 있으므로 사람을 끌기 위해 맛있는 살을 준비한 것이다. 그것은 인격에서 말하면 심정 같은 것이다. 심정은 남에게 아낌없이 주자는 것이요, 그렇게 함으로써 자기의 본래 소원을 성취할 수 있다. 그러나 그것은 인격의 풍부한 내용은 되나 가장 중요한 부분은 아니다.

살을 다 먹고 나면 씨가 나온다. 그래도 복숭아로서는 손해가 아니다. 도리어 그렇게 되기를 바란 것이다. 아무리 잘 먹는 사람도 씨를 먹으려 하지 않는다. 가장 귀한 것이지만 맛은 없다. 귀하기 때문에 맛이 없이 했다. 맛이 있으면 서로 다투어 다 먹어버리고 만다. 사람이 세상에 살면 남을 위해 봉사하는 것이 있게 된다. 그러나 봉사하면 할수록 나의 정말 귀한 것은 남고 드러난다. 복숭아가 살을 먹힘으로만 씨를 드러낼 수 있고, 씨가 나와야 종자가 퍼질 수 있듯이 사람도 남을 위해 내 심정을 주어야만 나의 인격의 핵심이 드러날 수 있고, 인격의 핵심이 드러나면 내가 진리를 세상에 퍼치게 되고, 나와 같은 사람을 얻게 된다. 이 씨를 인仁이라 한다. 복숭아 씨는 도인桃仁이요, 살구 씨는 행인杏仁이다. 인은 본래 인人 곧 사람이다. 씨를 인仁이라 하는 것은 천지에서 사람이 가장 중요한 씨이듯이 과일의 씨는 그렇게 요긴한 것이므로 그렇게 부르는 것이다.

공자님이 인仁을 중요하게 말씀하신 것은 그것이 인격의 핵심, 우주의 씨이기 때문이다. 씨에서 전체 나무가 나오듯이 또 나무가 다 자라서는 나중에 씨 하나를 남기듯이 인간의 모든 인격활동의 열매는 인仁이요, 그 인에서 또 모든 것이 나온다. 이것은 인격의 핵심인 동시에 우주의 근본이다. 그가 인을 퍽 어렵게 말씀한 것은 이 때문이다. 인은 기독교에서 말하는 사랑, 참과 같은 것이다. 그런 지극한 자리는 말로 표시 못한다. 인이라거나 애愛라거나 성誠이라거나 진이라거나 자비라거나 글자는 달라도 내용은 마찬가지다. 맹자가 사람은 그 바탕이 다 선하다 할 때에 선이란 것은 이것이다.

어느 복숭아나 다 씨가 있어서 되는 것같이 그 껍질과 살이 다 상하고 도둑을 맞았더라도 씨만 남았으면 다시 새 나무로 날 수 있듯이 인격도 그렇다. 사람인 담엔 누구나 그 깊은 속에 인仁이 없는 사람은 없고 그 인이 사람의 사람된 까닭이다. 인격과 바깥 부분은 상처나고 도둑맞고 썩을 수 있으나 인은 그런 법이 없다. 그것은 불멸체不滅體다. 『바가바드 기타』에서 말하는 자아 곧 아트만이 그것이다. 거기에서는 사람의 참 자아는 물에 들어가도 빠지지도 않고 불에 들어가도 타지도 않고 바람 속에 내놔도 마르지도 않고 칼로 찍어도 찍어지지도 않는다고 했다. 사람들이 이것을 깨닫지 못하므로 근심하고 걱정하고 죽어버린다. 보통 '나'라 생각하는 것이 '나'가 아니고 내 속에 있는 이 불멸체·불염체가 '참 나'인 줄 깨달으면 모든 죄에서 벗어나고 죽음을 이기고 영원한 생명이 될 수 있다.

그러므로 중요한 것은 내 속의 인을 깨닫는 일이다. 하나님의 씨를 보는 일이다. 이것은 죄를 지으려 해도 지을 수 없고 죽으려 해도 죽을 수 없고 타락해도 더러워지지 않는 생명이다. 죄를 짓고 더러워지고 타락하고 죽는 것은, '참 나'가 아니요, 나의 과피과육果皮果肉을 나로 알고 집착하기 때문이다. 그러므로 복숭아의 껍질과 살을 달라는 대로 아낌없이 주고, 속의 씨를 찾아내듯이 나의 '참 나' 아닌 부분을 잃는 대로 내버려두고 그 속에 변하지 않는, 절대자와 동질이요 한 모습인 '참 나'를 발견하고 믿는 것이 구원 얻는 길이요 해탈하는 방법이다.

어떻게 타락한 개인이라도 인은 품고 있고 어떻게 더러운 역사를 가진 민족이라도 인은 남아 있다. 자아개조는 여기서부터 시작된다. 이 민족은 세계 역사의 큰 길 거리에 앉은 늙은 갈보다. 그 젊음과 아름다움을 다 팔아먹고 빼앗겼다. 이제 그가 새로 살아나는 오직 한 길은, 그에게 잃어버린 것은 참 자아가 아니고 자아의 껍질과 살림을 알려주고, 그의 속에는 아직 아무도 강탈하려 해도 할 수 없는 영원의 처녀성이 남아 있다는 것을 가르쳐주는 일이다. 그러면 기적이 일어날 것이다. 죽은 사람이 무덤 속에서 살아온다는 것은 이것이다. 참 혁명은 제 속의 인을 발견하고서야 된다.

생명의 원리

그와 같이 인격은 복잡한 구조를 가지고 있다. 그것은 모순의 구조다. 서로 모순되는 것이 산 통일을 이루어가지고 있는 것이 생명이다.

첫째 생명은 '일一 – 다多의 원리'로 되어 있다. 무생물이라 부르는 것에서부터 인격에 이르기까지 생명의 모든 현상을 지배하고 있는, 한 이상한 경향은 그저 많으려 하는 일이다. 물질의 분자·원자, 나무의 잎 세포, 동물·식물의 종류 하는 모든 것이 그것이다. 그러나 그렇듯 많으려 하면서도 또 한편 그 많은 것이 될수록 하나이려 하는 경향이 있는 것도 사실이다.

그다음은 '확산 – 수렴의 원리'다. 생명은 될수록 번져나가려 한다. 물에 돌을 던지면 파문이 번져나간다. 방전이 되면 빛이 사방으로 번져나간다. 빛도 소리도 열도 그저 방사되어나가려 한다. 크게는 본체本體에서부터 작게는 사람 속의 생각에 이르기까지 그저 번져나가려고만 하는 것이 그 근본 경향이다. 그러나 그러는 한편 또 거두어들이려는, 될수록 모으려는 경향이 있는 것도 사실이다. 하나는 창조요, 하나는 안식이다. 하나에서 진보주의가 나오고 또 하나에서 보수주의가 나온다. 보수 없이 진보도 될 수 없고 진보 없이 보수도 될 수 없다. 늘 변하지 않으려 하면서 또 돌변하려 하는 것이 생명이다. 진화는 여기에서 나왔다.

또 그다음은 '자유-통일의 원리'이다. 모든 존재가 각각 저는 '저'려 하는 강한 경향을 가지고 있으면서 또 될수록 하나로 통일되려는 것이 만물의 밑을 흐르는 원리다. 원자에서부터 벌써 그 성질을 볼 수 있지만 인간에 있는 정치라는 현상도 이 원리가 나타난 것에 지나지 않는다. 자유하자는 면에서 하면 저는 될수록 독특하려 하나 또 통일되자는 면에서 하면 독특한 가운데에서도 또 어디까지나 보통적普通的이려는 성질이 있다. 이것도 영원의 쌍둥이의 한 쌍이다.

그다음은 무엇보다도 가장 두드러지면서 가장 수수께끼인 '생-사의 원리'이다. 생명은 나지만 또 반드시 죽는다. 왜 살면서 또 죽을까? 죽으면서 또 날까? 왜 생이면 그저 직선적·평면적인 생 하나가 있지 않고 시간적으로도 공간적으로도 생·사, 생·사, 생·사의 연속으로 되어 있을까? 왜 서로서로 원인·결과의 연쇄를 이루어가지고 얼크러져 있게 됐을까? 생각하고 생각할수록, 관찰하고 관찰할수록 끝이 없는 것은 이것이다. 그 신비는 우리 이성에 영원히 못 들어가는 비원秘苑인지 모른다. 하지만 소위 말하는 모든 정신의 세계란 것이 이 때문에 있게 되는 것만은 사실이다. 물결 없는 강을 생각할 수 없듯이 우리는 생사 없는 생명계, 존재계를 알 수 없다.

또 그다음은 '의식意識-몰아沒我의 원리'이다. 생명은 생각을 한다. 우리가 아는 것으로는, 의식작용은 거의 우리 사람에만 국한된 듯이 보이나 아마 그렇지 않을 것이다. 동물·식물에 생각이 있다는 것은 이제는 의심할 여지도 없지만 소위 무생물이라는 것에도 의식이 존재를 하느냐, 존재가 의식을 결정하느냐는 그렇게 간단히 집어치울 수 있는 문제가 아니다. 고등동물에 있어서 의식과 조직 사이에 정비례의 경향이 보인다면 무생물이라는 것에도 생각을 가정해서 마땅한 일일 것이요, 더구나 마지막에 따져 들어가면 물질과 정신의 경계선이 없어진다는 요새 과학의 학설을 아울러 생각한다면 맨 처음에 말씀으로 만물이 됐다는 말이, 생각했던 이상으로 깊은 말임도 알 수 있다.

그런데 의식의 끄트머리는 '나'다. 의식은 결국 자아의식이다. 그러면서도 또 아주 지극한 의식에 들어가면 자아를 잊어버리는 것이 또 사실이다. 한편 보면 "나는 생각한다, 그러므로 나는 존재한다"는 그대로 움직일 수 없는 진리면서 또 한편 의식의 절대인 하나님에 가면 자아는 없어지고 만다. 의식은 자기긍정이면서 부정이 되어버리는 자기부정에 의하여 또 자기긍정을 하게 된다.

의식은 생명의 반사反射다. 생명은 쏘아 나가기도 하지만 또 되돌아 온다. 물질에 있는 반사작용이나 정신에 있는 반사는 한가지 운동이라 할 것이다. 소위 정신이라는 것, 생각이란 것은 생명의 반사 혹은 반성이다. 하나님의 마음의 방사선의 끄트머리가 다시 저 나온 근본으로 돌아가기 시작한 것이 마음이란 것, 생각이란 것이다. 아들이 아버지를 알아본 것이다. 사실 생물진화의 역사를 보면 의식작용이 일어나면서부터 급속도의 변화를 하게 되었다.

종교란 결국 반성이다. 생명이 저 나온 근본을 돌아보는 것이 종교다. 그렇게 될 때 저는 저대로 있지 않게 된다. 의식은 결국 자아의식인데 자아를 한 번 의식하면 자아도 그냥 있을 수 없고 의식도 그냥 의식일 수 없다. 에덴동산에서 지혜의 열매를 따먹고 쫓겨났다는 것은 이것 아닐까? 지식의 열매는 의식의 열매일 것이다. 하나대로 있을 때는 그저 살았으나 "너는 내 살 중 살이요, 뼈 중 뼈다" 했을 때는 아는 대신 벌써 전의 나도 너도 아닐 것이다[「창세기」, 2: 23]. 저기 하나님이 계시다 하면 벌써 하나님과 나와는 멀어진 것이요, 여기가 좋다 하면 벌써 낙원은 아니다. 그러므로 죄를 지어서 죄라기보다는 존재 그 자기가 벌써 죄다.

있기는 무엇이 있단 말이냐? 참 있음은 있음 아니다. 있는 줄 알지도 못하는 것이 참 있음이다. 나는 있다 하면 벌써 나도 '참 나' 곧

'한 나'가 아니요, 있음도 '참 있음'이 아니다. 존재라 할 때 벌써 원原존재에 금이 간 것이다. 존재의식은 타락이요 죄다. 그러나 그것으로 인하여 역사가 벌어지기 시작했고 역사로 인하여 절대 바탈의 뜻이 드러나게 되었다. "죄가 많은 곳에 은혜가 깊다"는 것은 이것인가?〔「로마서」, 5: 20〕

　있음과 없음은 둘이 아니요, 있음과 생각도 둘이 아닐 것이다. 있다 하면 없는 것이요, 없다 하면 있는 것이다. 참 생각이야말로 있음이요, 참 있음이야말로 생각이다. 있다 함은 벌써 생각이 끊어진 것이요, 생각하면 벌써 있음은 깨진 것이다. 그러나 이것은 어떻게 할 수 없는 모순이다. 그러나 모순과 통일이 딴 것 아니다. 모순은 의식된 통일이요 통일은 의식된 모순이다. 생명은 이것으로써 자기초월을 해나간다. 인격의 본질은 자기초월이다. 제가 저를 아는 것이 긍정이면서도 자기부정이 된다. 내 지식의 내용으로 된 것이 나일 수는 없다. 그러므로 인격은 자기반성으로 자기부정을 하고 자기를 부정하는 순간 자기는 자기 이상일 수밖에 없다. 이리하여 쉬임 없이 자기초월을 해가는 것이 인격이다. 동양에서 옛날부터 말하는 역易이란 것도 이것 아닐까?

　인격의 본질이 자기초월이라는 말은, 생명의 근본은 스스로 함이란 말이다. 위에서 여러 말을 하였으나 그 모든 것은 결국 생명이 스스로 하는 데서 나온 것이다. 그것이 우리 눈에 모순의 통일로 보이는 것은 우리 이성이 설명할 수 없기 때문이다. 이성이 설명 못한다는 것은 까닭을 알 수 없단 말이다. 까닭을 모르는 그것은 스스로 하는 존재기 때문이다. 까닭은 물건에 있지 생명에는 까닭이 없다. 그 자신이 까닭이다.

　내가 사는 것은 까닭이 있어 사는 것 아니다. 그저 살고 싶어 사는 것이다. 하나님이 살라시니까 산다든지 하나님을 위해 산다든지 하는 말은 결국 까닭 없다는 말이다. 까닭은 물적 이유·원인이다. 정신에는 까닭 없다. 하나님은 까닭 없이 있는 이다. 그러므로 나는 그저 있어서 있는 자라 한다. 우리 생존이유를 하나님에 붙인다는 것은 우리 생존이 물적인 것에 의존하지 않고 순 정신적인 것이라는 말이다. 정신은 까닭 없이 있어 모든 그의 까닭이 되는 것이다. 뜻이 만물을 있게 한다는 말이다.

그러므로 인격은 이 스스로 자존하는 데 뿌리를 박은 후에야 비로소 힘이 있는 생활 곧 자신自新해가는 생활을 할 수 있다. 자기개혁은 누가 시켜서 될 수 있는 것이 아니다. 제가 스스로 해서만 될 수 있는 내가 나의 법규가 되고 나의 스승이 되고 나의 감독자가 돼서만 스스로라 할 수 있다. 자기가 스스로 자기의 법칙이 되면 아무것의 지배도 받을 필요가 없고, 따라서 부단히 스스로 자라는 생명이 될 수 있다. 그것이 정말 혁신된 자다. 혁명시대에 흔히 오는 현상으로 결과를 얻기 위해 강제주의로 나가는 것은 인격의 근본원리를 무시한 일이다.

나 자신을 혁명하는 일

민족을 개조하려면 나를 개조하지 않으면 안 되고 나를 개조하려면 나의 '참 나'를 발견하지 않으면 안 된다고 위에서 말했다. 그러나 '참 나'를 발견하는 일은 결코 쉬운 일이 아니다. '참 나'를 인仁이라, 복숭아 씨 같은 것이라 했지만 사실은 그것은 복숭아 먹기 같은 일이 아니다. 우리 인격의 핵심 곧 혼이라는 것이 어떤 것임을 말하자니 그렇게 비유한 것이지, 나의 발견이 결코 복숭아를 먹고 그 씨를 얻어드는 것같이 쉬운 일은 아니다.

혹은 땅 속에 묻힌 보배를 캐내는 데 비유하기도 하고 진주가 흙 속에 빠져 묻힌 것을 끄집어내어 닦는 데 비하기도 하지만, 그렇게 말할 수도 있지만 그러나 그렇게 말해만 가지고는 부족한 것이 있다. 우리의 혼은 결코 숨겨져만 있고 가려져만 있는 것이 아니다. 문제는 그보다도 훨씬 더 깊다. 인격은 결코 그대로 있는 자연물이 아니다.

보배는 아무리 깊은 산 속에 있어도 그 보배인 성질에 변동이 없을 것이다. 그러므로 그저 흙을 파헤치면 그만이다. 흙 속에 떨어진 진주는 아무리 더러웠어도 그 본질에는 아무 변동이 없다. 그러므로 닦으면 그만이다. 사람의 혼도 이론으로 하면 물론 그와 같다.

그러므로 복숭아를 먹고 그 씨를 찾아낸다, 땅을 파고 보배를 찾아낸다, 흙을 떨고 진주를 닦아낸다 해서 조금도 잘못은 없다. 그러나 실지로 자기를 정말 고쳐 만들어 제 속을 잘 들여다본 사람은 일이 결코 그렇게 간단한 것이 아님을 알 것이다. 물론 캐내고 닦아내는 것도 결코 쉬운 일이 아니다. 그러나 거기는 힘을 써서 어느 정도에 가면 이때까지 가리어 있었으나 조금도 변함이 없이 한 번 보고 곧 알아볼 수 있는 '참'이 준비되어 있다는 뜻이 들어 있다.

그러나 사실 인생은 과연 그런가? 결코 그렇지 않다. 인격은 거의 그 본질에까지 고장이 들어 있다. 그러므로 '그대로' 있는 인간이 아니다. 무슨 큰 변화가 한번 있어야 하는 인간이다. 그러기 때문에 어렵다. 그 거의 본질의 고장이라 할 그 근본 문제를 죄라고 한다. 누구만이 어떻게 돼서 그런 것 아니라 원래, 본래 그 성질에서부터 들어 있는 모순이다.

그러므로 원죄라는 말이 있다. 아담이 선악과를 따 먹었으므로 죄가 시작되었다는 이야기가 있으나, 그 이야기의 근본 겨누는 점은 역사적 사실에 있지 않고 그보다는 존재의 성격을 말하자는 데 있다. 원인·결과 관계로 이것 때문에 이렇게 되었다 하고 그 원인이 되는 역사적 사실을 밝히자는 것보다는 알 수 없는 맨 처음부터 인간이란 그렇다는 것을 보여주자는 것이다. 그만큼 뿌리가 깊다.

옛날부터 성선·성악의 두 의견이 있다. 사람의 본성은 선한 것이냐, 악한 것이냐? 철학적으로 이론을 한다면 성선설에 반대가 있을 수 없지만 아무도 제 속을 들여다보아 실제의 인간을 말하게 되면 거기 어쩔 수 없이 죄악의 문제가 들어 있는 것을 부인하지 못할 것이다. 사람은 제 속에 스스로 제 근본 모습은 하나님과 같은 것을 알고 믿고 싶어하는 자아가 있는 것도 사실이다. 또 그런 줄을 뻔히 아는데도 불구하고 사탄의 속삭임이 항상 에덴동산의 무르녹은 녹음의 나뭇잎 사이로 오는 미풍 모양으로 어디서인지 누구로부터인지 모르게, 아무리 아니 들으려도 아니 들을 수 없이 오는 것도 사실이다.

그러니 어떻게 하나. 산 속의 보배를 캔다고 했지만 캐는 것이 아무리 힘이 들어도 캐기만 하면 금이 언제든지 노다지로, 생명덩이로 있다면 아니 캘 사람이 없을 것이다. 생금生金도 나는 일이 있지, 없지 않다. 인격에도 생금 같은 인격이 있는지도 모른다. 그러나 예수가 보여주고 석가가 보여주는 것으로는 그들도 결코 생금을 캐러 든 이들은 아니었다. 금이 있다 해서 캐기는 했는데 광석을 놓고도 금은 아니 뵌다. 그러므로 어렵다. 믿음이 있어야 한다는 말은 그래서 나온다. 그대로 있는 금은 없다. 모두 돌 속에 들어 있지. 그러므로 금을 캐어놓고도 제련을 하기 전까지는 금은 보이지 않는다. 그 용광로를 한 번 거쳐 제련이 되어 나오는 데가 문제다. 한 번 일대변화를 해야 된다는 것은 이 때문이다.

근세 사람의 인생관은 통틀어 잡고 자연주의라 해도 좋다. 그들은 인생을 생각하기를 열린 과일을 따 먹는 것 같이 알려 한다. 그들이야말로 참 에덴동산에 산다. 자연 이대로 하면 그만이다. 무조건 자연대로 긍정하려는 것이 그들이 인생을 대하는 태도이다. 사실상 그들에게는 죄관罪觀은 없다. 불완전이 있을 뿐이요, 결함이 있을 뿐이다. 죄란 생각은 윤리적인 세계관에서 나온 것이다. 그러나 근세 사람의 세계는 결코 윤리적인 질서의 세계가 아니다. 사람이나 동물이나 꼭 같은 욕망을 가지고 그것을 만족시키고자 애쓰는 것뿐이다. 뜻대로 되면 행복이요 아니 되면 불행이지, 거기 무슨 잘이니 잘못이니 죄니 악이니 있을 것이 없다. 근본에 있어서 근세 사람의 생활의 바닥을 이루는 생각은 이것이다.

그러나 옛날 사람의 생각은 동·서양을 말할 것 없이 그렇지 않았다. 깊은 윤리관 위에 서 있었다. 그들은 엄격하고 고상한 윤리적 질서 밑에 우주 만물을 통일하고, 인간 스스로가 책임을 지고 그 중심에 서는 것이었다. 그러므로 그들에게 세계는 어떤 뜻의 표현이요, 인간 만사를 결정하는 것은 뜻이었다. 근세 사람에게서는 그런 것이 다 없어졌다. 이 세계는 윤리적 질서가 아니다. 인간이나 동물이나 저나 나나 다 생존경쟁의 본능을 가지고 살아가는 것뿐이다. 그러니 힘 있고 재주 있으면 잘 사는 것이고 없으면 못 사는 것이다. 그러므로 죄니 인간 본능이니 하는 문제 때문에 번민할 필요가 없다. 역사적 전통에 의하여 법도 있고 도덕도 지키나 그들에게 있어서는 이미 생활 수단을 위한 것이지, 거기 무슨 구경의 뜻이나 가치가 있는 것도 아니었다.

이 두 인생관·세계관 즉 자연주의와 윤리주의 중에 어느 것이 옳으냐? 그것은 번거로운 철학의 토론을 기다릴 것 없이 오늘의 세계역사로 하여금 판단케 하면 된다. 셸러[11]의 말대로 세계역사는 세계심판이지. 세계와 인생의 근본에 윤리적인 의미를 부인하고 생물의 행렬에 참여하여 생존 경쟁의 문명의 달음질을 한 결과는 오늘의 세계적 어지러움과 고민에 이르렀다. 지금의 세계사의 모양은 세계혁명의 발효다. 인류는 또 한번 생각을 근본적으로 달리하게 될 것이다. 그러지 않는 한 세계구원의 길은 없다.

현대 사람의 사상을 길러가는 데 가장 큰 힘을 가지는 것은 문예인데, 그 문예의 특색은 윤리관·종교관을 쏙 뺀 것이다. 옛날의 문예는 그렇지 않다. 재미있는 이야기를 하면서도 그 뒤에는 늘 확실한 종교·도덕적인 인생관이 서 있었다. 그런데 지금은 그런 작품이라도 쓰면 유치한 것처럼 생각하게 되었다. 그리하여 문예를 위한 문예가 되게 되었다. 어느 작품을 봐도 인생은 종교도 도덕도 아무것도 없

---

11) 셸러(Marx Scheler, 1874~1928): 칸트의 형식주의 윤리학을 비판하고 인간의 목적과 의도에 바탕을 둔 가치윤리학을 옹호했다. 역사를 가치실현의 구체적 터로 보고 연구를 전개하기도 했다. 『윤리학에 있어서 형식주의와 실질적 가치윤리학』『지식의 여러 형식과 사회』등의 저서를 남겼다.

이 살아갈 수 있는 듯이 되어 있다. 그 가운데 주인공은 그러한 사람들이다. 오늘의 세계를 만든 것은 정치가와 문인이다. 그들의 합작이다. 정치가는 사회생활의 기틀을 잡아 쥐고 앉아 그것으로 하고 문인은 이야기로 하고, 그리하여 의미도 아무 구속도 없는 각자 제 취미대로 하는 향락본위·편리주의의 살림을 선전해왔다. 그 결과로는 사람들의 가슴속에 의무관념이 없어졌다. 있는 것은 제각기 저 본위로 주장하는 권리뿐이다. 그렇게 한 결과 인간의 생각에서 '하나'라는 것이 없어졌다.

옛날 문명의 특색은 그들이 세계의 통일성을 꽉 믿는 가운데서 살아간 것이다. 종교를 믿거나 아니 믿거나, 지식이 있거나 없거나, 한나라 사람끼리거나 다른 나라 사람과 만난 때거나 이 우주는 어떤 하나를 가진, 하나에 달려 있는 우주라는 데서는 다름이 없었다. 그러므로 국가권력 밑에 있거나 아니 있거나 사람으로서 이렇게 해야 한다는 강한 의무감 속에 살았다. 그들은 서로 한 세계의 사람이었다. 그것이 전쟁을 서로 하면서도 세계의 근본 질서를 유지해올 수 있게 했다.

그러나 현대에 와서 질서도 의미도 마비되고 행복의 추구만을 하는 생활을 하고 보면 인간을 한데 묶는, 그리고 만물 앞에서 스스로 영장으로 책임을 지던 그런 생각은 다 없어지고 모든 사람이 저 본위가 되어버렸다. 사실상 우리는 하나의 세계를 잃어버렸다. 그러고 보면 이 어지러움이 온 것은 당연한 일이다. 그러므로 이제라도 인류가 멸망을 면하려면 가슴속에 하나의 세계를 회복하지 않으면 안 된다. 세계의 통일성을 믿는 사상이 나와야 한다.

하나의 세계를 회복하는 데 가장 근본되는 문제가 죄 문제다. 가슴속에서 죄 문제를 해결하지 않고 세계가 하나임을 믿는 믿음에 들어갈 수 없다. 죄는 다른 것이 아니고 빗나감이다. 원심력이다. 중심에서 떨어져나가자는 버릇이다. 우리 속에 구심적인 경향도 있지만 또 꼭 같이 원심적이려는 경향이 있다. 인간 본성을 복숭아 씨에 비겼지만 사실은 그보다는 깜부기로 비유하는 것이 더 적절할 것이다.

농부가 가을에 보리를 심고 겨울을 나서 비료를 주고 김을 매어 가꾸면 여름에 가서 이삭이 팬다. 그러나 그때에 보면 이때껏 꼭같이 자라온 보리에서 어떤 것은 쓰지 못할 깜부기가 나온다. 그것이 언제 그렇게 됐나? 지금 된 것인가? 봄에 된 것인가? 아니다. 전년 가을 씨를 심을 때에 벌써 그 씨에 균이 붙어 있었던 것이다. 그러나 눈에 뵈지 않는 균이므로 그냥 심었고 이날까지 모르고 꼭같이 가꾸어온 것이다. 그러나 아무리 같이 양분을 먹고 햇빛과 비를 받고 자랐어도 깜부기는 마침내 깜부기가 되고야 만다.

인간성도 그렇다. 세계 혼란이 온 것은 오늘 된 일이 아니다. 본래 씨에 붙었던 병균이 이제 그 결과를 나타낸 것뿐이다. 비료를 주면 자라기는 같이 자라도 나중에 깜부기가 되는 수밖에 없는 모양으로 교육과 정치는 인간본성에 들어 있는 죄의 균을 없애지 못한다. 깜부기 씨를 힘과 물자를 들여서 봄내 여름내 가꾼 농부가 어리석다면, 죄의 씨를 제거할 생각은 아니하고 문명의 모든 시설을 하여 정치·교육·예술·오락을 장려해온 현대인은 더 어리석은 바보다.

오늘 세계는 이제 이삭이 팰 때에 온 밭이 깜부기가 된 것을 보고 놀라는 셈이다. 하려면 벌써 지난 해 가을 심을 때에 소독했어야 할 것이다. 이 인간도 그냥 가르치기만 하면 자연히 되는 인간이 아니다. 자연주의의 교육이 듣기에 그럴듯하면서도 틀린 것은 이 때문이다. 인간존재는 소독이 필요한 존재다. 일대변화가 필요한 인생이다. 그래서 "사람이 고쳐 나지 않으면 하늘 나라에 들어갈 수 없다"는 것이다〔「요한복음」, 3: 5〕.

이제 인간은 일대 혁명이 필요하게 된 때인데, 혁명은 결코 정권 다툼을 하는 일이 아니라 사회생활의 근본 제도를 전반적으로 변경하는 일이요, 제도를 고치는 일만이 아니라 민족의 성격을 고치는 일이며, 민족의 성격을 고치는 일이 아니라 나 자신을 혁명하는 일인데, 나는 내 본성이 제대로 있지 못하고 썩은 사람이다. "아, 나는 괴로운 사람이로다. 누가 이 죽음의 몸에서 나를 구원하랴……"〔「로마서」, 7: 24〕 "내가 한 법칙을 아노니, 곧 내가 선을 하려 할 때에 악이 거기 있느니라"〔7: 21〕 "율법(도덕)이 선한 것이나 나를 죽인다"〔7: 10〕. 세상을 바로잡자, 인간을 고쳐 만들자 하는 열성만으로는 아니 된다. 먼저 내 가슴속에서 죄의 병균이 없어져야 한다.

내가 먼저 회개해야

분명히 알아야 할 것은 혁명은 죄와 싸우는 일이다. 흔히 사회악과 싸운다는 말을 하지만 혁명은 사회악과 싸우는 정도만이 아니다. 사회악과는 물론 싸워야 하지만, 그것은 말하자면 깜부기를 뽑는 일이다. 그것도 해야지만 문제는 그렇게 나타나 보이는 데만 있는 것이 아니요, 더 깊은 데 있다. 사회악은 죄가 나타난 것이다. 죄를 뽑아버리지 않는 한 악은 없어지지 않는다. 그럼 죄가 어디 있나?

혁명이 좋지만, 사회가 잘못되면 반드시 혁명해야겠지만, 혁명에 나쁜 것이 있다. 혁명가는 높이 칭찬할 만하지만 대개의 혁명가에 나쁜 것이 있다. 그리고 혁명을 타락시키는 것은 보수세력보다는 대개 혁명가 자신이다. 무엇 때문인가? 그것은 혁명은 잘못된 제도를 들부수며 나쁜 놈을 잡아내어 죽이고 처벌하기에만 급급하고 죄의 뿌리를 찾지 않는 일이다. 죄가 어디 있나? 나쁜 놈을 찾아내기는 어렵지 않다. 그것은 누구 집 지하실에나 굴 속에 숨었지, 다른 데 있을 곳이 없다. 그러나 죄는 그보다 더 깊이 숨는다. 어디인가? 나쁜 놈을 열심히 찾아 공정한 처벌을 하여 천하 사람의 가슴을 시원케해주자는 이 의분에 불이 붙고 있는 이 나의 가슴속에 숨는다. 그러므로 찾기 어렵다.

그 말이 무슨 말인가? 죄를 잡으려면 죄의 법을 알아야 한다. 죄는 단일범이 아니다. 모든 죄는 다 공범이다. 죄는 내 죄, 네 죄가 아니다, 우리 죄, 인간의 죄지. 전체의 죄다. 죄는 종족적인 존재요 역사적인 존재다. 아담이 죄 지었다는 것은 그것이다. 아담이 어디 있나? 에덴동산에 있지 않다. 또 에덴동산이 어디인가? 6천 년 전 메소포타미아에 있던 것 아니다. 에덴동산이 이 나의 가슴속에 있고 아담이 거기 엎디어 있다. 내가 정의의 칼을 들고 사회숙청을 하려, 민족개조를 하려, 눈이 벌개 돌아가는 동안 아담은 내 가슴 밑바닥에서 하와와 둘이 선악과를 따먹고 하나님이 되려니 하고 누웠던 것이다.

내가 아담이다. 민족이 나다. 인류가 나다. 역사도 나요, 인생도 나다. 내 속에 다 있다. 그러므로 원흉을 밖에 찾을수록 못 찾고, 악을 벌할수록 죄는 놓쳐버린다. 모든 죄가 나와 관련 아니 된 것이 없다. "내가 죄인의 대가리다." 천하 죄인 다 잡고도 나 하나 그냥 두면 소용없다. 역사상의 모든 죄악이 다 내가 참예한 죄악이다. 나도 공범이다. 내가 주범이다. 오늘 '나'라 하는 이 인격은 나온 것이 아니다. 과거에 몇천백 번 사람으로 나와 사람을 잡아먹고 도둑질하고 간음·강간 다했던 마음이 또 태어나온 것이다. 나야말로 상습범이다. 이 세상이 살기 어려운 것은 모두 상습범의 천지기 때문이다. 전에 도둑질해본 일이 없다면 어떻게 도둑을 도둑으로 알아보며, 전에 강간해본 일이 없다면 어떻게 강간을 알아볼 수 있을까? 해본 일이다. 나는 그런 나다.

죄는 오늘 아침에 나온 콩나물 같은 것이 아니라, 마을 복판의 천년 묵은 느티나무 같은 것이요, 돌담 속에 5백 년 묵은 능구렁이 같은 것이다. 역사 붙은 죄다. 아니다, 역사가 바로 죄다. 나 모르는 죄가 어디 있으며 죄 없는 내가 어디 있느냐? 죄인을 잡아 목을 자르면 자르는 그 순간 그 목은 떨어지고 그 속에 있던 죄의 영은 번개같이 내 가슴속으로 들어와 숨게 된다. 나는 그 순간부터 가슴이 더 무거워진다. 죄인을 모조리 잡아 혁명 재판에 부치고 나를 바로잡고 사회를 깨끗이 했거니 하는 마음은 풀을 낫으로 베고 다 됐거니 하는 것과 같이 어리석은 마음이다.

혁명이 매양 풀 베는 낫같이 분주하면서 기실 한 일이 없이 실패하고 마는 것은 보복주의·숙청주의·독선주의, 결과 어서 보자는 강제

획일주의 때문이다. 혁명은 돌을 다루는 것이 아니라 자유 있는, 자존심 있는 인간을 다루는 것이요, 풀을 베는 것이 아니라 인심의 깊은 데서 나오는 죄를 베는 것이 아니라 뽑는 것이다. 그리고 정말 뿌리를 뽑으려 해보라. 그 뿌리가 땅 속에서 한데 얽힌 것을 발견할 것이다. 나를 내놓고 어떻게 죄 처분을 하느냐? 그리고 죄 처분을 못하고 누구를 상주며 누구를 벌 주고 무슨 제도를 새로 지으며 어떤 인물을 쓰느냐?

그러므로 혁명은 반드시 책임감을 느끼고 역사적 죄악을 제 몸에서 아프게 슬프게 회개를 해서만 새 역사를 지을 감격과 지혜가 나온다. 회개 아니한 민족가지고 아무것도 못한다. 그러지 않고 나타나는 형식적인 결과만을 취하여 공문서를 이어 내보내어 그것을 강행시키는 것만으로 큰 일인 줄 알진데, 차라리 공산당에 배우는 것이 나을 것이다. 국민의 마음이 무서워 떠는 것 아니라 감동이 돼야 한다. 현상을 달고 잡아 바치라 하는 것 아니라 스스로가 감격해 새 결심을 하게 돼야 할 것이다. 그러지 않고는 아무것도 될 것 없다.

그러면 어떻게 하면 국민적 회개를 일으킬 수 있나? 사람의 마음은 감응하는 것이라, 내가 먼저 회개하여야 한다. 울음은 울음을 자아내는 법이요, 웃음은 웃음을 불러 일으키는 법이다. 내가 5천 년 묵은 죄를 내 몸에서 회개하여 눈물을 흘린다면 민중은 자연 감동할 것이다. 그러지 않고 칼 뽑아 들고 네 죄를 회개하라 한다면 그것은 의붓자식 보고 주먹 내두르며 나를 어미라 아니할 테냐? 하는 셈이다. 때리면 "어머니!" 하기는 하겠지만 그것이 정말 한 것일까?

그러므로 민중을 회개시키는 방법은 죄짐을 내가 지고 민중에 앞서는 일이다. 죄인 잡는 법이 네가 죄인이다 하고 잡으면 현행범을 잡았어도 아니라고 부인하는 법이다. 그래도 강제로 잡으면 그놈의 몸은 잡히고 마음은 다 내 속으로 들어와 내가 도리어 죄짐을 지게 된다. 반대로 책임을 내가 저서 내가 나를 죄인으로 규정하면 저쪽은 죽은 양심을 깨워 일으켜서 죄는 정말 없어지게 된다.

그러므로 혁명의 원리는 죽어서 삶이다. 죄의 전 책임을 내게 지워 그 나를 죽여버리면 전체가 살아난다. 죽인다는 것은 나의 '작은 나'를 나 아니라 부정함이다. 그렇게 해서만, 내가 '전체 나'에 이를 수 있고 그 '전체 나'가 스스로 제 죄를 담당함으로써만 '새 나'로 혁신될 수 있다. 악을 죽여 없애려던 열심으로 하면 단두대를 만든 로베스피에르에서 더할 사람이 누구며 용단勇斷에서 한다면 당통12)서 더할 사람이 누구리오마는 그들이 한 일은 오늘 그 판결이 환히 나 있지 않나? 그보다는 현행범도 벌을 주지 않고, 억울한 몰아침을 하는 정죄자定罪者 앞에서 변명도 하나 아니 하고 십자가를 진 예수는 말할 수 없이 약한 것 같지만, 그래서 더 세계를 변경시킨 사람이 누구일까? 옛날부터 혁명의 원리는 모르는 것 아니다. 환하게 열린 것이다. 사람들이 제 스스로 하지 않을 뿐이다.

죽여서 되는 것이라면 미국이 왜 원자탄을 먼저 많이 가지고 있을 때에 쓰지 못했을까? 미국의 정책 전략이 잘못됐다고, 그런 지혜로운 척하는 말 말라. 쓰고 싶어도 못 쓰는 점이 있어서 그런 것이다. 그러고는 지금 무기가 공산 편이 앞서게 됐으니 재미있지 않은가? 소련에서 언제 무장 우주선을 쓸지 모른다. 그런 걱정 말라. 무력으로 해결되는 것 아님을 그들에게 가르치기 위해 일이 이렇게 된 것이다. 이 앞의 세계는 결코 때려부수는 주의, 국민을 몰아 내세우는 주의로 되지 않을 것이다. 역사의 방향은 어쩔 수 없이 자유의 방향으로 놓였다. 힘이 센 자가 이기는 것 아니라 생명을 대접하는 자가 이길 것이다. 남을 죽이는 자가 살 것 아니라 스스로 죽는 자가 저와 남을 다 살릴 것이다.

또 한 번 말하자, 혁명정신은 가져야 하지만 혁명은 못할 것이다.

---

12) 당통(Georges Jacques Danton, 1759~94): 프랑스혁명 시기의 정치가. 군주제를 무너뜨리고 프랑스 제1공화국을 세우는 데 주도적인 역할을 했다. 자코뱅당의 지도자로 혁명 재판소를 설치하고 왕당파를 처형했으나, 로베스피에르의 독재에 반대하다가 결국 단두대에서 죽음을 맞이했다.

참 사람 되기

종이 위에 하는 천만 이론이 내게는 소용이 없다. 나는 제대로 있는 나가 아니고 잘못된, 이미 못쓰게 병이 든 나다. 이 민족은 죽는 줄 뻔히 알면서도 꼼짝을 못하리만큼 기력이 탈진된 민족이다. 적어도 정신상태가 그렇게까지 타락이 된 사람들이다. 이제 그런 사람을 어떻게 살려내느냐가 문제다. 석가가 8만 설법으로 가지가지 해탈의 법을 가르치면서도 옥에 갇혀 도저히 빠져나올 가망 없고 비관에 빠진 여자에게는 염불을 가르쳤듯이 무슨 그런 방법이 있어야 한다.

갇혀 있는 놈에게 팔만대장경이 무슨 소용이 있으며, 낙망과 비관에 빠진 사람에게 참선법을 아무리 말하면 소용이 있겠나! 그러므로 숨이 넘어가는 순간에라도 "아미타불!" 하고 일념一念만 해도, 잠깐 생각만 해도 되는 염불을 가르친 것이다. 우리에게도 염불법이 있어야 한다. 인격의 구조요, 생명의 원리요, 회개요, 정진精進이요, 신앙이요, 신생활 운동이요 다 필요하지만, 그것을 알면서도 할 수 없어진 데가 우리의 우리된 점이다. 백 가지 이론보다 나를 새 사람으로 만드는 실제적인 방법이 없을까? 상근13)으로 난 사람은 말할 것 없고 나처럼 이렇게 하지하근下地下根으로 더럽게 난 사람은 사는 법이 무엇일까?

이론이 아니요 실지의 경험이다. 지원병으로 나가라! 중국사람의 옛말이 있다. 호철불타정好鐵不打釘이요, 호한부당병好漢不當兵이라. 좋은 쇠로는 못을 만들지 않는 법이요, 사람 잘난 건 군인 아니 보내는 법이다. 국민개병제에서는 말할 것 없지만, 그렇지 않은 담에는 죽고 죽이는 군인을 나갈 놈이 누구일까? 군인 지원해 가는 것은 하잘것없는 세상에서 할 수가 없어진 인물일 것이다. 인간의 찌꺼기다. 그러니 내 말은 우리는 인간의 찌꺼기니 지원병이나 나가자는 말이다.

지원병이 참 좋다. 제 동리에서는 발붙일 곳이 없어진 망나니이므

---

13) 상근(上根): 불교의 진리를 이해하고 실천할 수 있는 능력이 남보다 뛰어난 사람. 반대로 하근(下根)은 불도를 수행하는 자질과 능력이 약한 사람이다.

로, 집에서는 부모가 욕하지, 나가면 빚 채근하지, 간 곳마다 쌈만 하고 매만 맞지, 연애는 실패를 했지, 그렇게 인생의 바닥에 내려갔으므로, 그래도 자살할 용기는 없으므로, 살기는 해야겠으므로, 에라 군인이나 나가자 하고 나간 것인데, 나간즉 싸움을 했고, 전쟁은 온 가지 과거의 기억을 다 없애버리고 오직 전쟁에만 열중시켜서 고지에 돌격까지 하고 났는데, 그러고 나면 승리요, 나라로 돌아오면 이제는 개선장군이다. 전날의 빚을 이제 채근할 놈도 없고 옛날의 시비를 이제 따질 사람도 없다. 온 동리가 나와서 절할 수밖에 없다. 그러니 지원병 나갈 만하지 않은가? 하자 해서 한 것이요 인생에 쫓겨서 한 것이건만, 새 사람됨이 거기 있다.

그럼 우리는 무슨 군대에 지원할까? 지금 세계는 하나되는 새 나라의 독립군을 부르고 있는 때다. 평화의 군대를 부른다. 이것은 무기를 드는 것 아니라 마음 하나를 든다. 사람을 죽이자는 군대가 아니라 살리자는, 살리기 위하여 내가 죽는다는 군대다. 마을에서 망나니가 돼버려서 갈 곳이 없는 자는 그리 가면 된다. 그 군대에 몸을 던지면 새 시대의 사람이 된다.

사람이 고쳐 된다는 것은 정신을 두고 하는 말이다. 반드시 성인이 된다는 말이 아니다. 그런데 새 정신은 새 시대에 있다. 군인이 개인으로는 약하고 악하고 망나니여도 위대한 군대에 속하면 그 전체가 나를 삼켜 나를 무조건 선한 것으로 만들고 그 군대가 이기는 날 나는 무조건 이긴 자가 되는 모양으로 사람을 고쳐 만드는 것은 시대다. 새 시대의 정신에 몸을 던지란 말이다. 그러면 어떻게 부족했던 사람도 새 시대 새 역사의 일꾼이 된다. 그것이 정말 혁명이다. 그것이 정말 종교다. 참 종교는 참 전쟁이요, 참 싸움은 참 종교다. 개인으로는 여전히 잘못이 많아도 참 싸움, 참 종교에 참여하면 참 사람이다. 내가 참을 하는 것 아니라 참이 나를 살릴 것이다.

• 『인간혁명』(일우사, 1961)

새 혁명

싸움의 목적은 참 이김에 있다

청천백일하의 반항, 비폭력의 싸움, 그리고 조직적인 운동. 이를 위하여 우리는 민중을 깨워야 한다. 이제부터 곧 이것을 시작하자.

우리는 이제 다시 새 혁명을 시작해야 한다. 이미 결과가 어떠할 것이 뻔히 내다뵈는 더러운 대통령선거전에 정신을 뺏기지 말고, 더구나 그것 때문에 낙심하지도 말고, 마치 6·25전쟁 때에 의정부·대전에서 칠령팔락七零八落이 된 군대를 낙동강 남쪽에서 다시 모아 재편성하여 새 용기를 가다듬어, 이김에 한창 교만한 대적을 되돌이켜쳐서 도로 이길 수 있었듯이 이 정치 싸움에서도 결코 낙심 말고, 곧 선 자리에서 새 혁명을 시작해야 한다. 일은 결코 요것만으로 결정되지 않는다. 이것은 앞으로 있을 길고 긴, 험하고 험한 싸움의 한 구절에 지나지 않는다.

우리는 이번에 야당들이 연합하여 단일후보를 내세우고 싸워주기를 바랐다. 그것은, 그리해서만 있는 세력과 돈을 맘대로 다 써가면서 독재정권의 영구적 연장을 꾀하는 여당을 이길 수 있기 때문이다.

우리가 야당을 지지하려 한 것은 반드시 그 인물들이 여당 사람들보다 나아서는 아니었다. 인물을 말하면야 가두의 판결문 그대로 '그놈이 그놈이지' 별다를 것이 없다. 그보다도 우리가 보는 점은 그 취하는 노선에 있다. 그 의지하는 제도에 있다. 여당은 독재주의를 취하는 대신 이들은 자유민주주의를 내세웠다. 이것이, 이 자유민주주의라는 제도야말로 지금 단계에서 역사의 새 싹이다. 우리는 지금까지 있던 낡아빠진 봉건적·전통적 사회제도에서 깍지를 벗고 나와서 자유민주주의의 새 제도 속에 자라려고 하는 것이다. 그러므로 어떻게 해서든지 이것을 지켜야 한다. 이것은 아시아, 아프리카, 남아메리카의 소위 후진국이라는 여러 나라들에서 다 일어나고 있는 역사적 대세이다.

왜 그렇게 됐나. 속도와 매스컴을 그 졸가리로 삼는 인간생활의 근대화에 따라서 이때까지 사람의 살림을 지키고 지배해오던 낡은 사회환경이 맞지 않게 됐기 때문이다. 이것은 어쩔 수 없는 대세다. 그러므로 낡은 시대의 정치형태이던 독재제도를 가지고는 그 안에 어떤 인물이 있어도, 어떻게 애국심을 부르짖고 어떻게 국민더러 부지런해라, 산업을 일으키자, 새 도덕을 가져라 채찍질을 해도 소용이 없다. 마치 무등 타고 아무리 팔다리를 휘저어도 헤엄이 될 수 없는 것과 마찬가지다. 네가 헤엄을 치고 싶거든 왜 물속으로 뛰어들지 않나? 독재주의 제도 밑에서 '재건'이란 우스운 소리다.

그런데 그 야당들이 통합을 못하고 말았다. 왜 그렇게 됐나? 그들에게 성의가 없었기 때문이다. 말로만 민주주의라 했지 정말로 이 정치를 한번 혁신하자는 생각이 없었다. 그들은 민중을 속이려 했던 것이다. 이 점에서 그들은 여당과 마찬가지다. 그들이 만일 정말 이 시국의 뜻을 이해했다면 서로 하나되지 못했을 리 없고, 만일 하나가 됐다면 전 민중은 그들을 지지했을 것이다. 그런데 그들은 썩어진 권모·술수·책략·배타의 옛 정치 생각밖에 가진 것이 없었고 민중을 이해하려 하지 않았다. 그러므로 그들은 종시 통합을 이루지 못했고, 민중은 그만 실망했다. 이제 다섯이 후보로 섰거나 일곱이 섰거나 그 누가 당선이 되거나 거기 관심을 가지는 것은 죽은 아들의 시체를 뒤집고 있는 것과 마찬가지다. 아무 소용이 없다. 민중의 실망은 곧 그들을 영겁의 쓰레기통으로 던져버리는 역사적 판결문이다.

괴롭고 힘들어도 할 것은 해야 한다

그럼 왜 민중이 가만 있나? 민중이 정말 야당에 대해 실망했다면, 야당은 물러가라고 외치든지 쓸어버리는 무슨 운동이 일어나든지 할 듯한데 어째서 무등 타고 헤엄치기 내기하는 듯한 대통령선거운동을 그냥 멀쩡히 보고만 있을까? 대답은 간단하다. 독재정치 밑에 있기 때문이다. 물론 언론의 자유 아니 준다고 잠잠하고 있는 것은 비겁이지만, 결코 비겁 때문만도 아니다.

가짜 돈이 나와 돌면 진짜 돈은 그 자취를 감추는 법이고, 세상에서 도리가 죽으면 민중은 입을 다무는 법이다. 물론 소극적이지만 자기가 옳은 것을 주장하기 위해서다. 혹 어떤 사람들은 말하기를 "어디 언론의 압박이 있느냐. 이렇게 자유롭게 무슨 말이나 할 수 있는데 왜 언론의 자유가 없다느냐" 하지만 그것은 마치 행실이 올바른 청년을 술집에 끌어다놓고 너는 왜 즐거워하지 않느냐 하는 것과 마찬가지다. 술집에서는 술 미치광이 저는 즐겁겠지만 정신이 똑똑한 사람은 도리어 슬프고 고통스럽다. 그를 아름다운 대자연이나 점잖은 사람 모임 속에 가져다 놔 봐. 얼마나 즐거워하고 얼마나 말을 잘하나?

독재제도 밑에서는 종살이 좋아하는 사람은 자유로이 말하겠지만 옳은 사람은 잠잠하다. 그 속에 참이 있고, 그 참 때문에 벙어리로 말하는 것이다. 이제 민중이 잠잠한 것은 그들이 독재주의를 싫어하기 때문이다. 그들의 잠잠은 자유를 압박하는 자를 죄인으로 판결하는 선언문이다. 오늘날 민중은 실망과 잠잠으로 야당·여당 둘에다 다 역사적 심판을 내린 것이다.

그러면 혹 여당 사람들은 말하는지 모른다. 이제 우리는 군복을 벗었고 공명선거를 통하여 민주주의 형태의 정치를 할 것이라고. 아마 가시나무에 무화과가 열리고 엉겅퀴에 포도가 맺히는 날이 오면 그럴 수 있을지도 모르겠다. 나쁜 나무에 어떻게 좋은 열매가 열리겠는가? 민정으로 돌아가는 절차를 치르기 전에 이미 독재하기에 맞도록 모든 법을 만들고 미리 당파를 조직한 사람들에게서 어떻게 민주주의를 바라겠는가. 정보망을 강화하는 것을 나라가 질서유지하는 오직 하나의 방법으로 삼는 사람들에게서 어떻게 자유를 기대하겠는가. 정치자금이 나오는 데가 어딘지, 그 쓰이는 데가 어딘지 밝히지 않는 사람들에게서 어떻게 공명을 바라겠는가.

우리가 새 역사를 짓는다는 것은 비유해 말하면 늙은 고욤나무를 자르고 참감나무의 어린 순을 접붙이는 것과 마찬가지다. 몇천백 년 내려오던 썩은 전통적 사회 밑을 자르고 거기다 민주주의라는 새순을 모처럼 접붙인 것이 이 대한민국이란 것인데, 이제 그것이 잘 붙을 것 같지 않다고 뽑아버리고 밑에서 다른 순을 돋게 하니 그것이 아직 보기에 기운 있는 듯하고 될성불러 뵈지만, 단단히 알아라. 그것은 못 먹을 고욤나무인 것이다. 감이 먹고 싶거든 옛 드덜기('등걸'의 방언 – 편집자)를 사정없이 자르고 새 가지를 접붙이는 것밖에 길이 없다.

그러므로 다시 새 혁명이 있어야 한다는 것이다. 혁명을 또 하자면 사람들은 아마 몸서리를 칠 것이다. 그러나 아무리 괴롭고 힘이 들어도 할 것은 해야 하는 것이 생의 법칙이다. 사람이 사는 목적이 물론 안락을 누리는 데 있지만, 또 안락만을 탐해 마땅히 싸워야 하는 싸움을 아니 싸우면 아주 망해버리는 것을 어찌하나?

이 민중에게 자유를 주라!

민중을 속이는 자가 있어서 말하기를 이것이 마지막 혁명이라 하지만 그런 소리에 넘어가서는 아니 된다. 그것은 없는 평안을 있다 하여 한때 안심을 시켜놓고 우리를 영원히 종으로 삼고 지배해먹으려는 심장에서 나오는 속임수다. 역사의 대세를 살펴볼 때 이것이 어떻게 마지막 혁명이겠나? 이 시대의 어지러움이 어떤 어지러움이며, 우리가 당하는 고난이 그 어디에서 오는 고난인데? 위에서 이미 말한 대로 이것은 우리 사회 근대화의 피할 수 없는 과정이다. 잠자던 민중이 깨려는 데서 일어나는 꿈틀거림이요, 부르짖음이다. 없을 수 없다.

그리고 이 동양적인 전통주의의 사회제도야말로 여러 천년 묵은, 종교와 도덕과 습관과 감정에 깊이 뿌리박은 고질 같은 것이다. 그러므로 하루 이틀에 손쉽게 될 리가 없다. 굳은 신념과 끈기 있는 노력으로만 이겨낼 수 있는 싸움이다.

우리 옷이 달라질 것이 아니라 머리가 달라져야 한다. 글의 문구가 변할 것이 아니라 심정이 변해야 한다. 구호나 표어를 써내 붙이면 되는 게 아니라 인생관이 달라져야 한다. 당장 눈에 나타나는 결과와 숫자가 문제 아니라, 새 생리가 필요하다. 사람이 한 단 높은 단계의 사람이 돼야 하고, 사회가 전과 질적으로 다른 새 사회가 돼야 한다. 그런데 어떻게 초등학교 아이들의 체조식 이념으로 혁명이 완성되겠는가. 제 자랑을 해도 분수가 있고, 민중을 속여도 정도가 있다. 병이 낫지 않았는데 나았다는 의사는 의사가 아니고 바로 도둑이다.

듣기 싫은 소리가, "우리는 배가 고프니 당장 사는 것이 문제지 누가 정권을 쥐거나, 무슨 제도를 실시하거나 문제가 아니다"라는 말이다. 우리는 이것이 결코 죽게 된 민중 자신의 입에서 나온 소리가 아니고, 지배자가 그렇게 만들어서 시키는 소리임을 분명히 알아야 한다. 배가 누구 때문에 고파졌으며, 못살게 되기를 왜 못살게 된 것인데? 천백 년 자유 뺏기고 종살이했기 때문이지 다른 것 아니다. 그리고 민중의 살림이 가난했기 때문에 남들이 다하는 근대화에 뒤떨어지고 식민지로 전락했으며, 남의 식민지 노릇을 했기 때문에 해방이 왔어도 이 혼란 아닌가. 그랬으면, 굶어죽게 된 염소를 살리려면 곧 목사리를 끌러놓아야만 하듯이, 이 민중을 살리려면 즉시로 자유를 허락하는 것이 일이겠지, 어찌 나가던 걸음을 독재로 매어놓고 이제는 혁명이 완성됐다 하는가?

우리에겐 아직도 원시적인 꼴을 면치 못한 농업경제에서 근대적인 산업경제를 이루려면 넘어서야 할 난관이 많다. 우리는 아직도 독단적인 이 운명철학·숙명종교에서 벗어나서 비판적이고 자기창조적인 세계관에 들어가려면 물리쳐야 할 허깨비가 많다. 우리는 아직도 이 보수적인 되풀이하는 사관에서 진취적인 가치 완성의 사관에 들어가려면 부숴버려야 할 장애물이 많다.

그러기 위해서 우리는 무엇보다도 먼저 이 구태의연한 특권주의·독재주의 정치제도부터 고쳐야 한다. 철저히 고쳐야 한다. 이것이 구경의 목적이어서가 아니라, 가장 겉에 있는 것이기 때문에, 이것이 가장 중요하기보다 가장 기본적이기 때문이다. 모든 개조·개선이 있기 전에 우선 스스로 하는 인권부터 찾아야 할 것 아닌가?

그러므로 앞으로 혁명은 있고 또 있을 수밖에 없다. 절대로 얼어 죽는 놈의 마지막 순간같이 주저앉아서는 아니 된다. 우주선이 제 속에서 폭발하는 힘의 반동으로 별의 세계를 달리듯이 민중의 끊임없는 자기 혁신에 의해서만 역사는 나아갈 수 있다. 무사주의·태평주의를 선전하는 독재자의 말에 속아서는 아니 된다. 지금 우리에겐 정계의 안정, 사회의 안정이 필요한 것을 우리는 잘 안다. 그러나 그것은 마치 달리는 자전거와 마찬가지로 민중의 활발한 진행운동에 의해서만 얻을 수 있는 것이지, 결코 쌓아놓은 시체처럼 정치에 대한 무관심·불간섭으로 올 수 있는 것이 아니다. 우리는 동적 평안을 원하지 결코 정적 평안을 원하지 않는다. 민중이 맘껏 말하고, 맘껏 의사를 표시하고, 맘껏 자유활동을 하면 평안은 저절로 있다. 불안은 다른 것 아니고 곧 눌림당한 민중의 숨쉼이다. 그 숨을 자유롭게 하기 위해 돌무덤 같은 독재주의의 장벽을 깨치는 혁명을 하자는 것이다.

새 혁명이 진정한 근대화다

그러나 다시 새 혁명을 시작해야 한다는 말에 곧 총칼과 전차가 때리고 잡아 가둠과 계엄령과 까다로운 구속을 연상하여 겁을 집어먹을 필요는 없다. 우리 말하는 혁명은 이런 따위 가짜 혁명이 아니다. 그것은 정말 가짜다. 왜 가짜인가. 구악을 없애버린다 약속하면서 없애버리긴 고사하고 더하기 때문이다. 보라, 이날까지 모든 혁명이 자유를 약속했지만, 평등을 약속했지만 어디 자유가 있고 평등이 있나? 우애를, 복지사회를 약속했지만 어디 우애가 있고 복지가 있나?

그들은 거짓말을 했을 뿐이다. 첨부터 속임수로 시작한 것은 말할 것도 없고, 성의로 시작했던 혁명도 거짓말로 끝날 수밖에 없었다. 그 방법이 틀렸기 때문이다. 그들은 자유를 가져오는 데 억지로 민중을 구속하면서 하려 했다. 평등을 만드는 데 자기네 스스로 특권을 부리면서 하려 했다. 나라를 사랑해서 한다 하면서 반대자를 미워하고 죽이면서 하려 했다. 복지사회를 건설한다 하면서 사람의 살림의 알갱이가 되는 정의情誼의 유대를 왼통 짓밟고 끊으면서 하려 했다. 그렇게 해서 될 법이 어디 있나? 선은 선으로써만 얻을 수 있지, 어찌 악을 해서 선을 이룰 수 있을까.

이날까지 모든 영웅, 모든 사회 경륜가, 모든 자칭 지도자, 혁명가들이 내세운 표어가 '목적을 위해서는 수단을 가리지 않는다' '목적은 수단을 정당하게 만든다'여서, 그것으로 민중을 속이고 그 지지를 얻으려 했지만 그것이 참이 아닌 이상 어찌 오래 갈 수 있을까? 한동안 된 것 같다가도 멀지 않아 그 모순이 폭로되곤 했다. 이날까지 민중은 모든 혁명의 원동력이 되면서 결과는 늘 일부 특권자에게 뺏기고 속아왔다.

이날까지 모든 혁명가는 압박자로 타락하지 않은 것이 없고, 모든 지도자는 협잡꾼으로 떨어져 들어가지 않은 것 없다. 왜 그런가? 반드시 그들이 개인적으로 나빴다는 것보다는 그들의 사고 방식이 근대적이 못 되고 구식이었기 때문이다. 자기네는 잘 하노라 했건만 그 근본에서 잘못 안 것이 있었기 때문에 새 시대가 오면 그렇게 심판을 받을 수밖에 없게 되는 것이다.

잘못 안 것이 무엇인가? 민중이다. 그들은 한 통일체로서의 인간을 생각할 수가 없었다. 오직 개인을 알 뿐이었다. 그리고 그 개인은 결코 인격의 값이 같은 것이 아니었다. 인권평등의 사상은 그들에게 없었다. 그러므로 정치를 하고 교화를 하는 자기 혹 자기네의 계급은 언제나 민중 위에 초연히 떠나 있는 것이었다. 선의의 독재, 이런 따위의 사상은 그런 것이 아직 남아 있는 끄트머리이다. 그러므로 그들에게는 선은 언제나 위에서 내려 씌우는 것이지 결코 밑에서 속에서 피어올라오는 것이 아니었다. 목적을 위해서는 수단을 가리지 않는다는 사상은 이런 데서 나온 것이다. 아무것도 모르는 우중愚衆이기 때문에 무슨 방법으로나, 제가 원하거나 아니 원하거나, 때로는 죽이기까지 하더라도, 좋은 일을 위해 하는 것이면 선일 수밖에 없었다. 그러나 그 아무것도 모른다던 민중이 나와 꼭 마찬가지의 권리를 가지고 의무를 가진 인격이라 할 때 어찌 될까? 일은 전혀 달라질 수밖에 없다. 그리고 근대적이란 곧 다른 것 아니고 그 일이 생긴 것을 말한다. 우리가 말하는 새 혁명이란 곧 이 근대화의 추진이요 완성을 뜻하는 것이다.

그러므로 지나간 시대에 혁명가들이 쓰던 방법을 그냥 쓸 순 없어졌다. 그들은 혁명을 하려면 몰래 음모를 하고 비밀결사를 조직하고, 폭동을 일으키고, 반대자에 대한 악선전을 했다. 이것이 가장 성공적으로 사용된 세 가지 방법이었다. 지금은 이것이 그 끝장에 이르렀다 할 수 있다. 끝장에 이르러 이미 그 모순성을 폭로하기 시작했으므로 다시 쓸 수 없어진 것이 오늘의 형편이라 할 것이다.

청천 백일하에, 폭력 쓰지 않고, 조직적으로

무엇이 그렇게 만들었나. 두 가지 사실 때문이다. 하나는 자각된 인간이요, 또 하나는 하나로 되기 시작한 세계다. 몇몇이 몰래 결사를 조직하고 무기를 얻어 좋은 기회에 이미 있는 조직체의 중요한 사람을 죽여버리고, 강력한 혁명군을 조직하여 어떤 정책을 민중 위에 강요하고, 다수를 위해서 소수는 희생되는 것이 마땅하다는 생각은 다 각 민중, 각 국가가 자기의 절대 지상포上을 주장하고, 자기를 곧 도덕의 표준으로 알며, 생존경쟁·약육강식을 자연율로 내세우고 작은놈은 큰놈을 섬기고 어진 것은 어리석은 것을 다스리는 것을 하늘이 준 법칙으로 알던 전 시대에 속한 사상에서 나온 것인데 이젠 도저히 그런 따위 생각이나 방법으로는 세상을 건져갈 수 없게 됐다.

옛날에는 모든 종교·도덕이 다 자기를 절대화했다. 나와 생각이 다르면 곧 죄요 악이었다. 이제는 그런 생각을 가질 수 없다. 옛날에는 모든 민족이나 나라가 다 자기를 신성한 것으로 알았다. 그러므로 나와 이해가 다른 민족이나 나라는 다 없애버릴 것이었다. 이제는 그런 주장을 할 수 없다.

옛날에는 반대자는 원수요, 원수는 곧 악이며, 악은 죽여 마땅한 것이었다. 이제는 그렇지 않다. 반대자도 나의 한 부분이요, 원수라도 반드시 악은 아니요, 악은 죽여서 없어지는 것이 아니다. 그러므로 이제는 비밀 조직이 있을 수 없고, 폭력으로 될 수는 없는 것이 분명하고, 악선전으로 민중을 얻을 수 없는 것이 사실로 나타나고 있다. 2, 3천 년 전에 위대한 종교의 스승들이 지적해주었던 진리가 이제는 어쩔 수 없는 사실로 증명되고 있다. 그러므로 우리는 우리가 말하는 혁명을 세 가지 조목으로 요약해 말할 수 있다.

첫째, 그것은 청천백일하에 드러내논 반항이다. 삶이 곧 악과의 싸움인 이상 악에 협력할 수는 없다. 반항해야 한다. 그러나 인격을 인격으로 대접하는 이상 몰래 할 수는 없다. 몰래 하면 악의가 들어 있다.

둘째, 그것은 폭력을 쓰지 않는 싸움이다. 싸우는 목적은 저쪽의 혼을 불러일으켜 하나되는 참에 가자는 데 있다. 그것이 싸움이 목적이 되는 참 이김이다. 그러므로 그것은 어디까지나 강제할 수 있는 것이 아니다. 그러므로 죄악의 값인 고통을 내 몸에 당하면서도 미움 없는 참음으로 해야 할 것이다.

셋째, 그것은 조직적인 운동이어야 한다. 선도 개인의 선이 아니요, 악도 개인의 악이 아니다. 사람은 전체 속에서만 자기를 참으로 알 수 있고 드러낼 수 있다. 더구나 고도로 발달된 오늘의 조직사회에서는 악의 힘은 그 조직에 있는 것이므로, 더러운 세상에서 초연하여 독선기신(獨善其身: 남을 돌보지 않고 자기 한 몸의 처신만을 온전히 함 – 편집자)한다는 식으로는, 정신과 물질을 확연히 갈라놓아 모든 속념을 버리고 청정한 정신 속에 산다는 식의 생각으로는 절대로 사회악과 싸워 이길 수 없다.

이것을 하기 위해 우리는 민중을 깨워야 한다. 우리 자신을 가르쳐야 한다. 예배 시간이나 공부 시간만 아니라, 일터에서나, 쉴 때나, 잡담을 하는 때에도, 우리 이상하는 바를 말하고 주장을 선전해야 한다. 민중으로서의 자기 교육, 자기 훈련을 해야 한다. 이제부터 곧 이것을 시작하자는 말이다.

• 1963년 10월, 『사상계』 제126호

혁명의 철학

영원히 새로워지는 역사

혁명은 정치가 달라지는 것을 말하는 것입니다. 달라지되 어느 한 부분만 아니라 전체를 왼통 뜯어 고치는 일입니다. 그리고 새 출발을 하는 일입니다. 혁명이란 말은 본래 옛날에 한 나라가 망하고 새 왕조가 들어설 때 썼던 말인데, '혁革'자가 그 뜻을 나타냅니다. 혁革은 익힌 가죽이라는 글자인데, 짐승의 날가죽 곧 피皮를 익혀서 털을 뽑으면 모양이 전연 달라져서 새 것이 됩니다. 그래서 '혁'에는 '달라진다. 새로워진다'는 뜻이 붙게 됐습니다. 앓는 사람이 병세가 갑자기 나빠져서 죽을 고비에 들게 된 때 병혁病革이라고 쓰는 것도 그 뜻에서입니다. 혁명은 명命을 새롭게 한다는 말입니다.

명命은 무엇인가. 천명天命입니다. 하늘 말씀입니다. 옛날에는 나라의 임금이 되는 것은 하늘 말씀을 받아서 된다고 믿었습니다. 그래서 임금을 천자天子 곧 하늘의 아들이라 했고 그는 하늘에 대해 책임을 지고 정치를 한다고 생각했습니다. 그러므로 그가 하늘 말씀대로 하는 때까지는 임금일 수 있으나, 그 말씀대로 아니하는 날에는 그 천명은 떠나서 다른 데로 가고, 그것을 새로 받는 사람이 임금이 되어 새 나라를 세우게 됩니다.

이것은 오늘날 사람에게는 아주 먼 말입니다. 하늘이니 말씀이니 하는 말은 지금 사람에게는 실감이 아니 가는 말입니다. 그러나 이에 대하여 맹자가 제자 만장萬章과 문답한 것을 들어보면 그 말하는 식은 비록 다르지만 속뜻은 결국 지금과 같은 것을 알 수 있습니다.

만장이 선생에게 물었습니다.

"요堯가 순舜에게 천하를 주었다는데 그렇습니까?"

맹자 대답하기를,

"아니다. 천자가 누구에게 천하를 줄 수 있는 것 아니다."

"그러면 순이 천하를 가진 것은 누가 주어서입니까?"

"하늘이 주었지."

"하늘이 주다니 소리를 내서 말을 한 것입니까?"

"아니다, 하늘이 말하는 법 없다. 그 사람의 하는 행동과 일을 통하여 보여주시는 것이다"〔『맹자』, 「만장 상」〕.

그래서 결국 하늘의 뜻은 민중 전체에 나타나는 것을 말해주었습니다. 즉 민중이 그 정치를 받아들이면 곧 하늘이 주시는 증거요, 민중이 만일 받아들이지 않는다면 곧 하늘이 주시지 않은 증거라는 것입니다.

말이 그렇게 되는 것은 종교가 생활의 전부였던 옛날이기 때문입니다. 그러나 그 사실은 지금과 다를 수 없습니다. 그때나 이제나 나라의 주체는 민중이요 정치가 달라지는 원인은 민중의 생각이 달라지는 데 있습니다. 그러나 그때는 민중이 인간으로서 자각을 하지 못한 때입니다. 그러므로 자기네가 이미 하고 있는 일이면서도 그것을 몰랐고 설명하지 못하는 모든 것은 다 하늘에 돌렸을 뿐입니다.

그러나 다시 생각하면 그것은 다름이 없으면서도 크게 다릅니다. 사람이 사람된 점은 생각하는 데 있기 때문입니다. 사람은 할 뿐만 아니라 하는 줄을 아는 것이요, 알 뿐만 아니라 아는 줄을 아는 것입니다. 곧 자기를 가지는 것입니다. 그리고 하는 줄을 알고 할 때 그 하는 일은 굉장히 힘이 있는 것이 되고, 아는 줄을 알 때 그 지식은 질적으로 일단 높아지는 것입니다.

하늘이 시키는 것으로만 알았을 때 그 하는 일은 매우 충성스러웠는지 모르나 아무래도 그 사회는 전통이 지배하는 사회일 수밖에 없었습니다. 전통이 지배하는 한 언제나 하늘의 아들, 하늘 뜻의 대행자를 자칭하는 지배자들이 민중을 속이고 압박하기가 쉬웠습니다. 그러므로 옛날 사회는 몇백, 몇천 년을 가도 별 변동이 없는 정적인 사회였습니다. 전근대적입니다.

동적인 근대는 민중의 자각으로부터 시작됩니다. 그들은 이제 의식적으로 역사의 주인 노릇을 하기 시작했습니다. 이것이 지금을 옛날과, 사람은 같은 사람이면서도 역사를 질적으로 다르게 하는 정말 혁명입니다. 이제 정신적 구조가 아주 달라지기 시작했습니다. 가치의 체계가 새로 짜이게 되었습니다. 한 번만 새로 짜이는 것이 아니라 끊임없이 영원히 새로 짜여야 한다는 것이 일반 민중의 역사철학이 되었습니다.

사람이 역사는 자기 손으로 새로워지는 것이라 영원히 새로워져서만 역사라고 생각을 하게 된 일은 큰일입니다. 생명의 역사에서 한 새로운 단에 오른 것입니다. 물론 그로 인하여 크게 잘못될 위험이 있는 것도 사실입니다. 그러나 위험이 있다는 것이 그 일을 부정하게 하는 이유는 되지 않습니다. 생명의 길은 언제나 모험의 길입니다.

영원히 새로워지는 역사라 했지만 그것은 단순한 변동의 계속이라는 말은 아닙니다. 새롭다 하는 데는 목적의식이 들어 있습니다. 토론을 하자면 한이 없지만 아주 막연하게나마라도 진보라는 생각 없이는 정신적·물질적을 막론하고, 유신론·무신론을 구별할 것 없이 현대 사람의 살림은 있을 수 없습니다. 진보라 하는 이상 무의식 속에나마라도 어떤 의미의 실현을 목표로 하고 있습니다. 이 점이 역사를 옛날처럼 되풀이하는 것으로 보지 않고 어떤 의미를 가지고 발달 혹은 전개되어나가는 것으로 보는 것이, 현대정신의 또 하나의 특징입니다. 발전이기 때문에 역사는 불연속의 연속일 수밖에 없습니다. 역사적 현재는 늘 새 출발을 명령합니다. 그러므로 그것은 끊임없는 혁명일 수밖에 없습니다.

혁명의 근거

왜 혁명적이어야 하나?

첫째, 이 생명의 성격이 그렇기 때문입니다. 이 역사는 자라는 역사이기 때문입니다. 나무는 연륜을 지어야 하고 뱀은 허물을 벗어야 합니다.

둘째, 사람은 생각하는 존재이기 때문입니다. 객관적인 세계가 사실 자라는 것인지 아닌지는 구경 잘라 말할 수 없을는지 모릅니다. 그러나 적어도 그 객관을 대하는 우리 마음은 자라는 것입니다. 마음은 이른바 "출입무시 막지기향"出入無時 莫知其鄕이라고, 들고 나고 그 자리를 알 수 없는 것이 마음입니다〔『맹자』, 「고자 상」〕. 움직이는 것, 변하는 것이야말로 생각입니다. 변하지만 그저 변하는 것이 아니고 시간을 가집니다. 시간은 마음에서 나갑니다. 기억을 하고 상상을 하는 데 시간이 있습니다. 변하지만 변한 것을 버리는 것 아니라 자기 속에 가집니다. 쌓인 것이야말로 마음입니다. 앞은 뒤를 돌아보고 뒤는 앞을 돌아보아 살아 있는 하나를 이룹니다. 그것을 의미라 합니다. 이러므로 우리 살림은 혁명적이 아닐 수 없습니다.

셋째, 그러나 그보다도 정말 우리 살림으로 하여금 혁명적이 아닐 수 없게 하는 것은 정치관계입니다. 사람은 생각하는 자유를 가졌습니다. 그러므로 동動도 하지만 반동反動도 할 수 있습니다. 지식은 선善 지식도 있지만 또 악惡 지식도 있습니다. 생각을 할 줄 알기 때문에 일부러 천지에 있는 원리를 막고 꾸부릴 수 있는 것이 인간입니다. 더구나 권력을 가졌을 때 그렇습니다. 모든 지배자는 다 보수주의요 반동주의입니다. 자기의 이익을 위해 과학적으로 조직적으로 역사의 움직임을 방해합니다. 그러므로 거기 대항하여 싸우는 자도 조직적으로 과학적으로 하지 않으면 아니 됩니다. 역사의 걸음을 방해하는 악에 대하여 조직적으로 과학적으로 하는 투쟁 그것이 곧 정치요 혁명입니다. 혁명이 폭발할 때는 많이 감정적일 수 있고 따라서 혼란일 수 있습니다. 그러나 혁명이 건설적인 혁명이려면 조직적이요 과학적인 이론과 훈련을 가지지 않으면 아니 됩니다.

넷째, 현대문명입니다. 과학이 발달하고 그 결과를 실지 생활 수단에 이용한 결과 근대 사회가 튀어나오게 됐습니다. 튀어나왔다고 했습니다. 너무 급작히 심히 달라졌기 때문에 예측을 못했고 따라서 알맞은 적응을 미처 하지 못했습니다. 그것이 현대의 여러 가지 문제입니다. 이 문명은 확실히 잘못된 점이 많습니다. 그러나 아무리 잘못된 점이 있다 하여도 이제 근세 전으로 거꾸로 돌아가지는 못합니다. 또 잘못된 점이 있으면서도 역시 자란 것입니다. 병은 앓으면서도 아기는 자랍니다. 병을 고치려면 아기의 자람을 인정하고 보호하면서 할 수 있지 병을 제하기 위하여 아이를 죽여서는 무의미합니다.

현대문명은 결점을 가지면서도 역시 진보입니다. 무엇이 진보인가? 사람의 생각을 껑충 뛰도록 내몰아 성인의 시기로 올려놓는 것입니다. 성인이 되면 어린이의 버릇을 버려야 하고 어른답게 생각해야 할 것입니다. 그것이 현대가 혁명적이어야 하는 또 하나의 이유입니다. 그리고 현대가 우리에게 보여주는 것은 이 인간의 장래는 한계가 없다는 것입니다. 우리는 지금 문명의 진보만 아니라 새로운 인간 혹은 인간 아닌 초인, 진화의 엉뚱한 새 단계까지 희미하게 생각을 하게 됩니다.

혁명의 방법

이때까지 모든 혁명은 거의 다 폭력혁명이었습니다. 피와 연기와 울음과 진동이야말로 혁명의 깃발이었습니다. 철저히 부수어야 했기 때문입니다. 권력의 법칙은 잡은 자를 절대로 놔주지 않는 것입니다. 모든 지배자는 권력과 함께 영원한 심판 속으로 들어갔습니다. 맛을 본 다음에는 절대로 놓지 못하는 것이 권력입니다. 그러므로 혁명은 무자비할 수밖에 없었습니다. 우선 남김없이 파괴하는 수밖에 없었습니다. 그리하여 거의 모든 혁명가는 반혁명자로 떨어져버렸습니다. 그러나 역사는 하여간 그러한 비참한 길을 걷는 동안에 진행이 되어왔습니다.

근대 민주주의에서는 그 폐단을 알기 때문에 길을 마련하지 않은 것은 아니었습니다. 합의제, 임기제를 만든 것은 어진 일이었다고 해야 할 것입니다. 그러나 그것은 언제나 바로 실행되지 못했습니다. 민주주의 뒤에는 여전하게 국가주의가 도사리고 있었습니다. 사람이 나를 위하는 것은 감정이요 전체를 위하는 것은 도리건만 감정은 언제나 도리보다는 강했습니다.

그런데 민주주의라는 나라마다 헌법에는 도리가 살아 있건만 보다 더 감격적이요 선동적인 국기는 언제나 법전을 가리워서 보이지 않게 했습니다. 그런데 국가주의는 뭐냐 하면 결국 따지고 들어가면 폭력주의에 들어가고 맙니다. 그러므로 혁명에서도 "폭력에 대하여는 폭력으로만"이라는 것이 표어로 되어 있었습니다. 영국의 혁명이 그랬고, 프랑스의 혁명이 그랬고, 러시아의 혁명은 더했고, 종교개혁까지도 폭력이 없지 않았습니다.

그런데 이제 여기 변동이 생겼습니다. 무기의 발달이 극도에 오르고 전쟁의 규모가 끝까지 커지고 본즉 무기를 두고도 쓸 수 없고 전쟁을 하고 싶으면서도 못하게 됐습니다. 이제 인류는 전쟁을 그만두느냐 그렇지 않으면 스스로 멸망의 길을 택하느냐 하는 끝장에 올랐습니다. 시골뜨기가 양반이 쓰다가 벌써 내버린 감투를 뒤늦게 주워 쓰고 출세나 했거니 하듯이, 이날껏 남의 무력 압박 밑에 신음하던 식민지 후진 약소국가라는 것들이 뒤늦게 해방이라고 되니 평생에 부러웠던 무기를 가져보는 것이 크게 잘난 듯해 남의 전쟁을 맡아 합니다. 현대식의 돈키호테들이 해가 올라온 후의 도깨비처럼 세상도 모르고 그야말로 백귀야행百鬼夜行을 하지만 전쟁으로 문제해결이 될 수 없다는 것은 천하가 환히 알고 있습니다.

이제 혁명은 폭력철학 그것, 전쟁 그것을 혁명해야 하는 단계에 이르렀습니다. 이제 "평화를 위한 전쟁"이란 말은 뒷골목의 코흘리개를 속이는 엿장수의 엿보다도 옅은 수작이 돼버렸습니다. 이제 폭력으로는 혁명을 못할 뿐 아니라 그야말로 키로 불을 끄려는 듯한 반동입니다.

그러므로 문제는 자연 국가주의에 가 맺히게 됩니다. 혁명의 목적은 공公을 살리기 위해 사私를 죽이는 데 있습니다. 프랑스의 혁명정신 속에 살았고 민주주의 투사였던 빅토르 위고는 폭동과 혁명을 구별해 말하면서 "폭동은 물질적 동기로 일어나는 것이고 혁명은 정신적 동기로 일어나는 것"이라고 했습니다. 정신이 무엇입니까? 공公을 위하는 것이 정신입니다. 그런데 공이 무엇입니까? 천하위공天下爲公입니다. 세계가 곧 공입니다.

지난날에는 제각기 제 나라를 위하는 것이 의가 되고 선이 됐는지 모르겠습니다. 그러나 이제는 세계 내놓은 나라는 것이 없습니다. 살아도 인류 전체가 같이 살고 죽어도 인류 전체가 같이 죽게 된 것이 오늘의 세계 현실입니다. 내 집앞의 개통이 좁다고 바다가 없다는 것은 어리석은 일입니다. 이제 세계가 하나입니다. 종교적인 구원을 결정하는 것도 세속적인 복지를 결정하는 것도 전체입니다. 하나로서의 세계입니다.

천재 시대는 이미 지나갔습니다. 영웅 시대도 지나갔습니다. 특별히 잘난 개인 혹은 한 무리의 사람들이 생각을 해내서 그것을 민중 앞에 내놓으며 위에다 씌우고 그것을 계시라 하며 선이라 하며 그렇게 살라고 가르쳐주던 것은 이제 지나간 이야기입니다. 이제 과학의 발달이 있어도 전체의 협동에 있고 도덕적·종교적 지혜가 있어도 전체에 있으며 정치적 정의가 있어도 전체에 있습니다. 이제 민중이 천재에게 배우는 것 아니라 전체 민중에 겸손히 잘 배우는 사람이야말로 착하고 지혜롭고 용맹 있는 사람입니다.

그러므로 이제 혁명은 전체의 협동으로서만 될 수 있습니다. 가령 아주 알기 쉬운 실례를 하나 든다면 핵무기 문제입니다. 핵무기에 인류의 운명이 달린 것을 누구나 잘 알지만 그것을 방지하는 일은 오직 하나 세계 민중의, 정치가·군인·학자·종교가가 아니고 단순한 민중이 깨어 세계적으로 하나되리만큼 그 양심과 지식이 올라가는 것밖에 다른 길이 없습니다. 누구에게 기대하며 누가 그보다 더 힘 있고 어질 수 있습니까?

그렇게 말하는 것은 결코 개인의 가치를 내리기 위해 하는 말이 아닙니다. 도리어 개인의 완전한 자유 발달을 위해서 하는 말입니다. 개인의 참 발달을 막고 병들게 하는 것은 개인주의와 그것의 변태인 집단주의입니다. 개인의 정말 발달은 전체가 개체 안에 있고 개체가 전체 안에 있는 사회에서만 가능할 것입니다. 국가주의를 배격하는 것은 그 때문입니다.

지금 국가가 전체를 가장하고 속이는 그 우상숭배주의 때문에 민간의 물질적·정신적·영적 에너지는 얼마나 쓸데없이 소모되고 있는지 모릅니다. 우리는 단순히 세계의 발달만 아니라 위에서 말한 대로 새 인류가 나타날 가능성까지도 내다보고 있는 이 진화의 시점인데, 그러한 변화는 개체의 자유가 절대로 보장이 되는 전체 안에서만, 바꾸어 말한다면 생각을 전체로써 하는 사회에서만 될 수 있습니다.

마지막으로 한마디 맺어서 말한다면 우리는, 이 한韓이라는 나라는 그러한 혁명에 앞장을 서자 해서만 빛이 있습니다. 다른 것을 다 못해도, 다른 것을 다 못했기 때문에, 생각의 앞장을 설 수 있습니다. 언제나 혁명의 앞장은 잘난 이보다는 못난 이가 서는 것 아닙니까? 그리고 그 지극히 작은 자도 요한보다는 큰 것이 하늘나라의 헌법 아닙니까? 앞선 자가 뒤에 서고 뒤선 자가 앞을 서게 되는 것이 새 시대의 논리 아닙니까?

• 1968년 4월, 『사상계』 제180호

함석헌사상의 갈래와 특성

김영호 인하대학교 명예교수·철학

함석헌사상의 이해를 위해

함석헌사상의 특징은 방대함과 깊음이다. 종래에는 함석헌사상을 전체적·체계적으로 파악하기보다 '장님 코끼리 만지기식'으로 단편적·부분적으로 이해하는 데 그치기 쉬웠다. 예를 들어 「새 시대의 종교」처럼 주제를 직접 제목으로 언급한 글도 있지만, 대부분은 주제와 다른 제목의 글 속에 말하고자 하는 주제가 산재해 있다. '국가주의의 극복'〔초국가주의〕, '세계주의' '전체주의' '한'〔사상, 철학〕 같은 주요한 주제들이 다양한 글 속에서 변주곡처럼 반복되고 있다.

따라서 독자는 본문을 읽기에 앞서 사상 전체를 갈래지어 해설한 이 전체 해설과 각 권의 해설을 먼저 읽는 것이 도움되리라 본다. 각 권의 해설은 함석헌선집편집위원 세 명이 담당했다. 해설은 글이 나오게 된 시대적·사상적 배경을 밝히고 내용을 요약하며 주요한 개념과 글귀를 설명하는 식으로 씌어졌다. 세 가지 해설에 일관성과 통일성을 억지로 부여하지는 않았다. 해설자의 전공 분야가 각기 다르기도 하거니와 관점의 차이가 있는 것이 독자에게 오히려 도움이 될 수 있다고 보았다. 한 사람이 모두 해설하는 것보다 오히려 더 다양하고 폭넓은 통찰을 보여줄 것이다. 그렇다고 함석헌의 실체를 다 드러냈다는 건 아니다. 어차피 코끼리를 만지는 세 장님이다. 실체의 나머지 부분을 보는 것은 독자에게 달려 있다.

그 대신 이 전체 해설은 한 사람이 쓴 것으로서 일관성을 다소 보충했다. 전체 해설이 필요하다고 본 이유는 선정기준에 따라 선정되었더라도 제목이 가리키는 주제를 충분히 다루지 않은 글이 많을뿐더러 제목이 내용을 반영하지 않은 글도 적지 않기 때문이다. 따라서 차례만 봐서는 주요한 사상이 다 망라되어 있지 않다고 여길 수 있다. 이러한 단점을 보완하기 위해 쓴 전체 해설은 사상의 갈래와 전체적 윤곽을 어림잡을 수 있도록 도와줄 것이다. 물론 함석헌사상의 원천자료는 함석헌의 글과 말 자체다. 해설이 이해를 도울수 있지만 보조자료일 뿐이다.

앞에서도 언급했지만 함석헌의 글을 읽을 때 먼저 이해해야 할 것은 그 구조적인 성격이다. 가장 대표적인 글이라도 제목에 들어맞는 한 가지 주제만을 집중적으로 다뤘다고 할 수 없는 글이 많다. 제목이 꼭 정확하게 글의 내용을 반영했다고 볼 수도 없다. 왜인가. 함석헌의 글은 전문학자의 논문과는 달리 대중교육을 위해서 쓴 계몽적인 글과 강의록이 대부분이다. 종교개혁, 정치개혁, 교육개혁 등 사회개혁의 문제는 물론 민주화, 통일 등 시사적·시의적인 글이 많다. 당장의 화급한 문제를 다루는 글이니만큼 주제와 방법이 다양해질 수밖에 없었다. 그의 글은 한국사회와 문명의 병폐를 치유하기 위한 사회적 처방전이다. 암이 온몸으로 퍼지고 깊어져서 단방약이 아닌 종합처방을 내릴 수밖에 없었던 것이다.

따라서 선정된 글이라도 사상과 주제별로 엄격하게 분류하기가 어려운 점이 있다. 함석헌의 주요한 사상을 글 제목만으로 망라하기는 불가능하기 때문에 차례는 주요 주제를 부분적으로밖에 반영할 수 없다. 예를 들어 함석헌이 강조한 초국가주의, 세계주의, 종교다원주의, 전체주의 같은 주제를 따로 설정할 수 없었다. 매우 중요한 사상인데도 그 주제를 명시적으로 내세우거나 중점적으로 다루는 글이 없기 때문이다. 여러 글들 속에 흩어져 있다. 함석헌이 중시한 언론에 대한 글도 따로 설정할 수 없었다. 그가 크게 강조한 정치도 마찬가지다. 하지만 산재된 자료를 수집하면 언론개혁, 정치개혁의 청사진을 그리기에 충분하다.

경제도 마찬가지다. 여러 글 속에서 언급된 내용을 모아보면 그만의 특이한 비전이 드러난다. 자본주의, 중산층, 대기업 등의 문제가 포함된 독특한 경제관이다. 이렇듯 다양한 글 속에서 사회의 주요 분야를 종횡으로 세밀하게 다루고 있다. 다만 한두 개의 논문으로 집약되어 있지 않다는 것뿐이다. 그 대신 몇몇 글만 읽어도 큰 주제들을 부분적이나마 파악할 수 있다는 장점이 있다. 주제에 상관없이 선집 전체나 큰 주제로 묶은 한 권을 정독하면 결국 특정 주제나 분야에 대한 기본적인 또는 충분한 정보를 얻을 수 있다.

생애의 전환점

함석헌이 통과한 시련의 과정은 20세기 우리 민족이 겪은 고난의 역사를 고스란히 밟아간 험로였다. 시대마다 감옥에 들락거리고 탄압당한 사실이 그 증거다. 불의에 조금도 타협하지 않고 꿋꿋하게 살았기 때문이었다. 그것은 기독교 정신이기도 하고 선비 정신이기도 하다. 이처럼 함석헌이 독창적인 사상을 배태하게 된 배경을 알기 위해서는 먼저 생애의 주요한 대목과 전환점을 살펴볼 필요가 있다. 다음처럼 갈라볼 수 있다.

1. 민족의식의 발현: 3·1운동[1919]
2. 오산학교: 민족과 신앙[1921~23], 교사 생활[1928~38]
3. 동경 유학: 관동대진재와 무교회 신앙[1923~28]
4. '인생대학': 장기 투옥 두 차례와 단기 투옥 여러 차례[1940~]
5. 해방공간: 신의주학생사건[1945], 월남[1947]
6. 민중의 수난과 사회참여: 6·25전쟁[1950], 4·19혁명[1960], 5·16쿠데타[1961], 5·18민주화운동[1980]

7. 퀘이커 신앙: '달라지는 세계' 관찰[1962~], '펜들힐의 명상' 체험[1970]
8. 민주화운동[1961~87]

　함석헌은 생애의 전환점마다 독특한 체험을 하게 된다. 이 과정에서 하게 된 깊은 사유가 사상의 씨를 배태했다. 함석헌의 생애를 규정하는 특징이 있다면 그것은 철저한 공인公人정신이다. 그의 생애는 민족과 세계에 대한 사유와 관심, 봉사를 위주로 한 공생활의 도정이었다. 사인私人이나 개인으로서보다 공인으로서 산 부분이 훨씬 크다. 선공후사先公後私, 대공무사大公無私의 공공公共한 이타주의적인 생애였다. 대하大河 같은 함석헌의 사상은 이러한 정신의 산물이다. 그가 남긴 글과 말은 그가 어떻게 공인으로 살아갔는지를 보여주는 기록이다. 민중(씨알), 민족, 세계, 생명, 전체 같은 주제가 평생의 화두였다. 세계공동체를 향한 민족공동체의 건설이 그의 주요 관심사였다.

　공인정신은 무엇보다 민족의식 속에서 드러났다. 함석헌은 1910년 한일합방의 충격과 1919년 중학생(평양고보) 시절 앞장서 참여한 3·1운동으로 민족의식에 눈떴다. 3·1운동은 그의 삶과 사상 모두에서 하나의 큰 전환점이었다. 사적·개인적인 가치보다 공적·사회적 가치를 우선하는 시각이 여기서 싹트기 시작했다. 정의와 평등 의식을 심어준 부모의 영향도 컸다. 또한 3·1운동으로 퇴학당한 뒤 결벽주의적인 성격으로 복학의 명분을 못 찾고 2년간 방황하다가 뒤늦게 편입한 오산학교는 민족의식과 신앙을 고취시켜주었다. 그 정신이 졸업 직후 일본으로 떠난 유학생활[1923~28]을 흔들림 없이 견디게 했다.

　유학 초기 동경고등사범학교 입학시험을 준비할 때 일어난 동경대진재의 체험은 그에게 일본(인)과 인간의 실상 그리고 본인의 탐욕심까지 드러내주었다. 생사를 넘나드는 과정에서 평생 그를 따라다닐 감방생활을 미리 맛보기도 했다. 미술, 철학 같은 분야를 전공

하고 싶었지만 사범학교에 입학한 것은 민족에 봉사하는 도구로서 우선 교육이 필요하다고 판단했기 때문이었다. 유학 기간 귀중한 인연도 맺었다. 김교신 등과 함께 무교회주의 제창자 우치무라 간조의 『성서』연구회에 참여한 것이다. 무교회주의는 함석헌의 내면에서 일찍부터 꿈틀거리던 기성교회에 대한 비판적인 관점과 일맥상통하는 것이었다. 1950년대 초 신학적인 이유로 모임과는 결별했지만 그 정신은 그의 신앙의 밑바닥에 계속 흐르게 된다.

유학을 마치고 귀국한 함석헌은 곧바로 모교인 오산학교 교사로 취임했다. 일제의 탄압으로 사직할 때까지 10년간 맡은 교직은 그가 평생 가져본 유일한 직업이었다. 오산학교 창설자이자 존경하는 스승 남강 이승훈을 모시며 열정을 쏟아부은 교사 함석헌은 지덕知德 양면에서 인생교사의 역할을 충실히 수행했다. 이런 모습이 학생들에게는 파격적으로 여겨져 '함 도깨비'라고 불리기도 했다. 오산학교를 사직하게 된 것은 일본말 전용, 창씨개명 등 날로 조여오는 일제의 탄압으로 제대로 학생들을 가르치기 어렵다고 판단했기 때문이다. 다른 형제와 달리 끝까지 창씨개명을 거부했던 것도 그가 얼마나 철저한 저항자로 살았는지를 말해준다.

교사를 그만둔 함석헌은 오산학교 부근에서 두어 해 과수원농장을 하면서 신앙수행과 독서, 사색에 열중했다. 그러다가 1940년 평양 부근 송산에 있는 농사학원을 인수했다. 오산학교 교사 시절부터 꿈꾸어온 종교, 교육, 농사가 삼위일체로 융합된 생활공동체를 꾸리게 된 것이다. 참여한 무리는 스무 명쯤 되었다. 단순한 공동체가 아니라 일제에 대한 일종의 (비폭력주의를 내세운) 소극적 저항운동이었다. 그런데 몇 달 못 가서 독립운동(계우회) 사건에 엮여 1년 동안 경찰서 유치장에 갇히게 되었다. 석방되고 나서 집안 농토를 일구며 지냈는데 이번에는 신앙동인지 『성서조선』의 필화사건에 연루되어 1942년 서대문 감옥에서 1년을 살았다. 나와서 다시 농사를 짓다가 밭에서 해방 소식을 들었다.

그야말로 자유와 독립이 따라오는 해방인 줄 알았던 해방은 진정한 해방이 아니었다. 기쁨도 잠시 그는 미국과 소련의 합의에 따라 북한에 진주한 소련군정 밑에서 지역자치 대표자로 봉사하며 지냈다. 그러다가 신의주학생사건의 조종자로 몰려 50일간 소련군 감옥에 갇히는 등 생사의 문턱을 넘으며 공산주의 이론과 현실 사이의 괴리를 체험했다. 이때 처음으로 '시라는 것'을 써보게 되었는데 어머니를 두고 읊은 사모곡이었다. 공산주의는 정신과 종교를 부정하는 물질주의여서 함석헌의 가치관과 세계관에 정면으로 배치된다. 더구나 폭력을 수단으로 사용한다. 그런 이념에 목숨을 걸고 살 수는 없어서 월남을 감행했다.

　　한일합방부터 신의주학생사건을 거쳐 월남에 이르기까지가 함석헌의 생애 전반부를 구성한다. 특히 교직을 벗은 이후 7년간은 파란 많은 힘든 기간이었지만 농사와 투옥 생활은 사색하기 좋은 환경이기도 했다. 이후 전개될 그의 깊고 다양한 사상의 토대와 기초가 이 기간에 구축되었다. 그것은 월남 후 폭포처럼 쏟아낸 글들을 보면 짐작할 수 있다. 그의 내면에서 오래 갈무리된 생각이 광야의 소리가 되어 봇물 터지듯 터져 나온 것이다.

　　이처럼 함석헌은 1901년부터 1947년까지 생애 전반부는 북한에서, 이후 1989년까지 생애 후반부는 남한에서 살았다. 거의 비슷한 기간이었다. 사상의 형성과정도 두 단계로 나눌 수 있다. 앞 단계는 주로 신앙을 중심으로 민족과 역사를 관심 있게 다뤘다면 뒤 단계는 문명, 세계, 씨올, 전체 등 거대 담론과 대하 사상을 전개했다. 두 기간 사이에 연속성이 없는 것은 아니다. 예를 들어 그는 제2차 세계대전이 끝나면 인류가 지금까지와는 전혀 다른 새로운 틀걸이paradigm를 갖게 될 것이라고 전망했는데 이는 후반기의 본격적인 문명비평으로 이어진다.

　　이제 복합적인 함석헌사상을 하나하나 살펴보자. 어떤 점에서 독특하고 보편적인가.

'하나됨'의 종교

함석헌의 일차적인 관심사요 사유의 주제는 종교다. 그의 사상 형성과정에서 사유의 기조가 되는 것도 종교와 역사다. 종교가 초월적인 가치를 대표한다면 역사는 그 현실적인 전개에 해당한다. 역사의 발전은 종교가 상징하는 정신적 가치의 실현으로 측정된다. 그가 추구한 자기개혁, 사회개혁, 세계혁명의 원리는 종교에 바탕을 두고 역사가 가리키는 방향과 이상을 반영하는 것이다. 그 점에서 함석헌은 (역사철학자로 볼 측면도 있지만) 무엇보다 종교철학자다. 그는 정치나 교육 등 다른 모든 분야도 종교적 원리와 가치관에 근거해야 제 기능을 할 수 있다고 보았다.

그렇듯이 함석헌에게 '종교는 사람 살림의 밑동이요 끝'이며 '문제 중에도 가장 긴〔要〕한 문제'다. 종교는 궁극적 가치를 대표한다. 종교가 다루는 정신(영)이 빠진다면 인간이라 할 수 없는 것처럼 종교를 떠나서 역사를 올바로 해석할 수 없다. (역사가 토인비도 문명의 열쇠를 종교에서 찾았다.) 눈에 보이는 현상만이 존재나 실체의 전부는 아니다. 과학자는 신을 증명해야 할 가설로 여기지만 함석헌은 누구도 반증할 수 없는 실체나 진리로 인식한다. '하나님'은 특정 종교가 받드는 신의 범주로 한정할 수 없는 우주를 지배하는 원리다.

함석헌이 처음부터 종교철학자나 종교사상가로 출발한 것은 아니다. 그는 평생 충실한 크리스천으로 산 신앙인이다. 그 신앙은 어느 시점부터 교회 중심의 정통적인 신앙에서 벗어났다. 유소년 때 다니기 시작한 교회는 북미 선교사들이 가지고 들어온 보수적인 교파인 장로교에 속해 있었다. 거의 누구나 그렇듯이 함석헌에게도 종교는 자기가 선택한 게 아니고 환경적으로 주어진 것이었다. 당시 그의 태생지 평안도는 유교나 불교 등 전통적인 종교가 제 기능을 잃어버려 외래종교인 기독교가 급속히 파고든 지역이었다.

평양고보 재학 중 3·1운동에 참여한 함석헌은 이후 복학하지 않고 뒤늦게 오산학교에 편입했다. 3·1 독립선언을 주도한 이승훈이 사재를 털어 설립한 오산학교는 함석헌의 신앙심과 민족정신을 고양시켰다. 그의 교회관은 일찍부터 비판적인 방향으로 흘렀고 동경 유학 시에는 우치무라 간조가 이끄는 무교회주의 신앙에 경도되었다. 이후에도 비정통적인 퀘이커 교단에 들어갔다. 퀘이커 교단은 신앙의 내면성을 강조하고 평화주의 사상을 실천한 기독교 소수교파로서 성직자가 따로 없고 조직이 매우 느슨한 친우회 모임이 그 특징이다. 이는 무교회주의 정신과 먼 것이 아니었다.

이러한 과정에서 함석헌의 신앙과 종교관은 확대되어갔다. 그의 기독교는 서구의 정통기독교와는 다른 독특한 형태로 전개되었다. 그의 신관은 일신론적인 모습만이 아니라 신의 초월성을 강조하는 범신론pantheism, 내재성을 강조하는 범재신론汎在神論, panentheism, 하늘[天]이나 도道, 브라만Brahman 같은 비인격적 절대까지 아우르는 포괄적인 것이었다. 그러면서도 함석헌 자신은 인격신을 선호했다. 인격을 통해서 신과 인간의 본질적 일치를 찾고자 하는 뜻에서였다. 그는 사람이 자라서 하나님까지 도달할 수 있다고 믿었다. 신의 형상으로 창조된 인간은 다 신의 아들이라 할 수 있다. 하나님 아들(독생자)은 예수만이 아니다. '사람의 아들'[人子]이라고 한 것도 그 때문이다.

함석헌은 역사적인 예수Jesus보다 그리스도Christ를 더 중시했다. 말하자면 '우주적인 그리스도'다. 그것은 진보적인 현대 서구 신학자들이 말하는 개념인데 그는 이를 일찍부터 품어온 셈이다. 함석헌은 그리스도—중심보다는 신(하나님)—중심God-centered 신앙을 위주로 삼았다. 이와 같이 그의 기독교관은 포괄적이다. 동서 종교관을 융화한 그의 해석으로 정통 서구 기독교의 지평이 확대되고 보편성이 더 확보되었다고 볼 수 있다. 한국기독교의 토착화와 한국신학의 수립이 요청된다면 그것은 함석헌의 해석을 통해서 될 수밖에 없을지도 모른다. 그러나 근본주의적·보수적인 주류 한국교회가 그를 이단시하는 시각은 여전하다. 그가 새로운 종교개혁을 부르짖은 것도 놀랄 일이 아니다.

여기서 살펴볼 것은 '종교'의 범주 문제다. 종교개혁이 기독교에만 해당하느냐는 것이다. 루터^{Martin Luther}가 발단시킨 종교개혁의 대상은 기독교였다. 당시 서구에서 종교는 바로 기독교를 지칭했다. 함석헌에게도 유소년 시절의 환경에서는 사실상 기독교가 유일한 종교나 마찬가지였다. 당시 유교, 불교 등 전통적인 종교들이 온전한 종교로서 기능을 하지 못하던 틈새를 기독교가 파고 들어왔기 때문이다. 하지만 다른 전통과 사상에 개방적인 함석헌은 교회의 보수적·배타주의적인 타종교관에 갇혀 있을 수 없었다. 그의 종교는 더 이상 특정한 조직종교가 아니고 '보편종교'였다.

함석헌은 신앙에는 주격(주체)도 목적격(대상)도 없다고 주장한다. 신앙은 수식할 수 없다. 주체와 대상을 한 가지로 못 박거나 한정할 수 없다. 기독교 신앙, 불교 신앙으로 구분할 필요가 없다. 올바른 신앙이라면 다 한 가지다. 이것은 하버드 대학교의 스미스^{Wilfred Smith} 교수 같은 서구 종교학자의 생각과 일치한다. 기독교니 불교니 하는 명칭은 근대 서양학자들이 만들어낸 개념이라는 것이다. 그렇다면 함석헌의 종교개혁은 모든 종교에 해당한다. '무교회'는 '무종교'로 확대된다. 물론 여기서 종교는 종교조직(사원, 승단, 모스크 등)이나 조직종교를 가리킨다.

함석헌에게 종교는 개인적인 신앙의 대상만이 아니다. 더 중요한 뜻을 지니고 있다. 그것은 사회적·우주적 통합의 원리다. 종교가 지향하는 일차적인 목표는 '하나됨'이다. 신과 인간(나), 너와 나, 종교와 종교, 인간과 자연, 동과 서, 남과 북, 문명과 문명 등 모든 상대적 대칭을 연결시키고 조화시키는 사랑과 자비의 원리가 곧 종교다. 그런데 현실은 너와 나, 가진 자와 못 가진 자, 민족과 민족, 종교와 종교, 남과 북의 대립과 양극화, 갈등과 전쟁으로 편할 날이 없다. 종교 간 대립이 세계를 '문명충돌'로 몰아넣고 있다. 모든 갈등과 분열의 단초를 제공하는 종교 속에 해결의 처방도 들어 있다. 종교가 제 기능을 다하기 위해서는 '하나됨'을 지향해야 한다. 이를 실천하지 못한 낡은 종교들을 대치하는 새 종교가 출현해야 한다. 제2의 종교개혁이 필요하다.

'하나됨'은 종교만이 아니라 사회와 학문 등 모든 분야가 지향해야할 목표와 사명이다. 특히 현실을 지배하는 정치가 중요하다. 종교는 하나됨의 근거와 원리를 제공하고 정치는 그 현실적인 실천을 주도한다. 따라서 종교와 정치가 긴밀한 관계를 맺을 수밖에 없다. 종교를 떠난 정치는 원칙 없이 독주하다가 분열과 갈등을 일으키기 마련이다. 통합과 조화의 원리는 종교에 내포되어 있다. 사회갈등과 민족분단의 극복도 종교적인 지혜와 덕성의 실천으로서만 가능하다.

함석헌의 종교사상에서 두드러진 것은 타종교에 대한 종교다원주의적인 관점이다. 전반적으로 서구 종교학자들보다 앞선 이해를 보여준다. 이는 학술자료에 의존하기보다 오랜 체험적 통찰과 폭넓은 독서를 통해서 얻은 결과다. 생애 초반에는 『성경』의 독해에 열중한 신앙생활이었으나 이후 인도와 중국의 고전에 눈뜨면서 그의 종교 지평은 점차 확대되어갔다. 특히 '인생대학'은 독서와 사색의 호기였다. 서대문 감옥에서 '사상의 테두리'가 확대되는 것을 느꼈다. 거기서 그는 몇 가지 주요한 불교 경전을 읽고 기독교와 불교의 취지가 다르지 않음을 인식했다. 종교관의 확대가 구체적으로 표명된 사례는 그의 독창적인 한국사 저술 『성서적 입장에서 본 조선역사』[1950]를 『뜻으로 본 한국역사』[1961, 1965]로 개칭한 일이다. 시각을 『성서』에서 범종교적·보편적인 범주로 확대하면서 그는 "내게는 이제 기독교가 유일의참 종교도 아니요 『성경』만 완전한 진리도 아니다"고 선언했다.

함석헌은 그의 종교가 '보편종교'라고 당당히 밝히기도 했다. 종교관의 보편적 확대는 종교 간의 평화와 공존의 필요성에서 나온 것만은 아니다. 인식론적으로 진리의 인식과 관련된 문제다. 그는 진리나실체는 한 종교나 경전만으로 인식하기에는 너무 크고 타 종교를 통해서만 온전히 파악할 수 있다는 시대를 앞선 신념을 지녔다. 이것은 오늘날에야 깨닫고 진지하게 논의, 실천되고 있는 뮐러^{Max Müller}의 '하나만 알면 하나도 알지 못한다'는 비교종교의 원리와 일치하는 통찰이다.

종교담론에서 함석헌은 늘 예수, 석가, 공자를 병렬시키면서 이야기한다. 기독교의 사랑, 불교의 자비, 유교의 인仁을 동의어처럼 동렬에 놓는다. 특정한 개념을 해석하거나 한 경전의 문장을 주석하면서 기독교, 힌두교, 불교, 유교, 노장(도교) 등 다종교(경전) 사이를 넘나들며 자유자재로 인용하고 해설한다. 이것은 기독교, 힌두교, 노장, 유교 경전의 주석에도 해당한다. 진리가 하나인 것처럼 그에게 종교는 하나다. 이 같은 생각은 모든 종교전통에 두루 노출된 한국인만이 지닐 수 있는 것일 수도 있다(물론 이러한 모습은 인도, 중국 등 동양 종교전통에서도 찾을 수 있지만 대개 특정 종교를 중심으로 삼는 경향이 강한 형태였다. 그리고 한국에서처럼 서구종교가 전통종교와 평등한 위치를 점유하지는 못했다).

함석헌의 주석은 세계종교사에 전례 없는, 동서를 넘나드는 다종교적 모델이다. 게다가 그의 주석은 경전에 나오는 개념이나 표현의 문의만 밝히는 정도에 그치지 않는다. 당면한 사회 현실, 세계, 현대 문명에 대한 예리한 비판적 관찰과 미래의 비전이 주석의 백미가 된다. 문자 중심의 주석은 여느 주석과 다를 바가 없지만 이 시사적·시대적인 의미를 밝히는 해석이 그의 주석의 특징이다. 여기서 삶의 교훈을 얻을 수 있다.

실천수행에서도 함석헌은 범종교적인 실천에 도달했다. 이미 그의 사상 속 실천의 정점인 사랑(기독교), 자비(불교), 인(유교)의 일치, 깨달음과 계시 사이의 무경계에서도 일차적으로 나타났지만 구체적인 실천에서도 종교들은 만난다. 바로 '나'(자아) 개념이다. 그는 예수의 십자가 희생이 보여준 사랑의 구체적인 실천을 이기적인 '나'의 버림, 즉 부정[無我, 沒我]에서 찾는다. 바로 불교의 수행 원리다. 그것은 또한 노장의 무위, 힌두교의 무집착, 『바가바드 기타』의 무욕

행無慾行, nishkamakarma과도 마주친다.

　결국 종교들을 관통하는 실천의 요체는 '나'의 인식과 실천에 들어 있다. 이기적인 나(소아)만이 아니라 주체적인 나와 실체적인 나(대아, 참 나)를 판별해야 한다. 그 연장 선상에서 우리는 또 하나의 획기적인 해석을 만난다. '나는 길이요 진리요 생명이다'의 나는 예수 자신을 가리키지 않는다. 주체적 또는 실체적 '나'다. 불교의 '천상천하유아독존'天上天下唯我獨尊도 마찬가지다. '나'는 석가가 아니다. 신학적으로 혁명적인 해석이다. 함석헌의 종교는 '보편종교'임이 확연하다.

　서구에서는 20세기 후반부터 '세계종교'world religions를 종교학의 주요 주제로 삼고 대학교 교육에 편입시켰다. 인문학 중심 교양과목의 주축이 되어 있다. 전통적인 7대 종교뿐만 아니라 샤머니즘과 원시종교에 이르기까지 모든 종교를 다루는 세계종교 서적이 쏟아져 나오고 있다. 대학교에서 그 과목을 비껴간 것이 틀림없는 미국의 부시George Bush 전 대통령은 이슬람을 악마(사탄)의 종교로 규정하고 이라크를 악의 축으로 낙인찍었다. 이러한 배타주의적 종교관과 헛된 근거로 이라크를 침략함으로써 미국과 세계에 입힌 천문학적인 피해를 생각하면 종교 교육이 얼마나 중요한지 짐작할 수 있다. 세계의 화약고가 된 중동국가 간의 갈등 또한 다 잘못된 종교 인식에서 말미암은 것이다.

　역사적으로 다양한 종교를 접해온 한국인, 한국사회가 이와 멀리 떨어져 있다고 장담할 수 없는 현실이다. 배타주의적인 교파신학으로 인한 종교 간 갈등과 사회갈등은 드러난 것보다 훨씬 심각한 수준이다. 갈등의 문제 못지않게 중요한 것은 참 신앙과 미신의 경계선이 무너졌다는 사실이다. 이 책에 실린 함석헌의 종교 강론을 읽어보면 명료해질 것이다.

　종교과학Religionswissenschaft, 비교종교comparative religion, 종교사학history of religions 등 여러 이름으로 불러온 종교학이 이제는 세계종교로 불린다는 사실은 서구에서 일어나고 있는 세계종교와 다원주의에 대한 뜨거운 관심을 잘 보여준다. 이 분야의 석학인 스미스는 '세계종교'를 단수world religion로 취급해야 한다는 주장을 내놓았는데 이는 함석헌이 주장한 종교의 단일성과 일원성에 다름 아니다. 이렇듯 함석헌은 종교다원주의와 세계종교의 선구자였다. 그런데도 우리는 서구 사상에만 몰입하느라 우리 속의 선각자를 모르고 있었던 것이다.

전체의 시대를 꿈꾼 인식론

함석헌의 종교 담론에는 인식론적인 요소가 큰 비중을 차지한다. 그의 인식론은 인도철학처럼 철학적 인식론만이 아닌 종교적 인식론이다. 함석헌이 뿌리를 둔 동양철학은 종교의 영원한 전통이다. 두드러진 점이 있다면 그의 진리관, 실체관의 중심에는 신(하나님)이 있다는 것이다. 동서 전통을 수렴, 융합한 관점을 보여준다. 그가 중시한 인식수단은 종교와 철학 그리고 동서 전통을 망라한다. 사유(생각), 이성(추리), 지각(직관, 깨달음), 경전(권위) 등 전형적인 인식도구뿐만 아니라 믿음, 계시, 양심까지 아우르는 포괄적인 인식론을 전개했다. 종교나 신앙에서 그는 생각과 이성을 유난히 강조한다.

생각은 이성의 활동인 추리를 포함하지만 그것을 넘어서는 명상적인 차원까지 내포한 확장된 범주를 갖는다. 생각은 부정적·긍정적 측면, 상대적·절대적 차원, 역기능·순기능 등 양면성을 지닌 양날의 칼이다. 깊은 생각(명상)은 깨달음으로 이끌지만 그것은 생각을 초월한 무념무상의 경지다. 함석헌은 종교와 신앙에서 이성의 역할을 중요시한다. 감정을 앞세우고 이성을 통과하지 못한 신앙은 미신으로 간주한다. 그는 이성이 큰 역할을 하는 과학이 언젠가는 종교와 마주치는 경지에까지 이르리라고 전망한다. 이성의 확장은 종교와 갈등하지 않는다. 그것은 신이 인간 속에 심어준 바탈(성품), 즉 신성의 발휘이기 때문이다.

함석헌의 포괄적이며 독창적인 인식론을 보여주는 한 가지 사례로 계시와 깨달음의 경계를 허물었다는 점을 들 수 있다. 두 가지는 문화적·종교적인 차이 때문에 구분되었을 뿐 사실 똑같은 종교체험을 가리킨다. 유신론적인 기독교는 계시를 말하고 무신론적인 불교는 깨달음을 말한다. 함석헌의 인식론 속에서 계시와 깨달음의 경계, 즉 기독교와 불교의 벽은 허물어진다. (한국종교사에서 계시와 깨달음의 일치는 동학의 창시자 최제우의 '대각' 체험에서 증명되었다.)

함석헌의 인식론에서 또 하나 혁명적인 발상은 인식의 주체가 개인에서 전체로 바뀐다는 것이다. 발단은 개인이라 하더라도 전체의 처지에서 사고하고 전체를 대변하는 것이어야 한다. 개인이 주체가 되는 개인주의 시대는 지나가고 전체의 시대가 도래했다. '생각하는 백성이라야 산다.' 백성(민족)이 하나의 전체로 생각해야 한 나라로서 갈 수 있다. 민족주의 시대는 가고 세계주의 시대가 왔으므로 이제 전체는 민족에서 세계로 확대되었다. 하나의 세계가 생각의 주체가 되어야 한다. '하나가 된 전체에만 진리가 있다.'

이에 따라 종교적인 차원에서 구원론도 혁신해야 한다. 구원의 주체와 대상도 개인에서 전체로 달라진다. 이제 개인구원이 아니라 전체구원이라야 한다. 종교가 더 이상 개인주의적 사고에 머물 수 없다. 기존 조직종교들과 교리는 다 개인주의적 사고의 산물이다. 소승적으로 자기만의 구원과 해탈을 추구해왔다. 물론 불교에서 소승불교는 대승불교로 진화했지만 현실은 아직 소승적 해탈에 머물러 있다. 한국불교(조계종)에서 가장 활용하는 참선수행도 개인주의적인 방법이다. 진정한 참선은 자리만 공유하는 것이 아니라 모두 내면적인 일체가 되어 참여하는 집합적·전체주의적 참선이라야 한다. 함석헌이 귀속한 퀘이커 모임은 함께 추구하고 공유하는 측면이 있다. 진보적인 기독교 교파가 한때 전체구원과 유사한 사회구원을 주장하기도 했지만 개인주의와 그 변형인 국가주의가 지배하는 현실에서 더 나아가지는 못했다. 불교든 기독교든 함석헌의 전체주의 원리를 원용하면 새 시대에 맞는 새로운 실천수행 방법론을 개발할 수 있다.

함석헌은 전통적인 인식론을 넘어선 포괄적인 인식론을 전개했다. 예를 들어 인식도구로 양심을 중시한다. 양심은 모두가 공유하는 천부적·생래적 요소다. 개인에게서 발동하지만 사회적 양심으로 확대되어야 한다. 이성의 확대인 지성도 사회적 지성으로 개발할 수 있다. 근래 대두된 '집단지성'도 그 한 조짐으로 볼 수 있다. 또한 함석헌은 믿음을 타당한 인식수단으로 강조한다. 믿음은 진리인식을 초래하는 필수적인 전제조건이다.

민중사관으로 본 새 문명의 탄생

종교철학자로서 두드러진 독창성을 보인 함석헌에게 종교 다음으로 중요한 관심사는 역사였다. 역사와 사회는 개인의 삶의 좌표를 결정하는 두 요인이다. 어느 하나라도 무시한다면 생각하거나 살아가는 것이 무의미하다. 특히 그는 역사가 어떤 뜻을 지닌 채 절대적인 원리(섭리)에 따라서 진행한다고 보았다. 그것을 읽어내는 것이 사회를 이끌어가는 지도자와 지식인들이 필수적으로 해내야 할 사명이다. 특히 역사교사로서 그는 역사를 어떻게 가르쳐야 하느냐 고민하지 않을 수 없었다. 자료나 연구물 등 모든 것이 결핍된 척박한 풍토에서 더구나 일제의 압제와 감시 속에서 역사가의 상상력을 총동원하여 엮어낼 수밖에 없었다. 그 결과가 소박하지만 오히려 독창적인 한국사와 세계사 저술이었다.

저술과정에서 함석헌만의 독특한 역사관이 형성되었다. 그것은 복합적인 것으로 그 가운데 몇 가지(종교, 섭리, 민중, 고난)가 두드러진다. 종교를 가장 궁극적인 원리와 가치로 설정한 그의 사상에서 종교사관은 당연한 설정이다. 종교사관은 섭리사관으로도 표현된다. 역사 속의 사건들이 우연으로 보이더라도 절대자의 섭리가 작용한 결과라고 이해하는 관점이다. 섭리라고 해서 인간의 자유가 배제된다는 것은 아니다. 섭리는 절대의 차원이고 상대적 차원에서는 자유의

지가 발동할 여지가 남아 있다.

　역사의 주체가 누구인가 하는 문제에서 함석헌은 획기적인 전환을 시도했다. 그것이 민중사관이다. 그는 역사를 주도하는 주체를 군주와 소수 지배층에서 민중으로 대치했다. 종래 기술된 역사가 사실상 왕조사, 군주사였지만 올바른 역사는 민중의 사회사여야 한다는 것이다. 웰스Herbert Wells, 마치니Giuseppe Mazzini 같은 서구사상가의 저술에서 영감을 얻기도 했지만 함석헌의 관심은 늘 개인이나 소수 집단보다 공동체 구성원 전체에 있었다. 이때 전체를 구체적으로 대표하는 주체는 민족이나 민중이었다. 민중사관은 그러한 통찰의 자연스러운 귀결이었다. 이제 장군이나 영웅이 할거하는 시대는 지났다. 장군 한 사람이 존재하기 위하여 민중 수만 명의 뼈다귀가 쌓여야 했다. 이때도 역사의 실제 주체는 민중이었다(그 사실이 「행주산성」과 「남한산성」에서 절절하게 묘사되고 있다).

　진정한 지도자는 전체의 의지를 고스란히 발현하는 사람이다. 한국사의 기술에서 함석헌은 민족의 숙원인 옛 터전 만주 고토를 회복하려고 노력한 장군과 군주를 민족사에 기여한 역사의 영웅으로 내세웠다. 이러한 민중의식으로 무장한 함석헌은 1960년대 이후 사회 참여에 적극적으로 나섰다. 그러면서 민중운동의 불길이 한국사회에 번지기 시작했다. 오랜 세월과 많은 희생 끝에 결국 군사독재를 종식시키고 민주화를 달성하는 역사를 이루었는데, 그 과정의 이론(민중사상)과 실천(비폭력 투쟁) 양면에서 함석헌의 기여가 적지 않았다. '민중'은 나중에 '씨올'로 진화했다. 두 말이 혼용되기도 하지만 씨올은 종교철학적인 의미가 덧입혀진 개념이다.

　한민족 특히 민중의 역사에서 함석헌이 가려낸 특성 하나는 유별난 고난이었다. 역사의 주축인 민중의 수난사에서 의미를 찾는 과정 가운데 배태된 관점이 고난사관이다. 주변 열강의 틈바구니에서 겪은, 유례가 드물 정도인 수난의 역사가 새로 해석되지 않으면 '수난의 여왕'이 헛고생한 것이 된다. 그는 예수의 수난에서 힌트를 얻어 민족이 당한 고난의 역사에는 신의 섭리 같은 깊은 뜻이 있다는 데 도달했다. 고통은 개인만 당하는 것이 아니고 인류 전체가 공유하는 보편적인 현상임도 인식했다. 이러한 고난(고통) 개념은 석가모니의 발견과도 우연히 일치한다. 석가모니가 고통의 원리를 명상 중에 찾아냈다면 함석헌은 이를 역사 속에서 찾아냈다. 석가모니와 달리 함석헌은 개체적인 고난보다 고난의 집단성과 전체성에 주목했다. 그래서 수난의 민족에 큰 의미가 있다고 보았다.

이 밖에도 함석헌이 역사 기술에서 중요하다고 보는 요인이 더 있다. 글 속에서 자주 마주치는 표현으로 '생장' '진화' '생명' 같은 개념들을 들 수 있다. 함석헌은 역사 속에서 그러한 가치들이 어떻게 나타나고 보존되었느냐에 초점을 둔다. 이것을 진보사관 또는 진화사관으로 묶을 수 있다. 인류의 역사는 생물처럼 생장, 진화, 발전하도록 창조되었다. 창조도 일과성의 과거사가 아니고 새 창조가 계속된다. 역사는 반복, 순환하는 것 같지만 동시에 뜻(목표)을 향해서 나아간다. 지구가 자전하면서 공전하는 것처럼 인류는 앞으로 나아간다. 역사는 나선형처럼 진보하는 과정이다. 동양사상에서 말하는 윤회와 다른 역동적인 나아감이다.

역사가로서 함석헌은 또한 문명비평가의 안식으로 문명의 상태를 짚어내고 그 비관적인 미래를 예측한 예언자였다. 그는 서구 물질문명이 이제 막다른 골목에 이르렀다는 판정을 내렸다. 물질에 치중한 만큼 그보다 더 중요한 정신도 퇴보했다. 이것은 기독교 종말론과 맞물려 그의 확신이 되었다. 서양의 물질주의 가치관 대신 그는 물질의 발달보다 정신에 관심을 더 쏟은 동양의 고전과 사상에 희망을 걸었다. 함석헌은 서구문명의 몰락을 점친 슈펭글러나 문명의 부침을 강조한 토인비 같은 문명비평가가 더 이상 등장하지 않는 것을 아쉬워했지만 바로 본인이 그 자리에 서 있었다. 그는 현대문명을 넘어서는 새 문명의 탄생을 예견하고 그러기 위해서는 그 토대가 될 새 종교가 나와야 한다고 거듭 역설했다.

비폭력과 평화

거의 한때도 영일이 없는 한 세기를 통과하면서 함석헌이 전쟁 없는 평화세상을 꿈꾼 것은 당연한 일이다. 평화는 마음의 평화부터 세계평화에 이르기까지 광범하지만 함석헌은 국가 간의 평화, 즉 세계평화가 가장 화급한 문제라고 판단했다. 평화를 위협하는 전쟁과 대립이 주로 국가 간, 민족 간 그리고 이와 맞물려 종교 간, 사상·이념 간에 발생하기 때문이다. 더구나 큰 문제는 갈등과 대립이 핵무기의 발달로 국가 간 범위에서 끝나지 않고 지구의 파괴와 인류 공멸까지 초래할 위기에 직면해 있다는 사실이다. 이러한 위기 앞에서 함석헌이 사명으로 삼은 인류구원은 퇴색해버린다. 그가 예측한 문명의 종말이 현실로 다가오는 형국이다.

임박한 종말을 막기 위해서 어떠한 원리가 필요한가. 결국 종교에서 찾을 수밖에 없다. 인간의 종교적 감성과 원리를 동원하지 않고는 모두 임시방편일 뿐이다. 이제는 개인이 할 수 있는 여지는 없고 '평천하', 즉 세계평화가 우선한다. 유교원리로 말하면, 이제는 옛 질서를 대표하는 '수신-제가-치국-평천하'修身齊家治國平天下의 공식이 통하지 않는다는 것이다. 역순으로 읽어야 한다. 개인주의, 민족주의, 국가주의가 대표하는 옛 질서의 산물인 고전과 경전도 고쳐서 읽어야 한다. 새 사상, 새 종교가 요청된다. 함석헌은 세계평화를 갈구한 나머지 1988년 서울올림픽 당시 (일부 인사들의 반대에도) 노태우 정권이 추진한 서울평화대회 위원장을 맡아 '서울평화선언'을 발표했다.

함석헌은 세계대전을 두 번이나 치른 인류가 공존의 새 틀걸이를 찾을 줄 알았지만 큰 진전이 없었다. 역사발전 과정에서 이미 초극되었어야 할 민족주의, 국가주의가 아직 세계를 지배하고 있다. 영국의 역사학자 웰스가 제창하고 함석헌도 기대했던 세계정부나 세계연방은 아직도 요원하다. 그나마 국제연합United Nations, UN이 결성되어 연합군이 6·25전쟁에 참전한 것은 획기적인 의의가 있는 일로 평가되었다. 하지만 그 이상 더 나아가지 못했다. 결국 씨을이 할 수 있는 일은 평화운동이었다. 그래서 함석헌은 '평화운동을 일으키자'고 제창했다. 이는 '같이살기 운동'과 함께 그가 적극적으로 제창한 두 가지 운동 중 하나다. 퀘이커로 개종한 것도 평화운동에 적극적인 태도를 고려했기 때문이었다.

평화 달성에 중요한 것은 그 방식이다. 평화를 얻으려고 폭력을 사용하는 것은 맞지 않다. 폭력적으로는 달성하기 어렵고 달성하더라도 진정한 평화가 될 수 없다. 함석헌은 역사를 봐도 폭력적인 수단으로 일어난 모든 혁명은 다 실패한 혁명이었다고 규정했다. 폭력적인 쟁취는 다른 폭력에 길을 터준다. 악순환이 반복될 뿐이다. 그가 5·16쿠데타와 군사정권에 한사코 반대한 것도 그런 이유에서였다. 그 후의 역사는 그의 주장을 증명해준다. 반세기가 지난 오늘날에도 정치가 아직 그 여파에서 헤어나지 못하고 있는 현실에서 함석헌의 예지는 돋보일 수밖에 없다.

평화가 폭력이나 무력으로는 강제할 수 없다는 것이 드러난 이상 남은 것은 비폭력적인 길밖에 없다. 비폭력ahimsa, nonviolence은 종교의 보편적인 계율인 '죽이지(다치지) 말라', 즉 불살계不殺戒 또는 불상해不傷害로 표현되었다. 불교에서는 폭력의 영역을 신체〔身〕만 아니라 언어〔口〕와 생각〔意〕까지 포함해 세 가지〔三業〕로 나타낸다. 이것을 톨스토이는 예수의 가르침인 '악에 저항(대적)하지 말라'에서 찾았다. 이를 '무저항'주의라고 소극적으로 표현하는 것은 오해를 일으키기 쉽다. 상대방의 폭력에 똑같은 폭력으로 맞서지 말라는 뜻이다. '이에는 이로' 맞대응을 요구하는 유대교의 윤리를 뒤엎는 원리다. 폭력보다 비폭력적인 사랑의 정신을 품고 불의에 적극적으로 대응하라는 것이다.

간디는 비폭력의 원리를 힌두교(그리고 자이나교, 불교)에서 찾아 예수(산상수훈)에게서 확인했다. 그는 비폭력을 추상적인 '사랑'의 구체적인 표현으로 해석하고 '목적은 수단을 정당화한다'는 주장의 오류를 논증했다. 사랑이나 자비는 오직 비폭력의 실천을 통하여 실현된다. 톨스토이와 간디는 비폭력(불살) 계명이 개인 수준에만 적용되어온 것을 지적하고 집단적 수준으로 확대했다. 종래 개인적인 살상행위를 처벌하면서도 국가나 공권력이 저지른 살상행위는 정당화되어왔던 것이다. 법과 군대는 그러한 집단폭력을 합법화시켰다.

만약 아무런 사족이나 수식어를 달지 않고 비폭력을 진리로 받들어 실천하면 세계평화가 저절로 달성될 것은 자명하다. 집단폭력의 원인 제공자인 국가에 결자해지하라고 하는 것은 현실적으로 불가능하다. 그렇기 때문에 개인과 민중이 주도하는 비폭력의 철저한 실천만이 진정한 평화를 달성하는 길이다. 이 실천에서 중요한 열쇠는 예수가 십자가에서 보여주고 간디가 주장한 자기희생이라는 요소다. 남을 해치는 대신 자기가 희생하는 길이다. 그것이 진정한 사랑의 실천이다. 자기를 희생하지 않는 사랑은 진정한 사랑이라 할 수 없다. 함석헌은 이와 같은 비폭력의 참뜻을 이해하고 특히 간디와 톨스토이의 비폭력 사상을 전폭적으로 수용해 한국사회의 현실에 적용했다. 그는 비폭력이 아니라면 승리할 수도 없고 성공했다고 해도 참다운 승리가 아님을 주지시켰다.

비폭력의 실천에서 함석헌은 간디를 따라 자기희생이라는 종교적인 요소를 무엇보다 강조했다. 그런데 그 적용범주에서 간디보다 한 걸음 더 나아간 점이 있다. 그 외연을 더욱더 확대하여 끝내는 민족, 특히 한민족의 자기희생까지 제안한 것이다. 세계평화가 이루어지기 위해서는 민족의 희생까지 스스로 감수해야 한다는 주장이다. 간디가 내세운 비폭력의 집단적 적용에서 원리상으로 집단은 국가나 민족까지 함의한다고 볼 수도 있지만 사실 간디에게 인도민족은 성역이었다(간디가 남긴 많은 말을 다 뒤지면 민족까지 암시하는 대목도 없지 않지만 함석헌처럼 드러내놓고 공언하지는 않았다).

함석헌이 모든 민족을 다 가리킨 것은 아니다. 그는 자기가 속한 우리 민족으로 특정화했다. 한민족은 유별나게 수난을 받아온 민족인데 그것은 신의 섭리에 따라 예수처럼 인류를 위한 희생양의 위치에 있었기 때문에 주어진 특별한 역할이라고 그는 주장했다. 자기희생의 극치를 보여준다. 현실적으로 국민이 이 수준까지 나아가서 수용할 준비가 되었다고 볼 수는 없지만, 비폭력 사상이 함석헌에 와서 더 심화되었음을 보여준다. 결국 남북분단의 극복과 한반도 평화의 성취도 이 길 밖에 딴 길이 없다는 것이 그의 소신이었다. 이제 왜 우리가 비폭력과 평화를 함께 이야기해야 하는지 분명해졌다.

개혁과 혁명으로 이룰 진화

함석헌은 생명의 특성을 자람(성장)과 자유로 규정한다. 그것은 신이 생명을 창조하면서 부여한 특성이다. 특히 인간에게는 자유의지를 심어주었다. 다른 피조물도 성장, 진화한다. 그는 창조론과 진화론을 양립, 조화시키는 관점을 세웠다. 자유로운 성장을 방해하는 외적 요소들을 물리치고 끊임없이 저항하며 나아가야 하는 것은 인간의 특권이자 의무다. 따라서 사회적 제도나 조직, 형식들은 고정된 틀 속에 갇혀있지 않고 늘 변화하는 것이어야 한다. 자람의 다른 이름인 변화와 개혁, 혁명은 삶과 사회의 본유한 속성이다. 변화해야 다음 역사단계로 진화할 수 있다. 민중과 양식 있는 지식인이 변화에 반동하는 세력에 저항해야 온전한 사회가 될 수 있다. 함석헌 자신이 시대마다 유치장과 감옥을 들락거리며 평생을 저항자로 일관하여 살았다. 힘들 때마다 영국 시인 셸리가 저항을 노래한 「서풍에 부치는 노래」를 읊었다.

개혁과 혁명은 역사발전의 단계를 따라서 진행되어야 한다. 그렇지 않고는 진화하지 못한 생물처럼 인류도 멸종할 수 있다. 서구문명의 희생양이며 쓰레기통이 된 한민족과 한국사회가 살아남으려면 근본적인 탈바꿈이 필요하다. 그래서 함석헌은 일제에게서 해방된 후 38선을 넘고 6·25를 겪으면서 구상한 생각을 사회 모든 분야에서 '새' 것을 주장하는 글로 정리해 1950년대 후반을 전후한 시점에 발표했다. 새 나라, 새 윤리, 새 교육, 새 혁명의 구체적인 청사진을 하나하나 제시했다.

함석헌은 모든 분야의 변화를 추동하는 밑바탕이 될 새 종교를 무엇보다 대망했다. 탈바꿈의 비전은 민족사회의 개혁과 민족의 개조를 넘어 새 문명과 새 인류(인간)로 이어졌다. 그것은 가치관의 패러다임이 물질 중심에서 정신 중심으로 전환하는 것을 의미한다. 새 문명은 물질보다 정신에 집중해온 동양의 사상전통에서 씨를 찾아낼 수밖에 없다. 특히 물질문명에서 뒤처져온 한민족이 '한' 사상을 기조로 제3의 사상을 창출하여 그 앞장을 설 수 있다고 확신했다.

민족주의 · 국가주의를 넘어 세계주의로

함석헌은 세계의 위기와 문명의 종말을 재촉하는 근본원인을 인류가 구조적으로 민족주의 · 국가주의의 낡은 틀에 갇혀 새로운 역사단계로 상승하지 못하는 데서 찾았다. 국가, 민족이라는 허울 속에서 인류는 압제, 전쟁, 인종 말살, 차별 등 각종 제도적 폭력과 악행에 시달려왔다. 인류는 원시공동체에서 개인의 정체성을 자각한 개인주의 시대로 이행하였고 그 변형인 집단주의의 한 형태로서 민족주의가 발흥하였다. 역사의 발전과정에서 한때는 효용성이 있었을지라도 인류는 이미 극복했어야 할 국가조직과 배타적인 민족중심주의를 이제라도 타파하고 하나의 세계를 지향하는 세계주의로 비약해야 할 시점에 이르렀다. 함석헌 자신도 민족주의를 넘어선 세계주의자임을 선언했다.

함석헌이 채용한 이와 같은 역사단계설은 사실 서구학자들의 공식이며 엄밀하게 말하면 한민족에게 그대로 들어맞는 것은 아니다. 개인성의 자각을 일깨운 르네상스 같은 변동을 겪지 못한 민족이기에 개인주의 시대를 거칠 수 없었고 따라서 민족주의 단계도 제대로 통과하지 않았다. 빈번한 외침과 악독한 군주정치 속에서 개인과 민족을 자각할 틈이 없었던 것이다. 지금 한국사회는 타자의 권리를 존중하는 개인주의 이전의 이기주의 시대를 벗어나지 못하고 있다. 경제, 교육, 종교 등 모든 분야에서 급격한 사유화가 진행되고 있다. 현실적으로 무엇보다 중요한 정치에서도 정당이 개인 중심, 지도자 중심의 사당私黨이지 공당이라 할 수 없다.

함석헌은 이제라도 민족주의의 충실한 과정을 속성으로라도 이수해야 한다고 역설한다. 이 점에서 그는 민족주의를 떠난 것이 아니다. 민족과 민족주의를 구분해야 한다고 말한 함석헌은 우리 민족의 역사와 문화에 대해서 남다르면서도 정당한 애착을 갖는다. 독특한 자기정체성을 갖지 않고 세계무대에 나아갈 수 없다는 것이다. 세계는 하루아침에 용광로같이 단일한 문화가 될 수 없다. 다원적인 세계와 세계관이 될 수밖에 없다. 경계가 무너진 지구촌에서 응분의 대접을 받기 위해서는 민족으로 바로 서야 한다. 그러려면 분단된 민족이 하나가 되는 일이 급선무다. 분단은 민족의 정신분열증을 나타낸다.

역사가로서 역사의 교훈을 찾는 함석헌에게 민족의 광활한 무대인 만주 땅을 잃고 이룬 삼국통일은 애당초 그릇된 일이었다(중국 땅이 바라다보이는 평안도 압록강 하구에서 자란 그로서는 민족의 잃어버린 고토에 대한 집착이 고구려인의 후예이기도 한 본인의 피 속에 잠재된 한(恨) 같은 것일 수도 있다. 그가 펼친 사상에도 고구려인의 대륙적인 웅혼함과 호방함이 배어 있다). 이후에 민족이 겪은 비극도 여기에서 말미암은 것으로 해석한다. 역사의 영웅은 잃어버린 고토를 회복하려고 노력한 장군들과 소수 군주다. 그 흐름을 꺾고 새로운 정권을 세운 이성계는 역사를 거스른 반동적인 반역자였다. 조선 500년은 결과적으로도 빈약하고 궁핍한 역사였다. 비현실적으로 들리지만, 이제라도 고토회복의 방안을 찾는 것이 좋다는 얘기다.

한편 함석헌은 중국의 민족주의가 더 강해져서 과거처럼 한민족의 자유와 발전을 방해할 것을 염려했다. 그래서 이에 맞설 동남아연방이나 동아시아연맹 같은 방안 그리고 중립국가를 구상하기도 했다.

함석헌에게 세계주의는 모두가 지향해야 할 이상이고 민족은 씨름해야 할 현실이었다. 그의 예언대로 세계는 하나의 공동체로 향하고 있지만 국제연합의 한계에서 나타나듯 아직도 민족주의·국가주의의 망령에 시달리고 있다. 그 극복, 즉 초국가주의 사상은 함석헌의 후기 저작과 담론을 관류하는 주요 주제가 되었다. 마치 국가주의가 세상을 그르치는 악의 주범인 양 그 극복을 거듭 외쳤다.

개인·개인주의를 넘어 전체·전체주의로

민족·국가주의를 통과하여 세계주의로 상승, 발전해간다는 역사 단계설과 아울러 함석헌이 또 강조한 원리가 바로 개체와 전체의 관계를 규정하는 전체주의 또는 전체론holism, wholism이다. 전체는 개체의 산술적인 총합 이상의 독특한 자기정체성을 지닌다. 사회학에서 의미하는 '사회'처럼 개인의 총합과 다른 독립적인 위상을 갖는다. 역사발전 과정에서 전체는 한 범주로 고정되지 않는다. 삶과 의식의 범주가 점차 확대되는 과정에서 더 큰 범주로 옮겨간다. 민족주의가 세계주의로 이행하는 과정에서 민족이 개체라면 세계는 전체에 해당한다. 민족주의 시대에는 민족이 전체를 대표했다.

전체주의 시대에는 사고의 주체가 더 이상 개인이 아니고 전체다. 개인이 사고의 단초를 제공한다 하더라도 그 사고는 전체의 뜻을 반영하고 전체의 승인을 받아야 한다. 시대가 바뀌면서 전체의 범주는 점차 확대된다. 함석헌의 세계관 속에서 전체는 세계에서 전체('온') 생명으로, 다시 우주로 넓어진다. 그만큼 인간의 의식도 넓어져야 하는데 현실은 좁아진다. 그 책임은 누구보다 권력욕에 사로잡힌 정치인들에게 있다. 시대의 전환을 인식하지 못할뿐더러 한술 더 떠 국민을 우중화시켜 지배한다. 지역(남/북, 동/서) 간, 계층 간, 이념(진보/보수) 간 분열을 부추기면서, '갈라놓고 해먹는다'divide and rule. 여기에 언론이 거든다. 개인이 영웅이 되는 시대는 지났는데도 이들은 영웅을 만들어 우상화하면서 시대착오적인 정치행태를 일삼는다. 함석헌에게 정치인은 다 '도둑'이다. 물질보다 정신과 영적 가치를 앞세워야 하는데 그야말로 정신 빠진 정치인들이 나라를 망쳐왔다.

함석헌의 전체 개념에서 중요한 요소는 바로 이 전체가 문자 그대로 하나도 빠져서는 안 되는 완전한 전체라는 것이다. 『성서』에 나오는 양의 비유에서 길 잃은 한 마리는 나머지 아흔아홉 마리보다 더 중요하게 간주된다. 소수가 배제된 다수는 온전한 전체라고 할 수 없다. 여기서 그가 지향하는 전체주의는 최대다수의 최대행복을 내세운 서양의 공리주의utilitarianism와 다르고 다수결 원칙에 의존하는 민주주의와도 갈라선다(함석헌은 그가 나중에 개종한 퀘이커 신앙에서 채택한 만장일치 제도를 높이 평가했다).

이런 맥락에서 '사회' 개념도 전체보다는 덜 완전한 뉘앙스를 지닌 말이다. 사회학에서의 '사회'는 함석헌처럼 소수도 배제되지 않고 예외 없이 일사불란한 전체를 가리키지는 않는다. 일부 진보적인 미국기독교인들이 주장한 사회구원도 그 완전성에서는 전체구원에 미치지 못한다. 영국의 고전진화론 논쟁에서 허버트 스펜서 등이 주장한 사회진화론도 생존경쟁과 우승열패를 인정하는 이론이므로 함석헌의 전체주의와는 구분된다. 생물진화처럼 인간사회의 진화를 인정하는 함석헌도 일종의 사회진화론자라 할 수 있지만 엄격하게 말하면 전체진화론자라 할 수 있다.

함석헌의 전체주의를 이해하는 데 하나의 걸림돌은 히틀러식 정치적 전체주의totalitarianism와의 혼동이다. 후자는 사이비 전체주의이며 자발적이 아닌 '강제적' 전체주의다. 정신적 차원을 갖지도 않는 사이비 전체주의다. 다만 그것은, 샤르댕Pierre Chardin이 말한 대로, 진정한 전체주의 시대의 도래를 알려주는 전조의 역할을 했을 뿐이다. 영어로도, 윌버Ken Wilber도 사용하는, 'wholism'으로 바꾸는 것이 좋다. 'holism'이 있어왔지만 새로운 말로 더 구분될 수 있다. 그래서 혼동하기 쉬운 '전체주의' 대신에, 함석헌이 찾아낸 '씨을'처럼, 새로운 말을 찾아낸다면 그의 사상을 이해하는 데 큰 도움이 될 수 있다. 가령 '온몸주의'라 하면 어떨까. '전일全一주의'라 해도 차별화가 될 수 있다. 그가 제창한 '한' 사상과도 바로 잇댈 수 있다. '전全'은 '한'의 한 가지 뜻이기 때문이다. 결국 전체주의 사상은 '한' 사상의 변형이라 볼 수 있다.

그렇다면 함석헌의 독특한 사상 체계는 고유한 한국사상의 흐름 속에서 발현된 것이라 봐야 한다. 전체주의 사상은 독특성뿐만 아니고 동시에 보편성을 갖추고 있다. 윌버가 종합했듯이, 근래에 서구에서도 역사와 의식의 발전단계를 개인, 즉 '나'me→ '우리'us→ '우리 모두'all of us로 설정하고 있다. 여기서 다시 함석헌의 선견지명이 드러난다. 진정한 정신적 전체주의는, 그의 다른 사상들처럼, 종교적 가치관과 세계관에 토대한 것이다. 이제는 개인구원이 아니고 사회구원조차 넘어선 전체구원이 가능할 뿐이다. 구원이 이끄는 초월적인 영의 세계는 강물처럼 모두가 합류하는 바다다. 영이 하나이기 때문이다. 따라서 전체는 함석헌 구원론의 열쇠가 된다. 함석헌의 신학에서 전체는 신의 위상으로까지 승화된다. 보이는 하나님은 보이는 전체로 나타난다. 신과 전체는 동격이다. 전체주의를 체계화한다면 서구신학적 구원론의 대안으로 혁명적인 구원론을 제시할 수 있다. 아직도 개인구원을 외치는 기성종교는 시대착오적인 낡은 신앙이다.

전체와 전체주의에 대한 사유는, 아마 자신도 미처 의식하지 못했지만, 함석헌 속에서 오랫동안 숙성된 결과물이다. 그는 1970년대 초 프랑스의 신부이며 고생물학자인 샤르댕에게서 영향을 받았다고 하지만 사실을 추적해보면 생애의 전반부 심지어 1930년대까지 거슬러 올라가서 일찍부터 그의 사유의 중심에 의식적으로 늘 개인보다 전체가 자리 잡고 있었다. 이러한 생각이 샤르댕을 통해서 확증을 얻고 사상으로 영글어진 것이다.

이 과정에서 하나의 결정적인 계기는 1962년 가을 퀘이커 센터 펜들힐에 머물며 한 학기를 보내는 중 가진 명상체험이다. 여태까지 배신자로 낙인 찍혀온 예수의 제자 유다의 환상을 본 사건이다. 이 사건은 함석헌을 선악 이분법의 틀에서 빼내 전체론적으로 새롭게 해석하게 했다. 정통 서구 신학을 뒤집어놓은 혁명적·획기적인 발상이었다. 권선징악의 질서를 무너뜨린 통찰이다. 함석헌은 성서를 다시 읽고 해석했다. 예수는 '하늘나라'가 지상에 임재하기를 고대하는 무리에게 '하늘나라가 너희 안에 있다'고 그 위치를 알려주면서 새로운 전략을 세워 열두 사도를 하나의 전체의식으로 훈련시키는 프로그램을 진행했다. 그런데 한 사람의 배신자가 나오면서 사도들의 전체의식이 흐트러졌다. 가까스로 나머지 사도들을 묶어 바통을 잇게 했지만 완벽한 전체는 되지 못했다. 그 상실한 전체성을 회복하기 위해 예수가 지옥문 앞에서 유다가 나오기를 기다린다는 것이 함석헌의 환상적인 해석이다. 이 체험의 기록은 전체주의 사상의 한 정점을 이룬다.

사회사상

함석헌은 삶의 좌표가 역사와 사회라는 두 가지 요인으로 결정된다고 본다. 인간으로 성실하게 살려면 어느 하나도 무시할 수 없다. 누구나 둘이 교차하는 지점[十]에 서 있다. 말하자면 십자가를 지고 있는 셈이다. 이 짐을 누구에게도 떠넘길 수 없다. 역사가 가르치는 교훈을 되새기면서 사회 속에서 역할을 해야 한다. 역사를 의식하는 사회인이 되어야 한다. 역사가로서 사회운동가로서 그는 두 가지에 충실하려고 노력했다. 역사를 통찰하고 배운 지식과 지혜를 사회에 전달하는 데 힘썼다. 역사와 사회를 떠나 상아탑에 갇혀 홀로 공허한 사유를 일삼는 철학자가 아니었다.

총론적으로 함석헌은 한국사회에서 가장 중요한 분야를 단기적으로는 정치와 언론, 중장기적으로는 종교와 교육으로 꼽는다. 현 상황에서는 이 네 가지 모두 문제덩어리로 개혁과 혁명의 대상이다. 각기 제 노릇을 하면서 서로 견제해야 하는데 오히려 서로 '붙어먹고' 합세하여 민중을 우중愚衆으로 만들어 '짜먹는' 도구가 되었다. 이와 같은 혼탁한 현실을 정화할 맑은 물을 공급해야 할 종교와 교육(학교)도 독립적인 기능을 잃고 함께 탁류에 휩쓸려가고 있다. 요컨대 사회 각 분야가 공공성을 상실하고 사사로운 탐욕의 도구로 전락했다. 누가 고양이 목에 방울을 달 것인가. 함석헌은 민중이 고양이 목에 방울을 다는 쥐가 되어 자기희생을 하는 수밖에 없다고 말한다. 이것이 비폭력의 원리다.

정치

각론적으로 함석헌은 다양한 글과 강연을 통해 분야별로 하나하나 구체적인 대안을 제시했다. 먼저 정치에 대해서 그는 일관되게 불신의 눈길을 던진다. 근거 없는 비판이 아니고 역사 속에서 드러난 사실로 논증한다. 정치는 '도둑질', 정치인은 '도둑' '정치업자(놈)들'이다. 5·16쿠데타 주도자들은 '정치 강도'로 불렀다. 사회혼란의 주범은 정치인이다. '뒤집어엎어야 해!' '민중이 정부를 다스려야 한다.' 정치인의 태생적인 문제는 누가 하라고 시키지도 않았는데 자기들이 하겠다고 나서는 후안무치함이다. 이는 선거제도의 맹점을 말하는 것이다.

이러한 단점에도 민주주의는 여태까지 인류가 실험한 최상의 정치제도로 다른 더 나은 대안이 출현할 때까지는 지켜가야 할 제도인 것은 틀림없다. 그런데 현실은 어둡다. 남북이 다 민주주의를 정체로 내걸었지만 진정한 민주국가라 할 수 있는가. 국민(인민)이 실질적인 주인이 된다면 민족통일도 저절로 이루어질 것이다. 그래서 함석헌은 60대 이후 여생을 민주화에 투신했다. 4·19혁명으로 복원한 민주체제를 뒤엎은 5·16쿠데타와 연이은 군사독재는 역사를 거스른 반동이었다. 쿠데타가 일어나자마자 그 엄혹한 분위기에서 함석헌은 날카로운 비판의 포문을 열었다. 5·16쿠데타는 '헛총'을 쏜 '실패한 혁명'이라 심판했다. 그 포문은 한 세대 가깝게 계속된 군사정권 내내 거침없이 쏟아졌다.

그는 독재에 저항하는 학생 편에 설 수밖에 없었다. 데모가 온당한 항거운동임을 인정하고 비폭력저항의 원리로 계도했다. 결국 비폭력이 폭력을 물리친 결과가 되었다. 학생들이 중심이 된 민주화 투쟁의 약점으로 그는 단순한 정권교체를 넘어선 높은 이상과 정신적 목표의 부재를 지적했다. 정치도 종교적 이상과 세계관을 떠나서는 나아갈 수 없다. 간디가 보여주었듯이 정치는 종교적 진리와 가치에 충실해야 순기능을 발휘할 수 있다. 그 점에서, 사회의 다른 분야도 그렇지만, 함석헌은 정치와 종교의 밀접한 관계를 강조했다.

함석헌은 일반적인 원칙론에 머물지 않고 구체적인 방법론을 제시했다. 투표에 참여할 때 인물 중심이 아니라 정책과 이념을 기준으로 더 나은 정당에 투표할 것을 권고했다. 후보 단일화의 필요성도 역설했다. 심지어 정당에 가입하여 옥중 출마한 장준하를 도와서 당선시키기도 했다. 1970년 전태일 분신 사건이 일어나자 그는 이 희생을 매년 기리고 그 의의를 크게 홍보하여 민중운동의 기폭제가 되는 데 앞장섰다. 전두환 주도의 군부가 벌인 '광주사태'에 대한 진실을 아무도 말하지 못할 때도 그는 이른바 '내란음모설'의 허구성을 폭로, 규탄하고 그 수정을 정부에 강력하게 요구했다.

민주화운동 과정에서 함석헌은 구체적인 운동을 제안했다. 하나는 '같이살기 운동'이다. 그는 생활고를 못 이긴 한 가장의 삼 남매 독살 사건을 보고 1964년 「삼천만 앞에 또 한 번 부르짖는 말씀」을 발표하며 '살아도 같이 살고 죽어도 같이 죽자'고 호소했다. 또한 민주화 투쟁 중 자기희생을 감수하는 젊은이들을 보고 상부상조하는 방안으로 이 운동을 거듭 제창했다. 이 운동은 당시 정부에서 주도한 '새마을운동'과 우연히 시기적으로 겹쳐서 오해의 소지가 있으나 함석헌의 내면에서 오랫동안 숙성한 열매였다. 새마을 운동이 관변주도의 강제적인 운동이라면 이것은 자발적인 민중운동이다.

'같이살기'는 한국의 전통 속에서 근대에 발흥한 민족종교의 '상생'相生 개념과 일치한다. 선각자 김일부는 중국의 고전『주역』이 강조하는 (오행五行 간의) '상극'相剋 질서를 뒤엎고 상생을 새로운 질서로 정립했다. 이것이 증산교와 원불교 등 근대 민족종교로 전승되었다. 그러므로 '같이살기' 개념은 고유한 한국정신을 상징한다고 할 수 있다. 이 점에서도 함석헌의 사상과 사유방식은 어디까지나 한국정신의 발현이라고 규정할 수 있다.

함석헌은 정치를 주로 현실상황 속에서 다루었지만 동시에 이상적인 정치제도와 통치형태를 늘 머릿속에 그리고 있었다. 가장 바람직한 제도는 도가적인 무위의 통치〔無爲之治〕다. 무정부주의에 가깝게 보이지만 그렇다고 무정부주의도 자유방임주의도 아니다. 최소정부일수록 좋다. 개인의 평등성이 보장되지 않는 미국 공화당식 보수주의 정부도 아니다.

그는 대국보다는 스웨덴처럼 강하고 작은 나라(강소국)를 선망했다. 북구의 나라들은 사회민주주의체제를 통해 사회주의적 복지와 민주주의적 체제를 함께 갖춘 나라들이다. '사회'를 중시한 함석헌에게는 이상국가로 보였을 법하다. 그는 점진적인 사회주의를 추구하는 (그가 크게 영향을 받은 역사가 웰스를 포함한) 영국 지식인들의 운동인 '페이비언 협회'의 취지에도 일찍이 동조한 바 있었다. 함석헌은 청년 시절 신앙의 길이냐 사회혁명의 길이냐의 기로에서 신앙을 택했는데 당시 사회혁명은 사회주의적 혁명을 의미했다(그렇다고 그가 공산주의에 동조한 적은 없었다).

그는 인류가 이제 정부지상, 국가지상을 부르짖는 국가주의, 대국주의를 벗어나야 할 단계라고 주장했다. 일종의 초국가주의로의 진입이 세계가 당면한 과제다. 지금은 민족주의·국가주의를 넘어서 세계주의로 이행하는 과정이다. 통치형태는, 웰스도 주장했던, 세계정부나 세계연방이 바람직하다. 함석헌은 아직 세계를 지배하는 국가주의 통치형태에서는 지방자치의 강화와 연방제가 최선의 방식이라고 보았다.

통치권은 백성, 민중, 국민(인민)이 위임한 것으로 종교적으로는 하늘(신)의 뜻이다. 왕권신수설王權神授設이 그 표현이다. 중국사상에서는 그것을 천명天命이라 한다. 이 개념을 함석헌은 보편적으로 적용한다. 정권은 민중이 원하면 바꾸는 것이 당연하다. 함석헌이 높이 평가하는 맹자도 왕도정치에서조차 민의를 거스르는 통치자는 바꿀 수 있다고 혁명을 정당화했다. 4·19혁명도 그 한 가지 표현이었다. 그러나 5·16쿠데타는 폭력에 의한 가짜 혁명이었다. 그래서 그는 5·16쿠데타와 군사정권을 처음부터 끝까지 반대하고 저항했다. 한 세대 가까이 이어진 군사통치는 끝났지만 그 어두운 그림자가 여전히 짙게 드리워진 우리 사회와 정치의 현실은 함석헌의 통찰이 얼마나 정확했는지 말해준다.

경제

경제는 정치만큼 함석헌이 자주 다루는 주제는 아니다. 하지만 사회담론에서 그의 경제관이 단편적일지라도 여기저기 구체적으로 거론되는 것을 엿볼 수 있다. 경제학자가 경제에 관련된 함석헌의 발언을 보면 그의 경제관과 이상적인 공동체를 그릴 수 있으리라 본다. 구체적인 예를 하나 들면, 함석헌은 경제제도에서 공산주의 국가의 통제도 아니고 자본주의 시장경제의 자유방임도 아닌 제3의 길을 꿈꾸었다(정치체제에서도 제3의 길을 말한다). 그는 현대를 지배해온 두 이념인 자본주의와 공산주의는 생산방식을 다루는 물질 위주의 체제라는 데 그 태생적 한계가 있다고 본다. 따라서 서구에서 기원한 두 이념이 물질주의 문명을 구축하여 이제 인류를 공멸의 위기로 몰아넣었다고 역사가다운 판정을 내렸다.

사회적 현안문제인 노동에 대해서도 경제학자는 간과하기 쉬운 근본적인 문제를 짚어낸다. 물질주의인 두 경제체제는 모두 노동을 당연한 필요사항으로 여기는데 이에 함석헌은 근본적인 문제를 제기한다. 두 체제는 노동자 계급을 만들고 지배층을 유지하기 위한 생산의 도구로 이용한다는 것이다. 잉여 이득을 놓고 늘 다툼이 일기 마련이므로 노사의 갈등은 불가피하다. 노동을 팔고 사는 과정에서 불평등이 발생하기 마련이다.

여기에 근본적인 문제가 있다. 노동과 일의 구분에서 문제가 시작되었음을 인식해야 한다. 인류가 생겨나면서 자연스레 있어온 일은 삶의 일부로 즐거이 받아들여야 하지만 노동은 지배자와 소유자가 착취의 수단으로 발명한 것이다. 일은 물물교환과 품앗이로 거래할 수 있지만 노동에는 값이 매겨지고 돈이 거래된다. 황금만능주의가 그 산물이다. 돈이 척도가 된 물질주의 때문에 현대인은 물질보다 중요한 정신을 잃게 되었다. 삶의 윤활유인 인정과 공동체의 뼈대인 도덕이 없는 사회가 되었다.

함석헌은 무소유, 무위의 삶을 지향했다. 돈 없는 세상을 꿈꾸었다. 천국에도 돈이 있다면 가고 싶지 않다고 했다. 돈은 사회적 갈등을 유발하는 주범이고 인류가 초월해야 할 국가주의를 유지하는 도구다. 돈이 대표하는 사유재산제도에도 문제가 있다. 이것은 일부일처제처럼 전체가 하나의 공동체가 되는 시대에 맞지 않는 개인주의 시대의 유물이다. 새 시대에 맞는 새 경제제도가 나와야 할 때다.

이처럼 함석헌은 이상적인 사회를 꿈꾸었지만 그렇다고 필요악처럼 된 노동 현실을 무시한 것은 아니었다. 그는 노동자의 현실에 눈과 귀를 바짝 열어놓고 있었다. 함석헌은 청계천 노동자 전태일의 분신을 사회운동의 중요한 사건으로 여겼다. 그래서 귀국하자마자 전태일의 집에 들러 어머니를 위로하는 등 두고두고 그를 이 시대의 영웅으로 기렸다. 그 사건은 그가 오래 앞장서온 민중운동의 한 기폭제가 되었다. 또 김재준과 함께 쓴 사회 각계각층에 보내는 호소문에서 노사 양측이 상생의 정신으로 상대방의 필요성을 인정하고 한발씩 양보하면서 사회적 책무를 다할 것을 당부하기도 했다.

함석헌이 보기에 한국사회가 당면한 또 다른 문제는 같은 자본주의라도 대기업 중심의 물량확대만 중시하고 정작 시장경제 활성화에 필요한 중산층의 유지와 보호에 실패하고 있다는 것이었다. 그것은 서민층을 기르지 않고 '짜먹기'만 한 군주시대의 전통을 답습한것이다(가축도 길러서 잡아먹지 않는가). 과도기적으로라도 자본주의가 보존되려면 중산층의 확대가 필수적인데도 눈앞의 이익에만 혈안이 되어 있는 것은 자본가나 정치권력이나 똑같다(근래에도 중산층이 점점 더 엷어지고 있다는 통계가 나왔다).

함석헌은 농업정책도 중요하다고 역설한다. 전통적 경제 기반인 농업을 희생한 군사정권의 산업화는 애초부터 무리한 정책이었다. 농업이 기반이 되는 자연친화적 사회라야 각종 사회문제, 환경문제에서 자유로운 건강한 사회로 남을 수 있다. 도시화는 각종 육체적·정신적 문제를 유발하고 비인간화한 사회를 낳는다. 함석헌은 정부의 국토개발보다 마음 밭[心田] 가꾸기가 더 중요하다고 일갈했다. 행복의 척도는 물질보다 정신에 있다.

농사일을 몸에 밴 천직처럼 여긴 함석헌은 마치 간디의 아슈람같이 정신적 가치를 대표하는 종교와 교육을 함께 엮은 농장공동체를 여러 차례(평양 송산, 양양 안반덕, 천안) 실험하고 운영했다. 해방된날에도 밭에서 똥통을 메고 있었다(평생 그의 유일한 취미는 화단 가꾸기였다). 문명도 사회도 자연을 떠나서는 유지, 발전될 수 없다. 경제에서도 녹색경제로 나아가야 한다는 것이 함석헌의 이상이었다.

교육

정치와 경제가 인간생활의 외면적·물질적인 틀을 규정하는 요인이라면 내면적·정신적인 성격을 결정하고 함양하는 요인은 교육과 종교다. 속 살림이 든든해야 겉 살림도 탄탄해진다. 시간이 더걸리는 일이지만 교육과 종교로 인성의 뿌리를 다져놓아야 온전한 사회가 이루어질 수 있다. 두 분야는 '가르침'[教]이라는 점에서 공통성을 갖는다. 인류의 훌륭한 종교 스승들은 다 교육자였다. (정치도 그렇지만) 교육은 그 근거를 절대적 가치를 다루는 종교에서 찾아야 한다. 따라서 교육의 주체를 사람(교사, 정권)보다 하늘(절대 인격, 생명, 씨ᄋᆞᆯ)에서 찾아야 한다. 교육은 진선미를 찾고 인식하는 과정이다.

학교는 조화, 협동, 종합, 통일(하나됨)을 배우는 곳이다. 교육의 목표를 한 가지로 요약한다면 '하나됨'이다(종교의 목표도 똑같다). 구체적으로 실천해야 할 세 가지는 나라의 통일, 자아의 인격적 통일, 세계의 통일이다. 이들은 함께 이루어져야 한다. 인격의 분열은 나라와 세계의 분열을 초래한다. 인격을 함양하는 곳이 학교다.

지금의 학교교육은 어떠한가. 사람을 육성하기보다 효율적인 기계부품을 만들어내는 것이 목적이 되었다. 학교는 주문받은 제품을 양산해내는 공장이다. 사제 간 정의情誼도 없고 스승도 제자도 없는 곳(장소)만 남았다. 인격적 교육과는 거리가 먼 공리적인 가치만을 가르치는 서양식 학교제도를 도입한 탓이다. 사회 각 분야가 다 개혁을 필요로 하지만 민족의 장래를 위해서 무엇보다 교육개혁이 시급하다.

교육과 학문연구를 병행하는 대학교도 제 기능을 올바로 수행하지 못하고 있다. 학자는 학문연구와 더불어 사회적 책임을 지고 있는데도 사회행복과 무관한 현학적인 지식만 얻는 데 열중한다. 옛 선비정신은 찾기 힘들다. 함석헌은 대학교에서 철학과, 철학 강좌가 사라지는 풍조를 개탄했다. 대학교는 공도公道, 한 배움('대학'), 유기적인 통일을 찾고 습득하는 곳이다. '대학교'를 뜻하는 영어 단어[university]처럼 대학교는 보편적인universal 가치와 진리를 찾는 마당이어야 하는데 실용 위주의 교육만 있다. 이른바 '일류학교' 출신은 창조적 사고도 못 하고 불의에 저항할 줄도 모르는 사람이 되고 만다.

학풍으로 말하자면 서양사상의 기조가 되어온 정보information에만 치중하는 풍조를 우리 대학교들도 그대로 뒤따르고 있다. 이 역시 근본적인 개혁의 대상이다. 개혁의 방향은 전통적 동양 학풍에서 찾을 수 있다. 동양에서는 정보보다 정신적 탈바꿈transformation, 즉 영적 해탈, 깨달음에 초점을 두는 전통이 강하다. 인과논리에 기초한 서구적 사고방식과 의식구조는 위기에 봉착했다. 이에 대한 대안을 동양사상 특히 노장철학에서 찾을 수 있다는 것이 함석헌의 소신이다.

지금 우리 사회는 어떠한가. 급속도로 서구화되었으며 앞장서서 정보취득과 정보산업에 몰두함으로써 동양적인 뿌리를 그만큼 망각하고 있다. 동양이 중요시한 지혜는 무시하고 서양이 중요시한 지식을 전부로 여기는 풍조가 지배한다. 이는 특히 청소년 문화와 교육에서 두드러지는 우려스러운 현상이다. 예언자 함석헌의 경고를 되짚어봐야 할 때다.

언론

사회분야에서 단기적으로 가장 중요한 공적 기관이 언론이다. 우중화한 민중과 사회지도층의 계몽 그리고 사회개혁에 언론만큼 효율적인 도구는 없다. 교육과 종교는 영향력이 클 순 있지만 당장 효력을 미치는 언론보다 긴 시간이 필요한 중장기적인 도구일 뿐이다. 옛날에 종교가 차지하던 영향력을 오늘은 언론이 차지하고 있다. 특히 신문은 '씨울의 눈과 입', 즉 오늘날의『성경』이다. '예수, 석가, 공자가 있던 자리에' 신문이 있다. 그래서 함석헌은 무엇보다 언론의 역할에 주목했다. 그러나 언론은 독재의 압박과 회유에 굴복하여 불의한 권력에 대한 비판과 파사현정의 사명을 포기하고 권력에 완전히 예속되면서 스스로 권력화하는 길을 걸었다(그 상황은 정권의 기복 속에서 오늘날까지 지속되고 있다).

이제 신문은 대부분 함석헌의 표현대로 '광고지'나 특정 정파의 홍보지로 전락했다. 신문, 잡지, 텔레비전 등 모든 매체는 '온통 거짓말'만 쏟아내며 민중에게 '독약'과 '마취약'을 먹인다. 언론다운 언론, '대바른 언론'이 없는, 언로가 꽉 막힌 상황에서 함석헌은 '언론의 게릴라전'을 구상했다. 비판의 통로로 주로 이용하던『사상계』가 폐간되자 참다못한 함석헌은 1970년 월간지『씨올의 소리』를 발간하는 용기를 발휘하면서 민중의 양심이 살아 있음을 시현했다. 엄혹한 그 시절에 이 잡지는 민중의 유일한 신문고가 되어 정간, 복간, 폐간을 오가면서 민중시대를 열고 이끌어갔다.

이 과정에서 함석헌은 (한때는 그의 글을 실어주곤 했던) 신문들에게 함께 싸워줄 것을 누차 호소했으나 이미 국가권력에 순치된 그들은 침묵으로 일관했다. '미운 것이 언론'이라고 격노한 그는 불매동맹까지 제안했다. 이렇듯 언론은 한국사회에서 권력의 실체적 폭력에 못지않은 언어폭력의 도구가 되어버렸다. 이것은 경제적인 면에서 선진국으로 분류되는 경제협력개발기구OECD의 회원국으로서 드문 일이다. 사회의 모든 분야가 제 기능을 잃더라도 언론만 살아 있으면 된다는 신념을 지닌 함석헌은 4·19혁명 때처럼 언론이 사회개혁의 촉매제가 되기를 기대했지만 이번에는 언론과 내내 싸우는 처지에 서게 되었다. 이제는 민족사에 위대한 교훈을 남긴 그의 언론관을 되짚어볼 때다(이 밖에 종교도 사회의 주요 분야이지만 사상의 첫 주제로서 앞에서 세밀하게 다루었으므로 여기서는 생략한다).

사회윤리

지금 한국사회는 전반적으로 도덕의 붕괴와 윤리의 진공상태를 겪고 있다. 전통적으로 도덕윤리의 원천은 종교였다. 신라 화랑도의 '세속오계'世俗伍戒가 그 증례다. 그것은 불교, 유교, 선교仙教의 계율을 종합한 윤리체계였다. 조선 시대 이후는 충효가 대표하는 유교 윤리와 사상이 민중의 삶을 지배했다. 그러나 서구의 사상과 종교가 문물과 더불어 유입되면서 전통적인 윤리관은 무너져갔다. 물론 각종 종교가 규정한 도덕윤리는 기본적으로 보편적인 기초윤리를 공유하고 있다. 그러나 오로지 개인의 신앙과 기복, 구원에만 치중한 나머지 윤리적 실천은 무시하거나 경시한다. 종교의 계율이나 사회적으로 남아 있는 윤리체계는 어차피 개인주의 시대의 유물이다. 전체가 함께 가는 전체(주의) 시대에 적합하지 않다.

그래서 야기된 중대한 문제가 있다. 바로 낡은 윤리체계나 계율들이 개인윤리에 머문 채 사회윤리로 발전하지 못했다는 점이다. 개인으로서 살인이나 상해나 살인은 범죄이지만 국가가 저지르는 살상은 죄가 아니다. 군대를 그 도구로 삼는 폭력기관이다. 인류역사는 군대와 전쟁이 좌우해왔다. 세계평화를 이루고 인류가 발전하려면 그 잘못된 질서를 무너뜨려야 한다. 간디와 톨스토이는 이것을 지적하고 병역거부 등 구체적인 실천방법을 제시했다. 그 대표적인 계율이 '불살계'다. 그 계명이 '비폭력'으로 표현된다. 그 실천의 요체는 남이 다치는 대신 자기를 희생하는 데 있다. 함석헌은 한 걸음 더 나아가서 자기희생의 대상을 민족으로까지 확대했다. 작은 전체(민족)는 큰 전체(세계)를 위하여 희생할 수 있어야 한다. 이것이 우리 민족이 보여줘야 할 사명이다.

한국사회만 봐도 권력을 쥔 정치인들이 폭력집단이 되어 자기들의 집단폭력, 국가폭력은 권력의 우산 속에 묻어버리고 개인의 폭력만을 범죄로 부각시키고 있다. 결코 개인에게만 책임을 지울 수 없는 각종 범죄가 날로 늘어나고 있는 사실이 이것을 증명한다. 그래서 함석헌은 일찍이 '새 나라'에서는 '새 윤리'가 필요하다고 갈파했다. 새 윤리와 도덕을 제공할 '새 종교'가 필요함은 당연하다. 간디가 강조한 비폭력은 단지 신체적·물리적인 것만이 아니다. 불교에서 삼업三業, 즉 신체, 언어, 사고로 구분하듯이, 세 가지 행위에 적용된다. 관제 언론기관과 정보기관을 통해서 언론과 사고(사상)를 통제하는 것은 국가폭력이다. 그러고도 비폭력사회가 되기를 기대하는 것은 무리다. 함석헌은 국가폭력을 비폭력으로 제거하는 것을 씨울의 중요한 사명으로 삼았다. 그 자신도 평생 국가폭력과 겨루고 싸웠다.

생명

정신(영)

함석헌의 인간관에서 영(정신)은 존재구조의 맨 꼭대기에 놓인다. 인간은 영을 지향하는 영적 존재다. 신도 영이다. 존재의 3층 구조는 지하의 본능, 지상 1층의 지성(이성), 맨 위층의 영성(정신층)으로 이뤄져 있다. 그런데 인간들은 물질주의 문명에 함몰되어 영성(정신, 영혼)을 망각하고 살아간다. 육안으로 유한세계만 보지 영안靈眼으로 무한세계를 보려 하지 않는다. '잘살아 보세 잘……' 같은 정치구호에 홀려서 정신없는 나라의 얼빠진 백성이 되었다. 게다가 기계가 사람을 부리는 무정한 사회가 되고 있다.

오늘날 젊은이들의 혜맴은 6·25전쟁에서 죽은 억울한 원혼들을 풀어주지 못한 탓이다. 20세기 벽두에 강증산이 제시한 '해원상생'解冤相生의 해법을 상기시킨다. 함석헌이 제안한 '같이살기'는 바로 '상생'에 다름 아니다(여기서 함석헌이 서구사상의 아류가 아닌 '한국'사상가임이 다시 드러난다). 영파靈波는 생사를 넘어 감응된다. 정신은 하나('한 정신'), 영도 하나('한 영')다. 내세니 부활이니 하는 것은 다 정신적·영적 개념이다. 샤르댕이 말하듯 정신계noosphere 또는 영계는 눈에 보이는 물리적 세계와 따로 존재한다. 진정한 행복과 복리는 영적 차원에서 찾아야 한다. 영은 존재의 본질이다. 물질주의에 함몰된 인간들에게 영을 중시하는 새 세계관을 제시하는 일이 어느 때보다 절실한 상황이다.

영, 영성을 중시하는 이러한 정신주의는 함석헌 나름의 철저하고 독특한 생명사상을 낳았다. 전일적·일원론적 생명관은 '대 생명' '온 생명' '한 생명'으로 표현된다. 버러지 같은 미물에도 생명 전체가 내포되어 있다. 풀잎 하나에 온 우주가 함유되어 있다는 불교 화엄사상과 상통하는 관점이다. 생명에는 나와 남의 구분이 없다. 자연은 하나다. 그것은 산 생명, 살아 있는 우주, 살아계신 하나님이다. 천지만물은 살아 있는 하나님의 옷이다. 따라서 어떤 산 생명도 해쳐서는 안 된다. 불구자 하나라도 업신여겨서는 안 된다. 각 사람의 정신은 우주적인 대 생명의 산실이다.

생명, 즉 '살라는 명령'은 다른 여지가 없는 절대명령이다. 자살은 그 명령을 거역하는 행위다. 생명에는 다섯 가지 원리가 있다. 1) 하나〔一〕와 여럿〔多〕의 원리. 하나(본체)이면서 여럿(현상), 여럿이면서 하나다〔一卽多多卽一〕. (이 원리는 불교 화엄철학, 윌리엄 제임스의 실용주의 철학, 한국사상 전통 등에서 발견된다.) 2) 확산과 수렴의 원리. 보수와 진보는 공존해야 한다. 온고지신의 원리다. 3) 자유와 통일의 원리. 자유로운 개인들이 하나의 공동체가 되어야 한다. 4) 생사의 원리. 죽고 나는 만물은 순환하면서 진화한다. 5) 의식─몰아沒我의 원리. 인간은 자기의식을 가지면서 자기초월(무아)을 지향하는 존재다. 요컨대 생명과 인간은 일견 모순되는 두 가지 요소를 함께 공유한다. 함석헌이 특히 중시한 생명과 인격의 속성은 자유와 저항이다. 자유로운 자람(생장)을 방해하는 요소들 특히 정치권력에 저항하는 것이 생명운동이다. '태초에 저항이 있었다.

환경 · 생태

자연주의자, 생명주의자 함석헌이 환경과 생태에 일찍부터 큰 관심을 둔 것은 당연해 보이지만 모두가 경제성장과 산업발전에 몰두하던 시기였기에 지식인으로서도 드문 일이었다. '자연보호'가 구호로 등장하고 환경운동이 일어난 것은 훨씬 뒤였다. 그는 자연이 인간의 정복과 파괴로 바닥났다는 경고장을 냈다. 이상기온을 그 증거로 들었다. 과학발달과 생존경쟁으로 자연고갈, 공해, 인구문제가 심각해졌다. 도시문명, 대량학살, 우생학 남용을 지적하고 정치와 기업의 책임을 물었다. 도덕보다 지식을 앞세우는 지능주의 학자들을 비판했다. 옛사람들은 밖보다 안을 더 찾았지만 밖에만 관심을 둔 현대문명의 종말을 점쳤다.

우주는 서양인들이 보듯이 죽은 우주가 아니고 산 우주며 자연은 산 생명이다. 자연은 남용해도 좋다는 생각은 큰 잘못이다. 나와 세계는 산 관련이 있고 하나라는 세계관을 지니게 해 자연에 눈뜨게 하는 새 교육이 필요하다. 그 근거와 원천자료는 노장사상, 인도사상 등 동양사상에서 찾을 수 있다. 간디의 비폭력(불살생)운동이 실천 모델이다. 유교전통에서도 맹자가 말한 '(남의 고통을 보고) 차마 못 하는 마음'(不忍之心)은 인간의 바탈(본성)이다. 발동시키면 된다. '우주의 근본원리'는 사랑이다. 기독교에서 말하는 사랑의 동의어인 불교의 자비, 공자의 인仁을 만물, 자연으로 확대하면 된다. 인간을 위해서 인간만을 사랑할 수 없다. 인간이 사는 터전도 함께 위해야 자기도 산다. 생물계에 동족상잔은 없다. 다른 생물에게서도 배워야 한다.

이렇듯 함석헌은 사랑, 자비, 인의 전통적인 범주를 인간을 넘어 천지만물로 확대했다. 서양인들은 이제야 환경보존의 근거를 동양의 종교에서 찾고 있다. 놀랍게도 함석헌은 한 걸음 더 나아가서 환경의 범주를 우주로까지 확장했다. 인류는 앞으로 '우주와 하나되는 우주인'으로 거듭나야 한다. 윤리도 '우주윤리'로 확대되어야 한다. 우주시대에 우주의식을 갖는 우주인으로 사는 것이 당연하다. 우주선을 탄다고 우주인이 아니다.

요컨대 환경은 정복대상이 아니고 한데 어울려 살아야 할 대상이다. 공해문제는 그러한 생명과 세계관으로 무장할 때만 해결할 수 있다. 공해는 개인의 욕심에서 생긴 찌꺼기다(욕심은 석가모니가 깨달음에서 찾아낸 인간고통의 열쇠다). 공해는 인류 전체, 생명 전체의 존망이 달린 문제다. 인간의 향락주의가 초래한 결과다. 생명의 전체성, 일원성을 강조하는 전체주의적 사고로 고칠 수밖에 없다. 오염의 근본원인은 정신오염이다.

함석헌은 구체적으로 인간이 지켜야 할 금기사항으로 세 가지를 든다. 인간이 건드리지 말아야 할 것은 원자핵, 생식세포, 뇌세포다. 이 셋은 '가장 신성한 것'으로 건드리면 인간은 파멸될 수 있다. 핵은 '물질의 지성소'이고 원자탄은 '분열된 세계의 상징'으로 분열하면 인간이 이루어놓은 모든 것을 파괴한다. 이에 대치하는 처방약은 '원자탄보다 강한 정신원리'다. 물질은 물질로가 아니고 정신으로 극복된다. 이 원리는 살아 있는 자연을 상징하는 '씨을' 속에 내장되어 있다. 이 점에서 씨을 사상은 생명 사상이다.

마지막으로 생명인조와 기계에 대하여 함석헌은 깊은 우려를 표명했다. 이에 대해 그는 양가적인 태도를 보인다. 발언의 시기나 맥락을 고려한다면 두 관점 사이에 연속성이 없는 것은 아니다. 과학의 발전을 옹호해온 함석헌이 과학의 응용으로서 생명공학과 기계공학의 발달을 긍정적으로 평가하는 것은 당연하게 보인다. 창조설을 고수하는 보수적인 크리스천에게 생명인조는 신성불가침의 영역을 벗어난 것일 수밖에 없지만, 함석헌은 이것을 신이 인간을 창조하면서 내장시킨 역량(천품)의 발현으로 본다. 부모가 자식의 성장을 반기듯이 신이 오히려 기뻐할 일이다.

그러나 막상 그 기능이 식물이나 동물의 복제를 넘어, 당시에는 논의되거나 상상하기도 힘든, 인간복제로까지 확대된다면 생식세포를 성역으로 간주한 함석헌이 이를 인정했으리라고 보기는 힘들다. 그럴 필요성이나 목적이 투명한지도 문제가 되지만 정신적으로나 도덕적으로 인간이 아직 준비되지 않았다고 보았을 것이기 때문이다. 그는 놀랍게도 1959년 '인조인간'을 말했지만 그것은 기계를 가리키는 표현일 뿐이다. 기계는 인간의 기능을 수행하도록 하기 위해서 (신이 신의 형상으로 인간을 만들 듯이) 인간이 자기 형상으로 만들어낸 대리인간이라는 뜻에서 한 말이다. 기계를 인간의 확대로 보는 긍정적인 해석이다.

문제는 인간이 기계를 부리는 단계를 넘어 기계가 인간을 부리는 괴물로 발전했다는 사실이다. 인간이 주체성을 잃고 기계에 의존하는 경향이 갈수록 심해진다. 중대한 사실은 기계가 정치인의 효율적인 통치도구로 사용된다는 점이다(지난번 대선에서 말썽이 되었듯이,

민주주의의 핵인 선거에서 기계와 정보기술이 남용되면 중대한 결과를 초래할 수도 있다). 현대사에서 기계는 (무기 같은 폭력수단으로서) 불행의 원인이었다. 기계 자체가 나쁘다기보다는 그것을 쓰는 인간의 태도와 의식, 도덕수준이 문제다.

최근에 와서 로봇, 인공지능이 급속히 발전하고 있다. 영국 물리학자 스티븐 호킹은 인간의 통제를 벗어난 인공지능 로봇이 가까운 장래에 인류를 멸망시킬 것이라고 예언했다. 사람이 기계를 부리는 대신 기계가 사람을 부리게 된다는 함석헌의 전망과 일치하는 시각이다. 그의 사상을 되살펴보아야 할 또 한 가지 이유가 여기에 있다. 거기에는 그 자신이 (특히 한민족에게서 나오기를) 희구하던 제3의 사상의 씨앗이 뿌려져 있을지도 모른다. 이는 문명의 전환과 제2의 차축시대(개벽)를 촉발할 씨앗이다.

함석헌 연보

1901. 3. 13	평북 용천군 부라면 원성동 출생
1906.	덕일소학교 입학
1914.	덕일소학교 졸업. 양시공립보통학교 편입.
1916.	양시공립보통학교 졸업 및 관립평양고등보통학교 입학.
1919.	3·1운동에 참가 후 학업 중단.
1921.	오산학교 편입. 오산학교에서 이승훈·유영모 선생을 만나 평생 스승으로 모심.
1923.	오산학교 졸업.
1924. 4.	동경고등사범학교 입학.
1928. 3.	동경고등사범학교 졸업. 이때 우치무라 간조 선생의 성서연구집회에 참여.
1928.	귀국하여 모교인 오산학교에서 교편을 잡음.
1934-35.	동인지 『성서조선』에 「성서적 입장에서 본 조선역사」를 쓰기 시작.
1938. 3	창씨개명 및 일본어 수업을 거부하여 오산학교를 사임. 이후 2년간 오산에서 과수원을 돌보며 학생을 상대로 전도활동.
1940. 3	평양 송산농사학원을 김혁 선생으로부터 인수.
1940. 8.	계우회(鷄友會) 사건으로 평양 대동경찰서에 1년 구치됨.
1940. 11.	아버지 함형택 별세.
1942. 5.	『성서조선』사건이 일어나 1년간 미결수로 복역.
1943. 3.	불기소로 출감, 농사에 종사. 이때부터 수염을 기르기 시작함.
1945. 8. 15.	해방 직후 고향에서 용암포 자치위원장, 용천군 자치위원장을 맡음.
1945. 6.	평안북도 자치위원회 문교부장에 취임.

1945. 11. 23.	신의주학생사건의 책임자로 소련군 사령부에 체포·구금. 50일 동안 감옥에서 시 300여 수를 씀. 이후 이를 한데 엮어 '쉰 날'이라 이름 붙임.
1946. 1.	석방된 후 고향에서 농업에 종사.
1946. 12. 24.	다시 체포되어 1개월간 옥고를 치름.
1947. 2. 26.	월남. 이때부터 수염을 깎지 않았다고 함.
1947. 3. 17.	서울에 도착. 주일마다 YMCA강당에서 일요종교집회를 가짐.
1950. 6.	6·25가 발발하여 피난차 남하함.
1950. 7.	부산에서 피난생활을 하면서 성경연구집회를 계속함.
1953.	부산에서 시집 『수평선 너머』를 발간. 겨울에 서울로 올라옴.
1956.	서울 용산구 원효로에 사택을 마련, 이때부터 『사상계』에 집필활동을 시작.
1958. 8.	『사상계』에 투고한 「생각하는 백성이라야 산다」로 20일간 구금됨.
1961. 7.	5·16군사쿠데타를 정면으로 비판한 「5·16을 어떻게 볼까」를 발표.
1962. 2.	미국 국무부 초청으로 3개월간 미국여행 및 10개월간 퀘이커 학교에서 수학. 이어서 영국·네덜란드·독일 등 3개국을 시찰.
1963. 6 23.	한국에서 사실상의 군정연장인 미정이양이 이루어진다는 소식에 분노, 인도·아프리카 등의 여행을 중지하고 귀국한 뒤 대정부비판 강연을 개최, 월남언론상 받음.
1970. 4. 19.	잡지 『씨알의 소리』를 창간.
1970. 5. 29.	『씨알의 소리』 제2호가 나온 뒤 정부가 인가취소통고를 하자 소송 제기.
1971. 7.	젠센기념관에서 노자 강의 시작. 1988년 5월까지 계속함.
1971. 8.	삼선개헌반대투쟁위원회를 구성하여 활동하는 한편, 민주수호국민협의회를 조직하여 대표위원으로 1975년으로 활동.
1971. 11. 13.	전태일 1주기 추도회를 시작으로, '씨알의 소리사' 주최의 강연회를 1975년까지 해마다 계속함.
1971. 12. 2.	고희 축하모임 및 강연회에 참석. 월 1회 퀘이커 부산모임에 참여, 1988년 5월까지 개최.
1973. 11. 25.	주일 오후 성서강좌를 개설. 1978년까지 계속함.
1974. 11.	윤보선·김대중과 민주회복국민회의를 만들고 대표위원이 됨.
1976. 3. 1.	3·1민주구국선언에 참여.

1977. 3. 22	3·1민주구국선언사건으로 대법원에서 징역 5년, 자격정지 5년을 받음.
1978. 5. 8.	부인 황득순 여사 별세.
1979.	퀘이커세계협회 초청으로 미국 종교대회 참석. 노벨평화상 후보로 추천됨.
1979. 11. 23.	명동 YMCA위장결혼사건으로 계엄사 합동수사본부에 끌려가 15일간 구금됨. 징역 1년을 선고받음.
1980. 2. 29.	형 확정과정에서 형 면제처분을 받았으며, 복권됨.
1981.	오산학교 동창회장으로 선임된 후 8년간 재임.
1983. 6.	단식투쟁으로 민주화운동에 영향을 줌.
1985.	퀘이커세계협회 멕시코 종교대회에 참석. 두 번째로 노벨평화상 후보로 추천됨. 미국·캐나다 등지를 순회하며 평화와 민주화를 외침.
1987. 7. 13.	서울대학병원에서 담도암으로 대수술을 받았으나 회복되어 다시 일어남. 강연·토론·회견 등 활약을 하며,『씨올의 소리』복간에 힘씀.
1987. 10. 12.	제1회 인촌상 수상. 상금 전액을 남강문화재단 기금으로 기탁.
1988. 8.	서울대학병원에 다시 입원.
1988. 9. 12.	제2회 서울올림픽평화대회 위원장으로서 서울평화선언을 제창.
1988. 12. 10.	폐간된 지 8년 만에『씨올의 소리』복간호가 나옴.
1989. 2. 4.	여든여덟의 나이로 서거.

찾아보기

|ㄱ|

가톨릭 121, 143, 158, 182, 485~487,
571, 584
간디 95, 177, 179~186, 196, 205,
234~236, 238, 239, 272, 475, 485,
502, 515, 569, 572, 635, 690, 692
같이살기 운동 265~267, 269, 271, 279,
283, 287, 289
같이살기 266, 267, 271, 272, 284
개혁 539, 621, 696
개혁운동 601, 616
계급사관 685
계급주의 266, 273
계우회사건 520
고난의 역사 208, 281, 286, 311, 393,
430
고당 247, 480, 485
공동체 105, 685
공산주의 117, 146, 196, 206, 265, 297,
307, 321, 329, 357, 358, 384, 389,
469~471, 518, 549, 550, 555, 569,
612, 614, 671, 681
공화당 277, 352~354, 377, 384, 403,
412, 415

광주단지사건 403
구레네 시몬 397
국민학교 459, 508, 632
군국주의 138, 329, 377, 434, 466, 471
군사혁명 309, 313, 314, 321, 407, 419
군인정신 302, 420
군인정치 398, 407, 422, 428, 429
김교신 496, 520
김구 261, 501

|ㄴ|

남강 247, 480~497, 503, 519, 632, 633
냉전 103, 104, 116, 145, 393
노자 81, 94, 126, 159, 237, 336, 528,
529, 564, 628
『논어』 474, 626

|ㄷ|

다윈, 찰스 97, 137
대성학교 481
『대학』 465, 526, 527, 533
데모크라시 88, 139, 319, 321, 485
도산 247, 430, 478, 480, 481, 484~486,
496, 497, 499, 503

독립운동 487, 523, 684, 743
독재 177, 179, 296, 297, 304, 374, 670, 671, 681, 722, 724, 727
동경고등사범학교 742

|ㄹ|

로베스피에르 668

|ㅁ|

만유신론 142
맘몬 99, 134
맨사람 303, 391, 584
무교회 494
무신론 604, 732
무저항주의 180, 233
무종교 747
민족성 개조 683
민족정신 105, 278, 483
민족주의 146, 183, 235, 265, 306, 357, 376, 483, 484, 487, 571, 600, 651, 684, 685
민족지상주의 611, 685
민주주의 196, 209, 265, 297, 304, 306, 315, 318, 323, 326, 351, 357, 376, 382, 389, 411, 412, 422, 426, 612, 628, 632, 645, 659, 671, 681, 721~723, 735, 736
민주당 664, 665
민중 90, 95, 119, 121, 132, 134, 140, 151, 154, 155, 157, 159, 178~182, 192, 197, 210, 224, 235, 250~253, 270, 271, 273~276, 281, 286, 296~300, 302~305, 307, 308, 311~320, 326~330, 336, 340, 342, 345, 349~354, 359, 364, 365, 369, 370, 376, 386, 338~343, 410,

412, 417, 422, 427, 429, 445, 452, 454~457, 459, 466, 469, 478~481, 483~486, 489, 491, 502, 518, 519, 534, 549, 558~560, 564, 569, 571, 573, 576~579, 591, 594, 595, 602, 607, 621, 624~627, 629, 634~636, 638~640, 642~646, 650, 653, 657~667, 669~672, 675~678, 680~682, 691, 693, 694, 716, 720~729, 731, 732, 736, 737
민정이양 407

|ㅂ|

『바가바드 기타』 144, 703
바울 101, 144, 159, 549
바탈 152, 173, 232, 276, 511, 528~531, 573, 584, 591, 592, 686, 688, 690, 692, 707
박정희 310~315, 404, 405, 431, 432
반공 178, 307, 321, 412, 429, 469
방언 145
105인사건 492
베드로 552, 561
베르그송 101
베트남 참전 278
불교 97, 98, 210, 457, 600, 685, 701
불살생 97, 98, 778
비폭력 180, 188, 189, 196, 199, 206, 207, 237, 368, 720
비폭력 반항 236, 237, 239, 379
비폭력저항 233, 339
비폭력주의 206, 207

|ㅅ|

사명 154, 238, 282, 283, 302, 312, 339, 383, 395, 435, 451, 464, 536, 560,

605, 608, 615

4·19혁명 269, 270, 617, 640, 663~666, 674~677, 683

사티아그라하 운동 205

사회주의 144, 412

사회혁명 157

삼남매 독살사건 249

3·1운동 197, 325, 376, 382, 487, 492

38선 104, 105, 106, 175, 176, 200, 201, 330, 337, 393, 455, 462~464, 475, 500, 525, 600, 608, 609, 662

새 종교 118, 149, 202, 360, 479, 559~561, 570, 652, 653

새마을운동 283, 284, 287, 288

「생각하는 백성이라야 산다」 381

생명 75~82, 85, 89~92, 95~102, 118, 122, 123, 136, 137, 140, 145~147, 152, 156, 159, 161, 169, 185, 189, 194, 198, 203, 209, 215, 220~222, 227~233, 237, 255, 256, 260, 271, 283, 286~288, 295~299, 304, 309, 317, 335, 342, 347, 350, 353, 358, 361, 365, 366, 376, 378, 382, 384, 394~397, 401, 410, 424, 432, 446, 452, 457, 458, 470, 474, 479, 482, 486, 506, 509, 510, 527~530, 535~538, 550~560, 571, 573, 577~584, 591, 592, 597~601, 606, 607, 625, 632, 633, 637~639, 645, 646, 649~651, 656, 657, 670, 676, 679, 687~690, 694, 697~710, 717, 718, 732, 733

생명운동 573

생존경쟁 97, 139, 204, 281, 282, 371, 452, 471, 484, 568, 573, 608, 653, 711, 728

샤르댕, 테야르 드 215, 217

섭리 586

『성서조선』 494, 522

세계평화 144, 183, 395, 615~617

손병희 492

송산농사학원 497, 520

순수지속 101

씨을 187, 209~211, 245, 246, 248, 256, 264~267, 271~274, 276, 278~284, 287~289, 310, 319, 327~329, 346, 365~367, 373, 376~378, 380~384, 391, 395, 397~407, 409, 411~413, 415, 421~423, 425~429, 434, 437, 491, 504, 559, 566, 576~578, 582~586, 650

|ㅇ|

아힘사 98, 237

안창호 399, 480, 497

여운형 261, 501

역사철학 201, 732

오산학교 481, 485, 487, 492, 519

5·16쿠데타 78, 197, 305, 302, 337, 349~351, 375~385, 399, 402, 404, 407, 410~416, 419, 420, 424, 667

왕건 311, 601, 680

『우파니샤드』 144, 665

우치무라 간조 369, 494

웰스, H.G. 98, 590

　『세계문화사대계』 590

유신론 604, 732

유영모 493, 526

6·3계엄령 353

6·25전쟁 169, 174, 175, 179, 184, 257, 309, 337, 378, 381, 382

이성계 311, 479, 601, 613, 680

이승만 348, 349, 383, 388, 640, 676

이승훈 480
인간혁명 422, 673
인생대학 511, 515

|ㅈ|
자기개조 693, 696, 697
자기개혁 708
자유당 253, 270, 337, 348, 349, 370, 384,
    425, 640, 663, 665, 676
저항 180, 227~231, 233
정몽주 247, 311, 319
제국주의 100, 135, 148, 183, 208, 296,
    329, 342, 344, 376, 377, 387, 388,
    435, 449, 460, 519, 611
제정일치 571
조만식 480, 481, 500, 501, 507
『주역』 527
진리파지(眞理把持) 180, 196, 692
진화 82, 89, 97, 98, 149, 205, 215, 220,
    228, 230, 232, 237, 283, 347, 397,
    419, 581, 679, 687, 697, 700, 706,
    734, 737

|ㅊ|
참 혁명 161, 202, 269, 272, 304, 329,
    375, 479, 550, 553, 555, 601, 623,
    674, 681, 682, 689, 704
최영 247, 311, 601

|ㅋ|
크롬웰 479

|ㅌ|
톨스토이 285, 549, 550
    「사람이 무엇으로 사나」 285
통일 97, 120~128, 131~136, 144~148,

153, 176, 179~182, 195, 201, 222, 306,
    310, 389, 391, 455, 460~466, 474,
    529, 541, 573, 606~616, 621, 649,
    671, 678, 690, 694, 696, 700, 704,
    705, 707, 711

|ㅍ|
평화 104, 128, 139, 186, 209, 236, 259,
    279, 288, 297, 323, 368, 370, 435,
    436, 446, 555, 566, 575, 595, 598,
    611, 616, 619, 625, 636~638, 642,
    681, 686, 693, 700, 719, 735
평화주의 98, 237, 302
평화운동 183, 615, 616
평화정신 303
프랑스혁명 670, 684, 735, 736
프로테스탄트 486, 487
플라톤 576, 635

|ㅎ|
하나님 79~81, 86~88, 90, 91, 97~99,
    101, 102, 112, 113, 124~127, 131,
    134, 135, 138, 139, 143, 148, 149,
    153, 163, 180, 185, 188, 210, 218,
    222, 227, 232, 233, 239, 250, 252,
    254~256, 261, 266, 271, 272, 285,
    317, 327, 332, 336~339, 342, 349,
    353, 359, 362, 365, 413, 429, 435, 436,
    461, 462, 471, 487, 497, 500, 503,
    510, 512, 515, 517, 520, 523~527,
    538, 552, 553, 555, 556~561, 570,
    579, 581~583, 586, 591, 596, 599,
    603, 605, 623, 625, 631, 633, 635,
    642, 643, 646, 649~652, 655~657,
    661, 663, 682, 689, 692, 693, 699,
    703, 706~709, 715

하나됨 226, 342, 529, 560, 573, 574, 641, 651, 679, 680, 682, 747, 748, 772
하늘 말씀 353, 479, 575
한배 526, 527
한일회담 224, 262, 269, 342, 347, 353, 355~357
해방 103, 110, 134, 146, 177, 179, 186, 206, 271, 275, 276, 286, 298, 337, 346, 348, 373, 377, 386~388, 390, 414, 417, 429, 435, 436, 448, 449, 452, 454, 458, 476, 486, 500, 501, 524, 551, 564, 569, 594, 607, 608, 621, 641, 644, 661, 662, 724, 735
혁명 78, 90, 114, 161~163, 184, 191, 194, 195, 197, 202, 269, 272, 295, 296, 299~305, 308, 313, 323, 350, 359, 360, 373, 374, 375, 378~381, 386, 399, 402, 404, 405, 409, 412, 414, 417, 422~424, 429, 435, 454, 471, 479~483, 518, 550~557, 560~562, 564~567, 570, 585, 590, 591, 601, 621~624, 647~650, 660, 668, 669~684, 686, 689~696, 713~717, 719, 720, 723~728, 730~737
에브리데이즘 590
혁명공약 314, 315, 378, 408, 413
혁명운동 269, 272, 414, 590, 681, 683, 691
홍경래 478~481, 593,
힌두교 97, 235

함석헌은 1901년 평안북도 용천에서 태어났다. 1919년 3·1운동에 참여했다는 이유로 평양고등보통학교에서 퇴학당한 후 1921년 오산학교에 편입했다. 1923년 오산학교를 졸업한 후 도쿄東京 고등사범학교로 유학해 1928년 졸업했다. 유소년 시절 기독교를 처음 접한 함석헌은 일본 유학에서 만난 우치무라 간조內村鑑三의 영향으로 무교회주의 신앙을 오래 지니게 되었다. 귀국 후 1938년까지 오산학교 교사로 근무하다가 일제의 일본어교육 강요와 탄압 등으로 사직한다. 이후 송산농사학원을 운영하면서 공동체 육성을 실험한다. 하지만 계우회사건과『성서조선』사건에 연루되어 두 차례 투옥된다. 출옥 후 고향에서 농사를 짓다가 해방을 맞았다.

해방 직후 결성된 평안북도 자치위원회 교육부장으로 봉사하다가 신의주학생사건 주모자로 몰려 투옥되는 등 고초를 겪었다. 1947년 월남 후『성서』강해 등을 진행했으며 1956년『사상계』필진으로 참여하면서부터 현실 사회에 참여한다. 이승만정권 말기인 1958년에는『사상계』에「생각하는 백성이라야 산다」를 실어 체포당했고 1961년에는「5·16을 어떻게 볼까」를 실어 군사정권과 정면으로 맞섰다.

1950년대 말부터 퀘이커 모임인 친우회에 참여해 평화운동에 나섰다. 1962년 미국 국무부 초청으로 3개월간 미국을 순방한 후 10개월간 필라델피아 펜들힐의 퀘이커 학교에서 공부했다.

1970년 4월『씨올의 소리』를 창간했다. 5월호를 발행한 후 등록취소처분을 받았으나 재판에서 승소해 1971년 9월호로 복간했다. 1980년 7월에도 전두환정권에 의해 등록취소처분을 받았다. 1976년 3·1민주구국선언에 참여했다. 1979년과 1985년에 노벨평화상 후보로 추천되었다.

주요 저술로는『뜻으로 본 한국역사』제4판: 1965『인간혁명』1961『생활철학』1962『죽을 때까지 이 걸음으로』1964『역사와 민족』1965 등이 있다. 한길사에서『함석헌전집』1984~88, 전 20권과『함석헌저작집』2009, 전 30권을 출간했다.『뜻으로 본 한국역사』2003『간디 자서전』제3판: 2002『바가바드 기타』1996는 단행본으로 출간되었다.

함석헌선집편집위원회

김제태
감리교 원로목사
함석헌학회 고문

이만열
숙명여자대학교 명예교수 · 한국사
함석헌학회 명예회장

신대식
미국 감리교 원로목사
워싱턴 함석헌평화센터 대표

김영호
인하대학교 명예교수 · 철학
함석헌학회 회장

윤영천
문학평론가
인하대학교 명예교수 · 국문학

이재봉
원광대학교 교수 · 정치학
함석헌학회 부회장

김민웅
경희대학교 교수 · 정치학, 신학

인간혁명
함석헌선집 3

지은이 함석헌
엮은이 함석헌선집편집위원회
펴낸이 김언호

펴낸곳 (주)도서출판 한길사
등록 1976년 12월 24일 제74호
주소 10881 경기도 파주시 광인사길 37
홈페이지 www.hangilsa.co.kr
전자우편 hangilsa@hangilsa.co.kr
전화 031-955-2000~3 **팩스** 031-955-2005

부사장 박관순 **총괄이사** 김서영 **관리이사** 곽명호
영업이사 이경호 **경영이사** 김관영
편집 김광연 백은숙 노유연 김명선 김지연 김대일 김지수
마케팅 김단비 **관리** 이중환 김선희 문주상 이희문 원선아
디자인 창포 **CTP출력·인쇄** 현문인쇄 **제본** 경일제책사

제1판 제1쇄 2016년 8월 31일
제1판 제2쇄 2018년 9월 30일

값 30,000원
ISBN 978-89-356-6452-8 94080
ISBN 978-89-356-6427-6 (세트)

• 잘못 만들어진 책은 구입하신 서점에서 바꿔드립니다.

• 이 도서의 국립중앙도서관 출판시도서목록(CIP)은 서지정보유통지원시스템 홈페이지(seoji.nl.go.kr)와
국가자료공동목록시스템(www.nl.go.kr/kolisnet)에서 이용하실 수 있습니다.
(CIP제어번호: CIP2016016451)

한길그레이트북스 인류의 위대한 지적 유산을 집대성한다

1 관념의 모험
앨프레드 노스 화이트헤드 | 오영환

2 종교형태론
미르치아 엘리아데 | 이은봉

3·4·5·6 인도철학사
라다크리슈난 | 이거룡
2005 『타임스』 선정 세상을 움직인 100권의 책
『출판저널』 선정 21세기에도 남을 20세기의 빛나는 책들

7 야생의 사고
클로드 레비-스트로스 | 안정남
2005 『타임스』 선정 세상을 움직인 100권의 책
2008 『중앙일보』 선정 신고전 50선

8 성서의 구조인류학
에드먼드 리치 | 신인철

9 문명화과정 1
노르베르트 엘리아스 | 박미애
2005 연세대학교 권장도서 200선
2012 인터넷 교보문고 명사 추천도서
2012 알라딘 명사 추천도서

10 역사를 위한 변명
마르크 블로크 | 고봉만
2008 『한국일보』 오늘의 책
2009 『동아일보』 대학신입생 추천도서
2013 yes24 역사서 고전

11 인간의 조건
한나 아렌트 | 이진우
2012 인터넷 교보문고 MD의 선택
2012 네이버 지식인의 서재

12 혁명의 시대
에릭 홉스봄 | 정도영·차명수
2005 서울대학교 권장도서 100선
2005 『타임스』 선정 세상을 움직인 100권의 책
2005 연세대학교 권장도서 200선
1999 『출판저널』 선정 21세기에도 남을 20세기의 빛나는 책들
2012 알라딘 블로거 베스트셀러
2013 『조선일보』 불멸의 저자들

13 자본의 시대
에릭 홉스봄 | 정도영
2005 서울대학교 권장도서 100선
1999 『출판저널』 선정 21세기에도 남을 20세기의 빛나는 책들
2012 알라딘 블로거 베스트셀러
2013 『조선일보』 불멸의 저자들

14 제국의 시대
에릭 홉스봄 | 김동택
2005 서울대학교 권장도서 100선
1999 『출판저널』 선정 21세기에도 남을 20세기의 빛나는 책들
2012 알라딘 블로거 베스트셀러
2013 『조선일보』 불멸의 저자들

15·16·17 경세유표
정약용 | 이익성
2012 인터넷 교보문고 필독고전 100선

18 바가바드 기타
함석헌 주석 | 이거룡 해제
2007 서울대학교 추천도서

19 시간의식
에드문트 후설 | 이종훈

20·21 우파니샤드
이재숙
2005 서울대학교 권장도서 100선

22 현대정치의 사상과 행동
마루야마 마사오 | 김석근
2005 『타임스』 선정 세상을 움직인 100권의 책
2007 도쿄대학교 권장도서

23 인간현상
테야르 드 샤르댕 | 양명수
2007 서울대학교 추천도서

24·25 미국의 민주주의
알렉시스 드 토크빌 | 임효선·박지동
2005 서울대학교 권장도서 100선
2012 인터넷 교보문고 MD의 선택
2012 인터넷 교보문고 MD의 선택
2013 문명비평가 기 소르망 추천도서

26 유럽학문의 위기와 선험적 현상학
에드문트 후설 | 이종훈
2005 서울대학교 논술출제

27·28 삼국사기
김부식 | 이강래
2005 연세대학교 권장도서 200선
2012 인터넷 교보문고 필독고전 100선
2013 yes24 다시 읽는 고전

29 원본 삼국사기
김부식 | 이강래 교감

30 성과 속
미르치아 엘리아데 | 이은봉
2005 『타임스』 선정 세상을 움직인 100권의 책
2012 인터넷 교보문고 명사 추천도서
『출판저널』 선정 21세기에도 남을 20세기의 빛나는 책들

31 슬픈 열대
클로드 레비-스트로스 | 박옥줄
2005 서울대학교 권장도서 100선
2005 연세대학교 권장도서 200선
2008 홍익대학교 논술출제
2012 인터넷 교보문고 명사 추천도서
2013 yes24 역사서 고전
『출판저널』 선정 21세기에도 남을 20세기의 빛나는 책들

32 증여론
마르셀 모스 | 이상률
2003 문화관광부 우수학술도서
2012 네이버 지식인의 서재

33 부정변증법
테오도르 아도르노 | 홍승용

34 문명화과정 2
노르베르트 엘리아스 | 박미애
2005 연세대학교 권장도서 200선
2012 인터넷 교보문고 명사 추천도서
2012 알라딘 명사 추천도서

35 불안의 개념
쇠렌 키르케고르 | 임규정
2012 인터넷 교보문고 필독고전 100선

36 마누법전
이재숙·이광수

37 사회주의의 전제와 사민당의 과제
에두아르트 베른슈타인 | 강신준

38 의미의 논리
질 들뢰즈 | 이정우
2000 교보문고 선정 대학생 권장도서

39 성호사설
이익 | 최석기
2005 연세대학교 권장도서 200선
2008 서울대학교 논술출제
2012 인터넷 교보문고 필독고전 100선

40 종교적 경험의 다양성
윌리엄 제임스 | 김재영
2000 대한민국학술원 우수학술도서

41 명이대방록
황종희 | 김덕균
2000 한국출판문화상

42 소피스테스
플라톤 | 김태경

43 정치가
플라톤 | 김태경

44 지식과 사회의 상
데이비드 블루어 | 김경만
2002 대한민국학술원 우수학술도서

45 비평의 해부
노스럽 프라이 | 임철규
2001 『교수신문』 우리 시대의 고전

46 인간적 자유의 본질·철학과 종교
프리드리히 W.J. 셸링 | 최신한

47 무한자와 우주와 세계·원인과 원리와 일자
조르다노 브루노 | 강영계
2001 한국출판인회의 이달의 책

48 후기 마르크스주의
프레드릭 제임슨 | 김유동
2001 한국출판인회의 이달의 책

49·50 봉건사회
마르크 블로크 | 한정숙
2002 대한민국학술원 우수학술도서
2012 『한국일보』 다시 읽고 싶은 책

51 칸트와 형이상학의 문제
마르틴 하이데거 | 이선일
2003 대한민국학술원 우수학술도서

52 남명집
조식 | 경상대 남명학연구소
2012 인터넷 교보문고 필독고전 100선

53 낭만적 거짓과 소설적 진실
르네 지라르 | 김치수·송의경
2002 대한민국학술원 우수학술도서
2013 『한국경제』 한 문장의 교양

54·55 한비자
한비 | 이운구
한국간행물윤리위원회 추천도서
2007 서울대학교 추천도서
2012 인터넷 교보문고 필독고전 100선

56 궁정사회
노르베르트 엘리아스 | 박여성

57 에밀
장 자크 루소 | 김중현
2005 서울대학교 권장도서 100선
2000·2006 서울대학교 논술출제

58 이탈리아 르네상스의 문화
야코프 부르크하르트 | 이기숙
2004 한국간행물윤리위원회 추천도서
2005 연세대학교 권장도서 200선
2009 『동아일보』 대학신입생 추천도서

59·60 분서
이지 | 김혜경
2004 문화관광부 우수학술도서
2012 인터넷 교보문고 필독고전 100선

61 혁명론
한나 아렌트 | 홍원표
2005 대한민국학술원 우수학술도서

62 표해록
최부 | 서인범·주성지
2005 대한민국학술원 우수학술도서

63·64 정신현상학
G.W.F. 헤겔 | 임석진
2006 대한민국학술원 우수학술도서
2005 연세대학교 권장도서 200선
2005 프랑크푸르트도서전 한국의 아름다운 책100
2008 서우철학상
2012 인터넷 교보문고 필독고전 100선

65·66 이정표
마르틴 하이데거 | 신상희·이선일

67 왕필의 노자주
왕필 | 임채우
2006 문화관광부 우수학술도서

68 신화학 1
클로드 레비-스트로스 | 임봉길
2007 대한민국학술원 우수학술도서
2008 『동아일보』 인문과 자연의 경계를 넘어 30선

69 유랑시인
타라스 셰브첸코 | 한정숙

70 중국고대사상사론
리쩌허우 | 정병석
2005 『한겨레』 올해의 책
2006 문화관광부 우수학술도서

71 중국근대사상사론
리쩌허우 | 임춘성
2005 『한겨레』 올해의 책
2006 문화관광부 우수학술도서

72 중국현대사상사론
리쩌허우 | 김형종
2005 『한겨레』 올해의 책
2006 문화관광부 우수학술도서

73 자유주의적 평등
로널드 드워킨 | 염수균
2006 문화관광부 우수학술도서
2010 동아일보 '정의에 관하여' 20선

74·75·76 춘추좌전
좌구명 | 신동준

77 종교의 본질에 대하여
루트비히 포이어바흐 | 강대석

78 삼국유사
일연 | 이가원·허경진
2007 서울대학교 추천도서

79·80 순자
순자 | 이운구
2007 서울대학교 추천도서

81 예루살렘의 아이히만
한나 아렌트 | 김선욱
2006 『한겨레』 올해의 책
2006 한국간행물윤리위원회 추천도서
2007 『한국일보』 오늘의 책
2007 대한민국학술원 우수학술도서
2012 yes24 리뷰 영웅대전

82 기독교 신앙
프리드리히 슐라이어마허 | 최신한
2008 대한민국학술원 우수학술도서

83·84 전체주의의 기원
한나 아렌트 | 이진우·박미애
2005 『타임스』 선정 세상을 움직인 책
『출판저널』 선정 21세기에도 남을 20세기의 빛나는 책들

85 소피스트적 논박
아리스토텔레스 | 김재홍

86·87 사회체계이론
니클라스 루만 | 박여성
2008 문화체육관광부 우수학술도서

88 헤겔의 체계 1
비토리오 회슬레 | 권대중

89 속분서
이지 | 김혜경
2008 대한민국학술원 우수학술도서

90 죽음에 이르는 병
쇠렌 키르케고르 | 임규정
『한겨레』 고전 다시 읽기 선정
2006 서강대학교 논술출제

91 고독한 산책자의 몽상
장 자크 루소 | 김중현

92 학문과 예술에 대하여·산에서 쓴 편지
장 자크 루소 | 김중현

93 사모아의 청소년
마거릿 미드 | 박자영
20세기 미국대학생 필독 교양도서

94 자본주의와 현대사회이론
앤서니 기든스 | 박노영·임영일
1999 서울대학교 논술출제
2009 대한민국학술원 우수학술도서

95 인간과 자연
조지 마시 | 홍금수

96 법철학
G.W.F. 헤겔 | 임석진

97 문명과 질병
헨리 지거리스트 | 황상익
2009 대한민국학술원 우수학술도서

98 기독교의 본질
루트비히 포이어바흐 | 강대석

99 신화학 2
클로드 레비-스트로스 | 임봉길
2008 『동아일보』 인문과 자연의 경계를 넘어 30선
2009 대한민국학술원 우수학술도서

100 일상적인 것의 변용
아서 단토 | 김혜련
2009 대한민국학술원 우수학술도서

101 독일 비애극의 원천
발터 벤야민 | 최성만·김유동

**102·103·104 순수현상학과
현상학적 철학의 이념들**
에드문트 후설 | 이종훈
2010 대한민국학술원 우수학술도서

105 수사고신록
최술 | 이재하 외
2010 대한민국학술원 우수학술도서

106 수사고신여록
최술 | 이재하
2010 대한민국학술원 우수학술도서

107 국가권력의 이념사
프리드리히 마이네케 | 이광주

108 법과 권리
로널드 드워킨 | 염수균

109·110·111·112 고야
홋타 요시에 | 김석희
2010 12월 한국간행물윤리위원회 추천도서

113 왕양명실기
박은식 | 이종란

114 신화와 현실
미르치아 엘리아데 | 이은봉

115 사회변동과 사회학
레이몽 부동 | 민문홍

116 자본주의·사회주의·민주주의
조지프 슘페터 | 변상진
2012 대한민국학술원 우수학술도서
2012 인터파크 이 시대 교양 명저

117 공화국의 위기
한나 아렌트 | 김선욱

118 차라투스트라는 이렇게 말했다
프리드리히 니체 | 강대석

119 지중해의 기억
페르낭 브로델 | 강주헌

120 해석의 갈등
폴 리쾨르 | 양명수

121 로마제국의 위기
램지 맥멀렌 | 김창성
2012 인터파크 추천도서

122·123 윌리엄 모리스
에드워드 파머 톰슨 | 윤효녕 외
2012 인터파크 추천도서

124 공제격치
알폰소 바뇨니 | 이종란

125 현상학적 심리학
에드문트 후설 | 이종훈
2013 인터넷 교보문고 눈에 띄는 새 책
2014 대한민국학술원 우수학술도서

126 시각예술의 의미
에르빈 파노프스키 | 임산

127·128 시민사회와 정치이론
진 L. 코헨·앤드루 아라토 | 박형신·이혜경

129 운화측험
최한기 | 이종란
2015 대한민국학술원 우수학술도서

130 예술체계이론
니클라스 루만 | 박여성·이철

131 대학
주희 | 최석기

132 중용
주희 | 최석기

133 종의 기원
찰스 다윈 | 김관선

134 기적을 행하는 왕
마르크 블로크 | 박용진

135 키루스의 교육
크세노폰 | 이동수

136 정당론
로베르트 미헬스 | 김학이
2003 기담학술상 변역상
2004 대한민국학술원 우수학술도서

137 법사회학
니클라스 루만 | 강희원
2016 세종도서 우수학술도서

138 중국사유
마르셀 그라네 | 유병태
2011 대한민국학술원 우수학술도서

139 자연법
G.W.F 헤겔 | 김준수
2004 기담학술상 변역상

140 기독교와 자본주의의 발흥
R.H. 토니 | 고세훈

141 고딕건축과 스콜라철학
에르빈 파노프스키 | 김율
2016 세종도서 우수학술도서

142 도덕감정론
애덤스미스 | 김광수

143 신기관
프랜시스 베이컨 | 진석용
2001 9월 한국출판인회의 이달의 책
2005 서울대학교 권장도서 100선

144 관용론
볼테르 | 송기형·임미경

145 교양과 무질서
매슈 아널드 | 윤지관

146 명등도고록
이지 | 김혜경

147 데카르트적 성찰
에드문트 후설·오이겐 핑크 | 이종훈
2003 대한민국학술원 우수학술도서

148·149·150 함석헌선집 1·2·3
함석헌 | 함석헌편집위원회
2017 대한민국학술원 우수학술도서

151 프랑스혁명에 관한 성찰
에드먼드 버크 | 이태숙

152 사회사상사
루이스 코저 | 신용하·박명규

153 수동적 종합
에드문트 후설 | 이종훈

154 서양의 장원제 (근간)
마르크 블로크 | 이기영

155 르네상스 미술가평전 1
조르조 바사리 | 이근배

156 르네상스 미술가평전 2
조르조 바사리 | 이근배

157 르네상스 미술가평전 3
조르조 바사리 | 이근배

158 르네상스 미술가평전 4 (근간)
조르조 바사리 | 이근배

159 르네상스 미술가평전 5 (근간)
조르조 바사리 | 이근배

160 르네상스 미술가평전 6 (근간)
조르조 바사리 | 이근배

●한길그레이트북스는 계속 간행됩니다.